우리를

인간답게
만드는
것들

HUMANLY POSSIBLE
Copyright ⓒ Sarah Bakewell 2023
All rights reserved.

Korean translation copyright ⓒ 2025 by Dasan Books
Korean translation rights arranged with Rogers, Coleridge and White Ltd.
through EYA Co.,Ltd

이 책의 한국어판 저작권은 EYA Co.,Ltd를 통한 Rogers, Coleridge & White Ltd.사와의
독점계약으로 다산북스가 소유합니다. 저작권법에 의하여 한국 내에서
보호를 받는 저작물이므로 무단전재 및 무단복제를 금합니다.

우리를 인간답게 만드는 것들

혐오와 고립의 시대, 우리를 연결하는 가치는 무엇인가

세라 베이크웰 지음
이다희 옮김

HUMANLY
POSSIBLE

디플롯

차례

서문 오직 연결 7

1 산 자의 땅: '인간'을 부활시킨 최초의 사람들   39
2 난파선 인양하기: 지식의 파편을 지키는 법   85
3 선동가와 이교도들: 권력과 신앙에 맞선 사상가들   133
4 경이로운 망: 과학으로 세계를 해부하다   183
5 인간의 일들: 인간의 손으로 다시 빚은 세계   209
6 무궁한 기적: 생각할 용기가 발굴한 인간의 가능성   249
7 모든 인간을 위한 지구: 야만의 시대에 다시 쓰는 인간다움   297
8 인간성의 전개: 과학과 인문이 함께 그린 인간의 초상   335
9 어느 꿈의 세상: 새로운 세계를 꿈꾸다   377
10 희망찬 박사: 언어로 세상을 연결한 사람들   423
11 인간의 얼굴: 전쟁의 잿더미 속에서 찾은 존엄과 자유   463
12 행복할 곳: 휴머니스트는 어떤 얼굴을 하고 있는가   517

감사의 말 557
부록 휴머니스트 인터내셔널 현대 휴머니즘 선언문 561
미주 565
그림 출처 647

서문

오직 연결

휴머니즘은 무엇인가? 데이비드 놉스의 1983년 희극 『포대 자루 달리기는 꼴찌에서 두 번째』에서 누군가 묻는다. 사건의 배경은 양성 휴머니스트 소사이어티의 초대 회의가 열리고 있는 서마시 중등학교다. '양성'이라는 말이 붙은 이유는 남녀 모두 회원이 될 수 있기 때문이다. 회의장은 혼란에 빠진다.[1]

한 여학생은 휴머니즘이 중세에서 벗어나려는 르네상스 시대의 노력을 의미한다고 말한다. 14세기와 15세기에 피렌체 같은 이탈리아 도시에서 자유로운 사상을 가진 활기 넘치는 지식인들이 주도했던 문학적·문화적 부흥 운동을 생각하고 말한 것이다. 그런데 다른 회원이 그게 아니라고, 휴머니즘은 "착한 것, 동물을 상냥하게 대하며, 남에게 베풀고 양로원을 방문하는 것"이라고 말한다.

세 번째 회원은 휴머니즘(인본주의)과 휴머니타리아니즘(인도주의)을 혼동해선 안 된다고 날카롭게 비판한다. 네 번째 회원은 시간 낭비일 뿐이라며 불평한다. 휴머니타리안은 성을 낸다. "아픈 동물을 치료하고 노인을 돌보는 게 시간 낭비라는 거야?"

날카롭게 비판하던 회원이 전혀 다른 정의를 제공한다. "휴머니즘은 초자연주의를 거부하며 인간을 자연물로 보는 철학이야. 이성과 과학적 탐구를 통해 자기실현을 이룰 수 있다는 믿음, 그리고 인간이 근본적으로 존엄하고 가치 있다는 생각을 강조하는 사상이기도 해." 모두가 동의하는가 싶더니 누군가 문제를 제기한다. 어떤 사람들은 신을 믿지만 그래도 자신을 휴머니스트라고 생각한다는 것이다. 모두가 더욱 혼란스러워진 채 회의는 끝난다.

그러나 서마시 중등학교 학생들은 걱정할 필요가 없다. 다들 옳은 방향으로 생각하고 있기 때문이다. 각각의 설명은 휴머니즘의 의미, 그리고 휴머니스트들이 수 세기 동안 성취하고 연구하고 믿었던 것들에 대한 완전하고 세밀한 그림을 그리는 데 도움이 된다.

휴머니즘을 초자연주의를 거부하는 철학이라고 정의한 학생이 말했듯 근현대의 휴머니스트들은 대부분 종교적 믿음 없이 살아가고, 도덕적 결정을 할 때 공감력, 이성, 다른 생물에 대한 책임감을 바탕으로 삼는다. 그들의 세계관은 작가 커트 보니것이 잘 요약한 바 있다. "나는 휴머니스트다. 죽은 다음에 올 상벌에 대한 어떤 기대도 없이 인간답게 행동하려고 어느 정도 노력했다는 뜻이다."[2]

그러나 종교를 가진 휴머니스트도 있다고 말하는 학생도 옳다. 주된 관심이 이곳 지구에 있는 사람들의 삶과 경험이고 제도나 교리, 저 너머의 신에 대한 이론이 아니라면 휴머니스트라고 할 수 있다.

종교적인 문제와 전혀 상관없는 정의도 있다. 가령 휴머니즘 철학자는 살아 있는 인간 전체를 만물의 중앙에 놓는 사람이다. 인간을 해체해서 언어나 상징, 추상적 원리 체계로 이해하려 하지 않는다. 휴머니즘 건축가는 인간을 중심으로 건물을 설계해 그 안에 사는 사람을 압도하거나 성가시게 하지 않을 방법을 찾는다. 마찬가지로 휴머니즘적 의학, 휴머니즘적 정치, 휴머니즘적 교육이 있을 수 있다. 이 모든 경우에서 개인은 가장 우선시되며 더 큰 개념이나 이상에 종속되지 않는다. 이것이 바로 '휴머니타리안' 학생이 말하고자 했던 바에 가깝다.

그렇다면 첫 번째 학생이 말한, 14세기와 15세기에 이탈리아와 그 주변 지역에 살았던 학자들은 어떨까? 그들은 다른 유형의 휴머니스트였다. 책을 번역하고 편집했으며 학생을 가르치고 똑똑한 동료들과 편지를 주고받았다. 자료를 어떻게 해석할지 토론하고 학문 활동을 발전시켰으며, 전반적으로 많이 쓰고 많이 말했다. 간단히 말해 인문학, 즉 스투디아 후마니타티스studia humanitatis의 전문가들이었다. 이런 인문학자들을 가리키는 라틴어 용어가 이탈리아에서 우마니스티가 되었고, 영어로는 휴머니스트다. 많은 인문학자가 다른 휴머니스트들과 마찬가지로 윤리적 문제들에 관심을 두고 있으며, 인문학을 배우고 가르치는 일이 더 도덕적이고 문명적인 삶을 살게 한다고 믿었다. 오늘날 인문학을 가르치는 많은 사람이 더 현대적인 형태이기는 하지만 이와 같은 생각을 하고 있다. 그들은 학생들에게 다양한 문학 경험과 문화 경험, 비판적 분석의 도구를 제공함으로써 타인의 관점에 민감해질 수 있도록, 정치적·역사적 사건들의 미묘한 전개를 더 예리하게 포착할 수 있고 전반적으로 더 현명하고 신중하게 삶에 접근할 수 있도록 돕고자 한다. 후마니타스humanitas를 길러주려는 것이다.[3] 라틴어로 이 말은 인간성을 의미하는데 세련되고 지적이라는 뜻, 말을 조리 있게 하며 관대하고 예의 바르다는 뜻도 함축하고 있다.

종교적이든 아니든, 철학적이든 실용적이든 인문학적이든 이들 모두가 가진 공통점은 무엇일까? 답은 바로 명칭에 있다. 모두 삶의 인간적human 측면을 중시한다.

인간적 측면이란 무엇일까? 콕 집어 말하기는 어렵지만 물질이 있는 물리적 영역, 그리고 혹자는 존재한다고 믿는 순수하게 정신적이거나 신적인 영역 사이 어딘가에 있을 것이다. 물론 우리 인간은 우리를 에워싼 다른 모든 것과 마찬가지로 물질로 이루어져 있다. 스펙트럼의 반대편 끝에서 우리는 (일부 사람이 믿는 대로) 어떤 신비한 영역과 교감할지도 모른다. 그러나 이와 동시에 우리는 전적으로 물리적이지도 않고, 전적으로 정신적이지도 않은 현실 영역에 살고 있다. 이곳에서 우리는 문화, 사상, 도덕, 의례, 예술 등 우리 인간에게 (전적으로는 아니지만 대체로) 고유한 활동을 하며, 상당한 시간과 에너지를 할애한다. 대화를 나누고 이야기를 들려주고 그림을 그리거나 모형을 만든다. 윤리적 판단을 고민하고 옳은 일을 하려고 애쓰며 사회적 합의를 이끌어내기 위해 협상한다. 사원이나 교회, 성스러운 숲에서 신을 숭배하기도 하고 추억을 물려주기도 한다. 가르치고 음악을 만들고 농담하고 타인을 위해 우스꽝스러운 행동을 하는가 하면, 이성적인 설명을 하려고 애쓰기도 하며 대체로 인간다운 일을 한다. 이 영역이 바로 온갖 휴머니스트의 가장 핵심적인 관심사다.

과학자들이 물리적 세계를 연구하고 신학자들이 신의 세계를 연구한다면, 인문학자와 휴머니스트들은 예술과 역사, 문화를 연구한다. 종교가 없는 휴머니스트는 신의 지시가 아닌 인간의 안녕을 바탕으로 도덕적 결정을 내린다. 종교가 있는 휴머니스트도 인간의 안녕에 집중하지만 종교적 믿음의 맥락을 벗어나지는 않는다. 철학 등 다른 분야의 휴머니스트는 살아있는 사람들의 실제 경험에 비추어 사상을 수시로 점검한다.

인간 중심적 접근은 기원전 490년경 살았던 그리스 철학자 프로타고라스가 한 말에 잘 반영되어 있다. "인간은 만물의 척도다."[4] 언뜻 오만하게 느껴질지 모르지만, 이 문장은 우주 전체가 인간의 생각에 맞추어야 한다는 의미는 아니다. 인간이 다른 생명체를 마음대로 다스릴 자격이 있다는 의미는 더더욱 아니다. 인간으로서 우리가 인간의 방식으로 현실을 경험한다는 의미라고 해석할 수 있다. 또한 우리가 알고 또 관심을 두는 대상은 인간이다. 인간에게는 인간이 중요하니 진지하게 고민하자는 의미다.

이 정의에 따르면 우리가 하는 모든 일이 약간은 휴머니즘으로 보인다. 휴머니즘에 대한 또 다른 정의는 더욱 포괄적이다. 매우 '인간적인' 작가이자 휴머니즘 단체의 후원 회원이기도 했던

소설가 E. M. 포스터는 휴머니즘이 어떤 의미냐는 질문에 이렇게 대답했다.[5]

휴머니즘을 설명하는 가장 좋은 방법은 내가 즐겼거나 재미있다고 여긴 일들, 나를 도와준 사람들, 내가 사랑했고 도우려고 했던 사람들의 목록을 읊는 것이다. 그 목록은 거창하지도 않고, 종교의 강령처럼 울림이 있거나 사회의 법률만큼 엄숙하지도 않다. 하지만 당당하게 읽어 내려갈 수 있다. 인간이 느끼는 고마움과 희망에서 나오는 목소리이기 때문이다.

이것은 아주 매력적인 답변이지만 휴머니즘에 대한 정의를 아주 포기하는 일에 가깝기도 하다. 그러나 휴머니즘에 대해서 어

그림 1 E. M. 포스터, 1924년.

떠한 추상적이고 교조적인 말도 하지 않으려는 포스터의 태도는 그 자체로 매우 휴머니즘적이다. 포스터에게 휴머니즘은 개인적인 문제고 그것이 핵심이다. 휴머니즘은 개인에 대한 것이기에 **실로 개인적이다.**

나에게도 개인적이다. 나는 평생 종교를 믿지 않는 휴머니스트로 살아왔다. 철학적·정치적 관점에서도 점점 더 휴머니스트가 되어가고 있으며, 내가 한때 흥미롭다고 여겼던 거창한 사상보다 개인의 삶을 더 귀중하게 여기게 되었다. 그리고 인문학 분야의 과거 휴머니스트들에 대해 여러 해 읽고 쓴 결과, 그들 모두가 초석으로 삼은 생각에 매료되었다.

나는 다행히 별다른 방해 없이 휴머니즘을 추구할 수 있었다. 그러나 많은 사람이 휴머니즘을 위해 인생을 건다. 이보다 더 개인적일 수는 없다. 휴머니즘에 대한 이해가 부족한 곳에서는 더 큰 위험을 감수해야 한다. 최근 한 젊은 휴머니스트가 영국에서 겪은 일이 이를 잘 말해준다.

파키스탄 출신 함자 빈 왈라야트는 2017년에 영국에 살고 있었고 영국에 남기 위해 체류 허가를 신청했다. 휴머니즘적 신념을 가지고 이슬람 교회와 결별한 탓에 본국에서 목숨을 위협당했고 특히 가족에게 버려졌기 때문이다. 만약 송환된다면 죽임을 당할 수도 있었다. 이것은 합리적인 공포였다. 파키스탄에서 (그리고 여러 다른 나라에서) 휴머니즘은 신성모독으로 여겨지고 그 죄로 사형에 처해질 수도 있다. 실제로 파키스탄의 휴머니스트는 주로 자경단 폭도의 손에 죽임을 당하며 당국은 이를 외면한다. 같은 해인

2017년 악명 높은 사건이 벌어졌다.[6] 소셜미디어에 자신을 '휴머니스트'라고 소개하고 글을 올린 마셜 칸이 동료 학생들에게 폭행당해 사망했다.

영국 내무부 직원들은 왈라야트의 신청서를 심사하기 위해 면담을 요청했고, 휴머니스트이기 때문에 탄압받을 수 있다는 우려를 정당화하려면 휴머니스트라는 말의 정의를 내려야 한다고 주장했다. 왈라야트는 18세기 계몽주의 사상가들의 가치관을 언급했다. 훌륭한 답변이었다. 계몽주의 시대의 사상은 서마시 학생들이 내린 여러 정의에 상당히 부합하는 휴머니즘 사상을 담고 있었다. 그러나 심사를 맡은 직원들은 지식이 부족했기 때문인지 아니면 왈라야트에게 체류 허가를 주지 않을 구실이 필요했기 때문인지 고대 그리스 철학자들, 특히 플라톤과 아리스토텔레스의 이름이 들어간 답변을 기대하고 있었다고 말했다. 이런 반응은 좀 이상하다. 휴머니즘에 관한 책에서는 대체로 플라톤이나 아리스토텔레스가 별로 언급되지 않는다. 그들이 (여러 면에서) 별로 휴머니즘적인 철학자가 아니라는 타당한 이유에서다. 그러나 내무부 직원들은 왈라야트야말로 휴머니스트가 아니라면서 신청을 기각했다.

그러자 휴머니스트UK를 비롯해서 뜻을 같이 하는 여러 사람이 왈라야트를 돕기 시작했다.[7] 일단 내무부 직원들이 철학자를 잘못 골랐다는 점을 지적했다. 더 근본적으로는 휴머니즘이 권위 있는 인물들의 정론적 사상을 기반으로 하는 신념 체계가 아니라고 주장했다.[8] 마르크스주의자가 마르크스에 대해서 알듯 휴머니스트가 특정한 사상가들에 대해서 알아야 하는 것은 아니다. 휴머니스트들은 대부분 사상적 '교리'에 대한 집착을 거부한다. 많은 사람의 도움과 강력한 변론 덕분에 왈라야트는 2019년 5월 체류 자격을 얻었다. 그리고 휴머니스트UK의 이사회 위원도 역임했다. 왈라야트가 승리한 이후로 신입 내무부 직원들의 교육과정에는 휴머니즘 사상 입문이 추가되었다.[9]

이처럼 휴머니즘은 개인적이다. 동시에 다양한 정의와 함의가 모인 의미의 구름으로서 어떤 특정한 이론가나 실천가와 연결할 수 없다. 그뿐만 아니라 최근까지 휴머니스트들은 정식 모임을 구성한 적이 없고 자신을 휴머니스트라고 부르지도 않았다. 우마니스티로 사는 데 만족한 사람들도 19세기까지는 '휴머니즘'을 관념이나 실천 방식으로서 논하지 않았다. (**사람**이 관념보다 몇 세기 앞선다는 사실이 꽤나 '휴머니즘'적이고 좋다.) 다소 희미하지만 그럼에도 나는 일관성 있는, 공유된 휴머니즘 전통이 있으며 이 모든 휴머니스트를 함께 살펴보는 일이 의미 있다고 믿는다. 이들은 다채롭지만 뜻깊은 실로 엮여 있다. 이 책에서 바로 그 여러 가닥의 실을 따라가 보려고 한다. 그러면서 포스터가 남긴 또 하나의 휴머니즘 명언을 길잡이로 삼고자 한다. "오직 연결!"

이 말은 포스터가 1910년에 쓴 소설 『하워즈 엔드』의 서두에 있는 문구이자 책 속에서 계속 반복되는 말로, 다양한 의미를 담고 있다. 그는 우리가 서로를 갈라놓는 장벽이 아니라 서로를 연결하는 고리를 찾아야 한다고 말했으며, 우리가 우리 자신의 세계관뿐만 아니라 타인의 관점 역시 이해하려고 노력해야 한다고 주장했다. 나아가 자기기만이나 위선이 초래하는 자아의 내적 분열을 피해야 한다고 생각했다. 나는 이 모든 주장에 동의하며 분열이 아닌 연결의 정신을 동력으로 삼아 휴머니즘을 이야기하고자 한다.

또한 사람을 중시했던 포스터의 정신을 담아 휴머니즘보다 휴머니스트에 관해 쓸 것이다. 휴머니스트들이 자신을 이해하지 못하는 세상, 나아가 자신을 박대하는 세상에서 겪은 모험과 갈등, 노력과 시련의 이야기에 내가 그랬듯 독자들 역시 흥미와 감동을 느끼기 바란다. 물론 학계나 궁정 환경에서 부러움을 살 만한 틈새 자리를 차지하고 편하게 산 사람들도 있다. 그러나 그런 자리는 오래가는 경우가 드물고 평생을 외부인으로 고생하며 산 사람도 많다. 수 세기 동안 휴머니스트들은 추방당한 학자이거나 방랑객이었고, 지식과 말로 먹고살았다. 근대에는 가톨릭 이단 심문소나 기타 이단 심판관의 표적이 된 사람도 있다. 자신의 생각을 숨겨 위험을 피한 사람들도 있는데, 얼마나 잘 숨겼는지 그들의 진심이 무엇인지는 아직도 알 수가 없다. 19세기 들어서까지 종교가 없는 휴머니스트들은(흔히 '자유사상가'라고 한다) 비난받거나 배척되거나 감옥에 갇히고 권리를 빼앗겼다. 20세기에는 자유롭게 자기 생각을 말할 수 없었고 공직을 맡을 가능성조차 없다는 말을 들어야 했다. 탄압당하고 범죄자 취급을 받았으며 역시 감옥에 갇혔다. 21세기에도 휴머니스트들은 여전히 이 모든 시련을 겪는다.

휴머니즘은 강한 반응을 불러일으킨다. 이 신념은 인간이라는 요인을 중시하지만, 그 요인은 개개인과 밀접하게 관련된 복잡한 요인이다. 인간으로 사는 일은 끊임없는 수수께끼이자 도전이다. 인간이라는 관념에 많은 것이 달린 만큼 휴머니즘적 생각을 드러내 놓고 말하는 사람은 희생양이 될 수 있다. 종교 혹은 정치적 일치가 엄격히 강요되는 상황에서는 더욱 그렇다. 그러나 고집 센 휴머니스트들은 여러 세대에 걸쳐 후퇴할지언정 천천히 그리고 조용히 막힘없는 언변과 논리로 뜻을 펼쳤고, 그 결과 인정받고 말고를 떠나 여러 사회에 그들의 사상이 퍼졌다.

이 책에서 소개할 인물들은 휴머니즘이 오늘날 우리가 아는 형태로 발전하는 시기에 살았으며, 나의 이야기는 특히 1300년대부터 오늘날까지 약 7세기에 걸쳐 있다. 이 책에 소개된 사람들은 대부분 그 시기에 살았으며, 대부분 유럽인이다. 내가 이 시기와 지역을 택한 것은 그동안 이곳에서 흥미로운 일들이 굉장히 많이 벌어졌기 때문이기도 하고, 그 일들에 어떤 연속성이 있기 때문이기도 하다. 이 사람들은 대체로 서로를 알았고, 만나지 못해도 서로의 사상에 감응했다. 이 특정한 역사적·지리적 조각을 들여다보면 휴머니즘 사상의 보다 농축된 형태를 끌어내고 이 사상이 어떻게 진화했는지 볼 수 있다.

그러나 나의 이야기는 항상 더 큰 이야기의 맥락 속에 놓여 있다. 즉 전 세계 휴머니스트의 생애와 사상을 아우르는 넓고 길고 풍요로운 이야기라는 맥락을 염두에 두어야 한다. 휴머니즘 사상은 여러 문화와 시대에 대두했다. 인간이 처음 인간에 대한 사색을 시작했을 때부터, 세상 안에서 인간의 선택과 책임에 대해 생각하기 시작한 순간부터 존재했음이 분명하다.

그러므로 본격적으로 시작하기에 앞서 그 맥락이 되는, 보다 광범위한 휴머니즘의 지평을 둘러보고 몇 가지 주요 사상을 만나보자.

* * *

먼저 서마시 학생들이 언급했던 첫 번째 가능성을 살펴보자. 즉 인간의 삶을 초자연적이지 않은 관점에서 이해하는 방법이다. 이 생각은 그 회의에서 나온 모든 관점 중에 기록상 가장 오랜 혈통을 갖고 있다. 유물론적 논의는 (우리가 아는 한) 인도에서 최초로 시작됐으며,[10] 사상가 브라스파티가 기원전 6세기 무렵 정립한 차르바카 학파 사상의 일부였다. 이 학파는 몸이 죽으면 우리도 죽는다고 생각했다. 철학자 아지타 케사캄발리는 이렇게 말했다.[11]

> 인간은 네 가지 대요소로 이루어져 있다. 죽으면 흙은 흙으로 돌아가고 물은 물로, 불은 불로, 공기는 공기로 돌아가며, 기능은 허공으로 흩어진다. (…) 어리석은 이든 지혜로운 이든 몸이 해체되면 파괴되어 사라지니 죽은 이후에는 존재하지 않는다.

약 1세기 후 철학자 데모크리토스의 고향, 그리스 북동부의 해안가 마을 압데라에서 비슷한 생각이 나온다. 데모크리토스는 자연의 모든 존재가 원자로 만들어져 있다고 가르쳤다. 원자는 나눌 수 없는 입자 단위로서 다양한 방식으로 결합하여 우리가 만지거나 볼 수 있는 모든 사물을 구성한다. **우리** 또한 정신적으로, 물리적으로 원자의 결합이다. 원자는 우리가 살아있는 동안 결합한 상태로 우리의 생각과 감각 경험을 형성하다가 우리가 죽으면 흩어져 다른 형태로 결합한다. 거기서 생각과 경험은 끝나므로 우리도 끝난다.

이것이 휴머니즘적인 생각일까? 그냥 우울한 생각 아닌가? 그렇지 않다. 이것은 우리 삶에 위로가 되는 희망적인 결론으로 이어진다. 사후에 내가 남지 않는다면 공포 속에 살 필요가 없다. 신들이 나에게 어떤 짓을 할지, 어떤 고통이나 모험이 기다리고 있을지 걱정할 필요가 없다. 이 원자 이론은 데모크리토스의 마음을 어찌나 가볍게 만들었는지 그는 '웃는 철학자'로 알려져 있기도 하다.

그림 2 데모크리토스의 모습을 그린 판화.

우주적 불안에서 자유로워진 데모크리토스는 다른 사람들처럼 인간의 결점을 슬퍼하는 대신 키득키득 웃어넘길 수 있었다.

여러 사람이 데모크리토스의 생각을 이어받았는데 그중 하나가 에피쿠로스였다. 그는 아테네에 '정원Garden'이라는 학교를 세우고 서로 생각이 같은 친구와 학생들을 모아 공동체를 만들었다. 에피쿠로스학파는 우정을 나누고 간소한 음식을 먹으며 정신적 평안을 가꾸는 방식으로 행복을 추구했다. 에피쿠로스는 정신적 평안을 누리려면 무엇보다 "정신을 혼란스럽게 하는 주요 원인인 신들과 죽음에 대한 거짓된 생각"을 피해야 한다고 편지에 쓴 적이 있다.[12]

나아가 '인간은 만물의 척도다'라고 주장한 프로타고라스가 있다.[13] 프로타고라스 역시 압데라 출신으로 데모크리토스와 개인적인 친분이 있었다. 인간은 인류를 잣대 삼아 모든 것을 판단한다는 프로타고라스의 주장은 당대에도 환영받지 못했지만, 그가 진정으로 악명 높았던 까닭은 신들에 관해 쓴 책 때문이었다. 그 책은 이렇게 놀라운 문장으로 시작한다고 전해진다.

> 신들에 대해서라면 존재한다는 것도, 존재하지 않는다는 것도 알 방법이 없다. 질문이 모호하다는 점, 인간의 생이 짧다는 점을 포함해 여러 가지 장애물이 이해를 가로막는다.

이런 도입부라니 책의 나머지는 어떤 내용으로 채웠을지 궁금하다. 그러나 핵심은 여기 도입부에 있다. 예상컨대 신은 존재할 수도 있고 존재하지 않을 수도 있지만 **우리**에게는 불확실하고 느낄 수 없는 존재이니, 신들에 대해 걱정하며 짧은 인생을 낭비하지 말고 이승에서 남은 인생이나 걱정하자는 주장이 이어졌을 것이다. 달리 말해 우리에게 적합한 잣대는 인간의 잣대라는 결론이다.

그러나 우리는 도입부 이후에 어떤 내용이 있는지 모른다. 남아 있지 않기 때문이다. 왜 그런지 짐작해 볼 수 있다. 프로타고라스의 전기를 쓴 디오게네스 라에르티오스는 신들에 대한 프로타고라스의 글이 발표된 이후 "아테네 사람들은 그를 추방했다. 그리고 전령을 보내 사본을 죄다 모은 뒤 장터에서 불태웠다"라고 말했다.[14] 데모크리토스가 직접 쓴 내용도 남아 있지 않다. 차르바카 학파의 글도 마찬가지다. 아마도 비슷한 이유에서일 것이다. 에피쿠로스의 경우 서한은 몇 개 없지만, 루크레티우스가 에피쿠로스의 사상을 운문 형태로 기록한 『사물의 본성에 관하여』가 있다. 이 책도 거의 유실될 뻔했는데 후대에 만든 필사본이 수도원에 남아 있었고, 15세기에 휴머니즘 책 수집가가 이를 발견해 다시 읽히게 되었다. 이 모든 취약하고 아슬아슬한 순간을 거쳐 데모크리토스의 사상은 우리 시대까지 이어졌고, 1942년에 출간된 조라 닐 허스턴의 회고록『길 위의 먼지 자국』에서 아름다운 글로 다시 살아났다.

무엇이 두려운가? 내 존재는 물질로 이루어져 있고 늘 변화하고 늘 움직이지만 절대 사라지지 않으니 내 모든 동료 인간들이 주는 위안을 가질 수 없다면 종파와 교리가 무슨 필요인가? 우주라는 넓은

그림 3 조라 닐 허스턴.

허리띠가 있는데 가락지가 무슨 소용인가. 나는 무궁한 우주와 하나이며 다른 확신은 필요치 않다.[15]

2009년 영국 휴머니스트협회(현 휴머니스트UK)가 후원한 포스터 부착 운동에도 이 전통이 남아 있다.[16] 이 운동의 하나로 버스 측면을 비롯해 도시 곳곳에 나붙은 포스터의 메시지는 정신적 고요를 말하는 데모크리토스적 선언이었다. "신은 아마도 없을 겁니다. 그러니 걱정하지 말고 삶을 즐기세요." 포스터 부착 운동이라는 아이디어를 낸 아리안 셰린은 젊은 작가이자 희극인이었는데 한 열성 종교 단체가 낸 버스 광고를 본 뒤에 대안적인 위로의 메시지를 제공하고 싶었다고 한다. 그 종교 단체의 웹사이트에서는 죄인들이 영원히 지옥 불을 면치 못할 것이라고 엄포를 놓고 있다.

지금 여기로 초점을 돌리는 일은 오늘날 휴머니즘 단체의 주요 원칙이다. 심지어 휴머니즘과는 거리가 멀 것 같은 '강령,' 즉 선언으로도 만들어졌다. 19세기 미국의 자유사상가(혹은 종교가 없는 휴머니스트) 로버트 G. 잉거솔이 만든 강령은 이렇다.[17]

유일한 선은 행복.
행복할 때는 지금.
행복할 곳은 여기.

그리고 가장 중요한 마지막 행은 아래와 같다.

행복해지는 방법은 타인을 행복하게 하는 것.

이 마지막 문장은 두 번째로 중요한 휴머니즘 사상으로 이어진다. 우리 삶의 의미는 타인과의 연결과 유대에서 찾을 수 있다는 생각이다.

영국에서는 테렌스로 알려진, 푸블리우스 테렌티우스 아페르의 작품 속에 인간의 상호 연결 원칙이 간결하게 담겨 있다.[18] '아페르'는 출신 지역을 의미한다. 그는 북아프리카의 카르타고나 부근에서 기원전 190년경, 아마도 노예 신분으로 태어났을 것이다. 이후 로마에서 희극 작가로 이름을 날렸다. 극 속의 한 인물은 이렇게 말한다. 라틴어 원문도 곧잘 인용되므로 여기 넣는다.

Homo sum, humani nihil a me alienum puto.
나는 인간이고, 인간의 그 어떤 일도 남의 일이 아니기 때문이오.

이 말은 사실 웃길 목적으로 넣었다. 이 말을 하는 등장인물은 참견이 심하기로 유명한 이웃이다. 왜 남의 일에 참견하느냐는 질문에 이렇게 대답했다. 관객은 심오한 철학적 명제들을 조롱하는 듯한 예상 밖의 답변에 한바탕 웃었을 것이다. 수 세기 동안 진지하게 인용된 문구가 실은 야단스러운 희극에 나오는 대사였다고 생각하면 나도 웃음이 난다. 그러나 이 말은 분명 휴머니즘의 근본적인 신념을 아주 잘 요약하고 있다. 우리의 인생이 서로 얽혀 있다는 사실이다. 우리는 태생적으로 사회적인 존재들이고 상대의 경험에서 자신의 일부를 본다. 우리와 매우 달라 보이는 상대라도 마찬가지다.

아프리카 대륙의 정반대 남쪽 끝에서도 비슷한 생각이 전해져 내려온다.[19] 은구니족의 반투어 우분투^{ubuntu}에 담긴 정신으로 다른 남부 아프리카 언어에서도 같은 의미의 단어를 찾아볼 수 있다. 이 정신은 크고 작은 공동체에서 개인을 연결하는 상호 인간관계망을 가리킨다. 데즈먼드 투투 대주교는 1990년 남아프리카공화국의 인종분리정책^{apartheid} 종식을 위해 진실화해위원회를 이끌면서 자신의 접근 방식이 기독교적 원칙뿐만 아니라 우분투에 기반하고 있다고 말했다. 또한 인종분리정책 아래의 억압적인 관계가 억압하는 사람과 억압당하는 사람 모두에게 피해를 안겼으며, 민족 내부와 민족 간에 있어야 할 자연스러운 인간 결속을 파괴했다고 했다. 나아가 원수를 갚는 데 집중하기보다 인간적 결속을 재정립하는 과정을 만들자고 제안하면서 우분투를 이렇게 설명했다. "우리는 한 생명 다발의 일부다. 우리는 이렇게 말한다. 사람은 다른 사람을 통해야 비로소 사람일 수 있다."[20]

다른 지역에서도 인간성의 공유를 매우 중요하게 여긴다. 고대 중국의 전통사상인 공자의 철학도 그렇다. 공자는 데모크리토스와 프로타고라스보다 조금 더 이른 시대에 살았고 제자들에게 유익한 조언을 풍부하게 남겼다. 기원전 479년 공자가 사망한 뒤 여러 해에 걸쳐 제자들이 공자의 가르침을 집대성한 결과가 『논어』다. 도덕, 예절 등의 주제를 비롯해 정치적 조언, 온갖 철학적 통찰도 다루고 있다. 이 선집을 관통하는 주요 사상은 인仁이다. 인은 관용, 선함, 덕, 도덕적 앎[21]을 뜻하는데, 간단하게는 '인간성 humanity'을 뜻한다. 좀 더 온전하고 깊이 있는 인간이 되려면 배양해야 하는 것이기 때문이다. 라틴어의 후마니타스와 매우 가깝다.

제자들이 공자에게 인을 더 설명해 달라고 했을 때, 그리고 삶을 사는 데 좋은 길잡이가 될 낱말을 알려달라고 했을 때 공자는 서恕라고 했다.[22] 이것은 사람 간의 상호 관계를 말한다. 나한테 하길 원치 않는 것을 상대에게도 해서는 안 된다는 의미다. 이 말이 익숙하게 느껴지는 이유는 전 세계 여러 지역의 다양한 종교적·도덕적 전통에서 찾을 수 있는 원칙이기 때문이다. '황금률' 이라고도 한다. 유대교 신학자 힐랄은 말했다.[23] "내게 불쾌한 일은 남에게도 하지 말라. 이것이 토라의 전부다. 나머지는 설명이다. 가서 깨우치라." 힌두교의 『마하바라다』[24]와 기독교 성서[25]는 이를 뒤집어 다른 방식으로 말한다. "내가 대접받고 싶은 대로 타인을 대접하라." 그러나 조지 버나드 쇼가 당돌하게 지적했듯 "취향이 다를 수 있기 때문에" 이 방식은 신뢰성이 떨어진다.[26]

어쨌든 이 모든 원칙은 우리의 도덕적 삶이 사람 간의 상호 연결에 뿌리내리고 있어야 한다는 말이다. 신의 기준에 따른 감시와 심판이 아닌 동료의식이 윤리의 초석이다. 다행히 우리는 대체로 기본적인 동지애의 불꽃을 저절로 느낄 수 있다. 주변 사람들과 깊은 연결감을 느끼며 성장한 고도로 사회화된 존재이기 때문이다.

공자의 후기 제자인 맹자는 이런 자연스러운 깨우침을 시작점으로 삼아 인류의 선한 본성에 대한 이론을 발전시킨다. 독자들에게 자기 안에서 그 원천을 찾으라고도 한다. 어느 날 밖에 나갔는데 어린아이가 연못에 빠지려고 한다. 어떤 느낌이 드는가? 아마도 물로 뛰어들어 아이를 구해야겠다는 충동을 느낄 것이다.[27] 어떤 계산이나 논리도 앞서지 않고 계율도 필요 없다. 이것이 도덕적인 삶의 '씨앗'이다. 이 씨앗을 살피고 키워야 비로소 성숙한 윤리가 된다.[28]

이런 방식으로 우리의 잠재 능력을 움 틔우고 배양할 필요성이 있다는 생각은 휴머니즘 전통을 관통하는 생각 중 하나다. 그래서 교육이 무엇보다 중요하다. 아이들은 부모와 선생님으로부터 배운다. 이후에는 경험과 학문을 이어가면서 계속 발전한다. 물론 고등교육을 받지 않아도 인간이 될 수 있지만, 인 혹은 후마니타스를 최대한 실현하기 위해서는 스승의 가르침과 시야의 확장이 지극히 중요하다.

　　타인을 위해 정치·행정 체계를 책임질 사람은 특히 좋은 교육을 받아야 한다. 공자와 제자들은 군주와 관리들이 길고 열띤 훈련을 통해 업무를 배워야 한다고 생각했다. 말을 조리 있게 하는 법을 배우고 자기 분야의 전통을 알아야 하며 문학을 비롯한 인문학을 깊이 공부해야 한다고 주장했다. 공자는 이렇게 잘 배운 사람들을 조타석에 두어야 모두에게 이롭다고 말했다. 도덕적인 지도자는 백성을 감화하여 비슷한 기준을 따르도록 권장하기 때문이다.[29]

　　그리스의 프로타고라스도 교육을 중요하게 여겼는데 이는 당연할지도 모른다. 프로타고라스는 지역을 옮겨 다니며 개인 지도를 하면서 생계를 유지했기 때문이다. (너무 잘 유지했다고 생각하는 사람도 있었다.) 주로 법이나 정치를 업으로 삼으려는 젊은이들에게 설득력 있게 말하고 논증하는 법을 가르쳤던 프로타고라스는 심지어 도덕도 가르칠 수 있다고 주장했다. "수업료만큼, 아니 그보다 더 값어치 있는 선하고 고귀한 인품을 가지도록" 도와줄 수 있다고 말이다.[30]

　　새로운 학생들의 관심을 끌기 위해 프로타고라스는 왜 교육이 결정적인지 시사하는 이야기를 들려주곤 했다. 프로타고라스는 인류의 태동기에 인간은 특별한 점이 없었다고 말했다. 그러다 티탄족 프로메테우스와 에피메테우스가 신들에게 불을 훔쳐와 인간에게 주었고 나아가 농법, 바느질, 건축, 언어, 심지어 종교 의례도 가르쳐주었다. 프로메테우스가 불을 훔친 일과 그 대가로 받은 벌에 대한 신화는 유명하지만, 프로타고라스의 이야기는 좀 특이하게 전개된다.[31] 제우스가 이 일에 대해서 알고 선물을 하나 더 끼워준 것이다. 바로 우정을 비롯한 사회적 관계를 다질 능력이다. 인간은 협력할 수 있게 되었지만 쉽지 않았다. 인간에게 주어진 **능력**은 씨앗에 불과했기 때문이다. 씨앗만이 주어진 것이다. 정말 잘 관리된 사회를 만들려면 인간은 그 씨앗을 키워야 하고 그러기 위해서 서로 가르치고 배워야 한다. 이것은 우리 스스로 해내야 하는 일이다. 우리에게는 선물이 주어졌지만 협력을 통해 함께 사용하는 법을 터득하지 못한다면 아무 소용이 없다.

교육을 향한 휴머니스트들의 사랑에는 교육이 맺을 수 있는 열매에 대한 매우 낙관적인 생각이 깔려 있다. 바로 우리는 애초에 꽤 괜찮은 존재지만 더 좋아질 수 있다는 생각이다. 우리가 이미 이루어놓은 일들은 앞으로 쌓을 업적의 주춧돌이 된다. 한편 우리는 우리가 이루어낸 일들을 곱씹어 보며 만족감을 느낀다.

그래서 휴머니스트들은 인간의 탁월함을 열거하는, 기쁨에 충만한 글을 쓰기 좋아했다. 로마 정치가 키케로는 인간의 탁월함을 칭송하는 대화편을 썼고 다른 사람들도 뒤따랐다.[32] 이 장르는 이탈리아에서 절정에 달했다. 외교관이자 역사가, 전기 작가이자 번역가 잔노초 마네티가 1450년대에 쓴 『인간의 가치와 탁월함에 대하여』도 그런 책이다.[33] 마네티는 말한다. "우리가 만든 아름다운 것들을 보라! 우리가 지은 것들, 피라미드부터 최근 필리포 브루넬레스키가 완공한 피렌체 성당의 두오모, 그리고 로렌초 기베르티가 만든 청동으로 감싼 세례당 문을 보라. 조토 디본도네의 그림을 보라, 호메로스나 베르길리우스의 서사시, 헤로도토스가 쓴 역사서를 보라. 자연을 탐구하는 철학자나 의사, 행성의 움직임을 연구한 아르키메데스는 말할 것도 없다."

그 모든 발명품은 우리가 했다. 인간이 했다. 인간이 만들었다는 것을 모두가 알고 있다. 모든 집, 모든 마을, 모든 도시, 지구상의 모든 건축물 (…) 그림도, 조각도, 공예도, 과학도, 지식도 우리 것이다. (…) 다양한 언어와 갖가지 문자 또한 우리 것이다.[34]

마네티는 삶의 물리적 쾌락을 찬양하고 정신적, 영적 능력을 최대한 발휘할 때 느끼는 숭고한 기쁨 또한 칭송한다. "평가하고 기억하고 이해하는 능력을 쓰는 기쁨은 얼마나 큰가!"[35] 그의 글은 독자의 마음을 자부심으로 부풀게 한다. 그러나 마네티가 칭송하는 것은 우리의 **활동**이다. 그러므로 우리는 느긋하게 앉아 우쭐대기만 할 게 아니라 계속 일을 하고 더 잘해야 한다. 우리는 신이 만든 세상을 보완하기 위해, 일종의 제2의 창조를 진행하고 있다. 그뿐만 아니라 우리 자신 또한 계속 더 나아가야 한다. 해야 할 일은 아직 많다.

마네티, 테렌스, 프로타고라스, 공자는 각각의 문화권에서 지난 수천 년간 휴머니즘 전통을 직조하는 데 일조했다. 인간이 해낼 수 있는 것에 관심을 가졌고, 더 해낼 수 있다는 희망을 품었으며, 학습과 앎에 높은 가치를 매겼다. 또한 사후의 삶이 아닌 타인과의 관계, 세속적 삶과 필멸성을 바탕으로 한 윤리관을 가졌다.

그리고 '연결'되고자 했다. 자신의 문화적·도덕적 관계망 속에서 잘 살고자 했으며, 우리 모두를 낳았을 뿐 아니라 우리 삶의 목적과 의미의 원천인 거대한 '생명 다발'을 놓지 않았다.

물론 휴머니즘 사상은 이것이 전부가 아니다. 이 책에서는 훨씬 더 많은 가닥의 휴머니즘과 훨씬 더 다양한 휴머니스트를 만나볼 것이다. 하지만 먼저 이 이야기와 짝을 이루는 다른 이야기를 하지 않을 수 없다.

***

휴머니즘 전통과 함께 내려앉은 어둠이 있다. 휴머니즘만큼 넓고 긴 이 전통을 일단 안티휴머니즘이라고 부르자.

휴머니스트들이 인간을 행복하고 탁월하게 만드는 요소를 셈하는 동안, 안티휴머니스트들은 그들 곁에 앉아 우리의 불행과 좌절을 열성적으로 기록했다. 그들은 우리가 어떤 면에서 부족한지 지적하고 우리의 소질과 능력이 뒤떨어지기 때문에 삶의 문제를 해결하거나 삶의 의미를 찾을 수 없다고 주장한다. 안티휴머니스트들은 흔히 세속적인 쾌락에서 느껴지는 기쁨을 거부한다. 대신 어떤 급진적인 방법으로 우리의 존재를 변화시켜야 한다고 주장한다. 물질세계에서 등을 돌리거나 급진적으로 정치 체계나 우리 자신을 재편해야 한다고 주장한다. 그들의 윤리학은 선한 본성이나 인간 사이의 유대를 중요시하는 대신 종교적이든 세속적이든 더 큰 권위자가 정한 규칙에 복종하는 것을 중시한다. 그리고 우리가 이미 달성한 업적이 미래에 더 큰 발전을 가능하게 한다고 생각하기는커녕 인간에게 중요한 것은 제 분수를 깨닫는 일이라고 여긴다.

가령 유가 철학의 경우, 맹자 철학의 반대편에 있는 또 다른 사상가 순자를 예로 들 수 있다. 순자는 인간의 타고난 본성을 "악하다"라고 표현했다.[36] 그런 인간을 더 나은 존재로 만들기 위해서는 바퀴를 만드는 사람이 증기로 나무를 구부리듯 다시 빚는 수밖에 없다. 순자와 맹자는 교육의 효용에 대해서는 동의했다. 하지만 맹자는 우리가 태생적으로 가진 덕의 씨앗을 키우기 위해 교육이 필요하다고 생각한 반면에 순자는 우리가 갖고 태어난 형태를 완전히 벗어버리는 데 교육이 필요하다고 생각했다.

기독교에서도 두 가지 선택지를 제공한다. 초기 기독교인들은 극히 인간 중심적이었다. 하느님이 인간을 만드셨으므로 인간 찬양은 곧 신에 대한 찬양이었다. 4세기 신학자 에메사의 네메시우스가 인간에 대해 쓴 내용은 마네티와 매우 비슷했다. "살아있는 존재의 기쁨을 누가 다 표현할 수 있을까? 그 존재는 바다를 건너고 사색을 통해 천상을 드나들고 별의 움직임을 알아본다. (…) 야수나 바다 괴물에는 아랑곳하지 않으며, 모든 과학과 공예, 제도를 쥐락펴락하고, 원하면 지평선 너머에 있는 사람과도 글로써 대화한다."[37] 그러나 네메시우스의 영향력 있는 동료 신학자 아우구스티누스는 원죄라는 개념을 수립하여 우리는 모두 (아담과 이브 때문에) 근본적으로 그릇된 존재로 태어나고 심지어 갓난아기도 결함이 있는 상태로 시작하므로 평생 구원받기 위해 노력하지 않

으면 안 된다고 말했다.³⁸

인간의 자긍심에 가장 처참한 공격을 가한 것은 1190년대에 로타리오 데이 콘티 디 세니 추기경이 교황 인노첸시오 3세가 되기 전에 쓴 논문 『인간의 불행에 대하여』다.³⁹ (마네티는 연구 후반기에 이 논문을 주요 표적으로 삼아 하나하나 반박하려 했다.) 추기경이 들려주는 이야기는 실로 섬뜩하다. 그는 인간 존재가 잉태되는 순간부터 가지는 저열하고 고약한 본성을 설명하며, 우리가 욕정의 순간 점액과 먼지, 더러운 씨앗이 섞인 덩어리로 시작한다는 사실을 절대 잊지 말라고 경고한다. 자궁에서 태아로 사는 동안에는 모체의 피 섞인 액체를 먹고 사는데 이것은 풀을 죽이고 포도밭을 초토화하고 개를 미치게 할 수 있는 유독 물질이다. 그다음에는 양막에 뒤덮인 채 발가벗고 태어나 거꾸로 선 나무 같은 우스꽝스러운 모양으로 성장한다. 머리는 뒤얽힌 뿌리 같고 몸통은 나무의 큰 줄기, 두 다리는 가지 같다. 산을 오르거나 바다를 항해하거나 원석을 깎고 연마하여 보석을 만드는가? 쇠나 나무로 집을 짓거나 실로 직물을 짜거나 생에 대해 깊이 고민하는가? 그러지 말아야 한다. 이 모든 것은 탐욕이나 허영에서 비롯된 무의미한 활동이기 때문이다.⁴⁰ 진정한 삶은 고생과 불안, 시련으로 이루어져 있다. 그러다가 죽는다. 죽으면 육신이 지렁이의 배를 채우는 동안 영혼은 지옥에서 불탈 수 있다.⁴¹ "오, 인간 존재는 불결하고 비천하도다! 오, 인간의 불결함은 실로 비천하도다!"⁴²

이 무시무시한 말의 향연은 충격으로 우리를 각성시켜 변화의 필요성을 깨닫게 하려는 목적이다. 이 말들은 아우구스티누스가 인간의 도시라고 칭한 것을 외면하고 하느님의 도시를 바라보게 한다. 우리가 이 세상에서 쾌락과 성취라고 생각하는 것들은 허영일 뿐이다. 한참 뒤 신비론자이자 수학자인 블레즈 파스칼은 이렇게 썼다. "이 땅에서 만족을 찾지 말라. 인류에게 어떤 기대도 하지 말라. 네가 찾는 선은 오직 하느님 안에 있다."[43] 철학자 윌리엄 제임스는 1901~1902년의 강연을 통해 종교에서 이런 두 단계 전략이 어떻게 작용하는지 분석했다.[44] 먼저 이런 주장은 "현 상태의 우리에게 **어떤 문제가 있는 것처럼**" 불편한 느낌이 들게 만든 다음 종교적 해결책을 제시한다. "더 높은 권위와 적절하게 연결됨으로써 그 그릇됨에서 구원받는다는 느낌"을 주는 것이다.

이는 종교계에만 있는 일이 아니다. 정치도 이렇게 할 수 있다. 20세기 파시즘은 현 사회에 심각한 문제가 있지만 개인의 삶보다 국가의 이익을 우선시한다면 문제를 해결할 수 있다고 주장하면서 시작됐다. 공산주의 정권도 현존하는 자본주의 체제의 문제점을 진단한 뒤 혁명으로 그것을 고치자고 제안했다. 새로운 사회는 한동안 무력으로 뒷받침해야 하지만 그럴 가치가 있다고 했다. 대중을 이상적인 약속의 땅, 그 어떤 불평등이나 시련도 존재하지 않는 은혜로운 세계로 이끌어줄 터였기 때문이다. 두 체제 모두 공식적으로는 비종교적이지만 신을 초월적인 이상으로 대체한 것에 지나지 않는다. 민족주의 혹은 마르크스주의가 그것이었고 지도자를 중심으로 개인을 숭배하는 분위기가 만들어졌다. 그것은 개인의 일상적 자유와 가치를 빼앗은 대가로 좀 더 높은 단계, 혹은 '진정한' 자유로 한 단계 올라갈 수 있는 기회를 제공한다고 주장했다.⁴⁵ 지도자나 이데올로기가 개인의 양심, 자유, 이성 위에 군림한다면 안티휴머니즘이 득세하고 있는 것이다.

따라서 휴머니즘과 안티휴머니즘 간의 대립은 종교와 종교적 회의 간의 대립과 결코 정확히 일치한 적이 없다. 무신론자가 안티휴머니스트일 수 있듯 대부분 종교는 휴머니즘적 요소를 가지고 있어서 우리가 구원받아야 하는 그릇된 존재라는 생각과 매우 다른 방향으로 나아간다. 때로는 줄을 타는 듯한 묘기가 펼쳐지기도 한다. 심지어 인노첸시오 3세도 인간의 탁월함에 대해 논문을 써서 불행에 대한 논문과 짝을 이루게 할 생각이었다. 그러나 이교도를 탄압하고 십자군 전쟁을 벌이느라 (교황 인노첸시오 3세는 이 두 활동으로 특히 이름을 날렸다) 쓰지 못했다. 우리 인간은 자기 자신과 함께 긴 춤을 춰왔다. 휴머니즘과 안티휴머니즘 사상은 서로 대립했지만, 그 과정에서 서로를 소생시키고 서로에게 활력이 되었다.

종종 이 두 사상은 한 사람 안에서 나타나기도 한다. 나도 두 가지 사상을 다 갖고 있다. 전쟁과 폭정, 편견에 따른 증오, 탐욕, 환경 파괴 등이 난무할 때 내 안의 안티휴머니스트는 그야말로 형편없는 인간에 대해 저주를 퍼붓는다. 그러나 어떤 때는, 가령 과학자들이 협력해서 설계하고 쏘아 올린 새로운 우주 망원경의 성능이 매우 좋아서 거의 빅뱅 직후인 135억 년 전 먼 우주의 모습을 우리에게 보여줄 수 있다는 소식을 들으면 그렇게 할 수 있는 우리가 얼마나 특별한 동물인가 생각하게 된다. 프랑스 샤르트르 대성당의 하늘빛 색유리 창을 바라볼 때는 사라진 지 오래인

12세기와 13세기의 공예가들을 상상한다. 얼마나 뛰어난 실력이고 얼마나 귀한 정성인가! 사람들이 매일 서로를 위해 베푸는 크고 작은 친절이나 영웅적인 행위들을 목격할 때도 그렇다. 나는 온통 낙관주의자이며 휴머니스트가 된다.

이런 양면적인 마음으로 살아가는 것은 나쁜 게 아니다. 안티휴머니즘은 우리가 허세를 부리거나 안주하지 않도록 경각심을 일깨워 주며, 우리 안의 나약하고 흉악한 면에 대해 사실주의적 시각을 제공한다. 어수룩하게 있지 말라고 경고하고, 나와 동료 인간이 언제든 어리석은 짓이나 악한 짓을 할 수 있음을 대비하게 만든다. 휴머니즘이 끊임없이 자기를 정당화하기 위해 계속 노력하도록 만든다.

한편 휴머니즘은 지상이든 천상이든 이상향에 대한 춘몽에 빠져 실제 세상에 놓인 과제를 등한시하지 말라고 경고한다. 극단주의자들의 중독성 있는 약속에 저항할 수 있게 돕고, 우리 자신의 결함에 지나치게 집착해 좌절에 빠지는 것을 막는다. 모든 문제를 하느님이나 인간 생리, 혹은 역사적 불가피성에 돌리며 패배주의에 젖는 것이 아니라, 자기 삶을 책임질 의무가 인간 자신에게 있음을 일깨우고 지상의 난관과 공동의 안녕에 관심을 돌릴 것을 촉구한다.

그러니 양면적인 마음을 유지하길 바란다. 그러나 이런 바람에도 불구하고 나는 대체로 휴머니스트이고 휴머니즘 깃발이 더 낫다고 생각한다.

휴머니스트들은 본성상 깃발을 흔드는 일이 드물어서 신중하게 말해야겠지만 만약 휴머니스트들이 깃발에 구호를 써넣는다면 그 구호는 무엇보다 자유사상, 탐구, 희망이라는 세 가지 신념을 드러낼 것이다. 이 신념은 휴머니스트에 따라 다른 형태를 가진다. 인문학자의 탐구와 세속윤리운동을 하는 사람의 탐구는 다를 것이다. 그러나 이 세 가지 구호는 앞으로 살펴볼 여러 휴머니즘 이야기에서 되풀이해서 나타날 텐데, 그 이유는 아래와 같다.

자유사상: 휴머니스트는 오직 권위에 호소하는 독단적 학설이나 교리 대신 자기 자신만의 도덕적 양심이나 물리적 증거, 혹은 타인에 대한 정치·사회적 책임을 기준으로 삼아 삶을 사는 쪽을 선호하기 때문이다.

탐구: 휴머니스트는 연구와 교육의 가치를 믿으며 경전을 비롯해 의심할 여지가 없다고 여겨지는 여러 자료에 대해서도 비판적 논증을 실천하려고 애쓰기 때문이다.

희망: 휴머니스트는 인간이 무결하지는 않지만 그래도 우리가 이 세상에 존재하는 짧은 시간 동안 문학이나 예술, 역사 연구, 과학적 지식의 발전, 우리 자신과 다른 생명체의 복지 향상 등 어느 분야에서든 보람 있는 일을 하는 것이 **인간적으로 가능하다** 생각하기 때문이다.

이 책을 쓰는 동안 세상에 해로운 일들이 불거지기 시작했다. 국가주의와 포퓰리즘을 내세운 지도자들이 승승장구하는 것처럼 보이고 전쟁의 북소리가 울려 퍼질 때 인간과 지구의 미래에 대해 좌절하지 않기란 어렵다. 나는 이런 일들이 우리가 자유사상, 탐구, 희망을 포기하게 만들어서는 안 된다고 확신한다. 오히려 그 어느 때보다 지금 휴머니즘이 필요하다. 바로 그 믿음이 이 책을 쓰는 동력이 되었다.

이 시대가 절망적이라고 생각한다면 이제 1300년대 남부 유럽으로 눈을 돌려보자. 무질서, 질병, 고통, 상실의 현장에서 몇몇 애호가들은 더 먼 과거의 조각들을 발굴하고 그것을 이용해서 새로운 시작을 꾀했다. 그 과정에서 자신들도 새로이 태어났다. 위대한 인문학자들의 시조가 된 것이다.

| 본문의 각주는 ●로, 미주는 숫자로 표시했습니다.
  각주는 옮긴이 주, 미주는 지은이 주입니다.
| 외국 인명과 외래어는 국립국어원 외래어표기법을 따랐습니다.
| 본문에 언급된 책들 가운데 국내에 번역 출간된 책은
  한국어판 도서명을 우선으로 표기했습니다.
| 번역 출간되지 않은 도서의 경우, 직역하여 쓰고 원서 제목을 병기했습니다.
  다만 널리 쓰이는 제목이 있는 경우 그것을 따랐습니다.
| 문장 부호는 다음의 기준을 따랐습니다.
   (『』: 단행본, 「」: 단편, 시, 논문, 노래, 영화, 연극, 드라마, 신문 기사, 보고서, 《 》: 잡지, 신문)

1
산 자의 땅

'인간'을 부활시킨 최초의 사람들

1300년대

책을 좋아했던 페트라르카—이야기꾼이자 학자였던 조반니 보카치오—도통 알 수 없는 그리스어—덥수룩한 번역가 레온티우스 필라투스—역병—상실과 위로—세련된 언어—운명의 부침에 대응하는 법—미래의 광휘

다시 태어날 곳을 선택할 수 있다면 누구든 14세기 초 이탈리아반도는 피하고 싶을 것이다. 일상은 불안했고 도시와 정치 세력은 주기적으로 충돌했다. 겔프와 기벨린 두 당파 간의 긴 갈등이 해소되는가 싶더니 겔프가 다시 흑과 백으로 갈라져 싸우기 시작했다. 궁지에 몰린 교황 클레멘스 5세는 기독교의 역사적 중심이었던 로마를 버리고 적들을 피해 아비뇽으로 교황청을 이전했다. 아

비뇽은 알프스 너머의 작은 도시로 기후가 매우 나빠 교황을 맞을 준비가 되어 있지 않았다. 그래도 교황청은 아비뇽에 수십 년간 머물렀고 혼란에 빠진 로마는 수풀로 뒤덮인 채 그야말로 폐허처럼 남아 있었다. 토스카나*는 악천후와 기근에 시달렸고, 이후 더 심한 시련도 뒤따랐다.

그런데도 어쩐지 이 괴로움에 빠진 지역에서 문학의 생명력이 치솟았다. 1300년대 전체에 걸쳐 회복과 부활의 정신으로 가득 찬 새 세대 작가들이 나타났다. 이들은 당대의 온갖 시련 너머 과거로, 심지어 기독교의 시초 이전으로 손을 뻗어 로마시대 작가들과 손잡고자 했다. 로마시대에 나온 작품은 저마다 정도는 달랐지만 잊히고 있었다. 이 새로운 작가들은 우정과 지혜, 도덕, 그리고 말의 힘과 재주가 좋은 삶의 기반이 되는 옛 방식을 되찾고자 했다. 그리고 이런 요소들을 이용해 저들만의 문학을 다양한 장르로 창조해 냈다. 그들의 무기는 인문학studia humanitatis이었다.

인문학에 관한 관심이 부활했다는 징조는 이미 몇십 년 전부터 나타났고, 누구보다 우주적인 예지를 가진 단테 알리기에리가 이 점을 잘 보여주었다. 그는 토스카나 방언을 지키는 데 앞장섰으며 생생한 지옥을 빚어 거기 적들을 둠으로써 문학적인 복수를 감행하는 데 뛰어난 사람이었다. 그러나 진짜 새로운 시작은 그다음 세대, 단테와 같이 토스카나 출신이었던 프란체스코 페트라르카와 조반니 보카치오와 함께 찾아왔다. 이 두 사람은 다음 두 세

• 토스카나는 로마 북쪽에 있는 이탈리아 중부의 주로, 주도는 피렌체다.

기 동안 이어진 휴머니스트적인 삶의 방식을 만들어냈다. 그렇다고 그들이 자신을 휴머니스트라고 칭하지는 않았다. 우마니스티라는 말이 자주 쓰이게 된 것은 훨씬 뒤였다. 그러나 페트라르카와 보카치오가 우마니스티의 조건을 만든 사람들이니 그들을 우마니스티라고 불러도 적절할 듯하다.

두 사람의 첫걸음은 비슷했다. 아버지가 정해준 직업에 반기를 드는 일이었다. 아버지의 말을 따르려면 페트라르카는 법조인이, 보카치오는 상인이나 성직자가 되는 길을 택해야 했다. 그러나 두 사람은 새로운 길을 선택했다. 문학 하는 삶이었다. 젊은이들의 대항 문화는 여러 형태가 있는데, 1300년대에는 키케로를 아주 많이 읽고 책을 모으는 형태로 나타났다.

두 사람 중에는 페트라르카의 나이가 더 많았다.[1] 피렌체에서 태어날 예정이던 그는 1304년 아레초에서 태어났다. 그의 부모님은 백 겔프파**였는데 당시 흑 겔프파가 피렌체를 휘어잡고 있었기 때문이다. 부모님은 피난을 가야 했고 피난민 중에는 역시 백 겔프파였던 단테도 있었다. 안타깝게도 페트라르카의 부모도, 단테도 다시 피렌체로 돌아오지 못했다.[2]

페트라르카는 태어날 때부터 유배된 몸이었다. 어린 시절 내내 피난을 가거나 몇 달 혹은 몇 년을 머무르다 임시 거처를 옮기는 일이 반복되었다. 위험한 상황도 있었다. 갓난아기 때 페트라르카는 물에 빠져 죽을 뻔했다.[3] 아기를 안고 말을 몰던 하인이 강

◆◆ 중세 말기, 교황과 신성 로마 황제가 대립할 때 교황을 지지하던 당파.

을 건너다 말에서 미끄러졌고 아기를 놓친 것이다. 마르세유에서는 온 가족이 탄 배가 험한 파도에 침몰할 뻔했다. 다행히 가족은 살아남아 아비뇽에 도착했고 페트라르카의 아버지는 교황궁에 취직했다. 가족은 근교에 자리를 잡았고 페트라르카는 아비뇽 안팎에서 성장했다. 그는 이곳이 전혀 마음에 들지 않았지만 그래도 10대 후반과 20대에는 도시의 밤 문화를 즐기곤 했다. 수년 후 페트라르카는 남동생에게 쓴 편지에서 향수를 뿌린 사치스러운 옷을 걸치고 곱슬곱슬하게 말린 머리를 다듬은 뒤 놀러 나갔던 추억을 언급하기도 했다.[4]

페트라르카의 아버지는 공증인이었다. 그래서 자연스럽게 아들에게도 유사한 법 관련 공부를 시켰다. 그러나 페트라르카는 법 공부를 몹시 싫어했다. 처음에는 몽펠리에, 이후 볼로냐로 유학을 갔고, 열심히 공부하고 있다고 말은 했지만 실은 책을 모으는 데 힘을 쏟았다. 인쇄 기술이 나오기 한참 전이어서 책을 읽으려면 필사본을 찾아서 사거나 간청하거나 빌리거나 베껴야 했는데 페트라르카는 이 모든 방법을 적극적으로 동원했다.

그 과정이 순탄치만은 않았다.[5] 아버지가 페트라르카가 간신히 모은 책들을 불살라 버렸기 때문이다. 그래야 아들이 법 공부에 집중할 것이라고 생각했다. 그러나 마지막 순간 마음이 약해져 두 권을 불길에서 빼냈다. 키케로의 수사학 책과 베르길리우스의 시집이었다. 수사학은 법학 분야에서 일하려면 쓸모가 있을 것 같았고 시집은 머리를 식힐 때 좋을 터였다. 키케로와 베르길리우스는 언제나 페트라르카의 하늘에 떠 있는 별이었다. 이후에 태어난 인문학자들 역시 고대 전설을 아름다운 시로 빚어낸 베르길리우스와 누구보다 우아한 라틴어 산문으로 도덕과 정치에 관한 생각을 풀어낸 키케로를 존경했다.

한동안 페트라르카는 잠자코 지냈다. 공부만 하고 신중하게 행동했다. 그러나 스물두 살 때 아버지가 세상을 떠나자 법 공부를 그만두고 아비뇽으로 돌아와 전혀 다른 삶, 즉 문학하는 삶을 살기 시작했다. 페트라르카는 이때부터 평생 같은 방식으로 생계를 유지했다. 강력한 후원자들의 측근으로 지내면서 재정적 안정을 누리고 좋은 주택도 한 채 (때로는 두 채) 받았다. 후원자들은 귀족이거나 공국의 군주, 혹은 교회의 고위 성직자들이었다. 성직자들에게 도움이 되기 위해 페트라르카 자신도 교회에서 하위 품계

그림 4 페트라르카를 그린 19세기 판화(라파엘레 모르겐Raffaele Morghen 그림).

를 받았다. 페트라르카의 일은 외교상의 업무나 서기직과 관련되어 있었지만 무엇보다 듣기 좋은 글, 칭송하는 글, 격려하거나 위로하는 글 등을 꾸준히 써내는 일이었다. 페트라르카가 이미 즐겨 하던 일, 즉 읽기와 쓰기가 주된 업무였다.

그는 정말 쓰고 또 썼다. 논문, 대화편, 개인 서사, 초단편 전기, 개선 경축문, 라틴어 운문, 위로와 반성의 글, 신랄한 비난의 글 등 분야를 가리지 않았다. 자신뿐만 아니라 남들을 기쁘게 할 요량으로 일상어로 아름다운 연애시를 쓰면서 자신만의 소네트 형식(아직도 이를 페트라르카 소네트라고 부른다)을 발전시키고 완성하기도 했다. 이런 시의 상당 부분이 이상적인 여성상 '라우라'를 기리고 있는데, 1327년 4월 6일 아비뇽의 한 교회에서 라우라를 처음 본 페트라르카는 귀중한 베르길리우스 필사본 속에 이 날짜를 기록했다. 라우라가 얼마나 손에 넣기 힘든 신비로운 존재인지에 관한 페트라르카의 망상 가득한 고뇌는 수많은 시인에게 영감을 주었다.[6]

여러 도시에 있는 후원자들에게 의무를 다하고 나면 페트라르카는 시골에 있는 아름다운 주택에서 머물 기회를 보상으로 받았다. 숲을 배회하거나 강가를 걸으며 친구들과 시간을 보내거나 그저 사랑하는 책을 읽으면서 보내는 여유롭고 창의적인 막간의 휴식은 페트라르카에게 더욱 풍요로운 영감을 주었다. 30대 중반에 페트라르카는 아비뇽에서 멀지 않은 보클뤼즈에 집을 가지고 있었는데, 그곳은 소르그강의 맑은 물가 근처였다. 나중에는 파도바 근방 에우게아니 언덕에 집이 있었고 그 전에는 밀라노 근방 가레냐노에도 있었다.[7] 그 집도 강가였는데 "다채로운 새들이 가지에 앉아 다양한 음률로 부르는 노래"를 들을 수 있는 곳이었으며 정원에는 다양한 월계수 품종을 심어 식물학 실험을 하기도 했다.

월계수laurel를 심은 것은 아주 의미심장한 선택이었다. 사랑했던 여인을 '라우라Laura'라는 가명으로 칭한 것도 그렇다. 고대 세계에서 시인들은 훌륭한 작품을 쓰면 월계관을 받았다. 페트라르카의 시대에는 파도바의 시인 알베르티노 무사토가 이 관습을 되살렸다.[8] 그는 스스로에게 월계관을 내렸지만, 페트라르카는 1341년 로마의 더 공식적인 행사에서 월계관을 받았다. 그는 서사시 『아프리카Africa』(로마의 장군 스키피오 아프리카누스에 관한 시)에 대한 구두시험을 치르고 시를 칭송하는 공식 연설을 한 후에야 그 영예를 얻었다. 페트라르카는 월계관을 기쁘고 만족스럽게 받아들였으며 이런 관습이 고대로부터 왔다는 사실도 아주 잘 알고 있었다. 그가 결코 허영을 모르지 않았으며 때로는 우쭐대기도 했다는 사실을 짚고 넘어갈 필요가 있다. 그는 언제나 자신의 유명세가 진저리 난다고 말했고 (여러 채의) 집으로 찾아오는 수많은 추종자로 인해 지친다고 말했지만 사실은 이를 즐겼다. 페트라르카는 자기 분야의 정점에 우뚝 섰다. 그리고 그 정점은 비유적으로도 실제로도 꽤 높았다. 이후 잔노초 마네티가 페트라르카를 알았던 사람들의 진술을 바탕으로 쓴 설명에 따르면 페트라르카는 키가 컸고 '위풍당당'한 분위기를 풍겼다고 한다.[9]

그는 겉으로는 기품이 넘쳤지만, 속으로는 불안정했던 어린 시절이 남긴 정신적 상처를 평생 안고 살았다. 자기만족을 느끼다가도 우울감에 빠졌고 때로는 불만족조차 느낄 수 없는 무기력한 상태accidia가 되기도 했다. 모든 것이 불가해하고 불확실하게 느껴질 때도 있었다. 50대에 쓴 편지에는 "나 자신에게 어떤 것도 당연시하지 않고 어떤 것도 확신하지 않으며 불경을 범하지 않는 한에서 모든 것을 의심하고 있다"라고 말하기도 했다.[10]

더 자신만만한 발언을 할 때도 있었지만 이것은 대체로 문학가의 삶을 사는 자신의 소명에서 비롯된 의무감 때문이었다. 교회는 문학적인 능력이 뛰어난 서기직을 기용한 역사가 길었지만, 페트라르카만큼 그 역할에 헌신한 사람은 없었다. 그는 언제나 지나간 시대의 가장 뛰어난 고전문학을 염두에 두는 것 같았다. 먼 과거의 문학이지만 그 엄숙한 거리감 덕분에 더욱 강력한 힘을 행사했다. 고전은 페트라르카에게 도덕적 과제를 제시했다.

과거에 대해서 생각하지 않을 때는 동시대 사람들의 삶과 긴밀하게 얽힌 글을 썼다. 페트라르카에게는 흥미로운 친구들이 아주 많았다. 대부분 지식인이었고 문예에 관심이 많은 이들로, 그 중에는 돈과 권력을 가진 사람도 있었다. 페트라르카는 자신이 쓴 글을 친구들에게도 보여주었기 때문에 헌정 대상이 된 후원자들 말고도 많은 사람이 그의 글을 읽었다. 이 무리는 페트라르카가 책을 찾는 데도 유용한 연결망을 제공했다. 친구들이 어디론가 갈 때마다 페트라르카는 쇼핑 목록을 건넸다. 그는 피렌체 산마르코 수도원 원장이었던 조반니 델 인치사에게 이 목록을 보내면서 토스카나의 지인들한테도 보여주라고 했다. 그러고는 "나의 갈증을 완화하거나 자극할 수 있는 게 혹시 나올지 모르니 교회 관리나 학자들의 책장과 보관함을 낱낱이 살펴보라고 하게"[11]라고 말했다. 힘들게 베껴 쓰거나 위험을 감수하고 대여한 필사본은 강도가 길목을 지키는 이탈리아반도를 가로질러 와야 했고, 대여한 필사본은 다시 그 경로를 통해 반환해야 했다. 페트라르카 자신도 업무 때문이든 친구를 만나기 위해서든 자주 이동했다. 어딜 가든 페트라르카는 멀리 수도원이 보이면 멈추어 섰다. "내가 찾던 게 여기 있을지 누가 알겠는가?"[12] 하며 안으로 들어가 찾아보게 해 달라고 부탁했다. 값어치가 있는 필사본을 찾으면 며칠이나 몇 주씩 묵으며 베껴 오기도 했다.

    소장하려는 책을 모두 손으로 한 자 한 자 필사한다고 생각해 보자. 페트라르카 자신도 이것을 아주 고생스러운 일로 여겼다. 친구에게 보낸 어느 서한에서 그는 빌려온 키케로 필사본을 필사하는 중에 겪은 일을 이야기한다. 책을 베끼는 동시에 외울 수 있도록 매우 천천히 작업하고 있었는데 손이 뻣뻣해지고 욱신거려 더는 계속할 수 없다는 생각이 들었다고 한다. 그때 키케로가 다른 사람의 연설을 필사한 경험을 언급하는 부분이 나왔다. 페트라르카는 정신이 확 들었다. "훌륭한 지휘관에게 혼이 나는 부끄러운 병사처럼 얼굴이 붉어졌네." 키케로가 할 수 있다면 자신도 할 수 있을 것 같았다.[13]

    때로는 쓰는 일에서 피로보다는 위안을 발견했다. 그는 쓰기에 중독되어 있다시피 했다. "글을 쓰고 있을 때가 아니면 언제나 괴롭고 몸이 무겁다"라고 인정한다. 한 친구는 그가 서사시 작업에 너무 몰두해 있는 모습을 보고 오늘날 '개입'이라고 부르는 치료 방식을 시도했다. 페트라르카에게 아무렇지 않게 책장 열쇠를 달라고 하고는 페트라르카의 책과 필기도구를 모두 책장 안에 넣고 열쇠로 잠가버렸다. 다음 날 페트라르카는 해가 뜰 때부터 질 때까지 두통으로 고생했고, 다음 날에는 고열에 시달렸다. 친구는 그에게 열쇠를 돌려주었다.[14]

페트라르카는 글을 기계적으로 베끼기만 하지는 않았다. 외우려고 했을 뿐만 아니라 새로운 발견을 할 때마다 자신의 불어나는 학문적 지식을 반영했다. 섬세한 편집술의 개척자라고도 볼 수 있다. 새로운 필사본이 나타날 때마다 그때까지 단편으로만 존재했던 문헌에 이를 덧붙여 좀 더 완성된 형태로 만드는 작업을 했고, 내용을 제대로 꿰맞추기 위해 최선을 다했다. 이렇게 만든 편집본 중에 가장 중요한 것은 로마 역사가 리비우스의 작품으로 이는 페트라르카의 손이 닿기 전까지 오직 단편으로만 전해지고 있었다. (지금도 여전히 미완성이지만 페트라르카의 시대보다는 좀 더 완성된 상태다.)[15] 그는 새로운 리비우스 단편이 여러 다른 형태로 손에 들어올 때마다 이미 가지고 있던 단편과 합쳐 한 권으로 만들었다. 이렇게 만들어진 책은 다음 세기의 위대한 학자 로렌초 발라의 손에 들어갔다. (발라는 다른 장에서 제대로 만나볼 것이다.) 발라는 여기에 자신의 주석을 추가해 이를 더욱 발전시켰다. 바로 이것이 여러 세대에 걸친 인문학자들이 계속해서 즐겨 한 일로, 지식을 확장하고 근거를 바탕으로 문헌을 더 풍요롭고 더 정확하게 만드는 일이었다. 그 시작은 페트라르카였다.

그는 연구 대상이었던 작가들에게서 이런 작업을 할 동기를 얻었다. 나아가 그들은 페트라르카가 직접 글을 쓰도록 영감을 제공했다. 연구 초반에 발견한 키케로의 연설 『아르키아스 변호』가 특히 힘을 실어주었다.[16] 기원전 62년 로마에서 행해진 이 연설은 시인 아르키아스를 위한 재판 변론으로, 이민자였던 아르키아스는 절차적인 문제로 로마의 시민권을 거부당할 위기에 놓여 있었다. 키케로는 아르키아스의 '인문 연구'가 로마 사회에 많은 즐거움을 주고 도덕적인 면에서 도움이 되었으므로 절차적 문제가 있더라도 그에게 시민권을 주어야 한다고 주장했다. 페트라르카는 친구들과 여행하던 중 리에주의 한 수도원에서 이 글의 전문을 발견했다.[17] 그가 이 글을 필사하는 동안 친구들은 며칠이나 기다려야 했다. 이 글은 인문학적 삶을 시작하려는 사람에게 완벽한 문헌이었다. 키케로가 직접 그런 삶을 인정했기 때문이다.

구체적으로 모방할 수 있었던 키케로의 다른 작품은 또 다른 원동력이 되었다. 리에주에서 연설을 발견하고 12년 뒤 페트라르카는 베로나의 성당 서고를 기웃거리다가 키케로의 서한집 필사본 세 권을 발견했다.[18] 평생 친구였던 아티쿠스에게 보내는 편지도 있었다. 페트라르카는 키케로의 좀 더 사적인 면을 보여주는 이 편지들에 마음을 빼앗겼다. 친구에게 쓴 격의 없는 글에는 키케로가 느끼는 인간적 딜레마와 감정에 대한 고민이 담겨 있었고, 당대의 정치적 상황에 대한 즉각적인 반응도 있었다. 페트라르카는 또한 서한집이라는 관념 자체, 즉 여러 통의 편지를 선별하고 나열해서 일관성 있는 문학 작품을 만든다는 생각에 흥미를 느꼈다.

페트라르카도 키케로처럼 관심이 있는 거의 모든 것에 대해 쓰기 위해 편지라는 수단을 택했고, 수많은 편지를 썼다. 편지로 친구들의 생각과 물음에 답변했으며 재빠르게 반박하거나 예를 들기 위해 기존에 알던 지식을 활용했다. 편지로 연구 계획을 의논하기도 하고 개인적인 조언을 제공하기도 했다. 갓 마흔이 되어 삶을 되돌아볼 준비가 된 시점에 키케로의 서한집을 발견한 페트라르카는 자신도 키케로처럼 할 수 있겠다고 생각했다. 자신이 쓴 편지를 되찾고 되새겨 필사하고 다듬은 다음 만족스러운 순서로 배열해 읽고 싶어 하는 사람들과 돌려 읽으면 될 터였다.

페트라르카는 결국 작업을 시작했고 4년이 걸렸지만, 첫 장편 서한집인 『가까운 이들에게 보내는 편지Familiares』를 펴냈다. 그다음으로는 『노년에 보내는 편지Seniles』를 냈다. 이 두 작품은 페트라르카의 가장 다채로운 작업이자 솔직히 말해서 가장 재미있는 책으로서 온정과 슬픔, 염려나 분노의 말로 가득하고 우쭐대거나 우울한 모습도 담겨 페트라르카의 온 세상을 간접적으로 조명한다. 긴 이야기를 담은 편지들도 있는데 그중에는 동생과 아비뇽 근방의 방투산을 등산한 이야기도 있다.[19] 그는 주머니에 아우구스티누스의 『고백록』을 넣고 산을 올랐는데 정상에서 적절한 인용문을 읊고 싶었기 때문이다. (이 편지의 수신인은 아우구스티누스의 책을 선물한 친구였고 편지는 친구에게 감사를 전하는 페트라르카만의 방식이었다.) 아무튼 이 서한집은 키케로에게 보내는 경의인 동시에 매우 사적인 창작물로서 활기와 즉흥적인 흥취로 가득하다.

더 정확히 말해 즉흥적인 흥취로 **보이는** 것이라고 해야겠다. 이 편지들은 강도 높은 편집과 교정의 결과물이기 때문이다. 페트라르카가 정말로 동생과 방투산에 올랐는지 아니면 단지 그런 생각을 담은 아름다운 환상곡을 지어낸 것인지 오늘날까지 아무도 확실하게 알지 못한다. 이 편지들은 문학적 창작물이고 편지들의 주된 주제 또한 문학이다.[20] 고전을 인용하거나 지식인만이 알 수 있는 우스갯소리를 담아 학식을 뽐내기도 했다. 집에 묵게 해준 친구에게 보내는 감사 편지에서는 문학사 속에서 친구의 집에 묵었던 여러 인물들에 대해 이야기하기도 하고,[21] 어렸을 때 강에 빠져 죽을 뻔한 일을 들려주면서 베르길리우스의 『아이네이스』에 나오는 이야기를 언급하기도 한다. 유배 길에 오른 신화 속의 왕 메타부스가 아기 공주 카밀라를 데리고 강을 건너야 했던 이야기인데 메타부스는 딸을 창에 붙들어 매고 그 창을 건너편으로 던지는 의외의 방식으로 강을 건넜다.

존경하는 고전 시대 작가들을 마치 제 친구인 양 수신인으로 삼아 쓴 편지도 있다. 그런 편지에는 늘 붙이는 맺음말 대신 "산 자들의 땅으로부터"라는 말로 끝을 맺었다. 이제 페트라르카의 편지를 읽는 우리가 (당분간은) 산 자들의 땅에 있고, 그는 반대편에서 우리에게 말을 걸어오고 있다. 실제로 우리에게 보낸 편지도 있다. 두 번째 선집에 있는 마지막 편지는 "후대에게" 쓰였다.[22] (이 편지는 "여러분은 나에 대해 들은 바가 있을지도 모르겠다. 이 또한 확신할 수 없지만"이라는 말로 다소 수줍게 시작한다.)

페트라르카에게 책은 교류였다. "(책은) 우리에게 말을 걸고 조언을 건네며 살아있는 듯 생생하고 꿰뚫을 듯 날카로운 친밀감으로 우리를 하나로 만들어준다."[23] 페트라르카는 찬 공기 속에서 제 입김이 보인다는 사실을 근거로 자신이 살아 있다고 여기는 사람들만큼 고대 사람들 역시 좋은 친구가 되어줄 수 있다고 말한다.[24] 위대한 작가들의 책을 마치 집으로 찾아온 손님처럼 대하기도 하고 농담을 건네기도 한다. 한번은 바닥에 둔 키케로의 책에 발이 걸려 발꿈치에 멍이 든 적이 있는데 그때 그는 "이게 뭡니까, 키케로 선생? 왜 나를 치십니까?"라고 물었다. 바닥에 두어서 기분이 나빴을까?[25] 키케로에게 보내는 또 다른 편지에서는 그의 선택을 감히 비판하기도 한다. "왜 그리 많은 다툼과 아무짝에도 쓸모없는 원한에 휘말리셨습니까? (…) 선생이 그토록 결함이 많은 사람이었다니 나는 수치스럽고 괴로워 몸 둘 바를 모르겠습니다."[26] 그에게 이 편지들은 팬레터가 아니라 삶의 문제들과 씨름했던 실수투성이 인간들과 나눈 의미 있는 대화였다. 그들은 여느 인간과 마찬가지로 평범한 잘못들을 저질렀지만, 페트라르카가 보기에 그들의 세상은 자신이 몸담은 세상보다 좀 더 지혜롭고 문명적인 곳이었다.

과거로 보내는 편지에 담긴 페트라르카의 재치와 지식 아래로 한 줄기 슬픔이 흐른다. 편지를 받아 보아야 할 사람들은 사라지고 없고 그들의 시대도 떠나갔다. 그런 위대한 시대가, 인물이 다시 존재할 수 있을까? 페트라르카와 동료들은 바로 이 점을 궁금해했고 그들은 그런 시대를 다시 가능하게 만들고 싶었다.

***

페트라르카가 편지로 문학에 관한 의견을 나눈 친구 가운데 가장 돋보인 사람은 단연 조반니 보카치오였다. 보카치오 역시 어린 나이에 반항기를 거치며 문학을 시작했다. 페트라르카보다 9년 늦은 1313년에 태어난 보카치오는 페트라르카처럼 유배 생활을 한 적은 없다.[27] 생애 대부분을 피렌체에서 꽤 안정적으로 살았으며 근처 체르탈도에 본가가 있었다. 그럼에도 순탄한 삶은 아니었다. 친어머니에 대해서 알려진 바는 없으나 어머니가 일찍 세상을 떠났을 수 있다. 보카치오는 양어머니의 손에 컸다. 아버지 보카치오 디 첼리노는 ('작은 보카치오'라는 뜻이라서 헷갈릴 수 있지만) 상인이었고 아들이 가업을 이어주기를 간절히 바랐다. 그래서 아들을 다른 상인에게 보내 6년 동안 산수를 배우게 했지만 헛수고였다. 그러자 성직자로 키우는 것을 고민했는데 보카치오는 나중에 이것이 "돈을 버는 좋은 방법"이었기 때문이었다고 말했다.[28] 그러나 보카치오는 성직자가 되는 일에도 전혀 흥미나 소질을 보이지 않았다.

그는 대신 글을 잘 썼다.[29] 특히 시를 잘 썼는데 여섯 살 때부터 여러 형식을 실험했다. 그래서 보카치오 역시 페트라르카처럼 일종의 통과의례를 거쳤다. 아버지가 바라는 진로를 거부하고 인문학에 몰두했다. 또한 페트라르카처럼 자신이 인문학으로 돌아선 과정을 글로 남겨 스스로 전설이 되었다.

어떤 면에서 둘은 매우 달랐다. 보카치오도 페트라르카처럼 불안감을 느끼고 복잡한 생각을 많이 했지만, 그 종류가 달랐다. 보카치오는 방어적이고 가시 돋친 태도를 자주 보였다. 마치 타인과의 관계에서 자신이 항상 불리한 위치에 있다고 생각하는 것 같았다. 반면 페트라르카보다 칭찬에 너그러웠다. 보카치오는 옛 작가나 새 작가에게 기꺼이 경의를 보냈다. 페트라르카를 칭송했으며 특히 1321년에 사망한 단테에 대해서도 존경을 표했다. 나아가 최초의 진지한 단테 학자로서 단테에 관한 강연을 열고 단테의 작품에 서문을 다는가 하면 그의 전기도 썼다.[30] 페트라르카를

그림 5 조반니 보카치오. 1450년경 그려진 벽화Andrea del Castagno로 이후 목판에 이전.

"존경하는 선생, 아버지이자 스승"이라고 불렀고, 빛나는 업적을 고려할 때 그를 고전 시대 인물로 쳐줘야 한다고 말했다.[31] 페트라르카가 들었다면 정말 좋아했을 말이다. 나아가 보카치오는 페트라르카의 이름이 유럽 전역에, 심지어 "저 구석진 잉글랜드라는 곳까지" 알려져 있다고 말했다.

한편 자기 작품은 좀 더 인정받아야 한다고 불평했다.[32] 만약 초기에 더 많은 격려를 받았다면 더 널리 알려졌을 것이라고 생각했다. 하지만 딱히 불평할 이유가 있었을까? 보카치오는 양식을 가리지 않고 소설, 시, 문학에 관한 대화록, 신화와 설화 모음, 온갖 학술 논문 등을 썼고 여러 분야에 걸쳐 명성을 얻었다.

보카치오는 토스카나 방언으로 쓴 100편의 이야기 『데카메론』을 통해 오늘날 사람들의 기억에 남아 있다. 열 명의 화자가 열흘에 걸쳐 각각 열 개의 이야기를 하는 이 책은 보카치오가 다재다능하게 문체와 상상력을 갖고 놀 수 있는 장이었다.

어떤 이야기는 격조 높은 언어로 사랑과 미덕에 대해 말하는 교훈적인 내용으로 인간의 심리에 대한 통찰이 양념처럼 들어가 있지만, 어떤 이야기에서는 음탕한 욕정을 품었다가 우스꽝스럽게 골탕을 먹는 사람들이 나와 야단법석을 떤다. 꾀를 부리는 인물들이 순진한 바보들을 속이고 교활한 아내들은 기발한 방법으로 남편 몰래 부정을 저지른다. 게으르거나 부패한 성직자를 조롱하는 이야기도 있다. 한 수녀원 원장은 한밤중에 수녀가 애인과 잠자리를 하고 있다는 제보를 받고 자리에서 일어나 사실을 확인하러 간다.[33] 원장이 비몽사몽간에 머리에 덮어쓴 것은 수녀의 베

그림 6 1504년 베네치아에서 출간된 보카치오의 『데카메론』에 들어간 삽화. 아흐렛날의 두 번째 이야기 내용을 담고 있다.

일이 아니라 자신과 함께 잠자리를 하고 있던 사제의 속바지였다. 성직자를 놀려먹는 데 그치지 않고 기독교의 권위를 좀 더 진지하게 비판하는 위험을 무릅쓰는 이야기들도 있다. 한 이야기에서는 어느 높은 귀족이 세 아들을 차례로 불러 마치 그를 후계자로 택했다는 듯 각자에게 반지를 준다.[34] 그런데 이 가운데 둘은 원래 있던 반지와 똑같은 복제품이라 아무도 그중 무엇이 진짜인지 알 수가 없다. 이것은 유대교와 기독교, 이슬람교 교인들이 모두 자기 종교가 정통이라고 믿으며 경쟁하지만 사실은 알 수 없는 문제라는 교훈을 가진 우화다.

보카치오의 『이교도 신들의 계보Genealogia Deorum Gentilium』 역시

광범위하고 모험적인 작품으로 고전 신화를 모은 책이다. 종합적이고 전문적이며 다소 혼란스러운 이 책은 신화학이나 역사학의 방법론이 아직 엄격하게 자리 잡지 못한 시기에 온갖 학자들을 면담하고 책을 뒤져 구성했다. 모든 고대 지식에 대한 보카치오의 애정으로 빛나는 책이지만 막바지에 이르면 당대의 문학에 대한 보카치오의 생각이 드러나고 문학을 향한 그의 인생 여정도 담겨 있다.

이 책을 포함해 다양한 장르의 작품을 쓰면서도 보카치오는 피렌체에서 공직 생활을 했다.[35] 시의 재무국 관리, 세금 징수원, 사절 등을 역임했고 시민 위원회에 참여하거나 공공시설을 관리하는 부서에서도 일했다. 페트라르카가 어디에서나 편안함을 느끼거나 어디에서도 편안함을 느끼지 못했다면, 보카치오는 자신의 공동체에 더 깊이 뿌리내린 인물이었다.

공직 생활 덕분에 보카치오는 수년간 멀리서 우러러보기만 했던 페트라르카를 직접 만나볼 수 있었다. 당시 피렌체에서는 수년 전 도시를 떠난 가문들의 후손을 다시 자랑스러운 피렌체 시민으로 살도록 설득하는 중이었고 보카치오 역시 여기 적극적으로 동참했다.[36] 1350년 페트라르카가 피렌체 근방에 들르자 보카치오는 기회를 놓치지 않고 그를 피렌체로 초대해 자기 집을 숙소로 내어주었다. 자신이 가진 매력을 아낌없이 발산하고 정성을 다해 대접했을 것이 분명하다. 피렌체시와 논의해서 페트라르카에게 대학교수직을 제안하기도 했다. 큰 영예였지만 소용없었다. 페트라르카는 피렌체로 거처를 옮기지 않고 계속해서 밀라노, 파도바, 베네치아를 비롯한 여러 장소를 옮겨 다녔다. 온갖 노력을 기울였던 보카치오는 실망했다. 두 사람의 관계는 이처럼 삐걱거리며 시작했지만 둘은 이후 오래도록 우애를 나누었다. 보카치오는 페트라르카의 집을 여러 군데 방문하기도 했다. 만날 수 없을 때도 편지로 관계를 다졌다. 편지에서도 물론 책 이야기를 나누었지만, 우정을 표현하기도 하고 서로 애정 어린 꾸중도 잊지 않았다.

나이 차이가 많이 나지는 않았지만 보카치오는 페트라르카를 아버지처럼 존경했고 페트라르카 역시 이에 기꺼이 보답하며 보카치오를 아들처럼 여겼다.[37] 이름이 같은 진짜 아들 조반니보다 더 아끼는 것 같기도 했다. 엄밀히 말하자면 성직자였던 페트라르카는 결혼할 수 없었지만 아들과 딸, 두 자녀의 아버지였다. 딸 프란체스카는 가족과 함께 노년의 페트라르카를 돌보았지만 조반니는 아버지의 마음을 사지 못했던 것 같다. 열여덟 살 때 아버지의 집에 얹혀살던 조반니는 아버지와 비슷하게 무기력한 상태를 겪는 것처럼 보였지만 아버지처럼 책에서 안식을 구하지는 않았다. 페트라르카는 그런 아들을 견딜 수 없었고 결국 모질고 무서운 편지를 써서 집을 나가라고 명령했다.

그런 친아들과 달리 조반니 보카치오는 올바른 것들에 무한한 관심을 보였다. 언어에 대한 열정이 있었고 글쓰기의 기쁨을 알았으며 고대 문학을 발굴하고 되살리는 데 몸을 바쳤다. 그는 근대(아주 초기 근대) 인문학자가 되기 위한 모든 요소를 갖추고 있었다. 보카치오는 페트라르카처럼 필사본을 아꼈고 수도원을 샅샅이 뒤졌으며 귀중한 책을 찾아냈다.[38] 몬테카시노에 있는 베네딕토회 수도원에서 키케로의 저작을 추가로 발견하기도 했다. 보카치오는 따분한 필사 일도 마다하지 않았다.

그러나 기이한 사건이 벌어져 이 모든 일을 관두려 한 적도 있었다.[39] 시에나의 수도사 피에트로 페트로니가 1362년 보카치오에게 경고한 것이다. 서고에 있는 모든 비기독교 서적을 없애고 그런 서적을 집필하는 일을 그만두지 않으면 즉시 죽게 된다고 말이다. 계시를 받았다는 그의 말에 깜짝 놀란 보카치오는 페트라르카에게 조언을 구했고 페트라르카는 당황한 보카치오를 안정시켰다. 그리고 덧붙이기를 정말 서고를 비우고 싶다면 기꺼이 사줄 테니 자신에게 책 목록을 보내라고 했다.

그러나 이기적인 목적을 떠나 보카치오에게 서가를 비우지 말아야 할 이유를 조목조목 따져 말해주었다.[40] 문학을 사랑하고 잘한다면 그것을 내팽개치는 일이 어찌 도덕적으로 옳은 일일 수 있겠는가? 페트라르카는 무지는 선으로 가는 길이 아니라고 말했다. 신앙이 독실하지 않아서가 아니었다. 오직 신적인 것들에 대해 사유하고 경전만 읽는 삶, 혹은 아무것도 읽지 않는 삶이 기독교인의 삶이어야 한다는 생각을 받아들일 수 없었다. 페트라르카는 지식과 배움의 편에 서 있었다. 말과 관념으로 이루어진 건전한 풍요를 원했다. 다행히도 (페트라르카 서고의 관점에서는 불행히도) 보카치오는 곧 정신을 차렸고 책을 없애지 않았다. 그는 『이교도 신들의 계보』에서 기독교인이 고대 세계의 신들이나 이야기를 연구하는 일을 결코 "부적절"하다고 여겨서는 안 된다고 거침없이 주장했다.[41] 기독교가 구시대의 신들을 이미 무찌른 것이 명확하므로 두려워할 것이 없다는 주장이었다. 페트라르카 역시 기독교 밖의 가르침이 복음과 실제로 모순되지 않는 한 "정신을 즐겁게 하고 교양 있는 삶을 사는 데 상당한 도움을 준다"라고 말했다.[42]

페트라르카와 보카치오는 문학에 대한 갈망이 얼마나 컸던지 읽을 수 없는 문헌도 보물처럼 아꼈다. 두 사람은 라틴어를 완벽하게 읽을 수 있었지만 당시 대부분의 서유럽 사람들이 그랬듯 고대 그리스어는 거의 혹은 전혀 몰랐다.[43] 중세 학자 중에는 그리스어를 배운 사람들이 소수 있었지만 대체로 배우지 않았기 때문에 수도원의 필사자들은 라틴어 문헌에서 그리스어가 나오면 "그리스어이므로 읽을 수 없다Graecum est, non legitur"라고 적었다. 바로 여기서 나온 말이 도통 이해할 수 없다는 의미로 쓰이는 "나한테는 온통 그리스어로 들린다It's all Greek to me"이다. 이 말은 셰익스피어가 『율리우스 카이사르』에서 되살렸는데 키케로가 그리스어로 말을 해서 도무지 알 수 없다는 카스카의 대사다.[44] 14세기에 그리스어를 제대로 하는 사람들이 있는 곳은 콘스탄티노폴리스나 오늘날 그리스가 위치한 지역, 혹은 이탈리아 남부의 그리스어 원어민 정착촌이 전부였다. 다른 곳에서는 고대 그리스의 철학과 과학, 천문학, 문학이 접근할 수 없는 상태로 남아 있었다.

이처럼 읽을 수 없어 페트라르카와 보카치오를 애타게 한 작가 중에는 호메로스가 있었다. 그의 책이 라틴어나 이탈리아어로 번역되기 전이었기 때문이다. 그러나 페트라르카는 콘스탄티노폴리스에 사는 그리스 친구가 선물한 『일리아스』 필사본의 당당한 소유자였다. 그는 친구에게 감사를 표하며 이탈리아로 와서 그리스어를 가르쳐주기를 간절히 바란다고 적기도 했다.⁴⁵ 그러지 않으면 호메로스는 계속 침묵할 터였다. "아니, 내 귀가 멀어 있다고 해야 옳겠습니다. 그래도 그가 여기 있다는 사실만으로 기쁩니다. 나는 한숨을 푹푹 쉬며 그를 품에 안고 말합니다. '위대한 자여, 정말로 그대의 노래가 듣고 싶습니다!'"('아무짝에도 쓸모없는 선물 참 고맙다'라는 말처럼 들리기도 하지만 그리스 문학의 문을 열고 싶다는 페트라르카의 갈망은 진심이었다고 가정해도 괜찮을 것이다.)

보카치오에게도 그리스어 책이 있었다. 그는 문제를 해결할 방법을 생각해 냈다. 페트라르카를 위한 교수직을 마련하려고 애썼을 때처럼 피렌체의 권위자들을 설득했다. 마침내 1360년 서유럽 최초로 그리스어 교수 자리를 만들어 칼라브리아 출신 레온티우스 필라투스를 여기에 앉혔다.⁴⁶ 이것은 과감한 선택이었다. 필라투스는 충동적이고 제멋대로였으며 수염이 길고 얼굴도 추해서 겉모습 역시 야만인 같았다. "늘 생각에 잠겨 있고 태도나 행실이 다소 거칠다"라고 보카치오도 인정했다.⁴⁷ 페트라르카도 필라투스를 만난 적 있지만 별로 마음에 들어 하지 않았다. 그러나 보카치오는 필라투스에게 관대했는데 거기에는 이유가 있었다.⁴⁸ 필라투스가 그리스 신화와 역사 이야기를 쏟아낼 수 있었기 때문에 『이교도 신들의 계보』를 쓰는 데 유용한 원천이 되리라고 생각했던 것이다. 보카치오는 피렌체의 집에 필라투스를 머물게 하면서 『일리아스』와 『오디세이아』를 라틴어로 번역하는 일을 맡겼다.⁴⁹ 일단 라틴어로 옮기면 보카치오 자신이 다듬을 예정이었다. 페트라르카는 멀리서 이를 지켜보며 보카치오에게 새로운 번역이 나오면 바로 보내달라고, 사본을 만든 다음 원본은 다시 보내주겠다고 했다.[50] 우편물은 당대의 방식에 따라 아슬아슬하게 양쪽을 오갔다.

다행히 유실된 사본은 없었지만 시간이 아주 오래 걸리는 일이었고 필라투스는 점점 다루기 힘들어졌다. 1363년, 보카치오의 집에 산 지 3년쯤 지났을 때 필라투스는 피렌체가 지겨워졌으니 콘스탄티노폴리스로 이사하고 싶다고 선언했다. 번역은 다 마치지 못한 상태였다. 보카치오는 필라투스를 데리고 콘스탄티노폴리스 쪽으로 향했으나 베네치아에 있는 페트라르카의 집에서 멈추어 거기에 필라투스를 데려다놓았다. 페트라르카는 필라투스가 바뀐 환경에서 마음을 다잡고 다시 번역을 시작하기를 기대했지만, 그런 일은 벌어지지 않았다. 결국 필라투스는 이탈리아에 수많은 불만과 비난을 퍼부으며 배에 올랐다. 페트라르카는 작별 선물로 필라투스가 즐겨 읽던 테렌티우스의 희극집을 주었다.[51] 페트라르카는 "저 우울한 그리스인이 이 기쁨에 찬 아프리카인에게 어떤 공통점을 느꼈을까" 궁금했다. (그러나 타인의 결점을 잘 견디지 못했던 페트라르카야말로 "인간의 그 어떤 일도 남의 일이" 아니라는 테렌티우스에게 그다지 공감할 수 없었을 것이다.)

한편 콘스탄티노폴리스에 도착한 필라투스는 다시 이탈리아를 그리워했고, 결국 페트라르카에게 편지를 썼다.[52] 페트라르카는 필라투스의 편지가 "그의 수염과 머리보다 더 부스스하고 길다"라고 말했다. 필라투스는 이탈리아로 돌아가기 위한 방법과 비용을 알아봐 달라고 부탁했다. 이 시점에는 페트라르카가 보카치오보다 필라투스의 삶에 더 깊이 관여하고 있었다. 그러나 페트라르카는 엄격한 아버지의 태도를 보이며 보카치오에게 이렇게 말했다. "오만방자하게 떠나더니 거기서 비참하게 살아보라지."[53]

사실 페트라르카는 필라투스의 변덕이 두려웠다고 고백한다.[54] 물론 이해할 수 있는 이유다. 그러나 필라투스가 왜 그토록 많이 고민하고 괴로워했는지 따져보면 그도 이해할 수 있다. 필라투스는 어딜 가든 이방인 취급을 받았고 두 토스카나 남자는 자꾸만 그의 자유분방한 머리 모양을 지적하며 그를 야만인처럼 대했다. 그러나 두 남자가 갈망했던 고대의 언어, 문학의 언어를 아는 사람이 바로 필라투스였으며 야만인barbaros이라는 말도 애초에 그리스어에서 나왔다.

필라투스는 그리스 작가들의 필사본을 더 가져다주겠다며 매혹적인 제안을 건넸지만 놀랍게도 페트라르카는 꿈쩍하지 않았다. 1366년, 결국 필라투스는 스스로 길을 찾아 다시 배에 오른다. 그러나 여정은 매우 불행한 끝을 맞았다. 배가 아드리아해를 따라 목적지에 거의 다다랐을 무렵 폭풍우가 쳤다. 배가 흔들리고 곤두박질치는 동안 필라투스는 돛대에 매달렸다. 다른 승객들은 갑판 아래 더 안전한 장소에 있었다. 이윽고 벼락이 돛대를 때렸고 필라투스는 그대로 목숨을 잃었다. 유일한 사망자였다.

페트라르카는 그의 죽음에 어느 정도 책임감을 느낀 것 같다.[55] 보카치오에게 보내는 편지에 "이 불행한 자는 어쨌든 우리를 매우 아꼈다"라고 썼다. "하루도 고요한 날 없이 살다가" 죽었다고도 했다. 그러나 페트라르카는 한 가지 물음을 떨칠 수 없었다. (우리도 여전히 모른다.) 필라투스가 나에게 주려고 했던 그리스어 책이 있었는데 혹시 선원들은 별말 없었는지?

페트라르카에게도 여느 인간처럼 결점이 있었다. 보카치오도 때때로 성급하고 까다롭게 굴었다. 그러나 책을 모으고 번역하고 편집하고 편지를 쓴 그들의 이야기에서 주목할 점은 자신들의 과제, 그리고 뚜렷하지 않은 목표에 대한 온전한 헌신이다. 그 목표는 바로 오래전의 인문학을 깊은 해저에서 건져 올려 되살리는 일, 미래를 위해 새 생명을 불어넣는 일이었다.

그러나 그 미래로 가는 길은 늘 쉽지만은 않았다.

* * *

페트라르카와 보카치오가 만나기 몇 년 전인 1347년, 이탈리아 북부와 프랑스 남부에서는 질병이 소리 없이 퍼지고 있었다.[56] 이 병은 아시아와 아프리카 일부 지역에서도 나타났고 이후 유럽에서도 좀 더 광범위하게 퍼졌다. 질병의 원인은 박테리아인 예르시니아 페스티스$^{Yersinia\ pestis}$였다. 벼룩 등의 매개 동물이 퍼뜨리지만 당시에는 아무도 이를 알지 못했다. 유럽에서는 이미 몇 차례 이 질병이 유행한 적이 있지만 너무 먼 과거라서 사람들은 증상의 유사성을 알아차리지 못했다.

피아첸자에 사는 변호사 가브리엘레 데 무시는 질병의 증상을 이렇게 설명했다.[57] 먼저 몸이 "오싹하고 뻣뻣해지며" "마치 화살 끝으로 찌르는 것처럼" 따끔따끔한 느낌이 있다. 그러다가 겨드랑이나 사타구니에 (그 아래 림프샘이 부어서) 색이 안 좋은 종기가 난다. 이어서 고열이 시작된다. 피를 토하는 사람도 있고, 정신을 잃는 사람도 있었다. 몇몇은 살아남았지만 대부분이 사망했다. 사타구니의 림프절이 붓는 가래톳bubo이 발생하기 때문에 가래톳페스트bubonic plague라는 이름이 붙었다. 흑사병이라고도 한다.

초기에 병이 퍼진 마을은 아무것도 모르는 상태에서 당했지만 사람들은 곧 소문을 통해 흑사병이 이 마을 저 마을을 거쳐 자기 마을로 오고 있음을 알게 되었고 더 큰 두려움에 떨었다.[58] 사람들은 전염을 막기 위해 상상할 수 있는 온갖 방법을 썼다. 한 가지 방법은 다른 사람과 접촉을 피해 최대한 고립되는 것이었다. 아픈 사람이 병을 옮길 수 있다는 사실은 알려져 있었기 때문이다. 하지만 이것이 쉽지 않은 때가 (가브리엘레 데 무시가 썼듯) 아픈 남편이나 아이가 애처롭게 호소하는 경우였다. "이리 와. 나 목말라, 물 좀 줘. 나 아직 살아있어. 겁내지 마. 나 안 죽을 수도 있어. 꼭 안아줘, 이 뼈만 남은 몸을. 두 팔로 안아주지 않고 뭐 해."

사람들은 침착하고 낙관적인 태도를 유지하려고 애썼다.[59] 두려워하면 전염이 더 잘된다고 믿었기 때문이다. 이는 마치 거울의 방처럼 사람의 심리를 마구 흔들어 놓았을 것이다. 한편 이 전염병을 하느님이 내린 벌이라고 생각하는 사람도 많았다.[60] 하느님이 벌을 내리고 싶어 하시니 인간은 속죄하는 모습을 보여야 한다고 생각했다. 참가자들이 스스로를 채찍질하며 걸어가는 행렬이 생기기도 했다. 때때로 이런 행사는 유대인이 이 질병의 원인이라고 의심하는 사람들로 인해 유대인 학살로 이어지기도 했다. 땅에서 올라오는 나쁜 기운이 원인이라는 가설도 있었고 기름진 음식을 먹은 탓에 몸에 '잉여 물질'이 축적되어 생기는 병이라고 생각하는 사람도 있었다. 나쁜 기운이 나갈 수 있도록 환자들의 종기를 절개하는 의사도 있었다. 이런 치료 방법을 주로 쓴 사람 중에는 아비뇽의 교황 클레멘스 5세의 주치의 기 드 숄리아크도 있었다. 다행히 클레멘스 5세는 이런 치료를 받지 않았는데 흑사병에 걸리지 않았기 때문이다. 다른 사람들이 도피하는 와중에도 그는 용감하게 도시에 남았지만 전염되지 않았다. 클레멘스 5세는 또한 유대인을 향한 폭력을 멈추고 회개 행렬이 질서 있게 이어지도록 애썼다. 공동묘지와 대규모 매장지가 꽉 차자 교황은 론 강으로 던져지는 시신이 천국에 갈 수 있도록 강을 축성했다.[61]

    피렌체에서는 상황이 훨씬 심각했다.[62] 첫 감염 사태가 잦아들었을 때는 이미 피렌체의 10만 인구 가운데 3분의 2가 사망한 뒤였다. 보카치오는 도시 내 상황을 누구보다 생생하게 남겼다. 보카치오 자신은 당시 피렌체에 없었지만 시내에 남은 사람들을 알고 있었고 『데카메론』의 서문에 이에 대해 짧지만 끔찍한 기록을 남겼다. 이야기의 배경을 설명하기 위해서였다. 『데카메론』에 나오는 열 명의 화자는 유복한 젊은 귀족으로 성 밖의 안락한 시골 별장에서 흑사병이 지나가기를 기다리고 있었기 때문이다. 보카치오는 그들이 무엇으로부터 도망치고 있었는지 정확하게 설명하면서 독자들에게 아직 기억 속에 생생하게 남아 있을 뿐 아니라 차라리 잊고 싶은 그 일들을 떠올리게 만들어 미안하다고 말한다.

그림 7 1348년 피렌체를 강타한 흑사병. 보카치오의 『데카메론』 내용을 그린 에칭(루이지 사바텔리L. Sabatelli the Elder 작품).

　보카치오의 설명에 따르면 도시는 파탄에 이르렀다. 사람들은 두려움에 휩싸여 친지들조차 돕지 않았으며, 부모조차 아이들을 만지지 않았다. 남은 하인들이 많지 않았기에 예절에 어긋남에도 귀족 여인들의 시중을 남자 하인들이 들게 했다. 평소 같으면 정숙한 귀부인에게는 있을 수 없는 일이었다. 집과 거리에 시신이 쌓였고 장례 절차는 점점 간소해지다가 아예 없어져 버렸다. 널빤지에 얹어 옮긴 시신은 구덩이 속에 이미 겹겹이 쌓인 시신들 위에 얹어 매장했다.

　원래는 외부의 위험으로부터 도시를 보호하기 위해 밤마다 성문을 닫았지만, 그때는 많은 사람이 『데카메론』 속 열 명의 젊은이들처럼 그 문을 나와 시골로 대피했다. 그러나 그 사람들이 성 밖에서 마주한 것은 평화로운 전원 풍경이 아니었다. 그들보다 먼저 흑사병이 도달해 있는 경우가 대부분이었고 시골 사람들은 밭과 가축을 버리고 떠난 뒤였다. 동물들은 알아서 생존해야 했다. 작물을 재배하는 데 필수적인 종자와 농기구도 내팽개쳐진 상태였다. 아무도 다시 돌아와 농사를 지을 수 있으리라고 생각하지 않았기 때문이다.

보카치오가 남긴 이런 상세한 기록은 기품 있고 탁월한 인류라는 고전 시대의 이상적인 생각이 처참히 뒤집힌 모습을 보여준다.[63] 고대 사람들은 인간이 잘 통제된 삶을 영위하면서 풍요로운 수확과 다채로운 기술의 혜택을 누리고 후대에 물려줄 유산을 생각하며 보람을 느낄 것이라고 여겼다. 그러나 흑사병이 닥치자 인간의 기술과 발명은 쓸모없는 것처럼 느껴졌다. 인간 조건을 향상해야 할 의술은 거의 무용지물이었다. 통치와 행정이라는 세련된 기술도 흑사병을 막지 못했다. 보카치오가 적었듯 "인간의 그 모든 지혜와 슬기도 소용없었다." 이 질병은 하느님이 세우신 질서라는 기독교적 이상에도, 학문과 기술의 혜택을 받는 재능 있고 능력 있는 사람들의 공동체라는 고전 시대의 이상에도 도전장을 내밀었다.

보카치오보다 훨씬 앞선 고대 그리스의 역사가 투키디데스 역시 기원전 430년 아테네를 강타한 전염병이(아마도 발진 티푸스일 텐데 다른 병이라는 가정도 있다) 초래한 도덕 붕괴에 대해 비슷한 이야기를 한 적이 있다.[64] 당시 아테네는 스파르타와 긴 전쟁을 치르던 중이었기에 시기가 좋지 않았다. 물론 전염병이 돌기 좋은 시기란 없다. 자신도 병에 걸렸지만 살아남은 투키디데스는 앞날에 대한 믿음을 잃은 아테네 사람들의 공동체가 어떻게 와해되었는지 글로 남겼다. 사람들은 즉각적인 쾌락에 돈을 탕진했다. 처벌을 받을 만큼 오래 살지 못하리라고 생각했기 때문에 법을 어기기도 했다. "신을 숭배하든 말든 상관이 없다고 생각했다. 선한 사람도 악한 사람도 다 죽었기 때문이다." 보카치오의 이야기도 비슷했다.[65] 재앙과 마주한 사람들은 문명의 시대가 끝났다고 생각하여 문명인으로 살기를 포기했다는 것이다.

실제 상황은 아마 좀 더 복잡했을 것이다. 전면전이나 총체적인 붕괴 이야기는 흥미진진하지만 실상 그런 상황이 닥치면 사력을 다해 막거나 피해를 줄이려고 애쓰는 사람들도 있다. 이런 비상 상황에서도 어떤 사람들은 하던 일을 계속하고 사회가 무너지지 않도록 영웅적인 노력을 거듭했다. 보카치오 또한 이 사실을 인정한다.[66] 인정하지 않을 수 없었을 것이다. 피렌체에서 고통을 최소화하기 위해 계속 일을 한 사람 중에는 보카치오의 아버지도 있었기 때문이다. 무역상이었던 아버지는 심각한 위험을 무릅쓰고 식량을 배분하는 일을 계속했다. 흑사병에 걸렸을 가능성도 있다. 어쨌든 얼마 가지 않아 사망했고 원인은 밝혀지지 않았다. 새로운 치료법을 발견하려고 시도한 사람들도 있었고(비록 성공하지는 못했지만) 전염을 줄이려고 애쓴 사람들, 시신을 가능한 한 효율적으로 처리하는 필수적인 업무를 지속한 사람들도 있었다. 전염병의 유행이 끝난 후에는 일상을 되찾기 위해 애쓴 사람들이 있

1 산 자의 땅

었다.[67]

그러므로 인간 문명과 행동에 관한 모든 이야기가 그렇듯 이 이야기도 간단한 우화로 설명할 수 없으며 내적으로 복잡한 양상을 띠고 있다. 19세기 소설가 알레산드로 만초니는 1630년 밀라노에서 흑사병이 발생했던 당시에 대해 이렇게 썼다. "모든 공동체의 불행 속에서, 정상적인 질서가 장기적으로 무너지는 모든 사건 속에서 우리는 항상 성장을, 인간의 선함이 고조되는 양상을 목격한다. 불행하게도 인간의 악한 모습 역시 같이 증가한다."[68] 다르게 말하면 이렇다. 겁에 질린 사람과 이기적인 사람이 존재하는 반면 용감한 행동을 하는 사람도 있고, 나아가 양극단 사이에 존재하는 다양한 사람들도 있다.

만초니의 서사가 1630년을 배경으로 한다는 점은 흑사병이 유럽에서 사라지는 데 얼마나 오랜 시간이 걸렸는지 보여준다. 페트라르카와 보카치오는 살면서 여러 차례 전염병 대유행을 경험했다. 1340년대 후반에 있었던 첫 대유행이자 최악의 발발은 마무리됐지만 14세기 내내, 그리고 그 이후에도 흑사병 유행은 계속 이어졌다. 우리가 유럽의 '르네상스'라고 알고 있는 시대, 고전시대의 지식과 지혜의 부활이 이어지고 예술적 재능이 폭발한 시대, 의술이 발전하고 더 생산적인 탐구 방법이 꽃핀 시대에도 사람들이 아무도 이해하지 못한 질병으로 인해 주기적으로 죽어나갔다. 흑사병은 1720년 마르세유 범유행을 마지막으로 유럽에서 사라졌지만 세계의 다른 지역에서, 특히 19세기 중반 중국과 인도에서 수많은 불행과 죽음을 초래했다. 흑사병은 여전히 치명적이지만 오늘날에는 좀 더 효과적인 치료법이 있다.

1차 유행이 서유럽 인구의 적어도 3분의 1을 사망에 이르게 하고 (피렌체 등의 도시에서는 훨씬 더 많은 사람을 죽이고) 잠잠해졌을 때, 유럽 대륙의 인간 지형은 달라져 있었다.[69] 또한 우울, 슬픔, 불안 등의 외상 후 증후군을 남겼는데, 보카치오와 특히 페트라르카는 이런 감정을 강렬한 언어로 표현했다.

페트라르카는 역병이 시작됐을 때 파르마에 남아서 일을 하고 있었다.[70] 그는 병에 걸리지 않았지만 동료들은 아니었다. 당시 그의 후원자이자 좋은 친구였던 조반니 콜론나 추기경이 세상을 떠났고, 아비뇽의 '라우라' 역시 죽었다는 소식이 (세월이 흐른 뒤에) 들려왔다. 소식을 들은 페트라르카는 두 사람의 만남을 기록했던 베르길리우스 필사본을 꺼내 1348년 4월 6일, 라우라가 세상을 떠난 날을 기록했다.[71] 만난 지 정확히 21년 뒤였다. 페트라르카는 계속해서 연애시를 썼지만 점점 어둡고 우울해졌다. 또한 "나에게" 쓴 절망적인 내용의 라틴어 시에서는 곳곳에서 죽어가는 사람들과 상실, 수많은 묘지를 애통해했다.[72]

페트라르카는 늘 "나의 소크라테스"라고 불렀던 옛 친구 루트비히 반 켐펜에게 보내는 편지에서는 이렇게 물었다. "뭐라고 말할 수 있을까? 어디서부터 시작해야 할까? 어디를 보아야 할까? 어딜 보든 슬픔이고, 온 사방이 공포라네." 페트라르카는 다정한 우리 친구들은 어디로 갔는지 묻는다. "어떤 벼락이 그 모든 것을 파괴했는가, 어떤 지진이 뒤엎었는가, 어떤 폭풍우가 우리를 덮쳤는가, 어떤 지옥이 세계를 빨아들였는가?" 인류가 거의 깡그리 사라질 뻔했다. 왜? 분수를 알라고? "인간은 너무나 나약하면서 몹시 오만한 동물이고, 매우 취약한 기초 위에 대단히 튼튼한 집을 짓는다"라는 사실을 깨달으라는 뜻인가, 아니면 이 세상에서는 모든 것이 사라질 수 있으니 다음 세상을 갈망하라는 의미인가.[73]

이후 흑사병이 재유행하면서 더 많은 사람이 페트라르카의 곁을 떠났다.[74] 1361년에는 그의 아들 조반니도 겨우 스물세 살에 사망했다. 한때 아버지와 다투었지만 화해한 뒤였다.

같은 시기에 페트라르카의 "소크라테스" 또한 사망했다. 이 친구의 죽음에 대해서는 편지를 교환하던 또 다른 친구인 프란체스코 넬리에게 알렸지만 얼마 안 가 넬리도 세상을 떠났다. 34년간 우정을 나누었던 친구 안젤로 디 피에트로 디 스테파노 데이 토세티 역시 세상을 떠났다. 안젤로에게 보내는 편지를 가져갔던 사환이 뜯지 않은 편지를 말없이 건네주었을 때 비로소 페트라르카는 친구의 죽음에 대해 알게 되었다. 페트라르카는 보카치오에게 이제는 너무 무뎌져서 슬픔조차 느껴지지 않는다고 말했다.[75] 그리고 베네치아 항구 옆에 아주 아름다운 새집을 마련했으니 와서 묵으라고 초대했다. 보카치오가 즉시 답장을 보내지 않자 페트라르카는 "끔찍한 공포"에 사로잡혔다.[76] 다행히 보카치오에게는 아무 일도 없었지만 당시 그 어떤 우정도 이런 소름 끼치는 불안감에서 벗어나지 못했다.

언제나 그랬던 것처럼 페트라르카는 위기에서 빠져나오기 위해 문학에 몰두했다. 1349년 첫 대유행이 지나가고 난 뒤에 그는 미뤄두었던 서한집 작업을 다시 시작했다. 얼마 전에 쓰기 시작한 『나의 비밀Secretum』 집필도 재개했다.[77] 이 책은 그 자신(프란체스코)이 지혜로운 노스승 아우구스티누스와 대화를 나누는 방식으로 전개된다. 프란체스코는 스승에게 이렇게 고백한다. "인간 조건에 대해 혐오와 경멸을 금할 수 없으며 그 생각에 짓눌려 불행하기 그지없다." 그러자 아우구스티누스는 세네카와 키케로 같은 고전 시대 작가들이 건넨 위로의 말을 잊지 않도록 정성 들여 받아 적으라고 조언한다.

기독교 전통과 고대 전통에서 모두 인기를 끌었던 위로문은 페트라르카가 즐겨 읽고 모방했던 형식이다. 위로문은 대개 친구나 후원자가 가까운 사람을 잃었을 때, 아플 때, 혹은 다른 큰일을 당했을 때 보내는 편지 형식이었는데 다른 사람들도 위안받을 수 있도록 널리 배포되곤 했다. 세련된 언어로 기운을 북돋는 내용을 가득 채웠는데 세련된 글 자체가 마음을 풀어줄 수 있기 때문이다.

이런 이유에서 페트라르카는 위로를 할 때도, 깊은 슬픔에서 헤어 나오기 어려울 때도 문학적 기교에 주의를 기울였다. 그래서 친구들의 죽음을 슬퍼하며 그의 소크라테스에게 편지를 쓸 때도 이런 모호한 외침으로 시작한다. "오, 형제여, 형제여, 형제여."[78] 그런 뒤 뚝 끊고 이것이 편지를 시작하는 방식으로 부적절하다는 사실은 알지만 알고 보면 **그렇게** 부적절하지는 않다고 말하면서 키케로도 비슷한 방식을 택한 적이 있다고 덧붙인다. 오늘날의 독자라면 페트라르카가 비통한 외침과 키케로의 편지 형식에 대한 통찰을 나란히 둔 데 혼란을 느낄 수도 있을 것이다. 키케로를 논할 수 있는 상태라면 진심으로 슬프기는 한 것일까? 벼락은, 지진은, 폭풍우는, 지옥은 어쩌고 하면서 절묘한 균형에 어떻게 이토록 신경을 쓰는 것일까?

그러나 페트라르카를 비롯한 동시대 사람들은 위대한 로마의 연설가와 작가들을 모방하여 정교하고 우아하게 글을 쓰는 것이 그 말의 의미를 퇴색시킬 수 있다는 생각을 조금도 하지 않았다. 그들은 라틴어 작가들의 세련된 문체가 동시대 사람들에게 무엇보다 용기를 주고 도덕적으로 더 강인해지도록 도와줄 수 있다고 믿었다.

이를 누구보다 잘 보여준 사람이 바로 키케로다. 그는 연설할 때나 글을 쓸 때나 자신의 생각을 설득력 있고 감정적으로 압도하는 언어로 전달했다. 몇 가지 특정한 구문 구조를 즐겨 쓰기도 했다. 특유의 도미문 棹尾文, periodic sentence도 그런 예시 중 하나다. 이는 문장의 완성을 지연시키며 여유롭게 말을 이어가다가 중요한 말을 가장 끝에 놓음으로써 꽉 닫아주는 방법이다. 라틴어는 어순을 다양하게 바꿀 수 있기 때문에 영어보다 이런 기술을 쓰기가 쉽다. 18세기 작가 에드워드 기번의 짧은 문장을 예로 들어보자. 기번은 로마사를 여섯 권에 걸쳐 집필한 데 대해 이렇게 말했다. "정식 교육을 받지 못하고 사유의 습관이 형성되지 않은 데다 작문 기법에도 무지했던 나는 결심했다, 책을 쓰기로."[79]

좀 더 긴 예를 들자면 1963년에 마틴 루서 킹 주니어가 쓴, 읽는 사람의 마음을 무참히 흔들어놓는 「버밍엄 교도소에서 보내는 편지」가 있다. 그는 평등과 사회 변화가 올 때까지 '기다리라'라는 말을 끊임없이 듣는 현실에 대해 이렇게 썼다.

> 그러나 악랄한 폭도들이 당신의 어머니와 아버지에게 린치를 가하고, 자매와 형제들을 수장하는 광경을 목격한다면, 증오로 가득 찬 경찰이 흑인 형제와 자매를 욕하고 발로 차고 심지어 죽이는 광경을 목격한다면, 2000만 흑인 형제들 대다수가 부유한 사회 속 밀폐된 가난의 우리에 갇혀 숨 막혀 죽는 광경을 목격한다면, 방금 TV 광고에 나온 놀이공원에 왜 나는 갈 수 없느냐고 묻는 여섯 살 딸에게 제대로 된 대답을 하지 못하고 혀가 꼬여 말이 헛나온다면, 유색 인종 아이들은 놀이공원에 갈 수 없다고 했을 때 딸의 눈에 눈물이 차오르는 것을 목격한다면, 그 아이의 작은 머릿속에 불길한 열등감의 구름이 끼는 모습을 본다면, 백인에 대한 무의식적인 반감이 커져 아이의 성격이 왜곡되는 모습을 본다면, 백인은 왜 이렇게 흑인을 못살게 구느냐고 묻는 다섯 살 아들에게 해줄 대답을 궁리하게 된다면…….

문장은 이렇게 이어지면서 마지막 한마디를 **기다리게** 만든다.

> **그때** 당신은 이해할 것이다, 왜 우리가 더 기다릴 수 없는지.[80]

이 구조는 '너무 늦다'는 말의 의미까지 반영한다. 이것이 바로 능수능란한 작가이자 연설가가 키케로식 기교를 활용하는 방식으로, 인류 역사상 가장 중요한 논쟁을 뒷받침하기 위해 활용되었다.

이 기교가 인간을 염두에 두고 있다는 점이 항상 중요하다. 수사적 기술은 선하고 도덕적인 목표 없이는 쓸모없고 심지어 유해하다. 선을 최우선으로 삼아야 한다. 키케로는 선한 웅변술과 대중 선동가가 초래하는 대혼란을 구별했다.[81] 또 다른 중요한 기술서를 쓴 수사학자 쿠인틸리아누스 역시 강력한 어법을 사용하는 웅변가는 철학적인 이유에서 **틀림없이** 좋은 사람이어야 한다고 강조했다.[82] 언어는 "우리를 다른 살아 있는 존재들과 구분하는 선물"[83]로서 자연이 단지 "범죄에 사용할 무기를 제공하려는"[84] 목적으로 인간에게 그런 선물을 주지는 않았을 거라는 논리였다. 쿠인틸리아누스는 악의적인 사람들은 불안감에 시달려 문학적으로 탁월한 수준에 오르는 데 필요한 집중력을 발휘할 수 없다고 말하면서 "가시덤불로 가득한 땅에서 열매를 찾는 것이 더 빠를 것"이라고 덧붙였다.

그러므로 언어를 잘 사용하는 일은 장식적인 요소를 덧붙이는 데서 끝나지 않는다. 이는 다른 사람들을 감화하고 일깨우는 일이며 또한 도덕적인 활동이다. 뛰어난 소통의 기술은 후마니타스, 즉 가장 인간적으로 사는 일의 핵심이기 때문이다.

그리고 이 생각은 가장 인간적인 장르인 위로 편지에서 특히 잘 나타났다. 보내는 사람과 받는 사람이 같은 경험을 공유할 때 두 사람은 우분투 정신으로 연결되고, 이때 인간다움이 특히 도드라진다. 가장 감동적이고 특징적인 사례는 페트라르카가 1368년에 막 아들을 잃은 친구에게 쓴 편지에서 찾아볼 수 있다.[85] 페트라르카는 고전문학에서 가져온 온갖 슬픔과 상실의 사례를 나열하기도 하지만 무엇보다 자신도 막 손주가 죽어 망연자실한 상태임을 이야기한다. ("그 녀석에 대한 애정이 얼마나 컸던지 내가 누군가를 이처럼 사랑한 적이 있었나 싶소.") 그는 보카치오가 보낸 위로도 함께 전한다. "우리 둘이, 한 명은 그대 오른쪽에, 한 명은 왼쪽에 있다고 생각해 주길 간절하게 바라는 마음이오." 편지에 담긴 학문적인 내용과 사적인 내용 모두 같은 메시지를 전달하고 있다. '당신은 혼자가 아니다.'

다른 문학적 형태로도 비슷한 위로를 전했다. 1350년대, 가장 심각한 두 차례의 흑사병 대유행 사이에서 페트라르카는 『행운과 불운에 대처하는 법』이라는 책을 집필했다. 친구이자 후원자였던 아초 다 코레조를 위해 쓴 책으로, 한때 파르마의 권위 있는 귀족이었으나 흑사병과 무관한 불행을 삼중으로 겪은 사람이었다. 아내와 자식들이 적의 포로로 잡혔고 유배를 가야 했으며 몸이 마비되는 병에 걸려 걷거나 말을 타려면 하인의 도움을 받아야 했다. 마음을 진정시키고 다독이는 생각이 그에게 절실히 필요했다.

페트라르카의 책은 서로 대비되는 이성과 감정이 대화하는 형식을 띤다. 의인화된 이성이 슬픔, 기쁨과 대화하는데 이성의 과제는 행복한 생각으로 슬픔을 기쁘게 하고, 기쁨이 너무 흥분하지 않도록 주의시키는 것이다.

1 산 자의 땅

기쁨: 이 몸이 나타나면 모두가 우러러보지.

이성: 그렇지만 금방 네 예쁘고 빛나는 얼굴은 변할 거야. 풍성한 금발은 점점 볼품없어질 테고⋯⋯ 밝고 하얀 치아는 썩어들어 가겠지⋯⋯. (계속 이런 식으로 이어진다)[86]

어떤 기쁜 일들은 좀 더 쉽게 꺾인다.

기쁨: 코끼리가 생겼어.
이성: 코끼리로 뭐 할 건데?[87]

(여기에 대한 답은 적혀 있지 않다.)
책의 나머지 절반에서는 슬픔이 말한다.

슬픔: 귀양을 떠나게 됐어.
이성: 기꺼이 떠난다면 귀양이 아니라 여행이 될 거야.[88]
슬픔: 흑사병이 두려워.
이성: 흑사병이라는 이름에 떨 것 없어. 수많은 사람과 함께 생을 마감한다는 건 다행인 일 아닐까?[89]

물론 모든 불행의 원인이 겉으로 드러나는 것은 아니고, 내면의 고통은 좀 더 다루기 힘들 수 있다. 이성이라는 방향타가 있어도 우리는 험난한 바다에서 길을 잃을 수 있다.[90] 그러나 고통이 깊으면 삶의 기쁜 순간에 느끼는 즐거움도 깊어진다. 이성은 슬픔에게 자연이 빚어낸 아름다움부터(졸졸 흘러가는 냇물과 지저귀는 새들의 노래) 우리 자신의 뛰어난 성과까지 하느님이 주신 수많은 선물을 일깨워 준다. 우리는 물건을 발명하고 만드는 능력을 지녔기에, 심지어 우리 자신도 고칠 수 있다. "나무로 만든 다리, 쇠로 된 손, 밀랍 코"뿐만 아니라 비교적 새로운 발명품인 안경으로 앞을 더 잘 볼 수 있게 만든다.[91] 또한 인간으로서 우리는 그 자체로 아름답다. 두 눈은 영혼을 내비치고 "정신 속에 감춘 비밀은 이마를 통해 빛을 발한다."[92] 훗날의 마네티처럼 페트라르카 역시 '인간의 탁월성'을 노래한다. 실제로 이 무렵 페트라르카에게 한 친

그림 8 안경을 쓰고 있는 성 바오로. 14세기 필사본 『성서 사전 Bible historiale』의 「로마서」 서문에 삽입된 장식 글자에서 발췌.

구가 편지로 교황 인노첸시오 3세의 『인간의 불행에 대하여』에 대한 답변을 쓰지 않겠느냐고 물었을 때 페트라르카는 이미 쓰고 있다고 했다.[93] 『행운과 불운에 대처하는 법』의 낙관적인 부분을 말한 것이다. 전체적으로 이 작품은 낙관주의가 아니라 균형에 관한 글로서, 행운과 불운을 저울에 올린 다음 인간의 이야기가 항상 좋거나 나쁜 것은 아니며 한쪽을 이용해 다른 쪽을 다스릴 수 있음을 일깨워 준다.

그렇게 하려면 먼저 이성과 지혜를 최대로 발휘해야 한다. 행운만 믿고 삶을 살아갈 수는 없다고 페트라르카의 이성은 말한다.[94] 행운은 언제나 우리를 실망시킬 것이다. 더 좋은 방법은 학문, 반성, 우정이 주는 위로를 추구하는 것이다. 이 세 가지는 상호 고무적이다. 이성은 고대 철학자 테오프라스토스를 인용한다. "낯선 땅에서 이방인이 아닌 사람은 오직 학자뿐이다. 가족과 친구를 잃어도 학자에게는 친구가 있다. 학자는 모든 국가의 시민이며 행운이 주는 거추장스러운 기회를 대담하게 경멸한다."

페트라르카의 모든 글은 그가 어린 시절부터 익숙하게 알고 있던 행운의 변덕에 대한 저항(이자 방어)이다.[95] 페트라르카는 **상실**에 저항하는 글을 썼다. 필사본을 발굴하고 자신이 쓴 편지를 모으고 위로 편지와 기타 작품을 저술하면서 그는 친구와 책을 비롯한 존재들의 멸망을 막아줄 방어벽을 쳤다.

보카치오 역시 삶에 펼쳐진 상실의 황무지를 인지하고 있었다. 『이교도 신들의 계보』 서문에서 그는 파괴와 불행으로 범벅이 된 지난 세기를 돌아본다.[96] 그리고 독자에게 과거의 작품이 얼마나 많이 사라졌는지, 화재, 홍수, 세월의 풍화 등 얼마나 많은 적을 만났는지 생각해 보라고 말한다. 또 다른 요소도 특별히 언급한다. 바로 앞서 존재했던 모든 종교의 흔적을 쓸어버리는 것을 의무라고 여겼던 초기 기독교인들이다.

보카치오와 페트라르카는 과거를 가능한 한 되살리려고 노력했다. 과거의 흔적을 다시 연구하고 상상하여 자신과 친구들이 고통에 더 강해지도록 만드는 데 이용했다. 그리고 이를 미래 세대에 전수해 그들 또한 다시 태어나기를 바랐다. 1341년 페트라르카는 계관시인이 되기 위해 『아프리카』 서사시를 제출할 때, 마치 자기 작품이 세상으로 나아가는 아이인 것처럼 이야기했다.

> 나의 운명은 온갖 다채롭고 혼란스러운 폭풍우 속에 살아가는 것이다. 하지만 내 희망과 바람대로 내가 떠난 뒤에도 네가 오래도록 살아남는다면 너에게는 더 나은 시대가 찾아올 것이다. 이 망각의 잠은 영원하지 않을 것이다. 어둠이 흩어진 뒤 우리의 후손은 다시 과거와 같은 순수한 광휘 속에 살 수 있을 것이다.[97]

어둠과 빛에 대한 이런 이야기는 다음 세기에도 이어진다. 유럽 역사를 바라보는 새로운 관점을 형성한 것이다. 페트라르카는 자신의 뒤에, 그리고 주위에 여전히 공허하고 게걸스러운 어둠이 머물러 있음을 느꼈다. 어둠은 책과 인간다움을 집어삼켰다. 그는 아주 오래전 고대인들은 세련된 언어와 지혜로 세상을 환히 밝혔다고 믿었다. 그리고 앞으로 다가올 새로운 시대의 후손들이 다시

금 자신들의 세상을 밝게 조명할 수 있을지도 모른다고 생각했다. 그의 바람은 그날을 앞당기는 것이었다. 발굴하거나 필사할 수 있는 내용은 보존하고, 옛 형태를 새로이 변주함으로써 이 모든 것이 위태로울지언정 살아남을 수 있도록 지키는 것이었다. 등불이 다시 켜질 때까지.

2

난파선 인양하기

지식의 파편을 지키는 법

서기 79년부터, 그러나 1400년대를 중심으로

새로운 세대의 출현 — 소실과 발견 — 르네상스 이전의 르네상스 — 콜루초 살루타티, 니콜로 니콜리, 포조 브라촐리니와 그들의 휴머니스트 서체 — 로마의 유적과 네미호 — 감옥과 난파선 — 여성: 있기는 있었다 — 교육 — 우르비노 궁전, 카스틸리오네, 그리고 스프레차투라 — 더 많은 사본, 더 좋은 사본 — 인쇄업자, 그중에서도 알두스 마누티우스

페트라르카와 보카치오의 노력 덕분에 후임자들이 할 일도 정해졌다. 지혜와 탁월한 능력의 흔적을 발굴하고 연구하고 전파하는 일, 그리고 그것을 이용해 도덕적이고 정치적인 물음을 던지는 일, 기존의 모델을 바탕으로 비슷한 지혜와 탁월한 능력을 보여주

는 새로운 작품을 만드는 일이었다.

　14세기가 끝나고 15세기가 시작할 무렵 오늘날 우리가 이탈리아의 '우마니스티'라고 명명하는 새 세대의 학자들은 이 일을 기꺼이 이어받았다. 인문학자를 뜻하는 우마니스티는 공식적인 단체나 조직에 부여된 이름은 아니었지만 점점 널리 쓰이기 시작했다. 이 장에서는 그런 우마니스티를 몇 명 살펴볼 것이다. 몇 명이라고는 하지만 이들은 꽤 광범위한 분야에서 활약했다. 필사본을 찾아다니거나 난파선을 인양하는 사람, 탐험가, 교사, 필경사, 인쇄업자, 궁정 대신, 수집가, 작가 등. 대부분이 남성이었지만 인문학에 재능을 보인 여성도 손에 꼽을 만큼은 있었다. 그들도 이 장의 후반부에서 만나볼 것이다.

　일단 페트라르카와 보카치오가 어둠과 파괴에 대해 주장한 것이 맞는지부터 들여다보자. 정말 페트라르카와 보카치오 이전에는 빛을 비추는 구조자들이 단 한 명도 없었을까? 본론으로 들어가기 전에 더 큰 맥락에서 두 인문학자의 자기 인식을 검증하기 위해 시간을 거슬러 올라가 보자.

＊＊＊

　오랫동안 정설로 여겨진 역사적 관점은 종종 도전을 받는다. 중세가 빛도 기쁨도 없는 어둠의 시대였다는 우마니스티들의 주장에 대해서도 두 가지 반응이 골고루 나타난다. '사실 틀린 말은 아니다'라는 입장과 '그렇게 단순하지만은 않다'라는 입장이다.

첫 번째 입장부터 보자. 유럽에서는 지식과 기술, 문학의 상당량이 소실되었으며 아주 오래전에 사라진 것도 많다. 가령 데모크리토스와 에피쿠로스의 글은 고전 시대에 이미 사라지고 없었다. 소실 과정은 대체로 5세기 서로마제국의 해체와 함께 가속화되었다. 문학 활동과 함께 여러 다른 활동도 활기를 잃었다. 공공건물과 좋은 도로, 하수 체계를 비롯하여 삶을 윤택하게 만드는 도시 시설의 설계 기술은 오래도록 활용되지 않았고, 결국 살아있는 사람 중 누구도 그 기술을 모르는 상태가 되었다. 게다가 있는 것을 고쳐 쓰는 재활용 정신은 다른 때 같았으면 기특하다고 여겨졌을 테지만 당시에는 피해를 가중했다. 쓰러져 가던 건물에서 나온 돌을 재활용하려다 보니 건물이 더 허름해져 폐허가 되었던 것이다. 파피루스에 쓴 옛 문헌은 색이 바래거나 자연적으로 갈라졌다. 파피루스 시대 이후에는 양피지에 필사했는데 양피지는 더 질겼지만, 양이나 염소, 송아지의 가죽이 있어야 만들 수 있었다. 그래서 새로 만드는 것보다 잘 읽히지 않는 오래된 양피지의 표면을 긁어내고 다시 쓰는 게 더 쉬웠다. 잘 읽히지 않는, 오래된 책들은 이렇게 사라졌다.

이런 사실을 고려하면 고전 문헌이 소실된 원인으로 기독교를 지목한 보카치오의 말이 어느 정도는 맞다.[1] 양피지를 재사용할 때 중요성이 덜한 종교 서적을 고르기도 했지만, 대체로 비기독교 문헌을 고르는 쪽이 더 신앙 깊은 선택이라고 여겼기 때문이다. 건축물의 경우 숙적을 짓밟고자 하는 욕망이 클수록 건재를 재활용하려는 욕구도 늘어났다. 이는 6세기에 성 베네딕토 수도회를 설립한 베네딕토가 산 정상에 예배당을 짓고자 했을 때도 고려 사항이 되었다.[2] 베네딕토는 아폴론 신전과 신성한 숲이 있던 자리를 밀어버렸고, 그곳에 지어진 예배당은 이후 몬테카시노 수도원이 되었다. 관련은 없지만 같은 시기 오늘날의 아프가니스탄에 있는 바미안에서는 산 중턱을 파서 아름답고 거대한 불상 두 좌를 만들었다. 이 불상은 2001년까지 살아남았지만 그해 무슬림 탈레반이 폭파해 산산조각 나는 바람에 구멍만 남았다. 아름다운 물건을 파괴하는 데 종교나 시대의 구분은 의미가 없다. 종교적인 이유로만 그런 일이 일어나는 것도 아니다. 18세기 프랑스 혁명 이후 세속주의자들은 계몽주의와 진보의 이름으로 교회의 보물들을 파괴했다.

게다가 파괴를 통해 광명과 진보를 기리는 행위도 새로운 것은 아니었다. 서기 384년 로마의 원로원 건물에서 기독교 이전 시대의 조각상을 치우자는 문제로 토론이 벌어졌다. 보존을 원했던 사람들은 발렌티니아누스 2세 황제에게 조각상을 지켜달라고 간청했지만, 밀라노의 신학자 암브로시우스는 황제에게 편지를 보내 그런 청을 들어줘서는 안 된다고 조언했다.[3] 육지가 바다와 분리되고 "뚝뚝 떨어지는 어둠으로부터 구원받은" 창조의 날 이후로 모든 것이 더 나은 상태로 가고 있는 지금, 우리 모두가 어린아이에서 어른으로 진보하고 있는 지금, 열등한 기독교 이전 시대의 유물을 보존할 이유가 어디에 있느냐는 것이다.

이런 사례들을 보면 페트라르카와 보카치오의 말이 맞는 것 같기도 하다. 기독교의 영향에 대해서는 특히 그렇다. 그러나 현실은 그렇게 단순하지만은 않다.

　수도원에서는 기독교 문헌을 기록하기 위해 고대 문헌을 지우기도 했지만, 애초에 수많은 고전문학이 살아남은 것 또한 대부분 수도원 덕분이다. 수도원에서는 비기독교 문헌도 잘 관리했고 특히 베네딕토회의 몬테카시노 수도원의 서고가 그런 문헌을 아주 잘 지켜냈다. 고대에서 전해지는 물리적인 서적의 경우 다른 방식으로는 살아남을 수가 없었다. 바스러지기 쉬운 파피루스에 적혀 있을 뿐 아니라 두루마리로 말려 있는 경우가 많아서 읽을 때마다 쉽게 손상되었다. 이런 형태로 우리에게 직접 전해지는 작품은 매우 적다. 그러나 아주 드물게 오늘날에도 이런 형태가 발견되기는 한다. 서기 79년 베수비오 화산이 폭발해서 헤르쿨라네움을 재로 뒤덮었을 때, 두루마리가 잔뜩 보관된 한 저택이 재에 파묻혔다. 18세기에 이 두루마리들이 발견되었지만 너무 짓눌리고 훼손되어 읽을 수 없었다. 이제는 새로운 기술 덕분에 훨씬 더 많은 내용을 되살릴 수 있는데 이 중에는 소실된 것으로 알려졌던 대大 세네카의 『역사Historiae』도 있다.[4]

　그러나 대부분 우리가 가지고 있는 고전 문헌은 길고 '어두웠던' 중세 시대에 필사되었다. 인쇄술이 생긴 이후 더욱 명백해진 사실이지만 책을 살려두는 데는 수많은 사본을 만드는 것만큼 좋은 방법이 없다. 이런 방식의 필사는 6세기에서 8세기 사이 아일랜드와 영국의 외딴 수도회 공동체에서 특히 효율적으로 이루어졌다. 8세기 이후로는 아랍 세계가 수학, 의학, 철학에 관한 그리스어 문헌을 비롯한 방대한 문헌을 번역하고 보존했다. 바그다드에서는 아바스 칼리파국과 개인 후원자들이 수많은 번역가를 도서관에 모아놓았다. 9세기에 이들을 감독하던 사람이 바로 매력적인 알킨디였다.[5] 지진에서 윤리에 이르기까지 온갖 다양한 주제를 연구하고 집필한 알킨디는 어떤 관점에서든 휴머니스트라고 할 만하다. 특히 여러 전통 간에 다리를 놓고자 했던 "오직 연결!"을 주장했던 부류의 인문학자다. 알킨디는 철학과 신학, 그리스의 사상과 이슬람의 사상을 화해시키려고 시도하기도 했다. 그러나 이것은 위험한 시도였다. 그의 사상이 다른 사람들을 불편하게 만들었든 그의 업적이 경쟁자들의 시기심을 부추겼든 알킨디는 자기 도서관에서 쫓겨나 폭행까지 당했다. 알킨디가 쓴 글도 대부분 사라지고 없다.

같은 시기 유럽 북서부에서는 카롤루스 대제(샤를마뉴)가 영토 내의 수도사들에게 도서관에서 "우리 조상의 부주의로 거의 잊힐 뻔한" 지식을 되찾으라고 지시했다.[6] 책이라면 사족을 못 썼던 이후 인문학자들의 입에서 나왔을 법한 말이다. 책에 대한 그의 관심이 더 놀라운 이유는 그가 글을 읽기는 해도 쓸 줄은 몰랐기 때문이다. 그와 동시대에 살았던 전기 작가 아인하르트는 그가 밤마다 베개 밑에 밀랍 서판과 공책을 놓고 잤으며 아침에 일어나면 글씨를 연습하려고 했지만 나이가 너무 많아서 매번 필경사들에게 의지해야 했다고 말한다.[7]

카롤루스 대제는 굴하지 않고 소년들을 위한 학교를 세웠고, 딸들도 교육받아야 한다고 고집하는, 당시로서는 흔치 않은 모습을 보였다.[8] 수도사들에게는 잔소리를 많이 했다.[9] 수도원에서 대제를 위해 기도하겠다는 따뜻한 서신을 보내오면 문법과 표현 오류를 지적했고 서신을 쓰는 수도사들이 더 좋은 훈련을 받을 수 있도록 조처했다. 서고를 관리할 사람으로 영국에서 사서이자 교사를 데려오기도 했다. 요크 출신의 앨퀸이었다. 카롤루스 대제의 영토에 살던 수도사들은 필사를 위해 더 읽기 쉬운 서체를 개발하기도 했다. 카롤루스 왕조 소문자체Caroline minuscule라고도 부른다. 쉽고 명확하며 더 편하게 읽을 수 있게 만든 이 획기적인 서체는 이후 휴머니스트의 필체에 직접적인 영향을 끼쳤으며 우리가 오늘날 쓰는 여러 인쇄용 폰트의 바탕이 되었다.

수도원의 필사실은 우울한 곳일 수도 있고, 활기차고 생산적인 곳일 수도 있다. 베네딕토회 수도사들은 1년에 한 권의 서적을 개인적으로 연구할 수 있었고,[10] 낭독을 들으며 식사했다. 수도회의 규율 중에는 "낭독하는 내용에 대해서든 무엇에 대해서든 질문을 해서는 안 되는데 잡담으로 이어지기 때문"이라는 내용도 있다.[11] 규율에 따르면 농담을 해서도 안 됐고,[12] 포도주가 부족하다고 불평하는 것도 금지되어 있었으며,[13] 어떤 개인적인 재주가 있더라도 거기에 자부심을 가져서는 안 됐다.[14] 인문학자 대부분은 자신의 뛰어난 지성을 뽐내는 것을 정말 좋아했으므로 이 마지막 조항을 잘 지키지 못했을 것이다.

하지만 일부 수도사들도 마찬가지였다. 노바라의 문법학자 군초Gunzo는 960년에 오늘날의 스위스 안에 있는 장크트갈렌 수도원을 방문했는데 이 수도원에도 귀중한 고서들이 많았다. 식사 후에 이야기를 나누던 중 군초는 실수로 탈격 대신 목적격을 썼다.* 이탈리아에서는 다들 그렇게 썼기 때문이다. 그러자 수도사들은 군초의 실수를 놓치지 않고 즐거워하며 놀렸다. 문학사 작가 애나 A. 그로턴스는 "한 젊은 수도사는 그가 라틴어 문법을 어기는 범죄를 저질렀다면서 회초리를 맞아야 한다고 말했고, 또 다른 사람은 그의 실수를 기념하기 위해 그 자리에서 시를 지었다"라고 적었다.[15] 이런 이야기를 들으면 영리하고 발랄한 수도사들이 엄숙하고 광신적인 규율에 빠져 있는 모습을 상상하기 힘들다.

1100년대에는 필사와 연구, 지식의 공유가 아주 활발하게 이루어졌기 때문에 역사학자들은 이 시기를 '12세기 르네상스'라고 칭하기도 한다.[16] 중국에서 아랍과 스페인을 거쳐 유럽으로 종이 제작 기술이 전해진 덕분이기도 하다. 옛 양피지를 지우지 않고도 필사를 할 수 있게 되었다. 종이는 낡은 옷감을 재료로 삼아 만들었는데, 최근 마르코 모스테르트가 내놓은 훌륭한 가설에 따르면, 사람들이 시골에서 도시로 옮겨 가던 시점이었고 도시에서는 속옷을 입는 사람을 더 세련된 사람으로 취급했기 때문에 낡은 옷감이 많이 나왔다. 속옷은 튼튼한 겉옷에 비해 더 빨리 닳아 버려졌기에 낡은 옷감도 쉽게 구할 수 있었다. 속바지가 문학을 낳은 셈이다.[17]

이 시기 유럽에서는 수도원 이외에 다른 학문의 중심도 번성하고 있었다. 아랍의 학술기관에서 영향을 받아 대학교가 생겼다. 도서관과 학교를 갖춘 대성당도 있었다. 프랑스의 샤르트르 대성

---

* 라틴어의 명사는 격에 따라 변화하는데 우리말로 치면 격 조사를 잘못 쓴 것이다.

그림 9 바젤 대성당의 벽에 책과 두루마리를 들고 있는 여섯 사도의 모습이 새겨져 있다. 1100년경.

당과 오를레앙 대성당이 그랬다. 공중부벽flying buttresses●● 같은 최신 건축 기술을 이용하고, 온갖 조각상과 스테인드글라스로 뒤덮인 이런 성당은 예술적, 건축적 기술뿐만 아니라 지식과 문화를 자랑할 수 있는 기회였다. 특히 샤르트르 대성당은 거룩한 모습을 새긴 크고 아름다운 인물상들로 장식되었고, 다른 성당도 비슷한 조각상들로 꾸며졌다. 몇 년 전에 바젤 대성당을 방문한 나는 석벽에 아름답게 새겨진 여섯 사도의 모습을 보고 감탄했다. 12세기 초 작품이었는데, 단순히 순교의 장면을 그린 보통의 조각상과 다르게 서책과 두루마리를 들고 마치 읽은 내용을 토론하는 듯한

●● 외벽을 지탱하는 독립된 벽으로 고딕 양식 건축물에서 주로 사용된다.

진지하고 세련된 모습이다.

이런 성당은 솔즈베리의 존(요한) 같은 학자에게 근거지를 마련해 주었다.[18] 솔즈베리의 존은 젊을 때 샤르트르에서 공부했고 이후 성당의 주교가 되었으며 자신의 서고를 성당에 증여했다. 이탈리아를 적어도 여섯 번 방문했고 거기서 필사본을 모았다. 후대의 페트라르카처럼 서신 교환을 좋아했던 그는 키케로, 베르길리우스, 호라티우스, 오비디우스에 관한 이야기를 써 동료와 친구들에게 보냈다.[19] 전문 서적을 집필할 때도 고전을 많이 인용했는데 이런 서적은 매우 인문학적인 주제를 다루고 있었다. 가령 『폴리크라티쿠스Policraticus』에서는 궁정 대신과 관리들의 행실에 관해 썼고, 『메탈로기콘Metalogicon』에서는 교육을 비롯한 다양한 주제를 논했다.

솔즈베리의 존과 페트라르카 사이에는 200년이라는 세월이 가로놓여 있지만 만일 두 사람이 만날 수 있었다면 여행지에서 겪은 일이나 권력자들과의 인연에 관해 이야기하며 즐겁게 지냈을 것이다. (솔즈베리의 존은 캔터베리 대성당의 토머스 베켓과 친분이 있었는데 그가 암살자들의 칼에 난도질당해 죽을 때 거기 있을 뻔했다. 그래서 정치와 운명의 갑작스러운 변화에 대해 잘 이해하고 있었다.) 두 사람은 라틴어로 소통하는 데 아무 문제도 없었을 것이며, 이 언어 덕분에 당대 유럽의 교양 있는 남성들은 시간과 장소를 초월할 수 있었다.

존과 페트라르카가 대화하는 모습을 쉽게 상상할 수 있다는 사실은 어느 순간 갑자기 빛이 나타났다는 단순한 전개를 의심하게 만든다. 14세기와 15세기에 많은 변화가 있기도 했지만, 무엇보다 극적으로 변화한 것은 페트라르카와 후계자들이 가진 자신의 역할에 대한 **생각**이었다. 먼 과거의 도움을 받아 어둠에서 빠져나갈 길을 닦는다는 생각 말이다.

한 가지만은 확실하다. 책에 대한 굶주림이 존과 페트라르카를 가장 확실하게 이어줬으리라는 사실이다. 책이 페트라르카와 보카치오를 이어주었듯 말이다. 더 젊은 세대들도 마찬가지였다. 이제 그 젊은 세대들의 이야기를 계속해 보자.

* * *

귀한 책들을 서고에 모아놓으면 후대에 이를 어떻게 물려줄지 고민이 생긴다. 페트라르카는 한때 서고를 베네치아 정부에 증여하고 대중에게 공개하는 도서관으로 만드는 데 합의했다.[20] 그러나 1374년 그가 70세 생일을 하루 앞두고 사망했을 때, 책은 페트라르카 가문의 소유로 남았다. 합의에 문제가 생긴 것으로 보인다. 이후 책들은 흩어져 여러 소유주의 손에 들어갔고, 결국 런던, 파리, 이탈리아의 여러 도시를 비롯한 서유럽 전역의 도서관으로 흘러 들어갔다.

한편 보카치오에게 마음을 담은 선물을 주고 싶었던 페트라르카는 유서에 "50 플로린(피렌체 금화)를 남기니 밤에 공부하거나 일할 때 입을 수 있는 겨울옷"을 마련해 주라고 썼다. 그러나 이 옷에 파묻혀 공부한 시간이 길지는 않았을 것이다. 이듬해에 그도

62세의 나이로 세상을 떠났기 때문이다. 보카치오의 서고는 아는 사이였던 수도사에게 넘겨졌고 수도사가 사망한 뒤에는 피렌체에 있는 산토 스피리토 수도원으로 옮겨졌다.[21] 여기서 책들은 보관함에 담긴 채 거의 읽히지 않았다. 보카치오의 유서에는 언제든 원하는 사람이 있으면 책을 보여주라는 조항이 들어 있었지만 소용없었다.[22]

'피렌체의 세 거장'(단테, 페트라르카, 보카치오가 이렇게 불리는 것은 피렌체 사람들의 뛰어난 마케팅 덕분이었다)이 세상을 뜨자 후계자들은 그들을 기념하고 그들의 작품을 널리 알리는 데 힘썼다. 가장 열심이었던 사람은 피렌체 총리 콜루초 살루타티인데 페트라르카만큼이나 친구와 동료가 많았다.[23] 살루타티는 이들을 활용해 페트라르카의 유실된 원고나 미완성 원고가 있는지 찾으려고 노력했다. 무엇보다 월계관을 수상한 『아프리카』가 적힌 수첩을 찾고 싶어 했고, 보카치오가 체르탈도에 세워질 자신의 묘비에 새기기 위해 직접 쓴 지나치게 겸손한 비문을 손보고 싶어 했다. 원본은 몇 줄에 불과했는데, 살루타티는 다음과 같은 훈계를 포함해 2줄을 추가했다. "위대한 시인이시여, 왜 자신에 대해 그토록 겸손하게, 지나가듯 이야기하십니까?"[24] 보카치오가 추가된 내용을 봤다면 분명 감동했을 것이다. 남에게는 칭찬을 아끼지 않았지만 자신은 좀처럼 제대로 된 평가를 받지 못한다고 생각했기 때문이다.

살루타티도 알아주는 책 수집가로 800권 정도의 책이 있었고, 책마다 그가 직접 쓴 주석과 수정 의견이 달려 있었다. 관심

있는 사람들에게 책을 빌려주기도 했는데 나중에 이 서고는 피렌체의 산마르코 수도원으로 옮겨졌다. 살루타티는 피렌체에서 그리스 문학 연구를 촉진하기도 했다. 콘스탄티노폴리스에서 학자 마누엘 크리솔로라스를 초빙해 그리스어를 가르치게 한 덕분에 이탈리아에서 그리스 문학 연구가 꽃피었고 페트라르카와 보카치오가 그리스어를 몰라 겪은 어려움은 과거의 일이 되었다.

그리고 장서 800권 정도의 서고를 가진 또 한 사람이 있었는데 니콜로 니콜리였다. 살루타티보다 한 세대 아래이며, 페트라르카와 보카치오가 세상을 뜰 무렵엔 아직 어린아이였던 니콜리는 자라서 코시모 데 메디치의 장서 관리인이 되었다. 메디치 가문은 은행업과 무역을 통해 엄청난 부를 쌓았고 그 부의 일부를 이용해 학자와 예술가를 지원했다. 니콜리가 최고 책임자로서 내렸던 결정 가운데 하나는 산토 스피리토 수도원에 방치되어 있던 보카치오의 장서를 꺼내 좀 더 널리 읽히는 것이었다. 니콜리는 자신의 서고 또한 메디치 가문에 기증했다. 다만 책을 보거나 빌리고 싶어 하는 사람 누구에게든 책을 내준다는 조건이었다. 메디치 가문의 서고는 오늘날 피렌체의 주요 도서관인 메디체아 라우렌치아나 도서관과 국립중앙도서관의 초석이 되었다.

니콜리 역시 상인의 아들로, 보카치오와 마찬가지로 상인의 삶을 거부하고 인문학자의 삶을 택하는 중대한 결정을 내렸다. 니콜리는 마음의 풍족함뿐만 아니라 귀한 물건도 좋아해서 조각상, 모자이크, 도자기 등에 잔뜩 에워싸인 삶을 살았다. 결혼은 하지 않았고 하인들을 제외하면 홀로 살았다.[25] 그러나 책 판매상 베스

파시아노 다 비스티치는 그가 사람들을 만날 때면 재치가 넘쳤다고 회고록에서 말했다. 비스티치는 당대의 여러 인문학자에 대해 귀중한 기록을 남겼다. 그는 니콜리가 "종종 기분 전환을 위해 학식 있는 사람들과 이야기를 나누곤 했는데 그럴 때마다 우스운 이야기와 신랄한 야유로 (우스갯소리가 자연스럽게 흘러나오는 성격이었다) 청중 모두를 끝없이 웃게 했다"라고 적었다. 잔노초 마네티도 그의 전기를 썼는데 니콜리가 "세련된 자두색 의복을 걸쳐 타고난 외모를 더욱 돋보이게 했다"라고 썼다.[26] 니콜리는 젊은 학자들에게 자기 집으로 와서 책을 읽으라고 권했고, 무엇을 배웠는지 서로 토론하게 했다.

이로써 책에 대한 사랑과 우정을 결합하는 전통은 계속 이어졌다. 니콜리는 나이 어린 친구 포조 브라촐리니와 열심히 서신을 교환했다. 성격이 활달했던 브라촐리니는 때때로 선을 넘어 편지에 "강력한 독설"을 담거나 호언장담을 늘어놓기도 했다. (이 또한 비스티치의 기록에 남아 있다.) 말싸움을 하다가 주먹다짐까지 갈 뻔한 적도 있었다.[27] 그러나 니콜리와 이야기할 때는 상냥했고, 두 사람 사이의 편지는 책에 대한 즐거운 이야기와 가벼운 놀림으로 가득했다. 브라촐리니는 필사본을 찾아 방방곡곡 다니지 않은 곳이 없었으며 그렇게 찾은 책을 니콜리에게도 보내주어 그가 매우 기뻐했다.

가장 귀중한 발견은 브라촐리니가 오늘날의 독일에서 1414년부터 1418년까지 이어졌던 콘스탄츠 공의회에 교황청의 일원으로 참가했을 때 이루어졌다. 공의회의 목적은 교회의 대분열이라고 불린 끔찍한 혼란을 수습하는 것이었다. 대분열은 서로 대립하는 콘클라베가 로마와 아비뇽에서 각기 다른 교황을 뽑으면서 시작되었다. (아비뇽은 그 이전 세기에도 로마를 대신해 교황이 머물던 도시였다.) 새로이 선출된 두 교황은 즉시 서로를 파문했다. 추기경들은 이 상황을 타개하기 위해 리보르노에 모였고 세 번째 교황을 선출했지만 이 교황 역시 누구도 인정하지 않았다. 콘스탄츠 공의회는 좀 더 성공적이었다. 세 교황을 모두 물러나게 하고 네 번째 교황을 추대했는데 그가 바로 마르티노 5세다. 새로이 대두한 인문학자들의 관점에서 이는 좋은 선택이었다. 마르티노는 언변과 지식이 뛰어난 작가들을 좋아했고 많은 이를 서기직이나 행정직에 채용했다.

당시 로마 측 파견단 일원이었던 브라촐리니와 동료들은 콘스탄츠 주변의 수도원들을 폭넓게 탐사하기 시작했고 페트라르카가 부러워했을 것들을 발견했다. 클뤼니 대수도원에서는 키케로의 연설을 추가로 발견했고,[28] 장크트갈렌 수도원에서는 건축에 대한 비트루비우스의 저서가 온전하게 담긴 필사본[29]뿐만 아니라 특히 귀중한 것을 발견했다. 쿠인틸리아누스의 『연설가 교육Institutio Oratoria』이 최초로 온전한 형태로 나타난 것이다.[30] 연설가가 되려면 먼저 도덕적인 사람이 되어야 한다고 주장하는, 웅변술의 경전이라고 할 만한 책이었다. 그리고 아마 풀다 수도원에서 브라촐리니는 동료 바르톨로메오 다 몬테풀차노와 함께 루크레티우스의 『사물의 본성에 관하여』를 발견했을 것이다.[31] 원자에 대한 에피쿠로스와 데모크리토스 학파의 이론, 신에 대한 회의주

그림 10 포조 브라촐리니를 담은 판화(테오도르 드 브리Theodor de Bry).

의를 담은 장편 시였다. 여러 작가가 이 작품을 인용했기 때문에 존재한다는 사실은 알려져 있었지만 온전한 형태로는 전해지지 않고 있었다. 브라촐리니가 이 필사본을 찾아 니콜리에게 보내자 니콜리는 완전히 매혹되어 평소와 달리 책을 독차지했으며, 10년 동안은 누구에게도, 심지어 브라촐리니에게도 책을 보여주지 않았다.[32]

다른 경우에 브라촐리니와 니콜리는 서로에게 좀 더 너그러웠다. 1423년 교황청 서기관으로 로마에서 일하고 있던 브라촐리니는 니콜리에게 안락한 사택에서 함께 지내자고 제안했다. "밤

낮 가리지 않고 함께 지내며 이야기를 나눕시다. 고대인들의 삶을 낱낱이 파헤칩시다."[33] 자두색을 좋아하는 니콜리가 벌이는 잔치에 브라촐리니의 걸걸한 입담이 더해져 집 안에서는 웃음이 끊이지 않았을 것이다. 이 시기 로마에서 브라촐리니는 농담과 우스운 일화가 담긴 책 『익살Facetiae』을 썼다. 중의적인 유머를 비롯한 인문학적인 재미로 가득 찬 책이다. 집을 떠난 남편에게 전할 편지가 있느냐고 묻는 심부름꾼에게 아내는 "남편이 펜을 가지고 떠나 내 잉크병이 메말랐는데 어찌 쓸 수 있겠냐"라고 말한다. 이 책은 널리 읽혔고 브라촐리니가 세상을 떠난 뒤에도 여러 판본으로 인쇄되어 나왔다. 최초의 농담집이다.[34]

살루타티와 니콜리, 브라촐리니 등은 책을 필사하고 글을 쓰면서 새로운 정신을 담은 새로운 서체도 발전시켰다.[35] 그들은 훗날 '휴머니스트 서체'라고 알려지기도 한 이 서체의 원형이 고대에서 전해졌다고 생각했지만, 사실은 카롤루스의 필경사들이 만든 소문자 서체였다. 널리 쓰이던 중세 서체에 비해 더 단순하고 읽기 쉬운 서체였기 때문에 성서대 앞에서 느리고 차분하게 낭독하는 것이 아니라 자기만의 속도로 여러 권의 책을 읽고 싶은 사람들에게 적합했다. 휴머니스트들은 화려한 서체를 '고딕'이라며 무시했는데 이 말은 '야만적'임을 암시하는 모욕이었다.[36] 앞서 로마를 함락시킨 적이 있는 고트족과 반달족 무리를 지칭했기 때문이다. 반면 이와 대비되는 휴머니스트 서체는 그들이 생각하는 휴머니스트의 모습을 대변하고 있었다. 바로 과거의 단순함을 되살리고, 복잡한 군더더기를 걷어내며, 지식을 다시 빛 속으로 인

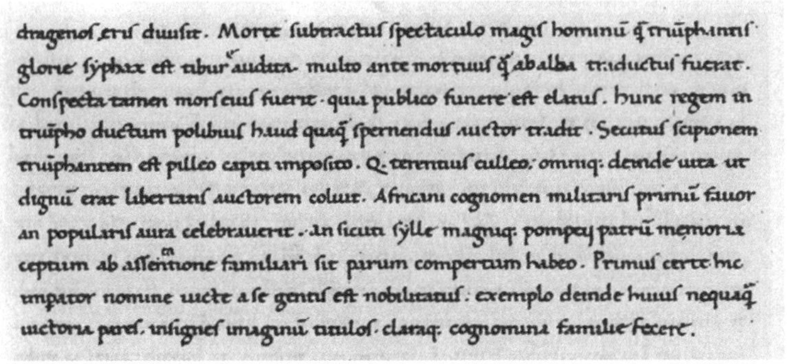

그림 11 포조 브라촐리니의 휴머니스트 서체.

도하는 모습이다.

군더더기 이야기가 나왔으니 말인데, 이들은 로마 전역에 고대의 찬란한 유산이 흩어져 있다는 사실을 지나치지 않았다. 비록 몰골은 처참했지만 말이다. 당시 콜로세움은 무너져 내린 돌무더기에 불과했다. 수많은 고대 건축물이 다른 건물의 재료를 얻으려는 사람들에게 수탈당했다. 동강 난 아치문이 파묻힌 곳에서는 양들이 풀을 뜯고 있었다. 인문학자들은 이 모든 것을 매우 흥미롭게 여겼다. 페트라르카는 여러 차례 로마를 방문해서 눈에 보이는 유적을 고대 역사나 신화, 시에서 읽은 기록과 견주어 보려고 애썼다. 동료이자 후원자였던 조반니 콜론나와 로마에 머물면서 놀이 삼아 역사적 사건의 위치를 추리해 보았다. 주위를 둘러보면서 "여기서 전차 경기와 사비니족의 겁탈이 벌어졌을 것이고, 저기가 카프리 습지이며, 거기가 로물루스가 사라진 곳"[37]이라고 말하는 식이었다. 매일 일몰 때 디오클레티아누스 욕장의 옥상에 올라 경치를 감상하고 서로 유추한 내용을 비교했다. 페트라르카는 고대 역사에 밝았고 콜론나는 초기 기독교 시대를 더 잘 알았다.[38] 그럼에도 실수가 잦았다. 당시에는 12세기 혹은 13세기 초 집필된 마기스테르 그레고리우스의 『로마의 경이로운 볼거리De mirabilibus urbis Romae』가 표준으로 여겨졌는데 이 책이 그들을 (잘못) 인도했기 때문이다.[39]

브라촐리니와 동료 안토니오 로치는 좀 더 열심히 조사했고 페트라르카의 실수를 바로잡으며 보람을 느꼈다. 가령 페트라르카는 레무스의 무덤을 찾았다고 생각했지만 로치는 그것이 케스티우스의 무덤이라는 사실을 깨달았다. (매슈 닐은 이렇게 덧붙였다. "그다지 어려운 발견은 아니었다. 옆에 큰 글씨로 케스티우스라고 적혀 있었기 때문이다."[40])

브라촐리니는 로마의 폐허에 대해 자신만의 추리를 했고, 남아 있는 장소를 다른 고대 건물과 거리의 추정 위치와 연결했다.[41] 그리고 이 내용을 운명의 부침에 관해 쓴 1448년도 저서에 매우 적절히 포함했다. 로마 밖의 보다 넓은 지역에도 비슷한 고고학 기술을 적용했다. 무덤을 샅샅이 살펴보거나 아치문을 타고 올라 거기 새겨진 명문을 옮겨 적었다.

로마의 폐허를 연구한 사람은 많았지만 주로 건축 기술을 배우거나 더 발전시킬 목적이었다. 1400년대 초 이 지역을 탐험하면서 반야생의 삶을 살았던 사람이 둘 있었는데 지역 사람들은 그들을 보물을 찾아 나선 가난뱅이라고 여겼다.[42] 하지만 두 사람은 연구 중이었다. 이 둘은 필리포 브루넬레스키, 그리고 이후

도나텔로라고 알려진 도나토 디 니콜로 디 베토 바르디였는데, 몇 년 뒤 두 사람이 건축에 적용한 기술은 피렌체의 건축을 뒤바꾸어 놓았다. 더 넓은 지역에서 연구를 시행한 여행자들도 있었다. 안코나의 치리아코는 그리스와 튀르키예를 돌며 명문을 받아 적었다.[43] 역사학자 플라비오 비온도는 (비온도 플라비오라고도 불렸는데, 모두 '금발'이라는 뜻이다.[44]) 이런 답사 활동을 문헌 근거와 결합해 『로마제국 쇠락의 역사Historiarum ab inclinatione Romanorum imperii decades』, 『복원된 로마Roma Instaurata』, 『빛을 비추어 본 이탈리아Italia Illustrata』, 『승리의 로마Triumphans Roma』 등의 심화 연구서를 펴내기도 했다. 중세의 여행자들도 과거의 유물에 관심이 있었지만 중세 이후 사람들은 진정으로 역사적인 질문을 던졌다. 이 폐허가 어떻게 거기 있게 되었는가? 누가 지었고, 누가 파괴했는가?

로마 문명에 관심을 보인 인물 중에는 건축가 레온 바티스타 알베르티도 있다. 그는 긴 답사 끝에 1440년대에 『도시 로마에 관한 설명서Description of the City of Rome』를 집필했다.[45] 같은 시기에 로마 근교에서 진행된 거창한 프로젝트에도 참여했다. 비온도를 비롯한 여러 사람과 함께 고대부터 로마 근교의 네미호 바닥에 침몰되어 있던 거대한 선박 두 척을 인양하는 프로젝트였다.

사람들은 아주 오래전부터 이 두 척의 배를 궁금해했다. 맑은 날에는 수면 아래에서 아른거리는 선박의 모습이 호수 밖에서도 보였다. 지역 어민들의 그물에 못이나 나뭇조각이 걸려 올라오기도 했다. 알베르티는 선박을 그대로 들어 올려 조사하고 싶어 방법을 고안했다. 먼저 제노바의 항구에서 잠수부들을 데려왔다. 비온도가 "사람보다는 물고기에 가깝다"라고 말한 잠수부들은 침몰한 배로 내려가 밧줄을 묶었다. 밧줄의 다른 한쪽은 호수 표면에 있는 윈치에 연결했다. 윈치는 빈 통을 물에 띄워 지탱했다. 첫 단계는 무사히 넘겼다. 그러나 윈치가 돌아가고 배가 올라오기 시작하자 밧줄은 썩어가던 배의 목재를 치즈 썰듯 절단했고 배는 다시 바닥으로 가라앉았다. 비온도와 알베르티의 연구를 위한 목재 몇 점은 확보할 수 있었다. 두 사람은 선박의 연대를 추정했으나 정확하지는 않았다. 이 선박은 사실 칼리굴라 황제 치하에 만들어진 호화 유람선이었다. 둘 중 큰 쪽은 길이가 약 70미터였는데 작은 호수에서 쓰기에는 터무니없는 크기였다. 수도 시설이 있었고 모자이크 장식과 온갖 사치품으로 가득한 이 유람선은 절정에 달한 로마의 실용 기술 수준을 보여준다.[46]

그 뒤로도 여러 차례 부분적인 인양 시도가 이어졌다. 1895년에는 한 갑판에 있던 모자이크 장식을 분리해 냈다. 이 장식은 우여곡절 끝에 뉴욕의 한 골동품상의 집에서 거실 탁자로 둔갑한 채 발견됐는데, 정작 골동품상은 그 모자이크의 출처를 몰랐다.[47] 이후 모자이크는 네미호박물관에 반환되었는데 관장은 이렇게 말했다고 한다. "비스듬히 바라보면 아직도 동그란 컵 자국을 볼 수 있습니다."

선박 전체의 인양은 무솔리니 시대에 이루어졌다. 로마의 위엄에 관한 관심이 고조되던 시절이었다. 인양을 위해 호수의 물을 상당 부분 퍼내는 방식을 택했는데, 1928년부터 1932년까지 거의 5년이 걸렸다. 게다가 물의 무게가 줄어들자 호수 바닥에서 진

그림 12 네미호 발굴 현장을 둘러보는 여행객들. 1932년.

흙이 솟구쳐 어려움을 겪었다. 그러나 결국은 성공했고 인양된 선박은 박물관에 전시되었다. 하지만 빛을 본 시간은 짧았다. 1944년 5월 31일 밤 미국의 공습으로 박물관 전체가 화염에 휩싸였고 선박도 불탔다. 한편 일부 살아남은 유물도 있었는데 나중에 뉴욕으로 신기한 여정에 오른 모자이크 장식이 그중 하나였다. 오늘날 박물관은 다시 잘 운영되고 있다.[48]

15세기 당시 물속 깊이 가라앉아 잘 보이지도 않는 난파선을 인양한다는 생각은 난파하거나 가라앉은 지식을 건져 올리는 휴머니즘의 과업을 나타내는 완벽한 비유였다. 비온도는 『빛을 비추어 본 이탈리아』에서 이 비유를 이용해 역사가의 임무를 설명했다. 그는 배 전체를 인양하듯 사건을 완전하게 복원하지 못한다고 불평하지 말라고 말한다. 단편적인 복원이라도 **하는 데** 감사하라. "나는 엄청나게 큰 난파선에서 나온 판자 몇 개를 뭍으로 끌고 온 것이다. 그것은 물 위에 떠다니던 판자, 영영 사라졌을지도 모를 판자다."[49]

책을 사냥하든 폐허를 사냥하든 휴머니스트 사냥꾼들은 이런 비유를 좋아했다. 난파선이나 화재, 어둠에 빗대어 말하지 않을 때는 자신의 작업을 지하 감옥에 갇힌 죄수들을 풀어주는 일에 비유했다. 브라촐리니는 장크트갈렌에서 발견한 쿠인틸리아누스 필사본이 마치 죄인처럼 더러운 수염과 진흙 범벅인 머리를 늘어뜨린 채 탑 아래 어둡고 역겨운 감방에 갇혀 있었다고 했다. "손을 내밀고 로마인들의 의리에 호소하는 것 같았습니다. 억울하게 받은 처벌을 거두어 달라고 요청하는 듯했습니다."[50] (브라촐리니는 필사본을 원래 있던 곳에 놔둘 수밖에 없었기 때문에 쿠인틸리아누스가 풀려나는 상상은 하기 힘들지만, 필사해서 가져갔으므로 유의미한 해방이라고 생각해야 한다.) 브라촐리니의 동료였던 로마의 친치오(킨키우스)는 발견한 책이 술술 말하는 모습을 상상했다. "라틴어를 사랑하는 그대들이여, 내가 처참한 상태로 방치되어 영영 사라지게 놔두지 마시오. 아무리 빛나는 책도 가려버리는 이 감옥 속의 어둠으로부터 나를 데려가 주시오."[51]

빛과 어둠의 밀고 당기기는 계속되었다. 책 판매상이자 전기 작가인 베스파시아노는 무지한 사람들을 둘러싼 "거대한 어둠"을 작가들이 세상으로 가져오는 계몽과 빛에 견주었다. 페트라르카가 한때 보카치오에게 했던 말과 같은 맥락에서 그는 무지가 때로는 신성하게 여겨지기도 하지만 미덕으로서의 무지는 과대 평가되었으며 심지어 세속적인 악의 원천일 수 있다고 주장했다.[52]

작가와 수집가들이 고대 유물을 깊은 곳에서 건져 올리고 지하 감옥에서 풀어주는 등 인도주의적 구조 활동을 지속하는 동안 고대인들은 근대 사회를 회생시킬 도덕의 빛을 비춤으로써 그 노력에 보답했다. 베네치아 학자 프란체스코 바르바로는 쿠인틸리아누스의 필사본 등을 발견한 브라촐리니에게 편지를 써서 그가 "모든 인류를 위해 그토록 애쓰고 있으며, 인류에게 영원히 남을 수많은 선물을 찾았다는 소식이" 얼마나 기쁜지 적었다. "선하고 축복받은 삶, 능숙한 언변을 위한 문화와 정신적 훈련은" 개인뿐만 아니라 도시, 국가, 그리고 온 세계에 굉장한 이익이 될 수 있기 때문이었다.[53]

근대 인류를 구원하는 동시에 자신의 소유욕을 충족할 수 있다니 짜릿한 일이었다. 책을 비롯한 온갖 유물을 축적하면서 기분 좋은 만족감을 즐길 수 있게 되었다. 브라촐리니는 "방 하나가 대리석 두상으로 가득하다"라고 쓰면서도 외곽에 더 큰 장소를 마련해서 훨씬 더 많은 보물을 채우는 꿈을 꾸었다. 네미호 프로젝트에 필요한 자금을 대부분 지원했던 프로스페로 콜론나 추기경은 퀴리날레 언덕에 조각 공원을 만들었다. 공원을 조성하는 동안 땅속에서 나온 수많은 고대 유물은 덤이었다. 브라촐리니가 이 추기경에게 저서 『탐욕에 대하여』를 헌정한 것도 놀랍지 않다.[54] 이 책은 거대한 부가 삶을 향상할 수 있기 때문에 죄악이 아니라 미덕이라는 고대의 사고방식을 지지한다.

　이런 식으로 유물이 계속 쌓이는 데 특히 피렌체의 메디치 가문이 큰 역할을 했다. 저 멀리 북부에서는[55] 만토바의 후작 이사벨라 데스테가 또 다른 컬렉션을 만드는 중이었다. 데스테는 궁전의 탑 하나를 개인 서고이자 전시관으로 삼았고 옛 물건으로 채웠다. 동시대 예술가들에게 주문해서 받은 새 그림도 많았다. 위대한 후원자이자 수집가이면서 여성이기도 한 희귀한 인물이었다.

* * *

이 국면에서 언급할 만한 여성이 더 많았으면 좋으련만! 1984년 역사학자 조앤 켈리 가돌이 발표한 유명한 논문은 이렇게 묻는다. "여성에게도 르네상스가 왔는가?"[56] 아마 결론은 짐작할 수 있을 것이다.

　논문은 중세의 유럽이 적어도 일부 여성에게는 더 많은 기회를 제공했다고 주장한다. 특히 남편이 십자군 원정을 간 경우에 여성은 상당한 토지를 관리하기도 했다. 수도원 공동체 내에서 활약한 여성도 있었다. 10세기 시인이자 극작가, 역사학자인 간더스하임의 흐로츠비타가 그런 경우였다. 흐로츠비타의 희곡은 휴머니즘 시대에 재발견되어 많은 관심을 받으며 출간되기도 했다. 12세기 작곡가, 철학자, 의사, 신비론자이면서 인공 언어를 발명한 빙엔의 힐데가르트도 있다.[57]

　반면 15세기 휴머니스트의 세계는 수도원보다는 도시를 기반으로 했다. 휴머니스트 남성은 개인 사무실이나 군주의 가정 내에서 개인 교사나 비서로 일하거나 공적 영역에서 관리 혹은 사절로 일했다. 이 모든 역할에서 중요시된 것이 인문학이다. 고전적으로 이 학문은 다섯 가지 영역으로 이루어져 있는데 문법, 수사학, 시학, 역사학, 도덕철학이었다. 잘 쓰고 말하고, 역사적 사례와 도덕철학을 잘 이해하는 능력은 공적 대화를 하고 글을 쓰고 정치를 하고 지혜로운 판단을 내리는 데 아주 좋은 발판이 되었다. 문제는 바로 거기 있었다. 당시의 부모들은 딸에게 그런 일을 시킨다는 것을 꿈조차 꾸지 못했다. 고귀한 가문의 여성은 집 안에 조신하게 숨어 살고 공적인 영역에서 철저히 분리되어야 한다고 생각했다. 여성은 연설할 일도 세련된 편지를 쓸 일도 없었다. 라틴어를 배울 필요도 없었고 지혜로운 선택을 위한 기술을 공부할 이유도 없었는데, 애초에 선택지가 주어질 가능성이 낮았기 때문이다. 이처럼 교육받지 못한 여성은 인문학이라는 영역으로부터 소외되어 있었다. 대신 정조와 절제의 미덕이 여성을 기다리고 있었고, 이 미덕을 갖는 데 교육은 크게 필요하지 않았다. 피렌체처럼 인문학이 번성하는 도시일수록 여성은 숨어 있어야 한다는 압박이 컸다.

    그럼에도 이름을 남긴 여성 인문학자들이 있다. 휴머니즘 시대 초기의 가장 뛰어난 사례는 최초의 여성 전문 작가인 크리스틴 드 피잔이었다.[58] 1364년 베네치아에서 태어난 피잔은 일생을 거의 프랑스에서 살았고 의사였던 아버지에게 이탈리아어와 프랑스어를 배웠으며, 라틴어도 배웠을 가능성이 있다. 15세에 결혼하고 아이 셋을 낳았다. 남편과 아버지가 세상을 떠나자 피잔의 삶이 바뀌었다. 자신과 아이들, 어머니의 생계를 책임지기 위해 글을 쓰기 시작한 것이다. 그는 왕을 비롯한 여러 사람의 금전적 지원을 받아 작품을 썼다. 피잔은 굉장히 다재다능한 작가였다. 남성의 영역이라고 여겨졌던 윤리학, 교육, 정치, 전쟁에 대한 글뿐만 아니라 연애시도 썼으며 자기 삶에 관한 이야기도 『운명의 변덕Livre de la Mutation de Fortune』이라는 운문으로 남겼다. 이는 페트라르카가 매우 좋아하던 주제이기도 하다. 1405년에는 단편집 『여인들의 도시』를 썼는데 신화와 역사 속의 여성에 대한 보카치오의 작품을 바탕으로 하고 있지만 여성의 일반적인 능력과 도덕적 탁월성을 열렬히 변호하는 내용을 덧붙였다.[59] 변론은 대부분 이성의 목소리가 도맡았는데 페트라르카의 『행운과 불운에 대처하는 법』에 담겼던 긍정적인 목소리처럼 암울한 생각에 맞서 낙관적인 의견을 낸다. 남자들이 여자들에 대해 쓴 온갖 여성 혐오적인 내용을 읽으며 화자가 우울해하면 이성이 기운을 돋우며 이렇게 자문하라고 권한다. 이 남자들이 틀린 말을 한 적이 한 번도 없던가? 물론 있다. 그들은 종종 서로 모순되는 이야기를 하거나 서로를 반박하므로 이들의 말이 다 옳지는 않다. 이성은 이렇게 말한다. "여성을 욕하는 사람은 비난의 대상이 되는 여성보다 자기 자신에게 더 큰 피해를 준다." 그리고 머릿속에 "여인들의 도시"를 짓고 이곳을 학문에 밝고 용감하며 영감을 주는 여성들로 채우라고 조언한다. 이것은 잊힌 자들을 되살려 살아있는 자들을 격려하는, 또 다른 종류의 구원 활동이다.

15세기 후반에는 여러 여성들이 성공을 거두었다. 라우라 세레타도 그중 한 명이다.[60] 시를 쓰기도 했던 세레타는 페트라르카처럼 자신이 썼던 편지글을 모아 하나의 문학 작품으로 발표했다. 세레타와 편지를 주고받은 사람 중에는 명성이 높은 인문학자들도 많았다. 세레타는 편지에 자기 삶에 관한 이야기를 자세히 담는 한편, 여성이 왜 더 나은 교육을 받고 결혼 생활에서 더 많은 독립성을 가져야 하는지 썼다. 또 다른 서간문 작가 카산드라 페델레는 편지글을 모으고 라틴어로 쓴 연설문까지 더해 안젤로 암브로기니에게 보냈다. 그는 폴리치아노라는 이름으로도 알려진 메디치 가문의 가정교사였다. 폴리치아노의 답변은 품위 있지만 페델레를 기특하게 여기는 시선이 드러난다. 그는 바늘이 아닌 펜을 들고, 화장을 하는 대신 종이에 잉크를 묻히는 여성을 만났다며 감탄했다.[61] 그래도 아예 무시당하는 편보다는 나았다. 하지만 이후 오랫동안 페델레는 철저히 무시당했다. 페델레의 편지 중에는 '인문학'의 기쁨과 혜택을 찬양하는 키케로의 아르키아스 변호 연설을 냉소적으로 비꼬는 내용도 있었다.[62] 페델레는 "인문학 공부는 여성에게 그 어떤 보상도 지위도 약속하거나 제공하지 않지만 모든 여성은 거기서 오는 만족감과 기쁨 그 자체를 위해 인문학 공부를 추구하고 받아들여야 한다"라고 썼다. 남편이 죽은 뒤 여러 해 동안 가난에 시달렸던 페델레는 82세에 마침내 베네치아의 한 보육원 원장직에 올랐다. 90세에는 폴란드 왕비의 베네치아 방문을 계기로 세련된 라틴어 연설을 쓰고 발표하는 영예가 주어졌다.

그림 13 여인들의 도시로 들어가는 '정의' 부인. 크리스틴 드 피잔의 글을 모아 엮은 『왕비의 서The Book of the Queen』에 담긴 삽화. 1410~1414년경. 영국 국립도서관 소장(Harley 4431).

이것이 1556년의 일이다. 이 무렵 학문을 하는 여성이 있다는 생각은 그 이전보다 **아주 조금** 덜 기괴하게 여겨졌고 여성은 교육받을 기회가 **아주 조금** 더 많아졌다. 시인 비토리아 콜론나는 또 다른 여성인 콘스탄차 다발로스의 훌륭한 서고를 드나들며 도움을 받았다.[63] 다발로스는 콜론나가 세 살 때부터 정혼한 상대의 고모였다. 저 멀리 영국에 살던 휴머니스트 토머스 모어가 자신의 딸들을 교육하기로 결정했다. 헨리 8세도 마찬가지였다. 메리 공주는 스페인 인문학자 후안 루이스 비베스가 가르쳤고 엘리자베스 공주를 가르친 로저 아샴은 공주의 어른스러운 지성과 언어 능력에 대해 아첨에 가까운 찬사를 쏟아냈다. 그러나 이들은 특권을 가진 소수였고 실제로 정치적 역할을 하고 도덕적 책임을 져야 하는 위치에 있었기 때문에 인문학을 배울 이유가 있었다.

당연한 사실이지만, 더 세련되고 풍부한 도덕 교육을 받았다고 해서 남자아이들이 늘 도덕과 지혜의 본보기로 살아간 것은 아니다. 심지어 당대의 인문학 교육이 건방지고 말만 유창할 뿐, 어떤 순수한 지적 호기심이나 생각도 없는 유명 인사들만 만들어내는 기술이라는 인식도 팽배했다.[64] 이것도 틀린 말은 아닌데 21세

그림 14 카산드라 페델레. 롬바르디아 화풍의 1600~1649년경 작품. 밀라노의 암브로시아나 미술관 소장.

기 초 영국에서 나는 라틴어 명언이나 툭툭 던지며 졸렬한 짓을 하는 자가 꽤 높은 직위에 오른 사례를 목격한 바 있다.

그래도 키케로나 쿠인틸리아누스 등의 본받을 만한 위인에게서 직통으로 흡수한 이상 자체는 훌륭했다. 통치를 잘하려면 말을 잘하고 합리적으로 생각해야 하며 중용과 균형을 실천하고 모든 의미에서의 '인간성'을 충분히 가지고 있어야 한다는 시각이었다. 여기에는 인간사에 실제로 어떤 일이 있었는지 아는 것도 포함된다.

좋은 스승은 이 모든 것을 제자에게 전달할 수 있어야 하며, 단지 이론적으로만 가르쳐서는 안 된다. 그들 자신이 원만하고 교양 있으며 훌륭한 인간이 되어 본을 보여야 한다. 인문학 교사들은 자신을 중세 대학교의 구식 교수와 비교하길 좋아했다.[65] 대학 교수들은 괴짜이며 현학적일 뿐 아니라 삼단논법과 무의미한 역설에 매달리는 사람들로 그려졌다. "햄을 먹으면 음료수를 마시게 된다. 음료수를 마시면 갈증이 해소된다. 그러므로 햄을 먹으면 갈증이 해소된다"라는 삼단논법이 한 예다.

메리 공주를 가르친 비베스는 이런 현학자들을 조롱했다. 비베스는 그들이 스스로를 엄청나게 똑똑하고 철학적이라고 생각하지만 그들의 작은 세상 밖으로 나오는 순간 우물쭈물하면서 서투른 모습을 보인다고 주장했으며, 삶에 더 유용한 기술, 즉 "우리에게 인간의 정신과 삶에 대해 가르쳐주고 우리의 생각과 행실에 품위를 더하는 도덕철학, 학문과 경험의 어머니인 역사, 삶과 상식을 가르치고 관리하는 데 필요한 수사학, 가정과 사회의 모든 실무를 처리하는 데 필요한 정치나 경제학"에 대해서는 아무것도 모른다고 생각했다.[66] 인문학을 떠받치는 세 개의 기둥, 도덕철학과 역사에 대한 이해, 그리고 소통 능력은 세상 속에서 실천할 때 가장 밝은 빛을 발휘했다. 그 세상이 대중과 동떨어진 궁정이라는 세상이라도 다르지 않았다. 비베스는 하느님 덕분에 그런 현학으로부터 해방되고 "인간에게 적합한 진정한 학문, 그런 이유에서 흔히 인문학이라고 하는 학문을" 발견했다며 감사히 여겼다.[67]

나아가 인문학 교육은 쾌적한 환경에서 이루어졌다. 만토바의 곤자가 가문은 초원 한가운데 아름다운 학교를 세우고 비토리노 다 펠트레를 교장으로 앉혔다. 학교의 이름은 라 조코사^{La} $_{Giocosa}$, 재미있는 혹은 즐거운 학교라는 뜻이다. 페라라에서도 마찬가지로 아름다운 환경에서 과리노 다 베로나와 그의 아들 바티스타 과리니가 에스테 가문과 그 지인들을 가르쳤다. 제자 레오넬로 데스테에게 쓴 편지에서 과리노는 야외에서 책을 읽는 일, 특히 강물에 띄운 배에서 책을 읽는 즐거움에 관해 이야기하면서, 무릎 위에 책을 펼쳐놓고 노래하는 농부들로 가득한 들판과 포도밭을 미끄러지듯 지나가는 기쁨을 칭송했다. 그러나 도서관에서 읽는 것도 마찬가지로 즐거울 수 있다고 했다.[68] 다른 작가가 쓴 대화편에서 과리노는 데스테에게 도서관을 꾸미는 법에 대해 조언했다. 책 말고도 장미, 로즈메리 가지, 해시계, 리라, 그리고 신들과 학자들을 그린 그림을 두라고 했다. 그러나 새끼 고양이나 새장의 새는 주의를 빼앗으므로 없는 게 낫다고 했다.[69]

이런 이상적인 도서관을 상상하다 보면 또 다른 공간이 떠오른다. 바로 이탈리아반도 남쪽으로 내려가면 나오는 웅장한 우르비노 궁전이다. 이 궁전을 지은 페데리코 다 몬테펠트로 공작은 한때 만토바의 비토리노 밑에서 공부했다. 이후 용병으로 상당한 부를 축적했고 1454년부터는 그 재산으로 언덕 위 높은 곳에 꿈의 궁전을 지었다. 궁전의 비율은 완벽했고 그 내부는 인문학과 인류를 찬미하는 장식으로 그득했다. 공작의 개인 서재에는 다양한 색상의 목재로 만든 위대한 작가들(호메로스, 베르길리우스, 키케로, 세네카, 타키투스)의 모습이 있었고 악기, 고대 신전, 앵무새, 애완 다람쥐도 있었다. 목재로 만들어 뛰어다니지 못했기에 신경을 거스르지는 않았다. 넓은 방 두 개가 책으로 꽉 차 있었고, 인문학과 과학을 주제로 한 벽화에 쓰인 라틴어 문구는 서고에 대해 이렇게 말하고 있었다. "이 집에는 재물과 황금 그릇이 있고 돈이 쌓여 있으며 수많은 하인, 반짝이는 보석, 값비싼 보물, 귀한 장신구와 허리띠가 있다. 하지만 그 모든 사치스러운 물건보다 더 빛나는 보배가 여기 있다."[70] 책은 대부분 베스파시아노 다 비스티치에게 사들인 것이었다. 오직 몬테펠트로 공작을 위한 필사본을 만들려고 그가 고용한 필경사 34명이 바삐 일해야 했다고 전해진다. 물론 모든 책은 깔끔한 휴머니스트 서체로 쓰였다.[71]

우르비노 궁정은 사교의 장으로 널리 알려졌고 여성도 참여할 수 있었다. 몬테펠트로 공작이 살아있을 때는 물론 (공작부인과 친구들은 파티를 아주 즐겼다) 사후에도 그러했다. 세월이 조금 흐른 뒤 발다사레 카스틸리오네 백작이 궁정의 모습을 묘사했다. 만토바 근교 출신 군인이자 사절로 16세기 초 우르비노 궁정에서 오랜 시간을 보낸 사람이었다. 그는 서재에서 공부하기도 하고, 사교계의 명사들과 멋진 시간을 보내기도 했다. 그가 집필한 대화편 『궁정론』은 영리한 대화와 재치 있는 입담, 사랑, 언변, 정치적 미덕에 관한 토론으로 점철된 궁정에서의 삶을 그리고 있다. 그리고 이 모든 것은 놀라운 경관 속에서 펼쳐진다. 보카치오의 『데카메론』에 나타난 모임과 놀이 분위기를 상상하면 된다. 하지만 우르비노 궁정에서는 음탕한 이야기 대신 이런 물음을 놓고 고민했다. "내가 만약 남들 앞에서 완전히 정신이 나간다면 어떤 어리석은 모습을 보이게 될까?"[72]

이상적인 궁정 신하의 특성도 토론 주제였다. 사람들은 이상적인 신하가 어떤 운동을 잘해야 할지 이야기한다. 테니스를 잘하면 좋지만 외줄타기는 필수가 아니고 선택이다.[73] 결국에는 좋은 신하는 담대하고 교양이 있으며 언변이 뛰어나고 스프레차투라 sprezzatura를 실천해야 한다는 데 모두가 동의한다. 스프레차투라는 느긋하고 무심한 듯 태연한 자세를 말한다.[74] 어려운 일을 할 때도 마치 타고난 것처럼 자연스럽게 하고, 너무 애쓰는 것처럼 보이지 않는 태도다. 나는 이 단어를 들으면 어깨에 무심하게 외투를 걸치는 사람이 떠오른다. 핀으로 고정하거나 다시 매만지지 않아도 외투는 완벽하게 툭 걸쳐진다.

스프레차투라는 문학 활동에서도 이상적인 태도였다. 카스틸리오네는 본인의 저서도 이런 식으로 집필했다고 주장한다.[75] 가벼운 샐러드를 만들듯 설렁설렁 써냈기에 힘을 들여 정식으로 편집, 출판할 생각도 없었는데, 친구였던 시인 비토리아 콜론나가 다른 친구들에게 몰래 퍼뜨렸고 워낙 널리 읽히는 바람에 그럴 바에야 출판하자고 생각했다는 것이다. 그런데 사실은 달랐다. 카스틸리오네는 1528년 『궁정론』을 출간하기 전까지 다른 작가들과 마찬가지로 공을 들여 여러 번 수정했다. 출간 후에는 찬사가 쏟아졌다.

여러 학자, 작가, 가정교사들의 업적 뒤에는 이런 은밀한 노력이 있었다. 귀한 집안에서 태어난 것처럼 보이고 싶어 했지만, 제자로 삼은 귀족들에 비해 보잘것없는 배경을 가진 경우가 대부분이었다. 페트라르카나 보카치오처럼 부모의 기대를 저버리고 대신 인문학자의 길을 걷는 고통스러운 의식을 치른 사람도 많았다. 드물게 고용인이나 후원자를 찾으면 그 자리를 지키기 위해 당연히 보이는 것보다 훨씬 큰 노력과 창의력을 기울였고 무심한 듯한 태도 역시 그런 노력의 일환이었다.

하지만 광기 어린 과학자 같은 기질을 감출 수 없는 때도 있었다. 포를리 궁정의 존경받는 학자이자 가정교사 안토니오 우르세오, 일명 코드로는 궁정 안에 살며 일할 수 있도록 숙소를 제공받았다.[76] 그러던 어느 날 그는 책상에 촛불을 켜둔 채 외출했다. 불행히도 종이 뭉치에 불이 옮겨붙었고 불길이 퍼졌다. 그가 돌아왔을 때는 집필 중이던 책을 비롯한 거의 모든 것이 사라져 있었다.

인문학자로서의 품위와 스프레차투라를 죄다 잊어버린 코드로는 정신이 나간 사람처럼 비명을 지르며 성 밖으로 나가 들판을 달렸다. 하느님과 성모 마리아를 저주하는 동시에 악마에게 영혼을 가져가 달라고 애원했다. 황무지 속으로 사라지는 코드로와 함께 비명도 멀어졌다. 간신히 정신을 차리고 성으로 돌아왔을 때는 밤이었고 성문은 굳게 잠겨 있었다. 그는 노숙을 해야 했다. 아침이 되자 마음씨 착한 목수가 그를 발견하고 자기 집에 머물게 해주었다. 코드로는 목수의 집에서 지내며 궁으로 돌아가지도 않고 책에 손을 대지도 않았다. 그러다 6개월 뒤에야 마침내 평정심을 되찾고 다시 일을 시작할 수 있었다.

* * *

카스틸리오네의 책이 널리 성공하고 유행할 수 있었던 데는 다른 이유도 있다. 이전 작가들처럼 제한된 숫자의 필사본을 유통하지 않았기 때문이다. 카스틸리오네의 책은 인쇄본이었다.

가동식 활자 사용을 포함해, 인쇄술은 이미 중국과 한국에서 오래전에 개발된 기술이었다.[77] 불경을 대량으로 복제하는 것이 공덕을 쌓는 데 유리하다고 생각했기 때문이다. 인쇄술이 유럽에 도착했을 때도 교황의 면죄부, 즉 사후에 받을 벌을 줄여주는 증서를 대량으로 찍어내는 데 가장 먼저 쓰였다. 이런 면죄부를 무려 1만 장이나 인쇄한 요하네스 구텐베르크는 1455년에 유럽에서 인쇄술을 이용해 찍어낸 최초의 서적, 구텐베르크 성경으로 널리 이름을 떨쳤다.[78]

인간의 삶을 향상하는 발명품 대부분과 마찬가지로 인쇄기는 회의적인 시각과 저항에 부딪혔다. 우르비노 공작은 인쇄된 책은 쳐다보지도 않았다. 독일의 베네딕토회 수도원장 요하네스 트리테미우스는 『필경사 예찬』에서 필사본이 인쇄본보다 낫다고 주장하며, 필사는 매우 유용한 정신적 활동이므로 수도사들이 이를 멈춰서는 안 된다고 말했다. 그리고 이 책을 널리 읽히기 위해 인쇄본으로 출간했다.[79]

또한 수도원장은 양피지가 종이보다 더 튼튼하다고 주장했는데 이것은 사실이었다. 속바지로 만든 종이는 1970년대에 목재 펄프로 만든 종이책에 비해 아주 잘 살아남았다. 그럼에도 필사보다는 인쇄가 문학의 보존에 훨씬 더 유리한데, 이는 수많은 사본을 만들고 배포할 수 있기 때문이다. 보카치오가 호메로스의 귀중한 번역을 페트라르카에게 보내고 다시 찾아온 과정만 봐도 그렇다. 브라촐리니는 니콜리에게 보낸 루크레티우스 필사본을 10년 동안 볼 수 없었다. 물론 인쇄된 책이 세상에서 사라진 경우도 많지만 대체로 인쇄본은 필사본에 비해 살아남을 확률이 훨씬 높다. 초기 인쇄술은 뛰어난 기술이 문화적 지식과 결합하여 영속적인 가치를 만들어낸 아주 좋은 사례다. 에드워드 기번이 썼듯 독일의 기술공들은 "시간과 야만의 횡포를 비웃는 예술"을 탄생시켰다.[80]

트리테미우스의 책은 필사본의 미덕을 칭송했지만, 인쇄술도 나름의 미덕을 발전시켰다. 무엇보다 명확하고 깔끔하며 읽기 쉬운 활자가 고안되면서 빛을 발했다. 독일 인쇄기는 무거운 '블랙레터' 서체를 썼는데 경전을 인쇄할 때는 다른 지역에서도 꾸준히 이 서체를 선호했다. 이 서체는 북쪽에서 생겼기 때문에 '고딕'체로 알려져 있었다. 그러나 재발견된 고전 문헌과 어울리는 좀 더 밝고 가벼운 서체에 대한 수요가 커졌다. 이탈리아에서 최초로 인쇄된 (현존하는) 책은 키케로의 1465년판 『수사학De oratore』인데, 이 책이 바로 그런 밝은 서체로 인쇄됐다. 인쇄를 맡은 독일인 아르놀트 판나르츠와 콘라트 슈바인하임은 '휴머니스트 서체'를 바탕으로 활자를 만들었다. 이 서체의 원형이 카롤루스 왕조가 아닌 고대 로마에서 만들어졌다고 착각했기 때문이다. 이 활자 디자인은 베네치아의 인쇄업자인 알두스 마누티우스와 활자 제작자 프란체스코 그리포가 등장하고 난 뒤에야 비로소 제대로 된 쓰임을 찾았다. 이후 카스틸리오네의 『궁정론』을 출판한 사람이 바로 이 알두스 마누티우스다.[81]

　알두스 마누티우스는 페라라에서 바티스타 과리니의 인문학 수업을 들었다. 그는 처음에는 학자의 삶을 살고 싶어 했다. 그러다 40세에 베네치아에서 인쇄술을 접했다. 당시 베네치아는 이탈리아 인쇄업의 중심이었다. 마누티우스가 일을 시작했을 때는 이미 인쇄소 150군데가 영업 중이었고 책방도 지천이었다. 마누티우스는 다른 인쇄소에 들어가서 일을 배우다가 나중에 자신의 인쇄소를 열었다. 1498년에는 이 시대에 주기적으로 창궐하던 흑사병이 다시 돌았고, 그는 침대에 누운 채 하느님과 약속했다. 이번에 살려주면 인쇄업을 관두고 교회를 위해 일하겠다고. 마누티우스는 살아남았지만 약속을 지키고 싶지는 않았다. 그래서 사제들이 먹고사는 데 아무 지장이 없는 시대였음에도 자신이 인쇄업에 경제적으로 의존하고 있다는 이유를 들어 하느님과의 약속을 무효로 만들어 달라고 교황에게 직접 부탁했다. 규칙을 창의적으로 해석하는 데 일가견이 있던 알렉산데르 6세는 그 부탁을 들어주었다. 인쇄 역사의 관점에서는 다행스러운 결과였다.

마누티우스는 인쇄 양식의 거장이 되었다. 허영심이 큰 저자들을 위해 호화로운 판본을 제작하기도 했다.[82] 1499년의 유별난 사례로는 『폴리필로의 휘프네로토마키아 Hypnerotomachia Poliphili』가 있다. 저자는 당시 예순을 훌쩍 넘긴 수도사로, 공식적으로는 익명으로 책을 냈지만 거대한 단서를 남겼다. 장마다 첫 글자를 이어 붙이면 자신의 이름, 프란체스코 콜론나가 포함된 문장이 되도록 한 것이다. 라틴어가 뒤섞인 이탈리아어로 쓴 이 책의 주인공 폴리필로는 사라진 애인 폴리아를 찾아 폐허가 된 유적과 들판을 방황한다. 흑사병에 걸린 폴리아는 마누티우스처럼 만약 살아남는다면 세상을 멀리하겠다고 약속한다. 디아나 여신의 신전에서 여사제로 살겠다고 맹세했는데 마누티우스와 달리 약속을 지켰다. 문제는 수절을 지키는 것이었다. 어느 날 신전에 나타난 폴리필로가 제단 앞에서 멋진 모습으로 정신을 잃었기 때문이다. 폴리아는 입맞춤으로 폴리필로를 깨우고 이를 목격한 제사장은 두 사람을 신전에서 쫓아낸다. 폴리필로가 행복해하며 폴리아를 껴안으려고 하자 폴리아는 품 안에서 홀연히 사라진다. 그게 끝이다. 다 꿈이었던 것이다.

책 역사학자 E. P. 골트슈미트는 이 책이 "현학자의 광적인 황홀경"을 나타낸다고 말했다.[83] 그러고는 "여느 위대한 책과 마찬가지로 광인이 썼다"라고 덧붙였다. 그러나 이것은 **인문학**적인 황홀경과 광기다. 이 책은 언어와 시각적 아름다움이 주는 기쁨으로 가득 차 있다. 마누티우스 덕분에 이 책은 선명한 서체로 인쇄되었고 여백도 충분히 주어졌다. 내용은 몰라도 활판은 명료했다. 폐허와 행진, 무덤 등을 그린, 베네데토 보르도네의 작품으로 추정되는 목판화도 들어갔다.[84] 무덤 그림에는 비문을 수집하는 취미가 있는 독자들을 고려한 듯 내용도 넉넉하게 새겨 넣었다.

마누티우스의 인쇄물 중에는 훨씬 더 섬세하고 절제된 내용도 있었다. 그는 고전 문헌뿐만 아니라 동시대 작가의 작품 또한 들고 다닐 수 있는 형태로 인쇄했다. 강을 따라 내려가면서 읽기 딱 좋은 크기였다. 작은 크기의 책은 새로운 것은 아니었다.[85] 서기 1세기에도 로마 시인 마르티알리스는 책을 들고 여행을 떠나고 싶다면 "작은 양피지에 압축된" 책을 구매하라고 권한다. 그러나 이제는 그런 책이 싸고 흔해져 길 위의 휴머니스트에게 벗이 되어주고 있었다. 마누티우스의 깔끔한 도안에 맞추어 그리포는 새롭고 읽기 쉬운 서체인 '이탤릭'체를 고안했다. 1500년 어느 권두 삽화에 몇 글자가 처음 등장했는데 1501년 4월에는 베르길리우스의 시를 인쇄하는 데 본격적으로 사용되었다.

이탤릭체는 베르길리우스의 책에 아주 적합했다. 휴머니스트들이 널리 좋아하고 모방하는 작가였기 때문이다. 베르길리우스의 전원적인 감성을 본받으려고 애썼던 새로운 작가 중에는 피에트로 벰보가 있었다. 그는 카스틸리오네의 친구로 우르비노 궁정에 머물렀고, 그 전에는 페라라의 에스테 궁정에 있었다. 벰보는 자신의 첫 저서 『에트나산에 대하여 De Aetna』를 마누티우스에게 맡겼다. 이 책은 정점에 오른 인문학적 글쓰기와 인쇄술을 매력적

으로 보여준다.[86]

　이 책은 1496년 2월에 나왔고, 아직 이탤릭체가 개발되기 전이어서 이탤릭체로 인쇄하지는 않았다. 그러나 깔끔하고 선명한 서체를 사용했고, 새로이 고안된 기호도 있었다.[87] 바로 세미콜론이다. 중단 혹은 쉼을 나타내기 위해 이 책에서 최초로 쓰였다. 지면은 전체적으로 산뜻하며 빛과 해방이라는 휴머니스트의 이상을 잘 나타내고 있다. 이런 외관은 활기차고 세련된 책의 내용과도 잘 어울렸다. 저자는 파도바 근처의 근사한 저택에서 아버지 베르나르도와 함께 강가를 산책하며 최근 여행을 다녀온 시칠리아에 관해 이야기한다. 시칠리아에서 저자는 친구와 함께 에트나 화산을 오르며 고대 유적과 그리스 동전, 다양한 나무를 살펴본다. 피에트로는 고대 작가들이 에트나 화산에 대해서 쓴 내용을 상기하는데 그중에는 지리학자 스트라본도 있다. 스트라본은 에트나 화산의 정상에 쌓인 눈은 겨울에만 볼 수 있다고 했다. 피에트로는 놀랍게도 이것은 사실이 아니었다고 말한다. 여름에도, 유황 구름과 이따금 튀어 오르는 돌덩이 사이에서도 눈은 그대로였다. 옛 작가들도 때로는 틀린 말을 했던 걸까? 그나저나 화산 작용은 어떻게 이루어질까? 인간의 폐처럼 기체를 빨아들였다 다시 뱉는 걸까?

　저자의 탐구 정신, 그리고 저자가 체득한 고전 문헌과 문학 기법을 잘 보여주는 『에트나산에 대하여』는 인쇄 형식과 내용이 완벽하고 평온하게 결합한 사례이기도 하다. 20세기 문학사 전문가 에른스트 로베르트 쿠르티우스는 "세계와 책 안에서 동시에

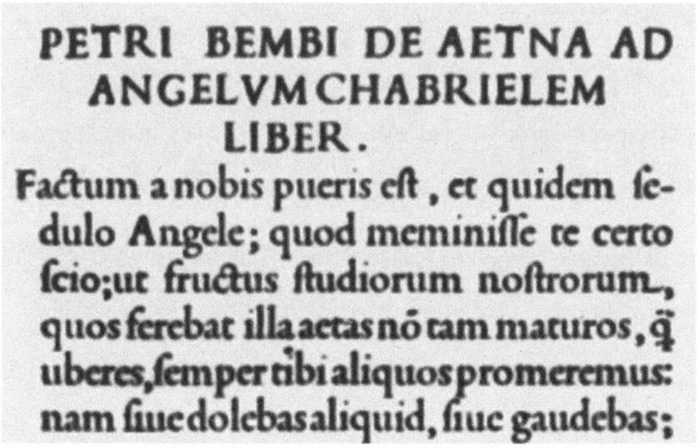

> PETRI BEMBI DE AETNA AD
> ANGELVM CHABRIELEM
> LIBER.
> Factum a nobis pueris est, et quidem se-
> dulo Angele; quod meminisse te certo
> scio;ut fructus studiorum nostrorum,
> quos ferebat illa aetas nõ tam maturos, q̃
> uberes,semper tibi aliquos promeremus:
> nam siue dolebas aliquid, siue gaudebas;

그림 15 피에트로 벰보의 『에트나산에 대하여』 첫 문장.

기쁨을 찾는" 사람이 진정한 휴머니스트라고 했는데 그 감성을 바로 이 책이 보여주고 있다.[88]

인쇄술은 이후 여러 세기 동안 세계에도 책에도, 과학에도 인문학에도 도움이 되었다. 벰보 같은 능수능란한 문필가를 끌어당겼을 뿐만 아니라 자신의 발견을 좀 더 빨리, 널리 알리려는 실용적인 목적을 가진 사람들도 인쇄소로 향했다. 마누티우스의 인쇄소는 이미 이 모든 사람을 환영하고 있었다. 당대 학자 사회의 정수가 모인 곳에서 집필, 편집, 번역, 지면 디자인과 배치 과정이 모두 이루어졌다. 이들은 마치 코뮌의 일원처럼 손님이었다가 일꾼이 되기도 하고 때로는 두 가지 역할을 동시에 하면서 마누티우스의 집을 채웠다. 그중에는 북부에서 온 작가이자 학자, 로테르담의 데시데리위스 에라스뮈스도 있었다.[89] 그는 1507년 마누티우스의 집에 약 8개월간 살면서 책을 집필했다. 에라스뮈스는 『격언집Adages』에서 구석에 앉아 원고를 한 장씩 쓸 때마다 식자공에게 건네주었다고 말한다. 귀를 긁을 시간조차 없이 바빴다고도 한다.

마누티우스는 친구들과 부유한 후원자들에게 모아둔 필사본이 있으면 살펴봐 달라고 부탁했다.[90] 그렇게 해서 새로이 인쇄 출간할 만한 필사본이나 편집에 사용할 좀 더 나은 판본을 구했다. 그리스어 고전도 인쇄하기 시작했는데 그 무렵 이탈리아에는 그리스어 전문가가 아주 많았다. 학자들이 이탈리아의 여러 도시에 그리스어를 가르치러 온 덕택이었는데, 특히 전 세계 기독교인을 충격에 빠트린 사건 이후 더 많은 이주가 이루어졌다. 바로 1453년 튀르키예의 콘스탄티노폴리스 정복이었다. 주민들은 피난을 떠나야 했지만 필사본을 챙길 시간은 있었다. 철학, 수학, 공학 등에 대한 그리스어 문헌으로 가득한 필사본들이었다. 이 모든 것은 이탈리아의 문화적, 지적, 기술적 영역을 확장하고 마누티우스와 지인들을 더욱 풍족하게 했다. 마누티우스도 그리스어를 알고 있었으며 그리스어책을 인쇄했다. 그리고 모임을 열기도 했는데 실수로 그리스어가 아닌 다른 언어로 말하면 단지에 동전을 넣어야 했다. 단지가 다 차면 마누티우스는 그 돈으로 연회를 열었다.

공동 작업자들이 늘어나면서 독자층 역시 확장되었다. 에라스뮈스는 마누티우스가 경계 없는 도서관을 만들고 있으며 그 한계는 곧 세계 자체의 한계일 것이라고 말했다.[91] 그것조차 한계가 아닐지도 몰랐다. 마누티우스의 책은 지구를 넘어 상상 속의 섬 유토피아에도 등장한다.[92] 에라스뮈스의 친구 토머스 모어가 쓴 『유토피아』의 화자는 섬의 주민들에게 마누티우스가 만든 그리스어책을 가져다주고 주민들은 이 책을 탐독한다.

마누티우스는 자신의 업적을 당당하게 자축했다. 그는 플루타르크의 1509년판 『모랄리아Moralia』 서문에 페루자의 야코포 안티콰리가 라틴어로 쓴 열렬한 찬가를 실었다. "알두스가 온다, 한 손에는 그리스어, 한 손에는 라틴어를 들고. 마누티우스는 우리의 젖과 꿀, 우리의 소금. 젊은이들이여, 거리에 꽃을 뿌려라! 알두스가 왔도다!"[93]

휴머니스트들은 대체로 이런 역할을 꿈꿨다. 학문의 세계로 신선한 공기와 꽃을 가져오는 동시에 학문의 세계를 현실 세계로 안내하는 역할이다. 학자들은 여전히 난파선을 인양한다든가, 어둠에 빛을 비춘다든가, 수감자를 해방시킨다든가 하는 기존에 사랑받던 비유도 사용했다. 마누티우스는 자신이 만든 투키디데스의 『역사Histories』에 쓴 서문에서 "출판을 하고 있다, 말하자면 좋은 책을 쓸쓸하고 음울한 감옥에서 해방시키고 있다"라고 말했다.[94]

마누티우스와 편집자들은 문헌의 오류를 바로잡으려고 애썼다. 기존의 필경사들이 저지른 실수를 잡아내고 다양한 판본을 비교하면서 중요한 고전 문헌에 대한 표준 판본에 합의했다. 마치 탐정이나 판관, 역사학자처럼 일하면서 증거를 모으고 평가하기 위한 기술을 발전시켜 나갔다. 에라스뮈스는 문헌 편집을 다양한 목격자들의 진술을 평가하는 일에 비교했다. 계속해서 사본을 비

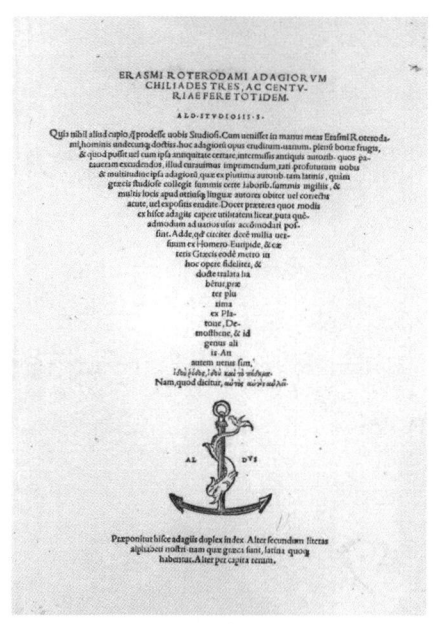

그림 16 데시데리위스 에라스뮈스의 책.

교하다 보면 마침내 가장 그럴 법한 해석이 드러난다.[95]

그러나 잘못된 문헌이나 뒤죽박죽이 된 증거를 너무 오래 살피다 보면 어떤 문헌이 가짜라는 사실을 발견하기도 한다. 혹은 이 모든 활동을 너무 즐기다 보면 일부 권력자들의 심기를 건드리는 위험에 빠질 수 있다. 문학을 좋아하는 무해한 한량이 아니라 위험한 이단자나 도발적인 '이교도'로 여겨지는 것이다. 이들이 다음 장의 주인공이다. 이들은 비슷한 시기 이탈리아에서 활동한 인문학자들이지만 좀 더 반항적인 의도를 갖고 움직였다. 적어도 그들의 적은 그렇게 의심했다.

3

선동가와 이교도들

권력과 신앙에 맞선 사상가들

주로 1440~1550년

모든 것을 의심한 발라―키케로 숭배, 이교 사상, 그리고 로마―교황의 화를 돋운 폼포니오 레토와 바르톨로메오 플라티나―토스카나, 그중에서도 피렌체―피코 델라 미란돌라와 카멜레온 인간―레온 바티스타 알베르티와 만능인―다시 척도로서의 인간―비트루비우스의 인간들―사치품을 불태운 지롤라모 사보나롤라―로마의 약탈―초상화―모든 것에 대한 의심

서기 315년 무렵 나병으로 몸져누운 콘스탄티누스 황제는 기존 치료법대로 어린아이의 피에 몸을 담그려고 했지만 꿈에서 교황 실베스테르 1세의 도움을 구하라는 계시를 받았다. 황제는 계시를 따랐고 교황이 축복을 내리자 나병이 나았다. 콘스탄티누스 황

제는 감사의 뜻으로 교황과 그 후임자들에게 이탈리아반도를 포함한 서유럽 영토 전체의 지배권을 주었다. 그리고 이 사실을 이른바 콘스탄티누스 기증장이라는 문서에 기록했다. 황제가 이 문서에 서명하는 순간은 라파엘의 제자들이 그린 바티칸 벽화를 통해 영구히 전해졌다. 누구든 그 앞에 서면 무슨 일이 있었는지 똑똑히 볼 수 있다.¹

그런데 그런 일은 없었다. 벽화가 그려질 당시에도 잘 알려진 사실이었다. 나병 이야기는 그저 이야기일 뿐이고 증서는 8세기 무렵 위조된 것이었다. 교황청의 소유권 주장을 공고히 하는 동시에 독일 황제들이 스스로를 신성로마제국의 황제라고 칭하는 것을 정당화하기 위함이었다. 기증장은 꽤 오랫동안 의심받았다. 그러나 이를 제대로 검증한 것은 15세기의 문예인문학자로, 그는 당대 지식계의 지적 활력을 총동원해 연구에 착수했다.²

이 인문학자의 이름은 로렌초 발라였다. 발라의 1440년 논문 『콘스탄티누스 기증장에 관하여De falso credita et ementita Constantini Donatione declamatio』는 가장 위대한 인문학적 성취 중 하나다. 정교한 학술 공격을 고대로부터 배운 고급 수사학 기술과 결합한 뒤 맵고 칼칼한 소스를 끼얹었다. 발라가 이 모든 능력을 총동원했던 이유는 근대 교회의 가장 핵심적인 주장, 즉 서유럽 전체에 대한 지배권이 마땅히 교회에 있다는 주장을 반박해야 했기 때문이다. 이 주장을 반박하면 교회의 다른 권위도, 교회가 사람들의 정신에 끼치는 영향력도 쉽게 무너질 터였다.

발라는 두려움도 없고 입을 다물게 할 수도 없는 인물이었

그림 17 로렌초 발라를 그린 판화(조안 테오도르 드 브리Johann Theodor de Bry 작품).

던 것 같다. 나폴리에 적을 두고 이탈리아 전역을 돌아다니며 여러 후원자와 지지자를 위해 일하던 발라는, 여기저기 적이 많았다. 시인 마페오 베조는 그에게 사람들의 마음에 상처를 줄 수 있는 글을 쓰기 전에는 먼저 조언을 구하고 "지적 폭력"을 자제하라고 이미 경고한 바 있었다.³ 발라는 그럴 수 없었거나 그러고 싶지 않았던 것 같다. 발라의 에너지는 몸 밖으로 터져 나오는 듯했다. 또 다른 학자 바르톨로메오 파초는 발라가 늘 고개를 빳빳하게 세우고 한시도 말을 멈추지 않으며 손짓을 많이 쓰고 흥분한듯이 걸었다고 말한다. (파초의 간결하고 아름다운 라틴어는 이를 단 여덟

개 단어로 요약한다. "Arrecta cervix, lingua loquax, gesticulatrix manus, gressus concitatior.")[4] 발라도 자신의 건방진 태도를 인정했다. 한 편지에서는 기증장의 진위를 밝히는 일을 맡은 이유가 단지 자기 능력을 자랑하고 싶어서, "다른 사람은 모르는 것을 나는 알고 있다는 사실을 보여주기 위해서"라고 말했다.[5]

발라의 글은 바로 그런 어조로 시작한다.[6] 그는 교황에게 직접 말을 건넨다. "이 문서가 가짜이며 이 문서를 바탕으로 한 주장은 거짓이라는 사실을 입증하겠다." 위조문서에 속은 사람들에게 경쾌한 모욕을 퍼붓기도 한다. "이 바보, 멍청이!O caudex, o stipes!" 이런 식으로 논증을 시작하는 건 사실 독자의 관심을 사로잡기 위한 고도로 계산된 수사학 전략이다. 그다음에는 좀 더 정제된 논증을 나열한다. 먼저 역사학자의 방법론을 이용해서 타당성과 증거 능력을 탐구한다. 콘스탄티누스 같은 통치자가 그렇게 많은 영토를 내놓는다는 것이 과연 **있을 법한** 일인가?[7] 그리고 실베스테르 교황이 그런 기증을 받았다는 사실을 언급하는 다른 부수적인 문서를 본 사람이 있는가?[8] 물론 두 경우 모두 대답은 '아니요'다.

먼저 수사를 통해, 그다음에는 역사학적 추리를 통해 타격을 입힌 뒤 발라가 꺼내 든 세 번째이자 마지막 무기는 문헌학적 방법, 즉 언어를 분석하는 방법이었다. 이것은 매우 치명적이었다. 발라는 문서의 라틴어가 4세기 라틴어가 아님을 입증했다. 문서 속의 시대착오적인 실수를 나열했는데, 그중 하나는 "우리 총독들 모두cum omnibus satrapis nostris"라는 표현이었다. 8세기까지는 로마의 관리들을 총독이라고 칭하지 않았다.[9] 또 다른 구절에서는 깃발을 반나^{banna}라고 부르는데 중세 이전에는 벡실룸^{vexillum}이라는 표현을 썼다는 것이다. "서품하다^{clericare}"라는 단어 역시 4세기에는 쓰지 않았다. 발라는 또한 우도네스^{udones}를 언급한 부분을 지적하며 로마인들에게 이것은 '모직 양말'을 의미했는데, 문서에서는 흰 아마포로 만들어진 물건이라고 설명한다고 지적한다. 발라는 말한다. 모직은 아마포와 전혀 다르다. 그리고 흰색도 아니다. 이상으로 논증을 마친다.[10]

발라는 뛰어난 라틴어 전문가로서 (그리스어 전문가이기도 했던 발라는 호메로스, 투키디데스, 헤로도토스를 번역했다[11]). 자신의 주장이 탄탄하다는 사실을 잘 알고 있었다. 발라의 가장 널리 알려진 작품은 라틴어 작문을 돕는 안내서 『라틴어의 기품$^{Elegantiae\ linguae\ latinae}$』이었다. 뒤이은 여러 세대의 학생들이 이 책으로 작문을 공부했다. "발라는 정말 훌륭한 사람이다!" 한 학생의 말이다. "발라는 라틴어를 야만인들의 속박에서 해방해 광명을 비추었다. 대지가 그의 위에 가볍게 눕고 봄이 언제나 그의 유골 단지 언저리에서 빛나길!"[12]

『라틴어의 기품』은 이 고대 언어에 붙은 중세의 따개비를 긁어낸 뒤 좀 더 진실하고 근본적인 형태에서 다시 시작하게 하는 과제를 도맡았다. 『콘스탄티누스 기증장에 관하여』역시 같은 생각을 바탕으로 하고 있다. 다만 이 경우 기증장 전체가 따개비였다. 이런 과정은 잡초를 뽑는 과정에 빗대어 말할 수도 있다. 발라는 『콘스탄티누스 기증장에 관하여』를 쓰기 직전에 완성한 작품 『논리학과 철학 다시 파기$^{Repastinatio\ dialecticae\ et\ philosophiae}$』를 이런 식으로 설명했다.¹³ 제목은 땅을 다시 일군다는 뜻으로, 중세의 흙을 뒤집어 진실이 자랄 수 있는 좀 더 비옥한 밭을 찾겠다는 의도를 담고 있다. 그러기 위해 아리스토텔레스처럼 기존에 높은 존경을 받았던 권위자들의 평화로운 잠을 방해해야 한다면 그 또한 어쩔 수 없는 일이었다. 발라는 당대의 동료 인문학자들이 존경하던 문헌도 다시 팠다. 리비우스의 남아 있는 작품에 대하여 일련의 개정본을 썼는데 마침 페트라르카가 직접 편집한 필사본을 갖고 있었던 덕분이다.¹⁴ 심지어 성경을 가지고도 같은 작업을 했다. 『신약성서 주석Annotationes Novi Testamenti』에서 발라는 4세기에 히에로니무스가 그리스어에서 라틴어로 번역한 표준 신약성경에 있는 오류를 정리했다.¹⁵ 발라는 과정과 기원의 역사적 맥락을 사고하고 능력을 발휘해 단지 오류를 짚어내는 데 그치지 않고, 오류가 어떻게 발생했을지 추정했다. 예를 들면 비슷한 그리스 문자를 혼동했을 가능성을 제시했다.

구세대 아리스토텔레스 학자, 동시대의 인문학자, 교회의 권위자들이 적의를 보여도 발라는 꿈쩍하지 않았다. 특히 교회의 권위자들을 거스르는 일이 가장 위험했다. 아니나 다를까 1444년에 발라는 나폴리 이단 심문소의 조사를 받는다. 교회가 주로 문제 삼은 것은 『콘스탄티누스 기증장에 관하여』가 아니었다.¹⁶ 기독교의 삼위일체나 자유의지에 관한 이단적인 관점, 그리고 매우 오래되고 매우 반기독교적인 에피쿠로스 사상이 문제였다. 에피쿠로스학파는 사후를 걱정하기보다 현재를 현명하게 잘 사는 쪽을 권장했기 때문이다.

발라는 1431년 이 주제에 관해 대화록 『쾌락에 관하여』라는 아슬아슬한 책을 썼다. 세 화자는 돌아가면서 이 주제에 대해 자신의 관점을 내놓는다. 먼저 스토아학파 사람이 인간은 끝없이 불행하며 어떤 쾌락도 누릴 수 없다고 말한다. "우리가 인간이 아닌 짐승으로 태어났다면! 차라리 태어나지 않았다면!"[17]

그러자 에피쿠로스학파 사람이 반론을 펼친다. 인생은 만족스럽고 아름다운 경험으로 가득하다. 달콤한 목소리를 가진 여성의 말을 듣거나 좋은 포도주를 마시는 일이 그렇다. (내 창고에도 좋은 포도주가 가득 쌓여 있다며 논점을 이탈하기도 한다.) 더 깊은 쾌락도 있다. 가정을 일구거나 공직을 맡거나 사랑을 하는 데서 오는 기쁨이 그렇다. (그는 사랑에 대해 할 말이 아주 많다.) 더 좋은 것은 자신이 얼마나 도덕적인 사람인지 아는 사람에게서 나오는 자기만족의 광채다. 이 또한 쾌락의 일종이다.[18]

세 번째 화자는 기독교적 관점을 설파한다. 쾌락은 **좋지만** 세속적인 쾌락이 아닌 천국의 쾌락을 추구하는 편이 낫다.[19] 이 대화에서 기독교인이 모두의 인정을 받았지만 에피쿠로스학파의 화자가 내내 온정적인 대접을 받았음을 사실을 쉽게 눈치챌 수 있다. 특히 저자인 발라가 이렇게 속삭이는 장면이 나온다. "내 영혼은 가만히 그대 쪽으로 기울고 있습니다."[20]

실제로 이를 눈치챈 사람들이 있었다. 이 작품의 첫 번째 판이 논란을 일으키자 발라는 살짝 수정을 가했다. 인물의 이름을 바꾸고 배경을 로마에서 파비아로, 제목도 『쾌락에 대하여』에서 좀 더 고상하게 『진정한 선에 대하여 De vero bono』로 바꾸었다. 그는 기독교인이 이야기하는 마지막 부분을 교황 에우제니오 4세에게 선물로 보냈고, 편지에 특유의 건방진 어조로 이렇게 썼다. "주님 하늘 아래 이 책보다 더 큰 쾌락을 줄 수 있는 것이 무엇이 있을까요?" 이 편지에는 자금을 요청하는 내용도 담겨 있었다.[21]

따라서 1444년 나폴리 이단 심문소가 발라를 조사하려는 데는 충분한 이유가 있었다. 그러나 발라는 거의 즉시 구제받았는데 발라의 후원자이자 보호자였던 나폴리의 군주 알폰소가 개입해 심문을 중단시켰기 때문이다. 알폰소는 발라에게 빚이 있었다. 발라가 알폰소의 궁정 신하로 일하며 왕의 이익을 위해 뛰어난 언변을 발휘해왔기 때문이었다. 발라는 떠돌이 인문학자로서 페트라르카와 마찬가지로 후원자를 기쁘게 해야 했다. 『콘스탄티누스 기증장에 관하여』를 쓴 주된 이유도 바로 이것이었다.[22] 당시 알폰소는 자꾸만 경계를 침범하는 로마의 에우제니오 교황에 맞서 자신의 영토를 지키려 애쓰고 있었다. 물론 문헌학의 순수성을 지키고 싶은 마음도 있었겠지만, 발라의 글은 로마의 영토권 주장을 전반적으로 약화함으로써 알폰소에게 힘을 실어주었다. 그런 의도가 있었다고 해서 발라의 업적이 퇴색되지는 않는다. 발라는 어쨌든 원칙에 근거해서 문헌을 바로잡는 것을 좋아했다. 그는 권위에 대한 두려움 없이 위조된 기증장에 학문적 의문을 제기함으로써 후원자를 기쁘게 했고, 덕분에 자신이 감행했던 모든 겁 없는 학문적 도전이 가져온 결과에서 자유로울 수 있었다.

그는 나폴리 궁정 신하로 영원히 일하지는 못했다. 인문학자의 자리란 그런 것이었다. 발라는 이를 대체할 직장을 아주 의외의 장소에서 찾았다. 로마에서 새 교황을 위해 일하게 된 것이다. 1447년 에우제니오 교황의 뒤를 이은 니콜라오 5세는 전임자보다 인문학자의 사상과 활동에 훨씬 더 우호적이었다. 발라는 교황청 서기관으로서 쿠리아(교황청)에 한 자리를 차지하게 되었고, 덕분에 로마에 살 수 있었다.[23] 로마대학교의 수사학 교수로 임명되었으며, 다음 교황인 갈리스토 3세의 서기관으로도 일한 덕택에 산 조반니 인 라테라노 대성당의 참사회원이 될 수 있었다. 극히 전형적인 인문학자의 삶이었다. 발라는 왕궁, 교회, 대학을 오가는 삶을 영위하면서도 여전히 자신의 뜻대로 자유롭고 담대한 탐구를 이어갔다.

하지만 발라의 인생에 전적으로 평온하거나 수월한 순간은 찾아오지 않았다. 심지어 사후에도 지상에서는 편치 못했다. 발라가 1457년 50세로 사망했을 때 발라의 어머니는 대성당에 그의 언변을 칭송하는 비문을 새긴 묘비를 마련했다. 그러다 어느 시점에, 아마도 16세기 중반 종교개혁으로 교회가 모든 비판에 특별히 예민하게 반응했던 시절에 이 묘비는 대성당에서 쫓겨나 보이지 않는 곳으로 옮겨졌다. 그 후 묘비는 더한 모욕을 받게된다. 1823년 로마를 방문한 독일 역사학자 바르톨트 게오르크 니부어는 발라의 묘비가 바닥 포장용으로 쓰이는 모습을 보고 몹시 놀랐다. 부족한 기독교인이었다고 여겨진 수많은 사람의 묘비가 비슷하게 돌덩어리 취급을 받았다. 다행히 묘비는 얼마 가지 않아 다시 대성당 내 안전한 장소로 옮겨졌고 오늘날에도 그 자리에 있다.[24]

3 선동가와 이교도들

발라의 진정한 기념비는 그의 저서지만, 그의 묘비처럼 저서도 예상치 못한 방식으로 용도가 변경되었다. 발라가 쓴 신약성경 주석은 잊혔지만 에라스뮈스가 수도원 서고에서 필사본을 발견하여 1505년에 편집 출간했다. 페트라르카 시대에도 이런 발견이 흔했지만 이 경우에는 단지 몇십 년 동안만 '감옥'에 갇혀 있었던 최근작이라는 점이 달랐다. 이 발견을 통해 에라스뮈스는 자신만의 신약성경 번역에 착수할 수 있었다.[25] 발라처럼 에라스뮈스도 오래되고 오염이 덜한 판본으로 작업하는 쪽을 선호했다. 부분적으로는 성실한 연구 활동을 하겠다는 기본적인 마음가짐 때문이었고, 다른 한편으로는 기독교가 제도적 권력에 매몰되기 이전에 더 좋은 모습이었다고 생각했기 때문이다.[26]

하지만 에라스뮈스도 발라도 이 문제에 관해서는 에라스뮈스 시대의 신교도들을 따라가지 못했다. 교회 권력에 저항한 신교도들은 발라의 글을 지지대로 삼았다. 적어도 1517년 교황에게 반대하는 의도를 담아 새로운 인쇄본을 출간한 독일의 울리히 폰 후텐의 동기는 그러했다. 교황 율리오 2세가 바티칸 벽화를 발주해야 할 필요성을 느낀 이유가 여기에 있다. 콘스탄티누스 기증장이 인문학자의 작살에 맞아 이미 숨을 거두었다는 사실을 그저 무시하고 기증장의 정당성을 끝까지 주장하려는 방편이었다.

시간이 좀 더 지난 뒤, 종교 갈등이 어느 정도 가라앉았을 때는 새로운 세대의 지식인들이 발라에게 매력을 느꼈다. 발라의 방법론과 목표를 존경했기 때문이었다. 그들에게 발라는 가장 일반적인 의미에서의 자유사상을 상징하는 인물이었다. 그것은 권위가 아닌 전문성을 신뢰하고, 문헌과 주장이 **어떻게** 그렇게 형성되었는지 연구해야 한다는 고집이었다. 그들은 발라의 방식에 따라 의심스러운 문서를 조사하고 그 기원과 신빙성을 분석했다.[27] 세월이 좀 더 흐른 뒤에는 비종교적 인문학자들이 (즉 좀 더 협소한 의미에서의 '자유사상가'들이) 발라의 솔직한 태도와 에피쿠로스 사상에 대한 명백한 호의에 동질감을 느꼈다.

발라의 제멋대로고 호전적인 태도에도 어떤 매력이 있었는데 무엇보다 발라 자신이 이것을 일종의 철학으로 발전시켰기 때문이다. 한 편지에서 그는 매사에 반대 의견을 내는 태도에 대한 견해를 피력하며 이렇게 물었다. "학문이나 과학에 대해 글을 쓰면서 과연 먼저 온 사람을 비판하지 않은 사람이 있는가?" 예를 들어 아리스토텔레스는 제자이자 조카인 테오프라스토스의 비판을 받았다. "내가 그동안 읽은 내용만 떠올려 봐도 아리스토텔레스의 주장을 한 번도 반박하지 **않거나** 그를 나무라지 **않은** 작가는 거의 없었다." 그렇게 함으로써 그들은 아리스토텔레스의 본보기를 따르는 것이다. 아리스토텔레스 역시 스승 플라톤에게 문제를 제기했기 때문이다. "그렇다, 철학자들의 왕, 플라톤 말이다!" 발라는 기독교 작가들도 마찬가지라고 밝혔다. 아우구스티누스는 히에로니무스를 공격하며 히에로니무스는 앞서 온 교회의 권위자들을 공격했지만 그들의 해석 자체가 해석을 요구한다고 말했기 때문이다. 의사들은 서로의 의견에 반박하며 서로 다른 진단을 내놓는다. 뱃사람들은 폭풍이 불어닥칠 때 배를 어떻게 돌릴지 저마다 다른 의견을 내놓는다. 철학자들에 대해서는 이렇게 말했다.

"스토아학파가 어떻게 에피쿠로스학파의 모든 의견에 반박하지 않을 수 있겠으며 반대로 반박당하지 않을 수 있겠는가?" 존경과 복종이 아닌 논박과 반대가 지적 생활의 본질이다. 게다가 발라는 단지 틀린 점을 지적하는 데서 멈추지 않았다. **왜** 틀렸는지를 설명했다.

 이 편지를 마무리하면서 발라는 때로는 죽은 사람과 싸우는 것이 우리의 의무라고 말한다. 뒤따르는 사람들에게 도움이 되기 때문이다. 젊은이들을 가르치고 가능하다면 "그릇된 길에 빠진 이들이 제정신을 차릴 수 있게" 돕는 것 또한 우리의 의무다.[28]

* * *

젊은이들은 발라의 가르침을 받기 위해 모여들었다. 발라를 적대시했던 포조 브라촐리니는 발라가 수사학 고전 『헤렌니우스에게 바치는 수사학Rhetorica ad Herennium』과 같이 가장 존경받는 작품도 흠잡으려고 애쓰기 때문에 제자들에게 좋지 않은 본보기가 된다고 했다. 브라촐리니는 발라가 스스로를 "그 어느 고대 작가보다도 우월하다"라고 생각하는 것 같다며 불평했다. 그리고 "이 괴물과 제자들을 잠재우려면 말이 아닌 곤봉, 헤라클레스의 몽둥이가 있어야 한다"라고 난폭하게 덧붙였다.[29]

 브라촐리니가 『헤렌니우스에게 바치는 수사학』에 특별한 존경심을 가진 이유는 그것이 키케로의 작품으로 여겨졌기 때문이다. 그러나 이는 잘못 알려진 사실이다. (실제 저자는 알려지지 않았다.) 브라촐리니는 키케로가 너무 뛰어나고 완벽하므로 하찮은 필멸자인 다른 인간이 그를 공격할 수는 없다고 생각했던 여러 인문학자 가운데 하나였다. 그래서 지금은 우스꽝스럽게 느껴지지만, 당시에는 매우 중요하게 여겨졌던 여러 사상가 간의 오랜 전투에서 브라촐리니는 발라의 반대편에 섰다. 라틴어 문체에 관해서는 오직 키케로만을 따라야 할까? 아니면 다른 고전 시대의 작가들을 모방하는 것이 도움이 될까? 몇몇 인문학자들은 키케로만을 따라야 한다고 생각했기 때문에, 반은 농담일 수도 있지만, 키케로의 작품에 나오지 않는 말은 자신도 쓰지 않는다고 맹세했다. 그들에게는 키케로가 쓰지 않은 말은 라틴어가 아니었다.

이러한 믿음의 배경에는 휴머니스트들의 키케로 숭배라는 전통이 있다. 그래도 어느 정도는 비판적인 자세를 가졌던 페트라르카는 친구가 위대한 연설가 키케로에 대한 공격을 듣고 괴로워하자 웃으며 이렇게 말했다. "제발. 나의 키케로 님을 살살 다루세요!" 그 친구는 자신에게 키케로는 신과 같다고 고백했다. 페트라르카가 기독교인이 그런 말을 하다니 우습다고 말하자 친구는 정말 신적인 존재라는 것이 아니라 '웅변의 신'이라는 의미라고 둘러댔다. 그러자 페트라르카가 말했다. "아, 키케로가 만약 인간에 불과하다면 흠이 있을 수 있고 실제로도 그렇겠군." 그러자 친구는 몸서리를 치며 발길을 돌렸다.[30]

부분적으로는 키케로를 예수 그리스도에 범접하는 수준에 올려놓고, 인간 이상의 존재로 생각하는 것이 문제였다. 만약 이것이 과한 주장이라고 여겨진다면 성경 번역자 히에로니무스가 이로부터 약 1000년 전 꾼 꿈을 살펴보자. 안티키아 근처 은신처에서 살던 히에로니무스는 굶주림과 고열에 시달리다가 고전 문헌을 비롯한 모든 세속적 쾌락을 끊기로 결심한다. 그리고 꿈속에서 판관의 모습으로 앉아 있는 예수님 앞에 섰다.

"그대는 어떤 사람인가?" 예수님이 물었다.

"그리스도인입니다." 히에로니무스가 대답했다.

"거짓말을 하고 있구나. 그대는 그리스도가 아니라 키케로를 섬기는 사람이다."[31]

예수는 히에로니무스에게 채찍을 내렸고 잠에서 깬 히에로니무스는 다시는 비기독교인의 책을 읽지 않겠다고 맹세했다.

하지만 실제로는 자신의 글에서 고전을 계속 언급했다. 발라는 여기에 대해 예수 그리스도가 키케로의 철학을 사용하는 것만 금지했을 뿐, 그를 문학적으로 인용하거나 모방하는 것까지 금지하지는 않았다고 말하며 관용을 베푼다.[32] 발라 자신은 키케로를 읽는 데 아무 거리낌이 없었다. 다만 키케로만큼 좋거나, 더 나은 문학적 모범이 있다고 생각했다. 그가 특히 존경하는 쿠인틸리아누스도 그중 한 명이었다.

이들은 공통적으로 고전문학을 좋아했지만 키케로를 둘러싼 긴 다툼은 휴머니스트 사이에 분열이 일어나고 있었음을 시사한다. 오래전 사라진 작가들을 조건 없이 애정하고 모방하는 학자들과 키케로든 누구든 (심지어 교황도) 검증을 피할 수 없다고 생각하는 학자들로 나뉜 것이다. 발라는 당연히 후자에 속했다. 탐구 정신이 강하기도 했지만 발라가 작가들을 영원한 모범으로 삼기보다 역사적인 관점에서 접근한 데는 확실한 이유가 있었다. 만약 모두가 키케로처럼 쓴다면 발라는 문헌을 통해 글의 시기를 추정할 수 없게 될 터였다. 모든 문헌이 비슷해진다면 문헌학자의 존재 이유도 없어진다.

다행히도 모방하는 사람들은 항상 실수를 했고 정체가 탄로났다. 가령 열렬한 키케로 추종자 중에 크리스토포루스 롱골리우스라는 사람이 있었는데 1490년 저지대 지역*에서 태어났고, 원래 이름은 크리스토프 드 롱게이였다. 하지만 본명이든 라틴어 이름이든 이름을 쓸 때마다 키케로와의 차이점이 여실히 드러났다. 크리스토포루스가 '그리스도를 업은 자'라는 의미였기 때문이다. 기원전 43년에 사망한 키케로는 그리스도를 전혀 몰랐으므로 이 말을 쓸 수 없었다.

롱골리우스의 문제는 1528년에 출간된 에라스뮈스의 풍자적인 대화록 『키케로 추종자Ciceronianus』에서 지적되었다.[33] 이 책에서는 두 친구가 키케로 추종자가 되려는 친구를 말리면서 키케로처럼 되려고 했지만 실패한 수많은 작가를 언급한다. 그러다 잠시, 롱골리우스는 성공한 사례인지도 모른다고 생각하지만 곧 이름 때문에 그것이 불가능하다는 사실을 깨닫는다. 에라스뮈스는 추종자들을 조롱하는 동시에 중요한 질문을 한다. 키케로 추종자들이 기독교에 대해 아무 말도 할 수 없다면 그것은 그들이 가진 신앙 체계에 대해 무엇을 암시할까? 키케로주의는 근대 기독교

• 오늘날의 네덜란드, 벨기에, 룩셈부르크 등을 포함한 지역.

세계의 중심에 자리한 비밀스럽고 전복적인 '이교도주의'의 징후일 가능성이 있다.

'이교도pagan'라는 말은 원래 '농노' 혹은 '촌뜨기'라는 의미인데 기독교 이전에 존재하던 종교를 숭배하는 사람들을 뜻하기도 하지만, 주로 고대 로마 신들을 믿는 사람들을 가리킨다. 두 전통의 관계는 항상 긴장되어 있었기에, 초기 기독교인들은 로마의 신전과 조각상을 그야말로 짓밟아 없애고 싶어 했다. 그러나 세월이 흐르면서 관계가 개선되었다. 유럽 문화에서 이교도 전통은 기독교 전통과 너무 밀접하게 엉켜 있어서 완전히 풀어낼 수는 없다는 사실이 명백해졌다. 이교도 신전의 돌이 로마를 이루고 있었고, 로마와 그리스 신화는 흥미로운 이야기로 가득해서 특히 예술가들은 이를 도저히 외면할 수 없었다.[34] 하늘하늘한 반투명 옷을 입고 조개 속에서 태어나는 사랑의 여신을 어떻게 물리칠 수 있겠는가. 이교도 전통을 싹 쓸어버리기보다는 순화하고 기독교화하는 편이 나을지 모르는 일이었다.

이 과정은 복잡한 정신적 노력이 필요했다. 페트라르카는 키케로가 그럴 수 있었다면 좋은 그리스도인으로 **살았을 것**이라고 자신했다.[35] 다른 사람들은 고전문학을 앞으로 태동할 종교에 대한 계시로 해석하려고 애썼다. 베르길리우스가 여기 적합했다. 그의 『목가』 4권은 새로운 시대의 도래와 특별한 소년의 탄생을 언급한다.[36] 그 소년이 예수가 아닐까? 그리고 『아이네이스』에서는 아이네이아스가 지하 세계로 갔다가 돌아온다. 이는 부활을 뜻하는 우화가 아닐까? 4세기 시인 팔토니아 베티티아 프로바는 로마

신을 믿다가 기독교로 개종한 이름 높은 집안의 딸이었는데 베르길리우스를 느슨하게 짜깁기해서 창조, 타락, 홍수의 서사, 심지어 예수의 탄생과 죽음 이야기를 재구성했다.[37] 하지만 베르길리우스 자신은 너무 일찍 태어난 탓에 구원을 받을 수 없었다. 그래서 단테가 『신곡』에서 베르길리우스를 안내자로 삼아 지옥과 연옥에 다녀오지만 천국까지는 같이 갈 수 없다. 단테는 베르길리우스가 머무는 곳이 림보라고 이야기한다.[38] 아주 끔찍하지는 않은 지옥의 첫 번째 고리인데 다른 선량한 이교도들도 여기 있다. 반면 에피쿠로스와 같은 악한 이교도들은 (그리고 추종자들은) 저 깊은 여섯 번째 고리 안에 있다.[39]

키케로 추종자들 역시 비슷한 방식으로 이교도와 기독교 용어를 결합해 문제를 해결하려고 했다. 동정녀 마리아를 디아나 여신으로 칭하는 식이었다.[40] 그러나 이들은 계속해서 의심받았다. 에라스뮈스의 등장인물은 다른 인물에게 이렇게 묻는다. 고전주의자들이 그토록 아끼는 개인 유물 박물관에서 십자가를 본 적이 있는가? 그리고 스스로 답변한다. "없다. 모든 유물이 이교도 물건이다."[41] 그들은 할 수만 있다면 모든 것을 되살릴 것이라고 주장한다. "신관과 처녀 사제 (…) 탄원, 신전과 사원, 누운 채 벌이는 만찬과 종교의식, 남신과 여신들, 카피톨리움과 신성한 불을."[42]

문제는 에라스뮈스가 명백히 옳았다는 사실이다. 적어도 초기 키케로 추종자들에 대해서는 그랬다. 1460년대 로마에서 몇몇 남성들이 플라톤이 아테네에 세운 학교 '아카데미아'를 본떠

'아카데미아'라는 모임을 만들었다.[43] 하지만 이 키케로 추종자들은 그리스보다는 자신들이 사는 로마의 기독교 이전 시대에 관심이 더 많았고, 자연스럽게 그에 대한 진지한 역사 연구가 이루어졌다. 모임 참가자 중에는 대학에서 학생을 가르치는 저명한 학자들도 있었고, 강연과 로마 유적 답사도 이루어졌다. 페트라르카도 그런 답사에 참여하고 싶었을 것이다. 에라스뮈스도 동행하고 싶어 했을지 모른다. 하지만 에라스뮈스와 페트라르카는 이 모임의 자유분방한 야간 행사에 충격을 받았을 것이다. 이들은 옷을 차려입고 폐허가 된 유적에서 머리에 월계관을 쓰고 고대의 축제를 재현했다. 또한 직접 지은 라틴어 시를 낭독했는데 서로에게, 혹은 젊은 남성에게 보내는 연애시도 있었다.[44] 플라우투스나 테렌티우스의 희극을 상연하기도 했다.[45] 용감한 시도였다. 기독교는 6세기 유스티니아누스 황제가 극장을 폐쇄한 뒤로 종교와 상관없는 연극 공연에 반대해 왔기 때문이다. 이런 행사의 주동자는 주로 줄리오 폼포니오 레토, 라틴어로 율리우스 폼포니우스 라이투스였다. 나폴리 출신 수사학 교수로, '라이투스'는 스스로 선택한 이름이었고 '행복한' 사람이라는 의미였다.

행복한 교수들이 달빛 아래 흥청거리며 서로에게 연애시를 읽어주고 화려한 극을 상연한다. 이것을 과연 기독교적이라고 할 수 있을까? 아카데미아의 참가자 대부분은 교황청 직원이거나 다른 직책이 있더라도 어떤 식으로든 교황청과 관계가 있었으므로 기독교적이었다고 볼 수 있다. 하지만 로마의 지식인들은 대체로 교회에서 나오는 녹을 먹었고 그 자체로는 큰 의미가 없었다. 밀라노의 한 사절은 그 사람들에게는 진정한 신앙이 따로 있다고 주장하는 편지를 썼다. "이 인문학자들은 하느님의 존재를 부인하고 몸과 함께 영혼도 죽는다고 생각했다." 게다가 그리스도가 가짜 예언자라고 생각한다고 덧붙였다.[46]

키케로 시대의 로마 공화국을 우러러보던 이들은 다른 면에서도 반란을 꾀하는 것처럼 보였다. 일부 사람들은 이들이 반란이나 혁명을 통해 공화정을 되찾으려고 한다고 의심했다. 완전히 터무니없는 말은 아니었다.[47] 페트라르카의 지인이었던 콜라 디 리엔초가 이런 시도를 한 적이 있다. 그는 유적과 명문을 찾아 로마를 샅샅이 뒤졌다. 처음 몇 번의 시도는 실패로 끝났지만 마침내 로마를 다스리던 남작들을 끌어내리고 스스로 집정관 자리에 앉았다. 집정관은 옛 로마의 최고 행정직이었고 그를 지지하는 대중도 있었다. 그러나 대중의 지지는 빠르게 줄어들었고 그의 수명도 마찬가지였다. 1353년, 분위기가 바뀌었고 리엔초의 궁전 밖에는 군중이 모여들어 "역적 리엔초를 처형하라!"라고 외쳤다. 그는 변장을 하고 군중 속으로 들어갔다. 같은 구호를 외치며 무리에 섞여들 생각이었는데 누군가 그를 알아보고 칼로 찔렀다. 그리고 교수대로 끌고 갔다. 사람들은 아카데미아 일원들이 좀 더 성공적인 결과를 노리고 비슷한 반란을 시도하지 않을까 염려했다.

이런 우려 때문인지 아카데미아를 향한 적대감이 점점 커졌다. 교황청 내에서 서기직과 행정직을 맡은 이들은 처음에는 보호받았다. 당시 교황이었던 비오 2세 역시 인문학과 연구를 좋아하는 사람이었고 고대 문명에 대한 아카데미아의 관심을 높이 샀다. 그러나 1464년 다음 교황인 바오로 2세가 즉위하자 분위기가 달라졌다. 새 교황은 인문학자들의 관심사에 대한 이해가 부족했고 그들의 학문이나 능력을 존중하지도 않았다. 무엇보다 이교도 냄새를 풍기는 것은 다 싫어했다. 고전주의 형상과 기독교 형상이 결합한 호화로운 행렬은 좋아했지만 그보다 더 깊이 들어가는 것은 사양했다. 젊은이들의 머리를 이단적인 생각과 성적으로 방종한 이야기로 채우느니 무지하고 독실한 상태로 놔두는 편이 낫다고 생각했다. "아이들은 학교에 들어갈 나이가 되면 이미 1000가지 불경한 것들을 안다. 유베날리스, 테렌티우스, 플라우투스, 오비디우스를 읽으면 또 수천 가지 부도덕을 배우게 될 것이다."[48] (하지만 고전문학을 읽지 않고도 사람들은 부도덕을 배웠다. 위선을 다룬 브라촐리니의 대화록에 따르면 한 설교자는 설교 중에 성적 욕망에 대해 어찌나 상세히 이야기했는지 신도들이 이를 직접 실천해 보고자 그의 말이 끝나자마자 집으로 달려갔다고 한다.)

인문학자들을 좋아하지 않았고 그들에게 지급하는 비용을 줄이고 싶었던 바오로 2세는 바티칸의 행정직을 비롯한 인문학자들의 일자리를 없앴다.[49] 그들 대부분은 그 자리를 뇌물로 얻었기 때문에 사기를 당했다며 불만을 토로했다. 그들이 항의를 시작하자 그 어느 때보다도 반란 세력 같아 보였다. 바르톨로메오 사키도 그중 한 사람이다. 피아데나 출신이라서 '플라티나'라는 이름으로 알려진 그는 거침없는 발언을 한 죄로 교황청 감옥이 있는 카스텔 산탄젤로에서 4개월간 징역을 살았다. 결국 풀려났지만 1468년 2월에 교황은 플라티나를 포함한 아카데미아 회원 약

20명을 붙잡았다. 역모, 이단, 남색 등의 혐의를 쓴 이들은 감옥에서 고문당했다. 플라티나는 이때 스트라파도strappado라는 고문을 당해 어깨가 영구적으로 손상되었다. 등 뒤로 결박한 손목을 공중에 매달아 갑자기 떨어뜨리거나 다른 방식으로 고통을 가하는 끔찍한 고문이었다.

레토는 당시 베네치아에 있었기 때문에 즉시 체포되지는 않았으나 얼마 후 다른 회원들과 함께 갇혔다. 남성 제자들에게 연애시를 썼다는 죄목으로 체포된 그를 베네치아 정부가 로마로 이감한 것이다. 다른 회원처럼 그 역시 이단 혐의로 기소되었다.

이들은 모두 옥에 갇힌 채 오랜 시간을 보냈고 앞날을 알 수 없었다. 유일한 위로가 있다면 이들을 불쌍히 여긴 간수 로드리고 산체스 데 아레발로였다. 아레발로는 수감자들에게 편지를 배달하고 직접 위로 글을 쓰는가 하면 그들이 서로 만날 수 있게 허락해 주었다. 레토는 감사의 마음을 전하며 이렇게 말했다. "친구들과 대화할 수 있다면 갇혀 있어도 아무렇지 않습니다."[50] 아레발로는 그런 암울한 상황에서도 그들이 편지를 썼을 뿐만 아니라 평소와 다름없이 세련된 언어를 사용했다며 놀라움을 표현했다. 그러나 페트라르카의 편지에서 보았듯이 인문학자들은 고통을 최대한 우아한 언어로 표현하는 것을 전혀 이상하다고 생각하지 않았다. 모호하고 신비로운 침묵에 대한 숭배는 무지에 대한 숭배만큼이나 이들의 마음을 끌지 못했다. 세련된 언어를 쓰는 행위는 탄압의 근거가 된 가치관을 긍정하는 자세이기도 했다.

몇몇은 그해에 풀려났다. 그러나 플라티나는 1469년 3월까

그림 18 바티칸 서고에 있는 플라티나와 교황 식스토 4세를 그린 그림(멜로초 다 포를리Melozzo da Forl 작품).

지 갇혀 가장 혹독한 처벌을 받았다. 그 어떤 혐의도 입증되지 않은 채였다. 반란을 모의했다는 증거는 이후에도 나오지 않았다. 이 일이 있고 몇 년이 흐른 뒤 교황이 식스토 4세로 바뀌자 이들의 형편은 다시 나아졌다. 새 교황은 학자들이 다시 교황청에서 일할 수 있도록 허락했다. 플라티나는 이후 바티칸 서고의 사서로 일하기도 했다. 문학도 계속할 수 있었다. 꽤 오랫동안 작업한 요리책도 출간했다. 제목이『올바른 쾌락과 건강』으로 매우 에피쿠로스적이었다.[51] 이 책에 수록된 요리 중 오렌지 소스를 곁들인 장어 구이가 얼마나 맛있어 보였는지 레오나르도 다빈치가「최

156 우리를 인간답게 만드는 것들

후의 만찬」 벽화에 포함했을 정도다. 플라티나는 모든 교황을 열거하는 긴 역사책도 집필했는데 아카데미아를 탄압했던 바오로 2세에 대한 통렬한 비판도 담았다.[52]

아카데미아는 이후 모임과 활동을 재개했지만 그 전보다 더 비밀스럽게 활동하다가, 1477년 기독교 평신도들의 형제회로 다시 발족하면서 좀 더 점잖은 형식을 갖추었다. 그러나 회원들은 여전히 이따금 폐허에서 만나 비밀스러운 놀이를 즐겼다.[53]

* * *

로마의 휴머니스트들이 좋든 싫든 교회와 얽혀 있었던 반면, 좀 더 북쪽의 토스카나 사람들에게 주어진 의무는 달랐고, 그들이 만족시켜야 할 주인도 달랐다. (물론 휴머니스트는 떠돌아다니는 일이 많았기에 두 곳 모두에서 일을 하거나 여흥을 즐기는 사람도 있었다.) 토스카나의 휴머니스트는 가정교사나 개인 비서로 일하거나 대도시에서 공무원, 사절, 혹은 정치인으로 일하는 경우가 많았다. 도시들은 대체로 자유, 개방성, 화합의 등불을 자처했다. 암부로조 로젠체티가 1330년대 후반 시에나에 고용되어 그린 벽화는 좋은 통치와 나쁜 통치를 대비시킴으로써 이런 도시가 꿈꾸었던 이상적인 모습을 시각적으로 나타내고 있다. 한쪽에서는 춤을 추며 즐기는 사람들과, 만족스러워 보이는 상인들을 비옥한 밭과 배부른 농부들이 에워싸고 있다. 이것은 좋은 통치의 결과다. 반대편에는 아무것도 없는 텅 빈 들판, 음울하고 폐허가 된 도시, 서로를 향해 전진하는 군대가 있다. 나쁜 통치가 만든 결과다. 좋은 통치를 하는 정부를 원한다는 것은 혼란이 아닌 질서, 전쟁이 아닌 평화, 굶주림이 아닌 풍요, 그리고 우매함이 아닌 현명함을 원한다는 의미였다.

피렌체가 토스카나의 모든 도시를 통틀어 '좋은' 통치의 정수를 보여주고 있다는 것이 피렌체의 휴머니스트 총리 레오나르도 브루니의 주장이었다. 그가 1403년 무렵에 쓴 『피렌체 찬가』는 피렌체 사회를 마치 하프처럼 달콤한 소리를 내는 자유롭고 조화로운 곳으로 묘사한다. "질서에 어긋난 데가 없고 비례가 어긋난 곳도 없으며 음정이 맞지 않거나 불명확한 부분도 없다."[54] 피렌체의 시민들은 모든 업적에서 다른 도시 사람들을 앞지른다. "부지런하고 너그러우며 품위 있고 친절하고 상냥한 데다 도시적이다."[55] 그러므로 다른 곳에서도 언급했듯, "가장 훌륭하고 탁월한 동시에 인류에게 적합한 학문인" 인문학이 피렌체에서 번성하는 것은 당연하다.

이 시대 시인이나 그보다 앞선 시인 중에 피렌체 출신이 아닌 사람이 있습니까? 완전히 잃어버렸던 웅변술을 다시 조명하고 실천한 사람들도 바로 우리 시민이 아니면 누굽니까? 거의 죽은 채로 비참하게 널브러져 있던 라틴어 문학의 가치를 알아보고 되살리며 복원한 이들이 바로 우리가 아니면 누굽니까?

브루니는 "심지어 이탈리아 땅에서 700년 이상 외면당했던 그리스어 문학을 되살려 위대한 철학자들과 존경스러운 연설가들을 연구할 수 있게 된 것도 바로 우리 도시 덕분"이라고 말한다.[56]

　　그리스어 전문가이자 번역가였던 브루니 자신도 이바지한 바가 많았다. 그는 특히 역사가 투키디데스에 관심이 많았는데 아테네의 지도자 페리클레스가 기원전 430년에 했던 유명한 연설을 비롯한 여러 가지 자료를 기록으로 남겼다. 스파르타와 전쟁을 벌이던 중 페리클레스는 시민을 대상으로 숨진 병사들을 추도하고 아테네를 찬양하는 연설을 했는데 브루니는 바로 이것을 베끼다시피 해서 피렌체 찬가를 썼다. 투키디데스의 기록에 따르면 페리클레스는 연설의 서두에서 이렇게 묻는다. 우리가 우리의 적보다 훨씬 더 뛰어난 이유는 무엇인가? 답은 이렇다. 군대의 규율과 훈련에 집착하는 스파르타와 달리 아테네는 자유와 조화를 바탕으로 이루어졌기 때문이다. 스파르타는 폐쇄적이지만 우리는 공개적으로 세계와 무역을 한다. 저들은 아이들을 강하게 키우려고 가혹하게 다루지만 우리는 아이들에게 자유를 가르친다. 저들은 위계를 따지지만 아테네에서는 모두가 자유롭고 평등하게 시정에 참여한다.[57] 페리클레스가 간과한 것은 여기서 말하는 '모두'에 여성과 노예가 포함되지 않았다는 사실이다. 페리클레스는 뒷부분에서야 여성을 언급하는데 전쟁으로 과부가 된 관객들에게 이 모든 내용은 당신들과 상관이 없다고 한다. 여성의 미덕은 좋은 말을 듣는 것도, 나쁜 말을 듣는 것도 아니고 애초에 남자들의 입에 오르지 않는 것이기 때문이다.

　　피렌체에도 공개적으로 발언하지도, 공식적으로 거론되지도 않는 여성과 노예가 있었다. 대체로 이 두 도시의 상황은 묘사된 것과 좀 달랐다. 아테네는 조화롭기는커녕 사회적 불안으로 역병과 폭동이 일어났고, 스파르타와 치른 전쟁에서도 결국 패배했다. 피렌체 역시 여러 왕가 간의 갈등, 모의, 정권 교체 등으로 엉망진창이었고 대체로 불안정했다. 그러나 인문주의적 이상은 두 도시가 가진 정체성의 핵심이었다. 피렌체가 15세기 내내 활기 넘치고 예술적이고 지적인 장소였음은 의심할 여지가 없다. 전설적인 인물들이 피렌체 거리를 걸어 다녔고 휴머니스트들의 활동을 대체로 환영했다.[58]

이 가운데 가장 널리 알려진 학자들로 이루어진 학파는 메디치 가문과 연결되어 있었다. 당시 피렌체를 실질적으로 통치하던 가문이었다. 이 학파의 일부는 로마의 학자들과 마찬가지로 플라톤을 흉내 내 '아카데미아'를 만들었고 어느 정도 형식을 갖추고 모였다. 이 모임을 격려하고 지원한 사람 중에는 '위대한' 로렌초 데 메디치가 있었는데, 그 또한 시인이자 수집가, 예술 애호가였으며 상인이자 활동가, 정치가이기도 했다.[59]

이 모임에서 핵심적인 인물은 마르실리오 피치노였다. 메디치 가문의 서고에 있는 플라톤의 필사본을 번역했고 연구서 『플라톤 신학Theologia platonica de immortalitate animorum』을 저술해 기독교와 플라톤주의를 결합하는 사상을 발전시켰다. 플라톤 역시 불행하게도 그리스도보다 먼저 태어난 '이교도'였지만 일부 기독교인들은 우주의 조화와 이상적인 '선'에 대한 플라톤의 사상에서 오래전부터 기독교 신학의 토대를 보았다. 피치노는 이 문제를 탐구한 최초의 인물은 아니지만 새로운 연구 방식으로 이 주제에 접근했다. 또한 우주에서 인간의 역할에 대해 과감한 주장을 할 준비가 되어 있었다. 그는 문학, 예술, 학문 연구, 자치 등의 분야에서 인간이 세운 업적을 강조하면서 이렇게 물었다. "천지를 창조한 존재와 인간이 거의 같은 천재성을 가지고 있다는 사실을 누가 반박할 수 있겠는가? 그리고 인간에게 도구와 천지를 만들 재료를 준다면 인간 또한 어떻게든 천지를 만들 수 있을 거라는 사실을 누가 반박하겠는가?" 이것은 엄청난 주장이었다. 제대로 된 도구와 원료만 있다면 (물론 둘 다 불가능에 가까운 일이다) 인간이 창조주로서 하느님과 경쟁할 수 있다는 말이었기 때문이다.[60]

피렌체 아카데미아의 또 다른 일원도 비슷한 추론을 했다. 당당한 젊은 귀족이자 책 수집가 조반니 피코 델라 미란돌라였다. 기독교 전통에 관한 책뿐만 아니라 온갖 비전과 신비주의에 관련된 책을 폭넓게 읽은 미란돌라는 수집한 자료를 가지고 1486년 로마로 갔다. 그는 참가자들에게 그가 준비한 약 900개의 논문 및 주장을 읽히고 서로 토론을 벌이는, 거대한 회의를 열 생각이었다. 그러나 이 행사는 열리지 못했다. 그를 탐탁하지 않게 여긴 교회가 이를 무산시켰기 때문이다. 미란돌라는 자신 또한 탄압받을까 두려워 피렌체로 도피했다. 하지만 논문은 이미 모아둔 상태였고 이를 소개하는 연설문도 작성해 둔 터였다. 이후 이 연설문에는 「인간의 품격에 대한 연설Oratio de hominis dignitate」이라는 거창한 제목이 붙는다. 수 세기 동안 이는 피렌체의 인문주의적 세계관을 담은 일종의 선언문으로 여겨졌는데, 이 글이 인문학 연구를 한결

웅장한 것으로, 평등한 위치에서 당당하게 우주를 마주하는 해방된 보편 인류의 철학적 이상으로 구체화하고 있기 때문이다.

철학자들은 미란돌라에 대한 이런 시각을 좀 더 다듬으려고 노력해 왔다.[61] 미란돌라는 사실 고대의 신비주의에 관심이 많았고 제목에 있는 '인간의 품격'이라는 말도 미란돌라의 언어가 아니라는 것이다. 연설문을 원래의 맥락을 따져 복원한 연구는 미란돌라에 대한 과도한 열기를 바로잡는 데 중요한 역할을 했다. 그럼에도 이 연설문의 앞부분이 주는 감동을 부인하기는 힘들다. 미란돌라는 피치노와 마찬가지로 인간의 능력에 대한 야심 찬 생각을 전달하기 위해 프로타고라스가 수 세기 전에 했던 것처럼 인간의 기원에 관한 이야기를 풀어놓는다.

미란돌라의 이야기에 따르면 태초에 하느님이 모든 존재를 창조했다. 그리고 각각의 존재를 선반 위 정해진 자리 위에 놓았는데 식물, 동물, 천사 등으로 나누어 자리를 정했다. 그런데 인간을 만들고 나서는 어떤 자리도 정해두지 않았다. 하느님은 아담에게 이렇게 말했다. 한 자리 혹은 하나의 본성을 주기보다는 어떤 방식으로든 존재할 수 있는 씨앗들을 주겠다. 어떤 씨앗을 재배할지 각자가 선택하도록 하라. 낮은 씨앗을 고르면 동물이 되거나 식물이 될 것이다. 높은 씨앗을 고르면 천사들의 수준으로도 오를 수 있다. 그리고 중간 씨앗을 고르면 변화무쌍한 인간 본성을 자기만의 방식으로 채울 수 있을 것이다. 그러므로 "나는 너희를 하늘의 존재도 땅의 존재도 아니고 불멸의 존재도 필멸의 존재도 아닌 것으로 만들었다. 너희가 각자 자유롭고 특별한 존재로서 원하는 대로 자신을 만들 수 있게 하기 위함이다."⁶² 미란돌라는 이렇게 덧붙인다. "우리가 가진 이런 카멜레온 같은 능력을 경이롭게 여기지 않을 자가 있겠는가?" 그리고 묻는다. "또 어느 존재가 인간만큼 부러움을 사겠는가?"⁶³

당연하게도 이 부분이 미란돌라의 연설문에서 가장 인상적이다. 형태를 마음대로 바꾸는 빛나는 카멜레온이라는 이미지는 짜릿하다. 필사본을 베끼고 키케로식 라틴어를 파고드는 인내심 많은 인문학자의 작업보다 훨씬 더 흥미롭게 느껴진다. 그러나 미란돌라는 그들과 크게 다르지 않았다. 미란돌라 또한 학자였으며 여러 학문 분야를 가로지르려고 애쓰며 수많은 철학과 신학 전통에서 재료를 가져와 섞었다. 미란돌라는 인간이 자신이 원하는 어떤 것이든 될 수 있는 것처럼 학자도 어떤 원천에서든 지식과 지혜를 가져올 수 있어야 한다고 암시하고 있다. 그 원천이 기독교든 아니든 상관없다는 것이다. 이를 생각하면 미란돌라가 로마에서 학회를 여는 데 교회가 반대한 이유를 알 수 있다.

한편 이렇게 묻지 않을 수 없다. 다양한 면모와 자기결정권을 갖고 있으며 자유롭고 조화로운 놀라운 존재가 실제로 존재할 수 있었을까? 피렌체를 거니는 인간 카멜레온은 몇 명쯤 됐을까?

물론 그런 사람을 찾자면 피렌체만큼 좋은 곳이 없었다. 피렌체에서 만날 수 있는, 무엇이든 할 줄 아는 인류의 본보기로는 다재다능한 예술과 과학 천재 레오나르도 다빈치, 그리고 건축가 레온 바티스타 알베르티가 있다. 19세기 역사학자 야코프 부르크하르트는 이 시대의 가장 특징적인 인물, 어떤 존재도 될 수 있으며 덧없고 무상한 사회에서 무엇이든 이루어낼 수 있는 사람, 즉 만능인uomo universale의 본보기로 바로 이 두 사람을 꼽았다.[64]

다빈치를 선택한 이유는 이해하기 쉽다. 그의 관심사는 놀라울 만큼 다양했다. (그에 대해서는 잠시 후에 이야기하자.) 알베르티 역시 적절한 본보기 같아 보인다. 특히 동시대 익명의 작가가 그를 격찬한 기록을 고려하면 그렇다. 오늘날 거의 확실하게 밝혀진 사실에 따르면 익명의 작가는 바로 알베르티 자신이었다. 그 기록에 따르면 알베르티는 가히 셀 수 없이 다양한 면모를 지녔고 삶의 모든 분야에서 역량을 발휘했으며 겸손을 제외한 모든 미덕이 남을 능가했다. 이는 근거 없는 주장이 아닌 듯하다.[65]

그가 겸손하지 않을 이유도 많았다. 그는 건물을 설계하고 그림을 그리는 데서 그치지 않고 미술, 건축, 조각에 대해 중요한 논문을 썼다.[66] 측량 전문가였고 로마의 유적을 연구하는 데 필요한 새로운 기술을 고안하기도 했다.[67] 라틴어로 시를 썼으며 그리스 신들에 대한 희극 『수학 놀이』라는 책도 썼다.[68] 다양한 분야에서의 전문성은 서로 도움이 되었다. 수학적 재능을 이용해 시각 예술에서 원근감을 만들어낸 사례가 그렇다.

알베르티의 이런 업적은 기록으로 잘 남아 있지만 그의 전기는 한발 더 나아간다. 알베르티는 씨름을 하고 노래도 했으며 장대높이뛰기를 하고 산을 오르기도 했다. 젊을 때는 교회 지붕 너머까지 사과를 던질 수 있을 정도로 힘이 좋았고 상체를 구부린 남자를 도움닫기 없이 뛰어넘을 수 있었다. 열다섯 살에 발을 다쳤을 때는 당황하지 않고 상처의 봉합을 도울 정도로 고통을 참는 능력도 뛰어났다.

좀 더 미묘한 능력도 있었다. 알베르티는 말을 탈 때 모자를 쓰지 않았고 (특이한 행동으로 여겨졌다) 아무리 모진 겨울바람이 불어도 머리의 한기를 견딜 수 있게끔 훈련했다. 사교의 찬바람에도 같은 원리를 적용했다. "인내심을 키우기 위해 수치를 모르는 뻔뻔한 사람들과 일부러 어울렸다." 그는 만나는 모든 사람과 이야기하며 새로운 정보 찾기를 좋아했다. 친구들을 초대해서 문학과 철학을 논했고 "이 친구들의 모습을 그림으로 그리거나 밀랍으로 빚으면서 짧은 논문을 구술하기도 했다." 모든 상황에서 고결하게 행동하려고 노력했다. "삶의 모든 부분에서 선한 사람들의 호의를 받을 자격이 있는 사람으로 보이고자 했다." 또한 스프레차투라, "기술에 기술을 더해 결과물이 인위적이지 않아 보이도록 만들기"를 중요하게 여겼다. 특히 세 가지 중요한 일, 즉 걷기, 말타기, 말하기를 할 때는 "누구나 매우 만족스럽게 여기도록 온 힘을 다해야 한다"라고 생각했다. 이러는 내내 "유쾌한 태도를 유지했고 심지어 품위가 허락하는 한에서 다소 들뜬 모습을 보여주었다."[69]

이처럼 알베르티는 찬란한 시기를 보내는, 눈부시고 다재다능하며 자유로운 인간의 본보기 그 자체였다. 물론 그가 뛰어난 인물이기는 했다. 그런데 여기서 그려지는 것은 그 이상이다. 단순히 개인을 넘어 일반적인 인간의 이상적인 형상을 묘사하고 있다. 강조되는 특성은 인간적인 특성이다. 지적, 예술적 탁월함, 도덕적 덕성과 꿋꿋한 태도, 사교성, 뛰어난 언변, 스프레차투라, "누구나 매우 만족스럽게" 여길 만한 정중한 태도. 여기에 더해 신체 조건도 뛰어났는데, 정신적 능력이 신체적 균형에 반영되어 있었다. 이런 기록을 읽다 보면 당시의 또 다른 중요한 도상, '비트루비우스적 인간'이 떠오른다.

비트루비우스적 인간은 완벽한 비율로 만들어진 남성의 몸으로 한 곳을 응시하는 모습이며 철저히 수학적인 배경에서 나왔다.[70] 몸의 여러 부분 사이에 존재하는 거리를 비율로 나타내고 있는데 예를 들면 턱에서 모발의 뿌리까지, 팔목에서 가운뎃손가락 끝까지, 가슴에서 정수리까지 등이다. 기원전 1세기에 이런 비율을 계산한 비트루비우스는 해부학적 설계보다는 건축에 관심이 있었다. 그는 남성 신체의 비율이 신전을 설계하는 데 최고의 토대라고 생각했다. 프로타고라스의 말처럼 인간을 그야말로 척도, 혹은 기준으로 삼아야 한다고 생각한 것이다. 비트루비우스는 비율을 도출한 방법을 이렇게 설명했다. 남자가 팔다리를 벌리고 누웠을 때, 그 남자의 배꼽을 중심으로 원을 그리는데 그 원주는 손가락과 발가락을 지나간다. 다리를 다시 모으면 두 팔의 길이와 몸의 길이를 바탕으로 정사각형을 만들 수 있다.

15세기와 16세기의 예술가들은 이 비트루비우스적 이상을 실현하고자 최선을 다했다. 인쇄용 서체 디자이너도 비트루비우스적 인간의 몸을 본떠 글자를 만들었다.[71] 미켈란젤로 부오나로티는 비트루비우스가 제시한 신전의 비율을 토대로 피렌체의 산 로렌초 교회 정면 외벽을 설계했다. 비록 그가 원하던 대리석을 공급받을 수 없어 실제로 지어지지는 않았지만 말이다.[72]

가장 칭송받는 그림은 1490년 다빈치가 그린 그림으로, 두

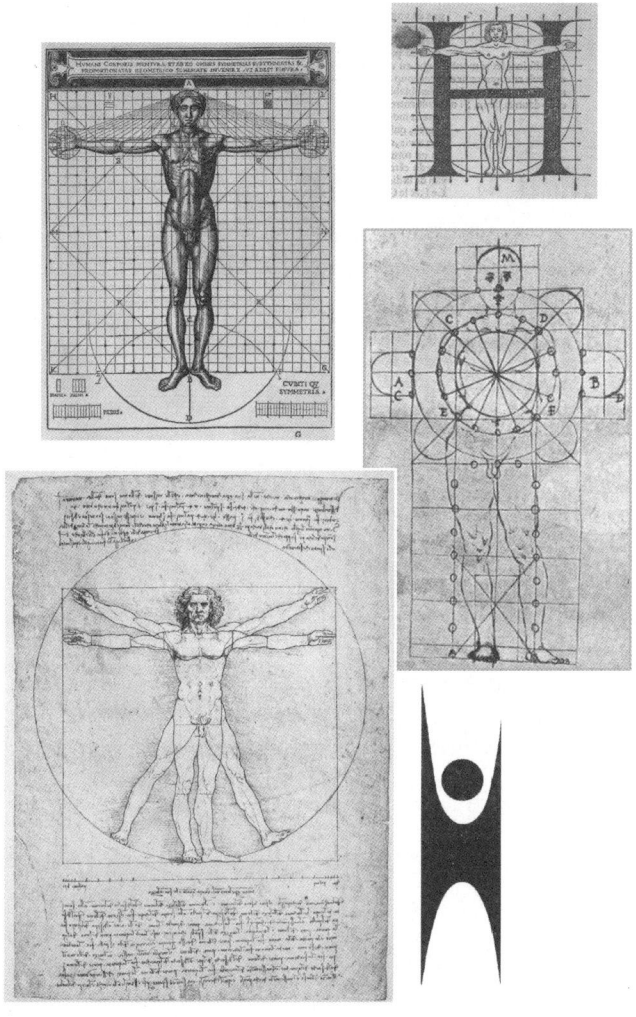

그림 19 (왼쪽 상단) 비트루비우스의 『건축에 대하여』 1521년판에 들어간 삽화.
그림 20 (오른쪽 상단) 장 그롤리에를 위해 디자인한 토리 서체의 한 글자.
그림 21 (오른쪽 중앙) 인간 몸의 비율과 일치하는 교회 설계안. 피렌체 국립도서관 소장.
그림 22 (오른쪽 하단) 좀 더 둥글어진 형태의 '행복한 인간' 그림.
그림 23 (왼쪽 하단) 레오나르도 다빈치의 비트루비우스적 인간. 1490년경. 베네치아 아카데미아미술관 소장.

가지 자세를 동시에 보여주며 섬세한 선으로 비례를 나타냈다. 남자의 주위로는 배꼽을 중심으로 하는 원과 사각형이 그려져 있다. 얼굴은 찌푸린 듯하지만 평온해 보이며, 풍성한 머리카락을 가졌다. 그는 한쪽 발을 옆으로 돌려 다리 길이가 전체 비례와 어떤 관계에 있는지 보여준다. 완벽한 모습이다. 팔다리가 너무 많다는 점만 제외하면.

다빈치의 원화는 베네치아의 아카데미아 미술관에 보관되어 있지만, 이 그림은 책에서 떨어져 나와 광범위한 역사와 지역을 가로지르며 인간의 자신감, 아름다움, 조화와 힘을 상징해 왔다. '르네상스'나 '만능인'의 관념을 한눈에 보여주는 아이콘이자 미란돌라가 말한 품격 있는 카멜레온을 형상화한 그림이다. 심지어 현대 휴머니즘 운동의 국제적 상징인, 1965년 데니스 배링턴이 디자인한 '행복한 인간Happy Human'도 이것을 바탕으로 한다. 비슷한 방식으로 두 팔을 위로 뻗은 인간의 모양을 하고 있는데 당당하고 열려 있으며 행복한 모습이다.[73] (흥미롭게도 영국 휴머니스트 협회는 이 상징에서 더 나아가 춤추는 줄처럼 생긴, 이보다 유연한 상징을 택했는데 측정을 기다리며 타인 앞에 선 모습이 아니라 스스로 움직인다는 의미다. 이 상징은 이 책의 12장 끝에서 볼 수 있다.)[74]

실제로 다빈치의 그림은 몸이 대칭적이어야 한다는 생각을 따르지 않는다는 점에서 다른 비트루비우스적 인간의 그림과 다르다. 인간을 에워싼 도형은 중심을 공유하고 있지 않다. 다빈치는 정사각형을 아래로 움직여 형상을 더욱 아름답고 있을 법해 보이게 만들었다. 원의 중심은 배꼽이지만 사각형의 중심은 성기 언저리에 위치한다. 사각형의 위쪽 모서리 두 곳은 원주 밖으로 튀어나와 있다. 이처럼 비율을 변경해야 했던 이유는 '이상적'인 인간조차 동그라미와 네모로 정확하게 표현할 수 없기 때문이다. 길이가 일치하는 경우가 없지는 않다. 어깨가 넓은 사람이 두 팔을 펼치면 그 길이는 키와 어느 정도 비슷하다. 그러나 비율을 변경하지 않으면 비트루비우스적 인간은 아주 이상해 보일 것이다.[75] 1521년 이탈리아에서 비트루비우스의 책이 번역되어 나올 때 체사레 체사리아노가 그린 그림을 보면 알 수 있다.

여기서 배울 점은 근육질 남성이라는 지배적인 틀에 들어맞는 사람일지라도 완벽한 조화를 이루지는 못할 수 있다는 사실이다. 그들도 미묘하게 중심에서 벗어날 수 있다. 이상적이고 조화로운 인간을 찾는 일은 이상적이고 조화로운 도시를 찾는 일만큼이나 (나아가 조화로운 카멜레온을 찾는 일만큼이나) 어렵다. 3세기 후 이마누엘 칸트가 한 말이 진실에 더 가깝다. "인간의 재료가 된 비뚤어진 나무로는 그 어떤 곧은 것도 만들 수 없다."[76]

* * *

좀 더 북쪽에 살던 또 한 명의 젊은이 지롤라모 사보나롤라도 의술과 플라톤 철학을 배우면서 학자의 길을 걷기 시작했다. 1452년 페라라의 의사 집안에서 태어나 그 역시 의사가 될 준비를 마친 상태였다. 학업의 일환으로 페트라르카풍의 시를 썼고 플라톤의 대화록에 대한 글도 썼다. 그러다 하느님의 계시를 듣고 의학

공부를 접고 플라톤에 관해 쓴 글도 찢어버렸다.[77]

그가 들은 하느님의 계시란 한마디로 말하자면, 이런 허영을 버리라는 명령이었다. 지식에 대한 욕구, 시, 이교도 철학자들의 책을 읽는 일은 다 허무한 짓이고 자기중심적이며 신앙심으로부터 정신을 앗아가기에 뿌리 뽑아야 한다고 했다. 죽음과 천국을 준비하는 것만큼 중요한 일은 없다는 말이었다. 이후 사보나롤라는, 이 세상에 머무는 동안 우리는 "마치 여인숙에 도착해서 박차도 풀지 않고 입안 가득 음식을 넣은 채 '어서, 어서 일어나 갑시다!'라고 말하는 급사急使"처럼 살아야 한다고 말했다.[78]

사보나롤라는 정말 일어나서 갔다. 말없이 집을 나가 페라라에서 50킬로미터 정도를 걸어 볼로냐에 도착해 도미니크회 수도원을 찾았다. 수도원에서는 그를 받아주었고 그는 나중에야 아버지에게 편지를 써서 사정을 이야기했다. 집을 나온 이유를 설명하기 위해 모든 세속적인 것을 경멸하고 배척해야 한다는 내용을 담은 자신의 논문을 언급하기도 했다.[79]

수도사의 길을 걷기로 맹세한 뒤 사보나롤라는 자신에게 꽤 세속적인 재능이 있음을 발견했다.[80] 설교를 통해 사람들의 마음을 움직이는 데 아주 뛰어났던 것이다. 그는 인문학적 수사법과 웅변술을 배워 이 능력을 발전시키고자 했다. 이교도 학문이지만 유용할 것이 분명했다. 그는 가르침을 받고자 조반니 가르초니를 찾았지만 무례하게 거절당했다. 이 사건은 인문주의 전반에 대한 사보나롤라의 태도에 좋은 영향을 끼치지 못했을 것이다. 사보나롤라는 이후 자신을 주기적으로 채찍질하기 시작했고, 찡그

그림 24 지롤라모 사보나롤라. H. 혼디우스의 선각화.

린 눈썹과 날카로운 눈빛으로 어딘가 불안해 보이는 표정을 지었는데 이 표정은 커다란 코와 어우러져 그의 말에 더 큰 힘을 실었다. 1482년에는 피렌체의 산마르코 수도원으로 옮겨 수련 수사들을 가르쳤다. 이후 여러 도시에서 설교하던 중에 다름 아닌 로렌초 데 메디치의 부름을 받아 피렌체로 돌아왔다.

당시 로렌초는 강직성 척추염으로 추정되는 관절염으로 고생하고 있었다. 죽음을 앞두고 영적 안내자로서 사보나롤라처럼 극단적인 사람을 택한 것은 이해하기 어렵지 않다.[81] 그런데 주변에 있던 다른 인문학자들도 사보나롤라에게 큰 흥미를 느꼈다. 미

3   선동가와 이교도들   171

란돌라와 피치노도 그랬다.⁸² 그들은 기독교에 스며든 부패를 정화해야 한다는 주장에 이끌렸다. 발라가 그랬듯 인문학자들은 도덕적인 부패를 청산하는 데 관심이 많았다. 또한 사보나롤라의 강렬한 카리스마도 모두를 최면에 빠뜨리는 듯했다. 그에게 푹 빠진 인문학자들은 그들이 소중하게 여기는 모든 것과 그들 자신 또한 사보나롤라의 표적이 될 수 있음을 미처 깨닫지 못했다. 그가 대학교에 보내는 지원금으로 가난한 사람들을 돕자고 제안했을 때에야 비로소 낌새가 이상하다는 것을 알았다. 모든 인문학자가 대학교와 관련이 있었던 것은 아니지만 대학교는 교육과 학문에 대한 신념을 상징하는 곳이었다. 이는 20세기 서구 지식인들이 전체주의적 공산주의에 푹 빠져 그 체제 아래에서 어떤 대우를 받을지는 미처 생각지 못했던 역사를 상기시킨다.

사보나롤라가 빈민들에게 인기를 끌었다는 사실은 이해하기가 쉽다. 그는 엘리트주의와 성직자들의 탐욕을 비판했다. 산마르코와 피렌체 성당에서 설교할 때마다 엄청난 군중이 모여들었다. 필리포 브루넬레스키가 1세기 전에 설계한 아름다운 쿠폴라 아래에서 한 번에 무려 1만 명이 사보나롤라의 설교를 들을 수 있었다.

갈수록 늘어나는 추종자들이 구호를 외치고 노래하면서 거리를 행진했다. 그들은 사보나롤라의 피아뇨니piagnoni, 즉 통곡하는 사람들로 알려졌다. 아이들을 불러 모아 깃발 아래서 행진하거나 돈을 걷게 하기도 했다. 판출리fanciulli라고 불린 이 아이들은 지나가는 사람들을 공격하기도 했는데 특히 정숙하지 못한 옷을 입은 여인들을 공격했고 집집마다 다니면서 '사치품'을 내놓으라고

고함질렀다. 아래는 1496년 2월 16일의 어느 목격담이다.[83]

입에서 쏟아져 나온 감사 기도에 모두 눈물을 흘렸으며 심지어 적대하던 자들도 모든 것을 내놓았다. 남녀 할 것 없이 흐느끼면서 부지런히 물건을 찾았다. 카드, 테이블, 체스판, 하프, 류트, 시턴, 심벌즈, 백파이프, 덜시머, 가발, 베일(당시 이런 머리 장식은 매우 선정적이라고 여겨졌다), 음란하고 선정적인 그림이나 조각, 거울, 분 등의 화장품과 선정적인 향수, 모자, 가면, 이탈리아어 및 라틴어 시집, 그리고 그 밖의 부적절한 책, 악보집 등도 내놓았다. 아이들이 가는 곳마다 사람들은 두려움에 떨었다. 아이들이 길을 따라 내려오면 악한 자들은 반대편으로 도망갔다.

이런 일이 이후 몇 년간 이어졌고 행진은 커다란 장작불로 마무리되었다.[84] 나무로 만든 거대한 팔각뿔 안에 연료가 될 장작을 가득 채우고 아이들이 모아온 사치품을 각 사면에 있는 선반에 올려놓거나 매달았다. 거울, 향수병, 그림, 악기를 "다양하고 특이한 방식으로 보기 좋게" 정리한 뒤 태웠다고 한 목격자는 말한다. (사치품을 태우는 사람들도 미적 감각은 있었다.)[85]

이런 구경거리를 만든 사람이 사보나롤라가 처음은 아니었다. 시에나의 베르나르디노 수사와 펠트레의 베르나르디노 수사 역시 10여 년 전 피렌체에서 책을 비롯한 물건을 태웠고, 후자의 경우 "상스러운 오비디우스를 읽을 때마다 그리스도는 다시 십자가에 못 박힌다!" 등의 구호를 만들어 외치곤 했다.[86] 사보나롤라

그림 25 피렌체 대성당의 설교단에서 설교하는 사보나롤라.

의 장작불은 고전 시대 작가뿐만 아니라 동시대 작가들의 책도 불태웠다. 아름답게 쓰고 묶은 책일수록 좋았다.[87] 1498년에는 페트라르카의 서고에 있던 "금은으로 장식한 삽화가 든 책"도 불탔다.

사보나롤라는 특정한 사람들에게도 이런 벌을 내리고 싶어 했다.[88] 특히 '남색자'들에게 끔찍한 벌을 내려야 한다고 주장했다. 당시 동성애는 피렌체에서 불법이었지만 실제로 처벌받는 경우는 드물었다. 그러나 사보나롤라는 법이 "가차 없이 적용되어 그런 사람들이 돌을 맞고 불타야 한다"라고 생각했다. 입법가들을 설득하는 데 어느 정도 성공하기도 했다. 기존에 벌금으로 족했던 사소한 사건도 반복되면 점점 더 끔찍한 처벌이 가해졌다.

처음에는 형틀, 다음에는 낙인, 마지막에는 산 채로 화형에 처해졌다. 그런 지독한 처벌을 내리는 데 소극적인 관리가 있으면 (사실 벌금이 더 이득이었다) 사보나롤라는 분노하며 말했다. "어서 광장에 이 남색자들을 화형에 처할 불을 두어 군데 지피시오. 남자를 화형에 처할 불과 여자를 화형에 처할 불. 그 천벌받을 짓을 하는 여자들도 있으니 말이오." 그는 그런 자들을 "하느님께 제물로" 바쳐야 한다고 말했다.

결국 사보나롤라는 남들에게 그토록 주어지기를 바랐던 운명을 자신이 겪었다. 교회의 눈 밖에 났기 때문인데 사치품을 불태우거나 행진을 부추겨서가 아니라 계시를 받아 행동한다고 주장해서였다. 특히 피렌체인들이 회개해야 한다는 동정녀 마리아의 말을 들었다고 해서 문제가 됐다. 개인적으로 계시를 받았다는 주장은 모든 종교적 경험을 중재할 교회의 권리에 대한 도전으로 여겨졌는데, 사보나롤라는 성직자들에게 반감을 보였던 사람이므로 특히 문제가 되었다. 교황은 1497년 그를 로마로 불러들여 해명할 기회를 주었지만 거부하자 파문했다. 피렌체 당국은 로마와 상대하고 싶지 않았기에 그를 붙잡아 스트라파도 고문을 했고, 그는 결국 계시를 받은 척했다는 진술서에 서명했다. 몇 차례 심문과 재판이 이어졌고 사형이 선고되었다. 1498년 5월 23일 사보나롤라는 다른 사형수 두 명과 함께 교수형에 처해진 다음 교수대에서 화형을 당했다. 유해가 남지 않도록 재는 물속에 버려졌다. 심지어 설교 시간에 추종자들을 불러 모았던 산마르코의 교회종, 라 피아뇨나^{La Piagnona}도 수레에 실어 도시 밖으로 추방했다.[89]

그럼에도 사보나롤라는 사람들의 기억 속에 남았고 그 기억은 없애기가 힘들었다. 피렌체의 위대한 차세대 역사학자 두 명에게도 이때의 경험이 영향을 미쳤다. 프란체스코 귀차르디니의 아버지는 피아뇨니였고 프란체스코 자신도 판출리였을 수 있다. 니콜로 마키아벨리도 사보나롤라의 설교를 들은 적이 있었다. 대중의 마음을 그토록 사로잡았던 사람이 왜 그런 비참한 끝을 맞이했는지 이해하려고 애쓰던 마키아벨리는 그가 사병을 조직하지 않았기 때문에 대중의 마음을 붙잡아 두는 데 실패했고, 이것이 주된 문제였다고 결론지었다.[90]

사보나롤라에 대한 일종의 동정심이 이는 것은 자연스럽다. 비참한 최후를 맞이했지만, 교회의 부패를 건전하게 비판한 사람이었으며 빈민의 이익을 위해 앞장서고 그들의 실질적인 고충을 유려한 말로 토로해 주는 사람이었기 때문이다. 그는 발라와 마찬가지로 의심스러운 권위를 주장하는 거대한 조직에 맞서길 두려워하지 않았다. 정말 너그럽게 보자면 피렌체 사람들이 지옥으로 가지 않도록 애쓴 사람이었다고 말할 수도 있다.

그러나 사보나롤라는 폭력적인 사람이기도 했다. 동성애자들을 죽이려 했고, 웅변술을 이용해 청자들의 분노 어린 독선을 잔뜩 부추겼다. 추종자들을 보내 인간의 몸이나 마음에 대한 애정을 보여주는 모든 것을 모으게 했다. 번쩍이고 장식적이고 아름답게 세공한 것, 재미있는 놀이, 읽는 기쁨을 주는 책, 유혹적인 장신구, 세속적인 기쁨을 상징하는 것. 그는 위대한 휴머니스트 수집가에 맞먹는 열정으로 이러한 것들을 모아 불태웠다. 인간의 재능이 담긴 아름다운 물건들이 이산화탄소, 물먹은 잿더미로 변했다.

사보나롤라의 철학 전반에 대해서는 몇 세기 후 토머스 페인이 잘 요약했다.[91] 어떤 사람들은 "비옥한 토양을 똥밭이라고 부르고 모든 생의 기쁨을 사치라는 배은망덕한 이름으로 부르면서" 그것을 겸손한 태도라고 여긴다. 그러나 페인은 그것이 고마움을 모르는 태도라고 말한다.

* * *

15세기 말 예술과 인간에 대한 폭력이 이탈리아반도의 다른 지역을 휩쓸고 갔다. 발라와 그의 문헌학이 그토록 열심히 지켰던 나폴리 영토는 1495년에 쳐들어온 프랑스군에게 저항도 하지 못하고 빼앗겼다. 프랑스군이 이탈리아반도를 가로지른 후, 그들이 지나간 자리에는 상당한 충격과 상처가 남았다. 몇십 년 후인 1527년에는 로마가 유례없는 충격에 빠졌다. 카를 5세 황제의 군대가 반란을 일으켜 로마의 방어선을 뚫고 도시를 약탈했기 때문이다. 많은 병사가 종교개혁 지도자 마르틴 루터의 추종자들이었다. 교회의 권위에 대한 반란이 사보나롤라로서는 상상하지 못했을 정도로 성공한 것이다. 급여를 받지 못한 병사들은 손에 닿는 돈이나 귀중품은 다 빼앗았고 쓸 수 없는 물건은 깨부수었다. 거리에서 병사들과 마주친 운 나쁜 시민들은 공격당했고 교회의 유물도 밖으로 끌려 나왔다. 바티칸 내부에 있는 라파엘의 벽화 아래 석고에는 아직도 '루터'라고 쓰여 있는 낙서를 볼 수 있다.[92]

로마에 있던 수많은 서적도 파괴 대상이었다. 바티칸 서고뿐만 아니라 개인 서고의 책도 마찬가지였다. 인문학자 야코포 사돌레토는 서고가 파괴된 직후 에라스뮈스에게 편지를 썼다. "로마의 붕괴로 인한 인류의 비극과 상실은 믿을 수 없이 큽니다. 이곳에는 악한 것도 있었지만 주로 선한 것들이 자리하고 있었습니다. 로마는 언제나 인류와 이해심, 지혜의 쉴 곳이었습니다."

교황 클레멘스 7세의 주치의 파올로 조비오의 개인 서고도 파괴되었다.[93] 조비오는 클레멘스 교황이 도망치도록 도와준 사람이기도 하다. 그는 교황이 바티칸을 나와 카스텔 산탄젤로로 가는 비밀 통로를 지나는 동안 흰 의복이 눈에 띄지 않도록 자기 외투를 빌려주었다. 카스텔 산탄젤로는 약 60년 전 교회가 플라티나를 비롯한 아카데미아 회원을 고문했던 바로 그곳이다.

이후 조비오는 로마를 떠나 이스키아섬에서 시간을 보내며 자신이 당한 일을 잊으려고 노력했다.[94] 비토리아 콜론나가 친구들을 초대해 인문학자들의 유서 깊은 방식대로 기분 전환을 시켜준 덕분이다. 섬에 모인 사람들은 『데카메론』에 나오는 피난 온 귀족들처럼 서로 이야기를 들려주며 시간을 보냈고, 우르비노에서 카스틸리오네를 비롯한 궁정 신하들이 그랬듯 여러 주제에 대해 세련된 토론을 했다. 조비오는 이 토론을 『우리 시대의 저명한 남녀 De viris et feminis aetate nostra Florentibius』라는 책으로 펴냈다.

인문학자들뿐만 아니라 다른 이들의 현실에도 많은 변화가 있었다. 1527년 로마가 겪은 시련은 유럽 가톨릭교회 전체를 충격에 빠뜨렸다. 인문학자들이 로마의 권위를 조롱하고 자극하는 일은 그럴 수 있는 일이라고 쳐도, 이렇게 오래되고 위엄 있는 도시가 공격당할 수 있다면 그 어느 곳이 안전하겠는가? 종교전쟁과 혼란이 유럽을 휩쓸던 1500년대에는 바로 이런 공포를 견뎌야 했다.

그뿐만 아니라 대서양 건너편에 있는 '신'세계와의 조우, 그리고 인쇄된 정보의 폭발적 증가 같은 일도 유럽인들이 삶을 이해하는 방식을 시험했다. 그 속에서 16세기 인문학자들은 과거를 순수한 애정의 시선으로만 바라보지 않았다. 대신 사회의 복잡성, 인간의 불완전성, 그리고 대규모 사건이 개인의 삶에 미치는 영향에 점점 더 깊은 관심을 기울였다. 발라를 비롯한 인문학자들이 인정받은 문헌에 국한된 연구를 거부하며 개척한 탐구 정신은 한층 진보했다. 미란돌라와 피치노가 보여준 변화무쌍한 인간 카멜레온에 관한 관심은 신학보다는 실용적인 측면에서 지속되었다. 가령 역사학자 니콜로 마키아벨리와 프란체스코 귀차르디니는 사실 조사에 중점을 두는 엄격한 태도를 발전시켜 역사적 변화의 원인과 사람들이 특정한 행동을 보이는 **이유**에 대해 사유했다.

복잡한 인간에 대한 이런 종류의 관심 덕분에 인간을 중심으로 하는 또 다른 장르가 되살아났다. 개인의 삶 안에서 원인과 결과를 파고드는 전기 문학이었다. 새로 등장한 전기 작가 중에 파올로 조비오가 있었다. 조비오의 작업은 역사학자들에 비하면 너그러웠다. 북부의 코모호수 근처에 있는 고향으로 돌아간 그는 혼란과 불화에서 벗어나고 싶어 한 사람답게 교외에 저택을 지었다. 저택을 설계할 때는 삼촌과 조카 사이였던 대 플리니우스와 소 플리니우스가 소유했던 그 지역의 오래된 저택에 대한 설명을 참고했다. 소 플리니우스는 침실 창문이 호수와 정말 가까워서 방에서 낚시를 할 수 있을 정도였다고 기록했다.[95] 정말 좋은 생각이었지만 조비오는 그렇게까지 할 수는 없었다. 대신 자신의 저택을 삶을 바라보는 더 특별한 창문으로 삼았다. 집 안에 전시관을 두고 방문객에게 공개했으며, 전시관은 본받고 싶은 사람들의 초상화로 가득 채웠다. 그리고 이 초상화들을 책으로 엮었다.[96] 각각의 목판화 옆에는 간단한 설명도 썼다. 저택에 있던 초상화들의 원본은 남아 있지 않지만 크리스토파노 델 알티모가 코시모 데 메디치 1세를 위해 사본을 만들었다. 이 그림들은 피렌체의 우피치미술관 제1(동쪽) 회랑 전체에 아주 높이 전시되어 있다. 너무 명예로운 위치에 있다 보니 보티첼리를 보려고 서두르는 사람들은 초상화가 거기 있는 줄도 모르고 지나치기도 한다.

어느 날 저녁 만찬 자리에서 조비오는 그 시대 예술가들에 관한 책을 만들고 싶다고 말했다. 곁에는 예술계에 모르는 사람이 없는 화가 조르조 바사리가 앉아 있었다. 바사리는 좋은 생각이지만 진짜 전문가에게 감수를 받으면 어떠냐고 물었고, 함께 있던 사람들은 한목소리로 말했다. 조르조, **당신**이 쓰면 어때요?[97]

그렇게 해서 1550년에 바사리는 『르네상스 미술가 평전Lives of the Great Painters, Sculptors, and Architects』을 출간했다. 예술가들에 대한 온갖 소문뿐만 아니라 그들의 평판을 올려줄 찬사와 예술적 기교에 대한 전문가의 평가도 담겨 있었다. (바사리는 주로 거대한 규모의 다소 허술한 벽화를 작업했지만 작은 그림을 그리기도 했다. 그중 하나는 토스카나 시인 여섯 명을 그린 단체 초상화였다. 연대 차이를 무시하고 상상을 가미해서 그린 이 그림의 중앙에는 단테와 페트라르카가 있고 보카치오는 두 사람의 어깨 사이로 고개를 내밀고 있다.[98] 바사리는 『르네상스 미술가 평전』으로 이 시인들의 시대 이후로 '르네상스' 혹은 '재탄생'이 있었다는 생각을 발전시키는 데 누구보다 큰 역할을 했다.[99] 적어도 문학이 아닌 시각 예술 분야에서는 페트라르카의 꿈이 이루어졌음을 시사했다. 나아가 학문에서도 재탄생이 이루어졌다고 생각했다. 자신의 작업을 섬세한 역사학자들의 업적과 비교하면서 이렇게 말하기도 했다. "그들은 역사가 단지 사건의 건조한 나열이 아니라 진정 인간 삶을 비추는 거울임을 (…) 인간의 판단, 의도, 결정, 계획을 보여줄 뿐만 아니라 행위가 성공하거나 실패하는 이유를 보여주는 수단임을 깨달았다. 이것이 역사의 진정한 본질이다."

인간의 행위, 좋은 판단의 어려움, 모든 일의 불확실성 등의 주제는 계속해서 16세기 저술가들의 흥미를 끌었다. 그들은 서유럽의 종교적 분열과 함께 고대 사람들의 생각보다 세계가 훨씬 더 넓고 다채롭다는 사실을 직시해야 했다. 그중 일부는 불확실성과 복잡성에 대한 섬세한 이해력을 갖게 되었고, 소수는 인간 개인만큼 복잡하고 분열된 존재는 없다고 생각하게 되었다.

이런 생각이 어디로 이어졌는지 앞으로 살펴볼 것이다. 하지만 그 전에 몸에 대해 이야기해보자.

4

경이로운 망

과학으로 세계를 해부하다

주로 1492~1559년

책과 신체 — 지롤라모 프라카스토로와 끔찍한 질병에 대한 아름다운 시 — 니콜로 레오니체노: 형편없는 문헌은 사람을 죽인다 — 식물학자와 해부학자 — 죽음이 기꺼이 삶을 돕다 — 안드레아스 베살리우스와 휴머니즘 대표작 — 놓친 것도 있다 — 모든 것은 변화한다

로마처럼 거대한 도시가 침략당하고 고갈되어 황폐해질 수 있듯 인간의 몸 또한 질병에 침범당하고 망가질 수 있다. 이것은 그다지 매력적인 주제는 아니지만 인문학자이자 의사였던 지롤라모 프라카스토로의 시 「프랑스 병, 매독Syphilis, sive de morbo Gallico」의 시작점이 되었다.[1] 이 시가 담긴 책은 1530년에 출간되었지만 작품

은 이전에 쓰였고 이탈리아반도 전역에서 일어난 다양한 재난에 영향을 받았다. 시인은 이탈리아에 말을 건넨다. 보아라, 한때 얼마나 행복하고 평화로웠느냐. 신들의 사랑을 받는 비옥하고 풍요로운 땅이었도다. 하지만 이제 땅은 약탈을 당하고 성소는 더럽혀졌으며 유물은 빼앗겼다. 이것은 잘생긴 젊은이가 매독에 걸릴 경우 얼굴과 몸이 망가지고 마음과 정신이 부서질 수 있다는 점을 상기시킨다.

이런 이야기를 하면서 프라카스토로의 시는 정반대의 결과를 이뤄낸다. 불쾌한 주제를 아름다운 베르길리우스풍의 운문으로 둔갑시킨 것이다. 보카치오가 『데카메론』 서문에서 역병에 대해 말하듯 프라카스토로 역시 처음에는 끔찍한 내용을 잔뜩 쌓아 올리다가 이내 이야기꽃을 피운다. 지하를 흐르는 마법 같은 수은 강, 금가루로 반짝이는 해변의 모래밭, 선명한 깃털을 가진 새들로 가득 찬 하늘, 순진한 양치기의 시련 등은 모두 매독을 치료하는 방법과 연결되어 있기도 하다. 저자는 당대의 가장 전문적인 의학 지식을 통해 다양한 접근법을 살펴보다가 가장 효과적일 것으로 여겨지는 약제를 꼽는다. 바로 신세계에 자생하는 꽃나무 유창목의 껍질이다.

내가 프라카스토로의 시에 매료된 이유는 이 시대의 작품답게 세계에 대한 진심 어린 탐구 정신이 그 자체로 의미 있는 문학적 아름다움과 조화를 이루기 때문이다. 피에트로 벰보의 대화록 『에트나산에 대하여』와도 닮았는데 아니나 다를까 프라카스토로는 이 시를 벰보에게 헌정했다. 라틴어를 모르는 독자라도 훌륭한 영어 번역본 두 가지가 있어서 프라카스토로의 비유적 묘사를 감상할 수 있다. 그중 내가 선호하는 번역본은 1984년에 제프리 이터프가 옮긴 것이다. 산문으로 옮겨졌지만 언어에 대한 프라카스토로의 넘치는 사랑이 잘 나타나 있다. 다음은 매독 환자의 식단에 관한 조언이다.

부드러운 돼지 곱창, 지방이 쌓인 돼지의 뱃살, 그리고 아아, 돼지 등뼈에 붙은 고기를 멀리하라, 멧돼지를 아무리 많이 잡아도 멧돼지 허리 고기는 먹지 말지어다. 그뿐이랴, 소화하기 어려운 오이나 트러플의 유혹을 물리쳐야 하고 아티초크나 색욕을 자극하는 양파로 배고픔을 달래서는 안 될지니.[2]

마지막으로 유창목에 이런 찬사를 보낸다.

신들이 뿌린 신성한 씨앗에서 자란 위대한 나무이시여, 새로운 효과로 칭송받는, 아름다운 가지를 늘어뜨린 나무이시여. 인류의 희망이시여, 낯선 땅에서 온 자랑이자 영광이시여. 누구보다 축복받은 나무이시여. (…) 우리 하늘 아래에서도 그대를 찬양하리오. 사람들의 입에 그대에 대한 노래가 오르내리도록 무사이Muses 여신들께서 허락하신 모든 곳에서.[3]

문학적 재능을 한껏 발휘했지만 프라카스토로는 어디까지나 현역 의사였고 진심으로 병자들의 회복을 돕고 싶어 했다.[4] 불행

그림 26 지롤라모 프라카스토로를 그린 선각 동판화(니콜라 드 라르메상N. de Larmessin, 1682년).

히도 유창목은 땀의 분비를 도왔을 뿐 매독에는 효과가 별로 없었다.[5] (그러나 헤모글로빈과 화학적으로 반응하기 때문에 오늘날에는 소변이나 대변에 피가 섞여 있는지 확인하는 데 사용한다.) 그러나 프라카스토로는 당대의 지식만을 활용할 수밖에 없었다. 오늘날의 연구자나 의사들과 마찬가지로 문헌을 공부했고 자기 분야에서 앞서 나가려고 애썼으며 모든 의학의 목표, 즉 고통을 줄이고 인간 삶을 향상하기 위해 노력했다. 다만 고대 서사시와 비슷한 형식을 택했을 뿐이다.

동료 인간의 고통 경감은 가장 넓은 의미에서 휴머니즘의 목표다. 의술은 대체로 과학과 인문학에 걸쳐 있다. 양적 연구 방식을 (지금은 프라카스토로의 시대보다 훨씬 더 많이) 사용하는 동시에 환자가 느끼는 것에 대한 개인적인 진술도 활용한다. 의사로 활동하려면 환자의 말을 잘 듣고 대화를 잘해야 한다. 의술은 관찰할 수 있고 경험할 수 있는 현상을 다룬다. 그러나 책에도 의존한다. 지식은 교육과 전문적 경험의 공유를 통해 한 의사에서 다른 의사에게 전달된다. 다른 과학 분야와 마찬가지로 인문학, 특히 역사학을 적극적으로 이용해 과거를 돌아보고 접근법을 더 섬세하게 수정한다. 그러나 다른 과학 분야에 비해 의술은 우리가 인간으로서, 더 나아가 생물체로서 어떤 존재인지에 관한 동시대 사람들의 견해에 훨씬 많이 의존한다. 그 답례로 의술은 우리라는 존재**를 바꾸는 데** 일조한다. 우리가 (바라건대) 우리 자신의 신체에 대해 더 많은 걸 알면 궁극적으로 우리 몸의 기본적인 구성과 작용에 약간이나마 개입할 수 있기 때문이다.

이런 이유에서 에드먼드 D. 펠레그리노는 1979년 작 『휴머니즘과 의사』에서 의학이 "모든 인문학이 만나는 지점에 있다"라고 썼다.[6] 그리고 19세기 과학자이자 교육이론가 토머스 헨리 헉슬리는 (나중에 다시 만나보겠지만) 인간 생리학을 모든 교육의 바탕으로 삼기를 권했다.[7]

생리학에서 필요 없는 지적 능력은 없다. 생리학이 뿌리를 내리고 있지 않거나 가지를 대고 있지 않은 지식 영역도 없다. 신세계와 구세계 사이에 자리한 대서양처럼 생리학의 파도는 물질과 정신, 두 세계의 해안에 부딪친다.

인문학과 의학은 섞여 있다. 이 장은 인간을 실질적으로 연구하려는 초기 근대의 시도에 인문학적 능력이 얽혀 들어간 사례를 보여준다. 막간극이라고 생각해도 좋지만 우리 역사의 전환점이기도 하다. 유럽의 인문학자들이 고대 문명에 대한 굴종을 어느 정도 접고 현실 세계를 가까이 들여다보며 신체와 정신의 삶을 탐구하고, 우리는 어떤 동물이고 인간의 몸을 가지고 산다는 것은 어떤 의미인지 물었던 시기의 이야기다.

* * *

앞서 의술의 목표가 고통을 줄이는 것이라고 말했지만 불행히도 인간사를 통틀어 아주 오랫동안 그러지 못했고 심지어 의도치 않게 상황을 더 악화시키기도 했다. 어떤 치료는 불필요하게 침습적이었다. 피가 유독하거나 너무 많아졌다고 해서 피를 밖으로 흘려보내는 치료법도 있었다. 똥이나 '미라'(인간 유해의 일부로 역청과 섞기도 했다) 같은 물질을 섭취하는 것은 역겹다는 이유에서 오히려 몸에 좋다고 여겼다. 운이 좋으면 목숨을 위협하지는 않지만 쓸모없는 데서 그치는 치료를 받을 수 있었다. 식단에 관한 생각도 다양했다. 돼지 곱창을 멀리하는 것은 때에 따라 도움이 될 수도 있었겠지만 페트라르카의 의사는 모든 채소, 과일, 그리고 깨끗한 물을 피하라고 조언했다.[8] 이는 오늘날 대부분의 상황에서 건강한 조언으로 간주되지 않는다. 페트라르카가 의사들에게 온갖 독설을 퍼부은 데는 이유가 있다. 가장 친한 친구 중에도 의사가 몇이나 있었지만 개의치 않았다. 특히 인문학 지식을 자랑하는 의사들을 특히 경멸했다. "다들 학식 있고 예의 바른 데다 대화 능력이 아주 뛰어나고 격렬하게 논쟁을 벌일 줄도, 인상 깊고 듣기 좋은 연설을 할 줄도 알지만, 장기적으로는 꽤 예술적으로 사람을 죽일 수 있다."⁹

페트라르카가 이렇게 말한 지 약 30년 후 제프리 초서는 『캔터베리 이야기』에 황금이 역병에 제일 좋은 약이라고 생각했던 의사를 등장시켰다. 그런데 그 황금은 금화의 형태로 의사 자신에게 주어야 했다. "의학에서 황금은 보약이니/그는 무엇보다 황금을 사랑했다."¹⁰ 초서는 이 말에 앞서 의사가 연구한 권위자들을 나열한다. 히포크라테스, 디오스코리데스, 갈레노스, 라제스, 아비센나 등이다. 이는 초기 의학의 정전을 잘 요약하고 있다. 앞의 두 사람은 그리스 의학의 개척자였고, 마지막 두 사람은 위대한 페르시아 학자 알 라지와 이븐 시나였다. 가장 영향력 있는 권위자는 중간에 있는 갈레노스였다. 서기 2세기 로마 황제의 의사였으며 해부학에서 병리학, 영양학, 심리학에 이르기까지 거의 모든 의학 분야에 관해 글을 썼다.

이 의사들은 모두 똑똑하고 현명했으며 좋은 방법을 많이 알았지만 결점도 있었다. 그리고 다른 분야에서와 마찬가지로 이들의 책은 반복되는 필사를 거치며 잘리거나 왜곡되었다. 서유럽인들이 여러 세기 동안 그리스어를 읽지 못했기 때문에 그리스어로 쓴 의학 서적은 먼저 아랍어로 번역된 다음 다시 라틴어로 번역되었다. 그 때문에 오역의 가능성이 두 배로 늘어났다. 1400년대와 1500년대에는 새로운 세대의 인문학자들이 문헌학 지식을 동원해 가장 정확한 그리스어 원전을 찾아 새로이 번역하려고 애썼다. 그리고 언제나처럼 탈옥의 비유를 이용해서 자기 작업을 자랑했다. 한 의사는 머리말에 자신 덕분에 히포크라테스와 갈레노스가 "영원한 어둠과 침묵의 밤으로부터 구원받았다"라고 기쁨에 차서 썼다.[11]

다른 분야와 달리 의학 인문학자들은 이런 작업의 시급성을 절감하고 있었다. 호메로스의 시 한 줄을 오독했다고 해서 사람이 죽을 가능성은 없다. 콘스탄티누스 기증장처럼 위조된 법이나 정치 관련 문서가 받아들여진다면 심각한 결과를 낳겠지만 생명에 치명적이지는 않다. 그러나 의학 문헌이 뒤죽박죽되면 사람들이 죽을 수 있다.

처음 이런 주장을 한 사람은 1492년 『플리니우스와 기타 의학 저술가들의 오류에 대하여On the Errors of Pliny and Other Medical Writers』를 펴낸 니콜로 레오니체노였다. 1세기 작품인 대 플리니우스의 『박물지Natural History』는 약초와 건강을 비롯한 다양한 주제에 대해 전해 들은 내용을 모은 것인데 플리니우스가 그 내용을 검증하지 않았음에도 사람들이 이 책에 지나치게 의존했다.[12] 휴머니스트들도 중세의 선배들만큼 플리니우스를 좋아했다. 페트라르카는 플리니우스 필사본에 온갖 주석을 남겼고, 오늘날 옥스퍼드의 보들리언도서관에 있는 필사본에는 콜루초 살루타티, 니콜로 니콜리, 심지어 바르톨로메오 플라티나의 주석이 담긴 필사본도 있다. 휴머니스트들도 플리니우스만큼 자잘한 정보에 관심이 많았고 오류를 발견하면 예의 바르게 플리니우스가 아닌 필경사들의 탓으로 돌렸다.[13] 그러나 레오니체노는 저자를 탓했다. 플리니우스가 범한 오류만으로 책 한 권을 채울 수 있다고 말했다. 특히 약초를 식별하는 방법에 문제가 많았다. 이것은 단지 말의 오류가 아니라 사물에 관한 오류였으며 의학적 언어를 제대로 쓰는 데 사람들의 건강과 목숨이 달려 있었다.[14]

로렌초 발라처럼 레오니체노도 진실이 중요하다고 여겼기에 고대의 권위자를 공격하는 데 어떤 거리낌도 없었다.[15] 또 발라와 마찬가지로 독자들이 오류가 많은 필사본이 아닌, 더 오래되고 좀 더 믿을 만한 정보를 찾아보게 하고 싶었다. 식물을 실제로 찾아보는 것도 그런 정보를 얻는 한 가지 방법이었다. 책의 끝에는 이런 내용이 있다.

> 자연이 왜 우리에게 눈을 비롯한 감각을 주었겠는가? 우리가 자기 능력으로 사물을 보고 진실을 탐구할 수 있도록 하기 위함이다. 이런 능력을 포기하고 남의 발자취만 따라가면서 아무것도 관찰하지 못해서는 안 된다. 남의 판단에 의지하고 스스로 결론을 내리지 않는다면 남의 눈으로 보고 남의 귀로 듣고 남의 코로 냄새 맡고 남의 정신으로 이해하는 것으로, 우리가 돌덩이에 지나지 않는다고 선언하는 것과 같다.[16]

경험주의적 접근처럼 보이는 현대적인 변론이지만 레오니체노는 휴머니스트였다. 휴머니스트 특유의 세련된 표현을 구사하며 훌륭한 문헌학자의 일과 현실 세계를 치밀하게 탐구하는 일 사이에 어떤 모순도 없다고 생각했다. 오히려 조화롭다고 여겼다. 알고 보면 발라도 순수하게 언어적인 측면뿐만 아니라 현실성과 정확성의 문제를 고려했다. 두 사람 모두 권위자를 다만 권위자라는 이유로 과도하게 우러러보는 행위를 거부했다.

레오니체노도 필사본을 수집했고 매우 휴머니스트다운 직업을 가지고 있었다. 돈 많은 후원자들의 주위를 맴돌며 일하는 궁정 신하였다. 그는 페라라에서 에스테 가문 공작들의 주치의로 일하면서 경력을 쌓았다. 알폰소 1세와 휴머니스트들에게 매우 우호적이었던 아내 루크레치아 보르자의 궁정은 지적 활동이 활발하게 일어나는 곳이었다. 레오니체노는 『딥사스를 비롯한 다양한 뱀에 관하여』라는 짧은 논문을 써서 루크레치아에게 헌정하기도 했다.[17] 루크레치아가 고대 문헌에 나오는 딥사스^{dipsas}라는 뱀의 독에 특별한 관심이 있었다는 사실을 **아주** 은근하게 암시한 것일 수도 있다. (오늘날 이 이름을 가진 뱀들은 독이 전혀 없다.) 1497년에는 매독에 관한 책도 썼다. 프라카스토로보다 33년 앞선 것으로 궁정 사람들이 이 주제에 어느 정도 관심이 있었던 것이 틀림없다. 오늘날의 인기 있는 과학 저자들과 마찬가지로 레오니체노 역시 전문적인 연구를 지속하면서도 전문적인 지식이 없는 사람들과 잘 소통했다. 편집자이자 과학자로서 보낸 일생은 86세에 정점에 도달했다. 1514년에 프랑스의 휴머니스트 인쇄업자 앙리 에스티엔과 함께 그가 직접 주석을 단 갈레노스 선집을 출판한 것이다.

그 무렵 책과 식물을 비교하는 일은 점점 쉬워졌다. 이탈리아 전역의 궁정과 대학 도시에 식물원이 생긴 덕분이었다. 식물원은 휴머니스트들에 의해 그야말로 활짝 꽃피었다. 페라라에서는 궁정 의사 안토니오 무사 브라사볼라가 주변 지역에서 식물을 채집하면서 책을 뒤져 그 식물의 이름을 여러 언어로 기록했다.[18] 볼로냐에서는 울리세 알드로반디가 개인 박물관에 있는 표본을 바탕으로 두꺼운 자연사 책들을 써냈고 고전 문헌에 주석을 달기도 했다.

문헌학자 겸 식물학자들이 식물과 단어를 비교하는 동안 그 밖의 비판적 사상가들은 비슷한 원칙을 다른 영역에 적용하고 있었다. 인간 신체를 설명한다고 주장하는 해부학 서적을 실제와 비교한 것이다.

할 수만 있다면 반드시 인간의 몸 안을 들여다봐야 한다는 생각은 오래전부터 있었다. 갈레노스도 대찬성이었다. 하지만 실제로 그렇게 하기는 힘들었는데 초기 로마, 기독교, 이슬람 시대의 종교와 정치 지도자들이 하나같이 이를 금지했기 때문이다. 갈레노스는 양이나 바버리원숭이 등 인간이 아닌 동물을 해부해야 했다.[19] 해부가 살아있는 몸의 전인적 조화를 무시하기 때문에 옳지 않다고 여긴 5세기 초 아우구스티누스의 생각도 길고 어두운 그림자를 드리웠다.[20] 해부학적 지식이 향상되면 그 조화로운 몸이 죽어버리지 않게 도울 수 있다는 사실은 안중에도 없었다. 훗날 19세기 해부학의 부흥을 위해 애썼던 토머스 사우스우드 스미스는 이렇게 말했다. "문제의 핵심은 이렇다. 의사가 죽은 사람의 시신을 해부하여 지식을 얻도록 허용하느냐, 아니면 어쩔 수 없이 산 사람들의 몸을 가지고 훈련하도록 만드느냐."[21]

13세기 후반에 이르자 해부 금지령을 어기는 사람들이 나오기 시작했다. 볼로냐에서는 몬디노 데이 리우치가 사형당한 죄인들의 시체를 이용해 학생들 앞에서 해부 시범을 보였다. 다른 사람들도 이를 따라 했다. 결국 규칙이 완화되었고 해부학 교수들에게 매년 소수의 인간 사체를 해부하는 것이 허용되었다. 기회가 워낙 적었기에 다들 잘 볼 수 있도록 하는 것이 중요했고, 이 목적에 부합하는 극장이 설계되었다. 1590년대에 파도바대학교에 지어진 극장은 아직도 남아 있다. 매우 작은 방인데 중앙에 있는 작업대 주위로 여섯 층의 아주 좁은 타원형 관람 공간이 가파르게 솟아 있다. 학생들은 난간에 기대어 구경했고 앉을 자리는 없었다. 방을 밝힌 횃불의 열기와 연기, 여러 단계의 해부를 거치는 동안 천천히 썩어가는 시체 냄새로 인해 학생들은 종종 정신을 잃고 쓰러졌지만, 난간과 동료 학생들의 어깨 덕분에 해부 현장으로 추락하지는 않았다.

깨끗하고 텅 빈 상태인 지금도 파도바대학교의 해부 극장은 단테의 지옥을 상기시킨다. 그러나 단테의 지옥과 달리 해부 극장에는 이곳으로 들어가는 누구든 희망을 버려야 한다는 표지가 없었다. 도리어 이곳은 희망 어린 공간이었다. 파도바 해부 극장의 입구에 새겨진 문구는 "죽음이 기꺼이 삶을 돕는 곳 mors ubi gaudet succurrere vitae"이다.

시체는 실물처럼 생생하고 현실적인 모습이었지만 새로운 교습 방식이 실시된 초기에는 그래도 인체가 책의 내용과 같을 것이

그림 27 (위) 파도바대학교의 해부 극장을 표현한 디오라마.
그림 28 (아래) 파도바대학교 해부 극장에 새겨져 있는 문구. "죽음이 기꺼이 삶을 돕는 곳"

라고 여겨졌다. 지위가 낮은 이발사나 외과의가 절개를 맡고 '오스텐소르(가리키는 사람)^{ostensor}'가 각 부위를 가리켰다. 교수는 이 모든 것의 위쪽에 자리한 강단에서 (주로) 갈레노스의 책을 낭독했다.

그러다 난처한 일이 벌어지기도 했다. 시체가 협조하지 않는 경우였다. 가령 갈레노스는 뇌의 하단부에 '경이로운 망'이라는 의미의 레테 미라빌레$^{rete\ mirabile}$가 있다고 했다. 살아있는 사람의

4 경이로운 망

그림 29 야외 의자에 앉아 책을 펼친 채 시신 해부를 지시하는 남자. 1493년경.

레테 미라빌레는 피에 '활력'을 공급했고 신경은 이것을 나눠주는 역할을 했다.[22] 이 과정에서 생긴 끈적끈적한 잔류물은 뇌에서 콧구멍으로 빠져나갔다. (우리도 익히 아는 그 물질이다. 워낙 익숙해서 갈레노스의 이론이 더 그럴듯하게 들렸을 것이다.) 그러나 오스텐소르는 교수가 말하는 레테 미라빌레를 찾을 수 없었다. 파리 출신의 야코뷔스 실비우스 교수는 갈레노스 시대에는 있었지만, 당대의 인간에게서는 퇴화되어 사라진 기관이 아닐까 깊이 고민했다.[23]

그러나 인간에게는 이 기관이 없었다.[24] 개에게는 있다. 돌고래에게도 있다. 기린도 갖고 있다. 이 부위는 물을 마시기 위해 머리를 숙일 때 혈압이 갑자기 치솟는 것을 방지한다. 그렇지만 인간에게는 없다. 갈레노스는 아마 양을 해부할 때 이것을 보았을 것이다. 몇몇 주석이 이 점을 언급했다. 볼로냐의 자코모 베렌가리오 다 카르피 교수도 이렇게 썼다. "나는 레테와 그 위치를 발견하기 위해 열심히 노력했다. 오직 레테를 찾기 위해 100구가 넘는 시신의 머리를 해부했다고 해도 과언이 아닌데 아직도 모르겠다."[25]

마지막 치명타를 입힌 사람은 실비우스의 뛰어난 제자였던 안드레아스 베살리우스였다.[26] 1514년 브뤼셀에서 안드리스 판 베셀이라는 이름으로 태어난 그는 해부학자였을 뿐만 아니라 혁신적인 교육이론가이자 저술가, 고전 문헌 편집자, 그리고 인쇄 역사에 길이 남을 작품을 남긴 사람이다. 다시 말해 완벽한 휴머니스트였는데 그중에서도 고대의 권위자들을 의심하고 검증하는 종류의 휴머니스트였다.

베살리우스는 젊은 시절 루뱅에서 학교를 다닐 때 연구를 시작했다. 친구와 함께 밤을 틈타 성 밖으로 나가면 사형수의 시신이 있었다. 그는 경고의 의미로 길가에 전시된 시신에서 잘 분리되는 부위를 가져가서는 다른 종류의 배움을 얻는 데 썼다.[27] 루뱅에 있을 당시에 알 라지의 저작에 주석을 달기도 했다. 번역 과정에서 생긴 용어의 오류를 바로잡고 책에서 언급된 물질을 확인하는, 레오니체노가 환영했을 작업이었다.[28]

베살리우스는 파리로 가서 학업을 이어갔고 이후 파도바로 갔다. 거기서 보여준 모습이 나이에 비해 어찌나 영특했는지 졸업한 후 바로 다음 날 수술과 해부학을 가르치는 자리에 임명되었다.²⁹ 그는 즉시 학생들 앞에서 해부할 시신을 좀 더 제대로 준비하는 방법을 고민하기 시작했으며, 다른 교수들과 달리 강연을 하면서 직접 해부를 진행했다.³⁰ 한 학생이 남긴 필기 내용을 보면 그가 여느 해부학자들과 마찬가지로 시간과 부패와 싸우며 여러 날에 걸쳐 시신을 해부한 것을 알 수 있다.³¹

이런 문제를 해결하고 좀 더 편하게 공부할 방법을 제공하고자 베살리우스는 그림이 들어간 대형 인쇄물을 만들기 시작했다. 처음 제작한 것은 여섯 개의 목록인데 모든 신체 부위가 잘 보이도록 크게 인쇄했다. 레테 미라빌레도 아직 포함되어 있었다. 이후 베살리우스는 인간이 아닌 동물에서 나온 기관을 그렸다고 고백했다. 레테를 찾지 못했다는 사실을 인정하기 부끄러웠기 때문

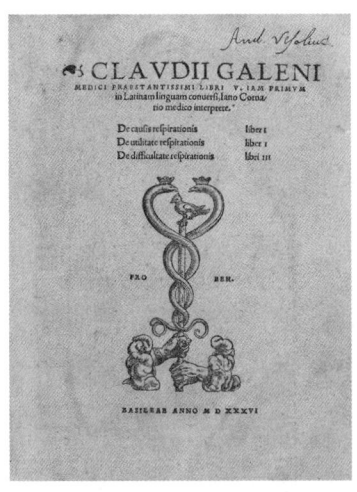

그림 30 베살리우스가 가지고 있던 갈레노스의 호흡기에 관한 책. 속표지에 베살리우스의 이름이 적혀 있다.

이다.³²

　자신감이 붙으면서 그런 마음은 사라졌다. 몇 년 뒤 볼로냐에서 동료 마테오 코르티와 해부할 때였다. 평소와 달리 베살리우스가 시신을 자르고 가리키는 겸손한 역할을 맡았고 코르티는 교과서를 소리 내어 읽었다. 코르티가 표준적인 내용에 너무 충실하자 베살리우스는 불편해졌고 결국 책과 다른 부분을 지적하며 계속 끼어들었다. 두 해부학자는 사람들이 지켜보는 앞에서 공개적으로 언쟁을 벌였다. (개인적으로는 두 사람이 서로를 향해 신장이나 빗장뼈를 던지는 상상을 해본다.)³³

　1543년 마침내 베살리우스는 대표작 『파브리카』를 펴냈다.³⁴ 이 책에서 그는 인간에게 레테가 있다는 주장을 부정하면서 자신을 비롯한 해부학자들이 갈레노스에게 지나치게 의존했다고 말한다. "다른 사람들에 대해서는 더 말하지 않겠다. 나 자신의 우매함과 갈레노스를 비롯한 다른 해부학자들의 글에 대한 나의 맹목적인 믿음이 놀라울 뿐이다."³⁵ 이 장의 마지막에서 그는 학생들에게 오직 자신의 신중한 관찰만을 믿으라고 하면서 다른 누구의 말도, 심지어 자기 말도 덮어놓고 믿지 말라고 한다.

　이것은 적절한 경고였다. 베살리우스 자신도 다 옳지는 않았기 때문이다.³⁶ 한 가지 실수는 음핵^{clitoris}을 제대로 식별하지 않고 음순의 일부로 잘못 설명한 것이다. 파도바의 또 다른 해부학자 레알도 콜롬보가 이를 지적했다. 레알도는 음핵의 역할도 알고 있었는데 해부학 수술대가 아닌 다른 맥락에서 이를 접했다는 의미다. 그는 음핵에 "베누스의 사랑, 또는 쾌락을 주는 것^{amor Veneris,}

그림 31 안드레아스 베살리우스. 얀 반 칼카르풍의 목판화 1543년.

vel dulcendo"이라는 이름을 붙이고, 이것이 여성의 성행위에서 가지는 역할을 자세히 설명하면서 "유명한 해부학자들이 이런 사랑스러운 기관에 대해, 이처럼 유익한 역할을 위해 완벽하게 만들어진 기관에 대해 전혀 모른다는 사실이 정말 놀랍다"라고 말했다.[37]

이런 예외가 있기는 해도 베살리우스의 『파브리카』는 상세한 설명과 해부할 시신의 처리 방법에 관한 내용을 담고 있으며 권위 있는 고전 문헌의 오류를 신중하게 평가했다는 점에서 명성을 얻었다.[38] 게다가 휴머니즘 전통의 책 제작과 시각 예술 수준을 보여주는 놀라운 작품이기도 하다. 가독성이 뛰어난 명확한 서체로 인쇄되었으며, 베살리우스의 감수를 받아 얀 반 칼카르가 그린 뒤 여러 장인이 판화로 제작한 83점의 도판이 담겨 있다. 판화는 이탈리아에서 복숭아나무로 제작했는데 한 무역 회사는 이를 베살리우스가 선택한 요하네스 오포리누스의 인쇄소가 있는 바젤로 가져가기 위해 알프스산맥을 넘었다. 베살리우스 자신도 작업의 모든 과정에 참여하기 위해 뒤따라갔다.

베살리우스는 책에서도 그의 존재감을 드러낸다. 책에 담긴 초상화에서 그는 팔의 근육을 보여주면서 다소 근엄하고 도전적으로 보이는 표정을 짓고 있다. 판화로 제작된 속표지에는 관중이 꽉 들어찬 해부 극장에서 시신을 해부하는 베살리우스가 있다. 난간이 있기는 하지만 학생들과 고위 관리들, 심지어 갈레노스, 히포크라테스, 아리스토텔레스, 그리고 개 한 마리까지도 해부하는 광경을 보기 위해 그를 덮칠 듯 서 있다. 이런 장식적 요소를 책 전체에서 볼 수 있다. 대문자 장식에는 천사들이 날아다니고 해골은 묘지에 기대어 두개골을 바라본다. 근육질의 남자는 고뇌하며 고개를 젖히고 있다. 이런 그림의 배경은 대체로 자연이거나 수많은 휴머니스트의 사랑을 받았던 반쯤 폐허가 된 고대 유적이다. 인물들은 고대 영웅의 자세를 취하고 있는데 특히 근육의 구조를 보여줄 때 이런 모습이다.

이런 존엄한 인간의 모델이 실은 사형당한 죄인이거나 가난한 삶을 살다가 죽어서 자기 시신의 앞날에 대해 어떤 결정권도 없었던 빈민이라는 점은 가슴 아프다.[39] 그런 모습으로 책에 남겠다고 자처한 사람은 아마 없었을 것이다. 19세기까지도 많은 사람이 해부당하는 처지가 되는 것을 두려워했다. 한 가지 이유는 사후에 육신이 부활한다고 믿었기 때문이다. 아무도 텅 빈 상체를

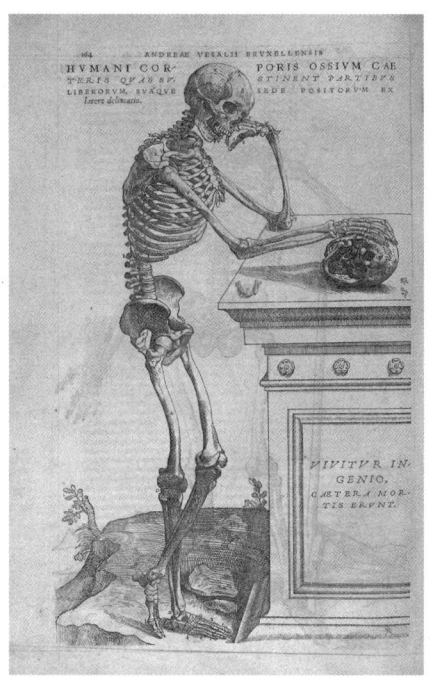

그림 32 1543년 바젤 판 『파브리카』 제7권 164쪽.

가지고, 혹은 신경과 근육이 너덜너덜한 채로 천국에 오르고 싶어 하지 않았다. 여차했다가는 해부학과 학생들의 교육에 이바지하게 될지 모른다는 생각은 파도바대학교에 새겨진 문구와 달리 기꺼운 마음이 드는 생각은 아니었으므로 범죄를 방지하는 데 강력한 효과가 있었고 어쩌면 사형보다 더 효과적이었다.

그러나 이런 이름 없는 사람들이 실제로 다른 사람들을 살리는 데 일조했다. 그리고 역사상 가장 위대한 책 가운데 하나에 존엄한 모습으로, 근육질의 꼿꼿하고 아름다운 모습으로 실렸다. 마치 미켈란젤로가 조각한 듯한 사람들도 많다.

그렇게 보이는 데는 이유가 있다. 근육 조직과 육중한 인체 그 자체, 그리고 인간의 존엄성에 큰 흥미를 느꼈던 미켈란젤로는 예술적 능력을 향상하기 위해서 해부학을 자세히 공부했다. 친구 레알도 콜롬보와 책을 만들 계획도 갖고 있었다.[40] 이루어지지는 않았지만 레알도의 사후에 출판된 해부학 책에는 아마도 두 사람 공동의 노력이 어느 정도 담겨 있을 것이다.

다른 예술가들도 해부학 연구를 한 적이 있다. 레오나르도 다 빈치가 아주 좋은 예다. 진지한 연구자로서 그는 인체의 아름다움과 조화뿐만 아니라 그 역학도 깊게 파고들었다. 연구를 시작한 지 얼마 되지 않았을 때 인간의 두개골과 다리 근육의 단면을 상세히 그리기도 했다. 나중에는 인간 일생의 양 극단을 연구하면서 두 살 아기와 100세 노인을 해부했다. 노인의 경우 피렌체 산타 마리아 누오바 자선 병원에서 죽어가던 빈자였는데 죽기 전에 다빈치에게 힘이 좀 없기는 하지만 아픈 데는 없다고 말했다. 다빈치는 "어떻게 하면 그렇게 달콤한 죽음을 맞이할 수 있는지 알기 위해 시신을 해부했다"라고 썼다.[41]

다른 작업도 그렇지만 다빈치는 자신의 결론을 혼자 보는 노트에 기록했기 때문에 동시대 사람들은 그가 얼마나 많은 과학 분야에서 선구적인 위치에 있었는지 알기 힘들었다. 그는 자신을 종종 학식 없는 사람omo sanza lettere이라고 칭했지만 실은 고전 문화에 대해 다양한 지식을 쌓았다.[42] 젊었을 때 제대로 공부하지 않은 라틴어를 보완하기 위해 다시 라틴어를 공부했고, 플리니우스의 책을 포함한 꽤 많은 책을 소장했다. 해부학에 관한 책도 한 권 쓰려고 했지만 개요에 그치고 말았다. 그는 이렇게 썼다. "이 책은 인간의 잉태에서 시작해 자궁의 형태를 설명하고 아이가 그 안에서 어떻게 자라는지 이야기할 것이다. (…) 그다음에 아기가 태어난 뒤 어떤 부분이 다른 부분보다 더 빨리 성장하는지 설명하면서 한 살 아이의 신체 치수를 제시할 것이다. 그런 다음 성인 남녀를 설명하고 그들의 치수를 제시할 것이다." 아마도 이런 식으로 백 살 노인까지 이어졌을 것이다.[43]

이 책은 해부학 교재이자 인간 신체 활동에 대한 서사적 기록으로서 특별한 가치를 가졌을 것이다. 우리 몸이 평생 변함없이 유지되지 않는다는 사실을 예술가도 해부학자도 잘 알고 있었다. 비트루비우스적 인간의 이미지와 달리 인간이 어때야 한다는 단일하고 고정적인 본보기는 없다. 우리는 태어나고 성장하고 늙는다. 루크레티우스가 말했듯 정신과 육체에는 "생일과 장례식"이 있다.[44] 이 두 사건을 잇는 길 위에서 모든 것은 끊임없이 변화한다. 정신도 예외가 아니다. 우리는 우리가 정신적인 존재라는 점을 알고 우쭐해하지만 우리의 의식은 술로 인해 흐려지거나 병으로 인해 약해질 수 있다. 누구보다 현명한 사람도 머리에 돌덩이가 떨어지면 순식간에 이성을 잃을 수 있다. 루크레티우스와 그의 사상의 궁극적 원천인 데모크리토스는 정신과 육체가 모두 감각, 그리고 우리 생에서 벌어지는 사건에 의해 영향을 받는다는 사실을 알고 있었다. 그리고 언젠가 우리 몸을 이루는 원자들이 부드럽고 조용히 해체되면서 끝을 맞이한다는 사실을 일깨워 주었다.

16세기와 17세기의 저술가들은 이런 사유를 이어갔고, 그들을 중심으로 새로운 정서가 형성되었다. 결국 책에도 몸에도 전적으로 의존할 수는 없다는 생각이었다.

5

인간의 일들

인간의 손으로 다시 빚은 세계

주로 1500년대

알프스 너머의 북부 휴머니스트들과 함께—콘라트 켈티스—로돌푸스 아그리콜라—문명적인 생활과 여럿과 나누는 우정을 장려했던 데시데리위스 에라스뮈스—휴머니즘을 다른 방향으로 돌려놓은 미셸 드 몽테뉴—소설가들

알프스산맥을 넘던 베살리우스의 복숭아나무 목판은 하마터면 교통 체증으로 고생할 뻔했다. 그 길을 가는 예술, 의학, 문학 분야 여행자들이 아주 많았기 때문이다. 북부와 남부 간의 이런 이동은 오랫동안 당연하게 여겨졌다. 이탈리아반도 사람들은 호기심에, 혹은 새로운 후원자를 찾아 아부하고 즐겁게 해주기 위해 북쪽으로 갔다. 북부 사람들은 갖고 싶은 이탈리아 물건을 찾

아 남부로 갔다. 서적, 당대 최고의 대학 교육, 최신 연구 기법, 그리고 한층 세련된 휴머니스트로 보이기 위한 어법과 예절을 찾고 있었다. 이런 것을 얻어서 고향으로 돌아가면 주변 사람들과 배운 내용을 공유하기도 하고 터득한 기법을 자기 역사와 문화에 적용하기도 했다.

다소 과거로 거슬러 올라가야 하지만, 1459년 콘라트 피켈이라는 이름으로 태어난 콘라트 켈티스 혹은 켈테스(여느 휴머니스트처럼 그도 라틴어 이름으로 바꾸었다)의 삶을 살짝 엿보면 초기에 이런 교류가 어떻게 일어났는지 알 수 있다. 켈티스는 바이에른의 비펠트에서 태어났지만 가출해 마인강을 떠내려가는 뗏목에 올라탔다. 그리고 쾰른과 하이델베르크의 대학교에서 학업을 마치고 2년 동안 이탈리아를 여행했다. 이탈리아에 있는 동안 그는 베네치아, 파도바, 페라라, 볼로냐, 피렌체, 로마의 인문학자들과 어울렸는데 특히 피렌체와 로마의 아카데미아 회원들과 가까웠다. 그런 다음 다시 북부로 가서 여러 대학교에서 가르치며 눈부신 경력을 쌓았고 여러 곳에서 직접 아카데미아를 만들기도 했다. 자신이 경험한 혜택을 고국의 시민들과 나누며 술에 취한 학생들을 꾸짖고 동료 교수들에게 "거위처럼 꽥꽥대지 말고" 제대로 말하는 법을 배우길 권했다.[1]

그럼에도 켈티스는 게르만 문학에 많은 관심과 자부심을 가졌다. 레겐스부르크에 있는 성 에메람 수도원에서 10세기 수녀 흐로츠비타의 희곡 필사본을 발견하고 세상에 알린 사람도 켈티스였다. 하르트만 셰델이 쓴 방대한 역사 및 지리서 『뉘른베르크

연대기』를 수정하는 데 도움을 주기도 했다. 그리고 발견된 지 얼마되지 않은 로마 역사가 타키투스의 『게르마니아^{Germania}』 편집을 담당하기도 했다. 게르만 민족의 단순하고 솔직하며 매력적인 야만성에 찬사를 보내는 책이었다.

이 모든 활동은 다른 지역의 소재에 전형적인 이탈리아 휴머니스트의 방식을 적용하고 있다. 그러나 켈티스는 다른 연구 방식도 추천했다. 인문학 분야뿐만 아니라 오늘날 과학으로 여겨지는 분야에서도 지식을 쌓으라고 권한 것이다.

> 형태 없는 혼돈의 본질을 탐구하라. (…) 원대한 기상으로 각각의 사물의 원인을 찾으라. 불어닥치는 바람과 험한 바다의 조류를 연구하라. (…) 왜 땅의 어두운 공동에서 유황과 귀중한 금속의 광맥이 만들어지는지, 왜 온천수가 병자의 몸을 낫게 하는지 (…) 이 세상 다양한 사람들과 그들의 언어와 관습을 배우라.[2]

저지대 지역에서 룰로프 하위스만으로 태어난 루돌프 혹은 로돌푸스 아그리콜라(하위스만과 아그리콜라 모두 농부라는 뜻이다)의 글에도 다양한 지식 형태에 대한 비슷한 욕구가 담겨 있다. 동료 교사에게 쓴 편지에서 그는 학생들이 "땅과 바다, 강과 산의 지형과 특성, 이 땅에 사는 민족들의 풍습과 경계, 형편 (…) 나무와 풀의 약효" 등을 탐구하는 게 좋다고 권했다. 물론 문학과 도덕 관련 공부도 해야 잘 살 수 있다. 하지만 "사물 그 자체"에 대한 학습은 워낙 **재미있기** 때문에 그 자체로 보람 있다고 말한다.[3]

이런 목록에서 드러난 적극적인 열의는 조롱의 대상이 되었다. 아니나 다를까 1532년에 프랑스의 풍자가 프랑수아 라블레는 이를 보고 심술궂은 재치가 발동했다.[4] 라블레가 만든 상상 속의 거인 가르강튀아는 대학에 공부하러 떠나는 아들 팡타그뤼엘에게 비슷한 학습 목록을 주었다. 그리스, 라틴어를 공부하고 그다음에 히브리어, 그리고 칼데아어와 아랍어를 배우도록 하라. 역사, 산수, 음악을 배우고 "모든 민법 문헌을 달달 외워 도덕철학과 비교하라." 그리고 자연을 공부하라. "모든 바다, 강, 냇물에 모르는 물고기가 없도록 하라. 하늘에 사는 모든 새와 숲에 사는 모든 나무, 덤불, 관목을 익히고, 이 땅 깊이 숨은 모든 광물을 알도록 하라." 약학을 공부하라. "그리고 해부 실습을 자주 해서 인간이라는 또 다른 세상에 대한 완벽한 지식을 습득하라. 다시 말해 너는 학식의 심연이 되어라." 그리고 이렇게 덧붙였다. "오늘날의 강도와 망나니, 용병과 마부 중에는 우리 때의 교사나 설교자보다 공부를 많이 한 사람들이 있다. 심지어 여성과 아이들도 그런 찬사, 탄탄한 배움이라는 하늘의 양식을 원한다."

사실 라블레 자신도 이런 분야들을 통달한 터였다. 전직 수도사이자 다양한 언어를 구사하는 사람으로 법학을 공부했으며 의술을 펼치고 있었다. 갈레노스와 히포크라테스의 학술 편집을 맡았고 공개 해부 실습에 적어도 한 번은 참여했다. 아그리콜라 역시 다양한 분야에서 만만찮은 성과를 냈다.[5] 다양한 분야에서 우수성을 드러냈고 인간적인 매력도 있다는 점이 레온 바티스타 알베르티와 닮아 있었다. 아그리콜라는 10년간 이탈리아에 살면서

그림 33 로돌푸스 아그리콜라의 초상화(루카스 크라나흐Lucas Cranach the Elder 작품). 뮌헨 알테 피나코테크 소장.

학생들에게 수사학을 가르쳤을 뿐만 아니라 교회에서 오르간도 연주했다. 그러는 동안 주로 에스테 공작의 측근으로 살았다. 음악적 재능이 언어를 배우는 데도 도움이 되었을 것이다. 아그리콜라를 알았던 사람들은 그의 발음이 정말 좋았다고 칭찬하곤 했다.[6] 아그리콜라는 프랑스어, 이탈리아어, 고지高地 독일어와 저지 독일어, 고향 언어인 프리지아어, 그리고 물론 라틴어와 그리스어를 구사했다. 노년에는 히브리어도 조금 공부했다. 그림에도 재능이 있었다. 교회에서 사람들의 얼굴을 몰래 관찰하고는 (오르간을 치면서 그랬을까?) 나중에 목탄으로 아주 똑같이 그렸다. 외모도 출중했다. 칭찬하는 친구들의 말에 따르면 비트루비우스적 비율을 갖고 있었다. "골격이 크고 단단했고 키가 큰 편이었다. 어깨와 가슴도 넓었고 머리부터 발끝까지 신체의 다른 부위와 조화를 이루었다. 몸 전체를 보노라면 감탄할 수밖에 없었다."[7] 다들 아그리콜라를 좋아했고 그가 타인에게 미친 영향은 비교적 빈약하고 그다지 흥미롭지 않은 그의 저술이 암시하는 것보다 컸다.[8]

지금까지 전해지는 사실에 따르면 아그리콜라는 1480년에 네덜란드 데벤터르에 있는 어느 학교를 방문했을 당시 이곳 학생이었던 14세 가량의 소년에게 특히 깊은 인상을 남겼다.[9] 아마 학생들에게 강의를 하러 갔을 것이다. 무슨 말을 했는지 알 수는 없다. 위에서 인용한 편지에 담긴 조언과 비슷한 내용일 수 있다.[10] 그리고 심지어 그 편지에 썼듯, 학교에서 배우는 것에 너무 의존해서는 안 된다고도 말했을 수 있다. 역사, 시, 철학을 공부할 때 원전을 읽고 종교 경전을 공부해야 하며 무엇보다 궁극의 기술, 즉 잘 사는 법을 배워야 한다고 말했을 것이다.

그날 아그리콜라가 뭐라고 말했든 10대 소년은 이를 마음속에 깊이 새겼다. 소년의 이름은 데시데리위스 에라스뮈스였다. 우리가 아는 한, 이 이름은 나중에 바꾼 것이 아닌 태어날 때부터 주어졌다. 이 시기 가장 저명한 북부 휴머니스트로 성장하는 에라스뮈스가 바로 이번 장에서 다룰 두 명의 주요 인물 중 한 명이다. 다른 한 명은 미셸 드 몽테뉴로 그 또한 알프스를 넘어온 휴머니즘의 영향이 만든 결과물이다. 몽테뉴는 두 사람 중 좀 더 젊은 세대에 속하는데 그래서 감성이 좀 다르다. 에라스뮈스의 유럽은 1400년대 말 그리고 1500년대 초 사회가 급변하던 시기였고, 그는 변화를 목격하며 종종 공포에 휩싸였다. 반면 몽테뉴는 이미 변화된 세상에서 태어났기에 그런 불안정성을 당연하게 여겼다. 이런 차이를 제외하고 두 사람은 품성이 비슷했다. 관대한 성격에 정신적으로 풍요로운 삶에 큰 애착을 갖고 있었다. 둘이 만날 수 있었다면 서로를 아주 좋아했을 것이다.

에라스뮈스와 아그리콜라도 만약 성인으로서 동등한 위치에서 다시 만날 수 있었다면 역시 좋은 친구가 되었을 것이다.[11] 불행히도 아그리콜라가 너무 일찍 세상을 떠났다. 갑작스러운 죽음이었지만 당시에는 흔한 일이었다. 의술이 좀 더 발전된 시대였다면 피할 수 있었을 죽음이었다. 또 한 번의 이탈리아 여행을 마치고 하이델베르크에 있는 집으로 돌아오는 길에 신장에 염증이 생겼고 고열이 났다. 그런 염증에는 효과적인 치료법이 없었기에 결국 사망했다. 겨우 마흔둘이었다. 당시 에라스뮈스는 열아홉 살이었고, 어떤 삶을 살지 결정하려고 애쓰고 있었다.

* * *

데시데리위스 에라스뮈스는 가장 다양한 면모를 가진 휴머니스트로 기억된다.[12] 번역을 했으며 대화록, 혹평, 신학 논문, 글쓰기 지침서, 학습 자료, 속담 모음집, 재미있는 오락물, 그리고 놀랄 만큼 많은 편지를 썼다. 페트라르카 못지않게 편지를 교환하는 지인과 친구들이 많았다. 페트라르카와 비교하면 거의 200년 가까이 쌓인 학문적 성과로부터 도움을 받을 수 있었고 유럽 내에서의 교류도 그 어느 때보다 활발했다. 기독교적 믿음을 의심하지 않는

그림 34 데시데리위스 에라스뮈스. H. 홀바인풍의 초상화. 1795년경.

독실한 신자였지만 더불어 **이 땅에서의** 생을 현명하고 훌륭하게 사는 일의 중요성에 대한 깊은 믿음도 있었다. 평화와 우정의 원칙을 지지했으며 예의와 문명적인 행동 양식에도 관심이 많았다. 교육이 주는 혜택을 굳게 믿었고 어지럽고 복잡한 시대에도 문학과 학문의 도움을 받으면 잘 살 수 있다는 확신이 있었다.

에라스뮈스가 1466년경 로테르담에서 태어났을 당시에는 그가 이처럼 방대한 문화적 발자취를 남기리라고 상상하기 힘들었을 것이다. 사생아였던 그의 부모는 행복한 가정을 꾸리고 있었지만 아버지가 성직자였기 때문에 결혼을 할 수 없었다. 그럼에도 에라스뮈스와 형에게 최고의 교육 환경을 마련해 주려고 애썼다. 연이어 수도원 학교에서 공부를 시킨 것인데 마지막은 데벤터르에 있는 학교로 공동생활 형제회라는 공동체가 운영하는 곳이었다.

데벤터르의 수도사들은 매우 존경을 받았고 이 공동체는 뛰어난 필사본 제작으로 이름이 높았다. 그러나 에라스뮈스는 이 학교와 그 전에 다녔던 학교들에 혐오감을 느꼈다. 폭력적인 분위기가 한몫했다. 그 시대에는 학생을 때리는 것이 정상이고 심지어 꼭 필요하다고 여겨졌다. 그러나 에라스뮈스는 이전에 다닌 학교에서 이미 정신적 충격을 받은 상태였다. 뭘 잘못해서가 아니라 단지 얼마나 잘 참을 수 있는지 시험하기 위해 때렸기 때문이다. 에라스뮈스는 이렇게 썼다. "이 일은 학업에 대한 내 안의 애정을 깡그리 파괴했고 어린 내 마음을 아주 깊은 우울로 빠뜨렸기에 나는 가슴이 아픈 나머지 야위어 죽을 뻔했다."[13] 데벤터르 수도사들은 아마도 덜 독단적이었을 테지만 그들 역시 에라스뮈스가 보기에는 아이들의 기를 완전히 꺾고 싶어 하는 것 같았다. 수도사로 키우려면 그렇게 하는 편이 좋을 터였다.[14]

그러나 오히려 에라스뮈스는 모든 종류의 잔인하거나 위협적인 행위에 대해 평생 반감을 가졌다. 몇 세기 후 E. M. 포스터가 했던 말에도 동의할 것이다. 포스터는 자신이 공립학교에서 겪었던 불행을 언급하며 이렇게 말했다. "학교에 속아 그곳이 세상의 축소판이라고 믿었다는 사실이 가장 불쾌했다. 세상이 얼마나 사랑스럽고 즐겁고 상냥한 곳인지, 그리고 이해할 수 있는 곳인지 깨닫기 힘들게 만들었기 때문이다."[15]

에라스뮈스가 자신이 다닌 학교에 대해 안 좋은 생각을 가진 이유는 또 있다. 수도사들이 세상 물정에 어둡고 현실과 상관없는 듯한 태도를 보였기 때문이다. 그런 기관이 시대에 뒤떨어져 있고 현학적이며 현실과 괴리되어 있다는 것은 휴머니스트들이 흔히 하는 불평이었다. 에라스뮈스는 먼저 온 아그리콜라, 그리고 나중에 올 포스터와 마찬가지로, 어떻게 살아야 하는지 전혀 모르는 무지한 구닥다리 선생이 가르치는 의미 없고 쓸모없는 지식 체계로부터 어린 사람들의 정신을 해방해야 한다고 생각했다.

하지만 에라스뮈스가 이런 생각에 다다르는 데는 시간이 걸렸다. 처음에는 예정대로 다른 수도원으로 옮겨 서품을 받았다. 심지어 수도원에서 사는 삶을 칭송하며『세속을 멸시하는 데 대하여De Contemptu Mundi』도 썼다. 그러나 비슷한 시기에『야만인에 반대하며Antibarbarorum Liber』라는 과감한 제목을 붙인 글도 썼다. 제대로 공부하지 않은 수도사들이 도덕철학, 역사, 유려한 라틴어 등의 인문학을 무시하는 경향을 보이는 데 대한 공격이었다. 다양한 논법을 시도하며 문학적 재능을 과시했던 것이다. 수도원에서 빠져나올 수 있었던 것도 글솜씨 덕분이었다. 캉브레의 주교가 함께 여행을 다닐 비서로 에라스뮈스를 고용했다. 그렇게 수도원을 떠난 에라스뮈스는 한 번도 돌아보지 않았다. 나아가 주교가 힘을 써준 덕택에 파리로 가서 소르본대학교에서 공부할 수 있었다.

하지만 그곳 역시 비슷한 이유에서 만족스럽지 않았다. 소르본대학교는 중세 스콜라 철학의 또 다른 요새였다. 유럽의 다른 대학교들은 서서히 인문주의 교육 사상을 받아들이고 있었지만 파리는 그렇지 않았다. 교수들은 여전히 사회적으로 서투른 괴짜들이었고 역설과 삼단논법에 정신이 팔린 상태였다. 게다가 에라스뮈스는 누추한 숙소에서 몹시 가난하게 살아야 했다. 문명적인 생활 환경이 갖추어지지 않은 상태에서는 다른 방식으로 "세속을 멸시하는" 태도가 생기는 법이고 에라스뮈스는 이를 받아들일 수 없었다. 교육은 사람이 세상을 내 집처럼 여길 수 있도록 만들어야 한다고 에라스뮈스는 생각했다. 동료 인간들과 조화를 이루는 법, 친구를 사귀는 법, 현명하게 행동하는 법, 모두를 예의 있게 대하면서 지식의 광명을 나누는 법을 교육해야 한다는 생각이었다. 다시 말해 **후마니타스**의 함양을 주장했다.

그래서 파리를 떠났다. 그리고 평생 지키게 될 삶의 방식을 택했다. 길 위의 휴머니스트로 살기로 한 것이다. 학자이자 저술가, 인쇄업자의 조수, 교사, 그리고 유럽 전역의 기관에서 일종의 인문학 상담사로 일하면서 생계를 유지했다. 쉽지는 않았다. 정착할 집이 없었고 다른 수많은 휴머니스트와 마찬가지로 후원자의 눈치를 보며 살아야 했다. 그러나 지적으로는 대체로 자유로운 삶을 살았다.

여러 나라를 돌아다니던 에라스뮈스는 몇 차례 영국살이도 했다. 그중 한 번, 1509년에서 1514년 사이에는 옥스퍼드와 케임브리지에서 가르쳤다. 두 대학교는 중세부터 이어진 교과 과정을 완화하여 인문주의의 빛을 약간이나마 받아들이려는 중이었다. 에라스뮈스는 그 과정에 이바지했다. 영국의 휴머니스트 존 콜릿과 함께 일하며 콜릿이 성 바오로 대성당에 새로 만든 학교의 교육과정을 설계하기도 했다. 이 시기 좋은 친구가 된 또 한 명의 영국인이 있었는데 바로 토머스 모어였다. 변호사이자 정치가로 나중에 헨리 8세와 엮이는 바람에 죽음을 맞이하는 사람이다. 두 사람이 서로에게 헌정한 책 두 권을 읽으면 둘의 우정이 얼마나 활기찼는지 느낄 수 있다. 에라스뮈스의 『우신예찬』은 제목부터 모어의 이름을 이용한 언어유희이며 짓궂은 상상의 나래를 마음껏 펼치는 책이다. 아주 과감한 생각을 담고 있지만 "우신"의 입을 통해서 말하기 때문에 안전하게 거리를 둘 수 있다. 모어의 정치 풍자 『유토피아』는 상상 속의 섬나라로 떠나는 여행 이야기를 담고 있다. 이곳 사회는 종교에 대해 매우 관용적인, 거의 에피쿠로스적인 생각을 품고 있으며 직업과 집을 공유하는 것에 대해 아주 독특한 관점을 갖고 있다. 책의 집필과 출간에는 에라스뮈스가 많은 도움을 주었다.

영국에서 교육과정을 만들면서 쌓은 경험을 바탕으로 에라스뮈스는 어린 사람들에게 인문주의적 삶과 학습 방식을 가르치는 주제에 대한 일련의 논문을 썼다.[16] 켈티스를 비롯한 다른 사람과 마찬가지로 좋은 예절, 즉 공감할 줄 알고 타인을 배려하는 습관이 반드시 필요하다고 생각했다. 1530년에 쓴 『소년이 지켜야 할 예절』은 예의 바른 사람이 되기 위해 해야 할 행동과 해서는 안 되는 행동을 요약하고 있다.[17] 소매로 콧물을 닦지 말고 손수건으로 닦되 나팔 부는 코끼리처럼 너무 크게 코를 풀어서는 안 된다. 재채기가 나온다면 다른 사람이 없는 곳으로 고개를 돌리고, 사람들이 축복의 말을 하면(재채기를 하는 사람은 소리가 잘 들리지 않으니 그런 말을 했다고 생각된다면) 모자를 들어 감사를 표시해야 한다. 침을 뱉을 때는 다른 사람에게 향하지 않도록 잘 조준하라. 치아를 잘 돌보아야 하지만 가루로 미백을 할 필요까지는 없다. "스페인에서는 소변으로 이를 닦는다."[18] 신이 난 말처럼 머리카락을 털지 말라. 방귀에 대해서는 여러 가지 의견이 있다. 나오지 않도록 엉덩이를 꽉 조여야 한다는 말도 있지만 "그러다 병이 날 수 있으니" 타인을 생각해서 몇 걸음 물러나거나 적어도 기침을 해서 소리를 덮어야 한다. 이 모든 과정에서 편안하고 자연스러운 표정을 유지해야 한다.[19] "이마는 양심에 어긋나는 게 없고 생각이 열려 있다는 것이 보이도록 생기 있고 매끈하게 유지해야 하며 노인처럼 주름이 있으면 안 된다. 고슴도치처럼 우유부단해서도 안 되고 황소처럼 위협적이어서도 안 된다."[20]

목표는 카스틸리오네가 이상적으로 여겼던 태연자약한 자세와 비슷하지만 자신의 태연함을 과시할 목적은 아니다. 타인을 편하게 만드는 것이 목적이다. 괴이한 소르본의 교수들이나 성질 나쁜 수도사들처럼 세상으로부터 격리되지 않는 방법이다. 곧 주변 사람을 편하게 만들고 전반적으로 쾌적한 사회에서 자기 자리를 찾는 법, 모든 의미에서 인간성을 가지고 살아가는 법을 안다는 의미다. 이런 태도는 모두를 인간답게 만든다. 옥스퍼드대학교 윈체스터칼리지와 뉴칼리지의 모토가 되기도 한 "예절이 사람을 만든다Manners maketh man"라는 말은 사실 채택되기 200년 전쯤 만들어진 것이다.[21]

물론 편안한 낯을 유지하고 조용히 방귀를 뀔 줄 아는 것이 교육과 후마니타스의 전부는 아니다. 에라스뮈스는 또한 지적인 생활을 위해 갖추어야 할 습관을 가르쳤다.[22] 여기서 중요한 것은 머릿속을 꽉 채우고 최대한 개방적인 평가 기준을 적용하는 것이다. 그래야 좋은 판단력을 발휘할 수 있고 지적이고 세련된 자기표현력이 생긴다. 에라스뮈스는 좋은 책을 읽으라고 권했고 당대 인기가 높았던 학습 방식을 추천했다. 필기 내용을 주제별로 구분하는 것인데, 읽은 내용을 기억할 수도 있고 유용한 방식으로 다른 생각과 결합할 수도 있기 때문이다. 종이가 없다면 벽에 쓸 수도 있고 창문 유리에 새길 수도 있다고 했다. 중요한 것은 머릿속에 보물 창고를 만들어서 언제든 꺼내 쓸 수 있게 하는 것이다. 사전이라는 뜻의 'thesaurus'는 문자 그대로 보물 창고를 의미한다.

에라스뮈스는 자신의 책 『만연체에 대하여$^{De\,copia}$』에서 바로 그런 보물 창고를 위한 자료를 풍부하게 제공했다.[23] 이 책의 라틴어 제목은 '필사하다^{copy}'라는 말과 '풍부하다^{copious}'라는 말을 동시에 떠오르게 한다.[24] 이 책은 하고 싶은 말을 다양하게, 그리고 자세하게 부연하는 방법에 관해 설명하는데, 그 바탕이 된 대원칙은 "자연은 무엇보다 다양성을 좋아한다"라는 수사학자 쿠인틸리아누스의 말이었다.[25] 예를 들어 한 사건을 서술할 때 그 원인과 결과를 살펴보거나 사건과 관련된 생생한 세부 내용을 부연할 수 있다.[26] 에라스뮈스는 클레오파트라의 화려하기로 유명한 유람선을 설명하는 데 온갖 방식을 아낌없이 동원했던 플루타르코스를 예로 들기도 한다. 책 대부분은 '관습적인 표현'[27] '의혹 제기'[28] '감언이설'[29] 등을 위한 어구나 그 변형을 나열하는 데 할애되어 있다. 195번 주제는 앵무새가 죽었을 때 유용할 것이다.

mortem obitt: 끝을 맞이했다.

vita defunctus est: 생을 마감했다.

vixit: 죽었다.

in vivis esse desiit: 더 이상 살아 있는 사람들 사이에 있지 않다.

concessit in fata: 운명을 맞이했다.

vitae peregit fabulam: 생의 마지막 장면을 연기했다.[30]

에라스뮈스의 작품 자체도 분명 풍부한 만연체다. 확장하고 급증하는 형식은 무엇보다 『격언집』에서 뚜렷하게 드러난다. "모든 돌을 뒤집어 보라"•, "한배에 타고 있다" 등 오래도록 전해져 온 글귀나 표현, 그에 대한 주석을 담은 책이다. 초판에는 격언이 818개 들어 있었지만 최종 증보판에는 4251개였다.[31] 주석이 너무 길어서 그 자체로 책이 된 예도 있다. 기존 문헌을 학문적으로 풀이하는 데서 그치지 않고 좀 더 개인적인 감상도 담았다. 습작처럼 시작한 『격언집』은 에라스뮈스 자신의 풍부한 정신세계의 초상처럼 발전했다. 짓궂지만 박식하고 아낌없이 지식을 나누어 주는 에라스뮈스가 다년간의 여행, 독서, 우정을 통해 쌓은 개성을 가득 담은 책이다.

여행, 독서, 우정 세 가지는 에라스뮈스의 인생에 중요한 주제였으며 각 주제는 서로에게 힘이 되었다. 여행하면서 끝없이 많은 친구를 사귀었고 친구들은 새로운 과제, 일, 추가 연구가 필요한

• 온갖 수단을 다 쓰라는 의미를 가진 관용적 표현.

소재 등을 제안했으며 이로 인해 또 여행할 기회가 생기는 식이었다. 에라스뮈스는 주어진 기회를 따라다녔고, 때로는 한곳에 꽤 오래 머물기도 했지만 때로는 그저 잠깐 스쳐 갔다. "내 집은 내 서고가 있는 곳"이라고 말하기도 했다.[32]

***

에라스뮈스가 오래 머문 곳 중에는 스위스의 바젤이 있다. 이곳은 휴머니스트가 살기 아주 좋은 곳이었다. 훌륭한 대학교와 수많은 출판업자가 있었다. 베살리우스가 1543년에 『사람 몸의 구조』를 이곳에서 인쇄한 것도 그런 이유에서다. 에라스뮈스가 바젤에 머문 시기는 그보다 약간 앞선 시기인데 당시 바젤에서 가장 뛰어난 휴머니스트 인쇄업자는 요하네스 프로벤이었다. 베네치아의 알두스 마누티우스처럼 그 자신도 학자였고 책을 좋아하는 사람들의 공동체를 이끌고 있었다. 에라스뮈스는 프로벤의 집에 들어가 살면서 친구에게 신나서 편지를 썼다. "다들 라틴어를 알고 그리스어를 알고 대부분 히브리어도 압니다. 한 사람은 역사 전문가이고 한 사람은 경험 많은 신학자, 한 사람은 수학에 능통하고 한 사람은 영리한 골동품 애호가이며 또 한 사람은 법학자입니다. …… 이런 사람들 사이에서 살아보는 행운은 처음 누려봅니다. 게다가 다들 얼마나 마음이 열려 있고 명랑하며 서로 잘 어울리는지!"[33] 또 학문 활동에 기꺼이 헌신하는 프로벤을 칭송했다. "그가 자신이 인정하는 작가의 새 책 첫 페이지를 손에 쥐고 있는 모습이 보기 좋았습니다. 기쁨으로 얼굴이 환하게 빛나고 있었었지요."[34]

　　에라스뮈스도 작업 중이던 원고를 가져왔다. 『격언집』의 최신 증보판도 포함되어 있었다. 그리고 프로벤을 위해 중요한 작업에 착수했다. 신약성경의 새 라틴어 번역이었다. 히에로니무스의 4세기 표준 번역에서 이탈하는 작업이었다. 이런 작업은 에라스뮈스의 여타 학문적 노력과 동일선상에 있었다. 원전으로 돌아감으로써 유럽인들의 교육 일반을 향상하는 데서 그치지 않고 정신생활의 도덕적 탁월성과 질을 고양하고자 했다. 고전학자들에게 제대로 된 고대 문헌이 중요하듯 기독교인들은 최신 연구 기술을 바탕으로 만든 제대로 된 경전이 필요했다. 새로운 연구가 사람들의 믿음을 흔들 것이라는 일부 사람들의 염려와 달리, 오히려 믿음에 활기를 불어넣으리라고 에라스뮈스는 생각했다.[35]

　　성경을 다시 번역하는 일이 가능하다는 생각을 불러일으킨 사람 중에는 앞서 만나본 로렌초 발라가 있다. 『신약성경 주석』에서 히에로니무스 번역의 허점을 찾아냈던 발라는 교회가 변치 않는 진실이라고 생각하는 것이 실은 인간이 저지른 오류의 결과일 수 있음을 암시했다.[36] 에라스뮈스는 발라의 생각을 익히 알고 있었다. 젊었을 때는 발라가 문체에 관해서 쓴 지침서 『라틴어의 세련미 Elegances』의 요약본을 쓰기도 했다. 이 책은 문제 삼을 데가 없었고 말하자면 순한 맛의 발라였다. 반면 『신약성경 주석』은 좀 더 논란의 여지가 있었다. 그러나 에라스뮈스는 이 책의 사본을 루뱅 근처 한 수도원에서 발견해 1505년에 출간될 수 있도록 했다.³⁷ 그리고 발라의 결론을 발판으로 삼아 다시 그리스어 성경을 탐구하고 그리스어와 라틴어 두 가지로 된 새로운 성경을 만들기 시작했다. 이 성경은 1516년 프로벤의 인쇄소에서 출간되었고 에라스뮈스는 늘 하던 대로 주기적으로 수정에 수정을 더했다.³⁸ 애초에 새로 번역하지 말았어야 한다고 말하는 사람들에게는 불쾌한 기색을 내비쳤다. "언쟁을 멈추고 각자가 공동체를 위해 기꺼이 할 수 있는 일을 하면서 남이 주는 것을 좋은 마음으로 받는다면 그것이 얼마나 더 그리스도인다운 일인가!"³⁹

그러나 당시 유럽에서 기꺼이 언쟁을 멈추는 일은 벌어지지 않았다. 마르틴 루터가 교권에 반대하는 95개조 논제를 1517년 비텐베르크에서 발표하고 로마와 관계를 끊자 교황은 그를 파문했다. 이처럼 서유럽은 긴 종교 갈등을 앞두고 있었다. 수 세기 동안 간헐적으로 유혈 전쟁이 벌어졌고 정치적 권력 다툼이 일을 더 복잡하게 만들었다. 그 결과 사회가 분열되고 평소에 신학이 삶에 큰 영향을 끼치리라 생각하지 않았던 사람들이 주로 고통받았다. 에라스뮈스와 이후 그를 우러러보고 추종하는 사람들은 할 수 있는 한 파괴적인 행태들에 반박하는 목소리를 냈지만 효과가 있는 경우는 드물었다.

초반에는 에라스뮈스도 루터의 입장에 어느 정도 공감했다. 교회가 권위에 대한 도전에 좀 더 현명하고 섬세하게 대응했어야 한다고 생각했다. 이런 시기에 너도나도 "이단"을 외친다고 해서 무슨 도움이 되겠느냐고 1519년에 묻기도 했다.

마음에 들지 않으면, 이해할 수 없으면 이단이라고 합니다. 그리스어를 알아도 이단입니다. 세련된 언어를 구사해도 이단입니다. 자기와 다르면 이단입니다……. 이런 사람들이 무엇을 주장하고 있으며, 어느 방향으로 가고 있는지 모르는 사람이 누가 있습니까? 그들의 악한 욕망에 대한 제재가 풀어지는 즉시 그들은 모든 선한 이들을 상대로 무분별한 분노를 표출할 것입니다.[40]

다른 한편으로는 반항심을 타고난 싸움꾼 루터의 공격성에 반감을 갖기도 했다. 에라스뮈스는 그런 유형이 아니었고 "본질적으로 날카로운 문제의 경우에는 악의에 악의를 더하기보다 예의 바른 태도로 누그러뜨리는 편이" 더 합리적이라고 생각했다.[41] 물론 예절은 에라스뮈스에게 그 무엇보다 중요했다. 단지 사회적인 겉치레가 아니라 모든 상호 존중과 화합의 바탕이었다. 에라스뮈스와 루터는 신학적으로도 이견이 있었는데 무엇보다 자유의지에 관한 생각이 달랐다. (에라스뮈스는 교회의 입장과 일관되게 인간은 선악을 막론하고 자기만의 길을 자유롭게 선택할 수 있다고 믿었다. 반면 루터는 인간에게 그런 자유가 없고 우리가 구원받을 수 있는 유일한 길은 하느님의 은혜에 있다고 생각했다.)[42]

루터의 접근 방식에 대한 반감이 커지고 있었기에 프로벤과의 관계도 삐걱거렸다.[43] 프로벤은 루터가 작업한 여러 권의 책을 출판하는 일을 맡았는데 루터의 혁명이 유럽 전역에서 가장 인기 있는 주제였던 만큼 아주 솔깃한 사업 제안이었다. 종교 혁명에 찬성하는 바젤 사람들이 점점 늘어나자 에라스뮈스는 다시 거처를 옮겼다. 이번에는 프라이부르크 임 브라이스가우로 갔다. 이곳 역시 대학 도시였지만 가톨릭교회가 우세한 조용한 곳이었다. 에라스뮈스는 평온한 쪽을 선호한다는 사실을 숨기지 않았다. "교황과 황제들이 올바른 결정을 내리면 나는 따른다. 이는 하느님께 순종하는 행동이다. 만약 올바르지 못한 결정을 내리면 참는다. 이는 안전한 행동이다."[44] 용기가 있는 사람이었지만 다른 종류의 용기였다. 입을 다무는 쪽을 선호했지만 평화를 위해서라면 은근하고 고집스러운 주장을 펼쳤다.

무엇보다 전쟁을 혐오했다. 종교 혁명 이전에도 『우신예찬』에서 전쟁을 괴물, 야생 짐승, 역병으로 묘사했다.[45] 1515년 작 『격언집』에서는 베게티우스의 말 "무경험자에게 전쟁은 달콤하다 Dulce bellum inexpertis"에 대해 아주 긴 항목을 넣었다. 이 책과 1517년 작 『평화의 불평』에서 에라스뮈스는 전쟁을 피할 이유를 나열한다. 가장 근본적인 이유는 우리가 발전시키고 충족시키려고 노력해야 할 **진정한** 인간성과 모순되기 때문이다.[46]

앞서 살았던 프로타고라스와 미란돌라처럼 에라스뮈스는 상상을 가미한 서사적 비행을 통해 인간 본성에 대한 관점을 드러낸다.[47] 자연이 인간 세상에 와서 전장을 가득 채운 병사들을 본다고 상상하자. 자연은 전율하며 외친다. "머리 위에 그 위협적인 볏은 어디서 난 것이냐? 그 번쩍이는 투구는? 그 철제 뿔은? 그 날개 달린 팔꿈치 보호대는? 그 비늘 달린 허리 갑옷은? 그 놋쇠 치아는? 그 판금 갑옷은? 그 치명적인 화살은? 그 야만인보다 더한 목소리는? 그 짐승보다 더한 얼굴은?"[48] 이런 것은 원래 인간의 모습이 아니다. "나는 너희를 신과 비슷하게 만들었다"라고 자연은 말한다. 그런데 도대체 무슨 생각으로 그렇게 짐승처럼 변했는가?

에라스뮈스는 우리를 몸과 정신의 세계로 안내하며, 우리가 가진 특징이 서로 싸우기보다 도움과 친절을 베푸는 삶에 어울린다고 말한다. 황소는 뿔이 있고 악어는 갑옷 같은 가죽이 있지만 우리의 피부는 부드럽고 팔은 포옹에 어울린다. 게다가 "영혼을 보여주는 상냥한 두 눈"을 갖고 있다.[49] 우리는 웃고 울면서 우리의 민감성을 드러낸다. 언어와 이성이 있어 서로 소통할 수 있다. 심지어 배움에 대한 타고난 애정이 있는데 이를 "우정을 엮어내

그림 35 갑옷을 입은 15세기의 두 기사를 그린 석판화.

는 가장 큰 힘"이라고 말한다.

물론 자유로우므로 우리는 우리 안의 이런 천성을 무시하는 쪽을 선택할 수 있다. 그러나 우리가 우리의 타고난 인간성의 요구를 따르기만 한다면 훨씬 더 잘 살 수 있다. 에라스뮈스는 암부로조 로렌체티가 시에나에 그린 벽화 「좋은 통치의 우화Allegoria del Buon Governo」를 떠오르게 하는 장면을 그려낸다. 밭은 잘 갈려 있고 가축은 풀을 뜯고 있으며 노동자들은 새 건물을 짓거나 옛 건물을 수리한다. 온갖 예술 활동이 활발하고, 젊은이들은 공부를, 노인들은 여가를 즐긴다. 이것이 평화로운 삶이고 에라스뮈스는 이를 "여럿과 나누는 우정"이라고 아름답게 정의한다.[50]

그러나 그런 삶을 살기보다 우리는 자꾸만 전쟁의 광기와 그 추악한 결과를, 강간, 교회의 약탈, "짓밟힌 농작물, 다 타버린 농장, 불타는 마을, 쫓겨나는 가축"을 풀어놓는다. 이것은 여럿과 나누는 우정이 아니라 여럿과 나누는 살의다.[51]

그렇다면 왜 이렇게 사는 걸까? 에라스뮈스의 답변은 시에나 벽화가 암시하는 바와 같다. 나쁜 통치 때문이다. 전쟁이 시작되는 이유는 지배자가 어리석거나 무책임해서 인간의 가장 악한 감정을 부추기기 때문이다. 평화적인 해법을 찾아야 할 법률가와 신학자들은 일을 더 악화시킨다.[52] 상황은 나빠지고 멈추기에는 너무 늦다. 전쟁은 실수다. 인간적으로 사는 데 실패한 결과다. 프로타고라스의 이야기에서 제우스는 인간이 행복한 사회를 이루고 사는 데 필요한 기술을 주었지만, 우리가 그 기술을 발전시키고 다듬지 않으면 아무 소용이 없다. 에라스뮈스 또한 이런 생각에 동의했다. 우리에게 필요한 것은 이미 우리 본성에 있지만 관계와 사회, 정치를 다루는 법은 배워야 한다. 그 배움은 서로를 통해 얻을 수 있다. 그리고 우리는 언제나 배운 것을 남에게 전달해야 한다. 교육이, 특히 시민 정신과 예절 교육이 휴머니즘 세계관에서 중요한 이유가 바로 이것이다.

이후에 온 해설자들은 안타깝지만 에라스뮈스가 폭력, 부조리, 광신적 믿음에 대한 인간 집착의 깊이를 과소평가한 것 같다고 말했다.[53] 아마 에라스뮈스 자신의 성격이 온화했기 때문일 것이다. 전쟁의 짜릿함과 급진적인 사상이 주는 도취감을 느끼지 못했기 때문에 타인이 왜 거기에 그토록 끌리는지 도무지 이해할 수 없었다. 전쟁으로 이어질 수 있는 정신적 (혹은 정치적, 혹은 경제적) 기제를 파악하는 데 마키아벨리만큼 소질이 없었다. 다른 시대의 휴머니스트 역시 비슷한 맹점이 있었고 왜 주위 사람들이 다 제정신이 아닌지 하릴없이 고민만 하는 사람도 많았다. 그렇지만 그런 사람들이 늘 열세는 아니다. 적어도 한동안 에라스뮈스 정신이 돌아오는 시기도 있다. 그런 시기는 대개 정반대의 정신이 유발한 고통의 시간에 대한 반작용으로 나타난다.

성격이 온화한 사람들이 대체로 그렇듯 에라스뮈스는 고집이 센 편이었고 친구들도 그의 이런 면을 기억했다. 1536년, 70번째 생일을 얼마 남겨두지 않은 에라스뮈스는 몸이 쇠약해진 상태였다. 네덜란드를 섭정으로 통치한 헝가리의 메리 왕비는 평생을 떠돌며 살았던 그에게 고향과 멀지 않은 브라반트에 살게 해주겠다고 솔깃한 제안을 했다. 에라스뮈스는 그 전에 바젤에서 좀 더 시간을 보내고 싶었다. 그런데 바젤에 머물던 7월, 갑자기 이질에 걸려 사망했다. 바젤에 있던 친구들은 에라스뮈스를 시내 대성당에 묻어주었고, 추모비에 경계와 한계의 로마 신 테르미누스의 상징과 모토를 새겼다. 에라스뮈스가 오랫동안 좌우명으로 삼았던 문구였다. "나는 누구에게도 굴복하지 않는다Concedo nulli."

이 책에서 다루는 여러 다른 휴머니스트와 마찬가지로 에라스뮈스의 진정한 기념비이자 사후의 삶은 그의 사상이라는 유산에 담겨 있다. 교육(에라스뮈스의 조언과 원칙은 계속해서 큰 영향을 끼쳤다), 종교(에라스뮈스의 신학 논문과 번역은 오랫동안 표준으로 남았다), 그리고 평화와 국제협력운동에서 그 유산을 찾아볼 수 있다.

에라스뮈스 정신을 이어받은 국제협력의 가장 훌륭한 사례는 1987년에 시작되었고 현재 EU에서 실시 중인 프로그램이다. 덕분에 학생들은 서로의 국가로 유학을 가서 공부할 수 있고 그 결과로 얻은 자격은 EU 내 국가 어디에서든 인정된다. 이 프로그램이 시행되기까지 지지자들은 아주 오랫동안 상당한 고집을 부려야 했는데 이탈리아의 교육학자 소피아 코라디의 역할이 특히 컸다. 1969년에 프로그램을 창안한 뒤 18년 동안 지지 운동을 멈추지 않은 당사자다. 이 글을 쓰는 현재 이 프로그램의 역대 참가자 수는 1000만 명이 넘었다. 덕분에 학생들은 다른 나라에 살면서 언어를 배우고 평생 갈 친구와 직업 동료를 얻는 엄청난 혜택을 받았다.

공식적으로 이 프로그램의 명칭은 대학생 교환을 위한 유럽 지역 행동 계획European Region Action Scheme for the Mobility of University Students(지

금은 끝에 '+'가 붙었다)이다. 머리글자를 따면 ERASMUS+가 되니 기막힌 우연이다. 평화, 상호 이해, 교육 혁신, 지식과 경험의 공유, 자유로운 이동, 그리고 무엇보다 "여럿과 나누는 우정"을 위해 힘썼던 유럽의 위대한 개척자의 유산을 기리는 명칭이다.[54]

* * *

에라스뮈스가 죽어갈 무렵 남서부 프랑스의 세 살배기 소년은 새로운 인문주의적 접근법에 홀딱 빠진 아버지로부터 특이한 교육을 받고 있었다. 아들의 이름은 미셸 에켐 드 몽테뉴. 인문주의 교육을 받고 뛰어난 성과를 보여준 뒤 그것을 선회하고 해체해서 완전히 새로운 방향으로 보내버리는 사람이다.

모두 아버지로부터 시작되었다. 피에르 에켐 자신은 인문주의적으로 세련된 사람은 아니었다. 그러나 이탈리아에 가본 사람이었다. 프랑스 침략 전쟁에 가담한 군인이었기 때문이다. 그다지 에라스뮈스적인 삶은 아니었다고 볼 수 있다. 하지만 이탈리아의 정신을, 그리고 에라스뮈스의 사상도, 어느 정도 흡수한 것은 틀림없다. 큰아들 미셸이 태어났을 때 아버지는 아들의 삶을 시작부터 철저히 라틴화하기로 결심했다. 아들을 약 1000년 동안 존재하지 않았던 사람, 즉 라틴어 원어민으로 키울 작정이었다. 그 방법은 라틴어는 알지만 프랑스어는 모르는, 독일에서 태어난 가정교사를 고용하고, 하인을 포함해서 그 누구도 아이 앞에서 라틴어 이외의 언어는 쓰지 못하게 하는 것이었다. 그 어떤 극단적인 키

그림 36 미셸 드 몽테뉴. 작자 미상의 17세기 작.

케로 추종자들도 꿈꾸지 못했던 방법이었다.

이런 유년기를 겪은 몽테뉴는 커서 방대하고 전문적인 인문주의 저술을 폭넓게 남겼는데 모두 프랑스어로 썼다.[55] 고대인들의 언어는 영원하다고 여겨지지만 프랑스어는 세계에서 아주 사라져 버릴 수도 있는 찰나적이고 변화무쌍한 현대 언어라는 이유에서였다. 몽테뉴 자신도 찰나적이고 변화무쌍한 존재이며 몇 년 후면 세상에서 사라질 게 분명하므로 프랑스어로 쓰는 것이 적절하다는 생각이었다.

불안정과 끊임없는 변화에 대한 비슷한 감성은 저서에서도 드러났다. 1580년에 처음 출간되었고 이후 증보판이 나온 『에세』

(에세essais는 몽테뉴가 만든 말로 '시도'라는 의미다)가 그런 책이다. 글은 물 흐르듯 흐르면서 예기치 않게 방향을 바꾸어 서로 반박하기도 한다. 샛길로 빠진 글이 몇 페이지를 읽을 동안 멈추지 않기도 한다. 새로운 생각으로 향하는 몽테뉴 자신의 머릿속 변화를 따라가는 것이다. 책에는 저자의 물리적 존재의 부침도 기록되어 있다. 하루는 햇볕이 쨍쨍해서 기분이 날아갈 것 같다가도 다음 날은 발가락에 티눈이 생겨 기분이 좋지 않다. 말 등에서 떨어져 죽을 뻔한 날을 상기하면서 쓴 글은 의식이 흐릿한 상태로 죽음 근처에서 떠다녔던 기분을 파고든다. 식단, 질병, 성적 습관, 노화 과정에 대해 극도로 자세히 이야기하는 글도 있다.•

생의 물리적인 특성과 변화에 대한 몽테뉴의 관심을 보면 혹시 에피쿠로스 철학을 읽지 않았을까 의심이 드는데 실제로 그랬다. 몽테뉴가 소장하고 있던 루크레티우스의 『사물의 본성에 관하여』가 지금까지 남아 있고 여백에는 직접 쓴 글과 표시 등이 있는 것으로 보아 자세히 읽었음을 알 수 있다.[56] 하지만 주변의 상황만 보아도 인간 생의 찰나적이고 예측 불가능한 특성을 느낄 수 있었을 것이다. 몽테뉴가 살던 시기는 정치적, 종교적 대격변의 시대였다. 에라스뮈스가 16세기 초 목격한 작은 움직임들이 장기적으로 지속된 결과였다. 이런 상태는 몽테뉴가 성인이 된 이후로 달라지지 않았다. 프랑스는 파도처럼 연이어 몰려오는 내전을 겪고 있었다. 종교와 권력을 놓고 싸우는 여러 정치적 당파의

• 수필을 일컫는 에세이라는 말이 바로 이 책에서 나왔다.

그림 37 저자의 수정 내용이 들어 있는 『에세』 사본('보르도 사본')으로 보르도 시립도서관이 소장하고 있다.

책략이 동력을 제공했다. 가톨릭교와 개신교 사이의 분열은 지역사회와 가족을 갈라놓았고 몽테뉴 가문도 예외는 아니었다. 몽테뉴는 가톨릭 쪽이었지만 개신교로 개종한 형제들이 있었다.

　에라스뮈스가 살아서 이 모든 광경을 보았다면 희망을 아주 잃어버렸을지도 모른다. 루터나 장 칼뱅(루터보다 훨씬 더 강경했던 신학자로 제네바에 살았고 프랑스의 개신교 사회에서 큰 영향력을 발휘했다) 지지자의 호전적인 태도가 승리한 듯 보였다. 광적인 추종자들의 격렬한 믿음이 칭찬받고 관용이나 타협을 선호하는 사람들이 욕을 먹는 시대였다. 몽테뉴는 앞서 온 에라스뮈스처럼 광적인 추종을 광적으로 멀리했다. "모든 종교가 보편적으로 용인하는 믿음, 즉 대량 학살과 살인을 저질러 하늘과 자연을 기쁘게 한다는 생각"에 시간을 낭비하고 싶지 않았다.[57] 그도 경계의 신을 존경했으며 만사에 중도를 택했고 대체로 관용과 화합을 추구하려고 애썼다.

폭력을 싫어했던 몽테뉴는 이단자, 마녀, 그리고 악마와 힘을 합치고 있다고 여겨지는 모든 이들을 화형에 처하는 당시의 분위기를 질색했다. "누군가의 억측에 따라 사람을 산 채로 불태우는 것은 그 억측에 아주 큰 값어치를 매기는 일"이라고 말하기도 했다. 그러나 자기 생각에 비싼 값을 매기고 싶어 하지도 않았고 그 대가로 비싼 값을 치르고 싶어 하지도 않았다.[58] 에라스뮈스와 마찬가지로 신중한 쪽을 택한 그는 정치적 분열과 상관없는 삶을 살고 싶어 했을 것이다. 쉽지는 않았다. 판사였다가 훗날 보르도 시장이 된 데다가 이후 왕이 될 헨리 4세의 친구이기도 했기 때문이다. 그뿐만 아니라 아버지가 돌아가시고 물려받은 포도밭과 저택을 돌보기 위해 여러 실질적인 업무를 맡아야 했다. 하지만 이런 의무들로 신경이 쓰일 때면 몽테뉴는 저택 부지의 한구석에 있는 돌탑에 올라 글을 썼다.

정치는 멀리하기 힘들었지만 종교는 어땠을까? 이와 관련해 몽테뉴의 태도는 에라스뮈스와 매우 달랐다. 초기의 휴머니스트들은 종교적인 사상과 학문에 깊이 관여하고 있었다. 몽테뉴는 이 모든 것에 대해 별생각이 없는 듯했다. 성경을 자세히 읽거나 편집하거나 재번역하는 데에는 어떤 관심도 보이지 않았고 유럽의 도덕적 기준을 높이기 위해 기독교를 부흥시켜야겠다는 생각도 없었다. 가톨릭교도로 태어난 그는 교회가 믿으라고 하는 대로 믿는 데 아무런 거리낌이 없었다.[59] 그리고 이런 태도 덕분에 전쟁 중에 아무 일도 없이 멀쩡할 수 있었다고 몽테뉴는 설명했다.[60]

몽테뉴의 진정한 종교는 책의 마지막 에세이 막바지에 나오는 구절이 잘 보여주고 있다.

> 나는 삶이 즐겁고 하느님이 우리에게 기꺼이 이 삶을 주실 때 바라신 대로 삶을 일군다. (…) 나는 자연이 내게 준 것을 온 마음과 감사로 받아들이고 지금 이대로의 내 모습에 기쁨을 느끼며 그런 내가 자랑스럽다. 위대하고 전능하신 분께서 주신 선물을 받지 않고 그 선물을 헛되게 하거나 망가뜨리는 것은 그분께 해서는 안 될 짓을 저지르는 것이다.[61]

이것이 몽테뉴의 신학을 요약하고 있다면 같은 글에 들어 있는 다음 내용은 그의 철학을 보여준다.

> 좋은 인간이자 제대로 된 인간 역할을 하는 것만큼 아름답고 정당한 것은 없고, 이 삶을 어떻게 잘 살고 자연스럽게 살아야 할지 아는 것보다 구하기 어려운 지식은 없으며, 가장 미개한 질병은 우리 존재에 대한 혐오다.[62]

이런 생각은 『에세』 전체의 회의적이고 문학적이며 문명적인 기운과 결합하여 몽테뉴를 역사상 가장 위대한 휴머니스트 가운데 하나로 만들었다. 그렇지만 평범한 휴머니스트는 아니었다.

일단 앞서 인용한 구절은 좀 이상한 울림을 남긴다. 수백 페이지에 걸쳐 인간이 합리적이거나 탁월하다는 주장에 반박해 온 책의 막바지에 나온 말이기 때문이다. "자기 자신도 다스리지 못하고 온갖 공격에 노출된 이 불행하고 연약한 존재가 우주의 주인이자 황제로 군림하려고 하다니 이처럼 우스꽝스러운 일이 또 있는가? 우주를 다스리기는커녕 티끌만큼도 이해하지 못하는 인간이?"[63] 몽테뉴는 더 나아가 프로타고라스에게도 한 방을 날리면서 인간을 "만물의 척도"라고 하다니 농담이 분명하다고 말했다. 그가 우리와 다를 것 없이 자신조차 제대로 가늠하지 못했기 때문이다.[64]

게다가 휴머니스트라고 하기에는 책과의 관계가 페트라르카 이후 인문주의자들과 달랐다. 몽테뉴는 물론 고전을 잘 알고 있었고 좋아하는 작가에 대해서는 깊은 열정이 있었다. 자기만의 서고를 구축했고 돌탑의 둥근 내부에 선반을 설치해 책을 보관했다. 게다가 돌탑의 들보에 명언을 적어서 언제든 고개를 들면 볼 수 있게 했다. 벽에도 창문에도 필기를 할 수 있다고 말했던 에라스뮈스의 조언을 글자 그대로 받아들인 듯했다. 제일 좋은 자리에는 테렌티우스의 "나는 인간이고 인간의 그 어떤 일도 남의 일이 아니다"를 적었다. 오렌지에 정향을 꽂아두듯 『에세』에도 군데군데 고전에서 가져온 인용문을 넣어 향기롭게 했다. 『에세』는 무엇보다 책에 대한 애정이 담긴 책이며 휴머니즘 교양으로 흠뻑 적셔진 책이다.

그러나 몽테뉴는 독서에 관한 휴머니스트들의 신앙심 어린 온갖 행동들을 비난한다. 그로 말할 것 같으면 책이 지루하다 싶으면 옆으로 던져놓는다. 제일 지루한 책은 제일 존경받는 책이다. 그러면서 아주 솔직하게 키케로가 "바람에 지나지 않는다"라고 말한다.[65] 앞서 등장했던 인문주의자들의 탄식이 들리는 것 같다. 베르길리우스는 괜찮은 편이지만 『아이네이스』의 몇몇 구절은 좀 더 다듬을 수 있지 않았을까 생각한다.[66] 그뿐만 아니라 수사와 언변이라는 주제에 대해서도 인내심이 크지 않다. 말을 잘하면 좋지만 "그들이 주장하는 정도로 좋은 것은 아니다. 평생 그런 공부에 매달린다는 사실이 불편하다"라고 말한다.[67]

대신 몽테뉴는 삶을 향상하고 과거에 살았던 사람들에 대한 이해를 높여주는 책을 좋아했다. 전기와 역사는 한 인간이 "그 어느 곳에서보다 더 온전하고 더 생생하게 살아있는 모습"을 보여주기 때문에 좋다고 했다. "내면의 다양성과 진실이 다량으로 상세하게 나타나고 한 인간이 어떤 다양한 방법으로 구성되었으며 어떤 우연적인 사건들로 인해 위험에 처하는지 보여준다"라고도 덧붙였다.[68] 테렌티우스의 희곡 역시 "우리 영혼의 움직임과 인격의 상태를 생생하게" 보여준다. "우리의 모든 행위는 매 순간 테렌티우스를 떠올리게 만든다."[69] 몽테뉴는 책에서 이러한 개인적인 연결감을 찾고자 했던 유일한 인문주의자는 아니다. 그러나 책이 **그 자체**로는 어떤 매력도 없다고 주장한 사람은 그가 유일하다. (매력이 없는데 그저 책을 엄청나게 많이 읽을 뿐이고, 책을 쌓아두려고 선반을 설치했을 뿐이고, 손이 닿는 곳에, 심지어 머리 위에 수백 개의 명언을 적어두었을 뿐이다.)

몽테뉴는 휴머니스트가 분명하다. 『에세』는 전형적인 휴머니즘의 주제들, 즉 도덕적 판단, 예절, 교육, 선행, 정치, 세련된 글쓰기, 수사학, 책과 문헌의 아름다움, 그리고 인간이 훌륭한가 미친한가의 문제로 끊임없이 되돌아온다. 그러나 회의적이고 날카로운 시각으로 이런 주제를 하나씩 곱씹으면서 해체한다. 그리고 산산조각이 난 채 널브러진 파편들을 전보다 더 새롭고 더 황당하고 더 생각을 불러일으키는 방식으로 다시 조합한다.

이렇게 몽테뉴는 도덕주의자로서 글을 쓰지만, 불완전성을 인정하는 도덕주의자로서 쓰고, 어떤 일관적인 도덕률에도 얽매이지 않는다. 정치적이지만 의견을 피력하는 방식은 회피하고, 사적 자유를 고집하고 순응을 거부하는 방식이다. 몽테뉴의 교육 이론에는 학교도, 수사학 과제도, 그 어떤 강요도 없다. 예절, 형식, 선행, 아니, 거의 모든 것에 대해서 "하지만 알 수 없다"라는 식의 말을 끊임없이 덧붙이거나 "하지만 다시 생각해 보면"이라고 말하면서 뜻밖의 새로운 관점을 제시한다.

이런 새로운 관점들이 나오는 이유는 몽테뉴가 다양하고 다채로운 시각을 존중하기 때문이다. "나는 이와 다른 1000가지 삶의 방식이 있다고 믿고 상상한다."[70] 이런 믿음이 있었기에 다양한 삶의 방식을 접할 수 있는 최적의 수단으로 여행을 권했다. 몽테뉴 자신은 집에서 해야 할 일이 많아서 에라스뮈스처럼 많이 돌아다니지는 못했다. (게다가 에라스뮈스를 비롯한 여러 인문주의자처럼 고용주나 후원자에 매여 살기 싫어했을 것이다. 몽테뉴는 운 좋게 저택과 부지를 상속받은 덕분에 독립적으로 활동할 수 있었다.)

그래도 1580년대 초에는 18개월 동안 독일, 스위스, 이탈리아 영토를 거치는 대장정에 오를 수 있었다. 몽테뉴만의 ERASMUS 프로그램이었다. 그는 이 기회를 이용해 가는 데마다 그곳의 분위기에 몰입하고 가능한 한 많은 사람을 만나려고 했다. 좀 더 먼 곳의 문화를 배우기 위해 여행 수기를 담은 책으로 서고를 채웠으며, 브라질에서 온 투피남바족 사람들과 잠깐 이야기를 나누기도 했다. 프랑스 배를 타고 대서양을 건너온 사람들이었다. 몽테뉴는 통역가를 통해서 그들에게 프랑스에 대해 어떻게 생각하는지 물었다. 그들은 부유한 사람들이 만찬장에서 폭식하는 동안 가난한 "반쪽"이 그 곁에서 굶주리고 있다는 점이 무엇보다 충격적이었다고 말했다. 그리고 투피남바족 사회에서 그런 일은 일어날 수 없다고 덧붙였다.[71] 몽테뉴는 유럽이 다른 문화에 비해 우월하다는 가정에는 의문의 여지가 있으며 언제든 반대로 생각해 볼 수 있다는 사실을 다시 한번 깨닫고 기뻐했다. (그렇다고 해서 만찬 초대를 거절하거나 만찬을 여는 일을 중단하지는 않았다.) 다양한 관점에 대한 애정이 이처럼 컸기에 『에세』의 초판을 닫는 말로 다양성diversité을 선택했다. "세상에 두 개의 완전히 똑같은 의견은 없다. 머리카락 두 올이나 알곡 두 알이 각기 다른 것과 마찬가지다. 이런 것들이 가장 보편적으로 가지고 있는 특성은 다양성이다."[72]

그러나 『에세』라는 책은 모든 사람이 근본적이고 공통적인 인간성을 공유한다는 믿음에 온전히 기대고 있다. 몽테뉴는 우리 각각이 인간 조건을 "온전한 형태"로[73] 지니고 있다고 말한다. 그래서 문화에 따른 행동이나 배경이 아무리 달라도 타인의 경험과 품성에서 우리 자신을 볼 수 있는 것이다. 이는 몽테뉴가 자기 자신에 대해 그토록 많은 글을 쓴 데 대한 변명이기도 하다. 그는 평범한 인간의 한 예이고 공교롭게도 그는 그 자신을 아주 긴밀하게 알고 있기 때문이다. "모든 도덕철학은 거창한 삶뿐만 아니라 평범하고 사적인 삶과도 연결할 수 있다."[74]

그가 자신의 근본적인 인간성을 글에 쏟아부었다는 점에서 이 책은 인문주의 글쓰기의 혁신을 보여준다. 이 책은 **인간적인** 책이다. 고상한 학자적 연구라는 전통적인 의미에서도 그렇고, 철학적인 동시에 사적인 글이라는 혁신적인 측면에서도 그렇다. 인간적인 책에는 또 다른 장점이 있었다. 어떤 양심의 가책도 없이 신학적인 문제를 무시할 수 있었다.[75] "나는 인간적인 생각, 나 자신의 생각을 여기 담는다. 그저 인간의 생각 그 자체를 말이다." 몽테뉴는 다른 작가들이 신적인 영역을 생략한 글을 쓰고 너무 "인간적"이라는 비판을 받았다는 사실을 알고 있다고 말한다. 그리고 덧붙인다. 참 잘한 일이다. 나도 그러려고 한다. 왕족이 평민들과 따로 지내듯 신에 대한 글은 계층을 분리하자. 그렇다면 우리는 인간으로서 인간적인 일들에 관해 쓸 자유가 생긴다. 몽테뉴는 자신과 그 뒤를 따를 수많은 에세이 작가와 소설가들을 위한 선언문을 쓰다시피 한 게 아닌가 싶다.

* * *

몽테뉴는 정식 학파를 주창하지 않았다. 어떤 철학적 엄밀함을 추구하지도 않았고 교리를 장려하지도 않았다. 그런데도 몽테뉴가 문학에 끼친 영향은 어마어마하다. 다음 세기, 즉 17세기에는 몽테뉴의 틀에 맞추어 쓴 개인 에세이들이 폭발하듯 쏟아져 나왔다. 자기반성적이고 회의적이며 재치 있고 자유로운, 때로는 무자비하게 비판적이지만 대체로 가장 폭넓은 의미의 자유사상에 헌신하는 글들이었다. 오늘날의 세계는 여전히 그런 글로 그득하다. 온라인에서든 오프라인에서든 누군가 즉흥적으로 쓴 듯한 글, 다양한 학식과 깊이가 담긴 감정이나 생각의 분출을 읽을 때마다 우리는 몽테뉴의 불멸의 삶이 주는 선물을 조금씩 받고 있다.

주제를 벗어나며 폭넓게 탐구하고 사적인 생각을 글에 담는 이런 정신은 다른 장르에도 스며들었다. 19세기 비평가 월터 페이터가 글의 "몽테뉴적 요소"라고[76] 부른 이것은 무엇보다 매우 성공적인 문학 형태였던 소설로 흘러 들어갔다. 몽테뉴를 일종의 소설가라고 볼 수 있다. 비록 핵심 등장인물은 단 한 명, 즉 몽테뉴 자신이고, 삶이나 책 속에서 만나는 다른 인물에게는 즉흥적인 역할만 주어졌지만, 몽테뉴는 '의식의 흐름'이라는 서사 기법을 개척했고, 이는 20세기 모더니즘이 이를 의식적으로 실험하기 오래전부터 현대 소설의 특징으로 자리 잡았다. 18세기와 19세기의 위대한 심리 소설과 사회 소설은 단연 의식의 흐름이 폭포와 같다. 등장인물들이 어떤 사건에 대해 고민하고 상호 작용하고, 또 경험을 통해 변화하는 동안 독자는 인물들 속으로 차례로 들어가 그들의 처지에서 생각한다. 그리고 이 시기 소설은 몽테뉴적인 풍요의 정신이 주로 지배하고 있다. 인간 존재의 윤택한 짜임새가 시간의 흐름에 따라 드러나는 이야기들이 많다. 1749년에 출간된 헨리 필딩의 『톰 존스의 모험』은 독자에게 제공될 음식이 다름 아닌 **"인간 본성"**이라고 (차림표를 내밀듯) 말하며 이야기를 시작한다. 음식은 한 가지뿐이지만 단조롭지 않을까 걱정할 필요는 없다. "하나의 포괄적인 이름 아래 얼마나 놀라운 다양성이 모여 있는지 요리사가 세상 모든 동식물을 요리한다고 해도 작가가 이런 방대한 주제를 소진하는 데 걸리는 시간보다 빠를 것이다."[77]

이후의 소설가는 인물의 정신으로 점점 더 깊이 들어가며 톨스토이의 『전쟁과 평화』나 『안나 카레니나』, 조지 엘리엇의 『미들마치』에서 명작의 경지에 이른다. 끊임없이 인물들 사이에서 파도타기를 하는 『미들마치』는 지적으로 세련된 소설이고 여러 가지 의미에서 휴머니즘 소설이다. 심리학자 윌리엄 제임스는 "이때까지 나온 그 어떤 소설보다 인간의 일들로 가득하다"라고 말했다.[78] 온통 **인간의 일**들을 이야기하는 책인 몽테뉴의 『에세』에도 해당하는 설명이다.

조지 엘리엇은 허구적인 소설을 읽으면 실질적인 도덕적 이득이 생긴다고 믿었는데 연민의 고리, 즉 요즘 우리가 "공감"이라고 하는 것이 확장되기 때문이다. 한 에세이에 이렇게 쓰기도 했다. "우리가 예술가로부터 빚진 가장 큰 혜택은, 그것이 화가든 시인이든 소설가든, 바로 연민의 확장이다. (…) 위대한 예술가가 그려낼 수 있는 인간 삶의 그림은 아무리 하찮고 이기적인 사람이라도 깜짝 놀라게 만들어 자기와 동떨어진 것에 관심을 두게 하는데 이것은 도덕 감정의 원재료라고 부를 수 있다."[79]

최근 들어 여러 연구 결과가 이런 주장을 뒷받침하고 있다. 문학을 읽으면 공감 능력이 향상되고 도덕적으로 더 너그러운 선택을 한다는 것이다. 여기에 동의하지 않는 사람들도 있고 심지어 공감 능력을 늘리는 것이 과연 좋은 일인지 의문을 가지는 사람들도 있다. 때로는 이성이 인도하는 편이 더 나을 수 있기 때문이다. 현재로서 이 문제는 복잡하고 당장 결정할 수 없는 몽테뉴적 상태에 있다.

고려해야 할 또 다른 요소도 있다. 타인의 고통을 단지 이해하고 동정하는 것으로 충분하지 않을 수 있다. 더 나은 일은 그런 고통이 생기지 않도록 미리 방지하는 것이다. 엘리엇도 이렇게 생각했고 몽테뉴의 시대와 엘리엇의 시대에 살았던 여러 저술가도 같은 생각이었다. 이들의 사상에는 종종 '계몽주의'라는 이름이 붙는다. 이제 그들이 우리 이야기 속으로 들어올 차례다.[80]

6

무궁한 기적

생각할 용기가 발굴한 인간의 가능성

1682~1819년

계몽주의자들 — 무엇이 있든 있으면 옳다고? — 볼테르, 드니 디드로 등 — 무신론자와 자연신론자 — 동료의식과 도덕적 취향 — 섀프츠베리 백작 — 피에르 벨 — 감옥과 필사본이 있는 모험 — 책을 지킨 검열관 말제르브 — 토머스 페인과 이성의 시대 — 친절하고 무자비한 데이비드 흄

1755년 11월 1일 아침 9시 반경, 리스본에 머물고 있던 영국 상인 토머스 체이스는 모든 것이 흔들리고 있다는 느낌을 받았고 밖에 무슨 일이 있는지 보려고 옥상으로 올라갔다. 건물들은 서로 매우 가까이 붙어 있었다. 그가 옆 건물을 짚고 몸을 가누려는데 갑자기 벽이 멀어졌다. 이웃집이 아니라 체이스의 집이 무너지고 있었다.

그림 38 1755년 리스본 지진.

체이스는 건물과 함께 곤두박질쳤고 정신을 차려보니 땅바닥에 널브러져 있었다. 죽지 않은 게 신기할 정도였다.[1]

다른 사람들은 그만큼 운이 좋지 않았다. 그날 아침 세 차례의 지진이 연이어 발생했고 지진이 멈추자 약 3만 명에서 4만 명이 사망한 것으로 드러났다. 주변 지역에서도 약 1만 명의 사망자가 나왔다. 항구에 정박해 있던 배들은 해일에 쓸려 나갔고 온 사방에서 화재가 발생했다. 멀리 프랑스와 이탈리아에서도 진동을 느꼈다. 스코틀랜드와 스칸디나비아에서도 호수의 수면이 상승했다가 하강했다고 한다.

이 사건은 또한 유럽 전역을 심리적으로 흔들었다. 18세기 리스본은 부유하고 도시적이며 자신감 넘치는 도시로 국제 무역 활동의 중심이었다. 2001년 9월 세계무역센터가 공격받은 뉴욕의 경우처럼 사람들은 리스본처럼 운 좋은 도시가 그토록 순식간에 엄청나게 큰 피해를 보았다는 사실을 믿기 힘들어했다.

이 소식을 들은 사람들은 이해해 보려고 애를 썼다. 프랑크푸르트에 살던 겨우 여섯 살의 요한 볼프강 폰 괴테는 어른들이 지진에 대해 나누는 이야기를 듣고 겁을 먹었으며 혼란을 느꼈다. 이 기억은 이듬해 여름 좀 더 가까운 곳에서 덮쳐 온 자연재해의 기억과 겹쳤다. 우박을 몰고 온 폭풍에 집 뒤편 창문이 깨진 것이다. "집 안의 모든 하인이 우리를 데리고 어두운 통로로 갔고 무릎을 꿇은 채 끔찍한 소리로 울부짖으면서 분노한 신을 달래려고 애썼다."2

그런데 신은 **대체 왜** 그런 피해를 줬을까? 14세기 흑사병이 돌았을 때처럼 신학자들과 설교자들은 리스본 사태에 대한 답변을 준비해 놓고 있었다. 예수회의 가브리엘 말라그리다는 지진이 음악을 좋아하고 극장이나 투우장에 가는 사람들에게 내려진 천벌이라고 했다.3 예수회의 숙적인 얀센주의자Jansenist(혹은 장세니스트)들을 대표하는 로랑 에티엔 롱데는 신이 내린 천벌은 맞지만 그 대상은 예수회라고 했다. 예수회가 50년 전 얀센주의 수도원인 포르 루아얄 데 샹 수도원을 파괴했는데 이를 못마땅하게 여긴 하느님이 벌을 내렸다고 주장했다.4 시간이 많이 흐른 뒤였고 수도원은 리스본 근처에도 있지 않았다는 사실은 고려하지 않은 것 같았다.

철학자들은 또 다른 가능성을 고려했다. 이번 재해가 하느님이 콕 집어 내린 벌이 아닐지라도 하느님의 종합적인 계획의 일부거나 우주의 균형을 유지하기 위한 수단으로 볼 수 있다고 했다. 그들은 '신정론'의 전통에 기댔다. 신정론이란 신의 행위를 설명하고 정당화하려는 시도로서 특히 인간들에게 명백히 부정적인 행위를 설명한다. 아우구스티누스는 독자들에게 사적인 감정을 접어두고 "전체적인 설계"를 보라고 권한다. "사소한 부분들은 우리를 힘들게 할지 몰라도 서로 맞추면 질서 있는 아름다움이라는 체계를 이룬다."[5] 1710년에 고트프리트 빌헬름 라이프니츠는 이를 정식 논증으로 발전시켰다. 하느님은 불쾌한 것들이 없는 세상을 우리에게 주실 수 있었지만 그러지 않았다. 그러므로 다른 존재 가능한 세상이 장기적으로는 더 좋지 않다는 사실을 알고 계셨을 것이다. 그리고 만약 이 세상이 실현할 수 있는 최고의 세상이라면 여기서 일어나는 일은 그렇게 느껴지지 않더라도 최선의 일들일 것이다. 이것은 **다 괜찮다는** 낙관주의 철학으로 제시되었다. 시인 알렉산더 포프도 몇십 년 후 자신의 시 「인간론」에서 비슷한 생각을 간결하게 표현했다. "무엇이 있든, 있으면 **옳다**."[6]

철학자들이 뭐라고 생각하든 충격적인 일을 겪은 인간들은 꾸준히 자기만의 관점을 유지했다. 초서는 도리젠의 이야기를 들려주었다. 뱃사람인 남편을 폭풍이 몰아치는 바다에 내보낸 브르타뉴 여성 도리젠은 파도가 바닷속 암초에 부딪쳐 부서지는 모습을 보고 생각한다. 학자들은 "모든 게 최선을 위한 것"이라고 주장할지 몰라도 내 마음대로 할 수 있다면 저기 있는 암초들을 하나같이 지옥으로 보내버리겠다. 내 남편만 무사할 수 있다면.[7] 이것은 매우 인간적인 반응이다. 세상의 모든 신정론에 저항하며 괴롭게 울부짖을 도리젠의 권리를 누가 부인하겠는가?

리스본 지진이 휩쓸고 지나간 뒤 다른 철학자가 바로 이런 저항권을 옹호했다. 프랑스의 시인이자 극작가, 백과사전 편집자, 논객, 역사학자, 풍자가, 활동가였던 프랑수아 마리 아루에, 즉 볼테르였다.

지진 소식을 듣자 볼테르는 다른 사람들과 마찬가지로 의심과 불안에 빠져들었다. 개미처럼 짓밟히거나 잔해 속에서 서서히 죽어가는 기분은 어땠을까 상상해 보려고 했다.[8] 볼테르의 연민과 이성은 이런 참상을 그저 간단히 설명하고 넘어가려는 모든 시도에 저항했다. 시인이었던 볼테르는 자연히 시를 써야겠다는 충동이 일었고「리스본 참사에 대하여」라는 시에서 사람들이 왜 이런 일을 받아들이거나 심지어 정당하다고 여겨야 하는지 물었다.[9] 이런 시도에 치열하게 저항하는 것이 더 자연스럽지 않은가? 이 문제는 그의『철학 사전』속 표제어 "다 괜찮다" 아래 다시 한번 등장한다.[10] 신장 속에 아름다운 결석이 생겨 이를 관찰하는 일은 괜찮을 수 있다. 외과의사들의 제거 시도에 저항하던 결석이 유독하게 변해서 마침내 나를 고통스럽게 죽이는 일은 경이로울 수 있다. 추상적으로는 그렇다는 말이다. 하지만 신장 결석을 사랑하거나 "다 괜찮다"라는 의미로 해석하라고 요구하지 말라. 적어도 고통 앞에서 하찮은 주먹을 흔들어 보이고 싶다. 이는 다시 말해, 인간의 척도가 신의 척도만큼 의미 있다는 주장이다.

리스본 참사에 대한 볼테르의 가장 유려한 답변은 1759년에 짧은 철학 소설 형태로 나온『캉디드 혹은 낙관주의』였다.[11] 캉디

그림 39 글을 쓰는 볼테르. D. N. 호도비에츠키풍의 스케치로 볼테르의 『캉디드』 1778년도 독일판에 수록.

드는 젊고 순진한 주인공으로 스승 팡글로스가 가르친 대로 존재할 수 있는 최선의 세상인 이 세상에서 일어나는 모든 일은 최선이라는 구호를 마음에 새긴다. 그런데 이때부터 잘못될 수 있는 모든 일이 잘못된다. 캉디드, 팡글로스, 다른 모든 사람의 처지도 마찬가지다. 팡글로스가 가장 큰 타격을 입는다. 처음에는 지진을 겪고 다음에는 이단이라는 이유로 교수형을 당할 (이후 해부될) 위기에 처한다. 가까스로 도망치지만 붙잡혀 튀르키예의 갤리선 노예로 일하게 된다. 이 모든 상황을 거치면서도 팡글로스는 처음에는 밝게, 그러나 점점 더 힘겹게, 이 모든 일이 최선을 위한 것이라는 주장을 굽히지 않는다.

한편 캉디드 역시 자신만의 불운을 겪으며 이론 자체를 의심하기 시작한다. "상황이 잘못 굴러가고 있는데도 모든 것이 괜찮다고 고집하는 광기"[12]는 생각만큼 낙관적이지 않음을 깨닫는다. 오히려 절망의 철학에 가깝다. (볼테르가 이후 한 편지에서 설명하는 바에 따르면) 상황이 더 나아질 여지가 없다는 뜻을 내포하고 있기 때문이다.[13] 진정한 낙관론자라면 상황이 나아지길 바랄 뿐만 아니라, 스스로 그것을 더 나아지게 만들 방법을 찾아 나설 것이다. 지진을 막을 수는 없지만 지진을 연구하고 쉽게 무너지지 않는 좀 더 안전한 건물을 지을 수는 있다. 미래 세대들은 여기서 한발 더 나아간다. 오늘날의 지진학자들은 이제 그 어느 때보다 정확하게 지진과 쓰나미의 패턴을 예측할 수 있다. 다른 분야의 전문가들은 쇄석술로 신장 결석을 부술 수 있고 염증을 예방할 항생제를 설계할 수 있으며, 배에 음파 탐지기를 달기도 하고 기상 패턴을 분석해 폭풍우를 예측함으로써 날씨가 악화되기 전에 선박을 항구로 대피시킬 수 있다.

볼테르는 『캉디드 혹은 낙관주의』의 막바지에 모든 인물을 한 부지에 모이게 했다. 캉디드는 이제 우주의 심판을 기다리지 않고 다만 "정원을 가꾸어야 한다"라고 말할 뿐이다.[14] 캉디드가 세상을 등지고 은둔하며 빈둥거리고 싶어 하는 것처럼 들리지만 분명 볼테르가 하고 싶었던 말은 이런 것이었을 테다. 우리가 지구 어디에 살든 그곳을 더 살기 좋게 만들기 위해 각자 애쓰자.

볼테르보다 한참 뒤에 E. M. 포스터는 소설 『기나긴 여행』에서 재해에 대한 두 종류의 반응을 구분한다.[15] 한 아이가 건널목 경고 체계 이상으로 기차에 치여 죽는다. 아이의 영혼이 어디로 갈지 이야기하던 한 무리의 사람들은 젊은 철학자에게 이런 충격적인 죽음의 의미에 대해서 뭔가 심오한 말을 해줄 것을 요구한다. (철학자들이 자주 받는 질문이다. "대체 그럼, 이게 다 무슨 의미인가요?") 철학자는 대답한다. 시 당국에서 기찻길 위로 제대로 된 육교를 설치하고 부실한 건널목을 없애야 한다. "그렇게 했다면 여러분이 말하는 아이의 영혼에는, 아니 아이에게는 아무 일도 일어나지 않았을 것입니다."

볼테르와 지식인 동료들의 철학은 이것을 한마디로 요약했다. 그 한마디는 강조하고 싶은 것에 따라 '발전'이나 '향상', '이성', '계몽'이 될 수 있었다. 이 중 '계몽^{enlightenment}'이라는 말에 담긴 '빛^{light}'에서 이 사상가들과 사상을 지칭하는 말이 나왔다. 프랑스어로는 뤼미에르$^{les\ lumières}$, 독일어로는 아우프클레룽^{Aufklärung}, 이탈리아어로는 일루미니스모^{illuminismo}라고 한다. 이들 사상가는 자신을 이렇게 부르지는 않았지만 빛과 어둠의 비유를 자주 썼다. 수도원 창고를 뒤져 책을 찾아냈던 초기 휴머니스트들이 좋아했던 비유가 떠오르기도 한다. 그 인문학자들은 자칭 구원자로서 문학을 인쇄술이 있고 자유로운 독서가 이루어지는 환한 세상으로 가지고 나오는 사람들이었다. 반면 새로운 계몽주의 사상가들은 **사람**을 밝은 곳으로 데리고 나오는 데 도움을 주고자 했다. 더 나은 논증, 더 효과적인 과학과 기술, 더 이로운 정치 체계를 통해 동료 인간이 햇볕과 맑은 공기 속으로 나와 더 대담하고 행복하게 살기를 바랐다.

실용적이고 합리적인 향상을 추구하는 그들의 철학을 설명하는 다른 말도 뒤늦게 만들어졌다. 더 낫다는 의미의 라틴어 단어 멜리오르melior에서 나온 멜리오리즘meliorism, 즉 개선주의다. 영어권에서는 19세기 중반부터 사용하기 시작했다. 남들보다 앞서 이 말을 쓴 사람 중에는 조지 엘리엇이 있다. 엘리엇은 1877년에 쓴 편지에서 이 말을 사용한 적이 있다고 언급했다.[16] 엘리엇 자신의 세계관과도 일치했다. 엘리엇의 전기 작가 로즈메리 애슈턴은 멜리오리즘을 "이 세상이 존재할 수 있는 모든 세상 중에서 최선도 최악도 아니며 인간의 노력으로 어느 정도까지는 향상할 수 있고 고통도 부분적으로는 줄일 수 있다는 믿음"이라고 정의했다.[17] 볼테르의 전기 작가 시어도어 베스터먼은 볼테르가 "인간 조건이 나아질 수 있다고 주장하면서 인류가 이를 위해 노력하기를 요청했다"라고 썼다.[18]

이런 태도, 그리고 인간 척도를 운명에 대한 신비주의적 복종보다 더 귀중하게 생각하는 자세는 계몽주의 정신과 휴머니즘 정신의 공통적인 특징이다. 모든 계몽주의 사상가들이 휴머니스트는 아니었고 반대도 마찬가지다. 두 사상은 강조하는 것이 달랐고, 그렇지 않더라도 각 범주에 속하는 개인들은 매우 다채로웠다. 그러나 일반적으로 말해서 계몽주의와 휴머니즘 사상가들은 다음 세상보다 이 세상을 바라보는 경향이 있으며 신보다는 인간을 더 중요시한다. 양쪽 다 이성과 과학적 앎을 사용하고, 기술과 정치의 향상을 이루는 것이 더 나은 삶을 향한 최선의 길이라고 믿는다.

바로 이런 믿음을 바탕으로 계몽주의의 가장 이름 높은 성과가 나왔다. 여러 권으로 이루어져 있고 삽화도 아낌없이 넣은 『백과전서Encyclopédie』였다.[19] 드니 디드로와 장 르 롱 달랑베르가 1751년에 함께 출간했다. 뒤에 가서는 지칠 줄 모르는 디드로가 주로 편집했고 디드로가 쓴 항목만 해도 7000개 정도 된다. (그렇지만 가장 많은 항목을 쓴 사람은 따로 있었다. 약 1만 7000개 항목, 전체 내용의 28퍼센트를 쓴 루이 드 조쿠르였다. 의학에 관한 항목이 다수였는데 그가 직접 편찬한 의학 사전을 마무리 짓던 중에 바다에서 원고를 잃어버렸다는 이야기도 있다.)

『백과전서』 편저자들은 철학, 종교, 문학을 비롯해 다양한 휴머니즘 주제에 관해서 썼고 기계, 공예, 도구, 온갖 공학 기술과 장치에 관한 내용도 빠뜨리지 않았다. 달랑베르는 수학자이자 물리학자였고 디드로는 칼 제작 장인의 아들이었다. 두 사람 모두 실용적인 발명이 인간 삶에 도움이 된다고 믿었다. 디드로는 이 일을 바라보는 철학적인 시각도 뚜렷했다. 백과전서를 편찬하면서 지침으로 삼았던 생각은 직접 집필한 '백과전서' 항목에 담았다. 현실이라는 거대한 원 안에 있는 세상에 관해 쓰되 언제나 각각의 주제로 이루어진 원의 중앙에 '인간'을 놓는다는 것이 전체적인 방향이었다.[20] 의식을 가진 존재인 인간은 머릿속에서 그 주제를 연결하는 당사자이기 때문이다. 인간이 바퀴통이다. 인간 주위로 지식의 바퀴가 돌고 있고 그 지식은 누구에게나 열려 있다. 책을 살 돈만 있다면.

일부 계몽주의 사상가들은 기술이 인도할 미래에 대해 훨씬 더 희망적인 관점을 갖고 있었다. 니콜라 드 콩도르세는 통계학자이자 정치이론가였는데 자신이 가진 수학 지식을 모든 일에 적용했다. 민주적 투표의 분석, 운하 설계, 선박의 적재량 계산 등 삶을 향상할 수 있는 일이라면 가리지 않았다. 지식의 확장이 더 나은 사회적, 정치적 환경으로 이어질 것이며 그 결과 완전하고 이성적인 행복이 있는 세상, 모든 성별, 인종, 계층이 평등한 세상이 만들어질 것이라고 믿었다. 교육이 발전하면서 미신과 사제직이 사라지고 사회는 모든 면에서 계몽될 것이며 "폭군과 노예, 성직자와 그들의 어리석거나 위선적인 하수인들을" 역사책에서만 (그리고 그런 과거를 빠져나왔다는 다행스러운 사실을 일깨워 주기 위한 일부 교육적인 연극에서만) 찾아볼 수 있는 시대가 될 것이라고 했다.[21]

볼테르는 특정한 미래상에 흥분하는 사람은 아니었다. 일단 정원을 가꾸는 데 집중하고 어떻게 될지 보자는 자세였다. 그래도 휴머니즘 전반에서 나타나는 희망은 그에게도 있었다. 인간이 자신의 운명에 대한 통제력을 늘리고 삶을 보다 이성적이고 관용적으로, 더 잘 살 수 있는 방식으로 계획하는 것이 가능하다는 희망이었다. 한마디로 인간이 더 행복해질 수 있다는 생각이었다. 나아가 질병이나 형편없는 기술, 지진, 혹은 광신도의 폭력으로 죽임을 당하지 않는다면 인간은 살아있는 기분을 느끼는 것을 넘어 더 오래 살 수 있다고 보았다.

* * *

삶을 향상하는 가장 중요한 길은 종교에 대해 달리 생각하는 데서 찾을 수 있다고 일부 계몽주의 사상가들은 생각했다.

많은 사람이 이 방향으로 꽤 멀리 나아갔다. 종교적인 믿음이 우주의 원리에 대해 잘못 가르쳤고, 그 결과 인간이 심리적인 이익보다 피해를 더 많이 입었다고 주장했다. 공공연한 유물론자이자 무신론자이며 디드로의 가까운 친구였던 돌바크 남작 폴 앙리 디트리히도 그런 사람이었다. 1770년에 그는 『자연 체계』라는 책에서 종교가 사람들을 "어둠의 안개" 속에 가두고 있으므로 여기서 벗어나도록 장려해야 한다고 말했다.[22] 여기서도 빛과 어둠의 대비가 나온다. 이것은 개인적 경험에서 나온 생각이었다. 아내가 죽어갈 때였다. 사제가 침대 곁으로 다가와 지옥이 얼마나 위험한 곳인지에 대해 설교했다. 돌바크 남작은 사제의 말을 듣는 아내의 얼굴에서 공포를 보았다. 그리고 에피쿠로스와 루크레티우스가 오래전 말한 것처럼, 신과 사후에 대한 믿음은 사람들을 겁주고 불행하게 만든다고 확신했다. 남작은 이렇게 썼다. "인간에게 위로를 주기는커녕, 이성을 가르치고 필연의 요구에 응하라고 가르치기는커녕 종교는 애써 죽음을 더 쓰라린 것으로 만들고 죽음의 멍에가 더 무겁게 내리누르게 만들며 수많은 소름 끼치는 망령들이 죽음과 동행하게 하여 다가오는 죽음을 더 무시무시하게 만든다." 그뿐만 아니라 "인간의 실질적 삶이 단지 더 중요한 생에 도달하기 위한 여정일 뿐이라고 오래도록 인간을 설득해 왔다."[23] 그러나 우리는 세상을 더 잘 이해하는 법을 배움으로써, 즉 세상이 근본적으로 물질이라는 사실을 깨달음으로써 해방될 수 있다.

돌바크 남작 자신도 이런 해방 효과를 톡톡히 본 좋은 사례였다. 못 말리는 열정으로 낮에는 방대한 자연사 표본 수장고에서 연구 활동을 이어갔다. 밤에는 마찬가지로 방대한 저장고에 쌓아둔 고급 포도주와 음식을 꺼내 일주일에 두 번 동료들을 불러 살롱을 열었다. 이 모임에서 남작과 디드로 두 사람은 가장 열렬한 무신론자로 알려져 있었다. 그러나 디드로는 무신론자라는 사실을 공개적으로 인정하는 데 좀 더 신중했다.

어떤 계몽주의 사상가들은 무신론과 거리가 멀었고 정식 종교를 가진 사람들도 있었지만 결국에는 거의 모두가 종교 권력과 정치 권력의 미움을 샀다. 철학자이자 역사학자였던 피에르 벨은 개신교도였지만 그의 종교적 입장은 누군가 던진 질문에 대한 답변에 잘 나타나 있다. "나는 말 그대로 개신교도Protestant입니다. 모든 말해진 것과 행해진 것에 온 영혼을 다해 저항protest하는 사람이기 때문입니다."[24]

철저한 무신론자는 아니지만 제도적인 교리에서 멀어진 사람들도 있다. 볼테르가 이런 경우다. 그는 종교적 광신주의가 끼치는 피해를 막기 위해 노력했다. 특히 개신교도 장 칼라스의 복권에 힘썼다.[25] 아들이 가톨릭교로 개종하지 못하도록 살인을 저질렀다는 날조된 혐의를 뒤집어쓰고 고문을 당한 뒤 사형에 처해진 사람이었다. 볼테르의 노력은 성공적이었다. 칼라스를 살릴 수는 없었지만 유족에게 도움이 됐고 더 넓게는 관용이라는 대의로 화제를 전환했다. 볼테르의 종교는 **바로** 관용이었다고 말할 수도 있겠다. 하지만 무엇보다 볼테르는 **자연신론자**였다.

17세기 후반부터 유럽 지식인들이 널리 믿었던 자연신론은 우주가 매우 방대하고 복잡해 그만큼 방대하고 전능한 창조주가 있다는 믿음에서 시작한다. 그렇다고 해서 그 절대자가 세상과 인간사에 관심을 두고 일일이 관리한다는 의미는 아니다. 마찬가지로 일부 자연신론자들 역시 절대자에게 별 관심을 두지 않았다.

그러므로 우리는 신장 결석과 배의 침몰을 마음껏 억울해할 수 있다. 그게 자연스럽기 때문이기도 하고 절대자가 그런 일에 관여해 주길 바라거나 나아가 우리의 기도나 불평을 들어주기를 바랄 이유가 없기 때문이다. 우리가 온갖 정교한 방법으로 시련을 정당화한다고 해도 절대자는 상관하지 않을 것이다. 특별한 기적을 일으켜 우리를 개종하게 만들지도 않을 것이다. 그리고 우리를 구원하기 위해 유일한 아들을 보내지도 않을 것이다. 바로 이 점이 기독교의 정설과 가장 결정적으로 다르다. 그것은 인간이 지어낸 이야기일 뿐이라는 생각이다. 반면 위로가 되는 부분도 있다. 절대자는 음악극이 싫다거나 예수회의 행동이 마음에 안 든다고 해서 지진이나 역병을 보내지도 않는다.

그래도 기적이 아쉬운가? 그렇다면 우리를 온통 에워싼 이 세상의 아름다운 질서와 다양성보다 더 큰 기적이 어디 있겠는가? 볼테르는 이렇게 썼다. "기적은 본래 감탄할 만한 일이라는 뜻이다. 이런 의미에서는 모든 것이 기적적이다. 자연의 놀라운 질서, 수백만 개의 태양 주변을 도는 수억 개의 구체, 빛의 활동, 동물의 생명 활동은 무궁한 기적이다."[26]

한편, 고통이 줄고 형편이 나아지려면 우리가 직접 노력해야 한다. (사실 종교가 무엇이든 대개의 사람은 **실제로** 이렇게 해왔다. 19세기 휴머니스트 로버트 잉거솔의 말을 빌리자면, "고금을 통하여 인간은 언제나 도움을 달라고 빌었고 그다음 자신을 도왔다."[27])

자연신론이 얼마나 교회 권력을 뒤흔들었으면 무신론이 무색해질 정도였다. 개인의 구원과 희생이라는 기독교적 가르침이 설 자리가 없었고 사후에 대해 아무 언급도 없었으며 성경의 첫부분에 나오는 이야기를 제외하고는 모두 반박하거나 무시했다. 위험을 느낀 교회 당국은 이를 통제하기 시작했다. 비슷한 경향의 다른 이종 신학도 억압받았다. 가령 17세기 철학자 바뤼흐 스피노자의 사상에서 비롯된 이론이 그랬다. 스피노자는 신이 우리 주변의 모든 것에 보편적으로 스며들어 **거의** 자연과 같은 존재로 볼 수 있다고 했다. 이런 생각과 오로지 자연만이 존재한다는 주장을 구분하려면 실로 날카로운 메스가 필요하다. 스피노자는 어떤 책도 내기 전에 이미 암스테르담의 유대교 공동체에서 추방당했다. 친구나 가족에게 말을 걸 수도 없고 어떤 도움도 받을 수 없는 혹독한 처벌이었다.[28] 이후 스피노자의 글은 개신교와 가톨릭교회에서 똑같이 금서로 지정했다.

이런 사상은 이론적 내용 때문이 아니라 우리 삶에서 갖는 함의로 인해 휴머니즘이 된다. 기도와 의식이 의미가 없다면, 자연의 일반적 질서 밖에서 아무 일도 일어나지 않는다면 인간의 삶은 오로지 인간의 문제다. 우리는 개인적인 관심과 기적을 잃는 대신 세상을 책임질 수 있고 위에서 뭐라고 하든 우리가 원한다면 무엇이든 향상할 수 있다는 이점을 얻는다.

이것이 윤리학에 미치는 영향은 엄청나다. 잘 조율된 평화로운 사회에서 살고 싶다면 그런 사회를 만들어 유지해야 한다. 도덕적 문제를 신의 명령에 맡기는 대신 선하고 관용적이며 서로에게 이익이 되는 우리만의 윤리 체계를 만들어야 한다. 우리만의 규칙을 만들 수도 있다. 예컨대 "상대가 행하기를 바라는 대로 행하라" "모든 인간을 목적을 위한 수단이 아닌 목적 그 자체로 대하라" "다수에게 가장 큰 행복을 가져다주는 행위를 선택하라" 등이다. 이것은 도덕적인 사고를 할 수 있게 만드는 유용한 도구이지만 하느님이 돌에 말 그대로 새겨놓은 명령과 같지는 않다. 우리의 도덕적 삶은 여전히 복잡하고 개인적이며 인간적일 것이다.

휴머니스트와 계몽주의 사상가들은 이렇게 해서 오래된 생각으로 되돌아갔다. 이 인간적이고 도덕적인 세상을 위한 가장 좋은 기초는 동료의식을 가지고 서로를 대하려는 우리의 타고난 경향에 있다는 생각이다. 그 동료의식은 '연민'이나 공감일 수도 있고, **인**이나 **우분투**가 나타내는 서로 연결되어 있다는 감각일 수도 있다. 콩도르세는 그것을 "자연이 모든 사람의 마음에 심어놓은 섬세하고 너그러운 감정, 계몽과 자유의 선한 영향만 있으면 꽃을 피울 수 있는 것"이라고 말했다.[29]

앞서 온 휴머니스트들도 이런 동료애적 도덕의식에 관해 썼다.[30] 미셸 드 몽테뉴는 자신에게 이런 의식이 특히 강하다고 생각했다. 인간에게만 국한되지도 않았다. 몽테뉴는 닭을 잡기 위해 목을 비트는 모습을 차마 보지 못했고[31] "인류는 감정이 있는 동물뿐만 아니라 심지어 나무와 풀에도 어떤 존경심, 그리고 포괄적인 책임감을 느낀다"라고 결론지었다.³² 누군가 울고 있는 모습을 보면, 심지어 그것이 그림이라고 해도 몽테뉴의 눈에는 눈물이 어른거렸다. 그뿐만 아니라 공직 생활 중에 당시 적법하다고 여겨진 고문이나 사형을 지켜봐야 할 때가 있었는데 그때도 괴로움을 느꼈다.³³ 마치 투과성이 높은 물질처럼 타인의 감정을 흡수해서 자신의 감정과 섞었다.

그런데 인간이 실제로 이런 반응을 보이는 일이 많다는 점을 고려할 때, 타인이 지옥에서 괴로워한다는 생각에 왜 기뻐해야 하는지 납득하기 어렵다. 하지만 테르툴리아누스 같은 초기 신학자들은 이런 의문을 품지 않았다. 그리스도인에게는 박해자가 불타는 모습을 관람하는 것이 원형 경기장이나 극장, 경마장을 합친 것보다 더 재미있을 것이라고 쓰기도 했다. 물론 당시는 그리스도인들이 아주 많은 박해를 받았기에 복수를 향한 욕구가 큰 것도 이해할 만하다. 그러나 12세기까지도 클뤼니의 베르나르 수도사는 이렇게 약속한다. "바다에 물고기가 노니는 모습을 보면 기쁜 마음이 들듯 네 자식을 지옥에서 본다고 해도 신음이 나오지는 않을 것이다."³⁴ 사후에 정신적으로 아주 큰 수술이 이루어지지 않고서야 자비롭고 정숙한 그리스도인들이 어떤 감흥도 없이 지옥에서 고문당하는 자녀를 지켜볼 수는 없을 것이다.

19세기에 이르면 바로 이것이 사람들을 기독교에서 멀어지게 만드는 가장 큰 특징이 된다. 찰스 다윈은 지옥 이야기가 사실이길 **바라는** 사람이 있다는 것이 이해되지 않아서 믿음을 잃었다고 말했다.³⁵ 철학자 존 스튜어트 밀은 "내가 내 동료 인간을 선하다고 말할 때와 같은 의미에서 선한 존재가 아니라면 선하다고 하지 않겠다. 선하다고 말하지 않았다고 해서 그런 존재가 나를 지옥으로 보낼 수 있다면 지옥으로 가겠다."[36] 그에게 휴머니즘적 선의 의미는 만물을 포괄하는 것이어서 하느님도 예외가 아니었다.

동료의식과 도덕적으로 "좋은 취향"을 바탕으로 하는 윤리 체계는 1699년 영국 철학자이자 섀프츠베리 3대 백작인 앤서니 애슐리 쿠퍼가 기초를 닦았다.[37] 그도 자연신론자였고 우주를 대체로 무해하고 조화로운 장소로 보았다. (볼테르가 사전의 "다 괜찮다" 항목을 집필하면서 그를 언급하고 조롱했을 정도다.) 섀프츠베리 백작의 생각에 따르면 인간을 포함한 모든 것이 상호 연결되어 있고 서로에게 연민을 가지고 반응할 수 있는 우리의 능력도 거기서 비롯된다. 그리고 이 반응을 씨앗 삼아 우리는 온전한 도덕적 삶을 가꿀 수 있다. 중요한 사실은 이런 도덕적 삶의 함양이 우리의 본성에 기인하기 때문에 그 어떤 특정한 믿음 체계가 필요하지 않다는 점이다. 우리는 예술적 취향을 쌓듯 윤리적 취향을 잘 계발하기만 하면 된다. 이 과정은 다른 무엇보다 기쁨에 의존한다. 우리가 타인에게 좋은 일을 하면 그들은 우리를 좋아하고 인정한다. 그리고 그것은 기쁜 감정이기에 우리는 더 좋은 일을 하게 된다. 이렇게 하면 궁극적으로 '정직한 사람'이 될 수 있다. 프랑스어 오네트 옴므honnête homme를 직역한 것인데, 다시 말해 교양 있고 인간적이며 균형 잡힌 사람, 세상을 편하게 느끼는 사람, **후마니타스**를 갖춘 사람이다.

섀프츠베리 백작의 이런 주장을 담은 『미덕과 성과에 관한 탐구Inquiry Concerning Virtue and Merit』는 프랑스 독자들 사이에서 인기를 끌었다. 특히 디드로는 이 책을 아주 자유롭고 창의적으로 번역했고, 그 결과 번역본은 섀프츠베리의 책일 뿐만 아니라 디드로의 책이라고 해도 모자라지 않았다. 디드로는 이 책을 출판했지만 프랑스 검열관들의 눈치를 봐야 했기 때문에 자신의 이름도, 섀프츠베리의 이름도 넣지 않았으며 발행 장소는 암스테르담으로 거짓 표기했다.[38]

조심하는 것은 당연했다. 가톨릭 국가인 데다 독재정권이 군림하던 당시 프랑스에서 도덕 감정의 원천이 인간이라는 주장은 위험했다. 인간을 바탕으로 한 도덕론은 우리의 윤리적 결정을 통제할 외부의 권위가 필요 없다는 결론으로 이어졌다. 이것은 정치 체제뿐만 아니라 교회 체제에도 고민거리였다. 사람들이 자기만의 생각을 따르는 도덕적 무질서로 보였기 때문이다. 그냥 내버려둘 수 없었다. 하나 된 국가를 위해서는 다원론이 아닌 통합이, 독립이 아닌 순종이, 개성이 아닌 위계가 필요했다. 그뿐만 아니라 **무신론자**라는 말은 여전히 '부도덕한 자'라는 말과 동의어로 취급받고 있었다. 만약 사회가 그런 사람을 내버려둔다면 붕괴로 이어질 터였다. (이런 이유에서 영국 철학자 존 로크는 종교가 대체로 관용을 베풀어야 한다고 말했지만 약속이나 맹세가 아무 의미를 갖지 않는 무신론자에 대한 관용은 예외로 두었다. "하느님을 다만 생각에서라도 지우면 모든 것이 녹아 없어지기 때문이다."[39])

그러나 반항 세력은 꼭 그러라는 법은 없다고 생각했다. 피에르 벨은 1682년에 『혜성에 대한 여러 가지 생각』이라는 무해해 보이는 제목으로 책을 출간했다. 1680년 후반 처음 목격된 혜성에 관한 이야기로 당시 많은 사람이 이를 인간사에 대한 신의 개입이라고 여겼다. 벨은 이런 믿음을 반박하며 신의 개입 없이도 인간이 잘 살 수 있는 방법을 나열했다. 어떤 사람들은 종교적인 권위를 인정하지 않고도 도덕적으로 선하게 살 수 있으며 나아가 그런 사람들로 이루어진 공동체 전체가 도덕적으로 선할 수 있다고 말했다. 결국 인간에게 필요한 것은 도덕적 가치와 사회적 연결망을 지킬 능력이 전부일 수 있으며, 타인의 호감과 좋은 평가를 얻으려는 타고난 욕구가 개인을 인도할 수 있다고 주장했다.[40]

벨은 프랑스에서 이런 책을 낼 수 없다는 사실을 알고 있었

그림 40 1680~1681년의 혜성을 그린 판화.

다. 게다가 정통 교리를 벗어나는 생각을 가진 개신교도였기 때문에 프랑스를 떠나는 쪽이 현명할 것 같았다. 결국 저지대 지역으로 피난을 갔고 거기서 책을 냈다. 이름도 넣지 않았고 나아가 발행지를 쾰른으로 속였다. 다행히 다른 망명자들이 잘 다져놓은 공동체에 잘 적응했고 동료들은 강사 자리를 알아봐 주었다.[41]

그러나 프랑스 당국은 도덕과 교회, 국가를 방어해야 한다는 신념을 다른 방식으로 전달했다. 벨을 찾을 수 없었기에 대신 형 자코브를 끌고 갔다. 끔찍한 환경에서 징역을 살던 자코브는 다섯 달 후에 세상을 떠났다. 벨은 이 소식을 듣고 철저한 정신적 붕괴를 경험했다.[42]

* * *

프랑스의 계몽주의 저술가들은 이처럼 징역, 괴롭힘, 추방, 분서焚書, 그리고 그보다 더한 일들을 당할 위험에 끊임없이 시달렸다. 볼테르도 몇 차례 감옥살이를 했고 현명하지 못하게 어느 프랑스 귀족을 자극하여 폭행당할 위험에 놓이자 일찌감치 자진해서 영국으로 도피했다. 도피 기간에 영국의 과학자들과 도덕철학자들을 만날 수 있었기 때문에 결국 도움이 되었다. 무엇보다 천연두 백신 정책을 지지하게 되었다. 영국에서 이 예방주사는 최신 유행처럼 여겨졌고 현실 속 멜리오리즘이 어떤 것인지 잘 보여주었다. 이 모든 경험을 담아 새로운 책 『영국에 관한 편지Letters on England』도 쓸 수 있었다.[43] 그런데 이 책에는 용납되기 어려운 내용이 들어 있었다. 프랑스의 검열 제도를 비판하는 내용도 있었다. 발언의 자유를 억압한다는 볼테르의 비난은 프랑스를 자극했고 파리의 법원 청사 앞에서 『영국에 관한 편지』가 불 속에 던져졌다. 몇 년 뒤에는 파리와 제네바 두 곳 모두에서 『철학 사전』이 불태워졌는데 제네바는 칼뱅주의 도시 국가였지만 가톨릭 도시였던 파리 못지않게 억압적이었다.[44] 볼테르는 혹시 모를 사태에 대비해서 프랑스와 제네바의 경계 근처에 살기도 했다. 그때그때 박해가 덜 심한 쪽으로 재빨리 옮기기 위해서였다.

디드로 역시 징역을 살았다.[45] 1749년 뱅센 요새의 감옥에 갇힌 그는 겸허한 자세로 제발 풀어달라고 애원하며 내서는 안 될 책들을 내지 않겠다고 약속했다. 그래도 풀려나기까지 수개월이 걸렸다. 디드로도 볼테르도 가능하면 그런 시련은 다시 겪고 싶지 않았다. 두 사람 모두 글쓰기를 멈추지는 않았지만 둘을 비롯한 비슷한 처지의 작가들은 곤경에 처하는 일을 피하고자 다양한 방어 장치와 요령을 도입했다.[46] 책을 프랑스 밖에서 인쇄한 뒤 국내로 몰래 들여오기도 했다. 여행 가방의 바닥을 가짜로 제작해 그 밑에 숨기는 등 아주 소량씩 반입했다. 또한 의심받지 않을 만한 제목을 달았고 익명이나 가명으로 출간했다. 때로는 필사본만 배포했다. 손으로 베낀 뒤 배부하는 인쇄술 이전의 옛 방식을 되살린 것이다. 원고가 분실되거나 망가질 위험도 똑같이 따라왔다.

네덜란드의 스피노자 역시 필사본을 배포하기 위해 이전 세기의 방식을 택할 수밖에 없었다.[47] 스피노자 생전에 인쇄 출간된 저서가 있기는 했지만 대표작 『윤리학』은 동료들만 필사본으로 돌려보았다. 세상을 떠나기 직전 스피노자는 친구들에게 이런 원고들로 가득 찬 상자가 있으니 거룻배에 실어 암스테르담으로 보내달라고 부탁했다. 거기서 필사와 번역이 추가로 이루어지면 사후에라도 인쇄본으로 나올 수 있으리라는 생각이었다. 이 와중에 네덜란드의 개신교와 가톨릭교회는 소문을 듣고 맹렬한 추격을 하고 있었다. 가톨릭교회 측은 심지어 암스테르담에 사는 랍비를 고용해서 필사본의 소재를 찾으려고 했다. 세 종교의 사냥개들이 탐지에 나섰으나 모두 필사본의 위치를 파악하는 데 실패했고 출판을 막지 못했다.

억압은 시련과 상실로 이어졌지만 창의적인 발상을 부추기기도 했다. 돌바크 남작은 『자연 체계』 원고를 비서의 동생에게 보냈다. 비서의 동생은 이를 베낀 다음 필체를 추적할 수 없도록 원본을 없앴다. 그런 다음 베낀 원고를 잘 포장하고 봉인하여 리에주에 있는 친구에게 보냈다. 친구는 암스테르담의 인쇄업자 마크 미셸 레이에게 이를 전달했고 원고는 이미 사망한 다른 작가, 장 바티스트 드 미라보의 이름을 달고 출판되었다.[48]

볼테르도 온갖 수수께끼 속에 원고를 숨겼다. 『캉디드』는 "랄프 박사"라는 필명으로 출간했고 독일어를 번역한 것처럼 꾸몄다. 그런 다음 친구들에게 편지를 써서 자꾸만 이 악명 높은 책에 대한 소문이 들려오는데 혹시 구해줄 수 있느냐고 장난스럽게 묻기도 했다. 외국에서 인쇄를 마친 책을 들여올 때는 이따금 압수를 당하기도 했다. 그러자 이렇게 불평했다. "요즘 프랑스로 들어오는 책은 죄다 관리들이 빼앗아 갑니다. 그동안 빼앗아 간 책만으로도 훌륭한 서고가 갖추어졌을 것이고 그들은 곧 모든 의미에서 훌륭한 지식인이 되겠군요."[49]

마침 이 시기 검열을 책임지고 있던 핵심 인물 중 한 명은 실제로 지식인이었고 더 나아가 계몽주의 지식인이었다.[50] 기욤 크레티앵 드 라무아뇽 드 말제르브는 좋아하는 식물 채집이나 실컷 하고 식물 분류학의 문제들을 고민하면서 살고 싶어했지만, 실제로는 최전방에서 루이 14세에게 정책 조언을 하고 출판을 관리하는 임무를 맡았다. 최고 검열관이 된 말제르브의 휘하에는 매일 수상한 내용을 찾아 책과 소책자를 검열하는 사람들이 100명도 넘게 있었다. 하지만 이런 책의 저자 중에는 말제르브의 친구도 있었고, 그는 친구들이 그런 책을 쓰는 이유를 알고 또 존중했다. 1788년에 언론의 자유에 대해 쓴 논문에서 그는 지나친 검열의 문제를 지적했다. 검열에 저항하는 저자들은 대개 극단적인 사람들인 반면, 더 온건하고 사회적으로 유익한 관점을 지닌 많은 저자는 차라리 의견을 표현하지 않으려고 해서 결국 다양한 정보를 바탕으로 이루어지는 균형 잡힌 공론의 장이 해를 입는다는 내용이었다.

동료들의 책을 검열하거나 금지하라는 명령이 내려지면 말제르브는 이에 복종하는 동시에 그들을 도울 방법도 찾았다. 『백과전서』의 경우에도 그랬다. 앞의 두 권이 출간된 직후 이 책을 금지하라는 왕명이 내려왔다. 도덕과 왕실의 권위를 약화하며 독립, 반란, 불신의 정신을 부추기는 내용을 포함하고 있다는 이유에서였다.[51] 현재 작업 중인 모든 내용도 압수하라는 명령이었다.

그림 41 라무아뇽 드 말제르브의 초상을 담은 판화.

말제르브에게 디드로의 집을 수색하는 임무가 주어졌고 잘못하면 더 위험한 내용도 노출될 위기였지만 말제르브는 전날 밤 비밀리에 디드로를 만나 그런 원고가 있으면 자기 집에 숨겨주겠다고 제안했다.⁵² 그 누구도 말제르브의 집을 수색할 생각은 하지 못할 터였다. 또한 그 이후에는 새로운 검열 방식에 대한 합의를 이끌어내기도 했다. 나중에 나올 『백과전서』는 출판 전에 승인을 거치기로 했다. 이상적인 방법은 아니었지만 나오고 난 뒤 금지되는 것보다는 나았다. 나아가 왕은 『백과전서』를 더 너그러운 시각으로 보게 되었는데 한때 연인이었고 그가 가장 아꼈던 퐁파두르 부인이 그 책을 옹호했기 때문이다.⁵³ 부인은 실크로 된 옷의

6 무궁한 기적   275

원단이 어디서 오는지 사전에서 찾아보고 싶다고 말했다고 전해진다. 모리스 캉탱 드 라투르가 그린 퐁파두르 부인의 초상화 속에는 『백과전서』 제4권이 볼테르 등의 책과 함께 소품으로 등장한다.

디드로는 사전검열을 통과하지 못할 것 같은 원고는 대체로 출간할 시도조차 하지 않았다.[54] 그가 죽고 난 뒤 한참 후에야 세상에 나온 책은 『회의론자의 산책Promenade du sceptique』(무신론자와 자연신론자, 범신론자 간의 여러 가지 대화), 『수녀La Religieuse』(강요된 수도원 생활을 폭로하는 내용), 『라모의 조카Le Neveu de Rameau』(음악에서 도덕, 쾌락까지 다양한 주제에 관한 대화)가 있다. 『라모의 조카』의 경우 1821년이 되어서야 프랑스어로 나오는데 1805년 괴테의 독일어 번역본을 형편없이 재번역한 결과물이었다. 독일어 번역은 원본을 필사한 사본을 바탕으로 했다. 시간이 훨씬 더 흐른 1891년에야 원본이 헌책방 가판대에서 발견되었다. 『백과전서』에서 인쇄술이 그 어떤 최신 기술보다 훌륭하다고 칭찬했던 디드로가 정작 자신이 쓴 원고의 대부분은 중세 수도원의 방식에 가둬둘 수밖에 없었다는 사실은 아이러니하다.

디드로의 괴로움은 여기서 끝나지 않았다.[55] 『백과전서』의 출판이 재개됐을 때 디드로는 인쇄업자가 몰래 모든 항목에서 논란이 될 만한 모든 부분을 마음대로 삭제해 순화했다는 사실을 알게 되었다. 그런 다음 원고를 없애버렸기 때문에 삭제된 부분을 복원할 수도 없었다. 이 충격적인 일이 있고 나서 디드로는 다시는 전과 같은 열정을 가지고 편저에 임할 수 없었다.

그래도 디드로와 볼테르는 그 이후 별다른 신변의 위험 없이 살 수 있었다. 말제르브는 그럴 수 없었는데 교회나 왕정 때문이 아니라 새로운 압제, 즉 프랑스혁명을 뒤따른 공포 정치 때문이었다.

당시 말제르브는 은퇴해서 마침내 식물학에 몰두할 수 있었다.[56] 그러나 1792년 12월, 71세의 말제르브는 다시 법률가의 신분으로 돌아오는 예상치 못한 선택을 했다. 붙잡힌 루이 16세를 변호하고 선처를 호소하기 위함이었다. 아주 용감한 행동이었지만 아무 효과가 없었고 왕은 어쨌거나 기요틴에서 처형됐다. 말제르브는 지방에 있는 저택으로 물러났지만 프랑스를 떠나는 것은 거부했다. 공포 정치가 본격적으로 펼쳐지던 1년 뒤 말제르브와 집안사람들 거의 모두는 서로 공모하여 망명자들을 도왔다는 혐의로 체포되었고 몇 달 동안 옥에 갇혀 있다가 하나씩 기요틴에서 처형당했다. 첫 순서는 말제르브의 사위였다. 이어서 1794년 4월 22일 말제르브의 딸이, 그리고 말제르브의 손녀 알린느와 알린느의 남편이 모두 처형됐다. 말제르브는 이를 지켜봐야 했다. 이후 말제르브 역시 기요틴의 칼날 아래 놓였다. 나중에는 말제르브의 누이와 두 비서도 같은 최후를 맞았다. 말제르브의 시종만 처형을 면했다.

다른 계몽주의 사상가들도 왕의 사형에 반대한 대가로 파멸했다. 그중에는 페미니스트이자 노예 폐지론자 올램프 드 구주도 있었다. 구주는 1791년 프랑스 의회에서 여성 인권과 여성 시민권 선언을 한 사람으로 당시 세간을 떠들썩하게 만들었던 새로운 인권이라는 것을 남성뿐만 아니라 여성에게도 주어야 한다고 주장했다. 의회는 구주의 주장을 무시했고 1793년 11월 3일 구주를 참수했다. 처벌을 주도한 이념가 중 한 명이었던 피에르 가스파르 쇼메트는 구주의 잘못을 이렇게 요약했다. "여성으로서 갖추어야 할 미덕을 깜빡한 결과 참수대로 가게 된 것."(쇼메트 자신도 몇 달 뒤 참수대에서 죽는다.)[57]

기요틴에서 죽지는 않았지만 피해를 본 사람이 또 있는데 바로 수학과 동료의식의 향상으로 인간이 진보할 수 있다고 믿었던 콩도르세였다. 그도 여성에게 시민권이 주어져야 한다고 주장했지만 아무도 들어주지 않았다.[58] 콩도르세는 친구와 몸을 숨긴 채 체포를, 혹은 그 이상을 두려워하며 서둘러 자신의 진보 이론을 담은 대표작『인간 정신의 진보에 관한 역사적 개요』를 썼다.[59] 그는 혁명 자체는 지지했지만, 폭력의 정도, 그리고 특히 왕의 처형에 동의하지 않았기 때문에 척결 대상에 올랐다. 1794년 3월, 콩도르세는 집주인을 위험에 빠뜨릴 수 있다는 우려에 은신처를 떠나 농부처럼 위장한 뒤 시골로 사라지려고 했다. 그러나 중간에 붙잡혔고 지방 감옥에 갇혔다 다음 날 사망한 채로 발견됐다. 자살인지 타살인지는 분명히 밝혀지지 않았다.

사후에 출간된『인간 정신의 진보에 관한 역사적 개요』를 오늘날 읽으면 기이한 경험을 하게 된다. 어떤 억압, 불평등, 폭력도 없고 그 어떤 종류의 정치적 우매함도 없는 완벽하게 합리적인 미래를 눈부시게 그리고 있는 이 책과 이 책의 집필이 이루어진 상황이 전혀 딴판이기 때문이다. 하지만 그것이 이 책의 목적이다. 책에서 콩도르세는 말한다. 시련을 겪는 철학자가 "진실, 도덕, 행복의 길을 따라 확실하고 분명한 발걸음을 내딛는" 미래 인류를 생각하는 것만큼 위로가 되는 일이 있을까? "그런 묵상은 그를 박해하는 사람들에 대한 기억이 따라올 수 없는 피난처가 된다. 그는 생각 속에 산다. 그곳에서는 인간의 자연적 권리와 존엄이 회복되고 인간이 탐욕, 두려움, 질시로 인한 괴로움과 타락을 모른다."

왕에 대한 자비를 주장하다가 징역에 처해진 (그러나 처형되지는 않은) 저술가로 마지막으로 이야기할 사람은 토머스 페인이다. 콩도르세의 친구이며 프랑스뿐만 아니라 미국에서도 친혁명적 저술로 이름이 높았다. 원래 영국 사람이지만 미국 시민권을 갖고 있었고 그 덕분에 목숨을 구했다. 1793년 12월에 체포되어 언제든 처형될 수 있다는 우려를 안고 감옥에서 열 달을 보낸 페인은 마침내 풀려났다. 프랑스로 새로 부임한 제임스 먼로 대사가 석방을 협의한 것이다.

감옥에 끌려갔던 날 페인은 『이성의 시대』라는 책의 1부를 막 마무리하고 있었다. 계몽적이고 관용적인 자연신론을 옹호하고 기존 종교를 반박하는 주장을 담고 있었다. 다행히 끌려가는 순간 원고를 친구에게 넘겨줄 수 있었다. 풀려난 뒤 먼로와 안전하게 지낼 수 있게 된 페인은 이 책의 2부를 썼다.

그런데 서둘러 쓴 1부가 더 설득력이 뛰어나고 유려하다. (2부는 주로 저자의 주장을 뒷받침하는 성경 내용으로 이루어져 있다.) 페인은 교회가 하늘을 연구한다는 이유로 갈릴레오를 박해했다는 사실이 얼마나 놀라운 일인가라고 썼다. 창조주의 권능을 저토록 생생하게 증언하는 아름답고 질서 있는 그 하늘을 말이다. "하느님이 만든 우주의 구조를 연구하고 고민하는 일을 **종교적이지 못한** 일로 여기는 **종교**가 존재한다는 것"이 믿기지 않는다고 페인은 말했다.[60] 그의 주장은 주로 자연신론을 바탕으로 하고 있고, 예수님이 인간 개인을 구원하기 위해 땅으로 내려왔다는 생각 또한 같은 맥락에서 거부했다. 특히 성경 속 십자가에 못 박힌 예수 이야기에 대해 페인은 "하느님이 창조한 맑은 공기를 마시는 사람"이 아닌 "수도사의 음울한 상상력에나 어울리는" 잔인한 이야기라면서 "수도사가 만들어낸 이야기가 아니라는 법도 없다"라고 덧붙인다.[61] 게다가 그런 이야기를 뒷받침하기 위해 만들어진 교회 내 제도는 더욱 심하다고 말하면서 "인류를 공포에 떨게 만들고 노예화하기 위한, 그로써 권력과 이익을 독점하기 위한 인간의 발명"이라고 했다.[62]

반면 페인은 휴머니즘 원칙을 선호했다. 삶에 감사하고 고난을 맹신의 대상으로 만들지 말며 타인에게 관대하고 문제는 최대한 합리적으로 해결하도록 노력하라. 그는 자신과 같은 계몽주의 휴머니스트의 신조를 다음과 같이 요약했다.

> 나는 인간이 평등하다고 믿는다. 종교적 의무란 정의를 구현하고 자비를 사랑하고 함께 사는 피조물들을 행복하게 만드는 것이라고 믿는다.[63]

동료의식, 평등, 행복의 메시지와 장엄한 우주에 대한 새로운 앎의 기쁨을 담은 『이성의 시대』로 인해 페인은 결코 행복하지 못한 일들을 겪었다.[64] 1802년에는 워싱턴에서 뉴욕으로 가려는 역마차를 타려다 마부에게 승차를 거부당했다. 마부는 신문에서 페인의 책에 대한 저급한 평을 읽은 사람이었다. 같은 해 크리스마스이브에는 어느 이름 없는 사람이 뉴욕주 뉴로셸에 있는 페인의 집을 찾아가 머리에 총을 겨누었고 총알은 아슬아슬하게 비껴갔다. 페인은 (노쇠하여) 세상을 떠나기 전 퀘이커교도 가정에서 태어난 만큼 퀘이커 묘지에 묻히고 싶다고 말했지만 퀘이커 교회의 거부로 바람은 이루어지지 않았다. 대신 살던 집에 묻혔는데 이후 기이한 일이 이어졌다. 1819년 영국의 정치 기자 윌리엄 코베트가 페인의 유해를 발굴해 영국으로 가져간 것이다. 영국에 좀 더 그럴듯한 묘지를 만들어주기 위해서였지만, 계획이 틀어졌고 유해를 가지고 있던 코베트까지 사망하자 유해의 행방이 묘연해졌다. 유해는 결국 찾지 못했다.[65]

『이성의 시대』는 미국에서도 영국에서도 계속해서 독자들의 관심을 받았다. 그러나 이 책에 대한 기성 권력의 태도는 아무리 좋을 때도 묵살에 그쳤다. 최악의 경우에는 금지였다. 영국은 이를 신성모독으로 규정했고 출판을 법으로 금지했다. 페인의 다른 책도 마찬가지였다. 신성모독은 아닐지 몰라도 정치 선동이라고 여겨졌다. 그래도 소수의 인쇄업자가 책을 계속 찍어냈고 심지어 노동자계급 독자들을 위해 저렴한 판본도 제작했다. 이 또한 우려를 낳았다. 이런 글은 좀 더 안전하고 귀족적인 종류의 비주류 학설과 달리 실제로 소요 사태를 일으킬 가능성이 컸기 때문이다.

영국에서 페인을 가장 열렬히 옹호했던 사람은 사회주의자이자 자연신론자 리처드 칼라일이었다.[66] 저렴하게 살 수 있는 판본을 비롯해 페인의 책을 인쇄한 대가로 총 10년 정도를 감옥에서 보냈다. 1819년에는 직접 경험한 피털루 대학살(맨체스터의 성 피터 광장에서 기병대가 시위대를 공격해 사상자가 발생한 일) 수기와 페인의 『이성의 시대』를 출판한 혐의로 재판을 받았다. 『이성의 시대』를 금지한 법을 피하기 위해 칼라일은 재판정에서 기발한 수법을 쓰기도 했다. 변론할 때 사건의 본질을 이해하는 데 중요하다면서 페인의 글을 전부 읽었다. 『이성의 시대』를 포함해 재판정에서 거론된 모든 내용은 법정 기록으로 출간될 수 있다는 사실을 노렸다. 성공했다면 휴머니즘 역사상 검열에 대한 가장 강력한 일격으로 기록되었을 테지만 불행히도 성공하지 못했다. 법정 기록은 세상에 나오지 않았다.

유죄 판결을 받은 칼라일은 도체스터 감옥에서 2년 동안 징역을 살았다. 그가 수감되자 처음에는 아내 제인이 계속해서 인쇄기를 돌렸다. 그러다가 제인 역시 붙잡혀 남편이 있는 도체스터로 보내졌다. 그러자 이번에는 누이 메리 앤 칼라일이 인쇄를 맡았다. 그리고 결국 누이도 감옥에 갇혔다. 세 사람 모두 같은 방에 수감되었다. 칼라일은 글을 쓰면서 시간을 보냈고, 쓴 글은 몰래 반출하거나 나중을 위해 잘 보관해 두었다. 이때 쓴 글 중에는 『과학자들에게 드리는 말씀An Address to Men of Science』도 있었는데, 교육이 종교나 고전학이 아닌 천문학이나 화학 같은 과학을 근본으로 삼아서 어릴 때부터 우리가 물리적인 존재이며 자연의 일부라

는 생각을 심어주어야 한다는 주장이었다.⁶⁷

이처럼 지성을 무기로 한 싸움은 계속되었다. 감옥이 비주류 사상가들로 가득 찰수록 사상가들은 새롭고 더 복잡한 속임수를 생각해 냈고 기발한 방법으로 상대를 오도했다. 특히 옛 인문주의자들의 필사 기술이 유용했다.

하지만 이런 상황은 지성인들이 불편하고 부정직한 삶을 살게 만들기도 했다. 그들은 생각하는 대로 말할 수 없었다. 오네트 옴므나 오네트 팜므가 되기가 무척 힘들었다. 많은 경우 '비의적esoterically'으로 글을 써야 했다. 외부인들을 위한 표면적인 의미와 입회자를 위한 숨은 진의를 함께 담아야 했던 것이다. 글은 어쩔 수 없이 모호해지고 암시로 가득 찼다. 섀프츠베리가 1714년 말했듯 솔직하게 말할 수 없는 사람은 풍자와 반어법을 택할 것이다. "탄압하는 정신이 희롱하는 정신을 키웠다."⁶⁸

이 과정에서 그들은 떳떳할 수 없었고 자신과 타인을 위험에 빠뜨리기도 했다. 믿지 않는 것을 믿는 척하는 것은 드러내놓고 불신하는 것보다 훨씬 힘들다고 페인은 썼다. 이런 "마음의 거짓말"에는 대가가 따른다.⁶⁹ 무신론자와 자유사상가들은 부도덕하다는 비난을 받았지만 사실 그들은 탄압을 겪었기에 수시로 도덕관념이 손상되었다. 만약 그 모든 일을 겪으면서 정직성을 일부나마 지켰다면 실로 기적이라고 할 수 있을 것이다.

***

종교가 없으면 좋은 사람이 될 수 없다고 생각하는 사람이 있다면 스코틀랜드의 계몽주의 사상가 데이비드 흄을 보고 특히 혼란스러워할 것이다. 흄은 사람 **좋기로** 유명했다.

이것은 다른 의미에서도 혼란을 야기하는데 흄이 당대의 가장 지적으로 무자비한 사상가이기 때문이다. 1739년과 1740년에 걸쳐 출간된 『인간 본성에 관한 논고』는 인간이 삶이나 경험, 혹은 세계에 대해 느낄 만한 마지막 신뢰와 확신을 깡그리 무너뜨린다. 흄은 우리에게 그 어떤 원인도 결과로 이어진다고 확신할 수 없다고 말한다. 내일 태양이 뜬다는 것도, 우리 개인에게 일관적인 정체성이 있다는 사실도 확신할 수 없다. 우리는 실체적이고 일관적인 인과와 정체성이 있다고 믿지만 그것은 습관과 관념의 연결에서 생겨난 느낌일 뿐이라는 것이다. 20세기 철학자이자 방송인 브라이언 매기는 이를 잘 요약했다. "어떤 문제를 들고 흄을 찾아간다면 '네가 생각하는 것보다 더 심각한 문제'라고 그답게 말할 것이다."[70]

흄은 기존의 믿음 체계 역시 공격했다. 우리는 기적이 일어났다는 말을 전해 듣곤 한다. 마비되었던 사람이 일어나서 걸었다, 성인이 눈앞에 나타났다, 기도가 이루어졌다. 그러나 일단 멈추어 생각해 보라. 무엇이 더 있을 법한가? 그동안 나의 모든 자연적 경험과 지식에 모순되는 일이 정말로 일어났을 가능성? 아니면 누군가 실수했거나, 거짓말을 했거나, 이야기를 꾸며냈거나,

그림 42 데이비드 흄. 앨런 램지의 초상화를 바탕으로 제작한 판화. 스코틀랜드 국립미술관 소장.

남의 말을 잘못 전달했거나, 듣는 사람이 잘못 들었을 가능성? 흄은 기본 원칙을 적용하라고 말한다. "어떤 증언도 기적이 있었다는 사실을 입증하기에 충분치 않다. 유일한 예외는 증언이 입증하려는 사실보다 그 증언이 거짓이라는 사실이 더 기적적일 경우다."[71] (훗날 과학 해설가 칼 세이건은 이를 좀 더 간결하게 정리했다. "특별한 주장은 특별한 증거가 필요하다."[72])

흄은 이렇게 상상해 보길 권한다. 죽은 사람이 되살아나는 것을 보았다는 사람이 있다고 치자. 이것은 평소에는 절대로 일어나지 않는 일이므로 우리가 시체에 대해 가진 모든 경험에 모순된다. 이를 검증하려면 이렇게 물어야 한다. 그렇게 이상한 일이 일

6 무궁한 기적 285

어났을 가능성과 그 소식이 잘못 전달됐을 가능성 중에 어느 쪽이 더 높은가? 이것은 보통 예시가 아니었다. 독자들은 부활에 대한 믿음이 중요한 그리스도인들이었기 때문이다.[73]

흄이 처음으로 이 주장을 펼칠 때 곁에 있었던 사람은 충격을 받았을 것이 분명하다. 예수회 수사였기 때문에 당연히 그랬을 것이다. 흄은 『인간 본성에 관한 논고』를 쓸 당시 생활비가 적게 드는 프랑스의 라 플레슈에 머물며 그곳 공동체에 있는 예수회 수사들과 가깝게 지냈다. 수사들은 흄에게 서고도 열어주었다. 어느 날 그들 중 한 명이 흄에게 공동체 안에서 벌어진 기적적인 일에 관해 이야기해 주었다. 그 말을 듣고 흄은 검증 원칙을 떠올렸고 이를 입 밖에 냈다. 수사는 잠시 생각에 잠기더니 검증 원칙이 옳을 리 없다고 했다. 옳다면 새로운 기적뿐만 아니라 신약성경 속의 기적에도 적용할 수 있어야 했기 때문이다. 하지만 흄은 이런 가능성을 이미 고려했고 문제가 된다고 여기지 않았음이 꽤 명백하다.

처음에는 기적 검증 논리를 『인간 본성에 관한 논고』에 포함하려고 했지만 용기를 내지 못했다. 결국 『인간 본성에 관한 논고』 속 철학을 발전시킨 『인간의 이해력에 관한 탐구』에 가서야 이 내용이 나온다.[74] 더 오랫동안 발표하지 않은 글도 있다. 자살의 도덕성이나 영혼의 불멸성에 관한 글들이 그렇다. 『종교의 자연사』도 썼지만 몇 년 동안 발표하지 않았고,[75] 『자연 종교에 관한 대화』는 발표를 아주 포기했다. 이 책에서는 여러 화자가 자연 종교에 대한 다양한 시각을 비교하는데 한 가지 논점은 무신론자가 선하게 행동할 수 있느냐는 문제다. 한 화자는 사람들이 사후 세계를 믿으면 유용하다면서 (볼테르도 이렇게 생각했다고 한다) 선한 행동을 할 동기를 주기 때문이라고 말했다.[76] 그러자 다른 화자가 반박한다. 그게 사실이라면 왜 역사는 박해와 탄압, 종교에서 비롯된 내전의 이야기로 가득할까? "종교적 믿음에 관한 내용이 역사 속에 서술될 때마다 뒤이어 그에 수반된 참사에 관한 내용이 나옵니다. 종교를 말하는 사람도, 들은 사람도 없는 시대는 그 어느 때보다 평안하고 넉넉합니다."

아무리 조심해도 고향 에든버러 사람들과 프랑스의 뤼미에르들은 흄이 적어도 지극히 회의적인 자유사상가라는 사실을 알고 있는 것 같았다.[77] "무신론자" "대 이단자Great Infidel" 같은 별명으로 부르기도 했다. 그 결과 오명을 쓴 흄은 에든버러와 글래스고의 대학에서 교수직을 얻을 수 없었고, 에든버러의 변호사협회 도서관 사서직도 내려놓게 되었다. 이 정도인 게 다행이었다. 불과 몇십 년 전만 해도 에든버러에서는 스무 살 학생 에이큰헤드가 신성모독으로 처형당했다. 성경 속 이야기를 부인하는 발언을 한 데다 "신과 세상, 자연은 같다"라고 말한 탓이다.[78]

이런 염려스러운 평판과 달리 흄은 선한 마음과 호감을 사는 능력 하나로 만나는 거의 모든 사람을 놀라게 했다. 흄의 다른 별명은 르봉 데이비드le bon David, 즉 선한 데이비드였다. 같은 스코틀랜드 사람 제임스 보즈웰은 이렇게 썼다. "이단적인 글이 아니었다면 모두가 그를 사랑해 마지않았을 것이다."[79] 이런 일도 있었다. 건축가 로버트 애덤은 에든버러에 있는 본가에서 열리는 만찬에 흄을 초대하고 싶었지만, 애덤의 어머니가 한사코 반대했다. "네 친구는 누구라도 다 환영이지만 이 어머니 속을 생각해서 그 무신론자만은 절대로 데려오지 않기를 바란다." 얼마 안 가 다시 집안 만찬이 열리자 애덤은 흄이라는 사실을 밝히지 않고 그를 초대했다. 손님들이 집으로 돌아간 뒤 애덤의 어머니는 다들 마음에 들었지만 "내 옆에 앉은 그 덩치 크고 유쾌한 남자가 제일 마음에 들었다"라고 말했다. 하지만 애덤의 그 사람이 바로 그 무신론자라고 하자, 어머니는 "어쨌든 그 남자는 언제든 집으로 초대해도 좋다"라고 대답했다.[80] 데이비드 흄은 『자연 종교에 관한 대화』속 화자의 주장을 뒷받침하는 살아있는 증거, 웃음 짓는 증거였다. "신학 이론과 체계에 기반한 지극히 오만한 관점보다 꾸밈없는 정직함과 너그러움 한 톨이 사람의 행동에 더 큰 영향을 미친다."[81]

흄이 이렇게 원만하고 "덩치 크고 유쾌한" 남자가 된 것은 젊은 시절 철학과 헛된 싸움을 벌이다가 지친 나머지 일종의 치료 과정을 거친 결과였다. 풀리지 않는 철학 문제와 씨름하며 머리를 짜내던 흄은 진이 빠져 의사에게 편지로 조언을 구했다. 의사는 철학을 내려두고 매일 적포도주 1파인트를 마시고 가벼운 승마를 하라고 권했다. 흄은 의사가 시키는 대로 했더니 곧 "혈색이 좋아지고 표정이 밝아졌으며 누구보다 튼튼하고 기운차며 건강해 보이는 사내"가 되었다.[82]

철학 공부를 재개한 이후에도 이 기운찬 상태는 지속되었다. 더 건설적인 방법으로 접근한 까닭도 있을 것이다. 추상적인 기초로부터 이론을 쌓아 올리는 대신 "인간 본성"에서 시작하는 방법이었다. 몽테뉴와 마찬가지로 흄도 인간을 잣대로 삼기 시작했다. 자신과 타인을 관찰하고 관찰된 경험과 행동을 탐구의 재료로 삼았다.

흄은 다른 면에서도 몽테뉴와 닮아 있었다. 앎에 대한 가장 완강한 회의론이 너그럽고 소탈한 태도와 놀라운 대비를 보였다는 점에서 특히 그랬다. 흄이 충격적인『인간 본성에 관한 논고』 1권의 막바지에 이르러 한 말도 몽테뉴를 떠올리게 만든다. 흄은 책을 쓰다 정신을 차려보니 아주 낯선 곳에 와 있는 괴물처럼 느껴진다고 했다. ("여긴 어딜까, 나는 무얼까? 나의 존재는 어떤 원인의 결과이며 나는 어떤 조건으로 돌아가야 할 것인가? 누구의 마음을 사려고 애써야 하며 누구의 분노를 두려워해야 하는가? 나를 에워싼 존재들은 무엇인가?") 그러다가도 걱정할 이유가 없다고 결론짓는다. 이성은 도울 수 없을지 몰라도 자연이 즉시 일상의 즐거움으로 그를 현혹하여 "우울과 망상"을 치료해 준다. "나는 식사를 하고, 백개먼backgammon을 하고, 대화를 하며 친구들과 즐겁게 지낸다."[83]

이렇게 회복한 흄은 다시 지적 추론을 이어가고『인간 본성에 관한 논고』의 나머지 부분에서는 감정과 도덕성의 문제를 탐구한다. 몽테뉴나 섀프츠베리처럼, 그리고 역시 이 주제에 관해 쓴 친구 애덤 스미스처럼, 흄은 도덕성의 바탕을 "동정심" 혹은 동료의식에 둔다.[84] 누군가의 감정은 그 사람의 얼굴이나 목소리에 드러난다. 이걸 보거나 듣는 나도 그 감정의 어떤 재생이 이루어진다고 느낀다. 과거에 그렇게 느끼게 한 나만의 비슷한 경험이 있기 때문이다. 우리의 정신은 마치 "타인의 정신을 비추는 거울"처럼 작동한다고 흄은 말한다.[85] 매우 몽테뉴스러운 설명이다. 흄은 또한 우리가 오늘날 '거울 뉴런'이라고 말하는 것을 예견한 것 같다. 하지만 실은 당대의 도덕 심리학이 이미 정설로 받아들이고 있는 학문적 전통을 바탕으로 한 주장이다. 앞서 온 사람들처럼 흄은 이 주장을 발전시켜 윤리론을 정립했다.[86] 우리가 감정을 거울처럼 반영할 수 있기 때문에 우리는 대체로 다른 사람들도 행복하다고 생각할 때 행복하다. 그래서 동료 인간들의 전반적인 번영을 추구하는 것이라면 무엇이든 승인하려는 경향이 있다.

흄이 몽테뉴와 (그리고 에라스뮈스와) 비슷한 점이 또 있었다면 바로 생각은 과감하되 행동은 신중한 성향이었다. 흄은 로렌초 발라처럼 살지 않았다. 심지어 볼테르처럼 살지도 않았다. 스캔들과 갈등보다는 우정과 학문적 탐구를 중심으로 하는 삶을 즐겼다. 친구에게 보내는 편지에 이렇게 쓴 적도 있다. "나를 비판하는 책과 소책자로 커다란 방의 바닥을 덮을 수 있을 것입니다. 그러나 나는 단 한 번도 답변한 적이 없는데 경멸하는 마음 때문은 아니고 (그중에는 내가 존경하는 글쓴이도 있으니) 편안하고 평온하게 살고 싶은 마음 때문입니다."[87]

그래서 그 평온을 깰 가능성이 큰 글은 계속해서 발표를 삼갔다. 애초에 기적 검증 원칙을 『인간 본성에 관한 논고』에서 빼겠다는 결정을 내렸을 때 이렇게 인정했다. "이것은 비겁한 행동이고 순전히 내 결정이다."[88] 1757년에는 여러 주제에 대한 『네 편의 논문』을 묶어 발표했지만 마지막에 두 편을 삭제했다.[89] 자살과 영혼의 불멸성에 관한 글이었다. 인쇄본에서 물리적으로 잘라낸 뒤 다른 논문으로 대체했다. 서지학적 용어로 "캔슬cancelled", 즉 철회된 것인데 이 말은 요즘 들어 대중적 감성이 받아들일 수 없다고 여겨지는 사람이나 작업이 침묵이나 철회를 강요당한다는, 보다 광범위한 문화적인 의미를 갖게 되었다. 흄은 스스로 자기 글을 취소했지만 없애지는 않았고 쓰기를 멈추지도 않았다.

다른 방면으로는 두려움을 몰랐다. 제임스 보즈웰은 죽은 뒤 천국에 갈 생각이 전혀 없었던 흄이 놀랍다고 생각했다. 그래서 유명한 사람을 보면 끈질기게 질문을 던지는 보즈웰답게 흄에게 묻기로 했다. 보즈웰은 친구 새뮤얼 존슨을 따라다니며 종교에 대한 발언을 포함한 모든 것을 받아 적은 사람이었다. 볼테르를 찾아가 노골적으로 묻기도 했다. "나는 진심을 솔직하게 고백해 달라고 요구했다." 볼테르가 자신은 진심으로 절대자를 사랑하고 "선의 창조자"를 닮기 위해 선한 사람이 되길 원한다고 대답하자 보즈웰은 감동하였음을 인정했다. "감동했다. 미안했다. 진정성을 의심했던 것이. 나는 감정에 북받쳐 물었다. '진심입니까? 정말 진심입니까?'" 볼테르는 그렇다고 대답했다.[90]

그러던 어느 날, 교회에서 믿음이 주는 위로에 대한 설교를 듣다가 보즈웰은 마음속으로 생각했다. 하느님을 믿지 않으면서 어떻게 늘 그렇게 좋은 기분으로 살 수 있는지 흄에게 꼭 물어보자. 보즈웰 자신의 믿음이 혹시나 약해질 때를 대비해 알아두면 유용할듯했다. 흄이 그에게 필요한 조언을 알려주는 것이야말로 흄Hume답고 "인간다운humane" 행동이라고 생각했다.[91]

1776년 흄과의 대화가 비로소 가능해졌을 때 상황은 보즈웰이 생각했던 것보다 좋지 않았다. 흄이 복부에 악성 종양이 있다는 진단을 받은 직후였다.[92] 손으로 만져질 정도로 큰 종양이었고 흄은 이로 인해 죽으리라는 사실을 알고 있었다. 내세가 없다고 믿는 흄이 어떻게 이런 상황을 견뎌내고 있을지 보즈웰은 그 어느 때보다 알고 싶었다.

보즈웰은 흄을 찾아갔고 흄은 응접실에서 그를 맞이했다.[93] 풍만했던 원래 모습은 없고 야위고 병약해 보였다. 하지만 흄은 기분이 좋아 보였고 죽음에 가까워졌다는 사실을 아무렇지 않은 듯 인정했다. 보즈웰은 믿음에 관해 물었다. 흄은 오래전 믿음을 잃었다고 말했다. "그런 다음 냉정하게 모든 종교의 도덕 법칙은 나쁘다고 했다. 그리고 웃음기 없이 말했다. 나는 누군가가 독실한 신자라는 말을 들으면 악한이 틀림없다고 생각한다." 보즈웰은 죽음을 코앞에 둔 흄이 이런 말을 한다는 사실이 놀라웠다.

보즈웰은 흄에게 이렇게 묻기도 했다. (이것은 보즈웰이 옮긴 당시의 대화를 내가 다시 옮긴 것이다.) 어떤 식으로든 내세가 있을 가능성은 있지 않나요?

불 위에 올린 석탄 한 조각이 타지 않을 가능성은 있다고 흄은 대답했다. 인과와 기적에 대한 흄 자신의 철학적 논증을 암시하는 말이었다. 하지만 가능성이 크지는 않다.

보즈웰은 다시 물었다. 그렇지만 완전히 사라진다는 생각이 불편하지는 않습니까?

전혀요. 흄의 대답이었다.

오히려 이런 대답은 보즈웰의 기분을 들뜨게 했다. "흄 선생의 유쾌한 말들 덕분에 분위기는 엄숙하지 않았다. 그 순간만큼은 죽음이 암울하게 느껴지지 않았다." 반면 불안감도 들었다. "그와 함께 있는 동안 엄습한 생각이 한동안 나를 괴롭혔다." 만약 죽음을 앞둔 사람이 이렇게 말한다면 무신론자에 대해 널리 퍼진 생각이 어떻게 사실일 수 있겠는가? 항간에서는 무신론자가 나쁘다고 했고 종교 없이 살 수 없으므로 언제나 마지막에는 종교를 찾는다고 했으며 영웅적이거나 고귀한 행동을 하지 못한다고 했기 때문이다.

실제로 보즈웰은 이후 새뮤얼 존슨에게 흄에 관해 이야기했고 존슨은 대번에 믿지 못하겠다고 말했다.[94] "거짓말한 것이네. 여유 있어 보이고 싶은 허영심에 빠진 사람이야. 죽음을 두려워하지 않는 사람이 존재할 가능성보다 그가 거짓말을 했을 가능성이 더 커." 존슨은 이처럼 재치 있게 흄 자신의 원칙을 이용해 흄을 검증했다. 그러나 날카로운 보즈웰은 존슨이 이처럼 매정하게 말하는 진정한 이유를 꿰뚫어 보았다. 존슨 자신은 죽음, 그리고 자신의 믿음이 견고한지에 대해 불안감이 특히 컸기 때문에 확신을 지키기 위해 부단히 노력해야 했던 것이다.

한편 에든버러에서는 친구 애덤 스미스가 병세가 악화되어 가는 흄의 곁을 지켰다.[95] 그리고 이후 흄의 마지막 몇 주간에 대한 짧은 기록을 발표했다. 흄 자신도 짧은 회고록 『나의 생애My Own Life』를 썼고 나중에 애덤 스미스가 출간을 도왔다. 이미 쓴 책도 계속해서 수정했다. 수많은 친구가 그를 찾아왔고 그가 새로이 재미를 붙인 카드놀이인 휘스트의 상대가 되어주었다. 때로는 너무 멀쩡해서 친구들은 그가 정말 죽어가고 있다는 사실을 믿기가 힘들었다. 하지만 흄은 사실이라고 말했다. "나에게 적이 있다면 그 적이 바라는 만큼 빨리 죽어가고 있다네. 그리고 나의 가장 가까운 친구들이 바라는 만큼 가벼운 마음으로 유쾌하게 죽어가고 있지."[96] 뱃사공 카론을 설득해 죽은 이들의 땅으로 가는 나룻배를 좀 늦추어 달라고 할 작정이니 핑계를 찾아야 한다고 농담하기도 했다. (카론은 신화 속에 나오는 저승으로 가는 뱃사공이지만 흄은 이 신화 역시 믿지 않았다.) "자비로운 뱃사공님, 제가 개정판을 내려고 원고를 수정하고 있으니 시간을 조금만 더 주십시오. 수정된 내용에 대한 독자들의 반응을 보고 싶습니다."[97]

수정한 글 중에는 오래도록 공개하지 않은 종교와 회의감에 관한 원고도 있었다.[98] 흄은 사후에 이 책이 출간될 수 있도록 최선을 다해 준비했다. 먼저 애덤 스미스에게 이 일을 맡아주겠느냐고 물었지만 스미스가 불안해하는 것처럼 보였기에 하지 않아도 된다고 했다. 그래서 유서를 수정해서 평소 흄의 글을 발행하던 윌리엄 스트라한에게 부탁했다. 사후 2년 안에 『자연 종교에 관한 대화』를 발표하도록 했고 「자살에 관하여」와 「영혼의 불멸성에 관하여」는 그의 결정에 맡긴다고 했다. 다른 여러 휴머니스트와 마찬가지로 흄에게도 이 땅 위에서 글이 나오고 널리 읽히는 일이야말로 불멸의 생을 얻는 길이었다.

그러나 스트라한은 이 글들을 출간하지 않았다. 『자연 종교에 관한 대화』는 1779년에 나왔지만 스트라한이 아닌 흄의 조카가 발행한 익명의 인쇄물로 나왔다. 자살과 불멸성에 대한 글들도 저자의 허락이 없는 익명의 책자로 소량씩 배포되었다. 흄의 이름을 단 제대로 된 출판물은 19세기가 될 때까지 나오지 않았다.[99]

카론도 흄의 소원을 들어주지 않았다.[100] 영영 기다릴 수는 없었다. 흄은 끝없이 원고를 수정하고 수정할 것이 분명했다. 그래서 카론은 "이제 그만 배에 오르십시오"라고 말했다.[101] 흄은 1776년 8월 25일 세상을 떠났다. 주치의에 따르면 흄은 마지막까지 "유쾌한 평정심"만을 유지했다.[102] 나흘 후 폭우 속에 묘지로 향하는 흄의 관을 보기 위해 집 앞에는 군중이 모여들었다. 보즈웰도 멀리서 애도하며 따라갔다.[103] 군중 가운데 누군가 "주님을 믿지 않는 사람이었답니다"라고 말하자 누군가 대답했다. "상관없습니다. 정직한 분이셨으니까."[104]

스미스도 그렇게 생각했고 흄의 마지막에 대한 기록을 이렇게 마무리했다. "그가 살아있을 때도 그가 죽은 뒤에도 내 생각은 변함없다. 그는 나약한 인간 본성이 허락하는 한 더할 나위 없이 현명하고 선한 사람의 본보기에 가장 가까이 간 사람이다."[105]

신중한 동시에 영웅적이고 친근한 태도로 사랑받았지만 형편없는 추론에 대한 공격에서는 무자비했던 사람, 놀이를 즐기는 동시에 인간 정신에 주어진 지적, 도덕적 도구를 향상하는 일에 몰두한 선한 데이비드는 흠잡을 데 없는 뤼미에르의 본보기였고 후마니타스를 아는 사람이었다.

7

모든 인간을 위한 지구

야만의 시대에 다시 쓰는 인간다움

1405~1971년

휴머니즘을 형성하고, 휴머니즘에 의해 형성된 네 가지 생각: 보편성, 다양성, 비판적 추론, 도덕적 연결―메리 울스턴크래프트, 해리엇 테일러 밀, 그리고 가장 크고 높은 영역―제러미 벤담, 오스카 와일드, 그리고 예외 조항에 어울리는 사람―프레더릭 더글러스와 영원한 각성―다시 E. M. 포스터―파편의 연결

그렇다고 해서 흄을 완벽하다는 말로 설명할 수는 없다. (누구든 그렇다.)

이 책에 나온 거의 모든 휴머니스트에게는 심각한 한계가 있었다. 모두가 인간이나 후마니타스에 대한 자기 생각을 몸이 멀쩡

하고 젠더와 성별이 모두 남성인 백인에게 국한했다고 할 수 있다. 다시 말하면 레오나르도 다빈치의 비트루비우스적 인간처럼 생긴 사람들에게만 국한했다. 인간 중에서도 이 부분집합만이 '만능인'을 꿈꿀 수 있었다. 다른 인간은 결함이 있는 자, 탈락자로 여겨졌다. 아예 인간이라는 수준에 도달하지 못한 존재로 여겨졌는지도 모른다.

휴머니스트 사상가들만 이런 가정을 하지는 않았다. 역사상 유럽의 지식인들은 대체로 이런 생각에 공감했다. 하지만 계몽주의 시대 휴머니스트 중 일부는 과학적 확신에 찬 태도로 이런 문제에 대해 말을 늘어놓는 경향이 특히 심했다. 흄도 그중 하나였다. 백인이 아닌 인간은 "자연적으로 열등"하며 그들의 창조물은 유럽과 문화적으로 비교할 수 없다고 쓴 주석도 악명이 높다. "그들 중에는 천재적인 제작자도, 문예도, 과학도 없다." 제임스 비티가 흄을 비롯한 철학자들을 비난하며 "오늘날 유럽의 방식을 따르지 않는 모든 관습과 감정이 야만적이라고" 생각한다고 지적하자 흄은 이후 말을 바꾸어 자신의 모욕적인 발언을 아프리카에서 온 사람들에게만 국한했다. 전보다 나을 것 없는 견해였다.[1]

비슷한 통찰력의 결여를 보여준 계몽주의 저술가 중에는 우리의 기대를 저버린 콩도르세도 있었다. 전반적으로 그는 식민주의, 인종차별, 성차별을 강하게 비판했고 모든 인류가 계몽된 미래를 공유해야 한다는 시각이었다. 그러나 진보를 향한 사다리를 오르는 모든 인간이 같은 높이에서 시작한다고 생각하지는 않았다. 그리고 어떤 문화의 경우 꼭대기까지 오를 수 없을지 모른다고 생각했다. 그저 사라져 버릴 수도 있으며, 그렇다고 해서 전체적인 진보의 양상이 영향을 받지는 않을 것이라고 했다.²

여성에 대한 시각도 언급하지 않을 수 없다. 이 시대의 가장 급진적인 정치사상가는 장 자크 루소였다. 그러나 여성 교육에 관해 쓰는 순간 루소는 구닥다리 보수 중에도 보수로 변했다. 자신의 교육 이론을 담은 『에밀』에서 루소는 어린 여성이 철학이나 과학을 공부할 필요가 없다고 말했다. 그들은 남편을 기쁘게 하는 방법만 알면 되기 때문이다. (이는 결코 반어법이 아니었다.)³ 볼테르는 여성이 좋은 과학자가 될 수 있다고 생각하기는 했다. 친구이자 애인이었던 수학자 겸 번역가 에밀리 뒤 샤틀레와 뉴턴 물리학을 비롯한 문제들에 관해 이야기를 나누기도 했다. 그런데도 친구가 세상을 떠났을 때 이런 말을 칭찬이라고 했다. "25년간 우정을 나눈 친구를 잃었다. 여성이라는 유일한 결함을 제외하면 훌륭한 사람이었다."⁴

전반적으로 계몽주의 사상가들은 일부 주제에 대해서는 뛰어나고 다른 주제에 대해서는 멍청한 사람들의 유구한 전통을 이어가고 있을 뿐이었다. 가령 고대 그리스의 플라톤은 여성 교육에 찬성하면서도 여성이 전생에 비겁하거나 부도덕했던 남자들이 환생한 결과라고 믿었다.⁵ (그나마 다행스러운 결과였다. 더 심각한 실수를 하면 어패류로 태어날 수 있었다.)⁶ 아리스토텔레스는 유럽 윤리학과 정치학의 토대가 되는 위대한 글들을 남겼지만 오로지 그리스의 자유민 남성에게만 해당하는 내용이었다. 다른 모든 사람은 열등한 본성을 갖고 있다고 생각했다. 여성은 물론이고 노예의 본성을 타고난 자들이 여기 속한다고 아리스토텔레스는 말했다. 그런 사람을 알아보는 방법은 이러했다. "타인의 소유물이 될 수 있다면(이런 이유에서 실제로 타인의 소유물이 된다) 그리고 타인의 이성을 알아볼 수 있지만 자신은 갖고 있지 않다면 노예의 본성을 타고났다고 볼 수 있다." 두 번째 가정은 노예를 인간이 아닌 동물과 구분하기 위한 것인데 동물은 이성을 보아도 알아보지 못하기 때문이다. 이 조건에 부합하는 한에서 이미 노예 상태에 있다면 노예가 될 본성을 타고났다는 주장이다. 그런 사람들에게 "노예 상태는 유익한 동시에 정당하다"라고 아리스토텔레스는 당연하다는 듯 말한다. 나아가 노예 상태를 남성이 여성에 대해 지배력을 행사하는 것과 마찬가지로 자연스러운 일이라고 설명하며 주장을 더욱 분명히 했다.[7]

아리스토텔레스의 "노예 본성" 이론은 이후 수 세기 동안 이어진 착취를 정당화하는 데 동원되었다. 철학자 후안 히네스 데 세풀베다는 16세기에 이 원칙을 가져다가 카리브해와 중앙아메리카 주민들을 혹사한 스페인을 변호했다. 그들이 별개의 창조론의 산물이므로 가축처럼 다루어도 된다는 주장이었다.[8] 1844년 연설에서 앨라배마의 외과의사 조사이아 클라크 노트는 기원이 다르다는 바로 이 이론을 이용해서 북아메리카 대륙의 노예제도를 정당화하고는 아리스토텔레스가 아닌 알렉산더 포프의 말로 화려하게 마무리했다. 그의 시 「인간론」에 있는 무한히 편리한 말을 가져다가 더욱 강조하기 위해 대문자로 쓰기까지 했다. "한 가지 진실만은 분명하다. 무엇이 있든, 있으면 옳다 WHATEVER IS, IS

RIGHT."⁹• 아리스토텔레스의 주장도 결국 이것이 핵심이다. 다만 노트는 그리스도인으로 알려져 있었다.

인간성의 문제에 관해서는 일부 기독교 교파가 세속의 철학자들보다 더 나은 태도를 보여주었다. 아우구스티누스는 『하느님의 도성』에서 아무리 서로 다르게 생겼어도 모든 인류가 같은 기원을 갖고 있다고 영향력 있는 주장을 펼쳤다. 머리가 개를 닮았거나 한쪽 발이 거대해서 비를 가리는 데 쓸 수 있는 종족을 예시로 삼았다는 점은 안타깝다. 하지만 그런 사람들도 인간의 영혼을 갖고 있으므로 구원받을 수 있다고 말한다.¹⁰ 물론 기독교 교리에 입문해야 한다는 조건이 붙는다. 여기서 두 가지 결론이 나온다. 노예제는 악하고 선교 활동은 선하다. 이 신학은 1537년 다시 승인받았다. 교황이 아메리카 대륙 사람들을 노예로 삼아서는 안 된다는 대칙서를 발표한 것이다.¹¹ 그러나 논란은 사그라지지 않았다. 기독교인들은 계속해서 노예제도를 옹호할 방법을 찾았다. 다양한 민족이 같은 기원을 갖고 있다는 사실을 부인하는 방법이 가장 흔했다. 그래도 점차 여러 종파가 노예제에 반대하는 쪽으로 단계적으로 넘어왔다. 퀘이커교가 선두에 섰다. 이어서 복음주의 성공회를 비롯한 교파들이 반대 운동을 시작했다. 이들은 모두 보편적으로 공유된 인간성의 원칙을 강조했다. 이 원칙은 1787년 조사이아 웨지우드가 만든 노예무역 폐지협회 메달에 새겨져 가장 묵직하게 전달되었다. 메달 속에서 사슬에 묶인 흑인

- 노예제도가 어쨌든 존재하므로 노예제도는 곧 옳다는 주장이다.

남성은 무릎을 꿇은 채 묻고 있다. "나는 인간이 아니고 형제가 아닙니까?"

반면 여성이 인간성과 자유를 주장하면 기독교는 "무엇이 있든, 있으면 옳다" 쪽으로 기울었다. 남자들은 아는 여자들, 주로 사교계의 태생이 귀한 여자들을 떠올렸다. 그런 여자들에게서는 어떤 학문적 성취나 교양도 찾아볼 수 없었다. 여성의 관심은 하찮은 데 있는 것 같았으며 행실은 얌전하고 순종적이었다. 그 모습 그대로 계속 사는 것이 여성에게 영원히 "유익하고 정당하다"는 결론이 당연하게 여겨졌다. 다시 말해 성장기에 가벼운 교육을 최소한으로 받고 자기주장을 너무 내세우는 겸손하지 못한 행동을 하면 제지당하는 삶이었다.

계몽주의 시대 휴머니스트가 이런 논리를 더 자주 반박하지 않았다는 사실이 놀랍다. 주어진 관념을 그대로 받아들이지 않고 비판적으로 사유하는 것을 자랑으로 여기는 사람들이었기 때문이다. 그뿐만 아니라 많은 이들이 도덕성의 바탕으로 '동정심'과 동료의식을 높이 사고 있었다. 대부분의 상황에서 그들은 테렌티우스의 말에 동의했다. "나는 인간이고 인간의 그 어떤 일도 남의 일이 아니다." 그러나 그 말의 끝에 예외를 다는 일이 잦았다.

모두에게 해당하는 이야기는 아니다. 시야를 넓힌 사람들도 있다. 몇몇 주요 휴머니스트들은 모두가 본질적인 인간성을 공유한다는 생각을 소리 높여 말했다. 그것도 내세에서 구원받기 위해서가 아니라 현생과 관계된 이유를 들었다. 이성과 멜리오리즘에 대한 휴머니스트들의 믿음 덕분에 볼테르는 다양한 종교에 대한 관용을 주장할 수 있었고, 콩도르세와 올랭프 드 구주는 여성과 비유럽인을 인류 해방이라는 프랑스혁명의 신조에 포함해야 한다고 했으며, 동료 계몽주의 사상가 제러미 벤담은 오늘날이라면 LGBTQ+ 권리라고 부를 만한 것을 옹호했다.

이런 선두 주자들과 그 뒤를 따른 사람들은 무엇보다 네 가지 중요한 휴머니즘 사상을 바탕으로 주장을 전개했다. 첫 번째 사상은 방금 언급했다. 우리는 우리의 인간성으로 하나가 되는 존재들이므로 "인간의 그 어떤 일도 남의 일이 아니다."

두 번째 사상은 반대로 보편성이 아닌 다양성을 강조한다. 우리가 다 인간인 건 맞지만 우리는 문화, 정세 등의 요소에 따라 서로 다른 경험을 하며 산다. 그리고 그런 차이는 존중되어야 하고 인정받아야 한다.

세 번째는 비판적 사고와 탐구의 가치를 높이 매겨야 한다는 생각이다. 그 어떤 휴머니스트도 인간 삶에 관한 문제를 자명한 것으로 여기거나 권위와 전통을 이유로 그대로 받아들이지 않는다. 무엇이 있든 옳지 않을 수 있고 회의적으로 여겨야 한다.

네 번째는 인간성의 핵심인 우리의 도덕적 삶이 우리가 서로 연결하고 소통하는 방식을 찾을수록 향상된다는 폭넓은 믿음이다.

보편성, 다양성, 비판적 사고와 도덕적 연결. 이것들은 휴머니스트가 만족할 정도는 아니라도 오늘날 널리 중요시되는 가치다. 각각의 가치는 이미 살펴본 휴머니즘 전통에서 나왔다. 프로타고라스의 인간 척도, 몽테뉴의 다양성, 로렌초 발라의 비판적 사고, 섀프츠베리나 흄의 공감을 기반으로 한 윤리학 등이다.

한편 영향력은 반대로도 작용했다. 휴머니스트가 이런 사상을 발전시키고 인간성에 대해 사고하는 새롭고 더 개방적인 방식을 탐구하는 동안 새로운 사고의 틀이 휴머니스트로 산다는 것의 의미를 재정의했다. 휴머니즘은 엘리트주의에서 멀어졌고 문화적 차이를 더 잘 받아들이기 시작했다. 자신의 선입견을 좀 더 회의적으로 보려는 사람들도 있었다. 비판적 탐구와 세련된 언어 구사라는 오래된 기술을 새로운 연구 분야에 적용하기도 했다.

이번 장에서는 시간을 거슬러 올라가거나 내려가면서 이 네 가지 사상을 차례로 살펴볼 것이다. 다양한 시대의 휴머니스트들이 어떤 변화를 추구했는지 알아보자.

* * *

첫 번째 요소, 즉 평등한 인간성을 주장하려는 사람은 큰 어려움을 감수해야 한다. 특히 그 사람이 그런 주장을 하기 적합한 사람이라고 여겨지지 않는다면.

1900년대에 고전학자 제인 해리슨은 「나는 인간이다$^{Homo\ sum}$」라는 글을 썼다.^{12} 테렌티우스가 쓴 대사의 첫 마디다. 호모^{Homo}는 항상 남자^{man}로 번역되어 왔기 때문에 도발적인 제목이었다. (하지만 라틴어에서는 '인간'이라는 뜻이 맞다. 성인 남성을 일컫는 말은 비르^{vir}다.) 여성이 감히 자신을 남자(인간)라고 칭한 것이다! 해리슨의 주장은 물론 자신에게도 그 말을 쓸 권리가 있으며 그 말과 함께 오는 삶의 모든 가능성을 누릴 권리가 있다는 내용이었다. 단테를 번역하기도 한 소설가 도러시 L. 세이어스는 1938년 「여성은 인간인가?」[13]라는 한층 더 놀라운 제목을 붙인 연설문에서 같은 주장을 반복했다. 세이어스는 예를 들어 설명했다. 사람들은 여성이 바지를 입어야 하느냐고 묻는다. 어떤 사람들은 바지가 여자에게 잘 어울리지 않는다고 생각해서 입지 말아야 한다고 말한다. 그렇지만 세이어스는 바지가 더 편하다. "나는 인간으로서 나 자신의 삶을 즐기고 싶다. 그러면 안 되는가?"(만약 이 예시가 너무 사소하다는 생각이 들면 불과 한 세기 전 어밀리아 블루머가 자신의 이름을 딴 블루머를 만들고 얼마나 많은 조롱을 받았는지 생각해 보자. 그러나 블루머 덕분에 여성은 운동은커녕 제대로 앉을 수도 없는 불편한 속옷으로부터 해방되었다.) 세이어스는 이런 질문도 한다. 여성은 대학에 가야 할까? 여성은 대체로 아리스토텔레스를 공부하고 싶어 하지 않는 것 같으니 갈 필요가 없다고 말하는 사람들이 있다. 하지만 요점은 세이어스가 아리스토텔레스를 공부하고 싶다는 것이다.[14]

물론 대학교가 모든 여성에게 문을 열기 위해서는 어떤 집단적인 투쟁이 벌어져야 한다. 실제로 그랬다. 대학교들이 여학생을 받기 전까지 상당한 사회운동이 이루어졌고 1868년 진보적인 런던대학교가 최초로 여학생 아홉 명의 입학을 허가했다. 다른 대학교도 뒤따랐지만 여학생들이 학업의 결과로 실제로 학위를 받기까지는 더 많은 운동이 필요했다. 세이어스도 1915년에 학부 과정을 마쳤지만 학위를 받지 못했다. 옥스퍼드가 마침내 손을 들고 석사 학위까지 내준 1920년까지 기다려야 했다. 1938년 세이어

그림 43 블루머를 입고 있는 어밀리아 블루머.

스가 위의 연설을 할 때까지도 케임브리지는 고집을 피웠고 그 이후로도 10년 동안 여성에게 학위를 수여하지 않았다.

그러나 세이어스의 주장은 여성이 다 같이 들고 일어설 필요가 없다는 뜻이 아니었다. 투쟁의 **이유**가 개인적이라는 의미였다. 개인은 자신이 원하는 일을 하면서 살 수 있어야 한다는 말이었다. 남자들은 자꾸만 "여자들이 원하는 게 도대체 뭔데?"라고 묻는데 대답은 이것이다. "남자 여러분, 인간으로서 여성은 당신들과 똑같은 것을 원합니다. 흥미로운 직업, 즐거움을 만끽할 적절한 정도의 자유, 감정을 충분히 분출할 수 있는 배출구를 원하지요." 여성도 남성만큼 활짝 열린 기회의 창공을 원한다는 주장이었다. 여성만의 작고 둥근 천장이 아니라.[15]

이런 생각은 1851년 페미니스트 해리엇 테일러가 쓴 글에 유려하게 드러나 있다. 사람들은 여성이 여성만의 "바람직한 영역"을 갖고 있다고 말하지만:

> 인간의 일부가 다른 일부에게, 혹은 한 개인이 다른 개인에게 어떤 영역이 '바람직한 영역'인지 대신 결정해 줄 권리는 없다. 모든 인간에게 '바람직한 영역'은 그가 닿을 수 있는 가장 크고 높은 영역이다. 완전한 선택의 자유 없이는 이 영역이 무엇인지 알 방법이 없다.[16]

사람들에게 태생부터 특정한 종류의 활동만 제공한다면 사람은 한정된 영역에 가두어진다. 특히 사회적 계층이나 계급, 민족 집단 등의 요소와 관련된 이유에서라면 더욱 고립된다. 플라톤처럼 환생과 영혼의 윤회를 믿는다면 적어도 다음 생에서는 좀 더 나은 위치를 기대하면서 위안을 찾을 수도 있을 것이다. 하지만 만약 휴머니스트 대부분과 마찬가지로 **이번** 생이 중요하다고 생각한다면 고정관념 때문에 이 생의 가장 "크고 높은" 영역을 포기한다는 것은 있을 수 없는 일이다. 그런 한계를 거부하고 있다면 은연중에 철학적 언명을 하는 것이다. 보편적 인간성은 우리 모두에게 있다. 몽테뉴가 했던 말이 바로 이것이다. 우리는 각각 인간 조건 전체를 떠맡고 있다. 다만 여성에게 같은 원칙을 적용해야 할지에 대한 몽테뉴의 생각은 때에 따라 달라졌다. (몽테뉴에게는 모든 것이 때에 따라 달라진다.)

인간성을 주장한다면 그다음 주장은 자연히 따라온다. 우리는 특정 집단에 허락된 미덕만이 아니라 인간의 다양한 미덕을 전부 다 열망할 수 있어야 한다. 이 주장은 휴머니스트에게 매우 중요하다. 휴머니스트는 대체로 미덕의 문제에 몰두해 있기 때문이다. 좋은 인간이 된다는 것이 무슨 뜻인지 알고 싶어 하는 사람들이다. 앞서 언급했듯 페리클레스는 기원전 430년 아테네의 자유 시민들에게 말하기를 아테네 사람들이 뛰어난 이유는 조화롭고 책임감이 있으며 정치적으로 활발하기 때문이라고 했다.[17] 다만 이것은 여성에게 해당하지 않는데 여성의 미덕은 그 누구의 입에도 오르지 않는 것으로 생각했기 때문이다. 이후 수천 년간 이것은 당연하게 여겨졌다. 여성은 인간의 탁월함이라는 본류가 아니라 지류만을, 정숙함, 침묵, 차분함, 순수함, 정절 같은 소극적이고 부수적인 미덕만을 허락받았다. 이 미덕은 모두 어떤 적극적인 특성의 부재를 특징으로 한다. (자신감, 언변, 능동적 책임, 경험의 부재 등을 가리킨다. 정절과 반대되는 미덕이 무엇인지에 대해서는 독자가 각자 결정하게 남겨두고자 한다. 무엇이 됐든 정절보다는 분명히 더 재미있을 것이다.) 이런 소극적 미덕, 즉 "여성으로 갖추어야 할 미덕"을 잊었다고 해서 올랭프 드 구주는 비난받고 공포 정치 당시 참수대로 끌려가기까지 했다.[18]

계몽주의 혁명 당시 구주의 동료 페미니스트였던 영국 여성

메리 울스턴크래프트가 이 미덕의 문제에 도전했다. 1792년에 쓴 『여성의 권리 옹호』는 이렇게 시작한다. "나는 먼저 여성이 남성과 마찬가지로 자기 능력을 발휘하기 위해 이 땅에 놓인 인간 존재라는 폭넓은 관점에서 여성을 바라볼 것이다."[19] 그리고 여성이 능력을 발휘하려면 여성에게 인간 특성 전체가 허락되어야 한다고 지적한다. 물론 엄마가 되는 것처럼 여성이 져야 하는 특이한 의무가 있을 수 있다. (울스턴크래프트는 이 책을 쓴 지 얼마 안 되어 고약한 길버트 임레이와 낳은 딸을 홀로 키우면서 이것이 어떤 의무인지 자세히 알게 되었다.) 그러나 그런 의무가 아무리 특이해도 결국 전체적인 "인간 의무"의 일부라고 보았다.[20]

미덕의 관점에서 온전한 인간이 되기 위해 여성은 인간성을 형성하는 교육 또한 동등하게 받아야 한다.[21] 울스턴크래프트는 당대의 여성 교육, 특히 이른바 특권층 여성의 교육에 대해 신랄한 비판을 했다. 그들은 품행, 가정에 도움이 되는 몇 가지 소양과 함께 남편을 매혹하기 위한 다양한 연애 기술을 배웠다. 그 결과 매우 한정된 인간으로 자라났다. "그렇게 새장에 갇힌 새처럼 그들은 깃털을 가다듬고 짐짓 위엄 있는 척 이 횃대에서 저 횃대로 자리를 옮기며 지켜보는 삶을 살 수밖에 없다."[22] 대신 울스턴크래프트는 여성을 성인으로 만들고 성인으로서 자기 삶에 대한 책임을 다할 수 있게 만드는 교육을 원했다. "내 성별이 좀 더 도덕적인 주체로 활동하는 모습을 보고 싶다."[23]

이를 달성하기 위한 핵심 재료는 자유였다. 이는 1869년 출간된 존 스튜어트 밀의 책 『여성의 종속』에서 더 노골적으로 주장하는 내용이기도 하다. 밀은 해리엇 테일러의 두 번째 남편이자 그 자신도 대단한 페미니스트였다. 이 책에서 밀은 남성 독자들에게 법적으로 성인이 되어 갑자기 자신의 앞날을 스스로 결정할 수 있게 되었을 때 느꼈던 짜릿한 기분을 떠올려 보라고 한다. "두 배는 더 살아있는 것 같고 두 배는 더 인간답다고 느껴지지 않았는가?" 그런데 여성에게 이것은 평생 한 번도 느껴보지 못하는 감정이다. 그것은 결국 여성이 온전한 인간이 될 수 없다고 말하는 것이나 크게 다름이 없다.[24]

* * *

즉 모든 영역은, 그리고 몽테뉴가 말했던 모든 인간 조건은 그 인간의 개별적 특징에 국한되지 않고 모두에게 열려 있어야 한다. 그렇지만 개별성 또한 휴머니스트에게는 중요하다.

모순처럼 들릴 수도 있다. 하지만 첫 번째 사상인 보편성과 두 번째 사상인 다양성, 혹은 개별성은 결코 상반된 목적을 가진 적이 없다. 오히려 결합하면 더 잘 작동한다. 다양성이 없는 보편성은 허황된 추상화에 지나지 않을 것이다. 심지어 약간 비인간적으로 느껴진다. 반면 보편적 인간성이라는 관념이 결여된 다양성은 우리 모두를 고립시켜 접점을 남겨두지 않을 것이다. 보편성과 다양성은 서로 상승 작용을 일으킨다. 억압적인 사회에서 이런 원칙이 무너지면 보편성과 다양성은 함께 사라지곤 한다. 인간의 다양성을 무시하는 정권은 우리에게 우리 자신뿐만 아니라 타인의 모습까지 보여주는 보편적인 '거울'도 인정하지 않는 경향이 있다.

예를 들면, 장애를 가지고 사는 사람의 경험을 상상해 보자. 보편적 인간성이 인정되는 사회에 산다면 나의 인간성을 가장 온전하게 즐기고 '발휘'할 수 있는 능력을 뒷받침하는 데 가능한 한 모든 수단이 동원되리라고 기대할 수 있다. 아주 기본적으로는 휠체어를 쓸 수 있고, 건물에 쉽게 드나들 수 있을 것이다. 이런 사회의 바탕에는 동료 인간의 경험과 내 경험이 거울에 비춘 듯 같을 것이라는 인식이 있다. 다른 모든 사람처럼 나 또한 가고 싶은 곳에 가고, 하고 싶은 일을 하고, 관심 가는 일을 추구하고, 세상과 온전히 교류하고 싶다는 생각이다.

그런데 다양성의 원칙을 존중하는 사회라면 이와 동시에 온전한 인간의 삶이 **어떤 삶인지**에 대한 관념을 확장함으로써 나의 경험에 반응할 것이다. 댄 굿리는 2021년 저서 『장애와 그 밖의 인간적인 문제들』에서 이렇게 주장한다. 장애인을 차별하는 사회는 "자립 능력을 자랑스럽게 여기는 종류의 인간성"을 이상으로 삼는 경향이 있다. (홀로 당당하게 선, 근육이 탄탄한 비트루비우스적 인간을 떠올리게 된다.) 그런 사회는 상이한 삶의 영역에서 생기는 다양한 필요를 덜 고려하고 어쩌면 "자립"에 기초한 엄격한 경제 모델을 모두에게 적용하는 쪽으로 기울 수도 있다. 반면 장애인 차별을 문제시하는 사회에서는 협력과 공동체를 더 강조하는 쪽으로 변화하면서 "인간 삶의 위험천만하고 아슬아슬하며 다양하고 불안정한 특성"을 좀 더 인정할 수 있다.[25]

성별의 영역에서도 무엇이 "자연적"인가를 따지는 배타적인 하나의 설명은 득보다 실이 많을 수 있다. 19세기 초 계몽주의 철학자이자 정치 이론가 제러미 벤담이 이를 탐구했다. 벤담은 신의 법칙이나 "자연적 반감"이라는 터무니없는 생각을 기반으로 도덕적 결정을 내리는 것에 대한 대안을 제공하는 윤리론으로 가장 잘 알려져 있다. 벤담은 자연이 반감을 품는다고 생각하지 않았다. 반감을 품는 쪽은 사람이다. 어떤 것이 마음에 들지 않거나 내가 하고 싶지 않다고 해서 그것이 잘못되었다는 의미는 아니라고 했다.[26]

대신 벤담은 한 가지 실험을 제안한다. 내가 어떤 일을 했을 때 그것이 (내가 아는 한) 관련된 모든 사람을 더 행복하게 할까, 아니면 불행하게 할까? 이것이 바로 행복 계산법felicific calculus으로 공리주의라는 윤리론의 핵심이다. 물론 이 계산법을 적용하는 과정은 아주 복잡하다. 결정은 누가 내리고 산술적인 계산은 얼마나 정확하게 할 수 있으며 행복과 불행의 의미는 과연 무엇인가에 따라 답은 달라진다. 도구로서는 흠이 있지만 잘만 사용한다면 효과적일 뿐만 아니라 인간적이다. 법칙이 아닌 사람을 중앙에 놓기 때문이다. 사람뿐만이 아니다. 벤담은 동물의 복지에도 이 원칙을 적용했다. "동물이 **이성**적으로 생각할 수 있느냐? 혹은 **말할** 수 있느냐? 이런 질문은 의미가 없다. 문제는 이것이다. 동물이 **고통**을 느낄 수 있느냐?"[27]

논고 「규칙에서 벗어난 성에 대하여」를 비롯한 여러 짧은 글에서 벤담은 이 계산법을 소수지만 합의에 따른 관계, 즉 동성애

그림 44 제러미 벤담을 담은 에칭(R. M. 설리R. M. Sully의 그림을 바탕으로 G. W. 애플턴G. W. Appleton이 제작).

같은 (벤담은 이를 명시하지는 않는다) 관계에 적용했다. 벤담은 이런 경우 한 가지 질문만 하면 된다고 한다. 이것이 누군가에게 해가 되는가? 고통을 유발하는가? 그렇지 않다면, 만약 관련된 사람들이 행복하고 타인에게 상처를 입히지 않는다면 (타인이 상처를 입는다고 해도 다만 "반감" 등의 자해적 상처라면) 도대체 무엇이 문제인가? 세상에 있는 행복의 양이 줄어드는 대신 늘어난다는 게 중요하다.[28] 공리주의는 때로는 매정하다는 취급을 받지만 이런 생각은 내가 볼 때 너그러울 뿐만 아니라 꽤 아름다운 삶의 원칙 같다.

벤담은 자기만의 길을 가는 것을 절대 두려워하지 않았다. 옷을 입거나 사고하는 방식도 별나기로 유명했다. (별난 삶의 방식 또한 행복 계산법을 이용해 검증하기 좋다. 벤담의 경우 본인은 행복했고 타인에게 아무 해를 입히지 않았다.) 유서를 통해 시신 일부는 의학 해부용으로 기증했고 일부로는 자신의 모형을 만들어달라고 했다. 그의 친구들과 그를 따르는 사람들, 그리고 미래 세대에게 영감과 즐거움을 선사할 '오토 아이콘auto-icon'은 명백히 행복을 늘리는 일이었다.• 하지만 땅속 지렁이들의 실망감까지 계산에 넣었는지는 알 수 없다.²⁹

그런데 이런 불굴의 인간조차 1814년 「규칙에서 벗어난 성에 대하여」를 쓰고 나서 이를 출간할 수 있다고 생각하지 못했다. 그래서 무수히 많은 휴머니스트의 글과 마찬가지로 이 주제에 대한 벤담의 글은 원고 상태로 남아 있다가 200년 뒤, 2014년에 마침내 출간되었다.

벤담이 경계심을 가진 것은 당연하다. 남성 간의 성관계는 여전히 불법이었고 그런 법이 인간의 행복에 가져온 부정적 효과는 19세기 말에 더욱 극명하게 나타났다. 극작가이자 지성과 심미안을 겸비한 오스카 와일드는 벤담이 타파하고자 했던 바로 그 "자연적 반감"을 이유로 1895년부터 2년간 징역을 살았다.³⁰ 와일드는 자유를 잃었을 뿐만 아니라 벌금을 내기 위해 거의 전 재산을 내놓아야 했다. 와일드의 집 밖에서 열린 매우 혼잡한 경매장에서

• 죽은 사람의 모습을 본뜬 모형을 일컫는 말로 벤담의 오토 아이콘은 현재 유니버시티칼리지 런던에 있다.

와일드가 수집한 책, 고급 도자기, 가구 등 사보나롤라가 '사치품'이라고 했을 귀중품이 팔려나갔다. 훔쳐 가는 사람도 있었다. 와일드 자신은 펜톤빌에서 고된 노동을 하는 벌을 받았다. 쳇바퀴를 돌리거나 뱃밥을 만들어야 했다. 뱃밥이란 타르가 묻은 낡은 밧줄을 잘게 뜯어 배의 틈을 메우는 데 쓰는 물건인데 손가락의 살갗을 찢어놓는 가혹한 처벌이었다. 이후 조건이 조금 더 나은 레딩 감옥으로 옮겨졌는데 열차로 이동 중 치욕스러운 일을 당했다. 클래펌 역에서 환승을 하기 위해 교도관들과 기다리는데 와일드를 알아본 군중이 그를 조롱한 것이다. 귀중품뿐만 아니라 존엄, 자유 등 너무 많은 것을 빼앗긴 경험은 와일드의 성격을 영영 바꾸어놓았고 화려한 개성을 마음껏 뽐내던 그는 다소 어두워졌다.[31]

하지만 개성이 아주 없어지지는 않았다. 마침내 석방되었을 때 와일드는 다시 클래펌 역을 지나갔는데 수갑을 차고 있지 않았지만 여전히 교도소 관리들과 함께 있었다. 이번에는 기차를 기다리는 동안 와일드의 눈에 플랫폼 근처에 핀 꽃이 보였다. 와일드는 꽃을 향해 두 팔을 뻗으며 "아, 아름다운 세상이야, 아름다운 세상이야!"라고 외쳤다. 그러자 교도관은 말했다. "와일드 선생, 그러면 다 알아봅니다. 기차역에서 그런 말을 할 사람은 선생밖에 없어요."[32]

정말 그랬다. 그러나 풀려나기 몇 달 전 그가 『옥중기』에 썼듯 그는 "법이 아니라 예외 조항에 맞는 사람"이었다.[33]

*＊＊

서로 얽혀 있는 보편성과 다양성과 더불어 휴머니스트는 세 번째 자질을 중요시한다. 늘 그래왔다는 이유로 상황을 있는 그대로 받아들이지 않고 비판적으로 사유하려고 최선을 다하는 태도다. **어떻게** 특정한 상황이 나오게 되었는지 질문하고 때로는 무엇이 있든 **따지고 보면 옳지 않을 수도 있지 않을까** 생각한다.

오래전 소수의 휴머니스트는 여성에 대해 같은 질문을 했다. 역사나 신화에 등장하는 유명한 여성 인물의 목록을 작성하는 것이 인기 있는 놀이였던 때가 있었다. 보카치오는 1360년대 초반에 처음으로 『유명한 여성들』이라는 뛰어난 목록을 만들었다.[34] 파올로 조비오의 1527년 대화록 『우리 시대의 저명한 남녀』에 따르면 휴머니스트이자 정치가였던 조반니 안토니오 무셰톨라는 여성에게 "최고의 기술과 비상한 도덕"을 가르친다면 남성만큼 영리할 수 있다고 말했다. 그리고 또 이렇게 묻는다. 여성의 몸도 같은 피와 골수로 이루어져 있고 여성에게도 "삶을 향한 동일한 갈망"이 있는데 왜 여성의 정신이라고 다르겠는가?[35] 몽테뉴도 비슷하게 여성이 본성 때문이 아니라 사회적 기대와 역할 때문에 특정한 방식으로 행동한다고 멀쩡한 주장을 할 때도 있었다.[36]

이런 주장은 다 남성의 생각이지만 여성 또한 같은 세월 동안 여성을 위해 이런 논리를 펼쳐왔다. 앞서 만나봤던 크리스틴 드 피잔도 이런 생각을 1405년 『여인들의 도시』의 핵심으로 삼았다. 피잔의 이성의 목소리는 이렇게 묻는다. "왜 여성이 남자보다 덜 아는지 아는가?" 그리고 스스로 답한다. "매일 집에 남아 가정을 돌보아야 하는 탓에 폭넓은 경험을 하지 못하기 때문이다." 이어서 여성을 외딴 산속 마을에서 온 사람들에 비교한다. 순진하고 모자란 것처럼 보일 수 있지만 세상을 널리 경험하지 못했을 뿐이다.[37]

이후 이것이 울스턴크래프트의 여성 교육 비판의 토대가 된다. 20세기 페미니스트들은 사고실험을 통해 이런 논리를 검증해보았다. 버지니아 울프는 셰익스피어와 같은 능력을 갖추고 태어났지만 매 순간 좌절을 경험했고 배제되었던 그의 누이의 삶이 어땠을지 상상했다.[38] 시몬 드 보부아르는 1949년 저서 『제2의 성』에서 유년기, 청소년기, 성인기, 그리고 노년기까지 이어지는 여성의 삶을 추적하며 이 여성의 자신감과 자의식이 어떻게 각 단계에서 사회적 기대와 압박의 영향을 받는지 드러냈다. 그리고 이를 간결한 말로 정리한다. "여성은 태어나는 것이 아니라 만들어지는 것이다."[39]

이 모든 사례는 계통학적이고 비판적인 사고에 해당한다. 기원과 원인을 따진다는 의미에서다. 밀은 『여성의 종속』에서 성별이 "정말" 어떤 것인지 우리는 알 수 없다고 말한다. 여성이 남성 지배의 영향을 받지 않은 사회가 없었기 때문이다. 그래서 여성은 왜곡된다. 마치 특정한 모양이나 크기로 자라도록 강요된 온실의 식물 같다. (그뿐만 아니라 남성도 왜곡된다.) 반면 "분석력이 떨어지는 사람은 자신이 만든 결과도 알아보지 못하기 때문에 남성은 자신이 키운 그 식물이 저절로 그런 모양으로 자랐다는 게으른

믿음을 가진다."⁴⁰

그러나 무엇이든 미리 분석하지 않은 것에 '게으른 믿음'을 갖지 않으려고 노력하는 것이 휴머니즘 전통의 일부다. 휴머니스트는 질문을 던진다. 로렌초 발라는 눈앞에 놓인 문서를 면밀하게 살피면서 물었다. 이 문서는 어디서 왔는가? 이 문서가 진짜라는 증거는 어디서 왔는가? 누구의 이익에 종사하는가? 밀은 자기 스승 벤담이 모든 문제에 관해 이런 탐구 정신을 보여주었다고 칭송했다. 벤담을 "모든 기정사실에 물음을 던지는 사람"⁴¹, "위대한 전복자, 대륙 철학자들의 언어를 빌리자면 그 시대와 지역의 위대한 비판적 사상가"⁴²라고 말했다. 대체로 밀 자신에 대해서도 비슷한 말을 적용할 수 있다. 가령 밀은 노예제도를 정당화하려는 이유와 여성의 억압을 정당화하려는 이유가 연결되어 있음을 깨달았다.⁴³ 두 경우 모두 인간에 대한 근본적인 사실이 무시되고 있다고 보았다. 바로 사람이 경험과 교육에 영향을 받는다는 사실이었다. 밀은 바로 이런 통찰의 부재가 사회 진보를 막는 가장 큰 장애물이라고 생각했다.⁴⁴

그러나 이는 그다지 복잡한 사유를 요구하는 통찰이 아니다. 위대한 노예제 폐지 운동가이자 자서전 작가 프레더릭 더글러스는 1852년 7월 4일 연설에서 이 점을 기억에 남을 만큼 강력하고 명쾌하게 전달했다. "누군가 **나를** 노예로 삼겠다는데 그러라고 할 사람은 하늘 아래 단 한 사람도 없습니다."⁴⁵ 이 한 줄은 무려 아리스토텔레스로부터 시작된 산더미 같은 그릇된 논증을 죄다 무너뜨린다.

아주 간단해 보이는 이 발언의 이면에는 깊은 비판적 분석, 그리고 상당한 개인적 경험이 담겨 있다. 더글러스는 위의 논증 오류가 낳은 결과를 몸과 마음으로 직접 경험했다. 그는 노예제도와 인간성 말살이 사람을 어떻게 만드는지 알고 있었다. 스스로 겪었기 때문이다.

1817년이나 1818년에 메릴랜드주에서 태어난 더글러스의 어머니는 노예 해리엇 베일리였고 아버지는 알려지지 않은 백인 남성이다.[46] (노예 감독이거나 '주인님'이었을 것이다.) 아버지는 한 번도 아들을 찾으려고 하지 않았고 어머니와는 매우 어렸을 때 헤어졌다. 어머니가 12마일 떨어진 다른 농장으로 보내졌기 때문이다. 헤어지고 난 뒤에는 너덧 번쯤 만났을 뿐이다. 드물었지만 어머니는 어둠 속에서 그 먼 길을 몰래 걸어와 아들과 몇 시간을 함께 보낸 뒤 집으로 돌아가 다음 날 동이 틀 때 일하러 밭에 나갔다. 아주 조금만 늦었더라도 채찍질을 당했을 것이다. 이후 아들은 심지어 더 잔인한 집안으로 보내졌다. 아이들은 맨발로 다녀야 했고 침구나 옷도 주어지지 않았다. 돼지처럼 여물통에 담긴 옥수숫가루 죽을 먹었고 어떤 교육도 받지 못했다.

어린 시절 더글러스는 북부로 탈출하기 위해 여러 번 시도했고 매번 붙잡히다가 마침내 성공했다. 스스로 자유를 찾은 뒤 굉장한 말재주로 힘 있게 자신의 이야기를 들려주었다. 자기 삶을 담은 전기도 세 권 펴냈는데 그중 1845년 전기 『미국 노예 프레더릭 더글러스의 삶에 관한 이야기』는 미국에서 고전이 되었다. 여러 가지 의미에서 휴머니즘 문학의 고전이기도 하다. 교육에 관한 내용이고 종교적 문제를 자유롭게 고찰하는 자유사상가에 관한 내용이기도 하기 때문이다. (더글러스는 기독교인이었지만 노예제도를 옹호하는 남부 목사들의 위선을 싫어했다.) 그리고 인간성을 말살하려는 시도에서 빠져나오는 인간의 이야기다.

더글러스의 다른 저서 중에는 (더글러스의 두 번째 노예주) 토머스 올드에게 보내는 공개서한도 있다.[47] 자유인이 된 지 10년 만에 쓴 편지로, 올드가 적어도 초보적인 비판적 사고력을 가지고 스스로 한 짓에 대해 생각해 보게 만들려는 시도였다. 입장이 바뀌었다면 어떤 기분일지 상상해보고, 원인과 결과에 대해 반성할 것을 촉구한다. 더글러스는 올드가 얼마나 가혹하게 그를 학대했는지 이야기하며 탈출하다가 붙잡혀 총구 앞에서 15마일을 끌려간 일을 상기시킨다. "마치 장터의 가축처럼" 두 손이 묶인 채였다. "지금 이 편지를 쓰고 있는 오른손은…… 왼손과 꽉 묶여 있었습니다." 그런 고통과 수치가, 가령 올드의 딸 어맨다에게 가해졌다면 기분이 어떻겠냐고 더글러스는 묻는다. 어맨다가 밤새 납치당해 먼 곳으로 끌려가 고문을 당하고 소유물로서 장부에 이름이 적힌다면? 그렇다면 그것을 정당화할 법을 찾을 것인가? 그것이 자연스럽다고 말할 것인가?

그가 또 다른 저서 『나의 예속과 나의 자유』에서 말했듯 인간 세상의 그 어떤 것도 필연적이거나 자연적이지 않다. 심지어 잔인한 노예 소유주들에게도 이 원칙을 적용한다. 그는 만약 그들이 다른 맥락에서 살았다면 인도적이고 고상한 사람이 될 수 있었을 것이라고 말한다. 도덕과 인간성의 측면에서 노예제도는 노예주 또한 망쳐놓았다는 것이다. "노예뿐만 아니라 노예주도 노예제도의 피해자다."[48] 앞서 보았듯 이후 데즈먼드 투투 대주교 역시 남아프리카공화국의 아파르트헤이트에 대해서 비슷한 말을 했다. 제임스 볼드윈도 1960년에 같은 말을 했다. "끔찍하고도 엄연한 사실이지만 자신의 인간성을 떨어뜨리지 않고 타인의 인간성을 부인할 수 없는 법이다."[49] 더글러스는 일반적으로 "인간 인격의 모양과 빛깔은 주변에 있는 것들의 형태와 색에서 나온다"라고 말했다.[50]

우리는 주변 환경에 의해 형성된다. 반면 본질적인 자유는 여전히 갖고 있다. 그래서 우리를 형성하는 힘들을 **바꾸기** 위해 노력할 수 있다. 바로 이 노력에 더글러스는 생애를 바쳤다. 노예제 반대 운동을 위해 돌아다니며 글을 쓰고 활동했다. 더글러스의 연설은 상당한 충격을 주었는데, 그 내용 때문만은 아니었다. (키케로와 쿠인틸리아누스가 알고 있었듯 연설은 내용만으로 되지 않는다.) 더글러스는 목소리가 매력적이었고, 노예주를 비롯한 상대들을 흉내내는 재주도 있어서 관중은 종종 배꼽을 잡고 나동그라졌다.[51] 그러나 순간적으로 유머에서 멜로드라마로 전환할 수도 있었다. 겉모습도 도움이 됐다. 키가 크고 눈에 띄게 준수한 외모를 갖고 있던 더글러스는 일부러 이를 이용하기도 했는데 특히 사진을 활용했다. 사진이라는 새로운 기술에 관심이 무척 많았기 때문이다. 사진에 대해 네 차례 강연하기도 했으며 자기 모습이 담긴 사진을 남기기 위해 160번 넘게 자세를 취했다. 당대의 미국인들 가운데 가장 많은 축에 들 것이다.[52]

그림 45 프레더릭 더글러스. 1855년경 촬영한 다게레오타이프 사진.

　그뿐만 아니라 웅변술을 아주 잘 구사했다. 일고여덟 살 무렵 찾아온 실낱같은 행운 덕분에 갖게 된 능력이었다. 더글러스는 이 순간이 삶의 매우 중요한 전환점이었다고 말한다. 한동안 볼티모어에 있는 토머스 올드의 친척 집에서 지내게 된 것이다. 도시 환경 덕분에 배울 기회가 조금 더 많았고 그 집의 여주인 소피아 올드는 더글러스에게 글의 기초를 가르쳐주었다. 그러나 소피아의 남편은 노예 아이에게 글을 가르치면 불만만 커질 뿐이라면서 이를 중단시켰다. 남편의 말이 맞았다. 그 말을 들은 더글러스는 계몽의 순간을 경험했다. "노예 상태에서 자유로 가는 길"이 보였던 것이다. 글공부는 거기서 끝났지만 더글러스는 거리에서 만나는

백인 소년들의 도움을 받아 계속해서 읽기와 쓰기를 연습했다.[53]

그 과정에서 더글러스는 인생을 바꾼 책 한 권을 만났다. 케일럽 빙엄의 『컬럼비아의 연설가: 다종의 창작 및 발췌 연설문, 규칙 수록; 청년과 그 밖의 사람들을 위한 화려하고 유용한 웅변술 향상법The Columbian Orator』이었다. 이 책은 공부하고 또 모방할 수 있는 세련된 글로 가득했는데 대부분 노예제도 폐지와 전반적인 사회 정의에 대한 생각을 펼치는 것이 목적인 글이었다. 한 대화편에는 노예주와 노예가 노예제도에 관해 토론하는 내용이 나온다. 노예는 세 번째 탈주를 시도하다가 붙잡힌 상황이었다. 노예가 자신의 주장을 어찌나 능수능란하게 펼쳤는지 주인은 설득됐고 자진해서 노예를 풀어주었다. 지나치게 낙관적인 이 이야기를 읽은 어린 더글러스는 진실의 편에 서는 것, 그리고 언변이 중요하다는 사실을 확신했다. 그의 영혼은 "영원히 다시 잠들 수 없는 각성"을 경험했다.[54]

어른이 된 더글러스는 여러 원천에서 습득한 언어 능력을 사용해 연설문과 글을 작성했다. 『컬럼비아의 연설가』에서 제시한 그리스와 로마의 본보기도 참고했지만 거기 얽매이지는 않았다. 더글러스는 결정적인 말을 긴 문장의 마지막까지 아껴두는 방식의 키케로식 구조를 좋아했다. 그리고 두 문장의 순서가 서로 반대가 되는 "키아스무스chiasmus"라는 장치도 즐겨 썼다. 예를 들면 이와 같다. "인간은 이렇게 노예가 되었다. 이제 노예가 어떻게 인간이 되었는지 이야기하겠다."[55] 자서전에서 더글러스는 체서피크만에서 저 멀리 내다보이는 선박들을 향해 이렇게 호소하면서 수사의 돛을 올린다.

> 너희는 밧줄에서 풀려나 자유롭구나. 나는 사슬에 꽁꽁 묶여 있는 노예다! 너는 다정한 강풍에 즐겁게 움직이고 나는 피 묻은 채찍 아래 슬프게 일한다! 너희는 빠르게 날갯짓하며 세상을 다니는 자유의 천사! 나는 철의 족쇄에 갇힌 자![56]

생생한 묘사도 주저하지 않는다. 남부 교회들을 신랄하게 비판할 때를 보자. "목사는 인간을 도둑질하고 선교사는 여자에게 채찍질하며, 교인은 요람에서 아기를 납치한다. 피가 엉겨 붙은 소가죽을 휘두르는 사람이 주일에 설교단에 선다. (…) 노예 경매장의 종소리와 교회의 종소리는 하나로 울려 퍼진다."[57]

과거의 휴머니스트, 그리고 모든 문화권의 연설가들이 잘 알고 있었듯 세련된 언어는 인간에게 본질적으로 중요하다. 일반적으로 언어는 인간을 구성하는 요소 그 자체다. 우리의 사회적·도덕적 생애의 기초가 된다. 언어 덕분에 기존 세계를 지적으로 세밀하게 평가할 수 있고 최선의 추론을 적용할 수 있으며 세상이 어떻게 달라질 수 있는지 말을 통해 상상할 수 있다. 그리고 이런 추론과 상상을 타인에게 설득할 수 있다.

언어는 또한 투투 대주교가 말한 "생명 다발"로 인간을 묶는 데 큰 역할을 한다. 우리는 서로 소통하고 **연결**된다. 바로 이것이 휴머니즘의 탐구 영역을 확장하는 데 도움을 준 네 번째 생각이다.

* * *

안티휴머니스트는 "무엇이 있든, 있으면 옳다"라고 말하느라 바쁘지만 여기 대적할 좋은 휴머니스트 구호는 바로 이 책의 앞부분에서 이미 만나본 E. M. 포스터의 말 "오직 연결!"이다.

이 말은 포스터의 1910년 소설 『하워즈 엔드』에 나오는 말이다. 부르주아 계층의 슐레겔 집안과 윌콕스 집안 사이에서 펼쳐지는 복잡한 이야기다. 그리고 노동자계급의 바스트 부부의 삶도 이들과 엮인다. 윌콕스 집안의 가장 헨리는 남을 평가하기 좋아하고 위선적인 불량배 같은 사람이다. 슐레겔 집안의 관점에서 바라보는 마거릿 슐레겔은 헨리가 많은 것을 **알아채지** 못한다는 사실을 깨닫는다. "아무리 회색빛 대화지만 그 안에는 빛과 어둠이, 길을 가리키는 손가락이, 이정표가, 충돌이, 무한한 관점이 있는데" 헨리는 전혀 눈치채지 못한다. 이런 것들을, 혹은 이런 것들로 인해 삶이 영향을 받는 사람들을 연결하는 것이 무엇인지 보지 못한다. 그래서 자신의 잘못(바스트 부인과의 정사, 그리고 그 남편에게 건넨 형편없는 사업 조언 등)과 그로 인해 다른 이들이 겪는 일, 혹은 그에 대해 다른 이들이 보이는 반응을 연결 짓지 못한다. 생각에 잠긴 마거릿은 이렇게 결론짓는다. "오직 연결! (…) 더 이상 파편으로 살지 말기를."[58] 나중에는 헨리에게 직접 이렇게 말한다. "제발 어떻게든 연결을 시켜요, 헨리! (…) 나 좋자고 여자를 망치는 남자. (…) 사업을 어찌해라 엉터리 충고를 하고 아무 책임이 없다는 남자. 그 남자가 당신이에요."[59]

바로 이것이 더글러스가 올드에게 하려던 말이다. 노예로 사는 흑인들의 고통을 자기 가족의 속 편한 삶과 비교해보라고 부추기는 이유, 혹은 일요 예배 목사들의 고상한 설교를 다른 날 자행하는 고문과 견주어 보는 이유다. 노예제 폐지 운동을 하면서 더글러스는 언제나 그런 유사점을 보려고 애썼다. 그래서 다른 많은 사람들과 달리 노예제 폐지 운동가들은 참정권을 위해 싸우는 여성들을 공개적으로 지지했다.[60]

포스터 역시 정직성의 원칙을 자기 삶에 적용하려고 최선을 다했다. 1915년 친구에게 보내는 편지에서는 이렇게 말했다. "최후의 심판을 받는다면 이렇게 변호하겠습니다. '나는 가지고 태어난 모든 파편을 연결하고 사용하려고 애썼습니다.'"[61] 그러나 쉽지 않았다. 특히 동성애자라는 사실을 고백하는 일은 어려웠다. 이 말은 그런 맥락에서 나온 말이다. 영국에서 여전히 동성애적 행위는 법으로 금지된 상태였다. 포스터는 자신과 매우 비슷한 남성 동성애자가 등장하는 『모리스』라는 소설을 쓰고도 그것을 출간하는 위험을 감수할 수 없는 현실에 직면해 있었다.

포스터는 2년 전 저술가 에드워드 카펜터를 찾아갔을 때 이 책을 써야겠다는 생각을 했다. 카펜터는 놀랍게도 파트너 조지 메릴과 공개적으로 동거를 하고 있었다. 전원적인 숲속 집에서 사는 두 사람은 체제에 반대하는 채식주의자로 직접 땔감을 마련했고 카펜터는 책을 썼다. 이 책들은 여성 인권, 성적 문제에 대한 더 나은 교육, 그리고 성적 다양성에 대한 관용을 주장했다. 1896년 출간된 『사랑의 성년식』에서 (오스카 와일드는 이때 아직 감옥에 있었다)

그림 46 에드워드 카펜터와 조지 메릴.

카펜터는 인간의 삶을 더 풍요롭고 덜 **파편적으로** 이해함으로써 우리 존재의 성적인 부분을 절대 언급되지 말아야 할 것으로 취급하기보다 삶의 다른 부분과 통합해야 한다고 주장했다.[62] 카펜터는 성적인 부분을 제외하는 것이 삶을 가난하게 만들고, "인간성을 여위게" 한다고 생각했다. 그렇기 때문에 학교에서 성교육을 강화해야 한다고 보았으며, 생리적 기초 지식에 그치지 않고 더욱 중요한 "사랑의 **인간적** 측면"까지 다뤄야 한다고 주장했다.[63]

카펜터와 메릴은 행복 가득한 숲속 집을 찾아오는 손님들을 반갑게 맞이했지만 예외는 있었다. 집마다 문을 두드리며 천국으로 가고 싶지 않냐고 묻던 한 선교사를 쫓아내며 메릴은 이렇게 말했다. "우리는 **이미 천국에 와 있는데** 안 보입니까? 우리한테는 이보다 더한 천국이 **없으니까** 그만 가보세요!"[64]

포스터는 훨씬 더 따뜻한 환영을 받았다. 메릴이 호감을 표하며 장난스럽게 엉덩이를 툭 친 순간, 소설 『모리스』의 아이디어가 완성된 상태로 떠올랐다고 훗날 말하기도 했다.[65] 두 사람을 방문한 일을 계기로 포스터는 생각이 바뀌었다. 동성애로 돌아선 것이 아니라 (그 사실은 이미 잘 알고 있었다) 삶의 일부를 수치스럽게 감추기보다 삶 전체를 인정하면서 기쁘고 솔직하게 살 수 있다는 사실을 깨달았다. 포스터는 바로 소설을 쓰기 시작했다. 주인공은 학생 시절 서서히 자기 성적 지향을 깨닫고 마침내 노동자계급인 알렉 스커더라는 남자와 사랑에 빠진다. (역시 노동자계급이었던 메릴이 영감이 되었을 수 있다.)

책에서도 계급 문제가 중요하게 다루어진다. 포스터는 여기서도 계층과 성의 관계를 탐구하며 연결을 시도한다. 당시 부유한 동성애자 남성들은 언제나 협박당할 위험을 경계해야 했다. 모리스와 알렉은 이런 두려움이 낳은 결과를 극복할 방법을 찾아야 했다. 한편 모리스는 기존에 어떤 의심도 없이 당연시했던 특권을 깨닫는다. 과거에는 가난한 사람들에 대해 "그 사람들은 우리처럼 예민하지 않아요. 우리가 그들의 입장이었다면 괴로웠겠지만 그들은 그런 걸 몰라요"라고 게으른 말을 했다.[66] 그러나 이후 다른 인간들도 그 자신처럼 각자의 내면세계가 있음을 깨닫는다. 연결하는 것이다.

포스터 자신도 비슷한 각성을 겪었다. 자신은 가난이나 계층에 대한 선입견을 품고 있지는 않았으나 그런 선입견이 끼칠 수 있는 피해에 대해 매우 뚜렷한 입장을 갖게 됐다. 바로 이것이 『하워즈 엔드』에서 탐구하는 주제이기도 한데 (다소 서투르게 탐구한다는 의견도 있다) 야망이 큰 레너드 바스트의 경우 다른 사람들이 타고난 권리라고 생각하는 문화적 배경에 접근할 수 없다.[67]

여성 문제에서 포스터의 연결력은 좀 더 어려운 감정과 부딪쳤다. 생애 후반기에는 한 수첩에 이렇게 적었다. 여성의 참정권에 기꺼이 찬성하지만 사적으로 여성을 가까이하고 싶지는 않다.[68] **자신이** 원하는 남성과의 교제가 금지된 상황이 여성에 대한 이런 거부감을 부추겼을 것이다. 또한 언제나 따분한 이성 간의 연애를 중심으로 소설을 써야 했던 분위기도 피로감을 더했다.[69] 결국 소설 쓰기를 그만둔 이유도 이것일 수 있다.

그런데도 포스터는 여성 인물을 굉장히 잘 썼고 해리엇 테일러 밀이 말했던 온전한 "영역"을 향한 욕구를 생생하게 알고 있었다. 1908년 소설 『전망 좋은 방』의 주인공 루시 허니처치는 자유를 갈망하며, 중세 로망 속 기사를 기다리는 귀족 여인처럼 고상하지만 공허한 방식이 아니라 한 인간으로서 살 기회를 원한다.

루시 또한 묵직한 바람과 광막한 전경, 푸르른 망망대해를 동경한다. 온갖 재물과 아름다움, 전쟁으로 가득한 이 세상이라는 왕국을 루시도 보았다. 한가운데 타오르는 불꽃 주변으로 펼쳐진 눈부신 지각地殼은 멀어지는 하늘을 향해 빙빙 돌며 다가간다. 루시를 만나고 활기를 찾았다는 남자들은 지각 위를 즐거이 움직이며 다른 남자들과 매우 유쾌한 만남을 갖는다. 남자라서가 아니라 살아있기 때문에 느끼는 희열을 즐긴다. 막이 내리기 전에 루시도 영원한 여성이라는 고매한 이름을 버리고 덧없는 자기 모습으로 그곳에 가고 싶다.[70]

포스터는 이 모든 연결과 보편성 속에서도 계층과 피부색, 성이 유의미하다는 사실을 절대 잊지 않았다. 반면 동료들은 이 사실을 인정하고 싶어 하지 않았다. 1935년 파리에서 열린 국제작가회의에서 포스터는 동성애를 주제로 하는 또 다른(훨씬 암울한) 소설인 제임스 핸리의 『소년Boy』이 마주한 억압에 관해 이야기하면서 영국인들이 생각하는 자유는 강력하지만 한정적이라고 했다. "피부색과 계층에 한정되어 있습니다. 영국 남성의 자유를 말하지, 제국의 지배 아래 있는 민족들의 자유를 뜻하지는 않습니다."[71] 한편 영국 내에서 자유는 가난한 사람이 아니라 잘사는 사람에게만 주어지는 것이다. 성에 관해서는 더욱 한정적이다.

얼마나 한정적이었으면 포스터는 솔직하게 모든 것을 공개하고 싶은 마음으로 한달음에 써 내려간 『모리스』를 발표하지 않았다. 우리가 이 책에서 이미 만나본 다른 원고처럼 숨겨지고, 다양한 판본으로 만들어지고, 거의 사라질 뻔했다. 그는 타자를 치는 사람들에게 원고를 맡기기는 했지만 책의 온전한 의미를 알 수 없도록 (그러기를 바라면서) 두 부분으로 나누어 두 명에게 주었다. 이것이야말로 파편화이자 연결의 부재였다.

원고는 60년 동안 포스터의 책상 서랍 안에 보관되어 있었다. 때때로 원고를 꺼내 살을 붙이거나 퇴고하기도 했다. 1970년 그가 사망한 뒤에야 『모리스』는 마침내 출판사를 찾았고 이듬해 세상에 나왔다.[72] 잉글랜드와 웨일스에서 21세 이상 남성 간의 동성애를 처벌하지 않기로 한 지 4년째 되는 해였다.

연결, 소통, 온갖 도덕적·지적 유대, 다양성의 인정과 독단적인 규칙에 대한 의심은 모두 인류의 씨실과 날실이 된다. 우리가 태어난 곳의 문화적 맥락이 어떻든 이 땅에서 충만한 삶을 살게 해주고 서로를 최대한 이해할 수 있게 해준다. 절망 속에 갇힌 각각의 영혼이 사후에 뒤바뀔 운명에 희망을 거는 신앙 체계보다는 세속에서의 번영을 추구하는 윤리를 권장할 가능성이 크다. 오늘날의 휴머니스트는 로버트 G. 잉거솔과 마찬가지로 행복은 **여기** 이 세상에서 찾아야 하고, 행복해지는 방법은 남을 행복하게 만들기 위해 노력하는 쪽을 택할 것이다.

여러 종교뿐만 아니라 세속의 윤리관에도 오래도록 존재해온 황금률은 여기서도 상당한 의미가 있다. '내가 대접받고 싶은 대로 타인을 대접하라.' 반대로 다양성에 더 열려 있는 좀 더 겸손한 형태로 표현할 수도 있다. 내가 싫은 일은 남에게도 **하지 말라**.

완벽하지는 않지만 휴머니즘을 구별하는 좋은 법칙은 이것이다. 말하지 말고 보이지도 말라는 소리가 듣기 싫다면, 노예로 살거나 학대당하기 싫다면, 아무도 경사로를 설치할 생각을 못 해서 건물로 들어가지 못하는 것이 싫다면, 인간 이하로 취급당하는 것이 싫다면 아마 다른 사람들도 그것이 싫을 것이다.

『논어』에는 이렇게 나온다. "공자의 도는 최선을 다해 나의 인간다움을 이루는 것(충忠)과 타인을 대할 때 그들 또한 인간다움으로 살아 있음을 깨닫는 것(서恕)"[73]이다.

8
인간성의 전개

과학과 인문이 함께 그린 인간의 초상

주로 1800년대

새끼 곰과 새싹 — 위대한 자유주의 휴머니스트 세 명의 교육, 자유, 성장에 관한 생각 — 온전한 인간이 되고 싶은 빌헬름 폰 훔볼트 — 자유롭고 행복하고 싶은 존 스튜어트 밀 — 감미로움과 빛을 원하는 매슈 아널드

시몬 드 보부아르가 "여성은 태어나는 것이 아니라 만들어지는 것이다"라고 썼을 때 이는 에라스뮈스 같은 교육 이론가들의 오래된 사상을 새롭게 해석한 것이다. 에라스뮈스는 "인간은 태어나는 것이 아니라 만들어지는 것이 분명하다"라고 했는데 이는 플리니우스가 전한 옛이야기에서 가져온 생각이다. 플리니우스는 아기 곰이 처음에는 형태가 없는 덩어리인데 엄마 곰이 핥아

줘서 제대로 된 곰의 모습을 띠게 된다고 했다. 인간 역시 인간의 형태로 빚어져야 하는 것일 수도 있다. 몸은 그렇지 않더라도 적어도 정신은 그럴지 모른다.¹

교사의 입장에서는 만족스러운 관점이었을 것이다. 교사의 역할이 매우 중요하게 여겨졌기 때문이다. 인간을 **빚는** 존재라니! 한편 인간이 좋은 영향과 교육의 안내를 받아야 하는 것은 사실이지만 내면에 있는 자연 그대로의 '씨앗'을 스스로 키울 경우 제일 잘될 수 있다고 생각하는 사람들도 있었다. 발달에 관한 이런 두 가지 측면은 서로 모순되지 않았다. 학생들은 여전히 영양분을 제공하고 나쁜 영향을 물리쳐줄 좋은 선생님이 필요했다. 교사의 역할이 인간을 빚어내기보다는 좋은 방향으로 밀어주고 이끌어주는 것이라고 해도 자긍심을 느낄 여지는 충분했다. 인류의 앞날 전체를 이끄는 역할이라고 볼 수도 있었다. 만약 한 세대가 그 이전 세대보다 더 좋은 교육을 받고 이어서 새로운 교사들을 만들어낸다면 그 결과는 바로 계몽주의가 가졌던 위대한 목표, 즉 진보일 것이다. 프로이센의 철학자 이마누엘 칸트는 18세기 후반 교육에 대한 일련의 강연에서 이렇게 주장했다. 인간이 잠재력을 최대한 발휘할 수 있도록 돕는 것은 교사가 그 학생이 가진 "인간성의 씨앗이 펼쳐지도록" 돕는 일과 같다. 이보다 더 중요한 일은 없을 것이다.²

19세기에도 교육을 인간성의 전개로 보는 비슷한 이론이 이어졌다. 처음에는 프로이센을 비롯해 독일어를 사용하는 지역에서 시작되었고 이내 다른 나라에서도 이런 (그야말로) 진보적인 사상을 배웠다. 이런 접근법은 독일어 단어 두 개로 요약할 수 있다. 하나는 빌둥Bildung이다. '교육'을 뜻하지만 '그림Bild'을 뜻하는 말에서 파생되었으므로 그림을 그리거나 형성한다는 의미도 품고 있다. 그래서 빌둥은 사람을, 대개 젊은 남성을 만들거나 형성한다는 의미가 있다.³ 인생 경험과 멘토의 영향력은 소년이 완전한 인간성을 발달시키고 성장하도록 도와주며, 소년은 성인들의 사회에서 원만한 일원으로 제자리를 찾을 준비를 마친다.

또 다른 단어는 후마니스무스Humanismus였다.⁴ 놀랍게도 19세기에 들어와서야 독일에서 처음으로 이 단어를 특정한 활동 분야, 혹은 인생철학을 의미하는 명사로 썼다. 앞서 이탈리아에는 우마니스티가 많고 많았지만 그들의 활동이 우마네시모umanesimo라고 명명되지는 않았다. 처음에 후마니스무스는 그리스와 로마의 고전을 중시하는 교육법을 주로 의미했다. 1808년 이 말을 최초로 사용한 것으로 기록된 교육 이론가 프리드리히 이마누엘 니트함머는 그런 맥락에서 썼다. 이후에는 역사, 언어, 예술, 도덕철학뿐만 아니라 교육 등의 분야 전반을 일컫는 단어로 의미가 확장되었다. 19세기 중반에 이르면 독일 역사학자들은 앞서 온 이탈리아 학자들에 대해 이야기할 때 시대를 거슬러 이 말을 쓴다. 라이프치히대학교 교수 게오르크 포크트의 1859년 저서 『고전 시대의 부활 혹은 인문학의 첫 세기Die Wiederbelebung des classischen Alterthums oder das erste Jahrhundert des Humanismus』에서도 매우 자주 나온다.⁵ 이 방대한 연구서는 페트라르카에 관한 긴 장으로 시작하여 그를 "후마니타스, 인간의 정신과 영혼에서만 찾아볼 수 있는 고유한 모든 것"의 현현으로 그린다. 스위스 역사가 야코프 부르크하르트가 이듬해 발표한 『이탈리아의 르네상스 문명』에서도 한 가지 주제로 언급된다.[6] 하지만 부르크하르트는 고서 수집가나 문헌학자들에 대해 그다지 관심이 크지는 않았다. 오히려 레오나르도 다빈치 같은 당대의 다재다능하고 다차원적인 "만능인"을 더 흥미롭게 여겼다. 이제 북쪽의 교육학자들은 그런 인물을, 적어도 그와 비슷한 인물을 새로운 교육체계를 통해 만들어낼 수 있을지 궁금했다. 그러려면 주입식으로 기술을 가르치는 좁은 의미의 교육이 아닌 다면성, 전인적 조화를 목표로 한 교육이 되어야 할 터였다.

이런 시도를 대규모로 실행에 옮길 수 있었던 최초의 인물은 바로 빌헬름 폰 훔볼트였다. 1809년 프로이센 정부는 새로운 시대를 위한 교육체계 전반의 재설계를 훔볼트에게 맡겼다. 프로이센 교육은 이후 엄격하고 틀에 박힌 교육이라는 명성을 얻었지만 이를 만든 사람은 여러 면에서 놀랍도록 자유분방했고 자유와 인문적 교양에 대한 커다란 애착을 동력으로 움직였다. 훔볼트의 사상은, 그가 생전에 추구했던 사상뿐만 아니라 한동안 발표하지 못했던 사상까지, 영국을 비롯한 유럽 전역의 교육학자와 사상가에게 영감을 주었다. 특히 두 영국 작가에게 영향을 끼쳤는데 그들에 대해서는 이 장의 후반에 가서 이야기하자.

그 전에 빌헬름 폰 훔볼트를 살펴보자. 교육 이론가였을 뿐만 아니라 예술품 수집가였고 진지한 언어학자였으며 성적으로는 확실히 별난 면이 있었다. 그가 어떤 예술품을 수집했고 어떤 언어를 공부했는지 궁금하다면? 계속 읽어보시길.

＊＊＊

훔볼트의 유년기는 매우 특권적인 상황에서 '전개'되었다. 1767년에 출생한 훔볼트는 베를린 외곽의 호숫가에 아름답게 자리한 16세기 저택인 테겔 성을 소유한 가문의 장남이었다. 교육은 동생 알렉산더 훔볼트와 함께 가정교사에게 받았다. 형보다 두 살 어렸고 공부도 하는 둥 마는 둥 했지만 알렉산더가 더 많은 관심을 받곤 했다. 알렉산더는 변덕스럽고 외향적이었던 반면 자신은 더 조용하고 "내향적"인 유형이었다고 빌헬름 스스로 말한다.[7] 알렉산더는 커서 탐험가이자 과학자가 되었고 중앙아메리카와 남아메리카를 5년간 탐험하는 대담한 여정, 그리고 여러 권으로 이루어진 과학책 『코스모스Cosmos』로 이름을 알렸다. 알렉산더 훔볼트의 이름을 딴 사물이 산맥, 식물, 펭귄 등 그야말로 수백 가지다. 괴테는 알렉산더와 만난 뒤 흥분을 감추지 못하며 이렇게 말하기도 했다. "정말 대단한 사람이다! (…) 수많은 관이 달린 분수 같은 사람이라 그 아래에서 그릇만 들고 있으면 시원하고 끊임없는 물줄기가 무한히 흘러나온다."[8]

빌헬름도 그만의 매력이 있었지만 퐁퐁 솟는 분수보다 유유히 흐르는 냇물 같았다. 그 또한 과학과 자연사에 관심이 있었지만 진정한 재미를 느낀 분야는 인문학, 특히 언어, 예술, 정치였다. 이런 분야에서는 그도 알렉산더만큼 모험심이 큰 이단아로서 그 나름의 "내향적"인 방식으로 자기만의 빛을 따라가고자 했다. 학구적이지만 근엄한 사람은 아니었다. 딸은 아버지가 항상 "유쾌

그림 47 빌헬름 폰 훔볼트의 초상을 그린 판화.

하고 재치 있는" 사람일 뿐 아니라 "더할 나위 없는 선의와 친절" 을 보였다고 말했다.⁹ 이후 빌헬름의 이름이 붙은 것도 많이 생겼 다. 다만 펭귄이 아니라 학교와 대학 등이라는 점이 달랐다.

형제는 자라서 같은 대학교에 갔고 특이하게도 가정교사가 이 들을 동반했다. 1789년에는 빌헬름의 인생에서 두 가지 사건이 벌어진다. 그와 또 다른 가정교사가 프랑스를 여행 중일 때 프랑 스혁명이 일어났다. 두 사람은 서둘러 파리로 향했다. 혁명을 직 접 봄으로써 배울 게 많다고 여겼기 때문이다. 혁명을 목격한 빌 헬름은 혁명 정치로 방향을 틀지는 않았지만 전반적으로 자유로 운 분위기, 그리고 여전히 시내에서 쉽게 볼 수 있었던 극빈자들 의 삶에 깊은 인상을 받았다. 빌헬름은 이렇게 썼다. "인간의 극도로 끔찍한 불행까지 연구하는 사람은 거의 없다. 하지만 이보다 더 필요한 연구가 어디 있는가?"[10] 인간의 삶과 경험에 관한 연구가 필수적이라는 생각은 이후에도 사라지지 않았다.

1789년에 일어난 또 다른 사건은 외부적인 일이 아니라 훔볼트 자신의 사유에서 비롯되었다. 그는 아직 학생이던 시절 쓴 논문「종교에 대하여Über Religion」에서 국가가 사람들에게 믿음을 강요할 수 있는지에 관한 논쟁적인 주제를 다루었다. 한때는 당연하게 그럴 수 있다고 생각했지만 (적어도 통치 주체의 생각은 그랬다) 긴 계몽주의 시대 내내 존 로크, 볼테르 등의 철학자들은 회의적이었다. 젊은 훔볼트도 회의적인 입장이었다. 논문을 쓴 지 2년 후에는 자신의 결론을 좀 더 긴 정치학 저서에 담았다.『정부의 법적 권한을 정의하려는 시도를 위한 생각들』이다. 영어 제목은『정부의 영역과 의무The Sphere and Duties of Government』그리고『국가 행위의 허용 범위The Limits of State Action』두 가지인데 어떻게 번역하든 따분하게 들리는 것은 어쩔 수 없다. 하지만 내용은 대담했다.[11]

책의 주제는 시민의 삶에서 도덕적, 사상적 심판 역할을 자처한 정부였다. 정부 당국은 사회에 어떤 종교나 교리를 강요하는 것을 의무라고 생각하는 듯하다고 훔볼트는 썼다. 그러지 않으면 온통 부도덕과 혼돈이 지배할 것이라 생각했기 때문이었다.[12] 훔볼트는 휴머니스트적 이유에서 이에 동의하지 않았다. 도덕에 대한 그의 관점은 휴머니스트의 관점이었다. 도덕적 행위의 씨앗은 친절과 동료의식을 선호하는 인간의 자연적인 경향에 있다고 보았다. 이러한 감정은 올바르게 이끌고 성장시켜야 하지만 국가가 강요하는 계율로 대신할 필요는 없다. 훔볼트에게 사랑이나 정의 같은 원칙은 우리 자신의 인간성과 "달콤하고 자연스럽게" 어우러지지만 이런 어우러짐이 효과가 있으려면 자유로운 활동의 장이 필요하다.[13] 만약 국가가 독단적인 명령을 통해 도덕 원칙을 강제하면 그 자연적인 성장을 저해한다. 결국 특정한 믿음을 강요하는 국가는 시민들로부터 온전한 인간이 될 권리를 빼앗는다.[14]

그래서 훔볼트는 국가가 적어도 개인의 인간성과 도덕성의 문제에 관해서는 자제해야 한다고 충고한다. 사람들은 자기만의 방식으로 이를 고민할 수 있어야 한다. 단 한 가지 조건이 있다. 그들의 행위가 타인의 행복이나 발전을 저해하는 결과로 이어진다면 (가령 폭력적이거나 파괴적인 행동이라면) 국가가 개입해서 그들을 막아야 한다. 훔볼트는 이렇게 정치적 자유주의의 핵심적인 원칙을 주장한다. 정부의 주된 역할은 누구와 결혼하라, 무엇을 믿어라, 어떻게 예배를 올리라고 말하는 것이 아니라 사람들의 선택이 타인을 해하지 않도록 보장하는 것이다. 우리는 국가가 제시하는 대단한 도덕적 이상이 필요하지 않다. 국가가 괜찮은 삶과 자유를 위한 기본 조건을 제공하길 바랄 뿐이다.

훔볼트는 교육의 문제에서도 비슷한 원칙을 적용했다. 인성은 "어떤 외부적인 영향이 강제하거나 끈질기게 암시할 때보다 영혼 속 내면의 삶에서 저절로 전개될 때" 가장 잘 성장한다.[15] 그러려면 우리는 훌륭한 인문학 스승이 필요하지만, 국가의 주제넘은 규제는 필요하지도 원하지도 않는다.

이것은 전통적인 지배체제가 좋아할 수 없는 철학이다. (혁명 세력의 구미에도 맞지 않는 사상이다. 그들은 사회의 모든 면면에서 급진적인 변화를 원할 것이기 때문이다. 그러려면 개인의 조용한 삶과 사적인 선택에 대한 개입이 발생할 수밖에 없다.) 이런 책을 쓴 사람에게 정부가 훗날 국가 교육 사업을 설계하는 일을 맡겼다는 사실은 이상하게 느껴질 수 있다. 하지만 그가 이런 책을 썼다는 사실은 거의 아무도 몰랐다. 출판할 수 없는 내용이었기 때문이다. 친구이자 극작가 프리드리히 실러의 도움을 받아 출판하려고 애를 쓰기는 했지만 일부분만 정기간행물의 형태로 펴낼 수 있었다.[16] 결국 온전한 형태의 원고는 수많은 휴머니스트의 원고와 똑같은 신세가 되었다. 저자의 서랍 안에서 수십 년을 썩었다. 훔볼트는 이따금 원고를 살펴보면서 수정하기도 했지만 대개 그저 묵혀두고 기다렸다.

그동안 훔볼트는 제도권 내에서 저명인사가 되었다. 정부, 외교 관리로서 로마, 빈, 프라하, 파리, 런던 등 유럽의 다양한 지역에서 살았다. 1809년에 프로이센 교육 사업이 시작되었을 때 이런 탄탄한 경력이 도움이 되었다. 훔볼트는 체계적으로 과제에 임했지만 마침내 자신의 자유주의적인 사상을 실행에 옮길 기회라고 생각하기도 했다. 훔볼트의 교육 개혁 정책은 빌둥에 대한 그의 애착, 그리고 젊은이들에게 가능한 한 최대의 자유를 준다면 자신의 "인간성"을 가장 잘 성장시킬 수 있으리라는 믿음이 결합한 결과였다.

좀 더 어린 학생들의 경우 모두 같은 기초 교육을 받아야 한다고 생각했다.[17] (모든 남학생에 한해서였다. 그가 사는 세계의 다른 모든 사람과 마찬가지로 훔볼트 역시 여학생들을 제도에 포함해야 한다고 생각하지 못했다.) 노동자계급의 아이들을 바로 직업학교로 보내서 훈련하는 것보다 인격 형성을 목표로 하는 전반적인 빌둥에서 시작해야 한다고 생각했다. 모든 수준의 교육은 단지 여러 가지 기술과 능력을 가르치는 것이 주가 되면 안 되고 도덕적 책임감, 풍요로운 내면세계, 그리고 지식에 대한 지적이고 개방적인 태도를 가진 인간을 만드는 것을 목적으로 해야 한다. 이 모든 것을 배우면 어떤 삶의 길을 택하든 원만하게 살 수 있다는 생각이었다.

학자적 자질이 있는 학생은 더 높은 수준의 교육을 받을 수 있었다. 대학교에 갈 즈음에는 스스로 공부할 줄 알고 수동적으로 강의를 듣기보다 세미나와 독자적인 연구를 통해 지식을 쌓을 수 있어야 했다. 대학 교육은 "실질적인 가르침을 받는 데서 해방되는" 경험이어야 한다고 훔볼트는 말했다. 졸업한 뒤에도 교육은 끝나지 않는다. 훔볼트는 학교를 졸업하고 배운 것을 잊어버리기보다는 평생 공부가 이어져야 한다고 생각했다.[18]

어떤 면에서 이것은 시대적 분위기에 매우 어울리는 이상이었다. 심지어 여성을 고려하지 않았다는 면에서도 그렇다. 하지만 부분적으로는 20세기 중반 이루어졌던 급진적인 교육 실험처럼 들리기도 한다. 물론 그 시대에는 자유의 원칙을 좀 더 멀리 밀고 나갔다. 훔볼트의 원칙은 "뭐든 좋다"는 식은 아니었다. 그는 진정 조화롭고 다면적인 인간의 성장을 허용하고 돕고자 했다. 훔볼트가 꿈꾼 인간성과 자유는 프로이센 교육체계의 핵심으로 남았고 이후 다른 지역의 교육 이론에도 영향을 끼쳤다. 그로써 제기된 물음은 우리가 이 시대에 여전히 씨름하고 있는 물음과도 다르지 않다. 휴머니즘 교육의 목적은 무엇인가? 조화롭게 발달한 책임감 있는 시민 만들기가 목표라면 이 목표를 어떻게 수치화할 것인가? 경제적 또는 정치적 타당성은 어떻게 고려할 것인가? 실용적인 기술 학습과 전인적 빌둥에서 오는 보다 모호한 이득 간에는 어떤 균형이 필요할까? 학생에게는 얼마만큼의 자유가 주어져야 하며 학생의 삶에서 교사는 한 개인으로서 어떤 역할을 해야 할까? 직업 훈련 시기가 지난 뒤 이어지는 학습의 가치는 어떻게 평가해야 할까? 이런 질문은 교육 이론을 넘어 삶의 전반에서 무엇을 추구할 것인지에 관한 더 깊은 물음과 연결된다.

훔볼트 자신도 평생 배움을 추구하는 것을 진정 좋아했다. 조용히 어떤 지적 연구에 몰두할 수 있을 때 가장 행복해했다. 주된 연구 대상은, 각기 모양새는 달라도, 결국 인간이라는 파악하기 어려운 존재였다. 편지에 이렇게 쓰기도 했다.

> 삶에서 정복해야 할 정상은 단 하나. 모든 인간적인 것을 느끼고 판단하고 운명의 선물을 바닥까지 들이켜기. 고요하고 상냥한 존재로 살면서 새로운 생명이 마음속에 저절로 깃들도록 허락하기.[19]

그가 이런 목표를 추구하는 일을 무척 즐겼기 때문에 다소 순진할지 몰라도 다른 사람들도 같은 만족감을 느낄 것으로 생각했다. 그러나 격려할 수 있을 뿐 결코 강요할 수는 없다는 것을 알았다. 삶은 우리 안에 자유롭게 깃들어야 한다. 훔볼트는 자유에 대한 이런 믿음을 교육, 통치, 종교뿐만 아니라 자신의 인생에도 적용했다.

훔볼트는 카롤리네 폰 다헤뢰덴과 결혼했다. (아내를 부를 때는 '리'라는 애칭을 썼다.) 자녀를 가졌고 행복했던 것으로 보인다. 그러나 훔볼트의 사상만큼 행동도 관습을 벗어났다. 국가의 역할에 대한 비공개 논문에서 이미 훔볼트는 사람들이 결혼과 성적인 문제에서 자유로운 선택을 할 수 있도록 허용해야 한다고 썼다.[20] 물론 어떤 피해도 끼치지 않고 합의 아래 결정된 상황이라는 조건이 붙었다. 조건을 충족한다면 개인이 제 갈 길을 가듯 각각의 혼인 관계 역시 저마다의 길을 따라갈 수 있도록 내버려두어야 한다. 혼인 관계에도 개성이 있다. 결혼한 두 사람의 개성에서 비롯된 특성이다. 그것을 어떤 외부적인 규칙에 맞추도록 강제하는 것은 도움이 되지 않는다. 훔볼트는 언제나 그렇듯 국가의 역할은 사람들이 피해를 보지 않도록 보호하되 그 밖의 문제에서는 원하는 대로 하도록 내버려두는 것이라고 생각했다.

그래서 카롤리네는 다른 애인도 만났다. 남편보다 애인과 보내는 시간이 더 많을 때도 있었다. 그리고 훔볼트는 환상 속의 삶을 즐겼다. 틀에 얽매이지 않은 성적 성향에 대해서는 이미 언급한 바 있는데 이 사실이 알려진 이유는 오로지 그가 글로 남겼기 때문이다. 물론 발표하기 위한 글은 아니었고 자신의 공상을 적은 일기장에 남아 있다. 훔볼트는 여러 가지 상황에서 육체적으로 강한 노동자계급 여성을 제압하기 위해 애쓰는 환상에 매료되었다.[21] 가령 라인강을 오가는 여객선에서 일하는 한 여성에게 시선을 빼앗긴 적이 있었다. 때로는 매춘부와 이런 시나리오를 탐색해 보기도 했지만 대개 그저 공상만 했다. 이것이 흥미로운 이유는 그가 자신의 공상을 글로 쓰면서 그 심리적 기원과 영향을 찾아가며 성찰을 했기 때문이다. 훔볼트는 성적 욕구가 인간 본성의 다른 측면을 조명하는 것은 아닐지 고민하는 일기를 썼다. 지크문트 프로이트로 인해 이런 생각이 당연하게 여겨진 것은 훨씬 나중이었다. 훔볼트는 생생한 성적 공상을 하며 사는 삶이 인생의 방향을 형성하는 데 도움이 됐다고 추측하기도 했다. 더 "내향적"이 되었다는 것이다. 인간관계, 그리고 "모든 인격의 연구"에 대한 관심을 높이기도 했다. 이것은 결국 훔볼트의 학문적 인생의 핵심 과제가 되었다.

그렇다면 프로이센의 교육제도가 훔볼트의 별난 성욕에 빚을 진 것일까? 어떤 의미에서는 그렇다! 하지만 더 흥미로운 점은 무한히 복잡하고 변덕스러운 인간 본성에 대한 폭넓은 호기심에 그가 얼마나 깊이 몰두했는지 인생의 양면이 모두 보여주고 있다는 사실이다.

카롤리네와의 특이한 관계는 또 다른 다행스러운 결과를 낳았다. 두 사람이 자주 떨어져 있었기 때문에 주고받은 편지도 많았다는 점이다. 한 사람은 늘 응접실, 다른 한 사람은 서재에 있었다면 편지는 없었을 것이다. 훔볼트가 아내에게 보낸 편지는 풍부한 자료를 제공한다. 인간성, 교육, 그리고 기타 연구 주제에 관한 생각으로 채워진 덕분이다. 훔볼트는 대체로 편지 쓰기를 게을리하지 않았고 페트라르카나 에라스뮈스, 볼테르에 필적할 만큼 많은 편지를 썼다. 유럽의 여러 도시에서 살았기 때문에 온갖 지역에 모르는 사람이 없었고 내향적이었음에도 늘 그들에게 관심이 많았다. 카롤리네에게 보내는 편지에는 이렇게 쓰기도 했다.

> 삶에서 많은 사람을 찾고 발견할수록 더욱 풍요로워지고 자립심과 독립심이 강해지는 것 같아. 더 인간적이 되고, 그 사람의 다양한 본성에서, 모든 피조물의 면면에서 보이는 인간성에 더 쉽게 감동하지. 리, 나의 본성은 나를 바로 이런 목표로 이끌어. 이것이 내 삶이고 공기야. 나의 모든 욕구를 향한 마지막 열쇠가 여기에 있어. (…) 죽을 때 "내 능력이 허락하는 가장 큰 세상을 만나보았고 그 세상을 나의 인간성으로 탈바꿈시켰다"라고 말할 수 있는 사람은 목표를 달성한 사람이야.[22]

그러나 온갖 경험을 한 뒤에는 테겔 성이 있는 집으로 돌아가는 것을 무엇보다 좋아했다. 이 무렵 이미 부모님으로부터 집을 상속받은 뒤 동생과 공동으로 소유하고 있었다. 1820년대 초반에는 집을 거의 완전히 고쳤고 신고전주의 양식의 저택으로 바꾸었다. 거기서 카롤리네와 함께 시간을 보내면서 예술품을 수집했는데 당시 독일 지역에서 매우 인기가 높았던 형태의 작품들이 큰 부분을 차지했다. 로마와 그리스의 위대한 조각상을 모사한 석고상이었다. 자녀들도 테겔을 방문했고 이후 손주들도 왔다. 훔볼트는 글을 쓰고 연구를 계속했다.

훔볼트는 무엇보다 언어 학습에 가장 큰 지적 열정을 기울였다. 훔볼트는 이것이 인류 자체를 이해하기 위한 열쇠라고 생각했다. 우리가 대체로 상징과 관념, 말의 세계에서 사는 문화적 동물이기 때문이다. 카롤리네에게 보내는 편지에는 이렇게 썼다. "오직 언어 공부를 통해서만이 관념의 세계 전체, 인간과 관련된 모든 것이 모든 생각과 감정의 원천으로부터 나와 영혼 속으로 들어오며 그것들은 다른 어떤 것보다, 심지어 아름다움과 예술보다 뛰어나지."[23]

훔볼트는 여러 나라에서 일한 덕분에 그 나라 언어에 몰두할 기회를 얻었다.[24] 스페인 반도나 그 근처에서 시간을 보내면서 바스크어를 배웠고 로마에 있을 때는 에트루리아 비문을 연구했다. 아이슬란드어, 게일어, 콥트어, 그리스어, 중국어, 산스크리트어 등 더 멀리 떨어진 곳들의 언어도 공부했다. 탐험을 떠났던 동생 알렉산더도 형이 아메리카 원주민 언어를 배울 수 있도록 자료를 가지고 돌아왔다.[25]

시간이 지날수록 알렉산더는 젊은 시절에는 주로 피하려고 했던 테겔을 더 자주 방문했다. 바깥세상에서 흥미로운 이야기와 정치 소식을 가지고 와서 훔의 가족을 즐겁게 해주었다. 반면 훔볼트는 한 번도 신문을 읽은 적이 없다고 주장하곤 했다. "중요한 소식은 어차피 귀에 들어오게 되어 있고 나머지는 볼 필요도 없는 것들이거든."[26] 두 형제는 아주 뚜렷한 대비를 이루었다. 한 사람은 밖을, 다른 한 사람은 안을 바라보았다. 한 사람은 분수처럼 솟아 나오는 당대의 사건들을 따라갔고, 다른 한 사람은 문명 속으로 파고드는 오랜 연구에 빠졌다.

1829년에는 카롤리네가 세상을 떠났고 훔볼트는 여생을 테겔에서 마지막 연구를 하면서 보냈다. 인도네시아 자바섬의 종교적이고 시적인 언어, 카위어를 공부한 것이다. 연구를 시작하면서 서문을 썼는데 이 서문이 보통의 책 한 권만큼 길어졌다. 여기서 훔볼트는 자신의 포괄적인 언어 이론을 설명했는데 이 이론은 각각의 언어를 해당 문화 세계관의 표현으로 보는 그만의 전체론적 접근 방식을 적용하고 있었다.[27]

하지만 시간이 모자랐고 훔볼트는 책을 끝내지 못했다. 카롤리네가 죽은 후 5년 뒤 훔볼트의 건강도 나빠졌다. 영국에 살고 있던 딸 가브리엘레 폰 뷜로가 자녀들을 데리고 아버지를 보살피러 왔다.[28] 변치 않는 언어학자였던 훔볼트는 코스모폴리탄으로 사는 손주들이 독일어와 영어를 아무렇지 않게 섞어 쓰는 모습에 감탄했다. 1835년 3월에는 고열에 시달리며 의식이 혼미한 상태로 빠져들었는데 그동안에는 그 또한 프랑스어와 영어, 이탈리아어를 섞어서 중얼거렸다. 어느 한 순간에는 또렷하게 이렇게 말했다. "무언가 뒤따를 것이다. 아직 오지 않았어. 아직 밝혀지지 않았다, 아직……." 훔볼트의 가족은 임종을 위해 모였다. 4월 8일 훔볼트는 벽에 걸린 카롤리네의 초상화를 갖다달라고 말했다. 손가락에 입을 맞추어 그림에 갖다 대고는 "안녕! 이제 다시 벽에 걸어!"라고 마지막으로 말한 뒤 숨을 거두었다.[29]

훔볼트가 제시한 교육론은 광범위한 영향을 미쳤고 독일어권 대부분에서 20세기까지 지배적이었다. 그러나 1933년 권력을 잡은 나치는 그의 교육 이론과 휴머니즘적 이상을 완전히 폐기했다. 그리고 훔볼트의 방식을 거대한 세뇌 기구로 대체했다. 남학생은 전사로, 여학생은 더 많은 전사를 생산하기 위한 어머니로 만들기 위해 설계된 기구였다. 원만하고 전인적이며 자유롭고 교양 있는 개인의 형성은 파시스트의 세계에서 설 자리가 없었다. 그들은 "인간"을 만들 생각이 전혀 없었다. 오히려 그 반대였다.

훔볼트의 교육관처럼 훔볼트가 젊은 시절 자유에 대해 가졌던 정치적 관점도 그의 사후에 제 갈 길을 갔다. 훔볼트가 세상을 떠나자 상속자들은 그의 서재에 있는 원고들을 살피기 시작했고 반세기 동안 그대로 남아 있던 국가의 제한적인 권한에 대한 논문을 찾았다. 다행히 알렉산더가 형의 글을 선별해서 여러 권의 책으로 묶는 만만치 않은 일을 도맡은 덕분에 논문은 마침내 세상으로 나올 수 있었다.『정부의 법적 권한을 정의하려는 시도를 위한 생각들』은 이 선집의 일부로 1852년에 출간되었다.

책은 영어를 포함해서 여러 언어로 번역 출간되었고 순식간에 영국 독자들의 상상력을 사로잡았다. 책을 읽은 젊은 세대 중에는 당대의 가장 자유주의적인 사상가 존 스튜어트 밀이 있었다. 그와 결혼해서 해리엇 밀이 된 공동 연구자이자 동반자 해리엇 테일러도 함께 읽었다.

*　*　*

우리는 앞선 장에서 두 사람의 여성주의적 관점을 이미 만나보았다. "인간에게 바람직한 영역"에 대해 이야기하며 여성 역시 닿을 수 있는 가장 크고 높은 영역을 꿈꿀 권리가 있다고 말한 해리엇의 주장은 분명한 휴머니즘이었다.[30] 한편 밀은 정치적 자유주의와 관련해 총체적인 이론을 발전시켰다. 밀 자신의 페미니즘과 해리엇과 나눈 대화 등은 이 이론에 강력한 영향을 끼쳤고 훔볼트의 글도 그러했다. 1859년 그는 짧지만 매우 영향력 있는 저서 『자유론』을 출간하면서 국가의 권한에 관한 훔볼트의 유작을 인용했다.

> 이 책에서 여기까지 전개된 모든 논증이 향하고 있는 저 위대한 최고 원칙은 인간 다양성의 가장 풍요롭고 폭넓은 발달이 절대적이고 근본적으로 중요하다는 원칙이다.[31]

밀의 주제는 자유이지만 시작부터 이런 내용을 인용함으로써 그 자유를 폭넓은 휴머니즘 전통에 단단히 심어놓는다. 이 내용에 담긴 두 단어, 다양성과 발달은 밀의 사유 속에서 항상 자유라는 말을 동반한다. 세 가지는 각각 서로에게 영양분을 제공한다. 밀은 우리에게 자유가 주어지면 온전한 인간으로 발달할 수 있다고 생각했지만 삶을 살아내는 온갖 다양한 방식을, 심지어 극도로 독특한 삶의 방식이라도 충분히 경험해야 한다고도 했다. 자유로운 사회는 우리가 다양성을 경험함으로써 우리 내부에 있는 그런 가능성을 발달시킬 수 있도록 돕는다. 이 모두가 국가의 개입이 없는 문화적으로 풍요로운 환경에서 이루어진다. 물론 타인을 해하는 경우는 예외다. 밀은 훔볼트와 마찬가지로 우리의 자유와 경험의 추구가 타인에게 피해를 줄 때 개입하는 것이 국가의 역할이라고 생각한다. 무얼 **해야 한다**고 사람들에게 말할 권한은 국가에 없다. 단 하나의 완벽한 삶의 방식이나 도덕론을 정의하는 것은 국가의 역할이 아니다. 국가의 역할은 우리가 타인의 공간을 빼앗지 않고 우리의 팔다리를 쭉 뻗을 수 있는 공간을 확보해 주는 것이다.

밀 또한 교육에 제대로 접근하는 것을 매우 중요하게 생각했고 여기서도 다시 한번 다양성을 강조했다. 우리는 우리를 확장해 줄 경험이 필요하고 이것은 "실험적인 삶을 산다"라는 의미이기도 하다. 훔볼트도 우리가 획일적인 삶의 본보기를 지향점으로 삼기보다 "다양한 상황"을 통해 가장 잘 배운다고 썼다.[32] 그뿐만 아니라 다양성을 경험하면 더욱 관용적인 사람이 될 수 있다. 몽테

그림 48 (왼쪽) 해리엇 테일러 밀. 1834년경. 작자 미상. 런던 국립초상화박물관 소장.
그림 49 (오른쪽) 존 스튜어트 밀. 1865년경.

뉴가 여행의 이점에 대해서 말했듯 "수많은 감정, 교파, 판단, 의견, 법, 관습을 보면 우리 자신의 것들을 분별력 있게 평가할 수 있다."³³

그러므로 밀은 자유로운 사회가 "그것이 실용적인 생각이든 사변적인 생각이든, 과학이든 도덕이든 종교든, 모든 주제에 대한 모든 생각과 감정의 자유를 절대적으로 보장"해야 한다고 주장한다. 여기에는 모든 생각과 감정을 공개적으로 피력할 자유도 포함된다. 비밀로 해야 하는 자유는 자유가 아니기 때문이다. 밀은 그런 표현이 불쾌하게 여겨질 수 있다는 것을 인정한다. 다른 사람들이 "어리석거나 변태적이고 잘못되었다"라고 생각하는 행동을 하는 사람들도 있기 때문이다. 그렇지만 타인에게 진정한 피해를 주지 않는다면 문제가 되지 않는다. (물론 "피해"를 정의하는 일은 너무 복잡하기 때문에 아직 다투고 있다.)³⁴

『자유론』에서는 이런 사유 방식의 다른 귀결, 특히 성적이나 종교적인 귀결에 대해 암시한다. 밀도 훔볼트처럼 개인이 남에게 피해를 주지 않는 한 자신만의 방식으로 관계를 형성해야 한다고 생각했다. 훔볼트와 카롤리네처럼 그와 해리엇도 색다른 관계였다. 그래도 이 경우 (우리가 아는 한) 여객선에서 일하는 여성에게 끌리는 사람은 없었다. 두 사람은 만나서 사랑에 빠진 뒤 20년간 결혼할 수 없었다. 해리엇이 이미 결혼한 상태였고 당시 이혼은 거의 불가능했기 때문이다. 남편 존 테일러는 나쁜 사람 같지는 않지만 해리엇이 겨우 열여덟 살일 때 결혼했고 해리엇은 나중에야 두 사람이 잘 맞지 않는다는 사실을 깨달았다. 처음 밀을 만난 해리엇은 무엇보다 그가 몇 시간 동안이든 철학과 정치, 도덕에 대해 논할 수 있는 사람이었기 때문에 푹 빠졌다. 두 사람은 아주 친한 친구였다가 연인이 되었고 결국 존 테일러의 묵시적인 허락을 받아 함께 살다시피 했다. 그러나 여러 가지 불편을 피하고자 둘은 사교계의 친목 활동과 멀리 떨어진 외곽에서 조용히 살았다. 이런 삶이 약 15년간 이어지다가 1849년 존 테일러가 암으로 사망했다. 충분한 애도의 기간을 가진 뒤 해리엇과 밀은 결혼했지만 일반적인 결혼 서약을 약간 다듬었다. 당시 결혼을 하면 남편은 아내의 재산을 포함해 아내의 일을 거의 전적으로 통제할 수 있었다. 그런 권리를 법적으로 포기할 수는 없었지만 결혼식에서 밀은 법적 권리에 동의하지 않으며 절대로 권리 행사를 하지 않겠다고 약속하는 "결혼 성명"을 낭독했다.[35] 그렇게 훔볼트 부부처럼 두 사람은 국가가 정한 길을 거부하고 두 사람의 생각에 맞는 원칙을 선택했다.

또 다른 민감한 문제는 종교였고 이에 대한 밀의 감정은 살면서 변화했다. 노년에는 추상적이고 자연론적인 신이 인간사와 멀리 떨어진 어딘가에 있다는 가능성을 고려한 것 같다. 그러나 평소에는 그런 믿음조차도 겉으로 드러내지 않았다.[36] 당시로는 매우 드물게도 밀은 자라면서 어떤 종교도 강요받지 않았다. 아버지 제임스 밀은 불가지론자로 개신교 집안에서 배운 것들을 거부하고 친구 제러미 벤담의 공리주의 철학을 택했다. 그래서 밀에게는 공리주의가 주입되었다. 잠시 밀의 어린 시절로 돌아가 보자.

공리주의 이론에 아이를 몰입시키는 방식은 몽테뉴의 아버지가 아들을 라틴어 구사자로 만들고자 노력한 이래로 가장 기이한 교육 실험 가운데 하나였을 것이다. 그런데 이마저도 실험의 일부에 불과했다.³⁷ 제임스 밀은 아들에게 라틴어만 쓰지는 않았지만 아이들을 가정에서 교육했고 아들이 아주 어릴 때부터 고전학 공부를 시켰다. 아장아장 걷던 세 살 때부터 『이솝 우화』를 이용해서 그리스어를 가르쳤고 이후 헤로도토스, 크세노폰, 플라톤으로 넘어갔다. 일곱 살쯤 됐을 때는 라틴어도 가르쳤다. 밀은 동생들에게 배운 것을 가르치는 역할도 맡았다. 매일 아침 식사를 하기 전에 밀은 아버지와 함께 런던 북쪽 뉴잉턴 그린을 산책했다. 아직 개발이 이루어지지 않은 쾌적한 전원 지역이었다. 이것은 행복 지수가 높은 일이어야 했지만 그렇지 않았다. 산책할 때 밀은 전날 읽은 내용을 말로 설명해야 했으며 아버지가 "문명, 정부, 도덕, 정서 함양" 등에 대해 하는 말에 귀를 기울여야 했다. 그런 다음 아버지가 한 말을 자신만의 언어로 요약해서 되풀이해야 했다. 어머니 해리엇 배로 밀의 생각이 어땠는지 알 수 있다면 좋겠지만 페미니스트답지 않게 밀은 자서전에서 한 번도 어머니를 언급하지 않는다.

밀은 처음에는 아버지의 영향력을 그대로 흡수했고 어릴 때 자신만의 공리주의협회를 만들기도 했다. 회원은 세 명이었다. 이후에도 공리주의 사상을 발전시키고 활용했다. 『자유론』에서 자유가 주는 이익과 손해의 균형에 관해 설명할 때 그 영향을 발견할 수 있다. 그러나 스무 살 무렵 그런 균형에 대한 관점이 바뀌는 경험을 했다. 우울감에 빠진 것이다. 그로 인해 페트라르카가 약

500년 전에 느꼈던 무기력과 비슷한 상태를 경험했다.^38 그 어디서도 즐거움을 찾지 못했다. 이로 인해 밀은 행복 계산법에 의구심을 가졌다. 더 깊은 이유에서 행복을 **느낄** 수 없다면 행복 단위를 계산하는 것이 무슨 소용이란 말인가?

밀은 예상치 못한 계기를 통해 어느 정도 이런 우울감에서 빠져나올 수 있었다. 시를 발견한 것이다. 아버지도 벤담도 시가 무슨 소용인지 알지 못했다. 벤담은 시에 대해서 페이지의 가장자리에 미치지 못하는 글이라고 경솔하게 정의한 적이 있었다.^39 그러나 존은 마치 반항하듯 시와 사랑에 빠졌고 특히 분출하는 감정과 자연에 대한 사랑으로 꽉 찬 윌리엄 워즈워스의 작품을 좋아했다.^40 워즈워스는 『서곡』에서 개인의 내면세계의 전개와 발달을 어린 시절부터 따라가 보는 시도를 하기도 했다. 매우 **빌둥**적인 시도였다.

워즈워스를 읽으면서 밀은 인간이 이런 깊은 만족감이 필요하다고 생각했다. 다른 동물은 그래 보이지 않는 것 같았다. 우리는 의미를 갈망한다. 아름다움과 사랑을 애타게 찾는다. "자연물, 예술적 업적, 시의 상상력, 역사 속의 우연한 사건들, 과거와 현재, 그리고 미래에 가능하게 될 인류의 삶의 방식", 즉 문화의 모든 면면에서 발견할 수 있는 만족감을 추구한다.^41 (잔노초 마네티의 『인간의 가치와 탁월함에 대하여』가 떠오른다. "평가하고 기억하고 이해할 수 있는 인간의 능력이란 얼마나 큰 기쁨을 주는가!"^42) 행복의 추구는 여전히 좋다고 생각했지만 밀은 이때부터 특정한 종류의 행복이 더욱 의미가 있다는 사실을 깨달았다.^43 자유로운 기분, "살아있는" 기분,

"인간"이라는 기분이 그런 기분이었고 『여성의 종속』에서 바로 이런 기분에 관해 썼다.⁴⁴ 엄격한 공리주의에서는 쉽게 받아들일 수 없는 관점이다. 계산할 수 있는 행복 단위가 아니라 다시금 계산할 수 없고 측정할 수 없는 성질로 후퇴하는 것이기 때문이다. 하지만 밀의 새로운 접근 방식은 덜 정밀할지언정 더 섬세했다. 밀의 생각은 벤담의 생각보다 더 **인간적**이었다.

밀의 인간적인 요소는 공리주의뿐만 아니라 자유주의 또한 향상시켰다. 오늘날 '신자유주의'라고 하는 억지스러운 사상과 차별화되는 부분도 이것이다. 신자유주의에서는 부유층이 어떤 규제도 받지 않고 이익을 챙기고 나머지 사람들은 부유층의 약탈이 사회에 남긴 결과와 씨름한다. 밀, 그리고 훔볼트가 말하는 자유는 이런 것이 아니다. 진정 자유로운 사회는 더 깊은 만족감을 귀중하게 여기고 가능하게 만든다. 아름다움의 의미, 문화적·개인적 경험의 다양성, 지적 발견이 주는 흥분, 사랑과 친교의 즐거움을 추구할 수 있게 한다.

밀은 『자유론』에 담긴 생각에 해리엇이 많은 기여를 했다고 늘 말했고 훨씬 나중에 발표된 『여성의 종속』도 마찬가지였다. 그렇지만 표지에 해리엇의 이름을 넣을 정도는 아니었다. 만약 그렇게 하고 싶었다고 해도 해리엇의 유작이 되었을 것이다. 두 책이 출간되기 전에 사망했기 때문이다. 1858년 결핵으로 추정되는 호흡기 질병으로 아비뇽에서 죽었다. 햇볕과 더 맑은 공기를 찾아 더 남쪽으로 내려가는 길이었다. 아비뇽에 아내를 묻은 슬픔에 밀은 근처에 집을 사기까지 했다. 해리엇이 (테일러와) 낳은 딸과 함께 그 지역에 머물기 위해서였다. 묘비에 적을 비문도 그가 썼다. 해리엇의 업적을 칭송하는 내용으로 가득한 비문에는 이런 내용도 있었다. "그녀와 비슷한 마음과 지성을 가진 사람이 조금만 더 있었어도 이 땅은 이미 모두가 바라는 천국일 터다." 다른 천국은 언급하지 않는다. 해리엇은 사후 다른 휴머니스트와 마찬가지로 업적과 글이 남긴 흔적을 통해 오직 기억 속에만 존재할 터였다.[45]

밀은 계속해서 정치와 철학 분야 연구를 이어갔고 페미니스트 사상을 실천하고자 1865년 영국 의원 선거에 출마했다.[46] 여성에게 투표권을 주겠다는 공약도 했다. 당선된 뒤에는 여성참정권

그림 50 「밀의 논리; 혹은 여성의 참정권」. 존 스튜어트 밀과 리디아 어니스틴 베커 등을 보여주는 만평.

을 보장하는 1867년 선거법 개정안을 입안했으나 (법에 있는 "남성"을 "사람"으로 바꾸자고 제안했다) 통과되지 않았다. 하지만 이를 둘러싼 의회 내 토론은 발전적이었고 밀은 이후 이를 자신의 가장 중요한 업적으로 여겼다. 5년 후인 1873년에 밀은 사망했고 아비뇽에 있는 해리엇 옆에 묻혔다.

훔볼트와 밀의 사상은 오늘날에도 여전히 자유 사회의 초석으로 남아 있다. 자유에 관한 사상뿐만 아니라 둘의 휴머니즘도 그렇다. 두 사람 모두 인간의 만족에 기초한 사회를 꿈꾸었고 그런 사회에서 개인은 최대한으로 삶을 전개하고 인간성을 실현할 수 있다고 보았다. 오늘날 그 어떤 사회도 이런 이상을 완성했다고 말할 수는 없다. 갈 길이 멀다. 그러나 고정된 완벽한 이상에 다다르는 것은 결코 자유주의나 공리주의의 목표가 아니다. 휴머니즘의 목표도 아니다. 세 가지 사상의 목표는 모두 삶에서 좋은 것은 좀 더 늘리고 나쁜 것은 줄이는 것이다.

* * *

매슈 아널드는 훔볼트의 영향을 받은 또 다른 영국인으로, 시인이자 평론가였으며 재치 있는 에세이로 논란을 일으키곤 했다. 교육 전문가이기도 했다. 35년간 영국 내 학교들을 감사하는 일을 맡았을 뿐만 아니라 다른 나라의 교육제도에 대한 보고서도 작성했다. 모두가 인간성의 전개 수준을 향상하기 위한 시도였다.[47]

향상이 필요한 곳은 아주 많았다. 영국 내 저소득층을 위한 학교는 교육의 수준이 들쑥날쑥했다. 아널드는 모든 학교를 일정한 기준으로 맞추어야 하며 그 기준을 몇 단계 올려야 한다고 주장했다. 주된 방법은 교실로 더 나은 교양 자료를 가져오는 것이었다. 1869년 연구서 『교양과 무질서』에서 "인간성의 모든 측면"을 발달시키는 것이 개혁의 목표라고 밝힌 부분을 통해 그가 훔볼트를 읽었다는 사실을 알 수 있다. 그리고 사회의 모든 계층이 함께 인간성을 발달시켜야 한다는 의미로 말했다는 점 또한 훔볼트적이다. 한 사람도 뒤처지게 내버려두어서는 안 된다. 우리는 모두 "커다란 전체의 일원으로서 인간 본성에 내재한 동정심은 한 사람이 나머지 사람들에게 무관심하도록, 혹은 나머지와 상관없이 완벽한 행복을 누리도록 허락하지 않는다." 홀로 발전하는 데 만족하지 말고 "그 편^{thitherward}으로 향하는 인간 흐름의 부피를 더 크게 늘이기 위해 계속 온 힘을 다해야 한다." 나는 그 편이라는 말에 아널드에게 푹 빠져들었다. 나는 그쪽으로^{thither}, 그쪽에서^{thence} 같은 말을 다시 사용해야 한다고 생각하는 입장인데 아널드는 한 걸음 더 나아갔다.$^{48•}$

매슈 아널드는 교육적인 환경에서 성장했다.^{49} 아버지 토머스 아널드 박사는 매우 활력 있고 독실한 그리스도인으로 럭비스쿨$^{••}$의 교장이었다. 매슈는 옥스퍼드대학교에서 학업을 계속했고

- • 여기 나오는 영문 부사들은 모두 요즘에는 잘 사용하지 않지만 문장을 더 간결하게 만들 수 있으므로 선호하는 사람들도 있다.
- •• 영국의 유서 깊은 기숙 학교.

거기 있는 동안 종교에 대한 의구심을 키웠을 수 있다. 이 문제는 줄곧 그를 괴롭혔고 그의 시에도 나타난다. (여기에 대해서는 다음 장에 이야기할 것이다.) '플루'라는 애칭으로 알려진 아내 프랜시스 루시 와이트먼은 독실한 여성이었다. 훔볼트나 밀과 달리 아널드의 결혼 생활은 좀 더 전통적인 길을 따랐지만 상당한 슬픔을 수반했다. 아널드가 강연 내용을 다듬어 『교양과 무질서』라는 책으로 만드는 도중 한 해 동안 두 아이가 세상을 떠나는 애통한 일이 벌어진 것이다. 두 번째로 잃은 아이는 조랑말을 타다가 떨어져 사망한 큰아들 토미였다.

그럼에도 세상으로 나온 『교양과 무질서』는 재치와 장난스러움으로 반짝이는 동시에 진지한 주장을 하고 있었다. 그가 개탄하는 무질서를 그가 동경하는 교양을 통해 물리칠 수 있다는 것이 책의 주된 요점이었다. 하지만 그 요점에 이르는 과정이 흥미롭다. 아널드는 언어를 가지고 놀면서 독자에게 놀라움과 재미를 준다. 주기적으로 휴머니스트의 마음에 흥분을 불어넣을 줄 아는 사람으로 다소 터무니없거나 근거가 부족한 주장을 하면서도 독자의 마음을 사로잡아 수긍하게 만들 줄도 안다. 때로는 자기가 좋아하는 독특한 주제에 대해 논하며 딴 길로 새서는 한두 페이지는 족히 떠들면서 독자를 어리둥절하게 만들지만 나중에는 결국 가던 길로 돌아온다. 무엇보다 단어의 익숙한 의미를 뒤틀어 일부러 독자를 혼란에 빠뜨리려는 경향을 보인다. 그래서 독일계 유대인 시인 하인리히 하이네로부터 '헤브라이즘'이라는 말을 가져와 청교도 신앙을 일컫는 데 쓴다. 부주의한 독자라면 그가 "야만인"

계층이라고 말할 때 하위 계층을 무시하는 말이라고 생각할 수 있지만 아니다. 귀족을 의미한다. (노동자계급은 "대중", 중산층은 "바리새인"이라고 한다.)

그가 자주 반복하는 두 가지 핵심 어구의 의미 역시 착각하기 쉽다. 교양에 대해서 말할 때 그는 "세상에 존재하는 생각과 말 가운데 최고의 것"[50]이라고 정의하기도 하고 "감미로움과 빛"[51]을 가져다주는 모든 것이라고 정의하기도 한다.

여기서 "최고의 것"이라는 말은 엘리트주의적으로 들린다. 서민과 동떨어진 취향, 특수한 교육 등을 통해서만 접근할 수 있는 고상한 것을 의미하는 듯하다. 하지만 아널드는 중산층과 상류층이 책 한 권, 예술품 한 점 보지도 않고 마치 타고난 권리로서 교양을 소유하고 있는 것처럼 느끼는 경향이 있다면서 이를 단호하게 거부한다.[52] 아널드에게 진정한 교양은 모두가 가질 수 있는 것이고 "정신적인 것들에 대한 적극성"[53]에서 나온다. 호기심이자 당연시되는 관념에 대한 의구심을 의미한다. "우리가 확고히 그러나 기계적으로 따르는 일반적인 관념과 습관 위로 신선하고 자유로운 사유의 물줄기를 튼다는"[54] 의미다. 이것이 훔볼트가 편지에서 설명했던 인간 세상 속으로 **확장해** 들어가는 짜릿함이다. 다양한 경험을 통해 삶의 폭을 넓혀야 한다고 말했던 밀의 생각이기도 하다. 아널드는 자유롭고 신선하고 비판적인 정신을 갖고 있다면[55] 신문만 읽어도 교양을 가질 수 있다고 역설한다.[56]

그러나 질 좋은 자료에 충분히 노출되지 않는다면 그런 정신의 발달은 쉽지 않다. 그래서 교육이 중요하다. 제대로 된 교육이어야 한다. 사회의 가장 가난한 일원도 좋은 예술과 문학의 원작을 접할 수 있어야 한다. 그들이 소화하려면 미리 씹어놓은 내용, 노력이 필요 없는 내용이어야 한다는 믿음을 근거로 질을 떨어뜨려 만든 시시한 책 같은 것으로는 안 된다. 아널드가 볼 때 바로 여기에 교육자의 어려움이 있다. 최고의 교양을 원작의 풍요로움을 살려 전달하되 접근하기 쉽게 만들어야 하기 때문이다. 교양을 "배움과 학식이 있는 자들의 패거리 밖에서도 효과가 있도록, 인간답게" 만들면서도 "당대 **최고**의 지식과 생각"으로 남아 있도록 지켜야 한다고 그는 말했다.[57]

또 다른 정의 "감미로움과 빛"은 더욱 솜사탕 요정 같은 느낌을 준다. 사실 이 말은 조너선 스위프트의 『책들의 전쟁』에서 나오는 말로 호라티우스의 라틴어 시에서 가져온 것이다.[58] 스위프트의 이 풍자 소설에서 거미와 벌은 서로 자기가 더 낫다면서 열띤 토론을 벌인다. 나는 다른 어떤 것도 없이 내가 뽑은 실만으로 세상에 없는 걸 만들어내기 때문에 내가 더 낫다고 거미는 말한다. 그러자 벌은 자기가 더 낫다고 대꾸한다. 세상에 없는 걸 만들지만 거미줄과 독뿐이지 않느냐, 나는 꽃에서 꽃가루를 모아 꿀(감미로움)을 만들고 초가 될 밀랍(빛)을 만든단다. 아널드가 생각하는 교양도 여러 부차적인 경험을 바탕으로 하지만 그것을 신선하고 빛을 발하는 어떤 것으로 둔갑시킨다. 여기서 말하는 "빛"은 어떤 마법적인 것이 아니다. 페트라르카를 비롯한 휴머니스트들이 수도원의 방으로부터 해방시킨다고 생각했던 지적 광명, 계몽주의 사상가들의 이성의 빛 같은 것이다.

그림 51 매슈 아널드. 「감미로움과 빛」. 아널드를 시와 철학 사이를 오가는 공중그네 곡예사로 그리고 있다.

『교양과 무질서』는 독자가 자신의 성향에 따라 다르게 해석할 수 있는 책이기도 하다. 보수주의자들이 이 책을 마음속 깊이 새긴 이유는 아널드처럼 '무질서'를 끔찍하게 생각했기 때문이다. 특히 이 책이 나올 당시 영국 내 공공장소의 무질서와 거리 시위는 삶의 일부였다. 특권층이었던 아널드 역시 사람들이 왜 호라티우스는 읽지 않고 굳이 그토록 거친 부조화의 삶을 사는지 이해할 수 없었다. 그럼에도 아널드의 말은 놀라울 만큼 진보적이다. 배타적인 관습에 반대하고 비판적 사고와 호기심을 열린 마음으로 장려한다. 그리고 자신을 자유주의자로 정의한다.⁵⁹ 『교양과 무질서』의 핵심에는 잘 숙성된 휴머니즘 사상이 있다. 우리가 공유하고 있는 인간성이 우리를 연결하며 누구도 타인을 깔보거나 중요하지 않다고 무시할 권리가 없다는 생각이다.

아널드의 사상에는 어떤 성의가 느껴지고 이런 정신은 그의 사후에도 영국 내외에서 오래도록 영향을 미치며 살아남았다. 대중에게 교육과 정보 그리고 오락을 제공하는 것을 목표로 삼았던 20세기 영국방송공사 BBC의 창립에도 이런 정신이 깔려 있었다. 그뿐만 아니라 1903년 만들어진 노동자교육협회를 필두로 20세기 초반 설립된 수많은 성인 교육기관의 핵심에도 아널드의 사상이 있었다.

출판산업에도 영향을 끼쳐 미국과 영국에서는 매우 아널드적인 출판물들이 나오는 시기가 있었다.⁶⁰ '서양 사상 대전집Great Books' 같은 시리즈는 출판사에 많은 돈을 벌어주었다. 셰익스피어나 밀턴에게 저작권료를 지급할 필요가 없었기 때문이다. 심지어 번역가가 필요한 번역서도 흥행했다. '본 스탠더드 라이브러리Bohn's Standard Library' 같은 초기 시리즈는 여러 그리스와 로마 고전을 영어로 번역해서 펴냈다. 다만 성적인 내용을 죄다 원어로 남겨두어 독자들의 짜증을 유발했다.⁶¹

뒤이어 '엘리엇 박사의 5피트 서가Dr. Eliot's Five-Foot Shelf of Books' 같은 훌륭한 작업물이 나왔다.⁶² 1909년 하버드대학교 총장 찰스 W. 엘리엇이 편집한 책 51권으로 이루어진 시리즈였다. 영국에서는 노동자계급 도색공의 아들로 태어난 J. M. 덴트가 만든 '보통 사람의 서가Everyman's Library'가 있었다. 불행히도 덴트는 틈만 나면 직원들에게 "이런 나귀 같은 녀석!"이라고 외치는 습관이 있었다고 한다.[63] 정작 자신은 보통 사람을 탐탁지 않게 여겼던 것으로 보인다. 사실상 덴트가 성공한 것은 이 직원들 덕분이었다.[64] 특히 시리즈 편집자였던 어니스트 리스가 중요한 역할을 했다. 원래 석탄 광산의 기술자였던 그는 출판계로 옮기기 전에 탄부들을 위한 독서 모임을 열곤 했다. '보통 사람의 서가' 시리즈 특유의 정신을 불어넣은 사람이 바로 리스였다.[65] 책은 저렴하면서도 최고의 기준에 맞추어 디자인되었다. 모든 표지에는 매력 있는 목판화와 알두스 마누티우스를 상징하는 돌고래와 닻 도안이 찍혀 있었다. 깔끔하고 명확하게 인쇄된 책을 휴대할 수 있게 해준 개척자에게 보내는 존경의 인사였다.

독자들이 다양한 책을 놔두고 길을 잃지 않도록 아널드식 '필독서' 목록이 등장하기 시작했는데 1886년 노동자대학Working Men's College 총장인 존 러복 경이 선정한 '필독서 100선'도 그런 목록이었다. 유럽 중심적인 책뿐만 아니라 공자의 『논어』라든가 쉽게 요약한 『마하바라다』와 『라마야나』 등도 있었다. 러복 경은 자신도 목록에 있는 책을 다 즐겨 읽지는 않았다고 인정했다. "교황님들의 글은 아주 흥미롭거나 배울 게 많았다고 할 수는 없지만 매우 짧기도 하다."[66]

목록을 만들 때는 다른 유명인의 생각도 참고했다. 존 러스킨은 자연사를 다루는 책이 더 많았으면 좋겠다고 말했다. "며칠 전에 아침을 먹는데 문득 새우의 일생에 대해 알고 싶다는 생각이

들었다."⁶⁷ 데이비드 리빙스턴을 구하러 아프리카로 갔던 탐험가 헨리 모턴 스탠리는 다윈, 헤로도토스, 코란, 탈무드, 『천일야화』, 호메로스 등과 여정을 함께했다며 허풍을 떨기도 했다. 그러나 짐꾼들이 떠나거나 병이 들어 책을 버릴 수밖에 없었다고 했다. "남은 것은 성경, 셰익스피어, 칼라일의 『의상 철학』, 노리의 항해서, 그리고 1877년 항해력뿐이었다. 불행히도 셰익스피어는 이후 징가 주민들의 어리석은 요구로 불태워졌다."⁶⁸

노동자계급 사람들도 저마다 독서와 교양을 통한 만족에 대한 아널드의 믿음을 사유했고 그 반응은 엇갈렸다. 한때 면직 공장 노동자였던 급진주의 작가 에셀 카니는 1914년 《코튼 팩토리 타임스Cotton Factory Times》에 기고한 편지에 너무 많은 교양은 노동자계급에게 "클로로포름" 같은 마취제로 작용해서 삶에 진정한 변화를 가져오기 위한 사회운동에 신경을 쓰지 않게 만들 것이라고 했다. 이런 사람들은 공자나 새우의 일생이 아닌 카를 마르크스를 읽고 삶의 조건을 바꾸기 위한 혁명적인 정치 활동에 임하는 것이 더 낫다는 생각이었다.⁶⁹

그러나 어떤 모순도 없다고 생각하는 사람들도 있었다. 책을 읽고 공부하는 것이 사회에서 이루어지고 있는 착취에 눈을 뜨고 저항할 준비를 하는 데 가장 좋은 방법이라고 주장했다. 잠을 재우는 클로로포름이 아니라 잠을 깨우는 방법이라고 생각했다. 조지 W. 노리스는 우체국 직원이자 노조 간부로서 노동자교육협회에서 22년간 수업을 들었는데 그 효과를 돌아보며 이렇게 썼다. "사유하는 기술을 훈련한 뒤로 나는 이 시대 신문의 자극적인 헤드라인 뒤에 숨은 허세와 기만을, 부정직한 정당 정치가와 독재자의 입에서 쏟아져 나오는 수사를, 증오의 씨앗을 뿌리며 세계를 활보하는 독단적인 사상을 꿰뚫어 볼 수 있게 되었다."[70]

게다가 또 다른 요소도 고려해야 했다. 공부, 독서, 예술을 관람하고 비판적 능력을 사용하는 일은 모두 **즐거움**을 가져온다는 사실이었다.

* * *

휴머니스트들은 언제나 문화적 삶의 쾌락주의적인 면을 강조해 왔다. 마네티는 생각하고 추론하는 데서 오는 기쁨에 관해서 썼고 키케로는 시인 아르키아스에게 로마 시민권을 주어야 한다면서 그가 로마인들에게 도덕의 향상뿐만 아니라 즐거움을 가져온다고 주장했다. 이번 장에서 살펴본 세 명의 휴머니스트 모두 교양의 추구와 개인의 인간성을 최대한 추구하는 것은 매우 만족스러운 일이라고 한목소리로 말했다. 아널드에게 이는 그야말로 꿀맛이었다. 밀은 "시의 상상력"을 체감하고 "인류의 방식"을 연구함으로써 사라졌던 감각 자체를 되찾았다. 훔볼트는 셋 중에 가장 큰 행복감에 빠진 사람이었는데 편지에 이렇게 쓰기도 했다. "중요한 새 책, 새 이론, 새 언어는 마치 죽음의 어둠 속에서 빼앗아 온 것처럼 느껴지고 형언할 수 없는 기쁨을 준다."[71]

형언할 수 없는 기쁨! 이런 감성이 좀 더 따분한 교육자들 사이에서 우세했던 교양에 대한 편협한 생각과 어떻게 다른지 이해하려면, 20세기 초 일부 미국 대학에서 잠깐 유행했던 사상, 즉 '뉴 휴머니즘'을 살펴보는 것만으로도 충분하다.

이름은 나중에 붙었지만 사상 자체는 대부분 어빙 배빗이라는 사람이 만들었다. 그 또한 하버드대학교의 학자였지만 총장 찰스 엘리엇과는 매우 다른 사고방식을 갖고 있었다.[72] 배빗은 단일한 문화의 정전에 기초한 도덕 교육을 주장했다. 바로 고대 그리스인들의 글이었다. 로마인도 몇 명 끼워주었다. 다른 모든 교양의 원천은 신경 쓸 가치도 없으며 교육을 말할 때 자유를 논해서는 안 된다고 생각했다. 그는 엘리엇의 교육 철학을 공격하는 글을 발표하면서 반론으로 점철된 사회생활을 시작했다. '엘리엇 박사의 5피트 서가'가 나오기 1년 전이었다.

배빗은 일반인의 교양을 위한 학자들의 노력을 추태라고 여겼다.[73] 아널드의 사상의 어떤 부분에는 동의했지만 어떤 부분은 단호히 배척했다. 인류 전체를 싹 '그 편'으로 보내는 데 아무 관심이 없었다. 대중이 어느 편으로 가는지 전혀 상관하지 않았다. 배빗은 휴머니스트의 임무는 엘리트 계층을 양성하는 것이고, 그들이 타인에 대한 "선택적"이고 절제된 동정심을 가지도록 격려해야 하며, 그 동정심은 판단력을 통해 완성되어야지 모두에게 퍼주는 공감이어서는 안 된다고 생각했다. 배빗은 우리가 우리의 인간성으로 연결된 것이 **아니라고** 생각했다. "인간의 그 어떤 일도 남의 일이 아니다"라는 테렌티우스의 대사는 충분히 선택적이지 않으므로 잘못됐다고 밝혔다. 바로 이 대사 때문에 사회 전반에 온통 나약한 정신, 넋 놓고 베푸는 선의가 넘치게 됐다고 생각했다. 그와 그를 뒤따른 뉴 휴머니스트들에게 "필독서"는 방벽으로 감싸고 외부의 적에 맞서 방어해야 하는 것이었다.

이런 식의 논리는 진정한 휴머니스트가 생각하는 교양 있는 삶의 가치를 조금도 고려하지 않는다. 교양을 통해 타인의 경험에 공감하고 호기심을 자유롭게 발휘할 수 있으며 이해력이 깊어진다는 생각이 결여되어 있다. 무엇보다 기쁨을 빼앗아 가고 강요로, 혹은 일종의 무기력으로 대체한다. 소설가 싱클레어 루이스는 1930년 노벨 문학상을 수상했을 때 (소설의 제목과 주인공의 이름을 배빗으로 한 데는 분명히 짓궂은 의도가 있었을 것이다) 수상 연설에서 뉴 휴머니스트들을 꾸짖었다. "미국이라는 새롭고 활기차고 실험적인 땅에서 문학을 가르치는 자들이라면 은둔하는 수도사의 모습이 아니라 옛 유럽이 드리운 전통이라는 그림자에서 벗어난 더 인간적인 모습을 보여주리라고 생각했습니다."[74] 그런데 실상은? 딱딱하고 부정적인 구태였다.

훨씬 뒤 에드워드 사이드는 또 다른 문명 전쟁의 맥락에서 그런 "새침한 태도" "철회와 배제" "인도적인" 면에 대한 아무 고려도 없는 인문주의에는 그 어떤 기쁨도 없으며 에라스뮈스나 몽테뉴 같은 휴머니스트가 결코 알아보지 못할 것이라고 말했다.[75] 훔볼트나 밀, 아널드도 못 알아볼 것이다. 몽테뉴는 당대의 학교들에 대해서 이렇게 썼기 때문이다.

피가 묻은 자작나무 회초리가 아닌 꽃과 잎이 뿌려진 교실이라면 얼마나 좋을까! 나라면 스페우시포스의 학교처럼 즐거움과 기쁨의

여신, 꽃과 미의 여신들의 그림을 걸어놓을 것이다. 유익한 곳은 또한 즐거운 곳이기를.[76]

이것은 오래전의 논쟁이며 뉴 휴머니즘은 대체로 잊혔다. 그럼에도 일부 영역에서는 이 때문에 휴머니즘을 일종의 악취를 풍기는 것으로 여겼다. 문화와 교양에 더 다면적이고 관용적으로 접근하려는 사람들에게는 휴머니즘이라는 말 자체가 편협한 엘리트주의처럼 들리기도 한다. 따라서 오늘날 학계에 휴머니즘을 보수적이고 다양성과 포용성의 가치에 반대된다고 여기는 사람이 있다면 적어도 어느 정도는 뉴 휴머니즘에서 보여준 후마니타스의 결여를 탓해야 한다.

사실 배빗과 지지자들은 반론을 펼치는 동안에도 패배하고 있었다. 전 세계에서 이미 읽기와 쓰기, 교양이 있는 삶으로 가는 길이 폭발적으로 열리고 있었다. 저렴한 책들이 나와 인기를 끌었고 새로 생긴 도서관이 책을 대출해 주기 시작했을 뿐만 아니라 원하는 사람이라면 누구나 들을 수 있는 강좌도 생겼다. 이런 것들은 사라질 기미도 없었다.

그뿐만 아니라 책을 빌려주는 도서관, 저렴한 책, 강좌 등을 통해 수많은 사람이 그 시대 가장 급진적인 사상을 접했다. 푼돈으로 신에 관한 회의적인 탐구, 마르크스주의 경제에 대한 글, 지구와 거기 사는 생명체들의 기원에 대한 과학적인 평가 등을 읽을 수 있었다. **인간**의 기원에 대해 읽을 수 있었던 것이다. 이 모든 새로운 여정의 출발은 아널드가 말한 것처럼 "우리가 확고히 그러나 기계적으로 따르는 일반적인 관념과 습관 위로 신선하고 자유로운 사유의 물줄기를 튼" 결과였다. 그리고 또 그 결과 휴머니즘은 새로운 길로 접어든다.

9

어느 꿈의 세상

새로운 세계를 꿈꾸다

주로 1859~1910년

과학적으로 변한 휴머니즘 — 찰스 다윈과 토머스 헨리 헉슬리 — 불가지론자에 대하여 — 레슬리 스티븐의 알프스산맥에서의 5분 — "의문을 가진 목사, 회의감이 생긴 목사" — 메리 워드의 『로버트 엘스미어』 — 인류의 물음에 답하는 기이한 방식 — 에르네스트 르낭과 오귀스트 콩트 — 인류의 전환기

존 스튜어트 밀과 매슈 아널드의 시대에 밝혀진 새로운 사실들은 인류에 대한 대중의 생각에 엄청난 영향을 끼쳤기 때문에 종교 지도자들은 쉽게 따라잡을 수가 없었다. 처음에는 지질학자들이 달려들어 지구가 성경에 암시된 것보다 더 오래됐다는 증거를 흔들면서 지구가 끊임없이 움직이고 변화하고 있으므로 어느 한

순간 지금의 모습으로 창조되었다는 이야기와 맞지 않는다고 했다. 이어서 고생물학자들이 사라지거나 변형된 동물의 화석을 들고 달려들었다. 심지어 동굴학자들도 나섰다. 독일의 네안데르 골짜기 동굴에서 멸종한 것으로 보이는 인류 조상의 유골을 발견한 것이다.

그다음 차례는 1859년 『종의 기원』을 발표한 찰스 다윈이었다.[1] 생물의 다양성에 대한 다윈의 이론은 우아했다. 특정한 종의 생물이 엄청나게 긴 시간에 걸쳐 번식하는 과정에서 우연한 변이가 발생하고 그 결과 부리가 좀 더 크거나 발가락이 좀 더 긴 개체, 혹은 귓속에 새로운 솜털이 있는 개체가 나온다. 그리고 이런 변이는 자식 세대로 이어질 수 있다. 변이가 환경에 적응하는 데 유리하다면 그 개체는 번성하고 더 많은 자식 세대를 만들어낸다. 불리하다면 새끼를 낳기 전에 죽곤 한다. 책을 마무리하면서 다윈은 바로 이런 식으로 "매우 단순했던 존재로부터 시작해서 아름답고 훌륭한 형태들이 끝없이 진화했으며 아직도 진화하고 있다"라고 말했다. 장엄한 동시에 무시무시한 생각이었다. 다윈도 인정하듯이 모든 것이 실패와 고통의 반복에 달려 있기 때문이다. "이처럼 자연 속의 전쟁으로부터, 기아와 죽음으로부터 우리가 상상할 수 있는 가장 고귀한 존재, 즉 고등 동물이 탄생했다."[2] 이는 생명이 죽음으로부터 나온다는 사실뿐만 아니라 **우리**가 바로 그 "고등 동물"일 수 있으며 따라서 그런 과정의 결과일 수 있다는 사실을 말해준다. 이 시점에서는 인간에 대해 더 노골적인 말은 하지 않는다. 1871년 『인간의 유래와 성에 관련된 선택The Descent of Man, and Selection in Relation to Sex』이라는 책에서 인간에 대해 이야기하지만 성 선택이라는 주제로 인해 초점이 흐려졌다. 사실 주제가 더 흐려질 수도 있었다. 다윈은 제목에서 좀 더 경제적인 "성적 선택sexual selection"이라는 말을 쓰고 싶었지만 출판업자는 "성적 선택"보다 "성에 관련된 선택"이 덜 충격적이라고 생각해서 말렸다.[3] 그럼에도 『종의 기원』이 처음 나왔을 때 인류에 끼친 파장은 명백했다.

영국에서 『종의 기원』은 널리 읽혔는데 새로 생긴 대출 도서관 중에서도 가장 중요한 축에 속하는 무디스도서관에서 관심 도서로 선정했기 때문이다.[4] 같은 해 『자유론』을 펴낸 밀도 관심을 갖고 읽었다.[5] 조지 엘리엇도 마찬가지였다. 엘리엇과 파트너 조지 헨리 루이스도 다윈에게 매료되었다. 1856년 여름 해변을 탐험하며 바위틈의 웅덩이와 화석에 관해서 쓸 정도로 자연사에 관심이 높았기 때문이다.[6] 카를 마르크스는 좀 다른 부류의 독자였다. 그는 다윈의 이론과 사회계층 간의 갈등에 관한 자신의 이론에 연결점이 있다고 생각했다. "영국식으로 투박하게 생각을 펼치고 있지만 자연사의 영역에서 우리 시각을 뒷받침하는 책이 있다면 바로 이 책"이라고 프리드리히 엥겔스에게 말했다.[7] 이후 『자본론』을 출간해 다윈에게도 보냈지만 다윈은 읽지 않은 상태로 서가에 올려놓았다. 물론 마르크스에게 따뜻한 감사 편지를 보내기는 했다.[8]

또 다른 독자는 『종의 기원』으로 인해 싸움이 벌어지리라는 사실을 간파했다. 토머스 헨리 헉슬리였다. 동물학자이자 교육자,

유려한 에세이를 쓰는 작가인 동시에 논객이었던 헉슬리는 당시 그 누구보다 다윈주의를 알리는 데 기여했다. 그리고 그 과정에서 19세기의 두 가지 거대한 흐름을 하나로 합쳤다. 교육과 자유사상에 대한 급격한 관심, 그리고 과학을 기반으로 인간에 대해 사유하려는 경향이었다. 이 두 가지를 합쳐 헉슬리는 과학적 휴머니스트라는 새로운 유형으로 자리매김했다.

이번 장에서는 휴머니즘의 두 흐름이 합쳐지면서 어떤 결과를 가져왔고, 특히 영국 내 사람들에게 어떤 영향을 끼쳤는지 살펴볼 것이다. 목사와 시인, 소설가와 동식물학자, 인간을 신적으로 만들고 싶어 했던 사람들, 반대로 신을 더 인간적으로 만들고 싶어 했던 사람들 모두 반응을 보였다. 이 가운데 몇몇을 만나볼 것이다. 그러나 일단 헉슬리와 그가 벌인 싸움에 관해 이야기해보자. 헉슬리는 싸움에 소질이 있었고 이는 다윈주의에는 다행스러운 일이었다. 다윈 자신은 잘 싸우지 못했고 싸움을 질색했기 때문이다.

* * *

헉슬리와 다윈의 우정은 그보다 조금 앞서 시작되었다. 다윈이 그동안 수집한 멍게류 표본을 보여주겠다고 헉슬리를 켄트에 있는 자기 집인 다운하우스로 초대했다.[9]

헉슬리는 멍게류를 굉장히 좋아했다. 의학을 공부한 동물학자로서 헉슬리는 선상 의사 자격으로 4년간 태평양을 항해하고 막 영국으로 돌아온 참이었다. 항해하는 동안 해양 동물을 비롯한 여러 동물의 표본을 수집한 그는 대영박물관의 멍게류 표본 목록을 작성하는 일을 맡게 되었다. 그는 다윈의 초대에 기꺼이 응했다. 다윈은 집을 소개하며 여러 식물과 온실, 다양한 외래 비둘기 품종, 그리고 계속해서 확장 중인 여러 가지 실험과 수집물들을 보여주었고 헉슬리는 즐겁게 구경했다. 다윈은 그저 매우 부지런하고 열정이 많은 사람일 뿐 무해해 보였다. 헉슬리는 다윈이 이 모든 자료를 바탕으로 생물에 대한 급진적인 새 이론을 구축하고 있는 줄은 꿈에도 몰랐다. 사실 이를 아는 사람은 거의 없었다.[10]

책이 세상에 나오고 다윈이 그동안 무슨 작업을 하고 있었는지 깨달은 헉슬리는 그를 돕고 싶어 했다. 귀족적인 다윈과 달리 헉슬리는 사회적인 지위가 그다지 높지 않은 집안 출신이었고 그가 쟁취한 **모든 것**이 싸움의 결과였다. 헉슬리는 먼저 서평을 써서 극적인 효과를 최대로 끌어올렸다. "신학자들은 헤라클레스의 요람 곁 목이 졸려 죽어 있는 뱀들처럼 모든 과학의 요람 주변으로 숨을 거둔 채 널브러져 있다."[11] 그런 뒤 강연을 하면서 화제를 일으킬 만한 소품을 사용했다. 왕립연구소에서는 번식 과정에서 이루어지는 선택의 결과를 보여주기 위해 관객의 눈앞에서 바구니를 열고 살아있는 여러 종류의 비둘기들을 날려 보냈다. 마치 무대에 선 마법사 같았다.[12]

그다음은 1860년 옥스퍼드대학교의 새 자연사박물관에서 열린 영국과학진흥협회의 학회였다. 다윈은 참석하지 않았다. 위장병이 자꾸 도지는 통에 양해를 구하고 불참할 수밖에 없었는데 덕분에 얼굴을 맞대고 논쟁하지 않을 수 있었다.[13] 학회에는 다양한 종교, 문화, 과학 세계를 대표하는 사람들이 참석했는데 하나같이 재치 있는 답변으로 반격할 준비를 하고 있었다. 다윈이 탔던 비글호의 선장이었던 로버트 피츠로이도 와 있었다. 그는 다윈에게 보낸 편지에서 "사랑하는 내 오랜 친구여, 나는 아무리 **오래된 원숭이**라도 원숭이가 조상이라는 생각이 조금도 '고상하게' 들리지 않습니다"라고 말했다. 옥스퍼드의 새뮤얼 윌버포스 주교 역시 학회에서 비슷한 말을 했다. 화통하고 덩치가 큰 윌버포스 주교는 평소에 농담을 잘하는 것으로 유명했기에 사람들은 곧잘 주교가 입을 열기도 전에 웃음을 터뜨리곤 했다. 아마 학회의 관중도 헉슬리에게 질문을 던지려는 주교를 보고 웃음부터 지었을 것이다. 주교는 이렇게 물었다. 유인원 혈통을 계승하셨다는데 할아버지 쪽입니까, 할머니 쪽입니까?[14]

헉슬리는 과학적인 토론을 조롱하려고 능력과 영향력을 행사하는 인간보다는 원숭이가 조상인 편이 낫겠다고 간결하게 반박했다. 적어도 헉슬리 쪽의 이야기는 그랬다. 회의장에 있던 사람들은 다들 웃음을 터뜨렸다고 한다.[15] 널리 회자되는 이야기가 다 그렇듯 여러 변형이 있었다.[16] 식물학자 조지프 돌턴 후커는 영리한 답변으로 윌버포스 주교를 "납작하게" 만든 것이 자기라고 생각했다. 한편 윌버포스는 분명 자신이 승리했다는 듯이 기쁜 모습으로 회의장을 나왔다. 다윈은 헉슬리가 자기편을 들어주어 매우 고마웠지만 마음이 편치만은 않았다. 그는 "다윈주의를 비판하는 글은 절대로 쓰지 않길 바랍니다. 지독하게 잘 쓸 것 같아

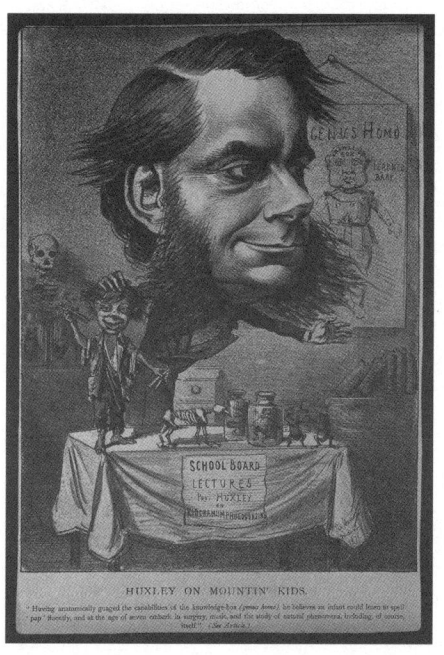

그림 52 토머스 헨리 헉슬리. '인류: 학식 있는 아기'라는 포스터가 붙은 배경에서 교육위원회 강의를 하는 모습을 풍자적으로 묘사한 만화. 1871년 석판화.

서 하는 말입니다"라고 말했다.[17]

헉슬리 자신도 이런 행동 덕분에 더없이 유명해졌다. 다윈의 이론을 쉽게 풀어 쓴 책들도 인기를 끌었다. 그중 1863년에 출간된 『자연 속 인간의 위치를 보여주는 근거Evidence as to Man's Place in Nature』의 권두 삽화에는 한 줄로 걷는 여러 영장류의 골격이 그려져 있으며, 그 끝에 인간이 자리 잡고 있다.

비교적 덜 알려졌지만 헉슬리는 대중을 위한 지성인으로서 여러 방면으로 활동하면서 과학뿐만 아니라 휴머니즘 사상을 전달하고자 노력하기도 했다. 교육에도 관심이 컸다. 아널드처럼 모든 사회계층이 질 좋은 자료에 접근할 수 있어야 한다고 고집했다. 훔볼트처럼 학습이 평생 이루어져야 한다고 생각하기도 했다. 이런 생각을 실천하고자 1868년에는 사우스런던노동자대학의 설립을 도왔다. 헉슬리의 가장 중요한 강연은 엘리트나 전문직으로 이루어진 관중 앞이 아니라 이러한 노동자 교육기관에서 이루어졌다.

같은 해 사우스런던노동자대학에서「자유주의 교육과 그 실천의 장」이라는 강연을 통해 교육 자체에 대한 자신의 시각을 제시했다.[18] 먼저 당시 학교들이 몇 가지 간단한 도덕률을 가르치고 성경과 관련 있는 중동 역사와 지리만 더하면 일이 끝난 줄 안다고 비판했다.[19] (찰스 디킨스도 『황량한 집』에서 빈곤층의 교육이 주로 고대 아모리족이나 히타이트족의 역사를 가르치는 데 집중되어 있다고 비꼬았다.[20]) 헉슬리의 눈에 이런 교육은 광범위한 인간 지식은 차치하고 휴머니즘을 위해서도 좋은 발판이 되지 못했다. 이런 학문을 싫어했기 때문이 아니다. 헉슬리는 고대 문명에 대해 배우는 것을 즐겼다. 인간의 과거 자취를 따라가는 폭넓은 행위의 일부였기 때문이다.[21] 그는 테렌티우스를 인용하기도 했다. 인간에 관한 그 어떤 일도 헉슬리에게는 남의 일이나 따분한 일로 여겨지지 않았다.[22]

다만 헉슬리는 인간에 관한 학문을 더 넓은 관점에서 바라보았다.[23] 교육의 목적이 풍요로운 내적 삶과 세계에 대한 뛰어난 통찰과 이해를 가진 원만한 인간을 만들어내는 것이라고 생각했던 아널드와 훔볼트의 시각에도 동의했다. 다만 그러기 위해 반드시 인문학에서 시작해야 하는 것은 아니라고 생각했다. 대신 과학이 더 좋은 기초를 마련해 줄 수 있다고 제안했다. 과학은 아이들에게 물리적인 세계의 기초를 알려주는 동시에 인문학적 능력도 키워준다. 바로 탐구 정신이다. 현상을 면밀히 관찰하고 실험을 통해 능동적인 학습을 하도록 만들기 때문이다. 고대 문헌, 심지어 선생님이 하는 말도 있는 그대로 받아들이지 않게 된다. 결국 그런 문헌과 선생님의 말을 이해할 능력이 생긴다. 밀은 고전문학과 논리학 공부가 비판적 사고 전반을 훈련하는 데 좋다고 말한 적이 있다. 헉슬리도 다른 강연에서 밀의 말을 인용했지만 한 가지를 바꿨다. '논리학' 등의 언급을 죄다 '과학'으로 바꾼 것이다. 자유로운 사고와 탐구에 대한 애정은 같았다. 수단이 달라졌을 뿐이다.[24]

1880년에도 헉슬리는 과학을 기초로 한 교육을 시작해야 한다고 주장하는 강연을 했고 아널드는 「문학과 과학」이라는 글로 응답했다.[25] 과학은 정말 중요하지만 인문학은 더 중요하다는 내용이었다. 과학적 발견이 인간에게 가지는 **의미**를 이해하는 열쇠가 되기 때문이다. 예를 들어 우리 조상이 원숭이와 닮았다고 과학이 말한다면 우리는 우리 자신과 우리의 본성에 대해 섣부른 결론으로 건너뛸 수 있다. 우리를 좀 더 건설적인 방향으로 이끌어줄 학문이 없다면 그 결론은 위험하고 부정적일 수 있다. 가령 우리가 동물에 지나지 않으니 높은 도덕적 기준을 따르길 바라면 안 된다고 생각할 수 있다. 반면 윤리학과 인문학을 기반으로 하는 좋은 교육은 우리가 인간 세계, 도덕 세계를 좀 더 미묘하게 다룰 수 있게 돕는다고 썼다. 그뿐만 아니라 우리가 높은 기준에 부응하게 만든다.

이것은 실로 훌륭한 논리다. 아널드는 과학에 반대하지 않는다. 인간에 대해 과학적으로 사유하는 것이 틀렸다고 말하는 것이 아니다. 다만 최선의 방식으로 대응하기 위해 교양을 탄탄하게 축적하고 있어야 한다고 말한다. 여기에 반대하는 사람은 별로 없을 것이다.

그러나 헉슬리의 논리도 훌륭하다. 헉슬리는 우리가 과학적으로 기초가 탄탄해야 그런 도덕적이고 인간적인 대응을 할 수 있다고 생각한다. 도대체 무얼 가지고 이야기하는지 알아야 하기 때문이다. 약간의 과학 교육만 받아도 사실을 오해하거나 과학적 근거나 실험의 의미를 곡해하지 않을 수 있고 어리석은 해석을 되풀이하는 경향에서 벗어날 수 있다. 세계적 팬데믹이 이어지는 동안 이 책의 상당 부분을 작업한 나는 헉슬리의 주장이 매우 설득력이 뛰어나다고 생각한다. 이 시기에 있었던 잘못된 정보와 미신의 물결로 인해 백신에 대한 신뢰 등 목숨을 살릴 수 있는 기회들이 타격을 입었다. 더 나은 과학 교육은 감염자 수의 폭증을 막을 수 있었을 것이다. 그러나 아널드의 생각을 지지하는 사람이라면 코로나19 대유행으로 인해 좋은 통치와 타인과의 도덕적 교류 같은 전통적 인문학에서 중요시하는 가치의 중요성 또한 드러났다고 주장할 수 있다. 사실 우리에게는 둘 다 필요하다.

교양 있고 언변이 뛰어난 두 학자의 토론은 각각 당대의 정신을 (약간 다른 방식이기는 해도) 반영하고 있으며, 휴머니즘 사상의 흐름이 바뀌는 순간을 담고 있다. 이때부터 "인문학적 휴머니즘"과 계몽주의 시대의 멜리오리즘은 새로이 당도한 과학적 휴머니즘과 함께하게 된다. 최신 과학의 논증과 방법론에 관한 관심을 지속하면서 자연이라는 큰 그림 속 인간의 자리를 진지하게 고민해야 한다는 과학적 휴머니즘의 원칙은 우리 시대에도 광범위한 휴머니즘 세계관의 일부로 남아 있다.

인문학을 기반으로 하는 휴머니즘 윤리는 우리가 정신적이고 문화적이며 도덕적인 존재임을 일깨워 준다. 물리적인 본성뿐만 아니라 인간적 환경이 우리를 형성한다. 과학적 휴머니즘은 우리가 동물이기도 하며 엄청나게 큰 우주 속 변화하는 지구 위에서 끊임없는 변이 과정을 거치며 살아간다는 사실을 일깨워 준다. 균형을 잘 유지한다면 우리 자신을 바라보는 이런 시각은 상충하지 않는다. 오히려 서로 도움을 주며 향상한다.

***

『종의 기원』을 마무리하며 다윈은 단순한 자연적 과정이 특별하고 아름다운 결과를 도출하는 방식에 놀라움을 표했다. 그럼에도 자신의 자연선택과 생존 이론이 인간 도덕성의 뚜렷한 근원을 밝히지 못한다는 사실 또한 깨달았다.[26]

직접적인 근원을 밝히지 않는다는 말이 더 정확하다. 『인간의 유래와 성에 관련된 선택』에서 그는 도덕성이 어떻게 해서 인간 세상으로 들어왔는지에 대해 그럴듯한 간접적인 설명을 시도

했다. 다윈의 이론은 데이비드 흄과 같은 계몽주의 시대 휴머니스트에게 많은 빚을 졌다. 다윈 역시 그들처럼 도덕성이 아마도 동료애, 그리고 '동정심'과 같은 인간의 성향에서 나왔을 것이라고 생각했기 때문이다. 그리고 이런 성향은 무리를 지어 사는 동물이라는 우리의 본성에서 나왔을 것이다. 다른 모든 사회적 동물처럼 초기 인간도 무리 내에 존재하는 대인 관계에서 오는 어려움을 해결해야 했을 것이다. 그래서 우리는 타인의 반응에 민감해졌다. 상대가 우리를 긍정적으로 대하면 기분이 좋다. 다른 동물도 이런 민감성을 갖고 있지만 인간은 언어가 있어서 칭찬이든 비난이든 감정을 더 많이 표현할 수 있다. 우리는 또 과거를 돌아보며 우리가 예전에 한 일과 그것에서 나온 반응을 비교해 볼 수 있기 때문에 우리의 도덕 세계는 더 깊어졌다. 이렇게 해서 일반적인 윤리 의식이 형성되고 공유되기 시작한다. "습관, 사례, 가르침, 반성"을 통해 도덕 체계가 태어난 것이다.

다윈의 도덕론은 철저히 휴머니즘적이다. 그것은 사회적 감정과 행동에서 비롯되며, 하느님으로부터 나오는 그 어떤 것에도 의존할 필요가 없다. 오히려 반대 방향으로 작동한다고 생각한다. 문명 발전의 말기에 이르러 타인의 도덕적 시선이 상상 속의 존재, 즉 "전지적인 신"과 동일시된다고 다윈은 추측했다.[27]

그는 자기 삶에서도 휴머니즘을 바탕으로 한 도덕론을 길잡이로 삼았다.[28] 기독교인이었으나 젊을 때 믿음을 버렸는데 무엇보다 지옥이 있다는 몰인정한 생각을 견딜 수 없다는 이유에서였다.[29] 타인을 도왔을 때, 그래서 타인이 나를 괜찮은 사람이라고 여겼을 때, 특히 그 타인이 가까운 사람일 때 가장 깊은 만족감을 느꼈다고 사적인 노트에 쓰기도 했다. 다윈에게 이런 만족감은 사라진 신의 관념을 벌충하고도 남았다. 사적인 기록에서도 자신을 무신론자라고 할 정도는 아니었지만 불가지론자임은 인정했다.[30]

이 용어를 대중화하는 데 가장 큰 기여를 한 사람은 역시 헉슬리였다. 1889년 「불가지론」이라는 짧은 제목의 에세이에서 헉슬리는 자신의 입장을 설명할 여러 단어를 고려하다 불가지론자에 다다르게 되었다고 말한다. 나는 "무신론자인가, 유신론자인가, 범신론자인가? 유물론자인가 관념론자인가? 기독교인인가 자유사상가인가?" 자유사상가는 나쁘지 않았지만 어쨌든 그 어떤 것도 적절하게 느껴지지 않았다. 자유사상가를 제외한 다른 이름은 세계에 대한 어떤 뚜렷한 믿음을 지칭하는 것 같았다. 하지만 헉슬리는 그런 믿음이 없었다. 결국 "불가지론자agnostic"라고 결론을 내렸는데 그 노시스gnosis, 즉 지식이 있다고 주장하는 사람gnostic의 반대를 가리키는 말이었기 때문이다.[31]

사실 불가지론은 헉슬리가 말하는 것보다 훨씬 더 뚜렷하고 능동적인 입장이었다. 동시대 인물인 리처드 비델은 『현대 불가지론자의 신조The Creed of a Modern Agnostic』라는 책에서 이것이 무지의 오묘한 안개 속으로 흘러간다는 의미가 아니라고 강조했다. 그에 따르면 불가지론자들은 인간에게 분명한 도덕 원칙이 있을 수 있다고 생각한다. 그뿐만 아니라 가설을 세우고 실험을 통해 검증하는 과학적 방법론을 신뢰함으로써 세계에 대해 새로운 사실을 배울 수 있다고 믿는다. 다만 그 결과에 대해서는 남들보다 좀 더 조심스럽다는 점이 다르다. 최근의 불가지론자를 예로 들자면 철학자이자 방송인 브라이언 매기는 마지막으로 쓴 짧은 저서 『궁극의 질문들』에서 이 말이 "알지 못한다는 사실에 대한 열린 태도, 나아가 지극히 수용적인 정신을 갖고 행하는 성실한 지적 탐구"를 의미한다고 말했다.[32]

19세기의 또 다른 유명한 불가지론자 레슬리 스티븐 경은 불가지론자를 자처한 데 대해 좀 더 가벼운 이유를 댔다. 무신론자라고 하면 여전히 "살아서는 화형, 죽어서는 지옥 불"에 처할 것 같은 느낌이기 때문에 불가지론자라고 한다는 것이다.[33] 하지만 불가지론자라는 단어에서도 그런 기운이 느껴질 수 있다. 교육 개혁론자 프레더릭 제임스 굴드는 어느 상냥한 구세군 장교와 차와 샌드위치를 놓고 담소를 나누다가 "불가지론에 진심인 사람들은 죽으면 어떻게 되는지" 물었다. "그러자 그는 과장된 손짓으로 바닥을 가리키면서 평온한 표정으로 버터 바른 빵과 물냉이를 씹어 먹었다."[34]

레슬리 스티븐 경은 빅토리아 시대를 잘 반영한 『영국 인명사전Dictionary of National Biography』을 편찬한 사람으로 알려져 있었다. 이후에는 빅토리아 시대에 조금도 어울리지 않는 실험적 소설을 쓴 버지니아 울프의 아버지로 기억되었다. 틈틈이 등반을 즐겨서 유명한 산악인으로도 알려져 있었다. 1872년에는 알프스에서 겪은 일을 바탕으로 아주 재미있는 에세이 「알프스에서 보낸 험악한 5분」을 썼다. 머릿속으로 어떤 다양한 신념을 고려해 보고 각각에 대해 어떤 결론을 내렸는지 요약한 글인데 이 모든 내용

그림 53 레슬리 스티븐의 초상화.

이 말 그대로 손에 땀을 쥐게 하는 이야기 속에 들어 있다.[35]

 어느 일요일 알프스에서 휴가를 보내던 스티븐은 몸을 좀 풀어볼까 싶어 점심 전 산책을 나섰다. 그런데 바람이 불더니 비까지 내리기 시작했다. 스티븐은 숙소로 돌아가기 위해 지름길이라고 생각한 방향으로 갔지만 어느 순간 길이 없어지고 대신 암벽이 이어졌다. 아래로는 폭우로 생긴 급류가 흐르고 있었다. 하지만 암벽 저편으로는 길이 이어졌다. 스티븐은 위험을 무릅쓰고 암벽을 지나가기로 했다. 처음에는 쉬웠지만 큰 걸음을 떼면서 암벽의 튀어나온 부분을 붙잡으려고 손을 뻗는 순간 미끄러졌다. 저 아래 있던 급류를 향해 미끄러지는 짧은 순간 스티븐은 한 가지 생각을 했다. "마침내!" 오래도록 두려워하고 궁금해했던 죽음이

드디어 다가온 것이다.[36]

하지만 때마침 손을 뻗어 딛고 있던 돌출부를 붙잡았고 더 이상 미끄러지지 않았다. 그런 다음 오른쪽 발끝으로 또 다른 돌출부를 디뎌 몸을 지지하는 데 성공했다. 하지만 더 높이 올라가기 위해 몸을 당길 수도 밀 수도 없었다. 그래서 한 손과 한 발로 몸을 지탱한 채 그저 매달려 있었고 손발에는 벌써 피로가 느껴지기 시작했다. 힘이 소진될 때까지는 약 20분 정도 남은 것 같았다. 소리를 질러도 소용없을 것 같았다. 들을 사람도 없었고 힘만 더 빠질 터였다. 스티븐은 점심을 먹으러 식당에 모인 사람들이 사라진 자신에 대해 농담을 건네는 모습을 상상했다. 걱정된 사람들이 스티븐을 찾아 나설 때면 그는 이미 "파랗게 질린 송장"이 되어 급류에 떠내려가고 있을 터였다.[37]

어차피 죽을 운명이라고 생각한 스티븐은 생의 마지막 순간에 처한 사람답게 정신을 가다듬어야겠다고 생각했다. 하지만 이 비장한 과정에 대해 그동안 배운 내용들은 소용이 없는 것 같았다. 자꾸만 생각이 딴 데로 샜다. 무엇보다 이런 실수를 한 자신이 짜증스러웠다. 그는 생의 물음에 답변할 시간이 약 15분 정도밖에 없다고 자신을 다그쳤다. 우주란 무엇인가? 그 안에서 우리는 어떤 역할을 해야 하는가?

개신교, 가톨릭교, 범신론 등 그가 겪어본 모든 종교와 종파는 다른 방향을 가리키고 있었다. 하나씩 머릿속으로 곱씹어 보던 스티븐은 갑자기 끔찍한 생각이 들었다. 만약에 이 모든 믿음이 다 사실이고 그걸 한꺼번에 다 믿어야 했다면? 그런데 단 하나의 신조, 가령 아타나시아 신경에 나오는 신조 하나를 실수로 믿지 않았다면? 하느님은 그를 이렇게 맞이할 것 같았다. 미안하다, 너는 선하고 친절한 사람으로 살았지만 그 신조를 빼먹어서 지옥으로 가야 한다.[38]

다행히 그런 가혹한 규칙은 유행이 지났다고 스티븐은 생각했다. 인간의 생이 불결하고 혐오스러운 것이라는 시각처럼 뒤처진 생각이었다. 하지만 팡글로스처럼 낙천적으로만 생각하는 것도 잘못된 방식 같았다. 하지만 무슨 상관일까? 스티븐은 단지 우주 속의 티끌이고 무심하게 내쳐지기 직전일 뿐 아닌가? 스티븐은 자기 살을 이루는 원자가 물속으로 퍼지고 다시 결합해 다른 것들을 만들어내리라는 것을 알았다. 에피쿠로스적인 시각이었다. 하지만 이런 시각에는 개인이 없는 것 같았다. 널리 공유된 "인간성"은 그 일부였던 그가 죽어도 계속되리라고 생각해 보았지만 역시 위로가 되지 않았다. 스티븐은 "작별의 순간을 어루만져 줄 일종의 축복을, 어떤 거룩해지는 기분"을 원하고 있었다.[39]

이런 생각을 하다가 문득 템스강에서 조정 경기에 참여한 기억이 떠올랐다. 스티븐의 보트는 많이 뒤처져 있었다. 결승선이 가까워졌고 이길 수 없다는 게 분명해졌다. 그럼에도 온 힘을 다해 노를 저었다. 최선을 다하는 것이 "의무"라는 막연한 생각이 들었기 때문이다.[40] 낭떠러지에 매달린 지금도 같은 생각이 들었다. 경기는 끝났지만 마지막 순간까지 저항하며 매달려 있어야 했다. 그러자 일종의 도덕적 토대가 마련되는 것 같았다. 신도 필요 없고 우주 안에서 어떤 의미를 가질 필요도 없었다. 의무를 다하는 것은 그 자신의 인간적 요구였다.

빅토리아 시대 사람들은 "의무"를 거의 초월적인 어떤 것으로 생각하는 경향이 컸다. 엘리엇도 의무를 중요하게 생각했다. 어느 날 친구와 산책하던 엘리엇은 "신, 불멸, 의무" 가운데 첫째는 생각할 수 없고, 둘째는 믿을 수 없으며, 셋째는 "지엄하고 절대적"이라고 말했다.[41] 다윈도 "권리나 의무라는 깊은 감정"을 "인간의 모든 특성 가운데 가장 고귀한" 것으로 여겼다.[42] (그리고 다른 도덕적 성향과 마찬가지로 그 기원이 사회적 집단에 있다고 생각했다.) 스티븐도 비슷한 생각을 하고 있었을 것이다. 몇 년 전 신앙을 잃은 데 관해서 이렇게 적었기 때문이다. "나는 이제 아무것도 믿지 않지만 도덕성에 대한 나의 믿음은 변함없다"라고 말하면서 "가능한 한 신사적으로 살고 죽으려 한다"라고 덧붙였다.[43]

오늘날에도 많은 사람이 의무를 중요하게 여기지만 특정한 맥락에서 그럴 가능성이 크다. 아마 가정이나 일터에서 행해야 하는 의무와 관련해서 그런 생각을 할 것이다. 빅토리아 시대 사람들에게 의무는 그 자체로 단일한 실체에 가까웠다. 그럼에도 본질적으로 인간적인 실체였다. 신이 보장해줄 필요가 없고 우리 자신의 도덕적 본성에서 나온 것이다. 옳은 일을 하려는 인간 중심의 바람이었다. 타인에게 옳은 일뿐만 아니라 우리 삶에 옳은 일, 우리 자신의 인간성에 옳은 일을 하려는 바람이었다.

알프스 이야기는 (저자가 살아서 글을 썼으므로 당연하지만) 행복한 끝을 맺었다. 의무에 대해서 깨닫는 순간 스티븐은 반동을 이용하면 또 다른 돌출부를 붙잡을 수 있을 것 같다는 생각이 들었다. 그러려면 이미 잡은 손을 놓고 몸을 날려야 했지만 손해 볼 것은 없었다. 스티븐은 손을 뻗었고 돌출부를 놓쳤다. 몸이 아래로 미끄러지기 시작했다. 그러나 바로 멈추었다. 바로 아래 또 다른 턱이 있었던 것이다. 이 턱은 전보다 더 든든하게 받쳐주었고 거기서 다시 길 위로 올라갈 수도 있었다. 시계를 보니 이 극적인 사건은 단 5분밖에 걸리지 않았다. 알프스에서 보낸 험악한 5분이었다. 심지어 점심 식사에도 늦지 않았다.

이야기 끝에서 스티븐은 이것이 그냥 이야기일 뿐임을 암시한다. 토머스 하디의 소설에 나오는 비슷한 사건은 이 일화에서 영감을 받은 듯하지만 명백히 허구다. 같은 해인 1872년 연재되기 시작한 『파란 눈동자 한 쌍』에서 등장인물 스티븐 스미스는 좋아하는 젊은 여성 엘프리드 스완코트와 해안가 절벽으로 산책하러 나간다.⁴⁴ 스미스는 발을 헛디뎌 미끄러지지만 간신히 해변 위로 펼쳐진 절벽의 돌출부를 붙잡고 매달린다. 엘프리드는 그런 그를 두고 어디론가 간다. 도움을 구하러 가는 것 같지만 근처에 아무도 없으니 오래 기다려야 한다. 대롱대롱 매달린 스미스의 손에서 점점 힘이 빠지려는데 코앞의 바위에 박힌 삼엽충 화석이 눈에 들어온다. 수백만 년 떨어진 우리 둘이지만 죽음의 순간에는 이처럼 가까이 있구나.

하지만 엘프리드는 곧바로 다시 나타난다. 도움을 구하러 간 것이 아니라 수풀 뒤에서 긴 속바지를 벗은 것이다. 속바지를 밧줄처럼 묶어 던진 엘프리드는 매우 능숙하게 스미스를 구함으로써 속옷이 단지 필사본을 만드는 데만 유용한 게 아님을 입증한다.

***

하디는 소설가이자 시인이었다. 그는 하느님이 인간의 정신적 지형에서 점점 사라지고 있다고 생각했고 이에 대한 시도 여러 편 썼다. 확신에 차 있던 과거에 대한 그리움, 즉 아늑한 마을 교회나 찬송가 같은 것들에 대한 그리움이 가득한 시를 쓰기도 했고 엄청난 해방감을 암시하는 시도 썼다. 「하느님의 장례식 God's Funeral」, 「인간에게 하소연 A Plaint to Man」은 환등기의 조명을 줄이면 어두워지는 그림처럼 서서히 사라지는 신의 모습을 보여준다. 물론 빛은 언제나 인간이 만든 것이었다. 하느님은 사라지면서 대신 인간의 동지애로부터 힘과 위로를 찾으라고 당부한다.

> 형제애 안에서 친밀하고 은혜롭게
> 한껏 품은 사랑과 친절로
> 청하는 이 없고 아는 이 없어도 알아서 건네는 도움으로[45]

다른 시인들도 무언가가 시야에서 점점 흐릿해져 가는 이런 느낌을 시에 담았고 그중에는 매슈 아널드도 있었다. 1851년에 쓰기 시작했고 1867년에 발표한 「도버 해안」에서 시인은 창밖으로 밤의 해변을 바라본다. 썰물과 함께 자갈이 구르는 소리가 들린다. 이것을 신앙의 바다라고 상상한다. 신앙이 썰물처럼 빠져나가면서 그 자리에는 분별력도 의미도 없고 갈등으로 가득한 세계만이 남아 있다. "우리는 여기 어스레한 들판에서 / 갈등과 투쟁을 경고하는 혼란한 소리에 휩쓸리고 / 무지한 군대는 밤을 틈타 충돌한다."⁴⁶ 희미한 희망이 있다면 오직 서로에 대한 우리의 충절에 있다고 시인은 결론짓는다. (해변으로 신혼여행을 떠났을 때 숙소의 창밖을 내다보고 이 시를 썼다고 하는데 과연 즐거운 여행이었을지 궁금해진다.⁴⁷) 다른 곳에서 아널드는 좀 더 실용적인 관점을 드러낸다. 『교양과 무질서』에서는 잉글랜드 성공회를 믿으라고 조언하는데 적당히 무미건조하기 때문이며 국교로 공식 지정되어 있어 대체로 무시해도 탈이 없고 그 시간에 다른 생각을 할 수 있다는 이유에서다.⁴⁸

좀 더 솔직하고 좀 더 폭력적인 상상을 하는 작가들도 있었다. 신이 죽었다면 누군가 죽인 것이라고 말하는 시도 있었다. 영국 시인 앨저넌 찰스 스윈번은 1869~1870년에 「인간 찬양Hymn of Man」이라는 시에서 인간이 처음에 신을 만들고 그다음 신을 심판하고 마침내 죽이는 모습을 그린다. 1882년에 발표된 프리드리히 니체의 글은 더 잘 알려져 있다. 한 광인이 등불을 들고 시장을 누비며 신을 찾으며 외친다. "우리가 모두 신을 죽였다. 하지만 어떻게? 어떻게 바닷물을 마셔버렸지? 수평선 전체를 지워버릴 스펀지를 누가 주었지? (…) 이 일은 우리가 해내기에는 너무 거대한 일이 아닌가? 짐짓 이 일을 할 자격이 있는 척만 하려고 해도 우리는 신이 되어야 하는 것이 아닌가?"⁴⁹ 신을 죽인 자는 그 벌로 감옥에 가거나 사형에 처해지지 않는다. 대신 죽은 자가 살아있을 때 하던 일을 떠맡아야 한다.

다른 19세기 작가들은 신앙의 상실을 현기증 혹은 방향 감각의 상실에 비유하기도 했다. 소설가이자 전기 작가 J. A. 프루드는 자신이 속한 세대를 "불빛은 죄다 멋대로 떠다니고 나침반은 온통 비뚤어져 있고 오로지 별에 의지해 항해해야 하는" 세대로 그린다.[50] 프루드 역시 방향 감각을 잃은 적이 있었다. 옥스퍼드대학교 엑시터칼리지의 연구원이던 프루드는 종교적 회의감의 복잡성에 대한 소설 『신앙의 적The Nemesis of Faith』을 썼다. 그러자 칼리지의 동료가 커다란 장작불을 지펴 공개적으로 책을 불태웠다. 프루드는 연구원직을 내려놓지 않을 수 없었다.[51] 대체로 옥스퍼드대학교와 케임브리지대학교에서는 종교에 대해 회의적인 태도를 보이기가 어려운 편이었다.

19세기에도 크게 달라지지는 않았다. 19세기 초 퍼시 비시 셸리는 『무신론의 필연성The Necessity of Atheism』이라는 논문을 공동 집필했다는 이유로 옥스퍼드대학교 유니버시티칼리지에서 퇴학당했다. 19세기 말 버트런드 러셀은 케임브리지대학교 트리니티칼리지 연구원이 되는 데 실패했다. 그가 무신론자라는 사실이 익히 알려져 있었기 때문이다. 몇몇 칼리지는 성공회 성직자를 양성하는 기관으로 설계되었기 때문에 신앙의 상실은 업을 버린다는 뜻과 마찬가지였다. 사제가 된 뒤에 신앙이 없어진 사실을 인정한다면 생업을 잃을 뿐만 아니라 처벌을 받을 수도 있었다. 1860년에는 사제 여섯 명이 종교적인 문제에 대한 비판적 사유가 담긴 책 『수필과 평론Essays and Reviews』에 글을 실은 적이 있었다. 새뮤얼 윌버포스 주교의 부추김에 이 가운데 두 사람이 이단 혐의를 쓰고 성직자 재판에 부쳐져 유죄 판결을 받았다. (하지만 이후 판결이 뒤집

어졌다.)⁵²

그런 대단한 사람들의 세상이 아니라고 해도 회의감을 인정하려면 가족과 연을 끊을 각오를 해야 했다. 젊은 로버트 루이스 스티븐슨이 아버지에게 신앙을 잃었다고 말했을 때 아버지는 끔찍한 말로 응수했다. "너는 내 인생을 실패작으로 만들었다."⁵³ 또 다른 작가 에드먼드 고스는 아버지 필립 헨리 고스가 속해 있던 플리머스 형제회의 엄격한 규율로부터 빠져나오는 데 수년이 걸렸다. 에드먼드의 어린 시절, 규율이 가장 심할 때는 친구를 만날 수도 없고 놀이를 할 수도 없으며 성경 이외에는 어떤 책도 읽을 수 없었다. 인문학적 교양과 친구와의 우정에 관해 이야기하면서 이렇게 쓴 적도 있다. "나한테는 그 어떤 인간성도 없었다. 그것이 마치 무엇보다 위험한 세균이라도 되는 양 그것이 '옮지' 않도록 면밀한 보호를 받았다."⁵⁴ 훗날 고스는 형제회 교리가 없었다면 아버지와 얼마나 더 가깝게 지낼 수 있었을지 상상하며 슬퍼했다. 무엇보다 두 사람이 당대에 매우 인기 있었던 활동, 즉 바닷가의 바위틈 웅덩이를 탐험하면서 표본을 채취하는 일을 무척 즐겼기 때문이다.⁵⁵ 필립은 이 방면으로 아마추어라고 할 수 없었다. 그는 저명한 동식물학자였지만 책을 통해서 성경의 창조론과 고생물학자와 지질학자들의 발견이 모두 사실일 수 있다는 기이한 주장을 했다. 하느님이 세상이 오래되어 보이게 만들었다는 것이 그의 이론이었다.⁵⁶ 그러나 독실한 성직자들은 이를 설득력 있다고 생각하지 않았고 심지어 하느님이 의도적으로 우리를 속이려고 했다는 생각을 불쾌하다고 여겼다.⁵⁷

사실 잉글랜드 성공회의 성직자 중 다수는 다윈주의를 비롯한 새로운 사상에 열린 마음을 갖고 의외의 관심을 보였다. 학식 있는 사람들이었고 온갖 문헌을 읽고 고민해본 사람들이었기 때문이다. 그뿐만 아니라 나비를 채집하거나 바위틈 웅덩이를 탐험하는 등의 관심사를 가진 사람들이었다. 다윈의 책을 구하기 위해 서점이나 도서관에 제일 먼저 줄을 서는 사람들도 그들이었을 수 있다.

그럼에도 이런 책을 마음 편히 읽을 수는 없었고 나비 잡는 망은 때로는 딜레마의 뿔에 걸려 움직일 수 없는 상태가 되었다. 헉슬리의 전기 작가 에이드리언 데스먼드가 썼듯 "헉슬리의 우편함에는 의문을 가진 목사, 회의감이 생긴 목사, 헉슬리를 원망하는 목사들이 보낸 수많은 편지가 쌓였다."[58] 그중에는 마음이 이리저리 흔들려 힘겨워하는 목사들도 있었는데 로즈 매콜리의 소설 『바보가 들려주는 이야기 Told by an Idiot』에 나오는 가장이자 성직자인 아버지도 그랬다. 소설의 시작부터 엄마는 여섯 자녀를 모아 놓고 이렇게 발표한다. "얘들아, 잘 들어. 아빠가 또 믿음을 잃으셨단다."

"아빠는 정말 너무해." 딸 하나는 이렇게 말한다. "엄마, 꼭 이번 겨울에 잃어야 하는 거예요? 아니, 믿음이라는 거 말이에요. 다음 겨울까지 기다렸다 잃으면 안 돼요?"

아빠가 신앙 상실을 고백하면 일자리를 잃게 되고 모든 식구가 고생하게 된다는 것이 이 가족이 직면한 문제다. 그러나 또 다른 딸은 더 희망적이다. "다음 겨울쯤이면 다시 찾으실지도 몰라."[59]

19세기는 사회적 책임을 강조하는 길고 심오한 소설이 많이 나온 시대였기 때문에 수많은 책에서 다윈의 주장과 그로 인한 회의감을 주제로 삼았고 뚜렷한 문학 장르로 자리매김할 정도였다.[60] 대표적인 사례로 메리 오거스타 워드의 1888년 작『로버트 엘스미어』를 살펴보자. 워드는 다작한 작가였는데 남편의 이름을 따라 험프리 워드 부인이라는 이름으로 책을 내는 조심스러운 선택을 했다. 실제로는 아널드 가문 사람이었다. 매슈 아널드가 숙부였고 자매가 헉슬리의 아들과 결혼하면서 헉슬리 가문과 연결되기도 했다.

하지만 빅토리아풍의 옷차림으로 모퉁이를 돌아 나오는 워드 부인의 웅장하고 기세당당한 모습을 보고 조신하다는 말을 가장 먼저 떠올리기는 쉽지 않았을 것이다. 바로 그 모습을 본 버지니아 울프는 (울프 자신도 기세당당하지만) 가까운 전봇대 뒤로 숨은 적도 있었다.[61] 울프가 숨은 데는 워드가 여성참정권에 반대한다는 이유도 있었다. 울프는 강력하게 동의하는 입장, 워드는 반대 입장이었고 영국 여성참정권 반대연맹에서 중요한 역할을 하고 있었다. 그럼에도 여성 교육을 위한 운동에 참여했고 여성교육협회를 공동 창립하고 옥스퍼드에서 공부하는 여학생들을 지원했다. 아널드의 정신을 이어받아 가난한 사람들에게도 더 나은 교육을 해야 한다고 생각했다. 런던에는 지금도 성인 교육기관인 메리 워드센터가 있다.

워드는 비종교적인 사람이라고는 할 수 없지만 종교에 대한 회의적인 관점이 어떻게 형성되고 그 시각이 사람들의 삶에 어떤

그림 54 메리 오거스타 워드.

영향을 끼치는지에 대해 관심이 깊었다. 워드가 쓴 소설 26편 가운데 가장 오래 살아남은 『로버트 엘스미어』는 성직자인 주인공과 신앙심이 깊은 아내 캐서린의 이야기다.[62] 두 사람은 행복한 결혼 생활을 하지만 로버트의 신앙은 오랫동안 서서히 변화를 겪는다. 설교는 뒷전이고 교구 내 아픈 사람들에게 약을 주고 비위생적인 생활 조건을 해결하려고 노력한다. 캐서린은 이런 노력을 "오물과 배수구"[63] 봉사라고 칭한다. 로버트는 또한 신자들에게 셰익스피어와 뒤마의 작품 줄거리를 들려주며 즐거움을 선사한다. 문학이라는 새로운 경험을 통해 잠깐이라도 "타인의 인생을 살아볼 수 있게"⁶⁴ 해주는 것이다. 로버트는 아직 회의주의자는 아닐지라도 휴머니스트가 되어가고 있었다. 이 과정은 계속된다. 로버트는 다윈의 책을 읽는다. 역사 공부를 하고 기독교가 폭력과 고통을 막아내기보다 초래하는 데 더 많은 기여를 한다는 생각에 괴로워한다.⁶⁵ 인간에 지나지 않는 그리스도를 그려보고 "순수하게 인간적인, 설명이 가능하고 늘 훌륭한 기독교"를 상상한다. "가슴이 무너지는 것 같았지만 이 매력적인 상상은 모든 익숙한 사물이 새로운 관계와 양상을 갖는 꿈의 세상에 그를 데려다놓았다."⁶⁶

이 "순수하게 인간적인" 세상은 이 시기 많은 지각 있는 사람들이 마치 이상한 나라를 찾아간 앨리스처럼 탐험하고 있던 꿈의 세상이었다. 다윈이나 헉슬리를 읽은 로버트에게 세상은 달라 보였다. 그럼에도 사람들의 인간적인 요구는 여전했다. 사람들은 여전히 약과 하수구가 필요했고, 여전히 확신과 의미를 추구했다. 로버트와 같은 길을 가고 있는 사람들은 휴머니즘적 가치 혹은 '인간적인 그리스도'가 전통적인 신학이 제공하던 것들을 똑같이, 어쩌면 그보다 더 잘 제공할 수 있을 거라고 생각했다.

그래서 로버트는 스스로 '교리 문답'을 행하면서⁶⁷ 예수님을 기적을 행하는 분, 혹은 신과 직접적으로 소통하는 분이 아니라 현명한 인간이자 스승으로서 믿기로 결론짓는다. 하느님도 '선'과 같은 의미로 생각해야 한다고 여긴다. 사람들이 동료를 돕거나 타인을 위해 자신을 희생할 때 드러나는 특성으로서의 선이다. 이런 생각은 로버트의 내부에서 계속 쌓이다가 이런 결론으로 이어진다. "하느님의 목소리를 느낄 수 있는 모든 인간 영혼은 나자렛의 예수와 마찬가지로 신의 자녀이고 '**기적은 일어나지 않는다!**'"[68] 그뿐이었다. "그게 끝이었다."

로버트는 교회를 떠나야 했지만, 교회와 상관없는 노동자계급 소년들을 위한 일요 학교에서 대체 교사로 일하게 된다. 거기서 아이들을 가르치면서 전기나 화학이 얼마나 놀라운지 시연하기도 하고 동식물 표본 등을 보여주기도 한다. 노동자계급 남성들의 모임에서 강연도 한다. 다시 말해 헉슬리처럼, 혹은 메리 워드 자신처럼 변해간다. 한 술 더 떠 멜리오리즘과 빈민층의 환경 개선을 추구하는, 교회와 비슷한 기구를 설립한다. 워드는 토머스 힐 그린이라는 실존하는 사회 개혁론자를 참고해서 소설 속에 "그레이"라는 인물로 등장시켰다.

로버트 엘스미어의 (말하자면) 개종이 이 책의 길지만 명확한 서사의 흐름이다. 그 길에 다른 인물들이 끼어들며 같은 질문에 대한 다양한 관점을 보여준다. 캐서린의 동생 로즈는 뛰어난 음악가로서 언니의 바람과 달리, 종교를 위해 자기를 부정하기보다 예술을 포기하지 **않는**, 삶에 긍정적인 선택을 하는 사람으로 나온다. 로버트의 옛 옥스퍼드 동창 랭엄은 로즈와 사랑에 빠지는 자유사상가이지만 확고한 로버트에 비해 자신의 회의감에 더 큰 혼란을 느낀다. 스펙트럼의 반대편에는 뉴컴 씨가 있다. 전례를 엄격하게 지키는 데 집착하는 "전례주의" 경향으로 기우는 성직자다. 로버트가 다양한 신앙이 함께 어우러질 수 있다는 생각을 말하자 뉴컴 씨는 죄와 사탄이라는 두 마리 "탐정 개"가 쫓아오는데 어떻게 신앙을 마치 놀이처럼 여기고 제 마음대로 선택할 수 있느냐며 폭발한다. "나는 언제나 삶을 심연 사이에 놓인 실같이 좁은 길로 생각합니다. 인간은 피범벅이 된 손발로 이 길을 기어 단 하나의 좁고 고독한 출구로 향합니다."[69] 그는 손을 할퀼 듯 오므리고 이렇게 말한다. 로버트는 태연한 모습으로 생각한다. "저런 불구의 삶이라니!"

나는 아내 캐서린이 가장 감동적인 인물이라고 생각한다. 뉴컴 씨처럼 추한 광신도의 모습을 보인 적은 한 번도 없다. 심지어 로버트의 관점 변화를 이해하려고 애쓴다. 그렇지만 극히 애정 어린 이유에서 힘겨워한다. 남편이 죽은 뒤 잘못될까 두려웠던 것이다. 다윈의 아내 에마 역시 같은 걱정을 했다. 다윈은 결혼 전부터 신앙이 없다고 말했다. 에마는 남편의 솔직함이 고마웠지만 사후에 남편을 볼 수 없으리라는 생각에 두려웠다.[70] 기독교는 테르툴리아누스나 클뤼니의 베르나르로부터 이토록 멀리 온 것이다. 가장 가깝고 사랑하는 사람이 지옥으로 간다는 생각은 알고 보면 전혀 기쁜 일이 아니다.

캐서린은 남편의 앞날을 슬퍼하고 남편의 실직이라는 좀 더 현실적인 문제도 염려한다. 워드는 이런 종교적, 그리고 실질적 위험을 생생하게 그려낸다. 남편을 사랑한다면 어떻게 남편이 지옥에 갈 수 있다는 것을 알면서도 방 저편에 있는 남편의 얼굴을 제대로 볼 수 있겠는가? 하지만 빅토리아 시대에는 수많은 가정이 이런 비극을 겪었다.

당대의 기준으로 봐도 짧은 소설이 아니었던 『로버트 엘스미어』는 윌리엄 글래드스턴 등 매우 존경받는 평론가들로부터 분노 어린 서평을 받았다. 종교를 다룬 방식도 문제가 있지만 지나치게 교훈적이라고 했다.[71] 헨리 제임스는 이 소설을 화물을 가득 싣고 매우 느리게 움직이는 선박에 비교했는데 그런 문제라면 헨리 제임스가 아니면 누가 더 잘 알겠는가![72]

사실 나 또한 주저하며 이 책을 읽기 시작했지만 놀랍게도 깊이 몰입했다. 당시의 신앙의 위기와 회의주의에 이미 관심이 있었기 때문일 것이다. 하지만 나만 그런 것은 아니다. 『로버트 엘스미어』는 출간되자마자 입소문을 타고 인기가 높았으며 첫해 영국에서만 약 4만 부, 그리고 미국에서 20만 부가 팔렸다.[73] 이 가운데 일부는 해적판이었다. 무단 복제된 책이 얼마나 많았으면 출판 저작권의 국제적 보호를 위해 노력하던 운동가들은 이 책을 선례로 삼기로 했다. 운동가들이 승리했고 1891년부터 저작권 보호를 받을 수 있게 되었다. 책 자체가 휴머니즘의 작은 승리였다.

휴머니즘 관점에서 가장 흥미로운 점은 로버트가 회의의 바다에 빠지거나 어스레한 들판에서 길을 잃는 데서 끝나지 않는다는 것이다. 자신의 한 가지 모습을 잃게 되지만 이야기의 요점은 그것이 아니다. 그 모습을 대체할 긍정적이고 인간 중심적인 가치관을 찾는 것이 요점이다. 로버트에게 그런 가치관은 새로운 종교라고 할 만하다.

새로운 인간 중심의 종교를 찾는 사람들은 그 밖에도 많았다. 이런 모험은 아주 기이한 결과를 낳기도 했다.

***

기독교를 새로운 인간관에 알맞게 재설계하는 또 다른 방식이 있었다. 바로 기존의 예수 그리스도 이야기에서 초자연적인 내용을 모두 제거하고 오래전 살았던 위대한 도덕적 스승에 대한 감동적인 이야기만 남겨놓는 방식이었다. 이미 전례가 있었다. 미국 건국의 아버지 토머스 제퍼슨의 작업이 그중 가장 유명하다. 1819년 제퍼슨은 신약성경 여러 권을 말 그대로 잘라내고 그중 일부만을 재조합함으로써 예수의 일생에 대한 기록만 남겼으며 동정설이나 기적, 부활의 요소 등은 뺐다. 남은 내용은 예수의 도덕적 가르침, 특히 산상수훈을 강조하고 있었다. 제퍼슨은 이 새로운 문헌을 『예수의 생애와 도덕 — 그리스어, 라틴어, 프랑스어, 영어 복음서로부터 발췌The Life and Morals of Jesus Extracted Textually from the Gospels in Greek, Latin, French & English』라고 이름 지었다. 출간된 뒤에는 제퍼슨 성경이라는 약칭으로 불렸다. 제퍼슨이 어느 편지에 썼듯 그 의도는 이른바 "암피볼로지즘", 즉 모호한 요소를 제거함으로써 "인간에게 주어진 가장 숭고하고 관용적인 도덕률"을 정제하는 것이었다. 여러 명이 살을 붙였거나 전반적으로 위조되었다고 여겨지는 이야기도 제거 대상이었다.[74] 어떤 의미에서 제퍼슨은 문헌을 의심하고 좀 더 순수하고 유용한 내용으로 되돌려 놓으려고 했던 발라, 혹은 에라스뮈스의 전통을 잇고 있었다. 다만 좀 더 멀리 갔을 뿐이다.

제퍼슨처럼 실제로 책을 자르지는 않았지만 성경 속의 고무적인 사상과 이야기는 남기되 성경을 초자연적인 내용으로부터 해방하는 방법을 고민한 사람들은 더 있었다. 매슈 아널드도 그런 사람이었다. 아널드의 긴 에세이 『문헌과 교리』는 경전을 다만 문헌으로 보고 접근해야 한다고 주장한다. 감미로움과 빛이라는 교양을 제공하는 순수하게 인간적인 원천으로 보아야 한다는 뜻이다. 아널드는 이런 방식이 종교로부터 멀어진 사람들의 관심을 돌아오게 하고 더 많은 사람이 떠나는 것을 막는 방법이기를 바랐다. 하지만 초자연적인 내용이 없다면 돌아온 관심을 **무엇으로** 잡아둘 것인가? 오직 좋은 문학의 재료, 즉 훌륭한 도덕적 교훈과 인상적인 중심인물로 잡아두고자 했다.[75]

어떤 사람들에게 예수는 주인공으로서 아주 매혹적인 인물이었기에 도덕적 목적도 뒷전이었다. 19세기 중반에는 예수에 대한 전기 두 편이 널리 영향을 끼쳤다. 예수를 역사적 맥락 속에 위치시키고 그의 삶과 그 신화적 의미를 검토하는 글이었다. 둘 중에 더 무게감 높은 쪽이 독일 역사가 다비트 프리드리히 슈트라우스의 1835년 작 『예수의 생애 Das Leben Jesu』였다. (엘리엇이 영어로 번역했다.) 더 읽기 쉬운 쪽은 프랑스의 에르네스트 르낭이 쓴 『예수의 생애 Vie de Jésus』로 1863년에 나왔다.

르낭은 슈트라우스의 책을 읽고 이 길에 오르게 되었다.[76] 태어나고 자란 브르타뉴에서 사제가 되고자 공부하던 젊은 시절 이 책을 만나게 되었는데, 읽자마자 그 영향으로 신학교를 그만두었다. 그래도 성경학자이자 역사학자가 되었고 무신론자보다는 자연신론자에 가까웠다.[77] 하느님이 세상을 창조했고 "신적인 영감"

그림 55 에르네스트 르낭.

으로 가득 채운 뒤 퇴장했다고 믿었다. 예수는 인간일 뿐이었지만 평범하지는 않았다. 르낭이 그리는 예수는 극단적이고 선구적인 인물로 세상에 대한 집착에서 점점 멀어지면서 그만이 볼 수 있는 천국이라는 무대극을 향해 간다. 마지막에는 이 세상 사람이라고 할 수가 없다. 르낭은 사람들이 예수에게 그처럼 매혹된 이유를 독자가 느낄 수 있게 해준다. 심리 소설가의 기술을 이용해서 평범한 인간성에서 멀어지는 방향으로 발달하지만 완전히 떠나지는 않는 예수의 면면을 보여준다. 또한 뛰어난 학식을 이용해서 (그리고 역사의 현장을 답사한 경험을 담아) 예수를 역사적·지리적 맥락에 뿌리내리게 한다. 그리스나 로마의 문명에서 멀리 떨어진 세상에서 성장하는 삶은 어떤 삶일지 생생하게 그려낸 것이다.

이 책은 (슈트라우스의 책과 마찬가지로) 격분을 자아냈다. 르낭은 불쾌감이 덜하도록 출간 전에 이미 한 번 순화했지만 소용없었다.[78] 결국 파리를 떠나 브르타뉴로 갔지만 이미 안 좋은 소문이 퍼져 있었다. 한때 르낭을 가르쳤던 교사는 이렇게 말하기도 했다. "안 그래도 난 항상 네가 책에 너무 빠져 있다고 생각했어."[79] 하지만 르낭은 이런 소란을 은근히 즐겼던 것 같다. 이후 르낭의 강연을 들었던 관객은 그가 좀 더 과감한 말을 하려고 입을 열 때마다 ("아주 작은 치아"가 드러났고) 둥근 얼굴에서 두 눈이 반짝였다고 말했다.[80] 르낭과 아는 사이였고 르낭처럼 눈을 반짝이곤 했던 미국의 자유사상가 로버트 G. 잉거솔은 편협한 사람들이 르낭의 유쾌하고 겸손한 태도에 광분하는 모습을 보고 재미있어했다. 르낭을 "아주 발랄한 사람, 방울 달린 모자를 쓰고 훌륭한 철학을, 기발한 농담을, 신성모독을 하는 사람, 지극히 제정신에 상식적인 사람"이라고 말했고 "마음가짐이 훌륭했다"라고도 했다.[81]

한편 잉거솔처럼 예수에 대해 생각을 달리하는 사람도 있었다. 예수가 매력적이거나 도덕적으로 현명하다고 생각하지 않았다. 예수가 세계의 물리적인 작동 방식을 이해하거나[82] 그 세상 속 삶의 조건을 향상하는 데[83] 별 관심이 없었다는 점을 인간적 결함으로 여긴다. E. M. 포스터도 같은 생각을 했다. 예수의 세속적이지 않은 모습, 지적인 호기심의 거부가 마음에 들지 않았다고 고백하면서 "유쾌하지도 않고 재미도 없는 모습에 피가 차가워졌다"라고 말했다.[84] 예수라는 개인을 만났다면 마음에 들지 않았을 것이라고도 했다. 개인적인 교류를 가장 중시하는 포스터에게 이것은 심각한 문제였다. 우리가 예수의 신성을 믿든 믿지 않든 여전히 예수에게는 신적인 어떤 것이 **남아 있다**는 점이 문제였을 수 있다. 그를 "인간적인, 너무도 인간적인" 존재로 만들고자 애쓸 수는 있겠지만 그는 여전히 저편의 구원에, 아버지 하느님에 대한 복종과 사랑에 철저히 헌신하는 부류의 사람이었다.

종교가 좀 더 인간 중심적이길 바라는 사람들에게 열린 또 하나의 선택지는 하느님이나 예수의 자리에 인간성 그 자체를 놓고 그것을 숭배하는 방법이었다.

이 방법도 전례가 있었다. 혁명 직후 프랑스에서는 세속 '종교'가 잠시 유행했다.[85] 혁명가들이 없애고자 했던 가톨릭교를 대체하기 위해 만들어진 종교였다. 혁명 세력은 먼저 교회를 약탈했다. 샤르트르 대성당처럼 거대한 성당을 파괴할 생각도 잠시 해봤지만, 그런 건물에서 나온 잔해라면 수년 동안 도심 전체를 꽉 막고 있게 될 것이라는 건축가의 지적에 포기했다. 하지만 사람들에게는 대체할 존재가 필요할 것이라는 생각도 있었으므로 이성, 자유, 인간성을 의인화해서 예배의 주된 대상으로 삼도록 했다. 파리 노트르담 성당의 제대는 자유에 헌정된 제단으로 교체되었고 성당은 1793년 11월 10일, 이성의 축제를 열었다. 축제 일부로 이성의 여신이 등장하는 행진도 열렸는데 이 축제를 기획한 앙투안 프랑수아 모모로의 아내 소피 모모로가 여신을 연기했다. 그 이듬해 인간성과 이성을 숭배하는 종교는 막시밀리앙 로베스피에르의 눈 밖에 났고 로베스피에르는 앙투안을 비롯한 사람들을 기요틴으로 보냄으로써 불편한 심기를 드러냈다. 그런 다음 좀 더 자

LA FÊTE DE LA RAISON, DANS NOTRE-DAME DE PARIS, LE 10 NOVEMBRE 1793
D'après le tableau de M. Ch. L. Muller, dix-neuvième siècle.

그림 56　1793년 11월 10일 파리 노트르담 성당에서 열린 이성의 축제에서 소피 모모로가 이성의 여신을 연기하고 있다.

연신론적인 '최고 존재의 교단'을 만들었다. 이 교단은 1801년까지 이어졌지만 나폴레옹이 금지하고 좀 더 전통적인 종교의식으로 되돌려 놓았다.

　이런 식으로 추상적인 존재를 숭배한다는 생각은 계속 이어졌다. 독일에서 철학자 루트비히 포이어바흐는 1841년 저서 『기독교의 본질』에서 인간적인 종교를 따르자고 제안했다. (이 또한 엘리엇이 이후 영어로 번역한다.) 포이어바흐는 어쨌든 인간이 자신이 가진 최고의 특성을 골라 "신"이라는 이름을 붙이고 숭배한 데서 유일신 종교가 생겨났다고 말했다. 그러니 중간 신을 없애고 인간성을 직접, 아니면 적어도 인간의 도덕적인 면만이라도 숭배하자고 했다. 포이어바흐는 그런 종교를 만들 생각은 하지 않았지만 다른 사람들은 했고 그중에서는 프랑스 사상가 오귀스트 콩트가 유명하다.

콩트는 몇 가지 훌륭한 아이디어를 제시했다. 사회학이라는 영역을 다진 사람으로서 실증주의라는 말을 만들었다. 경험 과학을 (즉 '실증'적 과학을) 기반으로 통치한다면 더 잘 살 수 있다는 믿음을 담은 말이었다. 콩트의 과학적인 세계관은 전통적인 종교를 거부했지만 사회학적으로 고려할 때 사람들은 그걸 대체할 어떤 의식이 필요해 보였다. 그래서 콩트는 이후 실증주의교Positivist religion, 혹은 인류교Religion of Humanity라고 알려진 종교를 만들었다. 추상적인 것을 위한 종교였지만 그 의례는 조금도 추상적이지 않았다.

가톨릭 집안에서 자란 콩트는 가장 먼저 성모 마리아를 대체할 이상화된 여성상이 실증주의교에도 필요하다고 생각했는데 이 역할에 잘 어울리는 여성이 있었다. 콩트가 개인적으로 깊은 흥미를 느낀 클로틸드 드 보였다. 불행한 결혼 생활을 하다가 남편에게 버림받은 클로틸드는 젊은 나이에 세상을 떠났다. 클로틸드는 온화하고 고뇌에 찬 도덕적인 여성의 완벽한 상징으로 적절했다. 인류교에서 클로틸드는 인류보다 더 큰 존재감을 가진 것 같기도 했다. 하지만 죽지 않은 여성에게 콩트의 종교는 베풀 것이 없어 보였다. 여성은 오로지 아이를 키우는 데 전념해야 한다는 것이 콩트의 생각이었다.

그다음으로 가톨릭 성인을 대체할 성인이 필요했다.[86] 콩트는 다양한 예술가, 작가, 과학자, 심지어 모세와 같이 뛰어나게 인간적인 면모를 가진 종교 사상가들도 성인으로 택했다. 그리고 프랑스의 혁명력에서 착안하여 매 달의 이름을 성인의 이름을 따서 지었다. 물론 그 우두머리에는 교황이 필요했다. 콩트는 자신을 교황으로 생각하는 듯했으나 미처 공식화하지 못하고 1857년에 사망했다.

이후 실증주의교는 점점 몸집이 불더니 전 세계적으로 신도가 생겼다. 브라질에서는 오랫동안 성행했는데 1889년 쿠데타 이후 새로운 공화국을 세운 사람들 일부가 실증주의교를 도입했기 때문이다. 그들은 합리주의를 내세우고 전쟁과 노예제도에 반대하는 실증주의 철학에 이끌렸다. 리우데자네이루에는 근사한 인류 교회가 지어졌는데 파리의 판테온을 모방한 이 교회에는 클로틸드가 아이를 안고 있는 거대한 그림이 있다. 불행히도 2009년 폭풍우에 교회 지붕이 무너졌다.[87] 브라질 다른 지역에는 여전히 실증주의 교회들이 남아 있다.[88]

실증주의교 신도들이 많았던 또 다른 국가는 이미 많은 사람이 무한한 회의감의 바다에서 헤엄치고 있었던 영국이었다. 『종의 기원』과 『자유론』이 세상에 나온 1859년에는 콩트의 책을 영어로 번역한 리처드 콩그리브가 인류교 런던 지부를 열었다. 초창기 모임은 주로 콩그리브의 집에서 열렸다. 많지 않은 신도들이 설교를 듣고 "나는 인류가 군림하는 시대가 올 것을 믿사오며" 등의 내용이 들어 있는 실증주의 신경信經을 외웠다.[89] 콩그리브는 설교에서 심지어 인류를 "여기서 우리가 최고로 여기는 위대한 권능"이라고 말하기도 했다.⁹⁰ 음악도 연주했고 시도 낭독했다. 엘리엇의 「보이지 않는 성가대The Choir Invisible」가 특히 인기 있었다. 사후의 천국이 아닌 인간의 기억 속에 살고자 하는 바람을 담은 시였다. 실증주의교 신도들은 이 시에 가락을 붙여 찬송가처럼 불렀다.⁹¹

> 불멸의 영혼들로 이루어진
> 보이지 않는 성가대에 들어가고 싶다
> 영혼들은 그들 덕에 고양된 정신 속에 살아있으며
> 그들 덕에 관용을 베풀게 된 맥박 속에 살아있으며
> 담대한 청렴 속에 살아있으며……⁹²

엘리엇이 선택해서 번역한 책을 보면 그가 휴머니즘과 세속의 사상에 깊은 관심을 가졌다는 것을 알 수 있다. 그러나 실증주의교를 믿는 영국 신도들을 만난 뒤 그는 이들과 분명한 거리를 두었다. 포스터가 예수 그리스도에게서 불편함을 느꼈듯 엘리엇 역시 지도자를 개인적으로 좋아하지 않았다는 이유도 한몫했다. 엘리엇과 콩그리브는 이웃 사이였지만 엘리엇은 콩그리브가 피상적인 친절뒤에 차가운 마음을 숨기고 있다고 생각했다.⁹³

종교와 과학이라는 주제를 고민했던 다른 위대한 지성인들도 조심스러웠다. 밀은 콩트교의 전례에 대한 집착을 조롱하는 폭로 기사를 쓰기도 했다. 특히 콩트가 여성상을 중심으로 교단을 만들었지만 현실에서 여성의 기회를 늘리는 데 어떤 관심도 두지

않았다는 점을 지적했다.[94] 헉슬리는 이들을 보자마자 "기독교를 뺀 가톨릭교"라고 정의했다.[95]

사실상 영국 인류교 신도들도 과도한 전례에 대한 거리낌이 있었고, 그 모든 결과 모든 종교에 반드시 나타나는 특징인 분열이 생겼다. 1881년 모임에서 벌어진 일로서 T. R. 라이트의 흥미진진한 기록『인류교』에 따르면 "교회로 올 때는 한 차, 돌아갈 때는 두 차"였다는 우스갯소리가 나왔다.[96]

콩그리브의 교단에서 분파한 모임은 프레더릭 해리슨이 이끌고 있었다. 그는 표상이나 제구祭具가 너무 복잡하지 않은 쪽을 선호했고 "답답한 골방에서 중얼거리며 가톨릭 전례"를 행하는 것이 실증주의교를 우스꽝스럽게 보이게 만든다고 생각했다.[97] 찬송가는 괜찮았다. 아내 에설은 찬송가 모음집을 편찬하기도 했는데「만세! 인류의 자녀 만세!」등의 곡이 들어 있었다.[98] 그러나 모임은 좀 더 환한 곳에서 가졌다. 런던 페터가에 위치한 뉴턴 홀이었다. 해리슨의 태도도 전반적으로 더 상냥했다. 그의 마음이 차갑다고 생각하는 사람도 없었다. 해리슨은 굉장히 활기차고 유쾌한 사람이었다. 앤서니 트롤럽은 말을 탄 해리슨을 보고 "하마에 올라탄 쾌활한 푸줏간 주인" 같다고 했다.[99] 해리슨의 아들 오스틴은 회고록에서 아버지의 초상을 멋지게 그려냈다. 집에서 아버지는 가장 좋아하는 셰익스피어를 온갖 과장을 섞어 우스꽝스럽게 연기하곤 했고 아이들은 자지러지게 웃으면서 나동그라졌다는 것이다.[100] 해리슨은 가난한 소설가 조지 기싱을 아이들의 가정교사로 고용했는데 그는 학교 내 분위기가 매우 달랐던 과거를 배경으로 하는 무시무시한 이야기들을 들려주며 아이들의 마음을 빼앗았다. 회초리를 맞은 일을 회상하며 크게 "찰싹!"이라고 외치는 것도 잊지 않았다.[101]

이런 매력적인 인물들이 존재했고 열성을 다한 찬양은 기쁨을 주었지만 인류교가 남긴 유산은 전반적으로 유감스럽다. 휴머니즘이 단지 하나의 종교를 다른 종교로 대체하려고 하며 인류를 우상으로 삼고 다른 모든 종을 열등하다고 여기고 무시한다는 오해는 오늘날에도 흔하다. 이런 것들은 대체로 콩트가 만들어낸 종교에 해당하는 사실이다. 현대 휴머니즘은 이와 다르다. 현대 휴머니즘은 모든 종류의 독단적인 교리 체계를 거부하고 인간뿐만 아니라 비인간 생물에 대한 존중을 강조한다.

이성과 도덕성에 관한 콩트의 흠 잡을 데 없는 휴머니즘 사상이 또 다른, 다소 모욕적인 사상과 나란히 놓였다는 점은 애석하다. 인간에게는 성인과 동정녀가 꼭 필요하고, 없으면 견디지 못할 것이라는 생각 말이다. 밀은 콩트의 이런 생각에 거부감을 드러내면서 "왜 이렇게 우주를 자꾸 체계화, 체계화, 체계화하는가?"라고 물었다.[102] 그리고 또 왜 이념과 전례와 규율에 집착하는가? 이는 밀의 사상, 즉 자유, 다양성, "실험적 삶"의 철학과 모든 면에서 대립하고 있었다. 인간의 "진화"에 대한 갈망에서 시작한 철학이 교리에의 굴복으로 끝났다는 점이 밀을 오싹하게 했다.[103]

19세기는 과학의 영역에서나 인문학의 영역에서나 전환기였으므로 의외의 반응이 나왔던 것도 놀랍지 않다. 예수의 인간화와 인류교는 단지 두 가지 사례일 뿐이고 더 많은 가능성이 존재했다. 프레더릭의 아들 오스틴 해리슨이 쓴 회고록에서 그는 자신이 성장한 빅토리아 시대 런던 속 자유분방한 지성인들의 세계가 어떤 모습이었는지 생생하게 묘사한다. 급진론자와 진화론자, 자유 사상가, 불가지론자, 실증주의자로 가득한 이곳에서 그 어디에도 속하지 않는다는 것은 "아무도 아니라는 의미"였다.[104] "신의 죽음"이라는 극적인 사건, 신앙의 상실이 초래한 방향 감각의 상실, 대체 종교를 찾으려는 엉뚱한 시도, 도덕적 스승에 대한 갈망, 과학을 향한 열광 등이 모두 뒤섞여 휴머니즘의 이야기 속에서 아주 특별한 순간을 만들어내고 있었다.

우리 시대에도 이와 관련된 극적인 사건들이 이어지고 있다. 우리는 여전히 비슷한 물음을 갖고 있지만 다른 방법으로 질문한다. 여러 다양한 생명체 사이에서, 혹은 물리적인 우주 전체에서 인간의 위치는 어디인가? 과학적 논증에서 나온 결론과 종교적인 사유의 전통에서 나온 생각을 어떻게 화해시킬 것인가? 우리에게는 영웅이나 성인, 도덕적 지도자가 필요한가? 인류세라는 말이 나올 정도로 지구를 압도적으로 지배하기 시작한 이 인류란 도대체 어떤 존재인가? 물론 답은 아직 없고 영원히 나오지 않을 수도 있다. 그러나 불가지론자라면 이렇게 얘기할 것이다. 답에 대해 너무 확신하지 않는 편이 나을 때도 있다.

철학자 버트런드 러셀은 자신의 어린 시절이기도 했던 19세기의 이 시절을 돌아보면서 급변한 20세기의 관점에서 보면 그때가 고지식하고 "허튼소리"로 가득한 시절처럼 보일 수도 있다고 썼다. 그러나 큰 장점도 있었다. 사람들은 두려움보다 희망을 동력으로 삼았다. 러셀은 인류가 번영하려면, 아니 그저 살아남기라도 하려면 두려움을 현명하게 다루고 희망의 자취나마 되찾아야 한다고 말했다.[105]

10

희망찬 박사

언어로 세상을 연결한 사람들

주로 1870년대 이후

희망의 시대에 긍정적인 태도를 보였던 세 명의 휴머니스트 ― 언어를 만든 루드비크 라자로 자멘호프 ― 행복을 믿은 로버트 G. 잉거솔 ― 활기찬 시선으로 주변을 돌아보았던 버트런드 러셀

19세기에 희망을 품을 방법은 많았다. 정치 혁명에 기대를 건 사람도 있었고 인류 전체가 영국 남성을 따라 진보의 사다리를 오르는 꿈을 꾸는 사람도 있었다. 민족주의의 승리나 종교적 초월을 믿는 이들도 있었다. 그리고 특별한 낙관론자들도 있었다. 인간이 혐오나 미신, 전쟁 없이 모두의 이익을 위해 살아가기 위한 합리적인 해결책을 찾고자 했던 사람들이다.

이번 장에서는 이런 기대를 품었던 영웅 세 명을 다룰 것이다.

세 사람 모두 19세기 남성이었고 이 시대의 정신을 가득 품고 있었다. 그중 두 사람은 19세기 이후에도 삶을 이어갔다. 버트런드 러셀은 아주 오래 이어간 반면, 로버트 G. 잉거솔은 1899년에 죽어서 아쉽게도 20세기를 보지 못했다.

남은 한 사람은 인류에게 품었던 희망이 제1차 세계대전으로 처참하게 꺾이는 모습을 목격한 뒤 세상을 떠났다. 이 사람, 루드비크 라자루스 자멘호프부터 만나보자. 그가 만든 언어는 그 이름부터 희망을 외치고 있었다.

*　*　*

루드비크 라자로 자멘호프는 1859년 말 비아위스토크의 유대인 가정에서 태어났다. 그래서 억압과 국가에 대한 편견이 사람들의 삶을 어떻게 바꿀 수 있는지 몸소 경험했다. 오늘날 폴란드의 일부인 비아위스토크는 오랜 역사에 걸쳐 다양한 국가에 속했다. 처음에는 당시 거대했던 리투아니아의 영토에 속했지만 한동안 폴란드 도시였다가 나중에 프로이센에 속하게 됐다. 자멘호프가 어렸을 때는 러시아가 지배했는데 많은 사람이 이에 불만을 품고 있었다. 이후 독일에 두 번 침공을 당한다. 이곳에는 러시아인, 폴란드인, 독일인, 유대인이 섞여 살았다. 각각의 집단은 다른 집단을 혐오하고 불신했으며 유대인 집단이 어김없이 최악의 대우를 받았다.

소년 시절 자멘호프는 비아위스토크에 사는 다양한 공동체 간의 몰이해가 각자의 언어로 인해 심화하고 있다는 사실을 눈치챘다.[1] 사람들은 자기 언어는 지극히 감정적인 방식으로 자기 정체성의 일부로 삼았고 타 집단의 언어와 정체성은 낯설고 위협적인 것으로 보았다. 어딜 가든 사람들은 러시아인, 폴란드인, 독일인, 유대인에 대해 이야기했다. 결코 그냥 '사람'을 논하지는 않았다.

비아위스토크의 주민들은 이따금 서로의 언어를 겉핥기식으로 배웠지만 이는 어려운 일이었고 남의 영역을 침범한다는 의미이기도 했다. 중립적인 언어는 없었다. 아직 청소년이던 시절 자멘호프는 배우기 어렵지 않고 누군가의 독점적 소유가 아닌 언어가 있다면 도움이 될지도 모른다고 생각했다.[2] 모국어나 문화를

그림 57 1910년경의 루드비코 라자로 자멘호프.

잃을 염려도 없었다. 그저 추가적인 가교가 되어줄 언어가 있다면 사람들이 소통의 수단으로 삼을 테고, 나아가 타인도 나와 비슷한 인간적인 삶을 살고 있다는 사실을 이해하도록 도와줄 것 같았다.

이 훌륭한 생각에는 오래된 전설의 자취가 묻어 있었다. 구약 성경의 바벨 이야기에 따르면 이 거대한 도시의 시민들은 한 언어로 서로 소통하며 탑을 짓기 시작했는데 어느새 하늘에 닿을락 말락 했다. 하느님은 이 모습을 보고 말했다. "보라, 사람들이 하나가 되고 모두 한 가지 언어를 쓰니 이런 일을 벌였구나. 이제 이들은 상상하는 모든 것을 이룰 수 있겠구나." 하느님은 이런 전망이 썩 마음에 들지 않았기에 탑을 무너뜨렸고 탑을 짓던 사람들을 사방으로 흩어지게 했다. 그리고 그들이 이후 공동의 이익을 위해 함께 일하기 어렵도록 여러 가지 언어를 쓰게 만들었다.[3] 그 이후로 언어적, 문화적 몰이해가 인류를 취약한 상태로 만들었고 E. M. 포스터가 말하는 "연결", 에라스뮈스가 말하는 "여럿과 나누는 우정"을 이루어내기 힘들게 만들었다는 이야기다.

그러나 유럽 역사 속 수 세기 동안 라틴어가 에라스뮈스를 비롯한 사람들을 연결했다. 얼마나 잘 연결했는지 특히 단테 같은 중세 언어학자들은 라틴어가 바벨 이후 있었던 자연 언어의 분화를 극복하기 위해 만들어진 인공 언어라고 생각할 정도였다. 라틴어는 ("수많은 민족의 동의를 거쳐 형성된") 위원회가 설계했기 때문에 개인이 마음대로 할 수 없으므로 변화하지 않는다는 장점이 있다고 여겨졌다.[4] 그러나 로렌초 발라가 나타나 라틴어가 왕성하게 변화했다는 사실을 지적함으로써 이 이론을 망쳤다.

그림 58 서로의 말을 이해하지 못하게 되자 바벨탑을 짓던 사람들이 서로 싸우기 시작한다. 1700년경의 에칭(G. 후에G. Hoet의 작품을 바탕으로 M. 반 더 훅트M. van der Gucht가 제작).

    하지만 라틴어는 언제나 교육을 받은 소수를 위한 것이었고 그들 사이에서도 19세기 말에 이르면 쇠퇴한다. 학교에서 가르치는 일은 흔했지만 라틴어를 이용해 소통할 수 있는 사람의 수는 계속해서 줄어들었다. 자멘호프도 라틴어나 그리스어를 고려해 보았지만 러시아어나 폴란드어와 마찬가지로 동사와 명사 어미 변화가 복잡해서 배우기가 고통스럽다는 이유로 거부했다. 그뿐만 아니라 현대의 물건을 표현할 명사가 없었다.[5] 키케로 추종자들도 겪은 문제였다.

그래서 노트와 언어 학습서를 모으기 시작했다. 아버지와 할아버지가 모두 언어 교사였기 때문에 자료를 구하기는 쉬웠다. 그리고 배우기 쉬운 자신만의 언어를 만들기 시작했다. 먼저 성별과 격에 따른 명사의 어미 변화, 동사 변화를 없앴다. 대신 다양한 언어족으로부터 900개 정도의 뿌리 단어를 가져왔다. 그런 다음 더 많은 의미를 표현할 수 있도록 여러 접두어와 접미어를 붙였다. 이렇게 최초의 형태를 만들자마자 발표식을 열었다. 1878년 12월 17일이었는데 자멘호프의 19번째 생일 직후이기도 했다. 그래서 발표식은 새 언어와 자멘호프의 탄생을 둘 다 기념하게 됐다. 가족과 친구들이 모인 식탁 위에는 케이크와 노트, 단어장이 예쁘게 놓였고 모두 함께 노래했다.

> Malamikete de las nacjes,
> Kadó, kadó, jam temp' está!
> La tot' homoze en familje
> Konunigare so debá.

> 민족 간의 적의여
> 무너져라, 무너져라, 이제는 그럴 때다!
> 인류 전체는 한 가족으로
> 뭉쳐야 한다.[6]

그러나 자멘호프가 좀 더 완성된 형태로 언어를 다듬기까지 꽤 심란한 난관을 극복해야 했다. 발표식이 있고 자멘호프는 모스크바로 의학을 공부하러 떠났다. (이후 안과 전문의가 되었고 평생 바르샤바의 유대인 공동체 내에서 안과 진료를 보았다.) 자멘호프의 아버지는 아들이 언어를 만드는 데 정신이 팔려 공부를 소홀히 할까 봐 페트라르카의 아버지가 했던 것처럼 개입했다. 아들의 노트를 압수한 것이다. 노트는 꾸러미로 묶어서 벽장에 넣고 문을 잠갔다. 자멘호프는 이를 받아들였지만, 몇 년 뒤 명절을 맞아 집에 왔을 때 방학 동안만이라도 작업을 할 수 있도록 노트를 꺼내달라고 부탁했다. 그러자 아버지는 실은 노트를 보관했던 것이 아니라 꺼내서 불태웠다고 말했다.[7] 이 또한 페트라르카의 아버지가 했던 일이다. 그러나 이번에는 아무것도 남지 않고 다 탔다.

자멘호프는 할 수 없이 기억에 의존해서 언어를 다시 만들 수밖에 없었고 그렇게 했다. 1887년에는 첫 초급 독본을 발표했다. 『제1권 Unua Libro』이라는 제목으로 널리 알려진 책의 저자는 자멘호프의 필명 "에스페란토 박사"였다.[8] 이것은 "희망찬 박사"[9]라는 의미다. 언어 자체도 이 필명으로 인해 에스페란토어, 즉 희망찬 언어로 불리게 되었다.

자멘호프는 언어와 어울리는 희망찬 종교 또한 만들고자 했다. 이마누엘 칸트는 1795년에 종교와 언어가 인간 분열의 두 가지 주된 근원이라고 말했고 그로 인해 전쟁도 일어난다고 했다. 민족 간의 차이를 극명하게 드러내기 때문이다.[10] 언어 문제와 마찬가지로 자멘호프는 사람들이 자신의 문화와 관습에 더할 수 있는 2차 종교를 공유한다면 차이를 극복하기 더 쉬울 것이라는 희

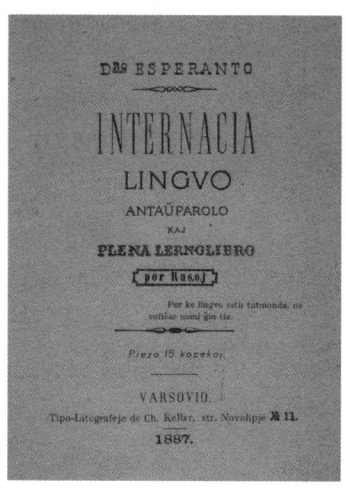

그림 59 『자멘호프가 쓴 초급 독본 제1권 Unua Libro』(1887).

망을 품었다.[11] 그는 사람들이 모두 기본적인 인간의 정신과 가치관을 공유한다고 생각했다. 가령 유대인 신학자 힐렐을 비롯한 많은 사람이 공감하는 황금률에서 보편적인 윤리관의 열쇠를 찾아볼 수 있었다. "내게 불쾌한 일은 남에게도 하지 말라." 이런 법칙의 다양한 변주는 수많은 문화에서 찾을 수 있고 기억하기가 아주 쉬우므로 정신을 위한 일종의 에스페란토를 만드는 데 좋은 시작점 같았다. 자멘호프는 처음에는 힐렐의 이름을 따서 이 종교를 힐렐리즘이라고 불렀고 1901년에 입문서 『힐렐리즘Hillelism』을 출간했다. 새로운 필명도 지었는데 테렌티우스의 대사에서 따온 "호모 숨(Homo Sum, 나는 인간이다)"이었다. 나중에는 종교의 이름도 바뀌어 호마라니스모(Homaranismo; 물론 에스페란토어), 즉 '휴머니

즘'이 된다.[12]

에스페란토 운동에 동참하고 있던 모두가 종교를 건드리는 데 찬성하지는 않았다. 자멘호프는 조언에 따라 종교적 이상을 말하는 것은 자제했고 심지어 에스페란토어 모임에서도 마찬가지였다. 그러나 이 종교 운동의 논리는 언어 운동과 같았다. 호마라니스모는 단지 새로운 수준의 소통과 인간성을 공유할 수 있게 할 뿐 누구의 종교를 빼앗자는 주장은 아니었다.[13] 자멘호프 자신도 젊을 때는 시오니즘을 따랐다.[14] 자신이 의사로 있는 유대인 공동체에 깊게 뿌리내리고 있었고 유대인 정체성에 대한 자부심도 컸다. 단지 추가적인 관념, 인간과 관련된 그 어떤 일도 남의 일이 아니라는 생각을 더했을 뿐이다.

에스페란토 운동가들도 이 일이 굉장한 낙관론을 필요로 한다는 사실을 인정했다. 『제1권』의 시작에는 이런 내용이 있다. "독자는 분명히 미소를 지으며 믿을 수 없다는 듯 이 작은 책을 집어 들 것이다. 유토피아의 선량한 시민에게나 어울릴 법한 실행 불가능한 계획을 기대하고 있을 것이다." (초기 영어 번역본 내용: "독자는 분명히 의심스러운 마음으로 이 소책자를 집어 들며 실현 불가능한 유토피아와 관련된 내용이라고 생각할 것이다.")[15] 많은 사람이 아직도 미소를 짓고 있다. 인간이 보편적인 우애 안에서 서로 포옹하는 법을 배울 수 있다는 가정을 기초로 하는 허무맹랑한 환상이 바로 에스페란토 사상이라고 생각하는 것이다.

그런 생각이 그렇게 우스울 일인가? 어떻게 보느냐에 달려 있다. 물론 에스페란토 사상이 생긴 지 100년도 넘었지만 우리는 여전히 세계 평화도 이룩하지 못했고 그 방향으로 꾸준히 움직이지조차 못했다. 호마라니스모에 대해 들어본 사람도 별로 없다. 불행히도 정부들도 에스페란토에 관심이 별로 없었다. 있어도 바람직한 관심은 아니었다. (이 점에 대해서는 나중에 논하도록 하자.) 에스페란토 단체를 제외한 그 어떤 국제기구도 이 언어를 택하지 않았다.

1908년에는 에스페란토주의자이자 의사인 빌헬름 몰리가 중립 모레스네라는 자기 고향에 초소형의 에스페란토 영토를 만들려고 했다.[16] 벨기에에 속해 있었지만 독일이 종종 영유권을 주장하는 곳이었다. (규모는 작지만 비아위스토크와 다르지 않게 취약한 상태에 있는 땅이었다.) 몰리 박사는 이곳을 아미케요Amikejo, 즉 우정의 땅이라고 이름 지을 계획이었다. 그러나 20세기에 우정과 평화의 작은 땅이 설 곳은 없었고 제1차 세계대전의 시작과 함께 박사의 계획은 실패했다. 훨씬 뒤인 1967년 이탈리아의 리미니 해안 근처 해상 플랫폼에 로즈 아일랜드라는 국가가 세워졌는데 이 국가가 에스페란토어를 공식 언어로 지정했다.[17] 그러나 이 국가의 주된 목적은 이탈리아의 법과 세금을 회피하는 것으로 그다지 이상적이지 못했다. 이후 이탈리아 정부는 이 국가를 폭파했다.

그러나 자멘호프와 에스페란토주의자들은 항상 이 언어, 그리고 어느 정도까지는 이 종교에 담긴 이상이 가치 있다고 여겼다. 실제로 그것은 희망의 지속을 의미했기 때문이다. 에스페란토와 호마라니스모는 다수의 선택을 받지는 못하겠지만 그럴 가능성에 대해서 생각하게 만든다. 몽테뉴의 '에세이'처럼 그것은

시도다. 세계를 크게 변화시키지는 못해도 그런 시도 자체가 힘을 준다. 에스페란토 사상을 따르려는 사람들에게는 국제적으로 서로 교류하고 연결될 기회도 생긴다.

에스페란토 사상은 또한 전혀 예측하지 못한 곳에서 튀어나오기도 한다. 이 책을 집필하면서 나는 보클뤼즈에 있는 페트라르카의 집을 방문했는데 그가 아주 좋아했던 냇물 옆길을 걷다가 에스페란토어로 쓴 석판 안내문을 보았다. 근처에 있는 1937년 프랑스어 석판의 내용을 옮겨놓은 것인데 페트라르카의 시와 역사 연구, 그리고 정확히 600년 전 이 아름다운 장소에 집을 짓기로 한 페트라르카의 결정을 기념하는 내용이었다.

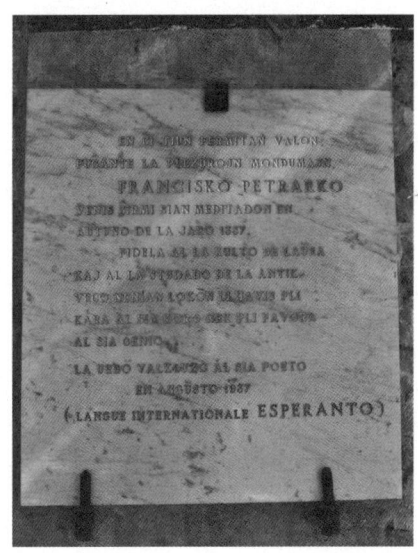

그림 60 페트라르카를 기리는 에스페란토어 석판. 퐁텐 드 보클뤼즈에 있다.

***

이보다 약간 앞선 시기에 살았던 사람으로 역시 희망과 가능성을 동력으로 삼은 사람이 있었는데 그는 모든 의미에서 큰 사람이었다. 이미 이 책에서 만나본 로버트 G. 잉거솔이다. 초반에 인용한 행복 강령을 만든 사람이기도 하다.

> 유일한 선은 행복
> 행복할 때는 지금
> 행복할 곳은 여기
> 행복해지는 방법은 타인을 행복하게 하는 것.[18]

그가 살았던 시대의 기술 발전 덕분에 우리는 희미하고 잡음이 많기는 하지만 잉거솔의 목소리를 들어볼 수 있다. 1899년에 토머스 에디슨의 녹음 스튜디오에서 녹음했고 축음기 실린더는 뉴욕주 드레스덴에 있는 잉거솔의 생가 박물관에 보존되어 있다. '희망'이라는 위대한 주제에 대한 그의 연설도 녹음으로 남아 있다.

잉거솔은 불가지론자이자 합리주의자였다.[19] 비슷한 주제를 가지고 순회 강연을 했던 그 시대의 카리스마적 연설가들은 주로 그랬다. 하마터면 강연을 **설교**로 잘못 쓸 뻔했다. 하지만 그의 연설이 설교와 비슷하게 느껴진다고 해도 놀라울 일은 아니다. 잉거솔은 아버지를 따라 떠돌이 생활을 하면서 성장했다. 회중 교회 목사인 아버지는 어딜 가든 기탄없는 발언으로 사람들을 불편하게 만들었기 때문에 자주 옮겨 다녀야 했다. 특히 노예제도에 반대하는 발언이 많았다. 잉거솔이 태어났을 때 아버지는 가족 성경에 생일을 기록했다. 1833년 8월 11일. 또 다른 성경에는 8월 12일로 적혀 있다. 잉거솔은 "내가 성경에서 본 최초의 기록부터 모순이었다"라고 농담하기도 했다.[20]

이런 환경에서 성장했기에 그는 언어 그리고 존재감 그 자체로 군중을 웃기고 매혹하고 자극하고 감동을 주는 다양한 방법을 관찰할 수 있었다. 성장하면서 이런 능력을 더 날카롭게 연마할 수 있는 진로를 택하기도 했다. 먼저 교사가 되었다. 하지만 교실에서 부적절한 농담을 하는 성향이 있어서 얼마 가지 않아 쫓겨났다. 비누를 이용해서 꼼꼼하게 하면 세례식도 건전할 수 있다고 말하는 식이었다.[21]

그다음에는 변호사가 되기 위한 과정을 밟았다. 그러던 도중에 남북전쟁에서 싸우다 포로가 되기도 했다.[22] 이 경험으로 인해 잉거솔은 평생 모든 전쟁을 혐오하게 된다.[23] 법학을 공부하는 동안에는 한 가까운 판사가 개인 서고를 개방해 주었는데 중국과 인도 철학에 관한 책뿐만 아니라 루크레티우스, 키케로, 볼테르, 페인, 스피노자, 흄, 밀, 기번, 다윈, 헉슬리의 책까지 있었다.[24] 당대의 표현을 빌리자면 '자유사상가'가 될 새싹에게 이처럼 완벽한 독서 목록은 없었다. 그 전까지 종합적인 인문학 교육을 받을 기회가 없었던 잉거솔은 그 책들을 하나씩 읽어나갔다. 과거 사람들이 인문학 사상 때문에 이단 취급 받았다는 사실은 끔찍했다.[25] 그런데 미국에서 여전히 비슷한 탄압이 이루어지고 있다고 생각하니 더욱 끔찍했다. 잉거솔은 그런 사건의 변호를 맡기 시작했다. 그는 법정에서 쩌렁쩌렁한 목소리로 듣는 이를 동요하게 만드는 화법을 완벽하게 구사했는데 다른 젊은 변호사들도 이를 흉내 내려고 했지만 성공하는 경우가 거의 없었다. 일찌감치 시도했다 포기한 이들 중에는 클래런스 대로가 있었다. 그는 1925년 다윈주의 교육을 금지하는 테네시주의 법을 어겨 기소된 생물학 교사 존 T. 스코프스를 변호해서 이름을 알렸다. 대로는 잉거솔을 추억하며 이렇게 말했다. "잉거솔의 표현 방식에 통달한 사람은 몇 있었지만 잉거솔에게 절대 부족하지 않았던 것이 그들에게는 없었다. 바로 말할 가치가 있는 내용이었다."[26]

잉거솔은 실로 할 말이 아주 많아서 법정 안에서뿐만 아니라 밖에서도 말을 하기 시작했다.[27] 기사를 쓰기도 하고 강연을 하러 길을 떠나기도 했다. 1860년 일리노이주 페킨에서 첫 강연이 있었는데 진보라는 강연 주제는 당대의 또 다른 중요한 화제였다. 이처럼 글쓰기와 말하기는 잉거솔의 주된 일이 됐고 약 30년간 이어졌다. 희망과 진보, 행복 이외에도 그는 기성 종교가 인간 삶을 망치고 그 범위를 제한하는 방식, 그리고 합리적인 사유를 통해 스스로 자유를 찾는 일의 바람직함 등을 주제로 삼았다.

그러기 위해 그동안의 직업에서 익힌 모든 연설 능력을 동원했다. 키케로와 쿠인틸리아누스도 잉거솔의 폭넓은 기술에 감탄했을 것이다. 기적에 관한 일화나 기도가 이루어졌다는 이야기에 담긴 모순은 논리를 이용해서 지적했고 유머를 발휘할 때는 마치 스탠드업 코미디언 같았다. 한 여성이 술집에서 나오는 잉거솔을 보고 충격을 받은 듯한 목소리로 "잉거솔 선생님, 그런 데서 나오다니 놀랍군요"라고 말하자 잉거솔은 바로 받아쳤다. "아니, 부인, 그러면 제가 나오지 말고 계속 저 안에서 살까요."²⁸

때로는 멜로드라마를 펼쳐놓기도 했다. 가령, 역사를 지배하는 종교의 "유령"에 관해 이야기하면서 그들이 "인간의 지성이라는 독수리를 어둠의 박쥐로 바꾸는 데 심혈을 기울였습니다"라고 읊조리듯 이야기했다.²⁹ 하지만 그 망령은 이제 보내버려야 한다고 외쳤다. "살점 없는 손으로 눈동자 없는 눈을 가리고 달아나게 만듭시다. 영원히 인간의 상상력에서 사라지게 만듭시다."³⁰

그림 61 1890년경 로버트 G. 잉거솔의 모습.

이 모든 드라마, 논증, 유머는 뛰어난 전달력 덕분에 더욱 돋보였고 기골이 장대한 잉거솔의 몸도 전달력을 높였다. 쿠인틸리아누스도 연설가가 "목소리, 폐부, 우아한 자세와 동작 등" 자신의 타고난 장점을 키워야 한다고 조언한 바 있다.[31] 잉거솔의 우아함은 곰의 우아함에 가까웠지만 어쨌든 그는 이 모든 것을 갖고 있었다. 푸짐하게 먹고 마시는 것을 참 좋아하는 사람이기도 했다. "좋은 음식은 문명의 기초다. (…) 좋은 수프를 만든 사람은 그 어떤 교리를 만든 사람보다 민족에 더 큰 기여를 했다. 철저한 타락과 끝없는 천벌만을 말하는 교리는 나쁜 음식과 소화불량에서 비롯된 것이다."[32] 얼마나 잘 먹었으면 《오클랜드 이브닝 트리뷴 Oakland Evening Tribune》의 기자는 저 덩치가 다른 시대에 살았고 화형에 처해졌다면 "그 처형은 정말 가관이었을 것"이라고 말하기까지 했다.[33]

휴머니즘 사상은 잉거솔에게 조금도 추상적으로 여겨지지 않았고 삶의 모든 태도에 영향을 미쳤다.[34] 그는 좋은 음식뿐만 아니라 좋은 문화도 즐겼다. 프레더릭 해리슨처럼 셰익스피어를 깊이 사랑했다.[35] 매슈 아널드와 마찬가지로 "세상의 모든 남녀가 말하고 생각하고 이루어낸 최고의 것들을" 귀중하게 여겼다. 이런 최고의 결과물들이야말로 진정한 인간의 "경전"이라고 생각했다. 최고의 기계 발명품과 최고의 법도 사람들의 삶에 긍정적인 영향을 미치는 인간 창조물의 영역에 있는 만큼 중요하게 생각했다.

잉거솔은 단지 이 세상에 존재한다는 데서 짜릿한 기쁨을 느꼈다.

삶은 살 가치가 있는가? 내 경험에 비추어 대답할 수밖에 없다. 나는 살아있는 게, 공기를 마시고, 풍경을, 구름을, 별을 바라보는 게, 옛 시를 외고, 그림과 조각을 보고, 음악을 듣고 사랑하는 사람들의 목소리를 듣는 게 좋다. 음식도 담배도 즐긴다. 시원한 물도 좋다. 아내와 딸들, 손주들과의 대화도 좋다. 잠도 좋고 꿈도 좋다. 내 경우에 삶은 살 만한 가치가 있다고 할 수 있겠다.[36]

아내 에바 파커와 식구들에 대한 이런 언급은 잉거솔의 작업에 스며들어 있었다. 부부는 38년 동안 결혼 생활을 했고 두 딸을 낳았는데 첫째 에바 잉거솔 브라운은 페미니스트이자 자유사상가로서 저명한 운동가가 되었다. 잉거솔 역시 페미니즘 운동을 지지했고 아동의 권리도 옹호했다. 자식을 때리는 부모는 때리는 순간의 붉고 성난 얼굴이 얼마나 추한지 사진으로 남겨야 한다고 했다. 사진을 보고 내가 어떤 모습으로 변했는지 스스로 깨달아야 한다는 것이다. 폭력을 정당화하지 말고 아이들을 그저 "인간으로" 대우해 주면 안 되느냐고 묻기도 했다.[37]

행복 강령 말고도 또 다른 강령에서는 이렇게 말했다.

나는 인간 본성의 고귀함을 믿는다. 사랑과 가정, 친절, 인간성을 믿는다. 좋은 동지 관계, 유쾌한 태도, 아내와 자녀들을 행복하게 만드는 일의 가치를 믿는다. 좋은 본성을 믿는다. (…) 자유로운 사상을 믿고 이성, 관찰, 경험을 믿는다. 자립을 믿고 솔직한 생각의 표현을 믿는다. 나는 인류 전체에 대해 희망을 품고 있다.[38]

당연히 이런 시각은 적개심과 의구심을 불러일으켰다. 그와 대립하던 사람들은 잉거솔을 "로버트 인저솔^{Injuresoul}•"이라고 불렀고 강단으로는 과일과 채소가 날아들었다.³⁹ 하지만 잉거솔은 이를 모두 튕겨냈다. 모욕도, 별명도, 양배추도, 토마토도. 심지어 과일은 비유로 잘 써먹었다. 천국을 위해 풍요로운 삶을 아껴두는 일은 이 땅에서 보내는 시간을 낭비하는 것이라고 말하면서 "나는 말하자면 오렌지를 쪽쪽 빨아먹고 싶습니다. 죽을 때가 오면 껍질밖에 남아 있지 않도록 말입니다. 그래서 나는 '오래 살자!'라고 말합니다!"⁴⁰

잉거솔 자신의 삶은 그렇게 길지 않았다. 1899년 65세에 심부전으로 사망했다. 수많은 지지자, 추종자, 모방자를 남겼을 뿐만 아니라 서신을 교환한 상대도 페트라르카, 에라스뮈스, 훔볼트에 견줄 만큼 많았다. 가는 곳마다 신문기자의 관심을 끌었고 그 덕에 호기심이 있거나 성이 난 사람들, 혹은 고통받는 사람들이 편지를 보내왔다. 그가 보낸 답변 중에 내가 가장 잊을 수 없는 편지가 있다. 1890년 스스로 삶을 마감하고 싶다는 한 남자에게 그가 쓴 편지다. 잉거솔은 이렇게 조언했다. "타인에게 조금이라도 도움이 될 수 있다면 스스로 목숨을 끊으면 안 됩니다. 돕고 싶은 사람을 찾을 수 없다면 착한 강아지라도 찾아 돌보십시오. 기분이 놀랄 만큼 나아질 것입니다."⁴¹ 그 남자가 조언을 받아들였기를 바란다.

• 영혼에 상처를 입히는 사람이라는 의미.

＊＊＊

잉거솔의 행복 강령은 휴머니즘 단체 사이에서 여전히 인기가 높다. 일련의 답변으로 이루어진 강령이지만 우리에게 이렇게 자문하게 만든다. 우리는 왜 지금보다 더 행복할 수 없는가? 왜 종교가 주는 불안, 가부장제의 학대, 비이성이라는 불행을 그저 받아들이기만 하고 더 나은 삶의 방식을 스스로 찾지 않는가? 이것이 자멘호프가 언어를 만들어서 하려고 했던 일이다. 그리고 버트런드 러셀이 썼듯 "인간이 의무를 다하려면 하느님의 분노를 피하며 세상을 그저 스치듯 지나가서는 안 된다. 이 세상은 **우리** 세상이며 천국이 될지 지옥이 될지는 우리가 정한다."[42]

어느새 세 번째 희망적인 휴머니스트의 이야기를 할 차례가 되었다. 빅토리아 시대가 한창이던 1872년에 태어난 그 역시 19세기 세상과 그 안에서 벌어진 실험적인 일들이 형성한 사람이었다. 그러나 그의 생애는 히피와 록 음악, 컴퓨터의 시대였던 1970년대까지 이어졌다.

버트런드 러셀의 어머니가 남긴 말에 따르면 그는 태어나자마자 "아주 활기차게" 주변을 살펴보았다고 한다.[43] 바로 이런 삶의 자세를 러셀은 97세(거의 98세)까지 유지했다. 철학자이자 논리학자였고 수학자, 논객, 정치 활동가, 성 해방 운동가, 페미니스트, 합리주의자, 무신론자, 핵무장 폐지 운동가였으며 그 밖에도 수많은 정체성을 가진 사람이었다.

러셀의 탄생은 수많은 상서로운 징조로 둘러싸여 있었다고

그림 62 버트런드 러셀의 소년 시절.

한다. 이런 것들을 중요하게 여기는 사람도 있지만 러셀은 아니었다. 러셀의 어머니 캐서린 러셀 앰벌리 자작 부인은 더 많은 여성을 교육하기 위해 애를 썼으며 1879년에 스트라우드에서 연설을 한 뒤로는 빅토리아 여왕으로부터 "매를 벌고 있다"라는 말을 듣는 영예를 누렸다.[44] 캐서린의 남편 존 러셀 앰벌리 자작은 전 총리 존 러셀 의원의 아들이었고 자신도 의회 의원으로서 사회적으로 진보적인 의제들을 추진하고자 했다.[45] 1868년에는 낙선했는데 피임에 대한 접근권을 강화하는 데 힘을 실었기 때문이다. 이 겁 없는 자유사상가 귀족 부부는 상대방 이외의 사람들과도 연인 관계를 맺었다. 자작 부인의 애인은 남편도 알고 있었고 또 용인했다.

'버티'의 출산은 선구적인 여성 의사이자 집안 친구였던 엘리자베스 개릿 앤더슨이 주관했다. 또 다른 친구가 대부를 맡았다. 존 스튜어트 밀이었다. 의미심장한 선택이었다. 대부의 역할이 아이를 영적으로 인도하는 것이라면 그 방향은 전통적인 종교일 가능성이 매우 낮았다.

불행히도 밀은 러셀이 한 살도 되기 전에 세상을 떠났기 때문에 러셀에게 어떤 영향도 줄 수 없었다. 적어도 직접적으로는 그랬다. 하지만 글은 넘치는 영향력을 행사했을 것이다. 러셀은 18세에 밀의 전기를 읽으며 어린 시절 가졌던 기독교적 믿음의 마지막 잔여물로부터 해방되었다고 말했다.[46]

밀의 죽음은 어린 러셀에게 가장 중요한 사건은 아니었다. 겨우 두 살 때 어머니를 여의었고 1년 반 뒤 아버지가 세상을 떠났기 때문이다. 러셀과 형, 누나는 친할머니가 키웠다. 친할머니는 금욕적이고 구식이었다. 러셀은 할머니가 티타임이 끝나야 비로소 편안한 의자에 앉았다는 사실을 특히 잊지 못했다. 당시에는 이런 데 집착하는 사람들이 많았던 모양이다. 앤서니 트롤럽의 소설 『용서할 수 있을까?』에서 등장인물 매클라우드 부인은 "안락의자가 흉하다고 여겨졌던 시대에, 편안한 자세는 죄다 흉하다고 생각했던 사람들 사이에서 교육받았고 76세에도 결코 등받이에 등을 기대지 않는다고 자랑할 수 있는" 사람이었다.[47]

하지만 러셀은 이런 엄격한 할머니로부터 중요한 배움을 얻기도 했다. "할머니가 준 성경의 면지에는 할머니가 제일 좋아하는 구절이 적혀 있었다. '군중을 따라 악을 행하지 말라'도 그중 하나였다."⁴⁸ 러셀은 이것이 평생 자신을 이끈 모토였다고 말했다. 러셀의 삶은 진정 이 모토에 충실했다. 이성을 가지고 판단했을 때 어떤 주장이 옳다 혹은 그르다 생각된다면 항상 생각한 대로 말을 했다. 그 말로 아주 난처한 상황에 빠져도 주저하지 않았다. 자신의 가장 자극적인 저서의 제목도 매우 적절히 『인기 없는 에세이』라고 붙였다.

이 원칙과 얽혀 있는 또 다른 원칙이 있었다. 러셀은 "진실이라고 가정할 그 어떤 근거도 없는 명제를 믿는 것은 바람직하지 못하다"라고 생각했다.⁴⁹ 1952년에 이를 설명하는 좋은 비유를 제공했는데 당시에는 공개되지 않았다. "신이 존재하는가?"라는 언론의 질문에 그는 독자들에게 공전하는 찻주전자를 떠올려 보길 권했다.

> 내가 만약 지구와 화성 사이에 도자기로 만든 찻주전자가 있고 타원형의 궤도를 따라 태양 주위로 공전하고 있다고 주장한다면 아무도 나의 주장을 무력화하는 증거를 제시하지 못할 것이다. 그 찻주전자가 인간이 가진 가장 강력한 망원경으로도 찾을 수 없는 작은 크기라는 사실을 덧붙인다면 말이다. 그러나 내 주장이 반박될 수 없으므로 내 주장을 의심하는 인간 이성은 견딜 수 없이 뻔뻔한 이성이라고 말하기까지 한다면 사람들은 내가 헛소리를 한다고 생각할 것이고 그래야 마땅하다. 하지만 그런 찻주전자의 존재를 아주 오래된 책이 확인해 주고 있고 매주 일요일 그 존재를 성스러운 진실로써 가르치는 데 더해 학교에서 아이들의 머릿속에 주입했다

면 그런 존재를 믿기 꺼리는 자는 유별난 사람 취급을 받았을 것이며 의심하는 자는 계몽 이후 시대라면 정신의학의 도움을 받아야 하는 자, 이전 시대라면 종교재판으로 보내야 마땅한 자로 여겨졌을 것이다.[50]

오직 권위에 따라서 주장을 수용하는 것이 결코 충분치 않다는 생각은 러셀이 가진 가장 강력한 확신 중 하나였다. 이 글에는 러셀의 어조도 아주 잘 드러나 있다. 토머스 페인은 한때 볼테르에 대해서 바보 같은 생각을 아주 잘 포착하는 능력이 있었고 거기다 "폭로를 참지 못하는 경향"까지 있었다고 말했는데 러셀도 마찬가지였다.[51] 볼테르나 잉거솔의 경우처럼 사람들은 이런 성향을 재미있게 혹은 짜증스럽게 여겼는데 기분에 따라, 혹은 그 바보 같은 생각이 내 것인지 남의 것인지에 따라 달라졌다.

장난꾸러기 같은 외모에 숨겨진 러셀의 사유는 형식 논리에 대한 깊은 이해에 기반하고 있었다. 논리학과 수학은 러셀이 매우 좋아하는 (그리고 서로 연결된) 학문이었다. 수학은 열한 살 때 형이 준 유클리드 기하학 책을 시작으로 러셀의 삶에 들어왔다.[52] 러셀은 희열을 느꼈다. "세상에 이처럼 맛있는 것이 있다고는 상상하지도 못했다." 러셀은 이후 논리학과 수학 모두를 가르쳤고 수학의 논리적 기초를 탐구하는 권위 있는 『프린키피아 마테마티카 Principia Mathematica』를 앨프리드 노스 화이트헤드와 공동 집필했다. 러셀은 여러 다른 것들의 논리적 기초도 탐구했다. 민족주의, 전쟁을 합리화하는 주장, 피임을 반대하는 주장, 여성 인권에 대한 반박, 교회 권력을 정당화하는 주장 등을 살펴보았지만 모두 허술하다는 결론에 이르렀다.

러셀이 여성참정권 투쟁에 일찍부터 뛰어든 이유도 논리 때문이고, 가문의 전통 때문이었다. 이 의제 하나만 가지고 1907년에 윔블던 의원 선거에 출마하기도 했다.[53] 낙선할 것을 알았지만 밀이 1867년 의회에서 자기주장을 펼쳤듯 이 의제를 널리 알리고 싶었다. 러셀에게 충격을 준 것은 낙선했다는 사실이 아니라 반대 세력의 추한 행동이었다. 누군가에 의해 동원된 군중이 러셀의 연설장에 나타나 썩은 달걀을 던지기도 하고 관중석에 살아있는 쥐를 풀기도 했다. 연설 후 선거 운동원이 모인 회의실에서는 죽은 쥐도 발견됐다. 자멘호프, 잉거솔과 마찬가지로 러셀은 왜 세상이 좀 더 이성적으로 돌아가지 않는지 어리둥절했다. 행복과 안녕으로 가는 길이 이처럼 **논리적**인데 사람들은 **왜** 그 길을 보지 못하는 것일까?

그러나 러셀 자신의 삶조차도 이성이나 논리만으로 움직이지 않았다. 러셀은 때때로 우울감에 빠지기도 했다. 젊은 시절에도 이런 감정에 빠져 일몰을 바라보다가 자살을 생각했다.[54] 하지만 수학을 좀 더 배우고 싶다는 마음이 자신을 구원했다고 러셀은 말했다. 종종 강렬한 감정이 휘몰아쳤다. 그래서 러셀을 '혐오에 능한 사람'[55]이라고 말한 사람도 있었다. 러셀은 마찬가지로 갑작스러운 사랑이나 열렬한 집착에 빠지기도 했다. 동료 화이트헤드의 아내가 눈에 띄게 아파하고 고통스러워하는 모습을 본 러셀은 순간 기이한 생각이 들었다.

인간 영혼의 고독은 버텨내기 힘든 것이다. 그 고독을 꿰뚫을 수 있는 것은 종교 지도자들이 설파했던 종류의 강력한 사랑이다. 사랑에서 나오지 않는 마음은 해롭거나 좋게 봐도 쓸모가 없다. 그러므로 전쟁은 잘못됐고 공교육은 가증스러우며 무력의 사용은 비난받아야 하고 인간관계에서 우리는 개인적인 고독의 핵심을 꿰뚫는 말을 걸어야 한다. (…) 수년 동안 오로지 정확성과 분석에만 몰두해 온 나지만 아름다움에 대한 다소 신비주의적인 감정이, 아이들에 대한 강력한 관심이, 인간의 삶을 버텨낼 수 있게 해주는 어떤 철학을 찾으려는 거의 부처님만큼 깊은 열망이 차오르는 것을 느낀다.[56]

이것은 논리가 아니라 깨달음이었다. 또한 이 경험을 통해 아내 앨리스를 더 이상 사랑하지 않는다는 사실도 알아차렸다. 얼마 후 둘은 이혼한다. 러셀은 이후 세 번 더 결혼했고 연인도 많았다. 삶의 대부분에 걸쳐 이례적인 정욕을 보였고 섹스 중독이었을 수도 있다. 만나는 모든 여성을 유혹하려는 경향이 있었다. 우리가 아는 한 러셀은 선을 넘어 관계를 강요하지는 않았으나 러셀의 행동은 주변 여성들을 피곤하게 만들었고 러셀 자신에게도 지치는 일이었다. 러셀이 너무나도 인간적이었다는 것은 이뿐 아니라 그가 논리와 수학의 진실을 탐구하는 일에 매우 사적이고 감정적으로 임했다는 사실에서 분명하게 드러난다. 인간 삶을 뛰어넘는 초월적인 타당성을 갖고 있기에 논리와 수학을 좋아하기도 했지만 젊은 밀이 시를 읽으며 감동했던 것처럼 러셀에게는 이 두 영역이 감정을 자극하는 의미의 원천이었다.⁵⁷ 1929년 시카고의 《리틀 리뷰 Little Review》와의 인터뷰에서 가장 사랑하는 것이 무엇이냐는 질문을 받았을 때 러셀은 농담처럼 바다와 논리, 신학과 허례허식이라고 답했다. "앞의 둘은 비인간적이기 때문에, 뒤의 둘은 터무니없기 때문입니다."⁵⁸

러셀은 늘 이런 간결한 표현을 참지 못했다. 그러나 신학 전통에 대한 러셀의 반감은 이 애정 어린 조롱이 드러내는 것보다 훨씬 깊었다. 아주 오래전의 에피쿠로스학파나 계몽주의 시대의 돌바크 남작처럼, 그리고 좀 더 최근에는 잉거솔처럼 러셀은 인간이 행복하려면 종교로 인한 불안, 특히 내세에 대한 불안에서 빠져나와야 한다고 생각했다.⁵⁹ 두려움은 행복의 가장 큰 적이고 종교는 두려움의 가장 큰 원천이었다. 러셀은 "신을 두려워하는"이라는 말을 긍정적인 의미로 쓰는 것을 질색했다. 물론 경각심이 유용할 때도 있다. 피해야 하는 물리적인 위협에 직면할 때도 그렇다. 그러나 현대인의 삶에서 우리는 대체로 두려움보다 용기가 더 필요하다. "우리는 일어서서 세상을 똑바로 보아야 한다."⁶⁰ 잉거솔처럼 러셀도 대체로 인간 삶이 더 대담하고 자유롭고 더 건설적이고 더 즐거워야 한다고 생각했으며 그렇게 만들 의무는 대부분 우리에게 있다고 여겼다.

수많은 삶을 망치는 또 다른 두려움은 이방인, 혹은 나와 다른 모든 사람에 대한 두려움이었다. 민족주의자와 인종주의자들이 부추긴 감정이기도 했다. 러셀 자신이 이런 감정에 대해 가지고 있었던 가장 극심한 우려는 『프린키피아 마테마티카』의 마지막 권이 출간된 이듬해인 1914년 제1차 세계대전의 시작과 함께 현실이 되었다. 전쟁이 터진 직후 연인 오톨린 모렐에게 쓴 편지에서 러셀은 끔찍한 마음을 이렇게 표현했다. "유럽 내 모든 격정의 무게가 느껴지는 것 같습니다. 내가 볼록 렌즈의 초점이 된 것 같이 말입니다. 모든 함성과 성난 군중, 발코니에 서서 하느님께 호소하는 황제들, 새빨간 살인과 광기를 덮으려는 의무와 희생이라는 근엄한 말들."61 심지어 자유주의적인 사상을 갖고 있던 친구들마저 하루아침에 독일인 혐오자로 둔갑하여 이 광란에 뛰어드는 것 같았다.62

유럽 전역에서 평화와 이성을 중시하는 유형의 사람들이 비슷한 충격에 괴로워하고 있었다. 오스트리아 작가 슈테판 츠바이크는 이성과 기술, 말이 필요 없는 마차와 전기등, 건강과 사회적 번영이 있는 세계를 누려왔던 그와 동료들이 갑자기 "야만"의 시대로 돌아간 것에 충격을 받았다고 했다.63 헝가리에서 전쟁의 시작을 알리는 포스터를 본 젊은 예술가 벨라 좀보리 몰도반은 자신이 며칠 안에 징집 대상이 된다는 사실을 믿을 수가 없었다. "무려 20세기에!" "계몽과 민주적 휴머니즘"의 시대에 어떻게 이럴 수가 있을까? "상대가 나를 쏘거나 찌를 수도 있고 내가 아무 감정도 없는, 알지도 못하는 생판 남에게 총을 쏴야 할 수도 있다니" 말이 되지 않았다.64 유럽이 받은 충격은 리스본 지진 당시 18세기의 '낙관적' 철학자들이 느낀 충격과 비슷했다. 그러나 이번에는 지각의 불안정이 아닌 인간이 원인이었다. 에라스뮈스가 경고했던 그런 바보 같고 우연적인 이유로 전쟁이 시작된 것이다.

러셀은 적어도 영국은 참전하지 않아야 한다고 생각했다. 러셀 본인이 참호에서 싸울 걱정은 없었다. 1916년 초 징병제도가 도입되었을 때 러셀은 43세였고 징집 대상은 40세까지였다. 생각할수록 놀라운 일이다. 러셀은 이 이후에도 수십 년 동안 아주 유명한 공인이었고 여러 저항운동에 힘을 실었으며 수많은 사회 변화를 목격했다. (이 중 많은 변화가 러셀 자신의 활동에 영향을 받았다.) 그래서 20세기 초 이미 중년이었다는 사실은 놀랍다. 40대에 제1차 세계대전에 반대했던 사람이 90대에 베트남전쟁에 반대할 때까지 장수했으니 말이다.

러셀은 전선에 나가지 않기 위해 양심적 병역 거부자가 될 필요는 없었지만 그런 사람들을 변호하기 위해 애썼다. 1916년에는 양심적 거부자를 옹호하는 소책자를 썼다는 사실을 인정하고 100파운드의 벌금을 내야 했다.[65] 이 벌금형 때문에 케임브리지대학교 트리니티칼리지 강사직에서도 해임된다. (전후에 동료들의 도움으로 복직한다.) 러셀의 시민불복종은 거기서 끝나지 않는다. 1918년에는 경찰이 목욕 중인 러셀을 체포하러 왔다. 평화협정을 서둘러야 한다는 주장을 담은 기사 때문이었다. 러셀은 현재 영국과 프랑스에 주둔 중인 미군이 본국에서와 마찬가지로 파업 중인 노동자들을 위협하는 데 동원될 수도 있다는 말도 덧붙였는데 바로 이것을 문제 삼았다. "국왕 폐하와 미합중국의 관계에 영향을 미칠 수 있는 발언"을 발표한 혐의였다. 유죄 판결이 났고 징역 6개월이 선고되었으며 러셀은 그중 5개월을 살고 풀려났다.[66]

이후 감옥에서 보낸 시간을 회고하며 평소처럼 아무렇지도 않게 이야기했다. 교도소에 도착해서 개인정보를 작성하는 중이었는데 "교도관이 종교를 물어서 '불가지론자'라고 대답했다. 교도관은 철자를 물어보더니 한숨을 쉬며 말했다. '종교는 다양해도 다 같은 신을 믿겠지요.'"[67]

교도소에서 러셀은 동료 수감자들에게 관심을 가졌다. "하지만 다들 지능은 평균보다 약간 이하였다. 거기 붙잡혀 왔다는 사실이 말해주고 있었다."[68] 전복적인 내용을 쓰지 않는다는 조건 아래 글을 읽고 쓰는 것은 허용되었다. 리턴 스트레이치의 『빅토리아 시대의 위인들Eminent Victorians』이라는 책을 읽기도 했는데 정점에 오른 빅토리아 시대가 추켜세웠던 갑갑한 인물들의 도덕성을 무자비하게 폭로하는 이 책을 읽고 얼마나 크게 웃었는지 교도관이 와서 교도소는 벌을 받는 곳이라고 일깨워 주었다.[69] 동료 수감자들이나 교도관들이나 그가 꽤 성가셨을 것이다.

그가 형을 살던 도중 징집 대상의 나이 제한이 풀려 40대 이상도 포함되었다. 그래서 러셀에게도 신체검사 통지문이 발부되었다. 그러나 "나를 감옥에 넣었다는 사실을 깜빡한 정부는 나를 도저히 찾을 수가 없었다"라고 러셀은 썼다.[70] 9월에 풀려났을 때 전쟁은 거의 끝나 있었다.

농담처럼 말하기는 했지만 러셀은 이 시기 경험한 모든 것들로 인한 충격을 떨쳐내기 힘들었다. 이후 전쟁이 삶을 완전히 바꾸어놓았다고 말하기도 했다.[71] 그 이후로는 다른 종류의 책을 쓰기도 했다. 형식 철학이나 논리학을 완전히 버리지는 않았지만 「논리에서 철학으로」라는 글에서도 언급했듯 평화와 사회, 그리고 사람들이 폭력과 잔인함에 그토록 끌리는 심리학적 이유에 관해서 쓰고 싶다는 새로운 열망이 생겼다.[72] 그렇다고 그가 인류를 포기한 것은 아니다. 오히려 "살아있는 것에 대한 새로운 애정"을 느꼈고 도처에 산재한 고통을 그 어느 때보다 뚜렷하게 인식하고 있었다. 인간의 파괴적 충동이 언제나 큰 그림의 일부일 것이라는 사실을 인정하면서도 그에 상당하는 "기쁨"을 향한 충동도 찾을 수 있기를 바랐다.[73]

전쟁이 끝나기 전부터 러셀에게 가장 시급한 물음은 인간에게 공포와 호전성을 불어넣는 힘을 다른 방향으로 전환하는 방법에 대한 것이었다. 단지 언어나 신앙 체계의 공유만으로 화합을 이룰 수 있다는 자멘호프의 희망찬 생각에는 딱히 동의할 수 없었다. 우정으로 가능하다는 에라스뮈스의 생각도 마찬가지였다. 이성도 중요하지만 그것만으로는 충분치 않았다. 1916년 초 러셀은 전시戰時 강연 시리즈 '사회 복구의 원칙'에서 단지 **바람**만으로 전쟁을 우리 삶에서 없앨 수는 없다고 했다. 전쟁은 인간의 감정적 욕구에서 나오는데 과학이나 예술, 사랑, 그리고 협력 정신도 그렇다. 이 모든 것이 인간의 창조적 에너지의 여러 형태다. 우리는 욕구를 없애는 방법이 아니라 전쟁이나 광신주의보다 더 건설적인 방향으로 전환하는 방법을 배워야 한다. "충동을 줄이는 것이 아니라 충동을 죽음과 쇠퇴가 아닌 생명과 성장의 방향으로 돌리는 것이 바람직하다." 절망이 아닌 희망으로 돌려야 한다고 말할 수도 있겠다.[74]

하지만 어떻게? 러셀의 생각은 선대와 후대의 수많은 휴머니스트의 생각과 같았다. 아이들을 키우는 방법뿐만 아니라 사람들을 전 생애에 걸쳐 돌보는 전반적인 방법을 바꾸는 것이 핵심이었다. **교육**이 변화해야 했다.

이 주제에 대한 잇따른 글에서 러셀은 이따금 빌헬름 폰 훔볼트가 된 것 같았다. 교육은 학생이 수동적으로 앉아 온갖 사실을 주입받는 대신 인간성을 자유롭게 펼치고 호기심을 따라가도록 격려해야 한다. 훔볼트 이후로 다른 여러 학자도 급진적인 교육법을 주장했다. 시인 라빈드라나트 타고르도 그중 한 명이었다. 타고르는 인도 샨티니케톤에 학교를 세워 야외에서 수업을 하고 예술가, 학자를 초청해 아이들에게 작업 과정을 보여주게 했다. 나아가 인도 아이들에게 자유와 익숙한 세상을 기반으로 한 교육을 해야 한다고 믿었다. 영국에서 수입한 제도는 불필요했다. 더 넓게는 "정신적 영양분을 제공하고 강인한 정신과 분별력을 키우는" 교육을 해야 한다고 생각했다.[75]

러셀도 교육을 자유로운 성장의 관점에서 보는 이런 시각을 공유했다. 또한 헉슬리와 마찬가지로 세상에 대한 탐구 정신을 키우는 데 과학 교육이 핵심적이라고 생각했다. 과학적 이해력은 비합리적인 믿음을 갖지 않도록 도와주고 상상력을 자극해서 이미 존재하는 세상이 아닌 "앞으로 가능한 세상"에 대해 생각하게 만든다.[76] 고전에 기초한 학습은 고대의 학자들을 영원히 완벽하고 개선할 수 없는 존재로 보지만 과학자들에게는 모든 관념이 발전할 수 있고 변화할 수 있다.[77]

러셀과 훔볼트의 차이점은 러셀이 학생의 자유에 대해서 훨썬 급진적인 시각을 갖고 있었다는 데 있다. 러셀과 둘째 부인 도라 러셀은 1927년에 햄프셔주 비컨 힐에 실험적인 학교를 설립해 이를 실행에 옮겼다. 아이들에게 자유를 주체할 수 있을 만큼, 아니 그보다 더 주었다. 두 자녀를 포함해서 약 20명의 학생들을 가르치면서 "자유로운 정신적 삶" 속에서 끌리는 것은 무엇이든 공부할 수 있도록 허락했으며 자신만의 물음과 호기심을 따라가게 했다. 규칙을 따르거나 확실하다고 여겨지는 사실에 매달리는 대신 새로운 것을 탐구하도록 교육받은 아이들은 성인이 되어서 "종속의 대가"로 "안정감"을 제공하는 사상에 끌릴 가능성이 작을 것이라고 러셀은 생각했다.[78]

위험한 실험이었고 비컨 힐 학교에는 문제가 없지 않았다.[79] 훈육이 없어서 다른 학생을 괴롭히는 행위도 내버려두었다. 한 아이가 토끼 두 마리를 갖게 되자 다른 아이들이 토끼를 불태워 죽이려고 했고 그 과정에서 시작된 화재가 집 전체를 불태울 뻔한 최악의 사건이 일어났다. 러셀 부부는 서둘러 학생들을 단속할 방법을 찾아야 했다.

이런 사건도 논란을 일으켰지만 러셀 부부의 전반적인 교육 방침이 더 큰 논란을 불러일으켰다. 먼저 종교를 가르치지 않았다. 더 심하게는 기성 학교에서 여전히 울려 퍼지던 국가와 제국에 대한 찬양도 가르치기를 거부했다. 러셀은 또한 아이들이 성에 대한 질문을 하면 사실대로 이야기해 주어야 한다고 생각했다.[80] 이 또한 논쟁을 부르는 시각이었다. 그뿐만 아니라 아이들에게 성에 관해 이야기할 때는 항상 타인의 자유와 동의를 존중해야 한다는 점을 강조해야 한다고 지적했다. 러셀은 이것이 교회의 가르침과 달랐다고 하면서 당시 교회는 "결혼을 했고 남편이 아이를 더 원한다면 아내가 아무리 주저하더라도 성교가 정당화된다"라는 입장이었다고 말했다.[81]

그뿐이 아니었다. 더운 날씨에 아이들은 옷을 입지 않아도 괜찮았다. 소문에 따르면 기자가 초인종을 눌렀는데 발가벗은 아이가 문을 열었다. 깜짝 놀란 기자가 "하느님 맙소사!"라고 외치니 아이는 "하느님은 없어"라고 말하고 문을 닫았다는 것이다. 러셀의 딸 캐서린 테이트는 이후 쓴 회고록에서 이렇게 말한다. "비웃음을 당해야 마땅한 이야기였으므로 무시하고 말았다. 우리 집에는 초인종이 없었기 때문이다."[82]

이런 소문들은 이후에도 러셀을 괴롭혔다.[83] 1940년 도라와 이별한 뒤 (도라는 이후에도 한동안 학교 운영을 계속한다) 캘리포니아에서 강의를 하던 러셀은 뉴욕시립대학교에 빈자리가 있다는 연락을 받았는데 그가 수락만 하면 되는 것으로 이해했다. 그래서 캘리포니아에서 일을 그만두고 거의 마지막 한 푼까지 털어 뉴욕으로 갔다. 하지만 그 자리는 결국 러셀에게 주어지지 않았다. 평판이 좋지 않아 빼앗긴 것이다. 대학에서는 그가 미국 시민이 아니라는 사실을 구실로 삼아 제안을 철회했다. 이 일은 법정까지 갔고 조지프 골드스타인 변호사는 러셀의 작업에 대해 "음란하고 선정적이다. 음탕하고 불결하고 변태적인 욕망을 일으키며 불경하고 편협하고 거짓인 데다 도덕성이 결여되어 있다"라고 말했다.[84] 게다가 러셀 가족은 영국에 살 때 발가벗고 돌아다녔다고 덧붙였다.⁸⁵ 그뿐만 아니라 "동성애를 눈감아 주는" 사람이며 "심지어 찬성한다고 말해도 모자라지 않을 것"이라고 말했다.

러셀은 패했다. 따지자면 미국 시민이 아닌 것은 사실이었기 때문에 이미 자신에게 주어진 자리라는 주장은 유효하지 않았다. 갈 데 없는 몸이 된 러셀은 당시 67세였고 돈 한 푼 없었지만 부양할 가족은 적지 않았다. 게다가 대서양 반대편에서는 제2차 세계대전이 벌어지고 있었다.

그러나 러셀의 운명은 다시 한번 행운을 허락했고 구원은 부유한 화학자의 모습으로 찾아왔다. 앨버트 C. 반스였다. 눈 질병에 사용하는 살균제를 공동 개발하고 아르기롤이라는 상표명으로 판매해서 막대한 부를 얻은 사람이었다. 이 부를 가지고 반스는 교육, 예술, 식물학 발전을 위한 재단을 설립했다. (반스재단은 오늘날에도 필라델피아의 한 미술관을 운영하고 있다.)⁸⁶ 반스는 넉넉한 강연료를 주고 러셀을 고용해서 철학의 역사에 대한 강연 시리즈를 맡겼다. 이 강연은 나중에 『서양 철학의 역사The History of Western Philosophy』라는 책으로 출간되어 오래도록 베스트셀러가 되었다. 이렇게 번 돈으로 빚도 갚고 평생 어디에도 기대지 않고 살 수 있었기에 이후에도 사회운동을 계속할 수 있었다.

* * *

러셀은 물론 제1차 세계대전에서와 마찬가지로 제2차 세계대전에서도 싸울 나이는 아니었다. 그러나 이번에는 평화주의자가 아니었다. 제1차 세계대전은 피할 수 있는 전쟁이라고 생각했지만 나치주의는 전쟁을 불사하고 막아야 하는 위험이라고 여겼다.[87] 히틀러의 사상은 러셀이 증오하는 모든 것을, 인종주의, 군국주의, 국가주의, 질 낮은 행패, 우매함을 극한의 수준으로 드러내고 있었다.[88] 밀턴이 (맥락은 매우 다르지만!) "혼돈과 늙은 밤"이라고 부른 존재들이었다. 이 둘을 상대로 싸우는 일이야말로 "진정으로 인간적인 행위"라고 러셀은 말했다.

그 인간적인 투쟁에 인생과 능력을 바친 자멘호프는 제2차 세계대전을 보기 전에, 아니 제1차 세계대전이 끝나기도 전에 생을 마감했다. 끝까지 바르샤바의 안과의사로 살다가 1917년 사망했다. 에스페란토어는 가까스로 살아남았고 자멘호프의 가족도 끔찍한 상실을 겪고 일부 생존했다.

일단 에스페란토어부터 살펴보자. 독일에 나치 정권이 수립된 1933년 독일 내 에스페란토 단체 두 곳은 각각 다른 방향으로 향했다. 독일 노동자 에스페란토협회는 처음부터 나치에 반대했고 어쨌든 사회주의 운동 단체로 여겨져 즉시 금지됐다. 더 큰 독일 에스페란토협회는 몇 년 동안은 나치주의 원칙에 따라 변화를 주면서 계속 운영됐다. 새로 제정된 법에 따라 유대인으로 밝혀진 모든 회원을 제명하기도 했다. 유대인이 오직 편견과 인종주의에 맞서 싸우려는 마음으로 만든 단체가 이런 조치를 했다니 괴이하다.[89]

이런 식으로 나치 정권의 환심을 사려고 했는지 몰라도 소용없었다. 세계를 아우르는 언어를 통해 지구의 평화를 추구하는 운동을 나치 정권이 허용할 리 없었다. 히틀러와 추종자들에게 에스페란토는 세계 지배를 꿈꾸는 유대인들의 음모였다.[90] 1935년에는 학교에서 에스페란토어 수업이 전면 금지되었고 1936년에는 에스페란토 단체도 모두 폐쇄되었다.[91] 그래도 몇 년간은 에스페란토어 교사 일부가 최악의 상황에서도 언어를 지켜냈다. 다하우 강제수용소에서 에스페란토어 수업을 한 사람도 있었고 네덜란드의 아메르스포르트의 수용소에서도 이탈리아어라고 속이고 에스페란토어를 가르쳤다. 이탈리아는 당시 독일과 한 편이었기 때문에 허용되었다.

자멘호프의 막내딸 리디아는 1930년대의 대부분을 프랑스에서 보내면서 다가오는 위험을 경고하는 글을 썼다.[92] 미국에서 잠시 강사로 일한 적이 있어 미국 체류 비자를 받으려고 했지만 거부당했고 1938년 11월 폴란드로 돌아갔다.[93] 1939년 독일이 폴란드를 침공했을 때 리디아는 체포 구금되었다. 오빠 아담과 언니 조피아도 마찬가지였다. 이듬해 아담은 총살되었는데 그가 가담하지도 않은 저항운동에 대한 보복 행위였다. 자매는 풀려나 바르샤바의 유대인 거주 지역에 살다가 1942년 각각 트레블링카로 보내져 죽임을 당했다.

그러나 아담의 살아남은 아내와 아들은 놀라운 탈출에 성공했다.[94] 비슷한 시기에 트레블링카로 보내질 예정이었지만 기차를 타기 직전 도망칠 수 있었고 전쟁이 끝날 때까지 숨어 살았다. 아들 루이 크리스토프 잘레스키 자멘호프는 2019년까지 살았고 프랑스에서 생을 마감했다. 두 딸 한나 자루스키 자멘호프와 마르가레트 잘레스키 자멘호프는 각각 미국과 프랑스에 살고 있고 모두 에스페란토어 전문가다.

에스페란토어는 높은 꿈을 꾸었지만 이루어내지 못했다. 배우기 쉽게 만들었다고는 해도 배우려면 노력이 필요하고 (모든 언어가 마찬가지다.) 인종이나 언어, 다른 특성을 가지고 타인을 배제하거나 학살할 가능성이 농후한 사람일수록 평화와 계몽을 위한 수업을 들을 가능성은 낮다.

그래도 에스페란토어는 여전히 살아 있고 여전히 희망적이다. 잉거솔은 1895년 희망에 대해 남긴 축음기 녹음에서 말했다. "희망은 집을 짓고 꽃을 심고 대기를 노래로 채웁니다."[95]

11

인간의 얼굴

전쟁의 잿더미 속에서 찾은 존엄과 자유

주로 1919~1979년

안티휴머니즘의 상승 — 인간 영혼을 만지는 기술자 — 조반니 젠틸레와 베네데토 크로체 — 휴머니스트는 과연 무엇을 해야 할까? — 토마스 만과 가족들 — 망명자들 — 아비 바르부르크의 도서관을 비롯한 문명의 구출 — 끝나지 않는 참상과 좌절 — 국제기구와 실질적인 복구 노력 — 다시 희망을 찾은 러셀

혼돈과 늙은 밤을 위한 선언문을 읽고 싶다면 베니토 무솔리니와 그와 한패였던 조반니 젠틸레가 공동 집필하고 1932년 두 부분으로 발표한 이탈리아 파시즘 사상의 요약본부터 살펴보면 된다.[1]

주가 되는 이론적인 부분을 집필한 젠틸레는 파시즘 국가의 목표가 인간의 행복이나 안녕의 증대가 아니며 진보에도 관심이

없다고 설명했다. 인생이 항상 서서히 나아진다면 누가 초월적이고 영광스러운 목적을 위해 싸우거나 죽겠는가? 평화도 바람직하지 않다. 에라스뮈스나 칸트, 러셀이 바랐던 것처럼 다른 국가와 타협하고 평형 상태를 찾는 일에는 어떤 이점도 없다. 밀이나 훔볼트가 추구했던 개인의 성장이나 자유도 마찬가지라고 젠틸레는 주장했다. 파시즘의 국가관은 개인이 서로에게 해를 입힐 때만 국가가 개입해야 한다고 보았던 자유주의 국가관과도 매우 다르다. 파시즘 국가는 국가적 이익 추구를 위해 때때로 국민에게 **실제로** 해를 입히고 싶어 한다. 그리고 그 대가로 행복이나 안녕보다 큰 보답을 주겠다고 말한다. 자기의 희생이다. 개인이 추구해야 할 가치의 궁극적 원천으로서 국가는 신과 비슷한 역할을 한다. 파시즘은 명백히 "종교적인 관념"이다. 대부분 유일신과 마찬가지로 국가는 "어떤 저항도 받지 않고 정신의 내부로 들어가 군림하는 규율과 권위"를 요구한다. 복종을 통해 개인은 진정한 자유, "의미 있는 유일한 자유"를 얻는다.

광신자들이 진정한 자유나 의미 있는 자유에 관해서 이야기할 때는 백이면 백 실질적인 자유, 평범한 자유가 제한된다는 의미다. 초월을 논한다면 현실은 불행할 것이다.

실제로 이탈리아의 파시즘은 불행에서 자라났다. 1919년 발족한 국가 파시스트당은 제1차 세계대전에 참전하고 돌아왔지만 다시 무시당하고 빈곤 속으로 내팽개쳐진 젊은이들이 먼저 지지하기 시작했다. 당은 이 젊은이들에게 소속감과 의미를 되찾아주었다. 파시즘이라는 말부터 소속감을 불러일으켰다. 로마시대 상징인 파스케스, 즉 막대기 묶음에서 온 말로서 개인이 한데 모여 강력한 통일체를 만든다는 의미가 있다.

처음에 파시스트 무리에게는 어떤 철학이나 고전적 상징체계도 없었다. 마찬가지로 전쟁을 경험한 뒤 급진적으로 변한 사회주의와 공산주의 단체들을 상대로 거리에서 난폭한 패싸움을 벌이는 게 주된 일이었다. 그러나 1922년 이 당은 이탈리아의 다수당이 되고 무솔리니는 총리가 되었다. 적어도 부분적으로 이것은 순진한 자유주의 경향을 가진 정치인들 탓이다. 일 년 전 무솔리니에게 연합 정부의 맛을 보여줌으로써 그를 길들이고 중화하고자 했기 때문이다. (독일의 정치인들도 곧 비슷한 실수를 한다.) 총리가 된 무솔리니는 좀 더 지적으로 보이기 위해 철학 교수 젠틸레를 교육부 장관이자 비공식 이론가로 임명했다.

교육이 중요했다. 파시스트의 세계관에서 평범한 인간은 국가의 필요에 맞추어 **변화**되어야 한다. 젠틸레가 쓴 내용에 따르면 파시즘은 인간의 완전한 **변모**를 가능하게 한다. "인간, 인성, 믿음"의 재구축을 추구한다.[2] 인간성의 변형이라는 목적은 반휴머니즘적인 정권에서 반복적으로 나타난다. 러시아 혁명가 레온 트로츠키는 1924년 인간을 더 위대한 유형으로 성장시켜야 한다고 쓰면서 사회적, 심지어 생물학적으로 변형시키는 것에 대해 이야기했다. 미래 시대에는 인류가 "다시 한번 급진적인 변화를 겪을 것이며 (…) 지극히 복잡한 방법론에 따른 인공 선택과 정신적·육체적 훈련의 대상이 될 것이다. (…) 인간은 자신의 감정을 통제하고 본능을 의식의 최고 수준으로 끌어올려 투명하게 만들 것이며 의지에 연결된 줄을 보이지 않는 공간까지 확장함으로써 새로운 단계로 자신을 끌어올리고, 보다 고양된 사회적·생물학적 유형, 말하자면 '초인'이 되는 것을 목표로 삼을 것이다."³ 이오시프 스탈린도 이후 작가를 "인간 영혼을 만지는 기술자"라고 말했는데 사람들을 정신적으로 개조하여 "신 소비에트" 유형에 맞게 만드는 일을 시키고자 했기 때문이다. 조각이나 사진을 통해서 보면 이 유형의 사람들은 험상궂은 턱을 잔뜩 치켜올리고 있으며 어깨 근육도 튀어나온 것이 우락부락한 비트루비우스적 인간 같다. (여자들만 봐도 이렇다.)

에라스뮈스를 비롯한 사람들이 오래전부터 말했듯 아기 곰을 가르치는 엄마 곰처럼 인간을 특정한 유형으로 빚어내고 싶다면 가정과 학교에서 조기 교육부터 시작해야 한다. 따라서 젠틸레는 이탈리아 전역에 새 초등학교를 세우도록 했는데 기초 교육 수준을 끌어올렸으므로 어떤 의미에서는 좋은 일이었다. 그러나 교육과정은 매우 이념적이었다. 어린 정신에 로마제국의 위대함과 이탈리아가 나아갈 독자적인 방향에 대한 깊은 인상을 남기는 것이 목적이었다.⁴ 독일의 아돌프 히틀러도 1933년 집권한 뒤 비슷한 교육 프로그램을 개시했다. 나치 정권의 교육에 대한 에리카 만의 연구서 『야만인을 위한 학교: 나치 치하의 교육』에서 설명하듯 나치의 교육과정은 탐구를 독려하기는커녕 지식을 전달할 목적도 없었다. 국가와 인종을 넘어선 것들은 상상할 수조차 없는 아이들을 만들어내는 것이 주된 목적이었다.⁵ 그뿐만 아니라 전쟁이 실제로 시작되기도 전에 아이들이 전쟁 이미지에 익숙해지도록 만들었다.⁶ 미술 시간에는 방독면과 폭격 장면을 그렸고 수시로 군대처럼 대형을 맞추어 행진하기도 했다. 전쟁이 끝나고 전체주의에 대한 연구서를 펴낸 철학자 한나 아렌트는 "전체주의 교육의 목표는 결코 확신을 불어넣는 것이 아니라 확신을 가질 능력을 파괴하는 것이었다"라고 간결하게 표현했다.⁷

자유로운 빌둥을 논하며 독일에서 한때 그토록 중요시했던 훔볼트식 교육법은 내팽개쳐졌다. 훔볼트식 교육법의 목적이 "본성의 면면이 모두 인간성에 감화된" 사람을 만드는 것, 즉 인간화라면 파시스트 교육의 목적은 **비인간화**다. 독일 미술사학자 에르빈 파노프스키는 이렇게 교육을 변형시킨 사람들을 "곤충숭배자insectolatrist"라고 불렀다. 마치 개미나 벌처럼 인종, 계급, 혹은 국가 등의 집단을 중심으로 생각하는 사람들이 독립적으로 사유하는 존재들로 이루어진 어지러운 다원성보다 낫다고 생각하는 사람들이다.⁸

이런 계획에 반대하는 목소리를 낸 교육학자들도 있었다. 이탈리아에서 젠틸레가 교육부 장관이 되었을 때 친구이자 동료인 베네데토 크로체는 이미 장관직을 역임한 뒤였다. 젠틸레와 크로체는 철학적 관심사가 비슷했고 오래도록 함께 문예지 《라 크리티카La critica》를 만들어온 사이였다. 그러나 파시스트 시대에 둘은 흑과 백처럼 정반대의 길을 택했다. 넓은 의미에서 휴머니즘 지식인이었던 두 사람이 반휴머니즘 정치의 대두에 얼마나 다르게 반응했는지 보여주는 사례였다.

크로체는 여러 가지 의미에서 휴머니스트였다. 인문학자이

그림 63 1910년경의 베네데토 크로체.

기도 했고 (젠틸레도 마찬가지) 훔볼트와 밀의 계보를 잇는 자유주의 사상가였다. 또한 종교적 신앙 없이 살아가는 사람이었다.

전통적인 신의 관념에서 멀어진 이유는 열일곱 살에 겪은 개인적인 사건과도 관련이 있을 것이다. 1883년 7월 그가 가족과 함께 이스키아섬으로 휴가를 떠났을 때 지진이 났고 묵고 있던 호텔이 무너졌다.[9] 가족은 모두 잔해 속에 깔렸다. 뼈가 부러진 채 무너진 건물 아래 갇힌 크로체는 밤새 멀리서 들려오는 아버지의 구조 요청을 들었다. 소리는 점차 사라졌다. 어머니와 누이도 죽었다. 이 사건으로 크로체는 가족 중에 유일하게 살아남은 사람이 되었다. 정신적으로는 큰 상처가 남았지만 갑자기 재산이 많아졌다.[10] 이 덕분에 한두 해 뒤 대학 생활이 정신적으로 견디기 힘들다는 사실을 깨달았을 때 몇 년간 개인 교습을 받으며 살아갈 수 있었다. 비정규 교육을 받았다고 해서 주저하지도 않았다. 그는 역사학자이자 철학자로 눈부신 경력을 쌓았고 정치에도 입문했다.

크로체는 파시스트 정부 이전의 자유주의 정부에서 교육부 장관을 역임했다. 다른 당원들과 마찬가지로 무솔리니를 권력의 핵심으로 데리고 들어오면 순화될 것이라는 주장에 설득당했다. 1924년 6월 파시스트들이 대담한 발언을 아낌없이 쏟아내던 자코모 마테오티를 살해했을 때 비로소 무솔리니가 얼마나 위협적인 존재인지 분명해졌다. 반대하면 위험에 처할 것이 분명했다. 그래도 크로체는 결국 입장을 정했다. 젠틸레와의 우정은 끝났다고 선언했다.[11] 그해 말 편지에 썼듯 철학의 "흰 예복"이 "파시즘 부엌의 걸레"로 전락하는 동안 물러나 바라보고 있을 생각이 전혀 없었다.[12]

이듬해 4월, 젠틸레는 "파시스트 지식인 선언"을 발표했다. 파시즘과 국가에 대한 유사 종교적 찬양이었다. 크로체는 이른바 "반파시스트 지식인 선언"으로 대응했다. 젠틸레의 선언문이 형편없는 논증과 지적 혼란으로 가득해서 "대충 끄적인 숙제" 같다고 비난했다. 젠틸레가 말하는 "종교"는 실은 공격성과 미신을 저질스럽게 혼합한 것이라고 했다. 이탈리아가 정말 **진짜** 종교를 버려야 할까? 여기서 크로체가 말하는 종교는 가톨릭교가 아니라 지난 세기 이탈리아의 통일을 수반했던 이상, 즉 "진실에 대한 사랑, 정의에 대한 희망, 인간과 사회에 대한 너그러운 시각, 지적이고 도덕적인 교육에 대한 열망, 자유를 향한 적극성"이었다.[13]

이런 반론을 펼친 뒤에는 은퇴해서 나폴리에 있는 집으로 돌아갔지만 계속해서 연구하고 글을 썼으며 심지어 비교적 공개적으로 반파시즘 모임을 열었다.[14] 정권은 그를 내버려두었지만 1926년 어느 밤 강도가 들이닥쳤다. 벽에 걸린 그림을 훼손하고 크로체 부부가 침실에서 나오자 고함을 쳤다. 이후 이런 마구잡이식 공격으로부터 크로체를 보호한다는 명목 아래 집 밖에 경찰 두 명이 상시 머물며 오가는 사람들을 지켜보았다. 그래도 크로체는 연구를 계속했고 파시즘 집권 내내 더 피해를 입지 않고 살아남았다.

　이 기간 동안 크로체는 독자들에게 인간성과 미래에 대한 희망을 잘 간직하라고 충고했다. 때로 멀리 우회하더라도 역사의 긴 흐름은 여전히 더 큰 자유와 진보를 향하고 있다고 믿었다. 1937년에 쓴 에세이에서는 가끔 우회하는 일이 발생하지 않을 수 없으므로 발생했을 때 절망하지 않는 것이 중요하다고 말했다. 그렇다고 해서 좋은 시절이 저절로 돌아오기를 앉아서 기다릴 이유로 삼아서는 안 된다고도 했다. 자유는 삶과 같다. 언제나 싸워서 얻어야 한다. 싸움이 끝나지 않더라도. 희망을 버리고 싶은 마음이 들더라도.[15]

* * *

　1930년대 중반에 이르러 유럽 전역의 여러 휴머니스트는 그 정도의 낙관을 유지하기도 무척 힘들었다. 무솔리니 이후 10년도 더 지난 뒤에 히틀러가 집권하자 일단 충격을 받았고 어디로 향해야 할지 알 수 없었다. 슈테판 츠바이크가 자서전 『어제의 세계』에 썼듯 빈에 살고 있던 그와 지식인 친구들은 처음에는 위험을 실감하기 힘들었다. "30~40년 동안 세상이 좋은 곳이라고 마음속으로 믿었는데 몇 주 만에 그 생각을 없애기는 힘들다." 그런 "비인간적인 일"은 "인도적 기준 앞에서" 빠르게 자멸할 것 같았다.[16] 그러나 그러지 않았다. 오스트리아에는 이미 나치에 동조하는 사람들이 있었다. 츠바이크는 유대인이었고 휴머니즘과 평화주의적 사상으로 알려져 있었으므로 초반부터 표적이 될 것이 분명했다. 거리에서 그의 책이 불타고 경찰이 집으로 들이닥치자 츠바이크는 나라를 떠날 때가 되었음을 깨달았다.

같은 해인 1934년 츠바이크가 쓴 에라스뮈스의 짧은 전기가 출간되었다.[17] 위대한 휴머니스트에 대한 존경심을 가득 담았을 뿐 아니라 마지막에는 에라스뮈스가 말하는 평화와 이성이라는 가치를 왜 그토록 지키기 힘든지 물었다. 에라스뮈스가 살았던 시대에도 평화와 이성은 무너졌고 지금도 무너지고 있다고 했다. 왜 휴머니즘에는 이런 치명적인 "약점"이 존재할까? 휴머니스트들은 "아름다운 오류"로 인해 고통받는 것 같았다. 더 좋은 것을 배우고, 더 좋은 것을 읽고, 더 좋은 사유를 하기만 하면 더 나은 세상이 올 것이라고 믿었지만 세상은 계속해서 이 믿음을 틀린 것으로 만들었다.

그런데 휴머니스트는 **과연** 무엇을 해야 할까? 많은 사람이 바로 이 질문을 고민하고 있었다. 공직으로 들어가서 내부로부터 피해를 최소화하려고 해야 할까? 그러나 이탈리아인들은 그 위험성을 겪어서 알고 있었다. 파시스트를 누그러뜨리려다가 공범이 될 뿐이다. 그렇다면 몸으로 부딪칠 준비를 하고 거리로 나가야 할까? 이는 휴머니즘적인 방식이 아니었다. 그렇다면 우아한 산문으로 야만의 확산을 개탄하고 연설과 기사를 통해 독자들에게 인간성을 일깨워 주어야 할까? 그러나 이런 연설을 듣고 기사를 읽을 대부분의 사람은 아마도 이미 그런 생각에 동조하고 있을 것이다.

살고 싶다면 츠바이크처럼 국외로 망명해야 했다. 그러나 망명의 정서적 대가는 너무 컸다. 츠바이크와 아내 로테 알트만이 제3국인 브라질에 도착했을 때는 정신적으로도 육체적으로도 탈진한 상황이었다. 츠바이크는 갖고 있던 책이나 쓰던 원고도 잃었다. 그래도 브라질에서 계속해서 글을 썼다. 마지막으로 쓴 글은 몽테뉴의 생애에 대한 에세이였고 그를 에라스뮈스와 비슷한 존재, 끔찍한 시대를 살면서도 절망하지 않고 휴머니즘 정신을 이어갔던 영웅답지 않은 영웅으로 그렸다.[18] 그러나 츠바이크 자신은 절망했다. 부부는 1942년 브라질에서 스스로 목숨을 끊었다.[19] 라디오 추도사에서 E. M. 포스터는 츠바이크 또한 자신이 책에서 다루었던 사람들처럼 영웅답지 않은 영웅이었다고 말했다. "오늘날의 문명은 도저히 희망을 품고 바라볼 수 없는 광경이지만 그는 문명의 지속을 희망하는 휴머니스트였습니다."[20] 공교롭게도 포스터 역시 1930년대에 친구 크리스토퍼 이셔우드에 의해 비슷한 말로 묘사되었다. "흐트러진 지푸라기 수염에 아이처럼 명랑한

하늘색 눈동자를 가진, 자세는 노인처럼 구부정한 영웅답지 않은 영웅."²¹

로제 폴 드루아는 전후에 설립된 유네스코의 역사에 대해 쓰면서 이렇게 말했다.

> 1930년대에 있었던 논쟁과 증언은 진정 쓰라린 인상을 남긴다. 당대의 지식인들은 휴머니즘과 현대 사회의 위기를 구성하는 본질적인 요소들을 진단하고 개선책을 처방하기 시작했지만 막을 수 없는 연쇄적인 사건들을 무력하게 바라보는 처지가 된다. (…) 여기 고대부터 있었던, 고전 무대에 올랐던 비극이 있다. 명쾌한 통찰력은 있지만 힘은 없는 데서 나오는 비극이다.²²

독일의 매우 성공적인 소설가 토마스 만 역시 바라보는 처지였다. 츠바이크의 에라스뮈스 책도 읽었다. (앞서 나치의 교육관에 관해 이야기할 때 언급한 에리카 만의 아버지이기도 하다.) 츠바이크의 책에 대해 일기장에 메모하면서 토마스는 에라스뮈스가 기이한 사실 한 가지를 놓치고 있었다고 지적했다.²³ 휴머니즘은 단지 자기주장을 내세울 수 없었던 것이 아니다. 많은 사람이 폭력과 비이성으로 가득한 세상을 간절히 원하고 있는 것 같았다. 그러나 휴머니스트들이 과감하지 못했던 것도 사실이라고 했다. 1935년 4월 강연에서 만은 "모든 휴머니즘에 약점이 있는데 그것으로 인해 (…) 망할 수도 있습니다." 너무 유연한 경향이 문제라고 했다. 휴머니스트들은 너무 쉽게 포기한다고도 했다. "겁을 먹고 충격에 빠져 무슨 일이 벌어지는지 알지 못한 채 당황한 듯 미소 지으며 입장을 번복하고 또 번복하면서 '세상을 더는 이해할 수 없다'는 데 동의하고 싶어 하는 것 같다." 심지어 적들의 방식, "적들의 유해하고 어리석은 변덕과 선전 공식"을 따르기도 한다. 그중에 최악은 언제나 모든 문제의 다른 면을 살펴보려고 한다는 점이다. 살인적인 광신주의와 대적할 때 이는 유익하지만은 않다.[24]

만 자신도 한동안 극단적인 사상의 매력에 대해 알고 있었고 소설을 통해 탐구해 온 터였다. 1929년 단편 「마리오와 마술사」에서 가장 직접적으로 다루었다. 못된 무대 마술사가 기이한 마력으로 마치 무솔리니나 히틀러처럼 구경꾼들을 홀리는 이야기다.[25] 그 전에는 걸작 『마의 산』에서 20세기 비합리주의와 안티휴머니즘에 대해서 말했다. 1912년에 짧은 소설을 구상하고 시작했지만 5년 동안 집필하지 않았고 작업을 재개했을 때 세상은 바뀌고 있었다. 제1차 세계대전이 지나갔고 파시즘이 성장하기 시작했다. 이런 변화가 책에 담겼고 굉장히 길어진 상태로 1924년에 발간되었다. 히틀러가 뮌헨에서 쿠데타를 시도하고 실패한 이듬해였다. 뮌헨에는 당시 만의 가족이 살고 있었다.

『마의 산』의 젊은 주인공 한스 카스토르프는 몸이 아픈 사촌 요아힘을 만나러 스위스 알프스의 다보스 휴양 시설에 있는 결핵 환자를 위한 요양소에 간다. 3주 동안 머물 예정이었지만 정신을 차려보니 7년이 흘러 있다. 한스 역시 결핵을 진단받는데 심각하지는 않다. (상상일 수도 있다.) 한편 카리스마 넘치는 러시아인 클라우디아 쇼샤와 사랑에 빠지며 유럽 문명의 두 경향을 대표하는 대립적이고 말 많은 두 남성과 철학적인 대화를 나눈다. 한 사람은 파도바에서 온 루드비크 세템브리니로 활기 넘치고 교육에 관심이 많은 권위 있는 휴머니스트다. 파도바의 버트런드 러셀이라고 생각하면 되는데 수학에는 관심이 없다. 또 다른 한 사람은 유대인 혈통의 예수회 수사 레오 나프타인데 미처 사라지지 않은 중세의 어둠을 상징하는 동시에 유럽을 곧 휩쓸게 될 안티휴머니즘적 비합리주의를 대표한다.

두 남자는 이들이 하는 말을 죄다 흡수하는 순진한 카스토르프에게 더 큰 영향을 끼치려고 경쟁한다. 세템브리니는 교양과 학식이 뛰어나지만 이성과 인류의 본질적 선함에 대한 그의 믿음은 사라질 운명에 처한 듯하다. 반면 나프타는 인류에 대해 어떤 믿음도 없고 심지어 숙소에서는 인노첸시오 3세의 『인간의 불행에 대하여』를 곁에 두고 있다. 카스토르프에게 빌려주기도 한다. 나프타는 세템브리니만큼 카스토르프를 교육하는 데 관심이 있지만 교육이라는 관념 자체, 적어도 훔볼트적인 의미의 교육은 거부한다. 나프타는 젊은이들이 자유롭게 살기 위한 공부에 관심이 없으며 단지 복종하고 싶어 한다고 말한다.[26] 게다가 휴머니즘 교육제도는 곧 강연, 전시, 영화를 통한 대중 학습으로 대체될 것이라고 말한다. 세템브리니는 경악을 금치 못하면서 문맹률이 급증하지 않겠느냐고 되묻는다. 나프타는 이렇게 대답한다. 물론 그렇겠지만 그게 어때서요?[27]

나프타의 꿈속에는 빌둥의 미래가 없다. 그러나 소설 자체는 성장소설Bildungsroman이다. 어린 주인공이 일련의 경험을 통해서 매번 새로운 것을 배우며 세상에서 어른의 역할을 할 준비를 마치는 문학 장르에 속한다. 카스토르프는 멘토들과 함께 이런 단계를 거치고 실제로 그 정점에서 깨달음을 얻는다. 산속에서 눈보라에 갇힌 어느 날, 절벽에 매달린 레슬리 스티븐처럼 곧 죽을 게 분명하다고 확신했지만 "생"을 선택한다. 세템브리니도 나프타도 아닌 제3의 선택지였다. 하지만 그 역시 스티븐처럼 죽을 위기에 처한 것이 아니고 다만 눈 속에서 10분 정도 졸았다는 사실을 깨닫고 푸짐한 점심 식사가 기다리는 안락한 호텔로 돌아가는 길을 찾는다.[28] 결국 7년을 채우고 완치된 카스토르프는 영영 다보스를 떠난다. "저지대" 지역에 사는 가족과 마찬가지로 선량한 부르주아로 살 운명인 듯 보였으나 실제로는 제1차 세계대전에 참전한다. 우리는 전선에 선 그를 먼발치에서 바라본다. 주인공의 앞날은 불투명하다. 생존하지 못할 가능성도 있다. 성장소설이라는 개념 자체를 뒤집는 결말이다.

만 자신은 제1차 세계대전 이후에도 상당히 우익적인 시각을 갖고 있었다. 작가는 "비정치적"이어야 한다고 믿었다. 형 하인리히 만도 소설가였는데 작가는 더 나은 세상을 만들기 위해 목소리를 낼 도덕적 의무가 있다고 믿는 헌신적인 사회주의자였기에 형제는 사이가 좋지 않았다.[29] 하인리히와 토마스는 나프타와 세템브리니처럼 논쟁을 멈추지 않았다. 하인리히는 동생을 급진적 사회주의자로 만들지는 못했지만 1930년대에 들어 토마스는 작가가 정치적이면 안 된다는 과거의 생각을 후회했다. 그리고 독일에서 벌어지는 재앙을 목격하면서 반나치 강연을 하기 시작했다.

하인리히보다는 더 조심스러웠지만 그래도 나치의 눈을 벗어나지는 못했다. 1930년에「이성에의 호소」라는 강연을 할 때는 사복을 입은 나치 돌격대원이 야유하며 방해했다.[30] 1932년에는 소포가 와서 열어보니 첫 소설『부덴브로크가의 사람들』이 절반쯤 불에 탄 채 들어 있었다. 젊은 히틀러 지지자가 보낸 것으로 나머지 절반은 직접 태우라는 쪽지도 들어 있었다. 만은 검게 그을린 책을 간직했고 친구 헤르만 헤세에게 언젠가 이 책이 1932년 독일인들의 정신 상태를 증언하리라고 말했다.[31] 광기가 곧 지나갈 것이라고 생각했고 더 심해질 걱정은 하지 않았던 것으로 보이는 말이다. 그러나 이듬해 나치 집권이 완성되었다. 하인리히는 사태의 위험성을 즉시 자각하고 독일을 떠났다. 토마스는 어떻게 해야 할지 확신이 없었다.

나치 집권 당시 마침 스위스에서 가족과 함께 휴가를 보내고 있었기 때문에 문제는 어느 정도 저절로 해결되었다. 딸 에리카의 강력한 권유에 독일로 돌아가지 않기로 한 것이다. 에리카도 위험에 처한 상태였다. 연극배우이자 화려한 남장을 좋아하는 레즈비언으로서 무엇보다 챔피언 레이서로 유명했다. 아들 클라우스 역시 동성애자였고 연극계 어둠의 무리들과 어울렸다. 만도 이성애자인 척했지만 실상은 달랐다. 온 가족이 나치 독일과 연을 끊는 편이 나을 게 분명했다. 하지만 만은 그 이후로도 한동안 독일에서 계속 책을 펴냈다. 그래도 자신은 독일 밖에 머무르면서 편지와 강연을 통해 정권에 반대하는 쪽이 낫다는 데는 동의했다.

다만 한 가지가 거슬렸다. 뮌헨의 집에 반쯤 완성된 원고들이 있었다. 당시 여러 권으로 이루어진 구약성경 소설 『요셉과 그 형제들』을 집필하고 있었는데 그 미완성 원고도 있었다. 차에 올라탄 에리카는 밤을 틈타 홀로 무모한 임무에 도전했다. 국경을 넘어 아버지의 원고를 가지러 간 것이다. 에리카의 차는 동네에서 유명했기 때문에 교외에 차를 세우고 나머지는 걸어서 갔다. 누가 알아보지 못하도록 선글라스도 착용했는데 모르긴 몰라도 이 때문에 더 이목을 끌었을 수 있다. 집에 도착했지만 감시조가 있는 것 같아서 해가 질 때까지 지켜보다가 몰래 안으로 들어가서 가방에 원고를 넣었고 유년 시절 쓰던 자기 방의 어둠 속에 앉아 캄캄한 새벽 1시까지 기다렸다. 몰래 빠져나온 뒤에는 골목길을 따라 뛰었고 술에 취해 자축하는 나치 병사들을 만나기도 했다. 선글라스 대신 모자를 푹 눌러썼다. 안전하게 차가 있는 곳으로 도착한 뒤에는 원고를 포장해서 기름 묻은 연장과 함께 의자 밑에 넣은 다음 스위스 국경으로 향했다. 이때까지는 국경을 건너기가 비교적 쉬웠다. 수비대는 "산속으로 휴가를 가고 싶어 하는 사람들이 있다니 이해할 수가 없다"라고 말하기까지 했다.[32]

또 다른 자녀 골로는 한 달쯤 뒤 더 많은 원고를 빼내 왔다. 이렇게 원고 일부를 되찾은 만은 스위스에서 여러 해 동안 머물며 글을 썼다. 「경계하라, 유럽이여!」도 이때 썼다.[33] 1938년에는 미국을 돌면서 강연을 했고 미국으로 영구 이주하기로 한다. 이때 강연한 「민주주의 승리의 도래」는 만의 가장 설득력 있는 강연 중 하나로 꼽힌다. 클라우스와 에리카도 함께 미국으로 왔다. 만은 처음에는 프린스턴에서 강의했고 이후 가족이 다 함께 로스앤

그림 64 에리카 만과 토마스 만.

젤레스로 이사했다. 골로도 왔고, 토마스의 형 하인리히도 피레네 산맥을 넘고 스페인을 지나는 지난한 여정 끝에 이들과 합류했다. 그러나 하인리히는 계속해서 미국에서의 삶을 힘겨워했다. 만이 도움을 줬고 할리우드에서 영화 각본을 쓰는 일도 맡아 그럭저럭 살았다. 수많은 망명 예술가들의 생계에 할리우드는 생명줄이 되어주었다. 그래도 헌신적인 사회주의자였고 영어 실력에도 한계가 있었기 때문에 쉬운 일이 아니었다. 반면 만은 편안한 망명 생활을 했다. 계속해서 소설을 썼고 미 의회도서관에서 독일문학 자문위원으로 임명됐다. 사서 아치볼드 매클리시 덕분이었다. 그 역시 시인이었고 그런 시기에 작가들을 지원하는 것이 도서관의 의무라는 믿음이 강한 사람이었다.[34]

에리카와 클라우스는 『생으로의 도피Escape to Life』를 공동 집필했다. 자신들의 이야기뿐만 아니라 수많은 연극인과 예술인 친구들의 망명 이야기도 담았다. 나치 교육에 관한 연구서와 더불어 『조명이 꺼지다』도 펴냈다. 나치의 대두에 서로 다르게 반응한 지인 열 명의 실제 이야기를 허구를 섞어 재구성한 내용이다. 어떤 인물은 정권에 희생당한다. 순응하려다가 도덕성이 손상되는 상황으로 끌려들어 가기도 한다. 한 제조업자는 자신을 보호하기 위해 유대인 피가 절반 섞인 비서를 해고하지만 악의는 없다. 자신이 무슨 짓을 했는지 마지막까지도 잘 이해하지 못한다. 표제작의 기자처럼 완전히 도피하는 인물도 있다. 이 기자는 초반에는 나치의 동조자로 시작하지만 별생각 없이 빨간 색연필로 히틀러의 연설문 사본에 있는 문법적 오류 33개를 고쳤다가 편집장에게 발각된다. 기자는 수년 동안 전략을 짠 끝에 마침내 가족과 함께 미국으로 탈출하지만 타고 있던 배가 어뢰를 맞으면서 미국에서 새 삶의 기반으로 쓰려고 했던 값진 예술품들을 다 잃은 데다 바다에 빠져 죽을 뻔했다. 가족은 빈털터리로 시작해야 했지만 그래도 목숨은 부지했다.[35]

어느새 미국에는 유럽의 저명한 휴머니즘 학자, 작가, 예술가들로 이루어진 망명자 공동체가 생겼다. 뛰어난 르네상스 휴머니즘 전문가 폴 오스카 크리스텔러의 망명을 도운 사람은 놀랍게도 조반니 젠틸레였다. 크리스텔러가 이탈리아에서 연구 중이던 1933년 독일에서 인종주의 정책이 시행되어 독일 대학교에서 더는 강의할 수 없게 되었다. 젠틸레는 그가 피렌체에 남아 강의를 할 수 있게 도와주었고 그 이후에는 피사의 고등사범학교에 자리를 알아봐 주었다. 이탈리아의 정책은 아직 독일처럼 차별적이지 않았다. 크리스텔러는 강사직을 얻은 덕분에 이탈리아 철도도 무료로 이용할 수 있었다. 방학 때는 이탈리아 내 도서관들을 일일이 방문해서 방치되었던 옛 인문학자들의 필사본을 발굴했다. 철도 이용권을 가진 현대의 페트라르카, 브라촐리니와 다름없었다. 이에 대해 남긴 기록은 그의 가장 기념비적인 작품인 『이탈리아의 길: 이탈리아 및 기타 국가도서관 소장 미분류 르네상스 인문주의 필사본 목록Iter Italicum』이 된다.

그러나 무솔리니가 1938년 자체적으로 반유대인 정책을 시행했고 크리스텔러는 이탈리아에서도 일자리를 잃었다. 젠틸레는 크리스텔러에게 금전적 보상을 해주려고 무솔리니를 직접 설득했지만 크리스텔러에게는 말하지 않았다. 그래서 로마의 경찰본부로 오라는 소환장을 받았을 때 체포될 게 분명하다고 생각했다. 하지만 응하지 않는다면 더 위험했기 때문에 갔고 놀랍게도 현금으로 가득한 봉투를 받았다. 파시즘 치하에서 더는 살 수 없다고 느낀 크리스텔러는 젠틸레에게 미국에 갈 비용을 제외한 나머지는 고등사범학교에 기부해 달라고 부탁했다. 1939년 2월 뉴욕으로 떠났고 예일대학교와 컬럼비아대학교에서 르네상스 인문학 역사의 대가로 자리 잡았다.[36]

미국으로 망명한 사람 중에는 철학자 에른스트 카시러도 있었다. 카시러는 크리스텔러, 그리고 존 허먼 랜들 주니어와 함께 『르네상스 인문 철학The Renaissance Philosophy of Man』을 공동 집필하기도 했다. 다양한 휴머니즘 문헌을 묶은 이 책은 1956년에 발간된 이후 수십 년 동안 학부 교양의 필수 교재였다. 또 다른 망명 철학자 한나 아렌트는 전체주의 정치와 정치적 의무 문제에 관한 연구서들을 집필했다. 베를린 출신의 역사학자 한스 바론도 정치적 의무에 대해 쓰면서 이를 15세기 휴머니즘 가치관에 매우 중요한 요소로 정의했다. 바론은 시카고에 자리를 잡았고 지역의 독립 인문 도서관인 뉴베리도서관의 사서이자 서지학자로 일했다. "곤충 숭배자"를 말했던 미술사학자 에르빈 파노프스키도 미국으로 왔다. 원래 함부르크대학교에서 학생들을 가르쳤는데 뉴욕에서 알브레히트 뒤러에 대한 강의를 하던 중에 나치의 1933년 정책이 시행되었고 함부르크대학교는 전보를 통해 그를 해임했다. 파노프스키는 미국에 남았고 이후 프린스턴대학교에서 오래도록 가르쳤다.[37]

함부르크 시절 파노프스키와 뜻을 같이하던 학자들은 미술사가 '상징'을 중심으로 하는 보다 넓은 문화 연구 영역의 일부분이라고 생각했다. 수 세대에 걸쳐 보존되고 이어진 언어, 시각 이미지, 문학과 신앙 전반이 이 영역에 속했다. (에른스트 카시러도 인간이 '상징적인' 동물로서 다른 동물과 구분된다고 썼다.) 나치 집권 이전 이 미술사 공동체는 함부르크에 있는 특별한 도서관이자 연구소를 편안한 고향처럼 여겼다. 설립자 아비 바르부르크의 이름을 딴 연구소였다.

아비 바르부르크는 함부르크 내 유명한 은행가 집안 출신이었다. 맏아들이었으므로 원한다면 은행을 모두 물려받아 운영할 수 있었다. 그러나 바르부르크는 어린 시절부터 은행과 관련된 모든 것을 싫어했다. 그림을 보고 책을 읽는 게 좋았다. 그래서 열세 살 때 동생 막스와 합의했다. 자신이 받을 유산을 막스에게 다 주는 대신 평생 자신이 원하는 책을 다 사준다는 약속이었다.[38]

막스는 이 약속이 어떤 의미인지 전혀 알지 못했다. 제1차 세계대전이 시작될 무렵 바르부르크의 소장 목록은 이미 1만 5000권으로 늘어 있었고 여기에는 수많은 이미지도 원본, 판화, 사진 형태로 포함되어 있었다. 바르부르크가 처음으로 가장 큰 애정을 쏟은 분야는 미술사였지만 신화, 철학, 종교, 고전어, 문학에도 관심이 있었다. 인간의 상징적 활동과 관련된 모든 것에 끌렸다. 유럽 밖 문명의 물건도 수집했다. 특히 북아메리카의 호피족과 주니족 예술에 매료되었다. 생의 막바지에 이르러서는 수집한 이미지를 주제에 따라 분류해서 대형 판에 부착한 전시물을 만들었다. 위대한 미술품의 사본부터 현대 광고물까지 아우르는 전시물로 강의용 시각 자료로 쓸 생각이었다. 바르부르크는 그리스 기억의 여신의 이름을 따 이를 '므네모시네 아틀라스'•라고 불렀다.[39] 그러나 1929년 프로젝트를 마저 끝내지 못하고 세상을 떠났다. 완성한 65개의 도판은 남아 있고 그 자체로 예술품이라고 할 수 있다. 도서관 자체도 한 사람의 개인적인 시각과 전망을 표현한 예술품에 가깝다. 물론 지식과 전문성이 있는 직원들이 있었기 때문에 가능

• 아틀라스는 도판이라는 뜻이기도 하고 하늘을 어깨로 떠받치고 있는 그리스 신의 이름이기도 하다.

그림 65 1927년 함부르크의 바르부르크도서관. 므네모시네 아틀라스 일부가 전시되어 있다.

했고 바르부르크가 사망한 뒤에는 직원들도 더 늘어났다. 1920년에 사서 프리츠 삭슬의 안내로 도서관을 구경한 에른스트 카시러는 이렇게 결론지었다. "이 도서관은 위험하다. 아예 오지 않거나 스스로 이곳에 갇혀 몇 년을 살거나 둘 중 한쪽을 택해야 한다."[40]

도서관은 직원들의 관리와 이곳을 보금자리로 삼은 여러 학자 덕분에 계속 번영했다. 그러던 중 나치가 집권했다. 나치는 도서관에도 직원들에게도 위협적인 존재임이 분명했다. 유대인 직원도 많았기 때문이다. 그래서 놀랍고 야심 찬 계획이 세워졌다. 당대의 수많은 사람과 마찬가지로 도서관의 직원과 소장품 모두가 망명의 길을 택한 것이다.

수석 사서 프리츠 삭슬과 게르트루트 빙이 이끄는 직원들은 뛰어난 조직력을 발휘해 책과 이미지, 므네모시네 도판 등을 포장했다. 심지어 철제 선반, 책상, 사진 장비와 제본 장비도 포장했다. 이것은 모두 런던으로 향했고 이 일과 연관된 사람들도 여럿 건너갔다. 어려움은 이때부터 시작되었다. 삭슬은 나중에 "약 6만 권의 책과 함께 런던 중심에 도착했고 '네 편을 찾아가 도움을 청하라'는 조언을 들었다. 기이한 모험이었다"라고 회고했다.[41]

모험은 모험이었지만 런던에 이미 와 있었던 친구들이 도움을 주었다. 코톨드연구소의 새뮤얼 코톨드도 그중 하나였다. 일단 밀뱅크의 템스하우스에 묵을 곳을 마련해 주었고 이후 블룸즈버리의 런던대학교 내에 좀 더 영구적인 자리를 마련해 주었다. 두 연구소는 1937년 공동으로 학술지를 창간했다. 여러 학문 분야를 아우르는 전체론적 관점 아래 모든 "상징" 연구를 통합하고 "가장 넓은 의미에서의 휴머니즘 연구를 관심 영역으로 삼는다"라는 것이 이 학술지의 목표였다. 직원들은 또한 런던 시민들의 관심을 받고자 애썼다. 1934년 아마도 삭슬이 썼을 것으로 추정되는 메모에는 영국인들이 너무 추상적이거나 이론적인 것을 불편하게 여기는 것으로 보여 방식을 바꾸어야 한다는 고찰이 담겨 있다. 사실상 바르부르크연구소를 지적인 고향으로 삼은 많은 사람은 대개 다른 나라에서 온 사람들이었다. 모두를 위한 국제적, 휴머니즘적 고향이 된 것이다.[42]

오늘날에도 여전히 그렇다. 바르부르크연구소가 원래 위치했던 함부르크의 집도 다시 연구소이자 소장고가 되어 행사와 강연 등을 열고 있다. 런던에 이식된 바르부르크연구소 또한 여전히 휴머니스트들의 고향이다. 지금 이 건물은 대중에게 좀 더 가까이 다가가기 위해 수리 중이다. 아직도 런던 사람들을 끌어들이려고 애쓰고 있으며 여전히 연결의 정신을 동력으로 삼아 학자들과 사상, 역사, 그림 등을 연결하고 있다. 내가 이 책을 쓰면서 참고한 휴머니즘 역사 연구 중 다수가 바르부르크에서 공부하거나 일한 사람들이 쓴 것이다. 나 또한 그곳에서 이 책의 많은 부분을 집필했다.

망명 도서관으로서의 정체성도 계속해서 지켜지고 있다. 2020년 도예가이자 조각가 에드먼드 드 왈은 이곳에 작품 「망명 도서관Library of Exile」을 제작, 기증했다. 사라지거나 흩어진 전 세계 도서관들의 이름을 기록한 방이다. 처음에는 망명 작가들이 쓴 책 2000권도 전시했지만, 이 책은 2015년 심한 피해를 본 모술대학교 중앙도서관의 재건을 돕기 위해 이라크로 보내졌다.[43]

바르부르크의 소장 목록 역시 물론 망명 작가의 작품과 망명 작가에 대한 작품으로 가득하다. (조상 대대로 살던 집을 버리고 망명한 집안에서 태어난) 페트라르카의 작품부터 이탈리아의 이 도시 저 도시로 도망 다녔던 15세기 휴머니스트들, 그리고 홀란드나 잉글랜드로 피난을 갔던 프랑스의 뤼미에르들, 나아가 파시즘 등의 억압적인 정권을 피해 도망 온 20세기 학자들의 작품까지. 바르부르크연구소를 페트라르카와 보카치오가 그토록 유려한 언어로 애도했던 상실, 망각, 그리고 해체라는 관념에 저항하는 곳으로 보아도 좋을 것이다.

유럽 내 다른 도서관과 문화 유적도 다가오는 파멸에 맞서 소장고를 지키기 위해 1930년대 내내 애를 썼다. 나치가 책을 불태우기 시작했을 때 파리의 독일인 망명자들은 (특히 작가 알프레트 칸토로비츠는) 독일자유도서관을 만들었다.[44] 나치가 없애려는 작품들을 보존하는 동시에 나치 정권의 포스터와 소책자를 포함해 쏟아져 나오는 자료들을 모아 훗날 역사 연구에 쓰기 위함이었다. 이사회에는 버트런드 러셀도 있었고 회장은 하인리히 만이었다. 도서관의 소장 자료는 나치 점령 기간 완전히 파괴된 것으로 여겨졌고 전쟁 종식 후에도 한동안 그런 줄로 알았지만 1990년 일부가 보존되었다는 사실이 알려졌다. 남은 소장품은 현재 파리 국립도서관에 있다.

다른 지역에서는 마이크로필름 사진가와 기록관리 전문가들이 돌아다니며 여러 대체 불가능한 자료와 원고를 촬영했다. 캐시 페이스의 2020년 책 『정보 사냥꾼』이 바로 이런 이야기를 들려준다.[45] 전쟁이 시작된 뒤에도 촬영을 계속한 용감한 사람들도 있었다. 미국의 중세문헌학자 아델 키브리는 가능한 한 오래 로마에 남아 바티칸도서관을 비롯한 곳들의 소장 자료를 촬영했다. 1941년에 미국으로 돌아갈 때는 여행 가방 17개에 필름을 담아 옮겼다. 최대한 많이 담을 수 있도록 가진 물건도 버렸다. 그런 다음 스웨덴으로 가서 남은 전쟁 기간 동안 마이크로필름 조직을 이끌었다.

한편 건물을 보호하기 위해 모래주머니를 쌓는 곳도 있었다. 예술품은 인구가 밀집한 지역에서 멀리 떨어진 곳에 몰래 숨겨졌다. 피렌체 우피치미술관도 명작들을 지방으로 옮겼다. 샤르트르에서는 12~13세기에 만들어진 대성당의 스테인드글라스 유리창을 조각조각 분리해서 지하실에 묻었다.

이윽고 전쟁의 시간이 찾아왔다. 혼돈과 죽음, 상실도 찾아왔다. 비밀스러운 곳에 숨겨진 인간 문화와 예술은 피난처에서 전쟁이 끝날 때를 기다렸다.

운이 좋아 피난처를 찾을 수 있었던 얼마 안 되는 사람들 또한 기다렸다. 그리고 작업을 계속했다. 토마스 만은 캘리포니아 자택에서 계속해서 소설을 썼다. 휴머니즘의 쇠퇴에 대한 또 다른 극적인 소설 『파우스트 박사』가 1947년에 나왔다. 논픽션도 썼다. 전쟁 시기에는 나치의 선전으로 도배된 장벽 너머에 있는 독일 동포들에게 보내는 짧은 논설문들을 쓰기도 했다. 저명한 소설가였지만 독일의 많은 사람은 나치 정권에 대한 만의 입장을 확실히 알 수 없었다. 이 때문에 나치에 반대하는 만의 논설이 독일로 유입되었다는 것에는 큰 의미가 있었다. 첫 번째 글은 공개 서간문 형식으로서 수신자는 1937년 자신의 명예 박사 학위를 박탈한 본대학교였다. 여러 세기 동안 수많은 글이 필사를 통해 배포되었듯이 이 짧은 글의 사본도 손으로 쓰였다. 문학평론가 마르셀 라이히 라니츠키는 믿을만한 친구들과 쉬쉬하며 참여한 모임에서 누군가 가져와 낭독한 서간문을 접했다. "얇고 작은 책자였고 양면 모두에 필기가 되어 있었다." 다 듣고 난 뒤에는 양해를 구하고 일찍 귀가했다. 독일 문학의 이 위대한 인사가 우리 편이라는 기쁨을 홀로 만끽하기 위해서였다.[46]

거기서 끝나지 않았다. 1940년 10월 만은 BBC를 통해 매달

독일어 메시지를 방송하기 시작했다.[47] 미국에서 바로 독일로 목소리를 보낼 수는 없었다. 그렇게 하면 단파 라디오로만 수신할 수 있었는데 이런 라디오는 독일과 독일 점령국에서는 금지되어 있었기 때문이다. 따라서 초반의 메시지는 런던에 있는 사람이 대독했다. 그러나 곧 복잡한 작업을 통해 만의 실제 목소리를 독일로 송출할 수 있었다. 일단 할리우드에 있는 NBC 스튜디오에서 매 방송분을 축음기 레코드에 녹음했다. 이 레코드를 뉴욕으로 보내면 거기서 전화선을 통해 런던으로 전달했고 런던에서 두 번째 레코드에 재녹음했다. 그런 다음 다른 BBC 방송과 마찬가지로 이 레코드를 재생해서 유럽 대륙으로 송출했다.

때로는 이 방송을 통해 특정한 소식, 독일 청취자들이 모르고 있을 것으로 추정되는 참상을 전하기도 했다. 1942년 초에는 폴란드에서 끌려간 유대인들이 "실험"을 명목으로 가스실에서 죽임을 당했다는 소식을 전했다.[48] 하지만 평소에는 청취자들에게 나치가 독일을 대변하지 않으며 나아가 인류 전반을 대변하지 않으므로 지속될 수 없다는 사실을 반복해서 일깨워 주는 데 주력했다. 1941년 5월 방송에서는 이렇게 말했다.

인류는 악, 거짓, 폭력의 궁극적 승리를 인정할 수 없습니다. 그런 것들을 결코 견딜 수 없습니다. 히틀러의 승리에서 비롯된 세계는 보편적 예속의 세계일 뿐만 아니라 완전한 냉소주의의 세계, 인간이 더 높은, 더 나은 존재가 될 수 있다는 믿음이 절대 불가능해지는 세계입니다. 악에 속하고 악에 복종하는 세계입니다. 그런 세계는 없습니다. 허용되지 않을 것입니다. 정신과 선의가 처참하게 꺾인 히틀러 세상에 대한 인류의 반란이야말로 모든 필연 중의 필연입니다.[49]

어떤 대가를 치르더라도 희망을 가져야 한다.

* * *

전쟁은 마침내 끝이 났고 나치의 살인 기구도 끝을 맞이했다. 남은 것은 인간적, 문화적 피해를 따져보는 일이었다. 미국 미술사학자 프레더릭 하트는 엉망이 된 피렌체의 거리를 보면서 이렇게 말했다. "형태에서 무형태로, 아름다움에서 참상으로, 역사에서 무지성으로. 이 모든 게 단 한 번의 폭발과 섬광에."[50] 너무나 많은 것이 사라졌다. 대부분은 되찾을 수 없는 것들이었다. 전쟁이 끝났다고 해서 휴머니스트들이 간절히 원했던 예절과 "여럿과 나누는 우정"이 있는 세상으로 순조롭게 돌아갈 수는 없었다. 물론 그렇게 하려고 영웅적인 노력을 아끼지 않은 사람들이 있었는데 그들은 이번 장이 끝나기 전에 만나보자.

전쟁이 끝났다고 해서 인간이 버릇처럼 하는 비인간적인 행동이 끝난 것은 아니었다. 새로운 위협이 다가왔다. 히로시마와 나가사키에 투하된 원자폭탄이 발명되기 전으로 돌아가는 것은 명백히 불가능했다. 미국과 소련 두 강대국 사이의 적의는 냉랭한 상태로 길게 지속되었고 그 영향으로 미국 내 문화계 분위기도 해를 입었다. 냉전 당시 매카시즘이 절정에 이르자 토마스 만은 자신이 표적이 될 수도 있다는 생각이 들었을뿐더러 이런 사태 전반에 역겨움을 느꼈다. 결국 피난처였던 신대륙의 새 고향을 떠나 스위스로 돌아갔다.

소련과 위성 국가들에서는 인간 존엄과 자유의 악화가 계속 이어졌다. 마르크스는 혁명이 민중에게 완전하고 소외되지 않은 인간성을 회복시켜주리라고 상상하면서 학문적 연구를 시작했지만 그의 이론을 기반으로 설립된 국가들은 거대한 소외 기계가 되었고 사람들은 살아가기 위해 회피와 이중사고로 점철된 삶을 살도록 강요받았다.

인 의 고향인 중국에서 마오쩌둥 정권은 "최선을 다해 나의 인간다움을 이루고 타인을 대할 때 그들 또한 인간다움으로 살아 있음을 깨닫는 것"이라는 철학의 흔적을 깡그리 지워버리기 위해 온 힘을 다했다.[51] 1960년대 문화혁명 당시 학생들은 교사들을 무시하고 사상적 결함을 발견하면 신고하도록 부추김을 받았다. 조금이라도 지적이거나 교양 있어 보이는 사람들은 탄압당하고 먼 시골로 추방당했다. 사보나롤라가 사치품을 장작불에 태웠듯 예술품, 책, 골동품, 귀한 도자기 등 아름답고 귀중한 물건들은 모아서 불태우거나 거대한 창고에 처박았다. 창고 안의 해충과 습기로 책은 서서히 삭았다. 유교 사상도 탄압받았다. 산둥성에 있는 공자의 고향 곡부(취푸)에서는 공자의 무덤이 훼손되었다. 마을 서고에서 서적 약 10만 권을 빼앗아 불태우기도 했다.[52] (마오쩌둥이 베이징대학교에서 사서 조교로 일했다는 사실을 감안하면 훨씬 더 충격적이다.) 로버트 잉거솔 같은 사람에게 삶의 애착을 느끼게 했던 좋은 음식, 가족애, 사회적 만족, 유쾌한 익살 등을 비롯해 기쁨을 가져올 수 있는 거의 모든 삶의 요소가 의심받았다. 그 자리에 끔찍한 엄격주의가 들어섰다. "이발소는 문을 열었지만 (뒤와 옆이 짧은) 프롤레타리아 스타일만 허용했다"라고 역사학자 프랑크 디쾨터는 썼다. "식당에서는 싸고 밋밋한 식사만 팔았다."[53] 그리고 사람이 죽었다. 문화 혁명 당시 사망자는 약 150만 명이다. 물론 혁명 직전의 대기근으로 인한 추정 사망자 3600만 명에는 비할 수 없지만 많은 사람의 삶이 눈에 띄지 않는 방식으로 무너졌다.[54] 대체로 유머러스한 소설을 썼던 인기 작가 라오서는 1966년 외국에서 온 손님들과의 인터뷰에서 자신은 마르크스주의자가 아니라며 "우리 늙은이들은 이 모양인 걸 어쩔 수가 없다"라고 했다. 그리고 이로 인해 홍위병 무리에 공격당했다. 홍위병은 라오서의 집도 뒤졌다. 귀가한 라오서는 원고가 찢어져 있고 소장하던 그림과 조각이 엉망이 되어 마당에 흩어져 있는 광경을 보았다. 얼마 안 가 수로에서 익사한 상태로 발견되었고 자살로 결론이 났다.[55]

또 다른 극단적 허무주의 정권은 캄보디아에서 1975년에서 1979년까지 집권했던 폴 포트의 크메르루주 정권이다. 200만 명의 사망자가 발생했는데 (여러 추정치가 있다) 당시 캄보디아 전체 인구가 겨우 700만이었다.[56] 처형을 당한 사람도 있지만 더 많은 사람이 노동하다가 사망했다. 체계적이고 전면적인 비인간화가 이루어졌다. 혁명이 벌어진 해는 0년으로 지정됐다. 그 이전의 역사는 있을 수 없었다. 새 정부가 시행한 첫 번째 조치는 수도 프놈펜에서 모든 시민을 몰아내 농촌에서 노동하게 하는 것이었다. 그때부터 신문도 없어지고 우편도 없어졌으며 전통 음악이나 악기, 책, 법정, 돈, 사유재산, 종교의식이나 성인식, 연애 결혼, 평범한 인간관계도 없어졌다. 의료품은 물론 치료도 받을 수 없었으므로 사람들의 고통은 엄청났다. 식량도 최소한만 주어졌다. 작가이자 영화감독 리티 판은 이렇게 회상했다. "어렸을 때는 쌀 품종이 '재스민꽃', '생강꽃', '뽀얀 소녀' 등으로 다양했는데 몇 개월 만에 사라졌고 희고 이름 없는 쌀 한 가지만 남았다. 그리고 얼마 가지 않아 굶주림만 남았다."[57]

리티 판의 2013년 영화 『잃어버린 사진』은 자신의 어린 시절과 가족의 추억을 더듬으며 크메르루주가 어떻게 진정으로 인간적인 존재 방식의 모든 면면을 소멸시키고자 했는지 아름답게 보여준다. 판의 아버지는 교사였고 형은 록 밴드에 있었으며 누이는 국립박물관의 부관장이었다. 그러다가 다른 모든 사람과 마찬가지로 쫓겨나 농촌에서 일하게 된다. 풍요로웠던 삶은 사라지고 오직 "허무의 정벌"만이 남았다. 가족은 하나둘 죽어갔다. 아버지, 그다음은 동생들, 그다음은 어머니. 영화감독은 이미지가 필요하지만 당시 카메라도 없었고 공식 선전 영상도 많이 만들어지지 않았기 때문에 이야기를 구성할 이미지가 없었다. 『잃어버린 사진』을 만들기 위해 리티 판 감독은 가족들을 작은 흙 인형으로 빚어 연출한 장면을 사진에 담았다.[58] 그리고 자신의 목소리로 이야기를 들려주었다. "혁명은 순수하다"라고 말하는 부분도 있다. "거기 인간이 설 자리는 없다."

　이런 사건들, 그리고 두 차례의 세계대전과 홀로코스트를 고려할 때 20세기 중반을 돌아보고 휴머니즘 세계관이 반박 불가능하게 부정당했다고 생각한 작가들이 있었다는 사실은 놀랍지 않다. 소설가 윌리엄 골딩은 제2차 세계대전에 대해서 "벌이 꿀을 만들듯 인간이 악을 만든다는 사실을 이해하지 못하고 이 시기를 지나온 사람이 있다면 눈이 멀었거나 머리가 잘못된 사람이었을 것"이라고 했다.[59] 골딩의 허무주의적이고 그로테스크한 우화 『파리 대왕』은 외딴섬에 고립된 소년 무리의 도덕적 타락을 통해 이런 생각을 표현했다. 이전에는 그런 부정적인 시각을 갖고 있지 않았지만 그때는 시대 정신이 그랬다고 설명하기도 했다.[60]

　인간에게서 어떤 방식으로든 악이 스며 나온다는 생각은 문화적 분위기 속에 굳게 자리 잡았다. 수 세기 동안 휴머니스트의 즐거움과 자부심의 원천이었던 문명적이거나 교양 있어 보이는 행동은 이제 위선적인 껍데기처럼 여겨졌다. 츠바이크가 에라스뮈스나 몽테뉴에 관한 책에서 말한 휴머니스트의 역할, 즉 어둠 속에서 인간이라는 불을 지키는 역할이 아주 사라진 것은 아니었다. 그러나 바보나 위선자로 여겨지기도 했다. 휴머니스트의 높은 이상이 잔인한 현실을 은폐한다는 생각 때문이었다.

　친위대[SS]를 비롯한 나치 조직들에서 일하는 수많은 관리가 도덕적이고 전인적인 인간을 형성하기 위해 만들어진 훔볼트식 교육체계의 고도로 정제된 산물이라는 점을 고려하면 휴머니즘의 껍데기는 실로 얇게 느껴지기도 한다. 가령 1941년에 학살이 못했다는 생각은 휴머니스트에게 이렇게 들린다. 신호등이 있어도 자동차 사고가 생기므로 신호등이 잘못했다.

이런 왜곡은 극단적인 사건에 대한 적절한 대응 방법을 찾는 데 지식인들이 상당한 어려움을 느꼈던 현실을 반영한다. 문명적 가치관이 해체되고 어디에도 의지할 수 없었던 지식인들은 적절한 답변보다는 훨씬 더 극단적인 가치관의 해체로 기울었다.

그래서 종교로, 혹은 모호한 비합리주의적 신앙으로 돌아가야 할 때라고 생각하는 사람들도 있었다. 20세기의 주요 전체주의 국가들은 비종교적이었다. 이는 종교에 대한 의심이 열린 마음이나 휴머니즘으로 저절로 연결되지 않는다는 사실을 다시 한 번 입증한다. (전체주의 국가들은 그들 자신과 자신의 이데올로기보다 더 큰 신이 어딘가 있다는 사실을 견딜 수 없었기 때문에 종교를 문제 삼았다.) 참상이 휩쓸고 간 자리에서 일부는 인간이 더 이상 스스로 더 나은 세상을 만들 수 있다고 믿어서는 안 되며 겸손하게 옛 신학으로 되돌아가야 한다고 주장했다. (사실 자크 마리탱이나 가브리엘 마르셀 같은 일부 종교적 휴머니스트들은 1930년대부터 이런 주장을 했다. 마리탱은 "인간의 중심이 신"이라는 사실을 인정하기 전까지 인류는 그 무엇도 제대로 할 수 없을 것이라고 주장했다.)[64] 1950년 《파르티잔 리뷰》는 「종교와 지식인」이라는 연속 기사를 실었다. 서문에서는 이 기사를 기획한 취지에 대해 온 사방에서 새로이 "종교로 회귀"하고 있다는 신호가 나타나고 있기 때문이라고 밝혔다.[65] 그리고 비종교적 활동가들이 1952년 암스테르담에 모여 훗날 휴머니스트 인터내셔널로 발전하는 조직을 발족할 때 《엘세비르 베크블라트Elsevier

만연했던 동부 전선에 있었던 한 젊은 병사는 "진정으로 인간적이고 독자적인 가치관을 위한 투쟁"을 위해 그런 폭력이 필요하다고 느낀다는 매우 충격적인 기록을 남겼다.[61] 고위 나치 관리들이 약탈한 예술품에 탐닉한 것 역시 어떤 인간성도 없는, 다만 표면적으로만 휴머니즘적인 취향을 보여준다. 그리고 토마스 만이 1945년 9월에 물었듯 나치 독일 사람들은 과연 얼마나 무감각한 상태였으면 지하 감옥에 부당하게 갇혀 학대당하는 인물들에 대한 베토벤의 오페라 「피델리오」를 보고도 "얼굴을 가리고 공연장 밖으로 뛰쳐나가지" 않았을까?[62]

이런 이유에서 철학자 테오도어 아도르노는 1951년 에세이에서 "아우슈비츠 이후 시를 쓴다는 것은 야만적"이라고 말했다. 곧잘 인용되는 이 말과 그가 막스 호르크하이머와 전쟁 막바지에 쓴 『계몽의 변증법』에 나오는 보다 긴 주장은 문화의 가치를 폄훼하려는 것이라기보다 자기만족에 빠진 서구적 사유를 극도로 비판인 입장에서 재평가해야 한다는 권유였다. 계몽주의 사상을, 발라의 말을 빌려 "다시 파기"해야 한다는 주장이었다.[63]

그러나 이런 쓸모 있는 활동은 자유주의, 휴머니즘, 계몽주의적 가치관의 전면적인 거부 같은 것으로 뒤바뀌기도 했다. 이런 가치관들의 실패를 자업자득으로 여긴 것이다. 독일과 이탈리아의 파시스트들이 본능, 폭력, 국가주의, 전쟁을 긍정하기 위해 이성, 국제주의, 개인주의, 인도주의, 멜리오리즘의 원칙을 노골적으로 거부했다는 사실을 고려하면 기이한 왜곡이다. 파시스트 이데올로기는 반휴머니즘적이지만 어떤 이유에서든 휴머니즘이 잘

Weekblad》 신문은 사회가 "굳건함, 근본, 신을 향한 믿음을 갈망"하는 것이 분명한 지금 누구도 신앙을 약화하려고 애써서는 안 된다고 경고했다.[66]

다른 사람들은 더 포괄적이고 반계몽적인 신비주의로 눈을 돌렸다. 전통 종교는 아니지만 여전히 계몽주의적 이성과 멜리오리즘에 반대하는 입장이었다. 아이러니하게도 이런 움직임의 배후에는 1930년대에 나치주의를 지지하고 오명을 쓴, 영향력 있는 독일 철학자 마르틴 하이데거가 있었다. 그는 1946년 말에 쓰고 1947년에 발표한 『휴머니즘에 관한 편지』에서 자신의 전후 반휴머니즘 태도를 보여준다. 이유는 다르지만 어쨌든 마리탱과 마찬가지로 하이데거는 인간 개인을 중심에서 이동시키고 싶어 한다. 대신 그 자리에 신이 아닌 '존재'를 놓는데 특수하고 개인적인 존재와는 구별되는 존재다.[67] 인간의 역할은 존재에 귀를 기울이고 그 "부름"에 반응하는 것이다.[68] 하이데거는 존재를 신의 대체물로 생각하지는 않는다고 말했지만[69] 어떤 유사성이 없다고 보기는 힘들다. 어쨌든 이 거대하고 지울 수 없는 그 무엇과의 관계에서 인간의 역할은 엄격히 시녀의 역할이다. 인간의 임무는 인간사를 더 잘 관리하거나 도덕적 삶을 향상하는 것이 아닌 이름 붙이기도 힘든 어떤 것을 위해 복무하는 것일 뿐이다.

하이데거의 『휴머니즘에 관한 편지』는 프랑스 철학자 장폴 사르트르에 대한 답변이었다. 사르트르는 1945년 강의실을 꽉 채운 관중 앞에서 휴머니즘에 대해 강연했다. 휴머니즘에 대한 사르트르의 견해는 세월에 따라 달라졌다. 전쟁 전에는 구식 휴머니스트들을 추상적인 "인간성"에 취한 감상주의적 위선자라고 조롱했다. 이런 비난은 (마르크스주의의 영향을 받은) 이후 작업에서도 볼 수 있다. 전쟁이 끝난 직후에는 "실존주의" 휴머니즘을 추구했다.[70] 우리 각각은 극도로 자유로우며 우리의 행위에 대한 책임이 있다는 생각을 바탕으로 하는 휴머니즘이었다. 이것은 1940년대를 위한 뚝심 있는 휴머니즘인 동시에 진정으로 비종교적이었다. 인간 본성은 신도 누구도 설계하지 않았고 애초에 설계도가 없다는 생각을 바탕으로 하고 있었다. 우리가 무엇이 될지는 우리에게 달려 있다. 우리는 개인적으로 그리고 모든 선택의 순간에 "인간을 창조해야" 한다.

부분적으로는 하이데거의 영향력 때문에, 또 한편으로는 마르크스 이론에 대한 훨씬 더 큰 끌림으로 인해 다음 세대의 프랑스 사상가들은 실존주의 휴머니즘이 지식인의 유행에 뒤처진다는 듯 비웃으며 인간의 창조가 아닌 해체에 대해 말했다. 1966년 미셸 푸코는 『말과 사물』에서 "바다 가장자리 모래 위에 그려진 얼굴처럼 지워지기 직전"인 "인간"의 모습을 보여준다.[71] 인간이 신을 만들고 또 죽였다고 생각했던 니체처럼 (그리고 스윈번처럼) 푸코는 계몽주의가 만든 인간이 이제 제거될 차례라고 생각했다.[72] 그 자리에는 사회적·역사적 영향에 의해 형성된 인간으로서의 우리에 대한 좀 더 비판적인 이해가 들어선다. 종교 사상가들은 인간성의 중심에 신을 놓았고 하이데거 학자들은 존재를 놓았다. 이제 그 중심에는 구조와 과정이 있다. 구조와 과정은 어떤 의미에서는 여전히 인간적이지만 그 속에 사는 실제 인간들보다 더 중요한 대접을 받는다.

이런 새로운 비판적 사상가들은 휴머니즘 사상을 가장자리로 치운 대신 중요한 정비 서비스를 제공했다. 그들은 유럽의 휴머니스트들이 별로 신경 쓰지 않았던 물음들, 특히 인종주의, 사회적 배제, 식민주의, 문화적 차이 등에 관한 물음들을 부각했다. 탈식민주의 사상가 프란츠 파농은 1961년 작 『대지의 저주받은 사람들』에서 "인간에 대해 끝없이 논했던 곳, 인간의 안녕을 우려할 뿐이라고 선언하기를 멈추지 않았던 곳이 유럽이다. 우리는 그런 유럽의 정신 승리가 인류에게 어떤 고통스러운 대가를 치르게 했는지 이제 안다."[73]

그러나 파농도 철학과 일상에 있는 휴머니즘 전통을 도매금으로 배척하기보다 과감하게 파헤쳐야 한다고 생각했다. 새롭고 더 충실한 휴머니즘 철학을 주장하며 "유럽이 해내지 못한 완전한 인간의 영광스러운 탄생을 이루어보자"라고 파농은 썼다. "온 인류의 지성이라는 문제를 다시 생각해보자. 우리는 더 연결되어야 하고 더 다양한 소통의 방식을 마련해야 하며 재인간화된 메시지를 주고받아야 한다." 이보다 더 휴머니즘적일 수 있을까? 파농은 이렇게 말하기도 했다. "우리는 누구도 따라잡고 싶지 않다. 우리는 그저 밤낮을, 매 순간을 인간의 곁에서, 모든 인간의 곁에서 전진하고 싶을 뿐이다."[74]

중국문학연구자 장룽시는 이런 사상의 흐름을 평가하면서 "한쪽 극단에서는 인간을 천사나 신과 비슷한 존재로 여기고 반대편 극단에서는 인간을 모래 위에 그린 그림처럼 사라지는 존재로 여기는 것은" 우리가 직면한 위기에 대한 이상할 정도로 "절대주의적"인 반응이다. 무엇보다 평소에는 이런 흑백논리를 피하려고 애쓰는 부류의 사상가들이기 때문에 더욱 그렇다. (인노첸시오 3세와 자노초 마네티가 되돌아온 듯하다.) 장룽시는 대신 좀 더 완곡한 전통을 기반으로 하는 휴머니즘적 접근법을 제안한다. "동과 서 모두의 철학적 지혜에서 우리가 배울 수 있는 가장 인간적인 미덕은 절제와 중용이다."[75]

리티 판 감독 역시 캄보디아에서 겪은 일을 담은 책 『제거The Elimination』를 이렇게 끝맺었다.

나는 인간이 근본적으로 악하지 않다는 생각을 가지고 이 작업을 시작했다. 악은 새롭지 않다. 선도 그렇다. 하지만 앞서 말했듯 선은 평범하다. 그리고 선은 일상적이다.

과거에 존재했던 세상의 좋은 부분들은, 그러니까 나의 어린 시절, 누이의 웃음, 아버지의 침묵, 지칠 줄 모르고 뛰노는 조카들, 어머니의 용기와 애정, 이 무표정한 얼굴의 나라, 정의, 자유, 평등의 관념, 지식과 교육에 대한 열망은 지워질 수 없다. 지나간 날이 아니다. 노력 중이고 진행 중인 작업이다. 인간 세상이다.[76]

베네데토 크로체도 "진행 중인 작업"이라는 생각을 강조했다. 1947년에 그는 절망이라는 오류를 범해서는 안 된다고 말했다. 세상이 믿음직하고 무해하다는 기대가 있고 모두가 문명적이고 즐길 만한 삶을 살고 있다고 생각하기 때문에 그런 오류를 범할 수 있다. 그 환상이 깨지면 포기하고 싶어진다. 그러나 현실은 다르다. 역사와 인간 세상은 안정적이고 선하기만 한 곳도 아니고 절망적인 비극도 아니다. 세상은 **우리 자신의 작업 결과**이기 때문에 잘되길 바란다면 그렇게 만들기 위해 노력해야 한다.[77]

* * *

철학자들이 제2차 세계대전 이후 인간성에 관한 생각을 조정하느라 애쓰는 동안 좀 더 실제적인 유형의 사람들은 도시의 물리적 재건이나 문화와 정치의 회복을 위해, 어디서든 그저 인간이 다시 성장할 수 있도록 최선을 다하고 있었다. 가장 시급한 문제는 유럽에서만 4000만 명에 가깝게 발생한 난민 문제였다. 게다가 독일에서는 '나치 사상의 제거'라는 과제도 있었다. 독일 이외의 지역에서도 새로운 교육과정이 생겼다. 전반적인 도덕성 회복을 위한 기초를 마련하기 위해서였다. 교육과 도덕성을 연결 지었던 옛 휴머니즘 사상이 엿보이는 노력이었다.

이런 목적을 달성하기 위하여 영국 정부는 연구를 지원했고 1943년에 나온 보고서부터 이미 인격 형성, 충분한 운동, 그리고 인문학 교육을 주문하고 있었다. "개인이자 사회의 구성원으로서 학생이 가진 다양한 신체적, 정신적, 지적 잠재력을 활짝 꽃피울 수 있도록" 마련된 과정이었다.[78] 미국의 1945년 하버드 위원회 보고서 『자유로운 사회의 일반 교육』 역시 "완전한 인간은 선한 인간이어야 한다"라면서 모든 휴머니즘 교육학자들의 생각을 되

풀이했다.[79]

　이어서 새로운 국제기구와 조직에 대한 구상이 마련되었다. 가장 큰 조직은 1945년에 창립한 UN이다. 영국 휴머니스트 해럴드 J. 블랙햄은 이를 "진정한 공동 이익, 즉 인간 이익의 시작"이라고 말했다.[80]

　같은 해 UN에서 파생된 조직에는 유네스코^{UNESCO}, 즉 국제연합교육과학문화기구가 있다. 에라스뮈스의 생각을 기반으로 한 설립 목표문에는 전쟁이 인간 정신에서 시작되므로 평화 또한 인간 정신에서 시작해야 한다고 선언한다.[81] 그리고 평화라는 목표를 달성하기 위해 도서관, 박물관, 동물원, 식물원, 과학연구기관, 대학 등에 자금을 지원하는 야심 찬 정책을 시작했다. 이 단체는 탄생의 순간부터 지극히 휴머니즘적 단체였는데 첫 총장이 동물학자 줄리언 헉슬리였던 탓도 크다. 그는 토머스 헨리 헉슬리의 손자로 할아버지처럼 "과학적 휴머니즘"을 지지했다.[82] 총장직에 앉기 전에 쓴 소개 자료인 『유네스코의 목표와 철학』의 어조는 철저히 (비종교적) 휴머니즘을 표방하고 있어서 일부 회원국은 반대 의견을 밝혔다.[83] 결국 헉슬리는 자료 내용이 사견을 포함하고 있음을 해명하는 문구를 마지막 순간에 집어넣어야 했다. 그러나 그가 그린 유네스코의 미래는 넓은 의미에서 여전히 휴머니즘적이었다. 회고록에 이렇게 적기도 했다. "우리의 모든 활동을 뒷받침하는 핵심적인 개념은 바로 실현, 즉 개인과 도시, 국가, 그리고 인류 전체의 능력을 더 완전하게 실현하는 것이라고 나는 확신했다."[84] 이 생각은 이후에도 유네스코의 모든 활동의 핵심으로 남았다.

불행히도 그 결과는 바라는 만큼 "전체적"이지 못했는데 소련과 위성 국가들이 외면했기 때문이다. 이런 종류의 조직에 또 다른 목표, 즉 세계에서 소련의 영향력과 이데올로기를 약화하려는 속셈이 있다고 여긴 것이다.[85] 소련권 국가들은 몇 년 뒤 또 다른 UN 프로젝트가 시작되었을 때도 비협조적인 태도를 유지했다. 1947년 논의를 거쳐 작성되고 이듬해 완성된 보편인권선언 Universal Declaration of Human Rights 프로젝트였다.

엘리너 루스벨트가 이끄는 초안 작성 위원회는 토론 과정을 매우 중요하게 여겼으므로 전 세계의 철학자뿐만 아니라 다양한 정치적 시각을 대표하는 사람들의 의견도 구했다. 모든 사람에게 만족스러운 원칙을 찾아야 했고 이것은 곧 중요한 철학적 물음에 대한 입장을 정해야 한다는 의미였다. 권리와 의무 중에 무엇이 더 중요한가, 개인성을 공동체의 정체성과 어떻게 조화시킬 것인가, 어떻게 포용성을 확보할 것인가, 그리고 인류에게 '보편적'인 것이 과연 있는가 등의 물음이었다. 이런 물음들은 여전히 문화 전반에 관한 토론에서 다루어지고 있다.

나아가 용어의 문제가 있었다. 제1조부터 토론은 시작됐다. 소련 대표 블라디미르 코레츠키는 (공산주의 정책이 공식적으로 성평등을 표방하고 있으므로) 제1조에 있는 표현 "모든 사람 men은 형제다"를 지적했다. 엘리너 루스벨트는 이것이 곧 "모든 인간 human beings은 형제다"라는 의미이므로 괜찮다고 설명했다! 한동안 이 표현으로 놔뒀다가 나중에는 결국 "인간"으로 바꿨는데 인도 대표 한사 메타가 지역에 따라 정말 남성으로 읽힐 수 있다고 주장한 덕분이다. 그러나 "형제애"는 그대로 남았다. 그래서 첫 조항은 "모든 인간은 평등한 존엄과 권리를 가지고 자유롭게 태어났다. 모든 인간은 이성과 양심을 가지고 있으며 형제애의 정신으로 서로를 대해야 한다"가 되었다.[86]•

이 문장에 든 "양심"이라는 말도 숙고 대상이었다. 초안은 "이성"만을 언급했으나 위원회의 부회장이었던 중국 외교관 장평춘은 맹자의 유교 사상을 특히 존경했던 철학자로서 "인"을 더하자고 제안했다. 그러면 선언문은 오직 이성만 강조하기보다 공감과 인간의 상호 관계라는 폭넓은 의미를 담게 될 터였다. 장평춘의 제안은 받아들여졌고 영어로 "양심"으로 번역되면서 그 넓은 의미가 잘 전달되지는 않지만 인의 정신은 선언문에 뚜렷하게 나타나 있다.[87]

이 모든 협상의 결과로 당대의 그 어떤 문서보다 포용적이고 문화적으로 민감한 선언문이 나왔다. 헉슬리식의 비종교적 휴머니즘은 아니지만 다른 모든 의미에서 휴머니즘적 문헌이다. 실용적인 문서이기도 하다. 인권 침해 사건에서 법적인 근거로 사용할 수 있기 때문이다. 거의 모든 국가가 승인했으나 채택하지 않은 국가들의 목록 역시 매우 의미심장하다. 공산권 국가 여섯 곳이 포함되었고 선언문과 양립할 수 없는 아파르트헤이트 정책이 있

• 유엔 공식 번역: "모든 인간은 태어날 때부터 자유로우며 그 존엄과 권리에 있어 동등하다. 인간은 천부적으로 이성과 양심을 부여받았으며 서로 형제애의 정신으로 행동하여야 한다."

그림 66 보편인권선언의 스페인어판을 들고 있는 엘리너 루스벨트. 1948년.

었던 남아프리카공화국, 그리고 부부 관계인 남녀에게 동등한 권리를 준다는 조항을 거부한 사우디아라비아도 선언문 채택을 포기했다.[88]

선언문이 표방하는 원칙은 당연하게 여겨질 수도 있다. 그 원칙이 짓밟히기 전까지는. 그런 상황이 오면 대개의 휴머니즘 원칙이 그렇듯 갑자기 보호할 가치가 높다고 여겨진다. 토마스 만이 독일로 송출되는 BBC 방송에서 주장했듯이 나치라는 재앙의 시작은 1933년 2월 베를린에서 괴벨스가 당의 승리를 축하하며 "인간의 권리는 폐지되었다"라고 발표한 순간이었다. 만은 바로 이 말이 "수천 년 인류가 쌓아온 모든 도덕적 성과"를 싹 지워버리려는 나치의 의도를 보여준다고 했다.[89] 보편인권선언은 그 반대의 의도를 보여주기 위함이었다. 인간의 성과를 그런 식으로 소멸하려는 시도를 다시는 허락하지 않겠다는 뜻이다.

세계의 회의실에서 이런 논의가 진행되는 가운데 미술사학자들과 '모뉴먼트 맨'[•], 그리고 그 밖의 자원 인력과 전문가들은 현장을 중심으로 문화 부흥이라는 임무에 도전하고 있었다. 이들은 유럽을 돌아다니며 전쟁 중에도 비교적 멀쩡하게 살아남은 건물과 예술품을 찾아 보존하고 보호하는 일을 했다. 프레더릭 하트도 그중 한 명이었다. 피렌체가 "형태에서 무형태로" "역사에서 무지성으로" 망가졌다고 생생하게 증언한 바로 그 하트였다. 그는 토스카나를 비롯한 여러 지역을 다닌 경험에 대해 매우 읽기 쉬운 기록을 남겼다.

기록은 독일군의 후퇴가 막바지에 이르렀던 시점에서 시작한다. 하트는 주로 겁 없고 활기찼던 체사레 파솔라를 따라다녔다.[90] 파솔라는 우피치미술관 직원인 동시에 몸소 저항운동에 참여했던 사람으로 지역 사람들은 그를 교수님이라고 불렀다. 독일군이 떠나기 전에도 아무렇지 않게 자전거를 타고 교외를 돌아다니며 예술품을 찾아다녔다. 독일군이 내준 특별한 통행 허가증 덕분이었다. 하트와 체사레는 다른 사람들에 비해 비교적 일찍 (문화 예술에 조예가 깊었던 영국의 시트웰 가문이 소유한) 몬테구포니 성에 도착했다.[91] 우피치미술관의 그림이 보관되어 있던 곳이다. 두 사람은 눈앞의 광경에 힘이 빠졌다. 성에 머물고 있던 독일군은 떠

• 제2차 세계대전 당시 문화재 보호를 전담한 연합군 부대.

나고 없었지만 보티첼리의 「프리마베라」가 아무렇게나 벽에 기대어져 있었고 도메니코 기를란다요의 「동방박사의 경배」를 탁자로 삼아 술을 마신 흔적도 있었다. 이후 칼리굴라의 유람선에서 발견된 모자이크 장식도 이런 모욕을 당했다. 더 나아가 연합군 측 방문객이었던 소설가 에릭 링클레이터는 「프리마베라」 속의 모든 여성 인물들에게 열렬한 입맞춤을 하는 몹쓸 짓을 저질렀다. 아무도 보고 있지 않은 틈을 노렸지만 이후 회고록에 당당하게 털어놓았다.[92]

일부 훌륭한 독일인들은 보물을 지켜내기도 했다. 약탈이 심한 와중에도 일부 독일군 장교들이 귀중한 예술품에 피해가 가지 않도록 치워놓은 경우도 있었다. 적어도 몬테카시노에 있는 베네딕토회 수도원은 이런 경우에 속했다.[93] 보카치오가 약 600년 전 그토록 기뻐하며 뒤졌던 서고가 있는 바로 그 거대한 수도원이자 요새였다. 나폴리에서 로마로 향하는 길목이 내려다보이는 고지대에 있었기 때문에 양측 모두에게 전략적 중요성이 뚜렷한 지점이었다. 독일 장교 막시밀리안 베커와 율리우스 슐레겔은 이런 이유에서 수도원이 연합군의 폭격 표적이 되리라는 사실을 (각각) 깨달았다. 따라서 1943년 후반 가장 귀중한 예술품을 수백 대의 트럭에 실었고 훨씬 더 안전한 요새인 로마의 카스텔 산탄젤로로 보냈다. 옳은 선택이었다. 미국은 이듬해 2월 수도원을 폭격했고 6주 후에는 더 심하게 폭격했다. 이 두 번째 폭격을 맡은 인원에 속해 있었던 월터 M. 밀러 주니어는 자신이 목격한 광경에 큰 충격을 받아 가톨릭교로 개종하고 소설 『리보위츠를 위한 찬송』을 썼다.[94] 문화적 지식이 대부분 사라지고 없는 미래 세계를 배경으로 하는 이 소설은 흩어져 있는 소량의 20세기 유물을 발견하고 연구하는 사람들의 이야기를 들려준다. 그들은 이를 가지고 문명의 재탄생을 시도하는데 14세기와 15세기 이탈리아의 휴머니스트들이 했던 작업과 매우 비슷하다. 그러나 소설 속의 인물들이 가장 먼저 발견하는 것은 쪽지다. "에마에게 사다 줄 것: 파스트라미 1파운드, 사우어크라우트 1캔, 베이글 6개."

샤르트르도 비슷하게 파괴될 뻔했지만 이번에는 미국인이 막아냈다.[95] 1944년 8월 16일 독일군은 아직 샤르트르를 떠나지 않고 있었다. 이곳에 진입하려던 미국군은 예방 조치로서 대성당을 집중 포격하라는 명령을 받았다. 독일군이 이곳을 망루로 쓰고 있을 가능성이 있었다. 일리가 없지는 않았다. 몬테카시노 수도원과 마찬가지로 샤르트르 대성당 역시 주변 땅을 내려다보는 위치에 있었다. 그러나 웰본 바턴 그리피스 주니어 대령은 확실한 증거도 없이 750년 된 건물을 파괴한다는 생각에 몸서리가 쳐졌다. 그래서 용감하게 운전병을 대동하고 (운전병의 이름은 유감스럽게도 알려지지 않았다) 몰래 시내로 들어갔고 홀로 대성당으로 들어가 종탑 꼭대기까지 올라갔다. 안에 독일군은 없었다. 그리피스는 이상 없음을 알렸고 건물을 포격하라는 명령은 철회되었다. 이것은 그리피스가 살아서 한 거의 마지막 일이었다. 같은 날 옆 도시 레브에서 적의 총에 맞아 전사했기 때문이다. 이 모든 비극 속에서 샤르트르의 유리창은 지하에 안전하게 보관된 상태로 있었다. 전쟁이 끝난 뒤 작업자들과 봉사자들은 지하에서 이를 꺼내와 창문을 뺄 때와 마찬가지로 조심스럽게 다시 끼워 넣었다.

몇 년 전 나는 샤르트르와 그 주변에서 이틀을 머물며 대성당을 돌아보고 긴 세월 동안 성당에 얽힌 사연들을 수집했다. 용감한 대령과 운전병의 이야기도 그중 하나다. 앞서 성당을 파괴하려던 프랑스혁명 세력을 설득해서 막은 건축가의 이야기도 이때 알게 되었다.

대성당의 아름다움에도 감탄이 나왔지만 나는 이 성당이 인간의 세월을 체화하고 있다는 데서 깊은 감동을 받았다. 모든 건축물이 그렇기는 하지만 샤르트르에서는 세월의 흐름이 더 잘 드러난다. 고대에 만들어진 지하실과 초석 위로 12세기와 13세기에 완성된 조각, 부벽, 창이 있다. 모두 당대의 가장 최신 기술로 만들어졌다. 부벽의 구조 설계도 그렇고 "샤르트르 블루"라고 불리는 특별한 색깔을 띠는 스테인드글라스 창도 그렇다. 더 위로 올라 지붕 아래로 들어가면 뜻밖에도 19세기에 제작된 주물 지지대가 보인다. 외부에서는 볼 수 없게 숨겨져 있다. 1836년에 만들어졌는데 그 시대 철도역에서 볼 수 있었던 아름다운 철제 장식을 모방하고 있다. 당대 최고의 기술이 역사에 대한 더할 나위 없는 존경심과 힘을 합친 또 하나의 사례. 주물 장식을 만든 사람들과 그보다 앞선 중세의 공예가들을 떠올려본다. 그보다 훨씬 더 최근인 1930년대, 유리에 차근차근 번호를 적고 포장한 사람들, 전후에 포장을 뜯고 창을 다시 끼운 사람들, 나아가 오늘날에도 유리를 관리하고 보호하는 사람들을 떠올려본다. 이 건물은 그 모든 것을 품고 있다. 인간의 기술과 헌신, 각 시대의 정치적 환경, 최초의 탄생, 수 세기에 걸친 돌봄. 이곳은 '12세기 르네상스'에 대성당에서 이루어진 학문적 연구를, 그리고 애초에 이런 아름다움을 만들기 위해 그토록 고생할 이유가 있다고 생각하게 만든 기독교 신앙을 상기시킨다.

나는 기독교 신앙을 갖고 있지 않지만 샤르트르 대성당 안을 거닐며 인류에 (약간은 조심스럽지만) 어떤 믿음을 갖지 않기는 힘들었다. 인간은 몇 번이고 이 성당을 파괴할 뻔했다. 그러나 다른 인간들은 성당을 지키려고 더 힘들게 애써왔다.

* * *

제2차 세계대전 이후 인간이 힘을 모아 정신을 차려야 했던 가장 당연한 이유는 핵무기와 관련이 있다. 1945년 10월 장폴 사르트르가 말했듯 히로시마와 나가사키의 교훈은 이제부터 인간의 생존이 오로지 인간의 결정에, 궁극의 실존적 결정에 달려 있다는 사실이었다.[96]

이 문제를 인상 깊게 표현한 또 다른 대중적 휴머니스트는 바로 버트런드 러셀이었다. 그는 1954년 라디오 방송「인간이 처한 위험Man's Peril」을 끝맺으며 '선택'을 외쳤다.

우리가 선택한다면 앞으로 행복과 지식, 지혜를 계속해서 발전시킬 수 있습니다. 그럴 수 있는데도 서로 싸운 기억을 잊지 못해 죽음을 선택할 것입니까? 인간으로서 인간 여러분께 호소합니다. 인간성을 기억하고 나머지는 잊으십시오. 새로운 낙원으로 가는 길이 열릴 것입니다. 그럴 수 없다면 우리 앞에는 공통된 죽음 말고는 없습니다.[97]

"인간성을 기억하고 나머지는 잊으십시오"라는 말에서 "나머지"는 국가적 이익, 허영, 오만, 편견, 절망을 비롯해서 삶이라는 선택을 방해하는 모든 것이다. 이 말은 자주 인용되었고 러셀 자신도 자주 되풀이했다. 1955년에 열린 국제학회에서도 반복했다. 과학자들이 선언문을 제정하기 위해 모인 자리였다. 알베르트 아인슈타인도 사망하기 며칠 전 이 선언문에 서명했다. 이 단체는 나아가 매년 모임을 했고 첫 모임은 1957년 7월 노바스코샤주의 퍼그워시에서 열렸다. 그래서 원래의 선언문과 학회에도 퍼그워시라는 이름이 붙었다. 오늘날에도 모임은 이어지고 있으며 목표도 여전하다. 무기의 확산을 최소화하고 비극적인 전쟁이 일어날 가능성을 줄이는 정치적 기제를 장려한다는 목표다.[98]

러셀은 계속해서 반핵 운동을 꿋꿋이 이어나갔다. 평생 관련 글을 쓰고 시위에 참여했다. 1961년 런던 하이드파크의 시위에서 군중에게 연설했을 당시에는 "대중을 부추겨 시민불복종을 유도한" 혐의로 기소되었고 브릭스턴 교도소에서 일주일간 형을 살아야 했다. 89세 때 일이었다. 판사는 그가 "근신"을 약속한다면 풀어주려고 했지만 러셀은 그런 약속을 할 수 없었다.[99] 볼테르와 마찬가지로 나이가 들수록 더 대담하고 자극적인 활동을 했다.

러셀은 그 밖에도 다양한 대의를 위해 노력했다. 환경 문제도

그림 67 1962년 런던 트래펄가 광장에서 열린 핵무기 반대 시위에 참여한 버트런드 러셀.

있었다. 지구의 천연자원을 아끼는 일이 매우 중요하다는 선견지명이 있었고 이미 1948~1949년 BBC 리스 강연을 통해 이런 일의 시급함을 강조했다.[100] (비슷한 시기 줄리언 헉슬리는 유네스코에서 국제자연보전연맹을 만들기 위한 계획을 세웠고 연맹은 오늘날에도 정부, 기업과 협력하고 있다.[101])

1948년 자연의 일부는 러셀을 삼킬 뻔했다. 리스 강연이 있기도 전이었다. 그는 그해 가을 노르웨이 트론헤임으로 여행을 떠나면서 '날아가는 배' 부켄 브루세를 탔다. 이 비행기는 일종의 수상 비행기이지만 두 발이 달려 물에 뜨는 형태가 아니라 기체가 바로 물에 닿게 되어 있었다. 기상이 좋지 않았다. 날아가는 배가 물에 착륙하기 직전 돌풍이 불었고 기체가 옆으로 뒤집혔다.[102] 날개가 분리되었고 기내로 물이 쏟아져 들어왔다. 승객 45명 중 19명이 사망했다. 앞쪽에 있던 금연석 승객 모두가 여기 포함됐다. 더 뒤쪽에 앉아 있던 흡연석 승객은 헤엄쳐 나와 구조될 수 있었다. 언제나 파이프를 뻐끔거렸던 러셀도 구조됐다. 흠뻑 젖어 갈아입을 옷도 없는 와중에 친절한 신부가 신부복을 빌려주었다. 종교에 대한 러셀의 시각을 아는 사람에게는 흥미로운 광경이었을 것이다. 코펜하겐에서 전화를 걸어온 한 기자는 물속에 있는 동안 무슨 생각을 했느냐고 물었다. 신비주의와 논리에 대해서 생각했는지? 러셀은 아니라고 대답했다. "물이 차갑다고 생각했습니다."

러셀이 참여한 운동은 핵무기 반대, 자연 훼손 반대, 전쟁 반대 등 많은 경우 본질적으로 반대 운동이었다. 무엇보다 그는 아흔이 훌쩍 넘은 나이였던 1960년대 후반에 미국의 베트남 참전에 반대했다. 그러나 세상에 대한 러셀의 전반적인 태도는 전혀 부정적이지 않았다.

1955년의 자전적인 강연 「실현된 바람과 좌절된 바람」[103]에서 러셀은 전쟁 전 자신이 가졌던 낙관적 자유주의를 돌아보면서 이런 시각을 유지하기가 어려워졌음을 인정했다. 그래도 포기하지는 않을 것이라고 했다. "무엇이 선이고 무엇이 악인지 판단해야 할 때 순간적인 사건의 흐름이 우연히 중재하도록 내버려두지 않을 것이다." 사람은 물론 세상의 변화에 적응해야 하지만 "무엇이든 우세를 보이는 것이 옳다고 가정하는 것도 나쁘다." 그가 늘 강조해 왔듯이 세상이 더 행복한 곳이 되느냐 마느냐는 아무튼 **우리가** 결정할 일이라고 덧붙이기도 했다.

자서전의 마지막 권에서도 이런 생각으로 회귀했다. 1970년 2월 사망하기 전 마지막으로 발표한 결과물 가운데 하나였던 이 자서전의 끝에서 러셀은 거의 한 세기 동안 이어진 생애의 경험을 이렇게 요약한다.

> 자유롭고 행복한 인간의 세상으로 가는 길이 내가 생각한 것보다 먼 길이라는 사실이 드러나고 있지만 그런 세상이 가능하고 그런 세상을 앞당기는 것을 목표로 하는 삶이 가치 있다는 생각은 틀리지 않았다. 나는 개인과 사회에 대한 바람을 추구하며 살아왔다. 개인적으로는 고귀한 것, 아름다운 것, 상냥한 것을 돌볼 수 있기를, 풍파가 심할 때는 순간의 통찰로부터 지혜를 얻을 수 있기를 바랐다. 사회적으로는 개인이 자유롭게 성장할 수 있고 혐오와 탐욕과 질시가 굶주려 죽는 세상을 상상할 수 있기를 바랐다. 내가 믿는 것은 이런 것들이고 세상은 그 모든 참혹에도 나를 흔들어놓지 못했다.[104]

12

행복할 곳

휴머니스트는 어떤 얼굴을 하고 있는가

1933년부터 현재

휴머니스트 단체와 선언문, 그리고 활동—마리아의 자녀들—법정과 의회, 그리고 학교—걱정하지 말아요!—덧셈의 기쁨—휴머니즘의 적—건축과 도시 계획—바실리 그로스만—기계와 의식—포스트휴머니즘과 트랜스휴머니즘—아서 C. 클라크와 오버마인드—휴머니즘이라는 돛단배—언제 어디서 어떻게 행복해야 하는지에 대하여

20세기 전반과 21세기 초반에도 러셀의 "행복하고 자유로운 인간의 세상"을 앞당기려는 사람들은 휴머니스트라는 이름을 달고 서로 뭉쳤다. 이런 모임은 그 이전 세기부터 존재했던 세속 단체나 합리주의, 윤리 단체가 발전한 경우도 있고 무신론을 강력히 표방

하는 경우도 있었다. 유니테리언 교회 같은 유사 종교 단체와 연결된 모임도 있었다. 주로 과학과 합리주의 사상을 촉진하려는 모임도 있었고 도덕적인 삶을 더 강조하는 곳도 있었다. 급진적 사회주의 단체와 협력 관계인 모임도 있었고 정치 단체와의 협력을 피하는 모임도 있었다.

1930년대의 위기 속에 주로 유니테리언주의자들로 이루어진 소수의 미국인은 휴머니즘 선언을 제정해 "어떤 휴머니스트적 분출"을 통해 여러 모임을 하나로 모으면 유용하겠다고 생각했다. 이 분출로 1933년 세계 최초의 휴머니스트 선언이 제정되었다. 이 선언은 휴머니즘을 "종교"로서 소개했는데 이것이 유니테리언주의적 접근이기도 했지만 어떤 자명한 범주에 들어가지 않는 운동을 규정하기에 손쉬운 방법이었기 때문이다.[1] 이 선언에 모든 휴머니스트가 참여하지는 않았다. 특정 교리에 동의한다는 생각 자체를 싫어한 사람도 있었다. 선언문에 서명해 달라는 제안을 받은 해럴드 부시먼의 답장은 경고문이었다. "서로 삶의 경험을 자유롭게 비교해 보는 대신 '이단'과 오해가 발생할 것입니다."[2] F. C. S. 실러는 비꼬듯 말했다. "선언문이 총 15개의 조항으로 되어 있군요. 십계명보다 50퍼센트가 많네요."[3]

그래도 34명이 선언문에 서명했다. 이들이 적극적 지지를 표명한 선언은 시민 자유와 사회정의를 관심사로 삼고 공공의 일을 운영하는 가장 좋은 수단으로 이성을 선택했다. 선언문은 휴머니즘을 종교라고 하면서도 휴머니스트들은 우주가 "창조된 것이 아니라 스스로 존재하는 것"으로 본다고 말했고 "인간의 가치를 보장하는 어떤 초자연적이나 우주적인 힘"도 상정하지 않는다고 했다. 휴머니스트는 "종교적 감정"을 느낄 수는 있지만 이것은 대체로 "개인의 삶의 의미를 중시하는 태도와 사회적 안녕을 추구하려는 공동의 노력에 대한 믿음"의 형태로 나타난다고 했다. 휴머니스트는 "노동, 예술, 과학, 철학, 사랑, 우정, 놀이 등 정도는 달라도 지적으로 충만한 인간 생활을 나타내는 모든 행위"에 관심을 갖는다. 간단히 말하면 휴머니스트는 "삶의 즐거움"을 중시하며 (테렌티우스를 인용하자면) "그 어떤 인간적인 것도 남의 일로 여기지 않는" 사람이다.[4]

종교에 관한 생각이 이와는 매우 달랐던 사람들은 격렬하게 반응했다. 미국 코네티컷주의 《브리스틀 프레스The Bristol Press》 신문이 인용한 일화에서 한 학생은 다른 학생에게 이렇게 말했다. "토머스, 다시 한번 하느님이 없다고 말하면 흠씬 두들겨 맞을 줄 알아라." 신문은 이 학생의 말에 찬성하는 의미에서 이렇게 덧붙였다. "교수들이 정신을 차리게 하려면 이런 방식의 치료법밖에는 답이 없을 것이고 확실하게 치료될 것이라고 감히 생각해본다."[5] 그러나 그 불길했던 1933년에 휴머니스트, "교수", 그리고 그 밖의 모든 사람이 직면한 위협에 비하면 하찮은 경고였다.

전쟁 후 세계 곳곳에서 새 휴머니스트 기구가 나타나거나 옛 조직이 부활했다.[6] 인도에도 차르바카 학파로 거슬러 올라가는 아주 오래된 자유사상 전통을 계승하는 단체가 여러 곳 있었다. 인도 활동가 중에 가장 눈에 띄는 인물은 인도 급진주의 휴머니즘 운동의 창시자 마나벤드라 나트 로이였다.[7] 20세기 초 마르크스주의자였던 로이는 멕시코에 머물면서 멕시코 공산당의 설립을 도왔다. 그리고 소련에서 8년을 보냈고 (회고록에 따르면) 스탈린에게 아주 맛있는 수프를 끓여준 적도 있다. 그러나 공산주의, 특히 스탈린주의에 환멸을 느꼈는데 개인의 삶이나 사적 자유를 존중하지 않았기 때문이다.[8] 로이는 인도로 돌아와 독립운동에 관여했고 이 일로 6년 동안 감옥살이를 했다. (버트런드 러셀은 영국에 대해 "제대로 통치하려면 가장 훌륭한 사람들을 감옥에 가두어야 하는 줄 아는" 나라라는 점에서 파시스트들과 다를 것 없다고 말했다.[9]) 로이는 모한다스 K. 간디를 알고 지냈지만 간디의 방식에 동의하지 않았고 갈라져 나와 급진 민주당을 창당했다. 두 사람은 정치적 신념만큼 성격도 달랐다. 간디는 금욕적인 생활을 하기로 유명했지만 로이는 원기 왕성했던 로버트 잉거솔의 방식을 선호했다. 그에게 휴머니즘적인 생활 방식은 이 땅의 기쁨을 최대한 만끽하는 삶이었다. 수프 말고도 맛있는 음식은 대체로 다 좋아했고 그뿐 아니라 맛있는 포도주, 여행, 사교, 자유, 우애, 그리고 "삶의 기쁨"에 대한 애정이 컸다. 이런 훌륭한 것들을 추구하고 국제주의와 윤리적인 삶을 위한 정치적 의지를 실천하기 위해 "뉴 휴머니즘"을 시작했다. 어빙 배빗과 동료들이 주창했던 엘리트주의적 뉴 휴머니즘과는 전혀 다른 것이다. 로이의 선언문은 프로타고라스의 말을 전면에 내세웠다. "인간은 다시 만물의 척도가 되어야 한다."[10]

인도의 다른 휴머니스트들은 전쟁 후 새로운 작업을 시작하는 데 앞장섰다. 세계 곳곳의 여러 휴머니즘 단체를 지원하고 조율하기 위한 통합된 기구를 설립하려는 시도였다. 핵심 발기인은 네덜란드 출신으로 1946년 네덜란드 휴머니스트연맹을 공동 창설한 야프 판 프라흐였다. 유대인이었던 프라흐는 나치 점령 동안 은신처에 머무르며 목숨을 부지했다. 휴머니즘적 가치를 널리 알린다는 것은 그런 일이 다시 일어날 가능성을 줄이는 한 가지 방법이었다. 프라흐를 비롯한 휴머니스트들이 1952년 암스테르담에서 연 회의에는 지구 방방곡곡에서 온 200여명의 대표자들이 모였다. 오래 지속될 기구를 설립하는 것이 이들의 목표였고 이런 기구에 어울리는 새로운 선언문이 필요했음은 물론이다.

인간이 중요한 목적을 염두에 두고 모이면 응당 그렇듯 이들도 즉각 이데올로기와 어휘의 선택을 두고 치열한 논쟁을 벌였다. 한스 판 되케런이 남긴 흥미로운 기록에 따르면 연합 기구의 이름을 두고 논쟁은 시작됐다.[11] 일부 대표자들은 국제윤리협회라고 부르자고 했다. 이런 기구를 "윤리" 단체라고 부르는 습관은 일반적으로 확립됐지만 "휴머니스트"는 오귀스트 콩트의 인류교를 떠올리게 한다고 주장했다. "윤리"가 너무 밋밋하다는 이유에서 "휴머니스트"를 선호하는 사람들도 있었다. 열네 시간 동안 이어진 토론 끝에 누군가가 국제휴머니스트윤리연맹이라는 이름을 제안했다. 그래서 약어로 IHEU_{International Humanist and Ethical Union}가 되었다. 그러나 현재는 휴머니스트 인터내셔널_{Humanists International}로 바뀌었다. 연맹은 그 이후에도 계속된 사상 논쟁을 극복하고 계속 성장했으며, 다양한 국가별 과제와 투쟁 목표를 가진 세계 휴머니스트들의 중심으로 남아 있다.

암스테르담 선언으로 알려진 1952년 선언문 역시 오래 살아남았지만 그 형태는 진화했다. 새로운 생각을 더하거나 오래된 생각이 덜 두드러지도록 하는 등 여러 번의 업데이트를 거쳤다. 가장 최근 버전인 휴머니스트 인터내셔널의 2022년 선언은 여러 가지 면에서, 무엇보다 윤리 중심의 휴머니즘을 강조한다는 점에서 1952년 선언을 계승하고 있다.[12] 두 버전 모두 개인의 성취와 발전의 중요성뿐만 아니라 사회적 책임과 연결을 이야기한다. 둘 다 인간적 가치를 바탕으로 한 자유로운 과학적 탐구를 문제의 해결책을 찾기 위한 가장 좋은 방법이라고 여긴다. 새 버전은 구버전과 같은 맥락에서 휴머니스트가 "합리적으로 사고하려고 애쓰지만" 예술 활동, 그리고 "창조적이고 윤리적인 삶"도 중요하다고 말한다. 두 선언 모두 현대 휴머니즘의 이면에 있는 길고 감동적인 전통을 일깨우고 미래에 대해서 신중한 낙관론을 드러낸다. 2022년 선언문은 이렇게 요약하고 있다. "우리는 평화와 인류 번영을 위해 자유로운 탐구와 과학, 공감 능력과 상상력을 바탕으로 인류가 직면한 문제를 해결할 능력이 있다고 자신한다."

그러나 2022년 선언문은 1952년 선언문에 없었던 새로운 요소를 포함함으로써 더욱 확장되었다. 먼저 현대 휴머니즘의 자양분이 되는 휴머니즘 전통의 범위가 매우 넓다는 점을 강조한다. "휴머니즘 사상과 가치는 문명만큼 오래됐고 전 세계 대부분의 공동체에 그 역사가 있다." 그리고 휴머니스트는 "온갖 다양성과 개성을 가진 인류의 번영과 우애"를 희망하는 사람이다. 그러므로 "모든 형태의 인종주의를 거부하고 거기서 나오는 편견과 불의를 거부한다." 2022년 선언문은 예술과 문학, 음악에 삶을 향상하는 효과가 있다는 점을 알린다는 데서 기존 선언문을 따르지만 육체 활동에서 얻을 수 있는 "동지애와 성취감"도 언급한다. 또한 지구의 다른 생명체들, 즉 "모든 지각 있는 존재"와 나아가 미래 세대의 인간과의 관계, 그들에 대한 책임도 더 폭넓게 인정한다. 마지막으로 종결부에는 겸손한 태도를 강조하는 문구를 추가했다. "우리는 누구도 전지적이지 않고 누구든 오류를 범할 수 있음을 인정하며 세계와 인류에 대한 지식은 오직 관찰과 학습, 그리고 반복되는 고민이라는 지속적인 과정을 통해 얻을 수 있다고 생각한다. 그러므로 검증을 회피하는 것도, 우리의 시각을 모든 인류가 강요하는 것도 우리가 추구하는 바가 아니다. 오히려 더 나은 세상을 만든다는 대의를 위해 틀에 갇히지 않은 사상의 표현과 교류를 보장하는 데 힘쓸 것이며 우리와 가치관을 공유하지만 믿음 체계가 다른 사람들과 협력하고자 한다." (2022년 선언문 전문은 561쪽 참조.)

선언문의 진화는 휴머니스트를 보는 시각의 변화, 그리고 세상 속의 더 폭넓은 변화도 반영한다. 차이를 더 섬세하게 다루고 더 존중하고 있으며 인류에 대해 말할 때는 우쭐거리지 않는다. 이처럼 세밀한 결을 더하기 위해 선언문은 더 길어졌다. 그래도 나는 새 선언문에 담긴 어조가 좋다. 겸손하고 포용적인 요소들이 더 오래된 요소들과 나란히 놓인 것이 좋다. 앞선 버전과 마찬가지로 2022년 선언문에서도 휴머니즘은 윤리와 가치의 영역, 서로를 돌보고 동료 생명체를 돌볼 인간의 의무에 굳게 뿌리내리고 있다고 말한다. 모든 버전이 바로 이런 생각을 중시하고 있고 중요하지 않다는 것은 아니지만 신앙이나 무신앙, 심지어 이성보다 더 강조한다. 종교에 대한 의심보다는 성취, 자유, 창의력, 의무 등의 더 폭넓은 인간적 문제를 초점으로 삼는다. 휴머니즘이 독실한 종교인들에 대한 트집 잡기가 아니라는 사실을 분명히 하는 것이다. 트집 잡기는 여러 사람을 소외시킬 수 있을뿐더러 어쨌거나 이 땅에서 주어진 시간을 가장 신나게 보내는 방식은 아니다. (반면 자신의 신앙을 타인에게 강요하는 권력자들을 트집 잡는 일은 아주 보람 있을 것 같다.) 선언문은 좀 더 깊은 것, 즉 기쁨을 주는 긍정적인 인간적 가치들을 주창하고 있다.

미국 휴머니스트협회American Humanist Association(1941년 설립된 단체이며 약어가 '아하AHA'임을 자랑스럽게 여긴다)의 2003년 선언문도 마찬가지다. 이성뿐만 아니라 자비를 지침으로 삼아 삶을 "잘 살고 충만하게 사는" 것에 관해 이야기한다.

> 우리는 가능한 한 최대한의 자기실현을 목표로 삼고 깊은 목적의식으로 삶을 채우며 인간 존재의 기쁨과 아름다움, 어려움과 비극, 심지어 불가피하고 최종적인 죽음 속에서 경이로움을 느낀다.[13]

휴머니스트 단체들은 좀 더 긍정적이고 접근이 쉬운 단체가 되려고 노력하면서 더 많은 공동체와의 연결을 추구하기도 한다. 불신이 크거나 휴머니즘을 싫어하는 공동체도 여기 포함된다. 이런 공동체는 종교 조직이나 신앙을 중심으로 삼은 경우가 많고 구성원들은 이를 통해 사회적 정체성을 얻고 의미를 공유한다. 휴머니즘이 반종교적이라고 생각하는 사람들은 휴머니즘이 특정한 신앙의 타당성뿐만 아니라 그 신앙이 부여하는 의미와 정체성 전체를 거부한다고 여긴다. 미국의 흑인 휴머니스트 데비 고다드 역시 대학생 시절 무신론자임을 공개 선언한 뒤 이런 시각을 마주했다. "제일 친하던 흑인 친구들이 휴머니즘과 무신론이 유럽 중심적인 해로운 이데올로기라면서 내가 무신론자인 것이 흑인들에 대한 배신인 것처럼 말했다."[14] 무신론이 "흑인 정체성과 흑인 역사"를 위협한다는 생각이었다. 고다드는 두 가지 목표를 세우고 노력하기로 했다. "흑인 공동체 안의 휴머니즘을 늘리고 휴머니즘 공동체 안의 유색인을 늘리는 일"이었다.[15]

고다드가 현재 회장으로 있는 미국 흑인 휴머니즘협회African Americans for Humanism, AAH와 같은 오늘날의 휴머니스트 단체들은 흑인의 시각을 비롯해서 낯선 시각들이 어떻게 휴머니스트 세상을 더 알차고 풍요롭게 하는지 강조하려고 애써왔다. 단절된 시각, 부수적인 시각, 혹은 주의를 빼앗는 시각으로 취급받지 않도록 노력했다. 흑인의 시각을 수용함으로써 휴머니스트는 흑인 공동체 내에서 "유프락소피eupraxophy", 즉 "생활 속에서 추구하는 앎과 도덕성"을 증진할 수 있다고 AAH의 2001년 선언문은 말하고 있다.[16] 미국 내 유색 휴머니스트 단체는 AAH 말고도 더 있다. 흑인 휴머니스트연합과 라틴계 휴머니스트연합도 있으며 모두 미국 휴머니스트협회 소속이다. 영국에서는 흑인 휴머니스트협회가 휴머니스트UK에 소속되어 있다.[17]

LGBTQ+ 휴머니스트를 위한 단체도 더 큰 휴머니스트협회에 소속되어 있다. 영국의 LGBT 휴머니스트는 1977년에 있었던 특별한 사건을 계기로 설립되었다. 간행물 《게이 뉴스Gay News》가 제임스 커컵의 시 「감히 그 이름을 말하는 사랑The Love That Dares to Speak Its Name」을 싣자 기독교 근본주의자들이 해묵은 신성모독법을 소생시켜 고발한 사건이다.

 시의 내용은 일부 기독교인들에게 충격적이었을 만하다.[18] 로마의 백부장이 십자가에 못 박힌 예수님의 몸에 입을 맞추고 쓰다듬는 내용으로 성적이면서도 다정하게 묘사되어 있다. 이 시는 메리 화이트하우스의 벨로키랍토르* 같은 눈에 띄었다. 백인 보수 운동가였던 메리는 늘 싸울 거리를 찾아다녔다. 척 베리의 노래 「마이 딩얼링My Ding-a-Ling」을 BBC 금지곡으로 지정하기 위해 애썼지만 실패하기도 했다. (순수한 마음으로 《게이 뉴스》를 뒤적이다) 커컵의 시를 본 화이트하우스는 시인이 아닌 《게이 뉴스》와 그 편집장 데니스 레몬을 신성모독으로 고발해 형사 소송을 받게 하려고 애썼다.

 7월 4일 올드 베일리**에서 열린 재판은 이목을 끌었다. 1960년에 있었던 『채털리 부인의 연인』 재판만큼은 아니었지만 비슷했다. 영국에서 56년 만에 열리는 신성모독 재판이기도 했다. 1921년에 열린 재판의 피고인은 브래드퍼드의 바지 판매상이자 자유사상가 존 W. 고트였다. 그가 쓴 『신과 고트God and Gott』라는 책이 문

---

* 빠르고 영리하며 단검 같은 이빨을 가진 가장 무서운 육식 공룡 중 하나.
** 런던의 중앙형사재판소.

제였다. 고트는 건강 상태가 나빴지만 9개월간의 중노동에 처해졌다. 그 이후로 법은 사문화되었으나 공식적으로 폐지되지는 않았다.[19]

레몬과 《게이 뉴스》의 변호는 매우 잘 알려진 자유주의 변호사 존 모티머와 제프리 로버트슨이 맡았다. 검찰 측을 이끈 존 스미스는 재판의 시작과 함께 이 시로 인해 기독교 신앙을 가진 사람들이 느낀 불쾌감을 극적으로 서술했다. 그는 재판이 끝난 뒤에는 거의 언론에 모습을 드러내지 않았지만 2017년 기독교 여름캠프에 참가한 소년들을 난폭하게 학대했다는 의혹이 불거진 뒤 영국을 떠나야 했다.[20]

재판에서는 당연히 문학적 가치가 쟁점이 되어야 했다. 커컵은 왕립문학회의 회원이었고 대학 강사였기 때문에 자격은 충분했고 몇몇 저명한 작가들이 시의 문학성에 대해 증언하겠다고 나섰다. (시인 자신은 이 재판에 관여하지 않았는데 예술이 어떤 방식으로든 정치적으로 이용되는 것을 원치 않았기 때문이라고 이후 말했다.[21]) 그러나 문학성에 대한 증언은 필요가 없었다.[22] 판사 앨런 킹 해밀턴이 관련성이 없다고 판단했기 때문이다. 판사는 재판의 최종 발언을 하면서 배심원단을 향해 이런 말을 하기도 했다. "허용 기준이 너무 낮다고 생각하는 사람들도 있습니다. 반면 출판물에 어떤 제약도 가해서는 안 된다고 생각하는 사람들도 있습니다. 그들이 옳다면 이다음에는 어떤 입에 담지 못할 불경한 내용이 실릴지 모르는 일입니다." 최종 발언을 하는 동안 "어떤 초인적인 영감에 이끌린다는 느낌이 어렴풋이 있었다"라고 나중에 밝히기도 했다.[23]

7월 11일 배심원단은 10 대 2로 유죄를 선고했다. 두 피고인 모두 벌금형을 받았고 레몬은 징역 9개월의 집행유예도 선고받았다.

이 재판으로 인해 잉글랜드 성공회 신자들의 얼굴을 붉히는 일은 형사 처벌 대상이 되었다고 훗날 모티머는 말했다.[24] 오직 잉글랜드 성공회 신자들에 한해서였다. 영국의 신성모독법은 다른 종교는 보호하지 않았다. 이는 1988년 영국 무슬림행동전선이 살만 루슈디의 『악마의 시』 출판사를 상대로 이 법을 적용하려고 했을 때 알려진 사실이다.

어쨌든 엄청난 관심을 끈 재판이었던 데다 BBC에서 재판 기록을 바탕으로 다큐멘터리 드라마를 만든 덕분에 《게이 뉴스》 사건은 LGBTQ+의 권리와 휴머니즘 의제를 돋보이게 만드는 결과를 낳았다.[25] 화이트하우스는 "게이 휴머니스트 단체가 압력을 행사했다"라는 의혹을 제기하며 시끄럽게 굴었지만 그런 것은 존재하지 않았다. 그래서 게이 휴머니스트들은 단체를 만들기로 했다.[26] 1979년 게이 휴머니스트 그룹 Gay Humanist Group이 만들어졌고 이후 LGBT 휴머니스트로 단체명을 바꾸었다. 창립 계기를 기념하기 위해 모토는 "마리아(메리)의 자녀들"로 정했다.[27]

* * *

신성모독법을 폐지하기 위한 투쟁은 여전히 휴머니즘 단체들의 핵심 활동에 속한다. 일부 지역에서는 이미 승리했거나 거의 승리한 것처럼 보인다. 영국의 잉글랜드와 웨일스에서는 2008년부터,

스코틀랜드에서는 2021년부터 신성모독이 죄가 되지 않았다. 이 책을 집필 중인 현재 북아일랜드에서는 여전히 불법이다. 미국에서는 수정헌법 제1조가 언어와 종교의 자유를 보장하고 있는 덕분에 그런 식의 연방 법은 애초에 존재하지 않았지만 몇 군데의 개별 주법에는 존재한다.[28] 가장 최근에 있었던 유죄 판결은 거의 한 세기 전인 1928년이었다. 아칸소주 리틀록에서 찰스 리 스미스는 "진화론은 진실이며 성경은 거짓이다. 신은 유령이다"라고 적힌 팻말을 걸었다가 징역을 살았다. 두 번째 재판까지는 직접 변론도 펼칠 수 없었는데 무신론자로 알려진 까닭에 성경에 손을 얹고 진실만을 말할 것을 서약하는 것이 허용되지 않았기 때문이다.

신성모독법이 존재하는 나라는 많다. (영국의 식민통치법이 그대로 남은 경우도 있다.) 7개국에서는 심지어 사형을 구형할 정도다. 2015년에는 국제 "신성모독법 폐지" 운동이 시작되었고[29] 미국의 탐구센터Center for Inquiry에서도 "비종교인 구조" 프로그램을[30] 만들었다. 통제가 심한 정권이나 종교를 빠져나오려는 사람들의 망명이나 이민 신청을 돕거나 법적 지원, 장학금 등을 제공한다. "무신론자들을 위한 지하 철도*"라고 설명하는 사람도 있다. 내가 이 책을 쓰는 동안 미국의 휴머니스트들은 미국 내에서 여러 새로운 난관을 마주했다. 특히 확고히 자리 잡았다고 여겨졌던 임신 중단권이 보수적 종교관에 깊이 뿌리내린 믿음에 의해 사라지고 있다.

● 지하 철도는 미국 내 노예제 폐지 이전 북부로 탈주하려는 노예들을 도왔던 비밀 조직이다.

그러나 이런 활동은 가장 극단적인 경우에 속하고 휴머니스트 단체들은 여러 국가에서 좀 더 온건한 의제를 관철하기 위해 바쁘게 일하고 있다.[31] 학교에서 종교를 다룰 때 좀 더 포용적이고 휴머니즘에 친화적인 방법으로 다루도록 돕는다거나 비종교적인 결혼식과 장례식의 동등한 인정, 말기 환자의 조력 존엄사 등을 위해 노력한다.

휴머니스트UK가 벌이는 투쟁 중에는 영국에만 해당하는 특수한 활동이 있는데 성공회 성직자들에게 주어지는 기이한 정치적 특권에 반대하는 투쟁이다. 국왕을 "신앙의 수호자"로 칭하는 전통이 유구한 나라이므로 그다지 놀랍지는 않지만 영국 국회의 상원에는 잉글랜드 성공회 주교 26명이 포함되어 있다.[32] 한 줌도 안 되는 다른 신정 국가들과 마찬가지로 영국에서도 사제들이 자동으로 국가의 통치에 관여할 수 있다. 상원과 하원에서는 모두 기도와 함께 일과를 시작하고 상원에서는 선임 주교가, 하원에서는 특별히 임명된 의장실 소속 사목자가 대표로 기도한다. 참여가 의무는 아니지만 붐비는 날에는 기도 시간에 자리를 예약하는 것이 좋다. 예약하지 않으면 서서 기도해야 할 수도 있다.[33]

다행히 의원들은 더 이상 특정 종교와 결부된 선서를 하지 않아도 된다. 의원이자 국립비종교인 설립자 찰스 브래들로가 1888년 비종교인 선서를 선택할 수 있게 만든 덕분이다.[34] 1880년 의원에 당선된 브래들로는 처음에는 기존 방식의 선서를 거부했고 의원직을 수행할 수 없었다. 신앙이 없는 사람은 법정에서 진실만을 말하지 않을 뿐 아니라 정직하게 정치를 하거나 나라를 위해 옳은 일을 하지도 않을 것이라는 진부한 논리에 가로막혔다. 이는 역설적인 결과를 낳았다. 제대로 된 신앙이 없는 사람의 경우 거짓으로라도 선서를 해야 신뢰성을 입증할 수 있었던 것이다. 브래들로 역시 어쨌든 종교인을 위한 선서를 하겠다고 제안했다. 그러나 종교를 믿지 않는다고 인정한 만큼 이제는 그렇게 할 수도 없다는 말이 돌아왔다. 브래들로는 의회에 입장하려고 할 때마다 쫓겨났다. 빅벤 아래 작은 감방에 수감된 적도 있었고 보안 요원들에게 붙잡혀 강제로 건물 밖으로 쫓겨난 적도 있었다. 그렇다고 쉽게 쫓겨나지는 않았는데 브래들로는 (로버트 잉거솔처럼) 체구가 만만치 않았기 때문이다. 친구 조지 윌리엄 푸트는 쫓겨난 브래들로의 모습을 이렇게 묘사했다. "기백이 넘치는 우람한 덩치는 숨을 몰아쉬며 우뚝 서 있었고 얼굴은 화강암으로 조각한 듯했으며 두 눈은 바로 앞의 정문을 쏘아보고 있었다. 그때만큼 친구가 대단해 보인 적이 없었다. 위대하고 숭고했다." 브래들로의 자리는 공식적으로 비어 있었기 때문에 보궐 선거가 치러졌지만 계속해서 브래들로가 출마했고 당선됐다. 결국 1886년에 종교인을 위한 기존 방식의 선서를 하고 의원 활동을 시작하는 것이 허용되었다. 그러나 의회에 들어간 후 얼마 지나지 않아 비종교인을 위한 선서도 인정받을 수 있도록 법안을 마련했고 법안은 통과, 제정되었다.

　　미국도 정치와 종교가 얽혀 있지만 방식은 좀 다르다. 영국과 달리 미국은 공식적으로는 세속 국가지만 종교를 (공개적으로) 거부하는 후보가 고위직에 오르기는 불가능하다는 강력한 전제가 널리 퍼져 있다. 하지만 미국 정치의 기반이 된 오래전의 생각은

그림 68 1881년 선서를 거부한 찰스 브래들로가 경찰에 붙잡히는 모습. 그리고 1888년 선서 법안이 통과되어 기뻐하는 모습. 석판 인쇄.

달랐다. 원래 교회와 국가를 분리한다는 원칙에 바탕을 두었고, 국가를 세운 사람들부터 종교에 회의적이거나 자연신론, 혹은 다원론적인 생각을 가진 사람들이었다. 가령 토머스 제퍼슨은 모호함을 없앤 성경을 만들기 전에도 『버지니아주에 대한 단상』에 이렇게 썼다. "내 이웃이 아무리 많은 신을 섬기든 말든 나에게는 어떤 해도 끼치지 않는다. 내 주머니를 털거나 다리를 부러뜨리지 않는다."[35] 미국의 공공 영역에서 가장 눈에 띄는 종교적 요소들은 1950년대가 되어서야 등장했다. "하느님 아래under God"라는 표현은 1954년에 충성 맹세*에 추가되었다.[36] 그 이전에도 "우리가 믿는 하느님 안에서In God We Trust"라는 문구는 동전 등에서 쓰였지만

1956년에 법이 제정된 뒤 1957년부터 지폐에 찍히기 시작했다.³⁷ 또 1956년에는 의회의 표어였던 "여럿에서 하나로ᴱ ᵖˡᵘʳⁱᵇᵘˢ ᵘⁿᵘᵐ"를 대체했다.

아무리 신앙심이 깊었던 전후 시대라도 세속적 원칙을 따르는 미국에서는 이론적으로 아이들에게 종교 수업을 강요할 수는 없었다. 그러나 실제로 이는 종종 무시되었다. 결연한 의지로 묵묵히 일했던 활동가 바시티 매콜럼은 1948년 아들의 학교를 고소했다. 아들이 종교 수업을 거부하는 것이 실질적으로 불가능한 상황을 만들었다는 주장이었다. 연거푸 패소했지만 결국 대법원에서 승소했다.³⁸ 승소하기까지 매콜럼과 식구들은 상당히 난폭한 위협을 받았다. 사람들이 매콜럼의 집 밖에 쓰레기를 던졌는데, 그중에는 뿌리에 흙이 묻은 통양배추도 있었다.³⁹ 집과 차의 유리창에 "무신론자ᴬᵀᴴᴵˢᵀ"라고 틀린 철자로 갈겨쓰기도 했다.⁴⁰ 편지도 속속 도착했다. "당신의 썩은 영혼이 지옥에서 구워지기를."⁴¹ 회개할 수 있게 돕겠다며 매콜럼가의 문을 두드린 여성에게 이런 편지를 보여주자 그 여성은 결코 기독교인이 쓴 편지가 아닐 것이라고 했다. 매콜럼은 이렇게 대답했다. "어쨌든 무신론자가 쓴 게 아니라는 건 분명하잖아요."⁴²

1955년 영국의 교육심리학자 마거릿 나이트는 자녀들에게 기독교에 편향되지 않은 도덕 교육을 시키려는 부모들을 대상으로 BBC 라디오 방송 두 편을 제작했다. BBC 내부의 반대도 극복

- 우리나라의 국기에 대한 맹세와 비슷한 낭송문이다.

그림 69 바시티 매콜럼.

해야 했고[43] 방송이 나간 뒤에는 언론이 앞다투어 그를 비판했다. 《선데이 그래픽Sunday Graphic》은 나이트의 사진을 싣고 이렇게 썼다. "겉보기에는 전형적인 주부 같아 보인다. 차분하고 여유로우며 무해해 보인다. 그러나 나이트 부인은 위험한 인물이다."[44] 회고록에서 나이트는 어린 시절 종교에 대한 회의적인 감정을 억누르다가 버트런드 러셀을 읽게 되었다고 말한다. 덕분에 그런 감정을 말하고 느끼는 것이 **가능하다**는 사실을 깨달았다.[45] 그래서 라디오 시리즈를 통해서 부모와 자녀들에게 비슷한 인식을 갖게 하고 신앙과 회의감에 대해 열린 마음으로 대화할 수 있도록 돕고 싶었다고 말한다. 오늘날에도 휴머니스트 단체들은 이와 같은 인식을 높이는 활동을 이어가고 있다. 비종교적인 관점이 널리 퍼진 사회에 살고 있더라도 가정에서 깊이 뿌리박힌 신앙에 대한 회의감을 인정하는 일은 어렵게 느껴질 수 있다. 휴머니스트 단체들은 넓은 관용, 나아가 위로의 정신을 펼쳐 설령 내 종교에 회의를 느낀다고 해도 혼자가 아니며 순전히 인간 중심의 도덕성을 추구하며 살아가는 것도 유효하다는 사실을 일깨워 주고자 한다.

이런 이유에서 영국과 미국 단체들은 2008년과 2009년 게시판과 버스 옆면에 광고물을 부착하는 홍보전을 펼쳤다. 미국 휴머니스트협회의 메시지는 이러했다. "신을 믿지 않나요? 혼자가 아니에요." 이런 광고도 있었다. "왜 신을 믿으세요? 그냥 선을 위한 선을 행하세요." 영국에서는 이 책의 첫 장에서 만나본 아리안 셰린이 운동을 주도했다.[46] "신은 아마도 없을 겁니다. 그러니 걱정하지 말고 삶을 즐기세요." 다들 이런 생각을 환영하지는 않았다. 영국 휴머니스트협회에는 뻔한 불만을 담은 종교인들의 편지뿐만 아니라 "아마도"라는 표현이 비겁하다고 생각하는 열혈 무신론자의 편지도 도착했다. 급진적 불가지론자들은 "아마도"라고 했지만 여전히 신의 부재에 대한 지나친 확신이 담겼다고 불편해했다. 언제나 모든 사람을 만족시킬 수 없다는 사실이 다시금 확인됐다. 이 또한 좋은 휴머니즘 원칙이다.

이런 운동에서는 언제나 긍정적인 분위기를 유지하는 것이 가장 우선시됐다. 걱정하지 말고 남들처럼 그저 바르게 살면서 인생을 즐기라는 메시지였다. 광고물의 목적은 공격이 아니었다. 아마도 어떤 의미에서 이미 휴머니스트지만 자각하지 못하고 있을 사람들과 소통하려는 시도였다.

한편 종교적 관습과 공동체는 여전히 많은 사람에게 기쁨과 동료애, 성취감을 주고 있다. 휴머니스트라면 사람들이 삶에서 다

그림 70 "신은 아마도 없을 겁니다"라는 내용의 광고가 부착된 런던 버스와 이 운동을 제안하고 조직한 아리안 셰린.

양한 형태로 그런 (매우 휴머니즘적인) 만족을 누리는 것을 막을 이유가 없다. 실제로 휴머니스트 대부분이 그렇게 생각한다. 그래서 주로 종교로 인해 괴로움이나 두려움을 느낀 사람들을 돕는 데 집중한다. 인간 중심적 사상이 열어놓은 기회들을 홍보하고 비종교인들의 필요에 부응하는 더 나은 법과 정치 구조를 만들고자 애쓴다.

휴머니즘은 결코 인간의 풍요로운 삶에서 그 어떤 것도 빼앗아 가서는 안 된다. 다만 더 많은 풍요를 가능하게 만들어야 한다. 나는 이런 점에서 조라 닐 허스턴의 생각에 동의한다. 유물론적 삶에 대한 데모크리토스의 생각을 담은 허스턴의 글은 앞서 첫 장에서 만나보았다. 아래는 그다음 내용이다.

나는 말로도 행동으로도 결코 타인에게서 그것이 주는 위로를 빼앗고자 시도하지 않을 것이다. 단지 나에게 필요치 않을 뿐이다. 황홀경에 빠져 대천사를 바라보는 일은 양보할 수 있다. 나로서는 깊은 안개 속 새벽으로부터 불거져 나온 노란 아침 한 올의 기쁨이면 충분하다.[47]

나의 경우 웅장하고 복잡한 우주를 상상하는 데서 활홀감과 기쁨을 느낀다. 우주에 대한 우리의 지식은 점점 늘어나고 있다. 과학이 알려주는 사실들은 숭고하다고밖에 표현할 수 없다. 우리가 사는 우주에는 약 1250억 개의 은하계가 있고, 우리 은하계에만 약 1000억 개의 별이 있으며, 그중에서 우리의 별은 우리 행성을 비추고, 우리가 사는 행성을 8700만 종의 다양한 생물로 가득 채우는데, 이 생물 중 단 하나의 종이 이를 연구하고 경이로움을 느낄 수 있다는 사실이 그렇다. 우리 역시 경이로운 존재라는 의미기도 하다. 1.3킬로 정도 나가는 말랑말랑한 뇌 물질로 이 모든 지식을 이해하고 발전시킬 수 있는 존재, 그리고 의식, 감정, 자기반성으로 이루어진 온전한 작은 우주를 생성할 수 있는 존재가 우리다.

이 모든 사실을 알고도 많은 사람은 조공을 받거나 인간의 성관계를 감시하는 데 주된 관심이 있어 보이는 한낱 지역 신들의 존재를 굳게 믿고 있다. 무신론자들은 이런 사람들을 도무지 이해할 수 없다. 그래서 이렇게 묻는다. 왜 인간의 정신적 지형은 우리가 이때까지 우주와 그 안의 생명과 아름다움에 대해서 얻어낸 지식을 마치 투명하고 왜곡이 없는 거울처럼 반영하지 않는가?

그러나 인간의 정신적 지형은 투명하고 왜곡이 없는 거울에 비친 모습과 비슷하지도 않다. 줄리언 헉슬리는 인간을 변환 공장이라고 말한다. "잔인한 현실의 세상을 날것의 상태로 들이부으면 거기서 (…) 가치의 세상이 나온다."[48] 우리는 최대한 이성적으로 생각하고 최대한 과학적으로 폭넓게 생각하려고 애쓸 수는 있다. 그럴 수 있다면 좋겠다. 그러나 동시에 우리는 언제나 상징과 감정, 도덕, 말, 관계의 세상에 살 것이다. 세상과 관계를 맺는 비종교적인 방식과 종교적인 방식 간의 경계가 느슨해지기 쉽다는 뜻이다.

19세기 러시아의 단편 작가이자 극작가이며 의사였던 안톤 체호프는 1889년 친구에게 보내는 편지에서 알렉산드르 푸시킨의 시에 미하일 글린카가 곡을 붙여 만든 노래를 언급하며 이렇게 말한다.

순환 계통론을 아는 사람은 부유한 사람입니다. 종교의 역사를 배우고 나아가 「그 멋진 순간을 나는 기억한다」를 배울 수 있다면 그 덕분에 더 부유한 사람이 되지 더 가난한 사람이 되지 않습니다. 우리는 덧셈만 하며 살아가는 것입니다.[49]

덧셈만 하며 살아가는 것. 나는 그 기쁨이면 충분하다.

* * *

그렇다고 해서 다 괜찮다는 의미는 아니다. 초자연적인 믿음을 주장할 때가 아니라 심오한 인간적 가치가 위협을 받을 때 더 심각한 문제가 발생한다. 이 책에서 이미 다룬 위협만 해도 인간을 비롯한 생명체에 대한 잔학 행위, 특정 종류의 인간에 대한 존중의 거부, 편협한 태도를 부추기는 설교, "사치품"을 태우거나 파괴하는 행위, 사유와 글쓰기, 출판의 자유 억압 등이 있다. 1968년 영국 휴머니스트계의 원로 해럴드 J. 블래컴은 친절하게도 당대의 "적"이라고 생각한 것들을 목록으로 만들었다. 물론 평화를 말하는 사람들은 적이라는 말을 잘 쓰지 않는다는 사실을 인정하면서도 적을 알아보는 것은 아주 중요하다고 주장했다. 그가 말한 적은 다음과 같다.

> 기독교인이든 휴머니스트든 모든 혐오주의자, 파벌주의자, 교조주의자, 광신자, 위선자. 어떤 꼬리표를 달고 있든 인간을 속이고 구속하고 조종하고 세뇌하는 등 인간으로부터 독립심과 책임감을 빼앗고, 특히 어리고 경험이 부족한 사람들에게 해를 입히는 자. 휴머니즘의 대의는 가장 폭넓고 가장 모호한 언어로 말하자면 "생과 자유"며 적의 전선에는 생과 자유에 적대적인 모든 교리, 제도, 관습과 사람이 있다.[50]

나아가 오늘날에는 이런 적들이 있다. 권위주의, 근본주의, 반

자유주의를 내세우는 자, 억압적인 자, 전쟁을 부추기는 자, 여성 혐오자, 인종주의자, 동성애 혐오자, 국수주의자, 대중을 선동하고 조종하는 자. 이들 중에는 전통적인 종교 신앙을 헌신적으로 따를 뿐이라고 말하는 사람들이 있는데 그 진정성은 알 수 없다. 이런 자들은 인간의 목숨은 하찮게 여기면서 좀 더 높고 나은 것을 (항상!) 약속한다. 휴머니즘과 인간의 안녕을 해하려는 적들은 심각하게 다루어야 한다.

반면 이들은 "휴머니즘이란 무엇인가?"라는 질문에 대답할 수 있도록 도움을 준다. 개인을 아무렇지도 않게 무시하는 일들이 증가할 때 생기는 공백을 보면 답을 찾을 수 있다. 휴머니즘은 바로 그 자리에 있어야 할 어떤 것이다.

광범위한 정치적 캔버스뿐만 아니라 삶의 구체적인 영역에서도 이를 찾아볼 수 있다. 예를 들어 휴머니즘 건축이나 휴머니즘 도시 계획이란 무엇일까? 적절하고 만족스러운 인간 삶의 향유를 끊임없이 박살 내지 않는 건축이자 도시 계획이다. 휴머니즘적 공공 설계자는 사람들이 어떻게 공간을 사용하고 무엇이 사람들을 편하게 만드는지 고민한다. 숨이 턱 막히는 규모의 건물, 보기는 그럴듯하나 보행을 방해하는 장애물로 깊은 인상을 남기려고 하지 않는다. 휴머니스트 건축가는 "인간 척도"를 출발선으로 삼는 게 낫다고 생각한다. 영향력이 컸던 1914년 연구서 『휴머니즘 건축』의 저자 제프리 스콧은 우리가 건물에 관해 이야기할 때 우리의 신체 경험을 바탕으로 한다는 점을 다시 일깨워 주었다. 상체가 너무 크다거나 위로 솟구치는 느낌, 혹은 균형이 잘 잡혔다는 등의 표현은 세상 속에서 우리가 느끼는 물리적인 존재감에서 나왔다.[51] 휴머니스트 건축가는 "우리 자신과 연관이 있는 물리적 조건, 우리가 즐기는 움직임과 비슷한 움직임, 우리를 지탱해 주는 것들을 닮은 지지대, 우리가 길을 잃지도 좌절하지도 않을 환경을" 추구할 것이다.[52]

이 같은 목표는 휴머니즘적 도시 설계를 적극적으로 지지했던 위대한 미국인 제인 제이컵스의 동력이 되었다. 1958년 로버트 모지스가 워싱턴스퀘어파크를 없애고 맨해튼 남부를 관통하는 고속도로를 만들자고 제안했을 때 제이컵스가 나서서 이를 막았다.[53] 나아가 사람들이 도시 안에서 실제로 어떻게 살고 일하는지 연구하고 집필 활동도 했다. 예를 들어 도시 변두리에 커다란 공원을 만드는 것이 좋은 생각처럼 느껴질 수 있지만 사람들은 매일 일터나 가게로 가는 길에 보기 좋은 곳을 지나가길 원하지 특별히 시간을 내서 찾아가고 싶어 하지 않는다고 했다. 또한 술집이 늘어서 있거나 버릇없는 청소년들이 돌아다니는 분주한 동네 거리는 혼란스럽고 시끄럽게 느껴질 수 있지만 공터보다 더 안전한 환경일 수 있으며 무엇보다 인간관계를 형성하는 데 더 유용하다고 말했다. 제이컵스의 연구에 영향을 받은 사람 중에는 덴마크의 도시설계 전문가 얀 겔도 있다. 그는 이탈리아 거리를 몇 시간씩 배회하며 주민들이 어떻게 광장을 가로질러 걷는지, 어떻게 잠시 멈추어 기둥에 기대어 선 채로 이야기를 나누는지 지켜보며 기록했다. 지역 신문은 그가 서성이는 모습을 찍은 사진을 싣고 "'비트족'처럼 보이지만 실은 아니다"라는 설명을 붙여 게재했다.[54] 얀 겔은 여기서 배운 것들을 세상 곳곳의 현장에 적용했고 지역 주민들의 의견도 반영했다. 덴마크의 호이에 글라드삭세 주택 단지에서는 주민들과 함께 놀이터를 설계했는데 기존 건축가들은 이를 "건축 훼손 행위"라고 비난했다.[55] 그러나 겔은 건축이 인간 삶을 훼손하는 것보다는 그 반대가 낫다고 생각해온 사람이었다.

도시계획에 적용할 수 있는 원칙은 여러 다른 영역에도 적용할 수 있다. 정치는 물론이고 의술이나 예술에 적용해도 된다. 앞서 "덧셈 계산"을 이야기했던 안톤 체호프는 의사로서도 작가로서도 인간을 앞에 두는 방식으로 작업했다. 특히 체호프의 단편은 사랑이나 이별의 순간, 여행, 죽음, 따분한 날들같이 사람들의 일상에서 벌어지는 사건에 (혹은 언급되지 않고 벌어지지 않는 사건에) 깊은 관심을 갖는다는 점에서 휴머니즘적이다. 종교와 도덕을 바라보는 시각 또한 휴머니스트의 시각이었다. 독단적 교리를 좋아하지 않았고 초자연적인 믿음에 대해 회의적이었다. 체호프를 좋아했던 한 20세기 사람은 이렇게 말했다.

체호프는 우리가 무엇보다 먼저 인간이라고 말했는데 그 누구도, 심지어 톨스토이도 이런 말을 한 적은 없었습니다. 이해가 됩니까? 인간이라니! 러시아에서 누구보다 먼저 이렇게 말한 것이 체호프입니다. 주교이거나 러시아인, 가게 주인, 타타르족, 노동자이기 이전에 우리는 무엇보다 인간이라고. (…) 하느님과 그 모든 거창한 진보 사상은 일단 제쳐두자고 체호프는 말했습니다. 인간에게서

시작하자. 인간 개인에게 친절하고 관심을 보이자.[56]

사실 이 말은 소설 속 인물의 발언이다. 유대계 우크라이나인이자 그 자신 역시 위대한 휴머니스트 작가인 바실리 그로스만의 소설 『삶과 운명』에 나온다. 체호프처럼 그로스만 역시 과학자이면서 소설가였다. 첫 직업은 화학 공학자였다. 그러다 소설을 쓰기 시작했는데 처음에는 가볍고 유머러스한 내용이었다. 제2차 세계대전 중에는 언론인으로서 스탈린그라드의 전선에 파견되어 기사를 송출했다. 1950년대에는 전쟁 중 겪은 일들을 바탕으로 『삶과 운명』을 썼다. 무엇보다 어머니 예카테리나 사벨리예브나가 나치에게 학살된 사건이 영향을 끼쳤다. 『삶과 운명』은 나치 점령지에도, 소련에도 있었던 전쟁, 대량 학살, 추위, 굶주림, 배신, 인종 탄압 등 20세기의 가장 끔찍한 사건들 속으로 독자를 밀어 넣는다. 그야말로 엄청난 규모의 인간 슬픔과 고통을 그려낸 것이다. 우리를 견디기 힘든 곳으로, 나치의 가스실과 죽음의 순간 한가운데로 데리고 들어간다. 그러나 이 와중에도 그로스만의 서사에는 휴머니즘적 감성이 스며들어 있다. 관념이나 이상이 아닌 개인을 중심에 놓고 있는 것이다.

그로스만은 여러 다른 의미에서도 휴머니스트였다. 종교 기관을 좋아하지 않았는데 호의와 동료애로 기우는 자연스러운 인간적 경향을 권장하기보다 방해한다고 생각했기 때문이다. 그로스만은 이 두 가지만이 의미 있다고 생각했다. 『삶과 운명』의 또 다른 등장인물은 이렇게 말한다. "이 호의, 바보 같은 호의가 인간의 진정으로 인간적인 면입니다. 이것이 인간을 인간이게 하고 인간 영혼의 가장 큰 성취입니다. 이것은 말합니다. 아니라고, 삶은 악하지 않다고!"[57]

공산주의 정권에서 전통적 종교의 이데올로기에 대해 비판하는 것은 괜찮았지만 국가에 대한 비판은 그렇지 않았다. 그로스만은 소련이 인정하지 않고 있었던 소련 내부의 반유대주의 경향을 폭로함으로써 특히 미움을 샀다.『삶과 운명』을 시작했을 당시 스탈린이 살아있었고 출판이 허용될 가능성은 낮아 보였다. 그러나 1953년 스탈린이 죽고 뒤를 이은 니키타 흐루쇼프는 문화적 "해빙"을 약속했다. 그래서『삶과 운명』집필을 마친 1960년

그림 71 바실리 그로스만. 1960년 사진. 런던 푸시킨 하우스의 러시아문학연구소 소장.

에 그로스만은 원고를 출판사로 보내볼 만하다고 생각했다. 친구들은 그가 너무 긍정적이라고 했고, 그들이 옳았다. 원고를 보낸 직후 KGB가 찾아왔다. 집을 수색했고 원고의 다른 사본들, 초안과 노트까지 압수했다. 카본 전사지와 타자기 리본도 압수했다. 유령처럼 흐릿하게 찍힌 낱말들까지 깡그리 없앨 기세였다. 작품은 이제 지구상에서 영영 사라져 버린 것 같았다.[58]

그러나 KGB가 몰랐던 사실이 있었다. 그로스만은 미리 두 개의 사본을 서로 다른 친구에게 보내놓은 것이다. 두 친구는 원고를 숨긴 채 기다렸다. 그동안 그로스만은 다른 책을 썼다. 노동수용소에서 30년 수감 생활을 끝내고 나온 남자의 혼란스러운 감정에 대한 미완성 소설, 그리고 아르메니아를 여행하며 보고 겪은 일을 담은 아름다운 글도 썼다. 이 무렵 그로스만은 위암으로 투병 생활을 하고 있었다. 1964년 사망할 당시에도 『삶과 운명』의 출판은 불가능해 보였다.

그 후 10년이 넘는 시간이 훌쩍 흘렀다. 그러다 1975년에 한 친구가 다른 이들의 도움을 받아 원고의 마이크로필름을 국외로 몰래 빼내는 데 성공했다. 필름은 판독이 쉽지 않았지만 사본이 만들어졌고 1980년에는 스위스의 한 출판사에서 원고의 일부분이 출간되었다. 5년 후 좀 더 완전한 판본의 영어 번역이 출간되었다. 그 즉시 20세기를 대표하는 걸작이라는 칭송을 받았다. 톨스토이의 『전쟁과 평화』나 체호프의 연작들과 비견될 만하다고 했다.[59] 원고 자체에 얽힌 사연도 매력을 더했다. 불리한 상황을 극복하고 살아남은 이야기였기 때문이다. 과거 수많은 휴머니스트의 작품과 마찬가지로 기지, 은닉, 구조 작전, 다량의 사본 덕분에 살아남을 수 있었다. 페트라르카와 보카치오, 그리고 휴머니즘 초기 인쇄업자들이 잘 알고 있었듯 책을 살리기 위해서는 다량의 사본을 만드는 것이 가장 효과적이다.

오늘날에는 물론 『삶과 운명』의 인쇄본이 아주 많다. 누군가 "휴머니즘은 무엇인가요?"라고 묻는다면, 그리고 좀 더 직접적인 대답이 떠오르지 않는다면, 서점으로 가서 이 책을 사주는 것이 꽤 좋은 답변이 될 것이다.

* * *

그로스만은 『삶과 운명』에서 누군가가 죽을 때마다 그 사람의 의식 속에 구축된 세상 전체도 죽는다고 말한다. "밤하늘에서는 별이 사라졌다. 은하수는 지워졌고 태양은 어두워졌다. (…) 꽃은 빛깔과 향기를 잃었다. 빵은 사라졌다. 물도 사라졌다."[60] 책에는 이런 말도 있다. 인간은 언젠가 인간과 비슷한 경험을 할 수 있는 기계를 발명할지도 모른다. 그런데 그러려면 거대한 기계여야 할 것이다. 가장 "평범하고 특별할 것 없는 인간"이라도 그의 의식 공간은 엄청나게 방대하기 때문이다.

그리고 그는 덧붙인다. "파시즘은 인간 수천만 명을 죽였다."[61]

두 가지 사실을 나란히 놓고 사유하는 것은 거의 불가능에 가깝다. 우리 의식이 아무리 굉장한 능력을 갖췄어도 그렇다. 그러나 기계 정신은 언젠가 인간처럼 진지하고 심오한 사유 능력을 갖출 수 있을까? 사건에 대해 도덕적인 판단을 내리거나 인간에 견줄 창의력과 상상력을 발휘할 수 있을까? 이런 질문이 좀 더 시급한 질문을 가린다고 생각하는 사람도 있다. 기계와의 밀접한 관계가 **우리**에게 끼칠 영향을 들여다보아야 한다는 것이다. 컴퓨터 기술 개발의 선구자이기도 한 재런 러니어는 『당신은 기기가 아니다You Are Not a Gadget』에서 인간이 점점 더 알고리즘적 존재, 수치화할 수 있는 존재가 되어가고 있는데 컴퓨터가 더 쉽게 다룰 수 있도록 인간 스스로 이를 허용하고 있기 때문이라고 설명한다. 예를 들어 교육 영역에서는 수치로 측정할 수 없는 인간성의 성장이 아닌 체크 박스에 관심이 많다. 존 스튜어트 밀이 말했던 성년이 되는 순간의 "살아있는" 느낌, "인간"이 되어가는 느낌이나 아널드의 감미로운 빛, 훔볼트가 말한 "말할 수 없이 기쁜" 지적 발견의 순간은 별 다섯 개로 소비자 만족을 측정하는 체계로 대체된다. 러니어는 이렇게 말한다. "인간은 정보 기술을 좋아 보이게 하려고 인간의 기준을 낮추는 무한한 능력을 되풀이해서 보여주고 있다."[62]

이런 자기 비하적인 생각에서 논리적으로 도출되는 결론이 어떤 것인지 보려면 놀랍게도 한 세기를 거슬러 올라가 조지 엘리엇을 찾으면 된다. 공상과학 소설가로 여겨지지 않지만 (비관론자로 여겨지지도 않는다) 엘리엇은 1879년에 출간된 마지막 소설 『테오프라스토스 서치의 인상』에서 끔찍하게 비관적인 공상과학 장면을 상상해 냈다. 「후대 인류의 그림자」라는 장에서 한 인물은 미래의 기계들이 재생산하는 법을 배우리라 추정한다. 그렇게 되면 인간의 지능을 곁에 둘 필요가 없음을 깨달을 수도 있다. "말을 타고 질주하는 기수의 안장에 거꾸로 매달린 닭처럼 의미 없이 꺅꺅대는 의식이라는 헛된 짐을 달고 다니지 않기에" 더 강력해질 수 있을 것이다. 거기가 인류의 끝이다.[63]

어쩔 수 있겠는가. 요즘에는 인공지능의 반란이나 환경 파괴, 혹은 그 밖의 실수로 인해 인류가 멸망한다면 세상이 더 나아질 수 있다고 생각하는 사람들도 있다. 우리의 영향력은 좋지만은 않다. 지구의 기후와 생태계를 망치고 있으며 인간의 농업과 축산에 동물들이 멸종된다. 인간은 인간을 더 많이 생산하는 데 모든 자원을 쏟는다. 인간의 위성마저도 밤하늘에 마치 발진처럼 우수수 돋아 있다. 우리가 얼마나 큰 영향을 끼치는지 지질학자들은 이 시대를 공식적으로 인류세라고 칭하는 문제를 논의하고 있다.[64] 이 인류세는 퇴적물로, 부분적으로는 가축화된 닭의 뼈 층으로 구분하게 될 것이다. 의식이 거꾸로 매달려 꺅꺅대는 닭 같다고 한 엘리엇의 말이 새삼스러워 보이는 지점이다. 그러나 우리가 계속해서 모든 것을 인간 중심으로 만든다면 결국 우리 삶의 기초까지 먹어치우게 될 것이고 결국 모든 것은 다시 비인간화될 것이다.

이런 생각에 이른 몇몇 인간은 그런 미래를 기꺼이 수용함으로써 역설적으로 위안을 얻는다. 이들을 일컬어 '포스트휴머니스트'라고도 하는데, 인간 삶의 규모가 급진적으로 축소되거나 아주 사라지는 시기가 오기를 기대하는 사람들이다.[65] 의도적으로 자기 파괴를 시도하자고 제안하는 사람들도 있다. 자발적 인간 멸종 운동Voluntary Human Extinction Movement의 메시지도 바로 이것이다. 환경주의자이자 교사인 레스 U. 나이트가 1991년에 시작한 이 운동은 반은 진담, 반은 초현실주의 창작물로서 번식을 멈추고 인간이 서서히 사라지도록 함으로써 지구에 유익한 일을 하자고 주장한다.[66]

포스트휴머니즘은 겸손하고 무해한 분위기를 풍기지만 실은 안티휴머니즘의 일종이기도 하다.[67] 포스트휴머니즘의 핵심에는 케케묵은 죄악의 관념이 있는 것 같다. 지구를 다시 에덴동산으로 바꾸려는 욕망도 드러난다. 다만 인간은 동산에서 쫓겨나는 데서 끝나지 않고 실질적으로 말살된다. 심판의 날을 앞당길 것이므로 지구상의 기후 위기를 받아들여야 (심지어 가속해야) 한다고 믿는 일부 기독교 극단주의자들의 생각에서 멀지 않다.[68] 2016년 실시된 어느 조사 결과에 따르면 미국인 11퍼센트는 종말이 다가오고 있으므로 환경 위기를 해결하려고 고민하지 않아도 된다는 주장에 동의했다. 더 당혹스러운 점은 자신을 '불가지론자나 무신론자'로 생각하는 사람들의 2퍼센트도 동의했다는 사실이다.[69]

어떤 사람들은 이와는 다른 결과를 간절히 원한다. '트랜스휴머니스트'는 포스트휴머니스트와 달리 일단 인간의 수명을 상당히 늘려주는 기술, 나아가 우리의 정신을 데이터를 기반으로 하는 다른 물질적 대상에 업로드해서 인간 형상이 필요 없게 만드는 기술을 간절히 기다리고 있다. '특이점'을 이야기하는 사람들도 있는데 기술 발전의 속도가 급속도로 빨라져서 기계와 인간이 하나로 융합이 되는 지점이다. 레이 커즈와일이 『특이점이 온다』에서 썼듯 그다음 단계에서는 "광활하게 확장된 (주로 비생물적인) 인간 지능이 우주로 퍼진다."[70]

포스트휴머니즘과 트랜스휴머니즘은 정반대다. 전자는 인간 의식을 없애고 후자는 모든 것 속으로 스며들게 한다. 그런데 양극단에서 서로 만난다. 두 사상 모두 지금의 인류를 전환기에 있거나 올바르지 않은 상태에 있는 것으로, 버려두고 가야 할 것으로 본다. 지금 이대로의 인간을 어떻게 할 생각은 없이 극적으로 변형된 인간을 상상한다. 새로운 에덴에서 더 겸손하고 얌전하게 사는 인간이든, 존재를 멈춘 인간이든 거의 신적인 수준으로 부풀려진 인간이든.

나는 휴머니스트로서 이 가운데 그 어떤 대안도 기쁘게 여길 수 없다. 공상과학 소설 애호가로서 한때 트랜스휴머니즘에 끌렸다는 점은 인정한다. 수년 전에는 공상과학 소설의 고전인 아서 C. 클라크의 1953년 작 『유년기의 끝』을 읽고 정신을 차릴 수 없었다.

이 이야기는 장르가 장르이니만큼 외계인이 지구에 오면서 시작한다. 외계인은 오는 즉시 인간에게 온갖 선물을 주는데 여기에는 다량의 오락물이 포함된다. "온갖 라디오와 TV 채널에서 하루에 거의 500시간 분량의 방송이 나오고 있다는 게 말이 돼?" 한 인물이 묻는다. 1953년에 상상한 풍요의 뿔은 이런 형태였다. 그러나 외계인이 가져온 선물에는 조건이 달려 있다. 인간은 우주 탐험을 멈추고 지구에 머물러야 한다.[71]

금칠한 새장도 새장이라며 저항하는 소수가 없지는 않다. 그들은 방송 시청을 거부하고 인간이 성취한 업적에 대한 결연한 자부심을 피력한다. 그러나 시간이 지날수록 이 소수는 늙고 잊힌다. 대신 새로운 세대가 대두한다. 이들에게는 새로운 정신적 재능이 주어졌다. "오버마인드"에 접속할 능력이 엿보이기 시작한 것이다. 오버마인드는 우주 내의 신비로운 공유 의식으로 "물질의 독재"를 탈피한 존재다.[72]

그다음 세대는 거의 인간이라고 할 수 없다. 음식을 섭취하지 않아도 되고 언어도 없어서 숲과 초원에서 몇 년간 춤을 출 뿐이다. 그러다 마침내 춤을 멈추고 한동안 움직이지 않고 서 있다. 그러다 천천히 위로, 오버마인드 속으로 녹아 들어간다. 지구 자체도 유리처럼 투명해지는 듯하더니 반짝이며 사라진다. 인간도 지구도 사라졌다. 아니, 변모하여 더 높은 영역과 하나가 되었다.

클라크는 인류의 이런 종말은 비관적이지도 낙관적이지도 않다고 말한다.[73] 그저 종결일 뿐이다. 클라크의 작품 자체도 어떤 의미에서는 그렇다. 소설을 그 한계까지 밀어붙이는 작품이다. 앞선 공상과학 소설가들도 인류가 죽는 미래를 상상했다. 올라프 스테이플던의 1930년 작 『최후이자 최초의 인류 Last and First Men』가 유명하다. 그러나 클라크는 한 걸음 더 나아가 이야기가 존재할 수 없는 영역으로 들어갔다. 생물 종도 사라졌고 물질도 사라졌다. 적어도 지구에서는. 클라크가 간 곳은 단테의 『신곡-천국편』에서 간 곳이다. 단테는 이 작품의 제1곡에서 이것이 작가의 능력을 벗어날 수밖에 없는 일이라며 불평했다. 천국에 관해서 쓴다는 것은 "인간 너머로 가는"[74] 일로서 언어의 능력 너머로 간다는 의미이기도 하다.

처음『유년기의 끝』을 읽었을 때는 끝이 정말 좋았다. 지금은 이런 시각의 음울함이 더 와닿는다. 우주적 단조로움 속으로 사라진 인간이라는 부족하고 익숙한 개인들을, 우리 별의 세세한 부분들을, 다양한 문화를 애도하게 된다. 모든 개성이 사라졌다. 데모크리토스의 원자, 테렌티우스의 성가신 이웃, 페트라르카의 성급한 성격, 보카치오의 야한 이야기, 네미호의 배와 물고기 같은 제노바 잠수부들, 알두스 마누티우스와 그의 호탕한 성격("알두스가 왔도다"), 강을 따라 흘러가는 학생들, 플라티나의 오렌지에 구운 장어 요리, 에라스뮈스의 예의 바른 방귀,『백과전서』(7만 1818개 항목 모두), 흄이 좋아했던 백개먼과 휘스트, 도러시 L. 세이어스의 편안한 바지, 멋진 사진으로 남은 프레더릭 더글러스의 얼굴과 그의 유려한 언변, 종교적이고 시적인 카위어, 멍게류, 블루머, 페트라르카가 사랑했던 냇물 곁에 있는 에스페란토어 기념비, M. N. 로이의 맛있는 수프, 과도한 허례허식, 라빈드라나스 타고르의 나무 밑 교실, 샤르트르의 유리창, 마이크로필름, 선언문, 회합, 퍼그 워시, 분주한 뉴욕 거리, 노란 아침 한 올. 이 모든 것은 최후의 사치품 화형식과 함께 사라졌다. 나에게 이것은 더 이상 숭고한 광경이 아니다. 실망스러운 광경이다.

그 모든 순수한 신성과 신비주의 속 어디에 실제 삶의 풍요로움이 있는가? 지구에 머무는 동안 이곳을 관리할 우리의 의무는 어디로 갔는가? (클라크가 그런 의무를 버려야 한다고 주장하지는 않았다. 그 반대였다.) 인간 중심의 윤리, 정체성, 의미 체계의 거대한 기초가 되어주는, 동료 인간을 비롯한 다양한 생물들과 맺은 우리의 관계는?

이런 상승의 꿈은 우리를 요람에서 꺼내주었던 커다란 두 팔에 대한 기억에서 나오는 것일지도 모른다. 그러나 지구는 요람이 아니다. 우리는 여기 홀로 있지 않다. 수많은 다른 생명체들과 함께 있다. 그리고 누군가 우리를 홀연히 데려가 주길 바랄 필요도 없다. 나는 오버마인드보다도, 그 어떤 종교의 숭고한 미래보다도 제임스 볼드윈의 더 인간적인 지혜가 담긴 이런 말들을 원한다.

> 우리는 삶에 대한 책임이 있다. 그것은 우리를 낳았고 다시 우리가 돌아갈 그 두려운 어둠 속에서 반짝이는 작은 등불이다. 우리는 이 길을 가능한 한 고귀하게 빠져나가야 한다. 우리 뒤에 올 이들을 위해서.[75]

그 여정에서 죄책감은 어떤 도움도 되지 않는다. 초월에 대한 이상도 마찬가지다. 단테가 옳았다. 우리는 인간 너머로 갈 수 없고 그런 노력을 즐긴다면 아름다운 문학이 나올 수는 있다. 그래도 그것은 여전히 인간 문학일 뿐이다.

나는 자유사상, 탐구, 희망이라는 휴머니스트의 조합을 선호한다. 휴머니즘과 윤리학 학자였던 츠베탄 토도로프는 생전에 한 인터뷰에서 말했다.

> 휴머니즘은 세상을 여행하기 위한 배로 치면 빈약하기 그지없습니다! 이 빈약한 배는 우리를 빈약한 행복으로 데려다줄 뿐입니다. 그

렇지만 다른 해결책은 인간이 아니라 초능력이 있는 영웅을 위한 것이거나 (…) 온갖 환상과 지켜질 리 없는 약속을 주렁주렁 매달고 있습니다. 나는 휴머니즘이라는 돛단배가 더 믿음직합니다.[76]

늘 그렇듯 나는 다시 로버트 G. 잉거솔의 강령으로 되돌아온다.

유일한 선은 행복
행복할 때는 지금
행복할 곳은 여기
행복해지는 방법은 타인을 행복하게 하는 것.[77]

간단할 것 같고 쉬울 것 같다. 그러나 가능한 한 모든 기지를 발휘해야 할 것이다.

그림 72 휴머니스트UK 로고.

감사의 말

대화, 조언, 해석을 비롯한 온갖 지적인 도움을 너그럽게 베풀어준 지혜롭고 유익한 분들에게, 특히 함자 빈 왈라야트, 앤드루 콥슨, 피터 맥, 스콧 뉴스톡, 짐 월시, 나이젤 워버튼에게 감사를 표한다. 기꺼이 시간과 전문 지식을 허락해준 피렌체의 엔리카 피카이 벨트로니, 조반나 주스티, 마라 미니아티에게도 감사를 전한다. 레온 바티스타 알베르티에 대한 이야기를 들려준 스테파노 귀다리니, 그리고 다양한 생각과 영감을 제공하고 새로운 발견을 할 때마다 연락을 준 피터 무어에게도 고마운 마음을 전한다.

이 책의 대부분을 런던의 바르부르크연구소 도서관과 영국국립도서관에서 집필했다. 두 곳의 직원들, 특히 바르부르크의 리처드 가트너에게 깊은 감사를 표한다. 그 밖에 나를 도와준 훌륭한 도서관과 아카이브, 특히 비숍스게이트연구소 도서관, 콘웨이홀도서관, 빈홀로코스트도서관, 그리고 런던도서관에 감사하는 마음이다.

휴머니스트 인터내셔널과 휴머니스트UK에게도 고마움을 전한다. 덕분에 2022년 현대 휴머니즘 선언문 전문을 인용할 수 있었다. 휴머니스트UK 로고를 사용할 수 있게 도와준 카트리오나 맥릴런에게도 특별한 감사를 보낸다.

베키 하디, 클라라 파머를 비롯한 채토 앤드 윈더스 담당자들, 앤 가도프와 펭귄 US 담당 팀, 특히 케이시 데니스, 빅토리아 로페즈, 그리고 나의 박식하고 꼼꼼한 교열 담당자 데이비드 코랠에게도 감사를 전한다. 그뿐만 아니라 소중한 에이전트들로부터 전문적 조언과 따뜻한 응원을 받을 수 있어서 행운이었다. 조이 월디를 비롯한 로저스, 콜리지 앤드 화이트 담당자들, 그리고 미국의 멜라니 잭슨에게 감사의 말을 전한다.

나와 페트라르카를 주제로, 그리고 우리가 함께 추앙하는 로렌초 발라를 주제로 이야기를 나누어준 주디스 구레비치에게도 특별히 고마움의 인사를 보낸다.

윈덤 캠벨 문학상과 관련된 모든 이들에게도 감사를 표한다. 이 책의 집필 초기에 예상치 못한 상을 받은 덕분에 큰 도움이 되었다.

무엇보다 나의 아내 시모네타 피카이 벨트로니에게 깊은 감사를 표한다. 여러 해 동안 보여준 사랑과 격려, 뛰어난 통찰력과 직관, 작업 중인 원고를 끝없이 검토해 준 것을 비롯해서 고마운 점이 아주 많다.

여러 세기에 걸쳐 묵묵히 (또는 시끄럽게) 휴머니즘적 신념을 굽히지 않았던 모든 사람에게 이 책을 바친다. 대개 이것은 놀라운 용기가 필요한 일이었다. 오늘날에도 바로 그런 용기를 보여주는 사람들이 여전히 많다.

부록

휴머니스트 인터내셔널 현대 휴머니즘 선언문

2022년 영국 글래스고 총회에서 합의

휴머니즘 사상과 가치는 문명만큼 오래됐고 전 세계 대부분의 공동체에 그 역사가 있다. 현대 휴머니즘은 의미와 윤리에 대한 오랜 사유의 전통의 최고점에 있으며 세계의 위대한 사상가, 예술가, 인도주의자들에게 영감을 제공했으며 현대 과학의 발전과도 얽혀 있다.

전 지구적 휴머니스트 운동으로서 우리는 휴머니즘 세계관의 기본을 다음과 같이 알리고자 한다.

1. 휴머니스트는 윤리적이고자 노력한다.

우리는 도덕성이 인간 조건에 내재한 것이라는 점, 살아있는 존재가 고통을 받거나 번성할 수 있다는 점에 근거하고 있다는 점, 도움을 주고 해를 입히지 않는 행위가 가져오는 이득을 동기로 한다는 점, 이성과 연민으로 가능하다는 점, 인류 이외의 원천이 필요하지 않다는 점을 믿는다.

우리는 개인의 가치와 존엄, 타인의 권리와 양립되는 한 최대한의 자유를 누리고 최대한으로 성장할 모든 인간의 권리를 긍정한다. 이런 목적을 위하여 평화와 민주주의, 법치, 그리고 보편적 법적 인권을 지지한다.

우리는 모든 형태의 인종주의를 거부하고 거기서 나오는 편견과 불의를 거부한다. 우리는 대신 온갖 다양성과 개성을 가진 인류의 번영과 우애를 추구한다.

우리는 개인의 자유가 사회에 대한 책임과 결합해야 한다고 생각한다. 자유로운 사람도 타인에 대해 의무를 지고 우리는 미래 세대를 포함한 모든 인류, 나아가 모든 지각 있는 존재를 돌볼 의무를 느낀다.

우리는 우리가 자연의 일부임을 인정하고 우리가 자연 세계에 끼치는 영향에 대한 책임을 진다.

2. 휴머니스트는 이성적이고자 노력한다.

우리는 세계의 여러 문제에 대한 해결책이 인간의 이성과 실천에 있다고 확신한다. 우리는 이 문제에 과학과 자유로운 탐구를 적용하는 데 찬성하는 동시에, 과학이 수단을 제공하기는 해도 그 목적은 인간적 가치에 의해 정의 내려져야 함을 잊지 않는다. 우리는 과학과 기술을 통한 인간의 복지 향상을 추구하지만 결코 냉담하거나 파괴적으로 추구하지 않는다.

3. 휴머니스트는 삶의 만족을 위해 노력한다.

우리는 타인을 해하지 않는 개인의 모든 기쁨과 만족의 원천을 귀중하게 여기며 창의적이고 윤리적인 삶을 가꾸며 이루는 개인적 성장이 평생 이어진다고 믿는다.

그러므로 예술적 창의성과 상상력을 소중하게 여기며 문학, 음악, 시각 예술과 공연 예술에 삶을 변화시키는 힘이 있음을 인정한다. 우리는 자연 세계의 아름다움과 자연 세계가 주는 경이와 고요를 귀히 여긴다. 우리는 육체적 활동에서 이루어지는 개인과 공동의 노력과 그것이 제공하는 동지애와 성취감의 영역을 감사히 여긴다. 우리는 지식의 추구와 거기서 나오는 겸손, 지혜, 통찰을 자랑스럽게 여긴다.

4. 휴머니즘은 독단적 종교, 권위적 국가주의, 부족적 종파주의, 이기적 허무주의를 대체하기 위한 의미와 목적의 원천에 대한 폭넓은 요구에 부응한다.

우리는 그동안 무한히 인간의 행복에 헌신해왔다고 믿지만 우리의 특정한 의견들은 영원히 굳건한 계시를 바탕으로 하고 있지 않다. 휴머니스트는 누구도 전지적이지 않고 누구든 오류를 범할 수 있음을 인정하며 세계와 인류에 대한 지식은 오직 관찰과 학습, 그리고 반복되는 고민이라는 지속적인 과정을 통해 얻을 수 있다고 생각한다.

그러므로 검증을 회피하는 것도, 우리의 시각을 모든 인류에게 강요하는 것도 우리가 추구하는 바가 아니다. 오히려 더 나은 세상을 만든다는 대의를 위해 틀에 갇히지 않은 사상의 표현과 교류를 보장하는 데 힘쓸 것이며 우리와 가치관을 공유하지만 믿음 체계가 다른 사람들과 협력하고자 한다.

우리는 인류가 평화와 인간 번영을 추구하기 위해 벌이는 자유로운 탐구, 과학, 연민, 상상력으로 직면한 문제를 해결할 수 있다고 자신한다.

우리는 우리와 같은 확신을 가진 모든 사람에게 이 감동적인 노력에 동참할 것을 호소한다.

미주

서문

1 David Nobbs, *Second from Last in the Sack Race* (1983), in *The Complete Pratt* (London: Arrow, 2007), 289–91.

2 Kurt Vonnegut, *God Bless You, Dr. Kevorkian* (New York: Washington Square Press/ Pocket Books, 1999), 9.

3 이런 의미를 내포하는 정의는 다음에서 찾을 수 있다. https://en.wiktionary.org/wiki/humanitas.

4 Diogenes Laertius, *Lives of Eminent Philosophers*, trans. R. D. Hicks (London: W. Heinemann; New York: G. P. Putnam's Sons, 1925), vol. 2, 463–65. 비슷한 내용은 플라톤의 『대화편』에 나오는 소크라테스의 말에서도 찾을 수 있다. Plato, *Theaetetus*, 160c–d.

5 E. M. Forster, from a letter to *The Twentieth Century* (1955), quoted in *Humanist Anthology*, ed. M. Knight (London: Rationalist Press Association/ Barrie & Rockliff, 1961), 155–56. 포스터는 1950년대에 윤리연합의 부회장을 역임했고 1959년부터 세상을 떠나기 전까지 케임브리지 휴머니스트학회의 회장이었다. 또한 1963년부터 영국 휴머니스트협회의 자문위원이었다.

6 마셜 칸 사건(https://humanists.international/2017/04/humanist-murdered-fellow-university-students-alleged-blasphemy/). 2021년 기준 13개 국가에서 여전히 신성모

독이나 배교를 사형으로 처벌하고 있다.

7 국제인권단체인 휴머니스트 인터내셔널의 밥 처칠이 휴머니즘 철학자로 플라톤과 아리스토텔레스를 언급한 데 대한 부적절함을 지적한 서한. http://iheu.org/uk-rejects-asylum-application-humanist-fails-name-ancient-greek-philosophers/. Also: https://www.theguardian.com/world/2018/jan/26/you-dont-need-to-know-plato-and-aristotle-to-be-a-humanist and https://www.theguardian.com/uk-news/2018/jan/26/philosophers-urge-rethink-of-pakistani-humanist-hamza-bin-walayat-asylum.

8 해당 사건에 대하여 함자 빈 왈라야트와 오간 논의. https://humanists.international/2018/01/uk-rejects-asylum-application-humanist-fails-name-ancient-greek-philosophers/. And: https://www.theguardian.com/uk-news/2018/jan/17/pakistani-humanist-denied-uk-asylum-after-failing-to-identify-plato.

9 영국 내무부의 새로운 직원 교육과정. https://humanists.uk/2019/05/17/success-humanists-uk-begins-delivering-training-to-home-office-staff-on-asylum-claims/.

10 Jeaneane Fowler, 'The Materialists of Classical India', in *The Wiley Blackwell Handbook of Humanism*, ed. A. Copson and A. C. Grayling (Chichester, UK: John Wiley, 2015), 98–101, https://en.wikipedia.org/wiki/Charvaka.

11 *The Long Discourses of the Buddha*, a translation of the Dīgha Nikāya by Maurice Walsh (Boston: Wisdom, 1995), 96 (division I, chap. 2). 참조: Peter Adamson and Jonardon Ganeri, *Classical Indian Philosophy* (Oxford, UK: Oxford University Press, 2020), 39.

12 Epicurus, 'Letter to Menoeceus', in *The Art of Happiness*, trans. George K. Strodach (London: Penguin, 2012), 159–60.

13 Diogenes Laertius, *Lives of Eminent Philosophers*, vol. 2, 465.

14 Diogenes Laertius, *Lives of Eminent Philosophers*, vol. 2, 465. 플루타르코스 또한 프로타고라스의 추방을 언급하며 그 이유에 대해 사건의 원인을 신의 권능이 아닌 자연에서 찾는 사람들에 대해 관용을 베풀지 않았던 시대였기 때문이라고 말했다. Plutarch, 'Life of Nicias', in *Lives*, trans. John Dryden, rev. A. H. Clough (London: J. M. Dent; New York: E. P. Dutton, 1910), vol. 2, 266.

15 Zora Neale Hurston, *Dust Tracks on a Road*, reprinted in *Folklore, Memoirs, and*

Other Writings (New York: Library of America, 1995), 764.

16　https://en.wikipedia.org/wiki/Ariane_Sherine. 무신론 버스 광고 운동 자료(BHA 1/17/148)와 보고서('Atheist Bus Campaign: Why Did It Work?')는 Bishopsgate Institute Library, London, BHA papers. 참조: https://humanism.org.uk/campaigns/successful-campaigns/atheist-bus-campaign/.

17　잉거솔의 행복 강령은 다양한 형태로 발표되었다. *An Oration on the Gods* (29 January, 1872) (Cairo, IL: Daily Bulletin Steam Book & Job Print, 1873), 48. 1899년 1월 22일에는 축음기로 육성 녹음을 남기기도 했다. 녹음은 뉴욕 드레스덴에 있는 로버트 G. 잉거솔 생가 박물관이 소장하고 있으며 온라인으로도 들을 수 있다. https://youtu.be/rLLapwIoEVI.

18　Terence, *Heauton tomorumenos(The Self-Tormenter)*, act 1, scene 1, line 77.

19　'Ubuntu (philosophy)', *New World Encyclopedia*, http://www.newworldencyclopedia.org/entry/Ubuntu_(philosophy). 우분투를 휴머니즘 사상으로서 현대적으로 조명한 글을 참고하려면 Stanlake J. W. T. Samkange, *Hunhuism or Ubuntuism: A Zimbabwe Indigenous Political Philosophy* (Salisbury, UK: Graham, 1990).

20　Desmond Tutu, *No Future without Forgiveness* (London: Rider, 1999), 35.

21　인이 도덕적 앎[ethical wisdom]이라는 해석은 Karyn L. Lai, *An Introduction to Chinese Philosophy* (Cambridge, UK: Cambridge University Press, 2008), 24. 참조: Jiyuan Yu, 'Humanism: Chinese Conception of', from the *New Dictionary of the History of Ideas* (2005). 이 항목은 인터넷에서도 열람할 수 있다. http://www.encyclopedia.com/history/dictionaries-thesauruses-pictures-and-press-releases/humanism-chinese-conception.

22　서와 인의 관계는 『논어』 12:2. 삶의 길잡이로서 서에 대해서는 15:24 참조. 삶의 길잡이로서 서에 관한 주석은 이하 참조. Confucius, *The Analects*, trans. Annping Chin (New York: Penguin, 2014), 259.

23　Babylonian Talmud, Shabbat 31a, https://en.wikipedia.org/wiki/Hillel_the_Elder.

24　"지식과 정화된 영혼을 부여받은 인간은 언제나 타인이 나에게 해주길 바라는 행동을 타인에게 해야 한다." *Mahābhārata* XIII: 5571, ed. Pratāpa Chandra Rāy (Calcutta: Bhārata Press, 1893), vol. 9, 562. 8권은 지도서로 이 말은 채식의 맥락에서 나왔다.

25　"무엇이든지 남에게 대접받고자 하는 대로 너희도 남을 대접하라 이것이 율법이요 선지자니라." 마태복음 7:12.

26 Bernard Shaw, *Maxims for Revolutionists*, in *Man and Superman* (Westminster, UK: Constable, 1903), 227.

27 *Mengzi: With Selections from Traditional Commentaries*, trans. Bryan W. Van Norden (Indianapolis and Cambridge, MA: Hackett, 2008), 46–47 (2A6).

28 *Mengzi*, 149–50 (6A6). 옮긴이 밴 노든에 따르면 맹자는 어린 시절에 씨앗이 파괴되어 살아나지 못하는 드문 일도 있다고 말한다. 150–52 (6A7–8).

29 『논어』 2:20

30 Plato, *Protagoras*, 328b. 다음에서 재인용. *Protagoras and Meno*, trans. W. K. C. Guthrie (Harmondsworth, UK: Penguin, 1956), 60.

31 Plato, *Protagoras*, 320d–325d.

32 Cicero, *On the Nature of the Gods (De natura deorum)*. 인간의 탁월함을 주장하는 내용은 2권.

33 Giannozzo Manetti, *On Human Worth and Excellence (De dignitate et excellentia hominis)*, ed. and trans. Brian Copenhaver (Cambridge, MA, and London: I Tatti/Harvard University Press, 2018), 105–11 (book II).

34 Manetti, *On Human Worth and Excellence*, 139–41 (book III).

35 Manetti, *On Human Worth and Excellence*, 205 (book IV). 역자 브라이언 코펜헤이버의 서문에 따르면 마네티의 책은 안토니오 다 바르가와 바르톨로메오 파키오가 앞서 쓴 책을 바탕으로 발전시킨 것이다. 버나드 머치랜드의 마네티 번역은 *Two Views of Man: Pope Innocent III, On the Misery of Man; Giannozzo Manetti, On the Dignity of Man* (New York: Ungar, [1966]), 61–103.

36 순자에 대해서는 Bryan W. Van Norden, *Introduction to Classical Chinese Philosophy* (Indianapolis: Hackett, 2011), 163–84 참조. 원서에서 '악惡함'을 "혐오스럽다detestable"로 해석한 데 관해서는 다음 웹사이트 참조. https://plato.stanford.edu/entries/xunzi/.

37 Nemesius, *On the Nature of Man*, trans. R. W. Sharples and P. J. Van der Eijk (Liverpool: Liverpool University Press, 2008), 50.

38 Saint Augustine, *Concerning the City of God against the Pagans*, book XIV, chap. 11.

39 Innocent III, *De miseria humanae conditionis*, trans. Bernard Murchland in *Two Views of Man: Pope Innocent III, On the Misery of Man; Giannozzo Manetti, On the Dignity of Man* (New York: Ungar, [1966]), 4–10.

40   Innocent III, *De miseria humanae conditionis*, 13 (book I, §13).

41   Innocent III, *De miseria humanae conditionis*, 4 (book I, §1).

42   IInnocent III, *De miseria humanae conditionis*, 9 (book I, §8).

43   Blaise Pascal, *Pensées*, 182, in *Pensées, and Other Writings*, trans. Honor Levi, ed. Anthony Levi (Oxford, UK: Oxford University Press, S31 1995), 54.

44   William James, *The Varieties of Religious Experience*, in *Writings* 1902 – 1910 (New York: Library of America, 1988), 454.

45   그나저나 바로 이런 이유에서 플라톤을 휴머니즘 철학자의 예로 꼽기 어렵다. 플라톤의 『국가』는 모든 시민이 자기 계급에 주어진 역할을 따르는 사회를 주장한다. 일부 계급에는 모든 예술과 문학이 통제되는데 국가의 더 큰 목표와 일관되지 않는 생각에 노출되는 것을 막기 위함이다. 『법률』에서는 좀 더 엄격한 검열과 엄중한 사회구조를 만들 것을 주장하며 사람들이 국가뿐만 아니라 신의 원칙에도 복종해야 한다고 말한다. 뚜렷한 휴머니스트였던 철학자 칼 포퍼는 『열린사회와 그 적들』(1945)에서 플라톤의 이 두 저작이 20세기 전체주의의 기틀이 되었다고 주장했다.

1 산 자의 땅

1   페트라르카의 어린 시절에 관한 이야기는 다음 서한집에서 주로 가져왔다. Petrarch, *Letters on Familiar Matters / Rerum familiarum, libri* I – XXIV, trans. Aldo S. Bernardo (Albany: SUNY Press, 1975; Baltimore and London: Johns Hopkins University Press, 1982 – 85). 이후 *Letters on Familiar Matters*에서 인용하는 내용은 모두 같은 판본에서 가져왔다.

2   Petrarch, *Letters on Familiar Matters*, vol. 3, 203 (Fam. XXI, 15).

3   Petrarch, *Letters on Familiar Matters*, vol. 1, 8 (Fam. I, 1).

4   Petrarch, *Letters on Familiar Matters*, vol. 2, 59 (Fam. X, 3).

5   Petrarch, *Letters of Old Age [Rerum senilium, books* I – XVIII*]*, trans. Aldo S. Bernardo, Saul Levin, and Reta A. Bernardo (Baltimore and London: Johns Hopkins University Press, 1992), vol. 2, 601 (Sen. XVI, 1). 이후 *Letters of Old Age*에서 인용하는 내용은 모두 같은 판본에서 가져왔다.

6   페트라르카가 가지고 있었던 베르길리우스 필사본은 현재 밀라노의 암브로시아나도서관이 소장하고 있다(S.P. 10/27 olim). 이 필사본에는 페트라르카가 적은 메

모 외에도 친구 시모네 마르티니가 그린 세밀화가 들어 있다. 인터넷에서도 일부 열람이 가능하다. https://www.ambrosiana.it/en/opere/the-ambrosian-virgil-of-francesco-petrarca/. 주석의 번역은 Ernest Hatch Wilkins, *Life of Petrarch* (Chicago: Phoenix/University of Chicago Press, 1961), 77.

7   Petrarch, *Letters on Familiar Matters*, vol. 3, 22 – 23 (Fam. XVII,5).

8   Ronald G. Witt, '*In the Footsteps of the Ancients*': *The Origins of Humanism from Lovato to Bruni* (Leiden, Netherlands: Brill, 2000), 118 – 20.

9   Giannozzo Manetti, *Biographical Writings*, ed. and trans. Stefano U. Baldassari and Rolf Bagemihl (Cambridge, MA, and London: I Tatti/Harvard University Press, 2003), 75.

10 Petrarch, *Letters of Old Age*, vol. 2, 28 (Sen. I, 6).

11 Petrarch, *Letters on Familiar Matters*, vol. 1, 160 (Fam. III, 18).

12 Petrarch, *Letters of Old Age*, vol. 2, 603 (Sen. XVI, 1).

13 Petrarch, *Letters on Familiar Matters*, vol. 3, 64 (Fam. XVIII, 12).

14 Petrarch, *Letters on Familiar Matters*, vol. 2, 199 – 200 (Fam. XIII, 7).

15 리비우스 필사본은 대영박물관에 있다. British Library, Harley 2493. Facsimile edition: G. Billanovich, *La tradizione del testo di Livio e le origini dell'umanesimo*, vol. 2: Il *Livio del Petrarca e del Valla: British Library, Harleian* 2493 (Padua: Antenore, 1981).

16 Cicero, *Pro Archia* (62 CE), para. 16, in Cicero, *The Speeches*, trans. N. H. Watts (London: W. Heinemann; Cambridge, MA: Harvard University Press, 1965), 25.

17 Petrarch, *Letters of Old Age*, vol. 2, 603 – 4 (Sen. XVI, 1). 문헌 필사의 역사에 대해서 더 알고 싶다면 L. D. Reynolds and N. G. Wilson, *Scribes and Scholars*, 3rd ed. (Oxford, UK: Clarendon Press, 1991), 131 – 32.

18 아티쿠스, 퀸투스, 브루투스에게 보내는 편지였다. Giuseppe F. Mazzotta, 'Petrarch's Epistolary Epic: *Letters on Familiar Matters (Rerum familiarum libri)*', in *Petrarch: A Critical Guide to the Complete Works*, ed. Victoria Kirkham and Armando Maggi (Chicago and London: University of Chicago Press, 2009), 309 – 20. 인용된 내용은 309.

19 Petrarch, *Letters on Familiar Matters*, vol. 1, 172 – 80 (*Fam.* IV, 1, to Dionigi da Borgo, 26 April [1336]).

20 Petrarch, *Letters on Familiar Matters*, vol. 3, 207 (*Fam.* XXI, 15).

21 Petrarch, *Letters on Familiar Matters*, vol. 1, 8 (*Fam.* I, 1). 메타부스 왕과 카밀라 이야기의 출처는 Virgil, Aeneid, book XI, lines 532 – 56.

22 Petrarch, *Letters of Old Age*, vol. 2, 672 – 79 (*Sen.* XVIII,1).

23 Petrarch, *Letters on Familiar Matters*, vol. 1, 158 (*Fam.* III, 18).

24 Petrarch, *Letters on Familiar Matters*, vol. 2, 256 – 57 (*Fam.* XV, 3).

25 Petrarch, *Letters on Familiar Matters*, vol. 3, 187 (Fam. XXI, 10).

26 Petrarch, *Letters on Familiar Matters*, vol. 3, 317 (Fam. XXIV, 3).

27 Marco Santagata, *Boccaccio: Fragilità di un genio* (Milan: Mondadori, 2019), 13.

28 Giovanni Boccaccio, *Boccaccio on Poetry* (preface and books XIV and XV of Genealogia deorum gentilium), trans. Charles G. Osgood (Princeton, NJ: Princeton University Press, 1930), 131 – 32 (XV, 10).

29 Boccaccio, *Boccaccio on Poetry*, 131 (XV, 10).

30 강연은 나이가 지긋해졌을 때 시작했다. 그 전에는 『단테의 생애[Trattatello in laude di Dante]』에서 단테의 생애와 작품에 대해 논했고 자신이 가진 『신곡』의 필사본에 각 칸토마다 짧은 서문을 붙였다. Sandro Bertelli, *introduction to Dantesque Images in the Laurentian Manuscripts of the Commedia* (14th – 16th Centuries), ed. Ida G. Rao (Florence: Mandragora, 2015), 15.

31 Boccaccio, *Boccaccio on Poetry*, 115 – 16 (XV, 6).

32 Boccaccio, *Boccaccio on Poetry*, 132 (XV, 10).

33 Giovanni Boccaccio, *The Decameron*, day 9, story 2.

34 Boccaccio, *The Decameron*, day 1, story 3.

35 James Hankins, *Virtue Politics: Soulcraft and Statecraft in Renaissance Italy* (Cambridge, MA, and London: Belknap Press of Harvard University Press, 2019), 193 – 94. 2013년 피렌체의 메디체아 라우렌치아나 도서관에서 열린 보카치오 전시를 위해 실시된 연구에서 밝혀진 내용이다.

36 Mazzotta, 'Petrarch's Epistolary Epic: *Letters on Familiar Matters* (*Rerum familiarum libri*), 309 – 20.

37 Petrarch, *Letters on Familiar Matters*, vol. 3, 224 – 25 (Fam. XXII, 7).

38 바로의 『라틴어에 대하여[De lingua latina]』와 키케로의 『클루엔티우스 변론[Pro Cluentio]』. Santagata, *Boccaccio: Fragilità di un genio*, 159.

39 Petrarch, *Letters of Old Age*, vol. 1, 22 – 25 (Sen. I, 5, to Boccaccio, 28 May [1362]). 보카치오에게 시련을 안겼던 이 사건에 대해서는 Santagata, *Boccaccio: Fragilità di*

un genio, 221 – 33. 비기독교 서적을 (신중하게) 읽는 일의 장점에 대한 페트라르카의 생각은 'On His Own Ignorance and That of Others', in *Invectives*, ed. and trans. David Marsh (Cambridge, MA, and London: I Tatti/Harvard University Press, 2003), 333 – 35.

40   Boccaccio, *Boccaccio on Poetry*, 123 (XV, 9).

41   Boccaccio, *Boccaccio on Poetry*, 135 (XV, 12).

42   Petrarch, *Letters on Familiar Matters*, vol. 1, 291 (Fam. VI, 2).

43   페트라르카는 세미나라의 바를라암으로부터 기초 그리스어 수업을 받았을 수도 있다. 그가 니콜라스 시게로스에게 보낸 편지 참조. Petrarch, *Letters on Familiar Matters*, vol. 3, 44 – 46 (Fam. XVIII, 2). 1348년에 사망한 바를라암에 대해서는 https://en.wikipedia.org/wiki/Barlaam_of_Seminara. 정보를 준 피터 맥에게 감사를 전한다.

44   William Shakespeare, *Julius Caesar*, act I, scene 2, line 295, https://en.wikipedia.org/wiki/Greek_to_me.

45   Petrarch, *Letters on Familiar Matters*, vol. 3, 44 – 46 (Fam. XVIII, 2). 이 그리스 친구는 니콜라스 시게로스.

46   Boccaccio, *Boccaccio on Poetry*, 120 (XV, 7).

47   Boccaccio, *Boccaccio on Poetry*, 114 – 15 (XV, 6).

48   Boccaccio, *Boccaccio on Poetry*, 114 – 15 (XV, 6).

49   Boccaccio, *Boccaccio on Poetry*, 114 – 15 (XV, 6). 지금까지 전해지는 대역본과 여기 얽힌 이야기가 궁금하다면 Agostino Pertusi, *Leonzio Pilato fra Petrarca e Boccaccio* (Venice and Rome: Istituto per la Collaborazione Culturale, 1964), 25. 페트라르카가 필사한 번역본은 파리 국립도서관이 소장. Bibliothèque Nationale, Paris: Lat. 7880. I (*Iliad*) and Lat. 7880. II (*Odyssey*).

50   Petrarch, *Letters of Old Age*, vol. 1, 156 (Sen. V, 1).

51   Petrarch, *Letters of Old Age*, vol. 1, 100 (Sen. III, 6).

52   Petrarch, *Letters of Old Age*, vol. 1, 100 (Sen. III, 6).

53   Petrarch, *Letters of Old Age*, vol. 1, 176 (Sen. V, 3).

54   Petrarch, *Letters of Old Age*, vol. 1, 189 (Sen. VI, 1).

55   Petrarch, *Letters of Old Age*, vol. 1, 189 – 90 (Sen. VI, 1).

56   Nicola Davis, '5,000-Year-Old Hunter-Gatherer Is Earliest Person to Die with the Plague', *Guardian*, 29 June, 2021, https://www.theguardian.com/

science/2021/jun/29/5000-year-old-hunter-gatherer-is-earliest-person-to-die-with-the-plague.

57　Gabriele de' *Mussi, Historia de morbo*. 필사본(Ms. R 262, ff. 74‒77v.)은 폴란드 브로츠와프대학교 도서관 소장. 다음에서 재인용. Rosemary Horrox, trans. and ed., *The Black Death* (Manchester and New York: Manchester University Press, 1994), 24‒25.

58　Horrox, *The Black Death*, 22.

59　Giovanni Boccaccio, *The Decameron*, trans. G. H. McWilliam, 2nd ed. (Harmondsworth, UK: Penguin, 1995), 7 (preface).

60　Horrox, *The Black Death*, 105‒6.

61　Louis Heyligen. 다음에서 재인용. Horrox, *The Black Death*, 41‒45. 참조: Edwin Mullins, *Avignon of the Popes* (Oxford, UK: Signal, 2007), 124.

62　역자(G. H. McWilliam) 서문 참조. Boccaccio, *The Decameron*, xliii.

63　Boccaccio, *The Decameron*, 5 (preface). 역병이 시골과 도시에 끼친 영향에 대해 앞서 기술한 내용 역시 서문에 나온다.

64　Thucydides, *The Peloponnesian War*, trans. Rex Warner (Harmondsworth, UK: Penguin, 1952), 155 (book II, para. 53).

65　Boccaccio, *The Decameron*, 8 (preface).

66　역자(G. H. McWilliam) 서문 참조. Boccaccio, *The Decameron*, xliii‒xliv.

67　가령 영국에서는 시신을 구덩이가 아닌 묘지에 매장했고 정부는 정상적인 행정을 유지하려고 노력했다는 기록이 있다. 이는 사회제도가 놀라운 통제력을 유지했음을 보여준다. Christopher Dyer, *Making a Living in the Middle Ages* (New Haven and London: Yale University Press, 2009), 273.

68　Alessandro Manzoni, *The Betrothed*, trans. Bruce Penman (Harmondsworth, UK: Penguin, 1972), 596.

69　Christopher S. Celenza, *Petrarch: Everywhere a Wanderer* (London: Reaktion, 2017), 100. 이 책에서 인용한 출처에 따르면 약 30~60퍼센트가 사망했다.

70　E. H. Wilkins, *Life of Petrarch* (Chicago: Phoenix/ University of Chicago Press, 1963), 74‒76.

71　Mullins, *Avignon of the Popes*, 141.

72　Petrarch, 'Ad se ipsum'. 다음에서 재인용. Wilkins, Life of Petrarch, 80.

73　Petrarch, *Letters on Familiar Matters*, vol. 1, 415‒20. 인용된 부분은 415, 419 (Fam. VIII, 7).

74 Petrarch, *Letters of Old Age*, vol. 1, 8 (Sen. I, 2, to Francesco [Nelli], 8 June [Padua, 1361 – 62]). 같은 편지에서 "나의 소크라테스"의 죽음도 언급한다.

75 Petrarch, *Letters of Old Age*, vol. 1, 76 (Sen. III, 1).

76 Petrarch, *Letters of Old Age*, vol. 1, 92 (Sen. III, 2).

77 Petrarch, *My Secret Book*, ed. and trans. Nicholas Mann (Cambridge, MA: I Tatti/Harvard University Press, 2016), 117. 1347년에 집필을 시작했고 1349년까지 계속했다. 1353년에도 추가 수정 작업을 했다.

78 Petrarch, *Letters on Familiar Matters*, vol. 1, 415 (Fam. VIII, 7).

79 Edward Gibbon, *Memoirs of My Life*, ed. Betty Radice (London: Penguin, 1990), 82.

80 Martin Luther King Jr, 'Letter from Birmingham Jail', in *Why We Can't Wait* (London: Penguin, 2008), 91 – 92. 강조 표시는 저자가 추가한 것.

81 Cicero, On the Orator [De oratore], 3:55, in *Ancient Rhetoric from Aristotle to Philostratus*, trans. and ed. Thomas Habinek (London: Penguin, 2017), 181. ("우리가 도덕에 어떤 관심도 없는 사람에게 연설의 기쁨을 알게 하면 연설가를 키우는 것이 아니라 광인에게 무기를 주는 것이다.")

82 Quintilian, *Institutio oratoria*, trans. H. E. Butler (London: W. Heinemann; New York: G. P. Putnam's Sons, 1922), vol. 4, 355 – 57. 페트라르카의 시대에는 쿠인틸리아누스나 키케로가 수사학에 관해 쓴 글의 온전한 판본이 존재하지 않았다.

83 Quintilian, *Institutio oratoria*, 359 (XII.i.1).

84 Quintilian, *Institutio oratoria*, 359 (XII.i.7).

85 Petrarch, *Letters of Old Age*, vol. 2, 380 – 91 (Sen. X, 4, to Donato Apenninigena [Albanzani], Padua, 1368).

86 Petrarch, *Remedies for Fortune Fair and Foul*, ed. and trans. Conrad H. Rawski (Bloomington and Indianapolis: Indiana University Press, 1991), vol. 1, 17 (book I). 1354년에 집필을 시작해서 1360년에 마쳤다.

87 Petrarch, *Remedies for Fortune Fair and Foul*, vol. 1, 177 (book I).

88 Petrarch, *Remedies for Fortune Fair and Foul*, vol. 3, 153 (book II).

89 Petrarch, *Remedies for Fortune Fair and Foul*, vol. 3, 222 (book II).

90 Petrarch, *Remedies for Fortune Fair and Foul*, vol. 3, 10 – 11 (book II).

91 Petrarch, *Remedies for Fortune Fair and Foul*, vol. 3, 227 (book II).

92 Petrarch, *Remedies for Fortune Fair and Foul*, vol. 3, 228 (book II).

93 Petrarch, *Letters of Old Age*, vol. 2, 641, 633n (Sen. XVI, 9, to Dom Jean Birel Limousin,

	prior of the charterhouse north of Milan, [1354 – 57]).
94	Petrarch, *Remedies for Fortune Fair and Foul*, vol. 3, 37 (book II).
95	근세 초기 휴머니즘 역사학자가 최근 언급했듯 상실은 "언제나 휴머니스트를 괴롭혀 왔던" 가능성으로 이탈리아 르네상스 휴머니즘은 "깊은 상실과 그리움이라는 감정에서 잉태되었다." Anthony Grafton, *Inky Fingers* (Cambridge, MA: Harvard University Press, 2020), 9; James Hankins, *Virtue Politics* (Cambridge, MA: Harvard University Press, 2019), 1.
96	Boccaccio, *Boccaccio on Poetry*, 8 – 9.
97	Petrarch, *Africa*, IX, 451 – 57. 다음에서 재인용. T. E. Mommsen, 'Petrarch's Conception of the "Dark Ages"', *Speculum* 17 (1942), 226 – 42. 여기서는 암흑시대에 대한 페트라르카의 다른 언급도 인용하고 있다. 페트라르카는 당대를 "어둠과 짙은 우울"의 세기라고 언급하기도 하고 오직 매우 날카로운 눈을 가진 천재들만이 이 어둠을 꿰뚫어 볼 수 있다고 말하기도 한다(Petrarch, *Apologia contra cuiusdam anonymi Galli calumnias*; Mommsen, 227.). 새로운 시대를 앞당기고자 하는 바람에 대해서는 Alexander Lee, Pit Péporté, and Harry Schnitker, eds., *Renaissance Perceptions of Continuity and Discontinuity in Europe, c.1300 – c.1550* (Leiden, Netherlands, and Boston: Brill, 2010).

2 난파선 인양하기

1	가령 이탈리아 북부의 보비오 수도원에서는 "키케로의 『국가론』을 조심스럽게 지우고" 그 위에 아우구스티누스의 시편 해설을 필사했다. Augustine's study of the biblical Psalms (Vat. Lat. 5757): https://spotlight.vatlib.it/palimpsests/about/vat-lat-5757-inf. 초기 기독교 시대가 저지른 훼손에 대한 보다 폭넓은 이야기는 Catherine Nixey, *The Darkening Age* (London: Macmillan, 2017).
2	Pope Gregory I, *The Life of Saint Benedict*, trans. Terrence Kardong (Collegeville, MN: Liturgical Press, 2019), 49.
3	*The Letters of S. Ambrose, Bishop of Milan*, anonymous trans., rev. H. Walford (Oxford, UK: James Parker, 1881), 109 – 10 (letter XVIII, Ambrose to Emperor Valentinian II, 384 CE).
4	세네카 필사본은 2018년에 발견되었다. Valeria Piano, 'A "Historic(al)" Find from the Library of Herculaneum', in *Seneca the Elder and His Rediscovered Historiae*

	ab initio bellorum civilium [P. Herc.1067] (Berlin: De Gruyter, 2020), https://www.degruyter.com/document/doi/10.1515/9783110688665-003/html.
5	참조: Peter Adamson, *Al-Kindi* (New York: Oxford University Press, 2007); https://en.wikipedia.org/wiki/Al-Kindi.
6	'From the General Letter of Charlemagne, before 800', in *Carolingian Civilization: A Reader*, ed. P. E. Dutton, 2nd ed. (Toronto: University of Toronto Press, 2009), 91.
7	Einhard and Notker the Stammerer, *Two Lives of Charlemagne*, trans. Lewis Thorpe (Harmondsworth, UK: Penguin, 1969), 79 (Einhard, s. 25).
8	Einhard and Notker the Stammerer, Two Lives of Charlemagne, 74 (Einhard, s. 19).
9	'A Letter of Charles on the Cultivation of Learning, 780 – 800', *Carolingian Civilization: A Reader*, 90.
10	Charles Homer Haskins, *The Renaissance of the Twelfth Century* (Cambridge, MA: Harvard University Press, 1927), 34.
11	*The Rule of Benedict*, trans. Carolinne White (London: Penguin, 2008), 61.
12	*The Rule of Benedict*, 21.
13	*The Rule of Benedict*, 63.
14	*The Rule of Benedict*, 63.
15	Anna A. Grotans, *Reading in Medieval St Gall* (Cambridge, UK: Cambridge University Press, 2011), 49.
16	Haskins, in *The Renaissance of the Twelfth Century*.
17	이것은 위트레흐트대학교 마르코 모스테르트의 가설이다. 참조: Ross King, *The Bookseller of Florence* (London: Chatto & Windus, 2020), 154, and Martin Wainwright, 'How Discarded Pants Helped to Boost Literacy', *Guardian*, 12 July, 2007, https://www.theguardian.com/uk/2007/jul/12/martinwainwright.uknews4.
18	Haskins, *The Renaissance of the Twelfth Century*, 67.
19	Cary J. Nederman, *John of Salisbury* (Tempe: Arizona Center for Medieval and Renaissance Studies, 2005), 53 – 64. 솔즈베리의 존이 쓴 편지에 관해서는 John of Salisbury, *Letters*, ed. W. J. Millor and S. J. and H. E. Butler; vol. 1, rev. C. N. L. Brooke (Oxford, UK: Clarendon Press, 1979 – 86).
20	Petrarch, 'Tesarch's Testametament', in *Petrnt*, ed. and trans. Theodor Mommsen (Ithaca, NY: Cornell University Press, 1957), 68 – 93. 페트라르카의 유서와 유산에 대

해서는 역자의 서문을 참조.

21   Mommsen, introduction, *Petrarch's Testament*, 44.

22   Marco Santagata, *Boccaccio: Fragilità di un genio*(Milan: Mondadori, 2019), 289.

23   David Thompson and Alan F. Nagel, eds. and trans., *The Three Crowns of Florence: Humanist Assessments of Dante, Petrarca and Boccaccio* (New York: Harper & Row, 1972), 6. 여기서 콜루초의 편지(to Roberto Guidi, count of Battifolle, 16 August, 1374)를 인용하고 있다. 콜루초에 대한 그 밖의 내용은 Berthold L. Ullman, *The Humanism of Coluccio Salutati* (Padua: Antenore, 1963), Ronald G. Witt, *Hercules at the Crossroads: The Life, Works, and Thought of Coluccio Salutati* (Durham, NC: Duke University Press, 1983). 지인들에 관한 내용은 184-89, 콜루초 자신의 서고에 관한 내용은 183, 421.

24   Giannozzo Manetti, *Biographical Writings*, ed. and trans. Stefano U. Baldassari and Rolf Bagemihl (Cambridge, MA, and London: I Tatti/ Harvard University Press, 2003), 101.

25   Vespasiano da Bisticci, *The Vespasiano Memoirs [Vite di uomini illustri del secolo XV]*, trans. William George and Emily Waters (Toronto: University of Toronto Press/ Renaissance Society of America, 1997), 401-2. 니콜로가 원하는 모두에게 책을 공개했다는 사실이나 젊은이들에게 책을 읽고 토론을 권했다는 사실 역시 베스파시아노의 기록에 남아 있다.

26   Manetti, *Biographical Writings*, 127.

27   Vespasiano, *The Vespasiano Memoirs*, 353 ('strong invective'). 주먹다짐까지 갈 뻔한 상대는 그리스 학자 트라페준타의 게오르기오스였다. 참조: Henry Field, *The Intellectual Struggle for Florence* (Oxford, UK: Oxford University Press, 2017), 284.

28   L. D. Reynolds and N. G. Wilson, *Scribes and Scholars*, 3rd ed. (Oxford, UK: Clarendon Press, 1991), 137-38. 이때 발견된 키케로 연설은 『로스키우스 변론 Pro Roscio』과 『무레나 변론 Pro Murena』이다.

29   Carol Herselle Krinsky, 'Seventy-Eight Vitruvian Manuscripts', *Journal of the Courtauld and Warburg Institutes* 30 (1967), 36-70.

30   L. D. Reynolds and N. G. Wilson, *Scribes and Scholars*, 3rd ed. (Oxford, UK: Clarendon Press, 1991), 137-38.

31   Poggio Bracciolini, *Two Renaissance Book-Hunters: The Letters of Poggius Bracciolini to Nicolaus de Niccolis*, trans. Phyllis Walter Goodhart Gordan (New

York and London: Columbia University Press, 1974), 88 (Poggio to Niccolò, 14 April [1425]).

32 Ada Palmer, *Reading Lucretius in the Renaissance* (Cambridge, MA, and London: Harvard University Press, 2014), 4. 참조: Alison Brown, *The Return of Lucretius to Renaissance Florence* (Cambridge, MA, and London: Harvard University Press, 2010).

33 Poggio Bracciolini, *Two Renaissance Book-Hunters*, 84 (Poggio to Niccolò, Rome, November 6, 1423).

34 Barbara C. Bowen, ed., *One Hundred Renaissance Jokes: An Anthology* (Birmingham, UK: Summa, 1988), 5 – 9. 인용된 내용은 9.

35 L. D. Reynolds and N. G. Wilson, *Scribes and Scholars*, 3rd ed. (Oxford, UK: Clarendon Press, 1991), 139; A. C. de la Mare, *The Handwriting of the Italian Humanists*, vol. 1, fascicule 1 (Oxford, UK: Oxford University Press, for the Association Internationale de Bibliophilie, 1973). 뒤의 책에는 페트라르카와 보카치오, 콜루초 살루타티, 니콜로 니콜리, 포조 브라촐리니 등의 필체도 수록되어 있다.

36 이 말을 서체에 처음 적용한 사람은 로렌초 발라였던 것으로 보인다. 저서 『라틴어의 세련미[Elegantiae linguae Latinae]』 6권의 서문에 등장한다. 참조: E. P. Goldschmidt, *The Printed Book of the Renaissance: Three Lectures on Type, Illustration, Ornament* (Cambridge, UK: Cambridge University Press, 1950), 2.

37 Petrarch, *Letters on Familiar Matters / Rerum familiarum, libri I – XXIV*, trans. Aldo S. Bernardo (Albany: SUNY Press, 1975; Baltimore and London: Johns Hopkins University Press, 1982 – 85), vol. 1, 292.

38 Petrarch, *Letters on Familiar Matters*, 294 (Fam. VI, 2, to Giovanni Colonna).

39 Roberto Weiss, *The Renaissance Discovery of Classical Antiquity*, 2nd ed. (Oxford, UK: Basil Blackwell, 1988), 33 – 34.

40 Matthew Kneale, *Rome: A History in Seven Sackings* (London: Atlantic, 2018), 189.

41 Poggio Bracciolini, 'The Ruins of Rome', trans. Mary Martin McLaughlin, in *The Portable Renaissance Reader*, ed. James Bruce Ross and Mary Martin McLaughlin, rev. ed. (London: Penguin, 1977), 379 – 84. 이것은 브라촐리니가 안토니오 로치와 나눈 폐허에 관한 대화로 그가 1431~1448년에 집필한 『운명의 부침[De varietate fortunae]』 1권에 수록되어 있다. 다른 탐험 활동, 가령 페렌티노의 포르타 상귀나리아에 올라 명문을 읽은 것에 관해서는 이하 참조. Poggio Bracciolini, *Two Renaissance Book-Hunters*, 129 – 30 (Poggio to Niccolò, 15 September [1428]).

42 Ross King, *Brunelleschi's Dome* (London: Vintage, 2008), 25.

43 Cyriac of Ancona, *Life and Early Travels and Later Travels*, ed. and trans. Charles Mitchell, Edward W. Bonar and Clive Foss (Cambridge, MA: Harvard University Press, 2003 (Later), 2015 (Early)).

44 이를 알려준 피터 맥에게 감사를 전한다.

45 Leon Battista Alberti, *Delineation of the City of Rome [Descriptio urbis Romae]*, ed. Mario Carpo and Francesco Furlan, trans. Peter Hicks (Tempe: Arizona Center for Medieval and Renaissance Studies, 2007). 참조: Joan Gadol, *Leon Battista Alberti* (Chicago and London: University of Chicago Press, 1969), 167; Anthony Grafton, *Leon Battista Alberti* (London: Allen Lane/Penguin, 2001), 241–43.

46 Flavio Biondo, *Italy Illuminated*, ed. and trans. Jeffrey A. White (Cambridge, MA, and London: I Tatti/Harvard University Press, 2005–16), vol. 1, 189–93, (book II, §47–49). 선박에 관해서는 이하 참조. Anthony Grafton, *Leon Battista Alberti* (London: Allen Lane/Penguin, 2001), 248–49.

47 Elisabetta Povoledo, 'Long-Lost Mosaic from a "Floating Palace" of Caligula Returns Home', *New York Times*, 14 March, 2021, https://www.nytimes.com/2021/03/14/world/europe/caligula-mosaic-ship-italy.html. 뉴욕으로 가게 된 사연 https://www.theguardian.com/artanddesign/2021/nov/22/priceless-roman-mosaic-coffee-table-new-york-apartment.

48 https://comunedinemi.rm.it/contenuti/11827/museo-navi.

49 Flavio Biondo, *Italy Illuminated*, vol. 1, 5. 이 말을 네미호 선박 인양과 연결한 사람은 앤서니 그래프턴이다. Anthony Grafton, 'The Universal Language: Splendors and Sorrows of Latin in the Modern World', in *Worlds Made by Words* (Cambridge, MA, and London: Harvard University Press, 2009), 138.

50 Poggio Bracciolini, *Two Renaissance Book-Hunters*, 194–95 (Poggio to Guarino Guarini, 15 December, 1416).

51 Poggio Bracciolini, *Two Renaissance Book-Hunters*, 189 (Cinzio to Franciscus de Fiana, undated but apparently summer 1416).

52 Vespasiano da Bisticci, 'Proemio della vita dell'Alessandra de' Bardi', in *Vite di uomini illustri del secolo XV*, ed. Paolo d'Ancona and Erhard Aeschlimann (Milano: Ulrico Hoepli, 1951), 543. 이탈리아어 원문: 'In grande oscurità sono gli ignoranti in questa vita'. 작가들의 역할에 대해서는 'Hanno gli scrittori alluminato il mondo, a cavatolo di tanta oscurità in quanta si trovava.'

53　　Poggio Bracciolini, *Two Renaissance Book-Hunters*, 196–203. 인용된 부분은 196, 198 (Franciscus Barbarus to Poggio, 6 July, 1417).

54　　Poggio Bracciolini, *On Avarice* [*De Avaritia*, Basel 1538], trans. Benjamin G. Kohl and Elizabeth B. Welles, in *The Earthly Republic: Italian Humanists on Government and Society*, ed. B. G. Kohl, R. G. Witt and E. B. Welles (Manchester, UK: Manchester University Press, 1978), 241–89. 탐욕이 미덕일 수 있다는 생각은 257.

55　　Lorenzo Bonoldi, *Isabella d'Este: A Renaissance Woman*, trans. Clark Anthony Lawrence ([Rimini]: Guaraldi/Engramma, 2015), vol. 1, 11; Weiss, *The Renaissance Discovery of Classical Antiquity*, 196–99. 참조: Julia Cartwright, *Isabella d'Este, Marchioness of Mantua 1474–1539* (London: John Murray, 1903).

56　　Joan Kelly-Gadol, 'Did Women Have a Renaissance?', in *Women, History, and Theory* (Chicago: University of Chicago Press, 1984), 12–50, https://nguyenshs.weebly.com/uploads/9/3/7/3/93734528/kelly_did_women_have_a_renaissanace.pdf.

57　　호로츠비타의 희곡 여섯 편은 1493년 콘라트 켈티스가 레겐스부르크에 있는 성 에메람 수도원에서 발견했다. 『호로츠비타 전집』Opera Hrosvite (뉘른베르크, 1501)이라는 제목으로 출간되었고, 알브레히트 뒤러가 삽화를 그렸다. 바이에른 국립도서관이 필사본을 소장하고 있다. 이하 참조. Lewis W. Spitz, *Conrad Celtis: The German Arch-Humanist* (Cambridge, MA: Harvard University Press, 1957), 42; E. H. Zeydel, 'The Reception of Hrotsvitha by the German Humanists after 1493', *Journal of English and Germanic Philology* 44 (1945), 239–49; Leonard Forster, introduction to *Selections from Conrad Celtis*, ed. and trans. Leonard Forster (Cambridge, UK: Cambridge University Press, 1948), 11; https://en.wiki pedia.org/wiki/Hrotsvitha. 힐데가르트에 대해서는 더 많은 글을 찾을 수 있다. 참조: Fiona Maddocks, *Hildegard of Bingen* (London: Headline, 2001).

58　　크리스틴 드 피잔의 생애 전반기와 작품 활동에 대해서는 이하 참조. Sarah Lawson, *The Treasure of the City of Ladies*, rev. ed. (London: Penguin, 2003), xv–xvii.

59　　Christine de Pizan, *The Book of the City of Ladies*, trans. Rosalind Brown-Grant (London: Penguin, 1999), 9 (part 1, s. 2).

60　　Margaret L. King and Albert Rabil Jr, eds., *Her Immaculate Hand: Selected Works by and about the Women Humanists of Quattrocento Italy* (Asheville: Pegasus/University of North Carolina at Asheville, 2000), 81–84.

61　　Angelo Poliziano, *Letters*, ed. and trans. Shane Butler (Cambridge, MA, and London: I

Tatti/Harvard University Press, 2006), vol. 1, 189-91.

62　Translated in King and Rabil, *Her Immaculate Hand*, 77. 이 책에는 페델레의 생애 후반기에 관한 내용도 담겨 있다(48-50).

63　Ramie Targoff, *Renaissance Woman: The Life of Vittoria Colonna* (New York: Farrar, Straus & Giroux, 2019), 16.

64　참조: Anthony Grafton and Lisa Jardine, *From Humanism to the Humanities: Education and the Liberal Arts in Fifteenth- and Sixteenth-Century Europe* (London: Duckworth, 1986), 23-24. 이 시대의 인문 교육 전반에 관한 내용은 Paul F. Grendler, *Schooling in Renaissance Italy: Literacy and Learning, 1300-1600* (Baltimore and London: Johns Hopkins University Press, 1989).

65　Michel de Montaigne, Essays, in *The Complete Works*, trans. Donald Frame (London: Everyman, 2003), 154 (book I, chap. 26).

66　Juan Luis Vives, *In Pseudodialecticos*, trans. and ed. Charles Fantazzi (Leiden, Netherlands: Brill, 1979), 84.

67　Vives, In Pseudodialecticos, 88.

68　Anthony Grafton, *Commerce with the Classics: Ancient Books and Renaissance Readers* (Ann Arbor: University of Michigan Press, 1997), 46.

69　Grafton, *Commerce with the Classics*, 30.

70　Julia Cartwright, *Baldassare Castiglione: His Life and Letters* (London: John Murray, 1908), vol. 1, 60-61.

71　Cartwright, *Baldassare Castiglione*, vol. 1, 621.

72　Baldassare Castiglione, *The Book of the Courtier*, trans. George Bull, rev. ed. (Harmondsworth, UK: Penguin, 1976), 47.

73　Castiglione, *The Book of the Courtier*, 63.

74　스프레차투라와 이 말의 영어 번역에 대해서는 이하 참조. Peter Burke, *The Fortunes of the Courtier* (Cambridge, UK: Polity, 1995), 69-72.

75　Castiglione, 'Dedication', Book of the Courtier, 31. 실제로 들인 노력에 관해서는 이하 참조. Peter Burke, *The Fortunes of the Courtier*, 22-23.

76　Ezio Raimondi, *Codro e l'umanesimo a Bologna* (Bologna: C. Zuffi, 1987), 11-14; Carlo Malagola, *Della vita e delle opere di Antonio Urceo detto Codro: Studi e ricerche* (Bologna: Fava e Garagnani, 1878), 164.

77　Endymion Wilkinson, 'Woodblock Printing', in *Chinese History: A New Manual*

(Cambridge, MA: Harvard University Asia Center for the Harvard-Yenching Institute, 2012), 910.

78 Ross King, *The Bookseller of Florence* (London: Chatto & Windus, 2020), 142. 통계의 출처는 이하 참조. Janet Ing, 'The Mainz Indulgences of 1454/5 A Review of Recent Scholarship', *British Library Journal* 1 (Spring 1983), 19. 대사는 튀르키예에 맞서 키프로스를 방어하는 데 자금을 후원한 사람들을 위한 것이었다.

79 Johannes Trithemius, *In Praise of Scribes [De laude scriptorium]*, trans. Roland Behrendt, ed. Klaus Arnold (Lawrence, KS: Coronado, 1974), especially 53-63 (spiritual exercise) and 35 (parchment more durable). 이 책의 서론에서는 책을 인쇄하기로 한 이유를 언급한다(15).

80 Edward Gibbon, *The History of the Decline and Fall of the Roman Empire*, abridged, ed. David Womersley (London: Penguin, 2000), 727 (chap. 68).

81 Martin Lowry, *The World of Aldus Manutius* (Oxford, UK: Blackwell, 1979), 119.

82 Ingrid D. Rowland, *The Culture of the High Renaissance* (Cambridge, UK: Cambridge University Press, 1998), 62.

83 E. P. Goldschmidt, *The Printed Book of the Renaissance* (Cambridge, UK: Cambridge University Press, 1950), 51.

84 Martin Lowry, *The World of Aldus Manutius* (Oxford, UK: Blackwell, 1979), 122.

85 Martial, Epigrams, ed. and trans. D. R. Shackleton Bailey (Cambridge, MA, and London: Harvard University Press, 1993), vol. 1, 43 (i, ii).

86 Pietro Bembo, *Lyric Poetry; Etna*, ed. and trans. Mary P. Chatfield (Cambridge, MA, and London: I Tatti/Harvard University Press, 2005), 194-249. 여기 인용한 부분은 243. 벰보가 에트나를 여행하고 마누티우스에게 책의 인쇄를 맡긴 데 대해서는 이하 참조. Williams, *Pietro Bembo on Etna*.

87 Gareth D. Williams, *Pietro Bembo on Etna: The Ascent of a Venetian Humanist* (Oxford, UK: Oxford University Press, 2017), 202n. 세미콜론에 대해 더 알고 싶다면 이하 참조. Cecelia Watson, *Semicolon* (London: Fourth Estate, 2020). 필사본에도 비슷한 기호가 보이지만 흔한 라틴어 단어를 줄인 약어다.

88 Ernst Robert Curtius, *European Literature and the Latin Middle Ages*, trans. Willard R. Trask (Princeton, NJ: Princeton University Press, 2013), 315.

89 Erasmus, *Apologia adversus rapsodias calumniosarum querimoniarum Alberti Pii* (1531). 다음에서 재인용. Margaret Mann Phillips, *The 'Adages' of Erasmus: A*

Study with Translations (Cambridge, UK: Cambridge University Press, 1964), 68. 에라스뮈스가 마누티우스의 집에 묵은 내용에 관해서는 이하 참조. Erasmus, 'Penny-Pinching' [Opulentia sordida] (1531). 다음에서 재인용. *The Colloquies*, trans. Craig R. Thompson (Chicago and London: University of Chicago Press, 1965), 488 – 99.

90   Aldus Manutius, *The Greek Classics*, ed. and trans. N. G. Wilson (Cambridge, MA, and London: I Tatti/Harvard University Press, 2016), 289 – 91.

91   Phillips, *The 'Adages' of Erasmus*, 181.

92   Thomas More, *Utopia*, trans. Clarence H. Miller (New Haven and London: Yale University Press, 2001), 95.

93   Aldus Manutius, *The Greek Classics*, ed. and trans. N. G. Wilson, 205 – 7 ('Nun o, nunc, iuvenes, ubique in urbe / flores spargite: vere nanque primo / Aldus venit en, Aldus ecce venit!').

94   Aldus Manutius, *The Greek Classics*, 99.

95   1515년 3월 7일 토머스 러솔에게 보내는 에라스뮈스의 편지에서 인용. R. J. Schoeck, *Erasmus of Europe* (Edinburgh: Edinburgh University Press, 1990 – 93), vol. 2, 158.

3 선동가와 이교도들

1   기증장의 문구를 보려면 다음 참조. Lorenzo Valla, *On the Donation of Constantine*, trans. G. W. Bowersock (Cambridge, MA: I Tatti/Harvard University Press, 2007), 162 – 83. 기증장의 역사적 맥락과 쓰임에 관해서는 이하 참조. Johannes Fried, *'Donation of Constantine' and 'Constitutum Constantini': The Misinterpretation of a Fiction and Its Original Meaning* (Berlin: De Gruyter, 2007).

2   Peter Burke, *The Renaissance Sense of the Past* (London: Edward Arnold, 1969), 55. 특히 쿠사의 니콜라스가 1432~1433년 기증장의 진위를 의심했다.

3   Maffeo Vegio to Lorenzo Valla, Pavia, 26 August [1434]: Lorenzo Valla, *Correspondence*, ed. and trans. Brendan Cook (Cambridge, MA, and London: I Tatti/Harvard University Press, 2013), 35 – 37. 여기서 마페오 베조가 말하는 글은 『논리학과 철학 다시 파기Repastinatio dialecticae et philosophiae』였다.

4   파초의 말은 다음에서 재인용. Maristella Lorch, introduction to Lorenzo Valla, *On Pleasure: De Voluptate*, trans. A. Kent Hieatt and Maristella Lorch (New York:

Abaris, 1977), 8. 발라가 나폴리에서 학문을 하면서 만든 또 한 사람의 적은 안토니오 베카델리, 일명 파노르미타였다.

5   다음에서 재인용. Salvatore I. Camporeale, 'Lorenzo Valla's *Oratio* on the Pseudo-Donation of Constantine: Dissent and Innovation in Early Renaissance Humanism', in 'Lorenzo Valla: A Symposium', *Journal of the History of Ideas* 57 (1996), 9 – 26.

6   Valla, *On the Donation of Constantine*, 67.

7   Valla, *On the Donation of Constantine*, 11 – 15.

8   Valla, *On the Donation of Constantine*, 43.

9   Valla, *On the Donation of Constantine*, 67.

10 Valla, *On the Donation of Constantine*, 97.

11 N. G. Wilson, *From Byzantium to Italy: Greek Studies in the Italian Renaissance* (Baltimore: Johns Hopkins University Press, 1992), 69 – 72. 발라가 다시 교황청과 사이가 좋아졌을 때 교황 니콜라오 5세가 이 작품들을 맡겼다.

12 Rudolph Langen of Munster, writing to Antony Vrye (or Liber) of Soest, 27 February, 1469. 다음에서 재인용. P. S. Allen, *The Age of Erasmus* (Oxford, UK: Clarendon Press, 1914), 23.

13 Lorenzo Valla, *Dialectical Disputations*, ed. and trans. Brian Copenhaver and Lodi Nauta (Cambridge, MA: I Tatti/Harvard University Press, 2012). 불행히도 16세기의 한 편집자가 제목을 특색 없는 것(『논리학 반박 Dialecticae Disputationes』)으로 바꾸었고 그 제목이 후대로 전해졌다. 위 책의 서문 참조(x – xi).

14 Livy: BL Harley 2493. Facsimile: Giuseppe Billanovich, *La tradizione dal testo di Livio e le origini dell'umanesimo*, vol. 2: *Il Livio del Petrarca e del Valla*: British Library, Harleian 2493 (Padua: Antenore, 1981). 발라의 개정본(*Emendationes sex librorum Titi Livi*)은 1446~1447년에 집필한 것.

15 Lorenzo Valla, *In Latinam Novi Testamenti interpretationem ex collatione Graecorum exemplarium adnotationes*. 1440년대에 집필 및 수정. 참조: Wilson, *From Byzantium to Italy*, 73; L. D. Reynolds and N. G. Wilson, *Scribes and Scholars*, 3rd ed. (Oxford, UK: Clarendon Press, 1991), 144. 발라의 신약성경 문헌 비평은 이하 참조. Jerry H. Bentley, *Humanists and Holy Writ* (Princeton, NJ: Princeton University Press, 1983), 32 – 69.

16 William J. Connell, introduction to 'Lorenzo Valla: A Symposium', *Journal of the*

History of Ideas 57 (1996), 1 – 7. 인용된 내용은 2. 관련된 내용 전반은 이하 참조. Valla's *On Free Will*, trans. Charles Edward Trinkaus Jr, in *The Renaissance Philosophy of Man*, ed. Ernst Cassirer, P. O. Kristeller and John Herman Randall Jr (Chicago: University of Chicago Press, 1948), 155 – 82, translator's introduction, 147 – 54; Christopher S. Celenza, T*he Intellectual World of the Italian Renaissance* (New York: Cambridge University Press, 2018), 216 – 27.

17 Valla, *On Pleasure: De Voluptate*, 69.
18 Valla, *On Pleasure: De Voluptate*, 101, 109, 131.
19 Valla, *On Pleasure: De Voluptate*, 285 – 87.
20 Valla, *On Pleasure: De Voluptate*, 91.
21 Lorenzo Valla to Eugenius IV, 27 November [1434], in Valla, *Correspondence*, 43. 참조: Lorch, introduction to Valla, *On Pleasure: De Voluptate*, 27.
22 Camporeale, 'Lorenzo Valla's *Oratio* on the Pseudo-Donation of Constantine: Dissent and Innovation in Early Renaissance Humanism', 9 – 26. 인용된 내용은 9.
23 Reynolds and Wilson, *Scribes and Scholars*, 143; G. W. Bowersock, introduction to his translation of Valla, *On the Donation of Constantine*, ix.
24 Jill Kraye, 'Lorenzo Valla and Changing Perceptions of Renaissance Humanism', *Comparative Criticism* 23 (2001), 37 – 55. 여기 인용한 부분과 묘비 사진은 37 – 38. 니부어는 1828~1829년 본대학교에서 강의를 하면서 묘비가 바닥 포장용으로 쓰이고 있다는 사실을 학생들에게 말했다. 역사학자 프란체스코 칸첼리에리가 얼마 후에 묘비를 살려냈다.
25 R. J. Schoeck, *Erasmus of Europe* (Edinburgh: Edinburgh University Press, 1990 – 93), vol. 2, 44 – 45.
26 Camporeale, 'Lorenzo Valla's *Oratio* on the Pseudo-Donation of Constantine', 9 – 26. 여기 인용한 부분은 25.
27 잘 알려진 사례로는 이작 카조봉의 1614년 작 『종교 및 교회 문제에 관한 16개의 논문De rebus sacris et ecclesiasticis exercitationes XVI』이 있는데 그는 르네상스 신플라톤주의자들이 높이 샀던 헤르메스 트리스메기스투스의 문헌이 사실 그들이 알고 있는 고대 이집트인이 아닌 이후 기독교인들에 의해 작성되었으며 그래서 기독교에 대해 그토록 생생한 예언을 담고 있었다는 사실을 입증했다. 참조: Anthony Grafton, 'Protestant versus Prophet: Isaac Casaubon on Hermes Trismegistus', *Journal of the Warburg and Courtauld Institutes* 46 (1983), 78 – 93.

28   Lorenzo Valla to Joan Serra, Gaeta, 13 August [1440], in Valla, *Correspondence*, 75 – 97.

29   Poggio Bracciolini to Bartolomeo Ghiselardi, 1454. 다음에서 재인용. Anthony Grafton and Lisa Jardine, *From Humanism to the Humanities: Education and the Liberal Arts in Fifteenth- and Sixteenth-Century Europe* (London: Duckworth, 1986), 80. 라틴어 원문은 다음과 같다. 'Itaque opus esset non verbis, sed fustibus, et clava Herculis ad hoc monstrum perdomandum, et discipulos suos.' 참조: Salvatore I. Camporeale, *Lorenzo Valla: Umanesimo e teologia* (Florence: Istituto Nazionale di Studi sul Rinascimento, 1972), 137. 발라는 이 당시 로마에서 가르치고 있었다. 프란체스코 필렐포가 제발 그만 다투어 달라고 1453년 3월 7일 브라촐리니와 발라에게 보낸 편지는 Valla, *Correspondence*, 273.

30   Petrarch, *Letters on Familiar Matters / Rerum familiarum*, libri I – XXIV, trans. Aldo S. Bernardo (Albany: SUNY Press, 1975; Baltimore and London: Johns Hopkins University Press, 1982 – 85), vol. 3, 314 – 16 (Fam. XXIV, 2). 이 내용은 그 자리에 함께 있었던 시인(Pulice da Vicenza)에게 보내는 편지에 들어 있다.

31   라틴어 원문은 'Ciceronianus es, non Christianus'. 이 이야기는 서기 384년 히에로니무스가 제자 파울라의 딸 에우스토키움에게 보낸 편지에 들어 있다. 다음에서 재인용. Eugene F. Rice Jr, *Saint Jerome in the Renaissance* (Baltimore and London: Johns Hopkins University Press, 1985), 3. 참조: Saint Jerome, *Selected Letters*, trans. F. A. Wright (London: W. Heinemann; New York: G. P. Putnam's Sons, 1933), 53 – 158. 꿈 이야기는 127 – 29.

32   Lorenzo Valla, 'In quartum librum elegantiarum praefatio: Prefazione al quarto libro delle Eleganze', in *Prosatori latini del Quattrocento*, ed. Eugenio Garin (Turin: Einaudi, 1976 – 77), vol. 5, 612 – 23. 여기 인용한 부분은 614 – 15. 참조: Rice, *Saint Jerome in the Renaissance*, 86.

33   Erasmus, 'The Ciceronian', trans. Betty I. Knott, ed. A. H. T. Levi, in *Collected Works*, vol. 28 (Toronto: University of Toronto Press, 1986), 430 – 35.

34   산드로 보티첼리가 「비너스의 탄생」과 「프리마베라」를 그리기 전 개인적으로 고용한 인문학 연구자 안젤로 폴리치아노의 조언을 받았다는 사실에 대해서는 이하 참조. Frank Zöllner, *Sandro Botticelli* (Munich: Prestel, 2009), 135, 140 – 41.

35   Petrarch, 'On His Own Ignorance and That of Others', in *Invectives*, ed. and trans. David Marsh (Cambridge, MA, and London: I Tatti/ Harvard University Press, 2003), 333.

36 Virgil, *Eclogues*, IV.
37 *Cento Vergilianus de laudibus Christi*. 참조: E. Clark and D. Hatch, *The Golden Bough, the Oaken Cross: The Virgilian Cento of Faltonia Betitia Proba* (Chico, CA: Scholars Press, 1981); https://en.wikipedia.org/wiki/Cento_Vergilianus_de_laudibus_Christi. 12세기 학자들, 특히 샤르트르 학파의 연구자들은 인테구멘툼, 즉 '외피'라는 말로 이런 고전 문헌을 설명했다. 표면은 더 깊은 의미를 숨기기 위한 외투에 불과하다는 생각이었다. Peter Adamson, *Medieval Philosophy* (Oxford, UK: Oxford University Press, 2019), 96–97.
38 Dante, *Inferno*, canto 4, line 39.
39 Dante, *Inferno*, canto 10, lines 13–15.
40 Erasmus, 'The Ciceronian', 388.
41 Erasmus, 'The Ciceronian', 396.
42 Erasmus, 'The Ciceronian', 383.
43 Ingrid D. Rowland, *The Culture of the High Renaissance* (Cambridge, UK: Cambridge University Press, 1998), 13.
44 Anthony F. D'Elia, *A Sudden Terror: The Plot to Murder the Pope in Renaissance Rome* (Cambridge, MA, and London: Harvard University Press, 2009), 95–97.
45 Grafton and Jardine, *From Humanism to the Humanities*, 89–90.
46 D'Elia, *A Sudden Terror*, 88.
47 Ronald G. Musto, *Apocalypse in Rome: Cola di Rienzo and the Politics of the New Age* (Berkeley: University of California Press, 2003), 341–43.
48 D'Elia, *A Sudden Terror*, 82. 로마의 아카데미아와 그 탄압에 관한 내용은 따로 명기하지 않는 한 대체로 여기서 인용한다.
49 J. F. D'Amico, *Renaissance Humanism in Papal Rome: Humanists and Churchmen on the Eve of the Reformation* (Baltimore: Johns Hopkins University Press, 1983), 93.
50 D'Elia, *A Sudden Terror*, 170, 181.
51 1460년대 중반에 썼지만 나중에 출판되었다. B. Platina, *De honesta voluptate et valetudine*. John Verriano, 'At Supper with Leonardo', *Gastronomica* 8, no. 1 (2008), 75–79.
52 Platina, *Liber de vita Christi ac omnium pontificum aa. 1–1474* (Venice: J. Manthen and J. de Colonia, 1479).
53 Rowland, *The Culture of the High Renaissance*, 16; D'Elia, *A Sudden Terror*, 184.

한 학생이 1484년 이후 외국에서 온 방문객과 로마 유적을 답사하고 남긴 기록이 남아 있다. Roberto Weiss, *The Renaissance Discovery of Classical Antiquity*, 2nd ed. (Oxford, UK: Blackwell, 1988), 76 – 77.

54 Leonardo Bruni, *Laudatio florentinae urbis*, trans. Hans Baron, in *The Humanism of Leonardo Bruni: Selected Texts*, trans. and ed. G. Griffiths, J. Hankins and D. Thompson (Binghamton, NY: Medieval and Renaissance Texts and Studies, 1987), 116 – 17.

55 Bruni, *Laudatio florentinae urbis*, 121.

56 Leonardo Bruni, 'Oration for the Funeral of Nanni Strozzi' (1428), trans. Gordon Griffiths, in *The Humanism of Leonardo Bruni*, trans. and ed. G. Griffiths, J. Hankins and D. Thompson (Binghamton, NY: Medieval and Renaissance Texts and Studies, 1987), 121 – 27. 여기 인용한 부분은 126. 이 장례 연설의 주인공인 난니 스트로치는 1427년 피렌체를 위해 싸우다 사망했다.

57 Thucydides, *The Peloponnesian War*, book 2, §35 – 46.

58 역사가들은 당시 피렌체의 사상이 '시민 인문주의'에 해당하는지에 관해 상반된 의견을 밝혀왔다. 이 말은 역사학자 한스 바론이 주로 사용하는 용어인데 그는 피렌체가 문학이나 철학적인 문제 그 자체보다는 정치적인 책임이나 시민 사회에 대한 책임에 더 관심이 많았다는 점을 지적한다. Hans Baron, *The Crisis of the Early Italian Renaissance: Civic Humanism and Republican Liberty in an Age of Classicism and Tyranny*, rev. ed. (Princeton, NJ: Princeton University Press, 1966). 참조: James Hankins, ed., *Renaissance Civic Humanism: Reappraisals and Reflections* (Cambridge, UK: Cambridge University Press, 2000).

59 Lorenzo de' Medici, *Selected Poems and Prose*, trans. J. Thiem et al. (University Park: Pennsylvania State University Press, 1991), 5 – 6.

60 Marsilio Ficino, *Platonic Theology*, book 3, chap. 3, trans. J. L. Burroughs, Journal of the History of Ideas 5, no. 2 (April 1944), 227 – 42. 여기 인용한 부분은 235.

61 '인간의 품격'이 왜 원제목의 일부가 아닌지에 관한 자세한 설명은 Brian P. Copenhaver, *Magic and the Dignity of Man: Pico della Mirandola and his Oration in Modern Memory* (Cambridge, MA, and London: Belknap Press of Harvard University Press, 2019), 28 – 29. 미란돌라와 그의 연구가 받은 관심에 대해서는 Brian P. Copenhaver and William G. Craven, *Giovanni Pico della Mirandola: 'Symbol of His Age': Modern Interpretations of a Renaissance Philosopher* (Geneva: Droz, 1981).

62 Pico della Mirandola, *Oration on the Dignity of Man: A New Translation and*

Commentary, ed. Francesco Borghesi, Michael Papio and Massimo Riva (Cambridge, UK: Cambridge University Press, 2012), 121, para. 29.

63   Pico della Mirandola, *Oration on the Dignity of Man*, 123, paras. 31 – 32.

64   Jacob Burckhardt, *The Civilization of the Renaissance in Italy* (1860), trans. S. G. C. Middlemore (Harmondsworth, UK: Penguin, 1990). 레오나르도 다빈치와 알베르티에 관한 내용은 102 – 4.

65   Leon Battista Alberti, *The Life*, in R. Watkins, 'L. B. Alberti in the Mirror: An Interpretation of the Vita with a New Translation', *Italian Quarterly* 30, no. 117 (Summer 1989), 5 – 30. 1437년이나 1438년의 기록이다. 리카르토 푸비니는 1972년 이것이 알베르티 자신의 글이라고 밝혔다. Anthony Grafton, *Leon Battista Alberti* (London: Allen Lane/Penguin, 2001), 17 – 18.

66   Leon Battista Alberti: *Della pittura [De pictura]*. 1435~1436년 토스카나 방언으로 쓰고 1439~1441년 라틴어로 옮김; *De re aedificatoria*. 1443년에서 1452년 사이 집필; *De statua*. 1450년에 시작해서 1460년에 출간.

67   Leon Battista Alberti, *Delineation of the City of Rome* [Descriptio urbis Romae], ed. Mario Carpo and Francesco Furlan, trans. Peter Hicks (Tempe: Arizona Center for Medieval and Renaissance Studies, 2007). 참조: Grafton, *Leon Battista Alberti*, 241 – 43. 알베르티와 로마의 건축물에 대해 나와 이야기를 나누어준 스테파노 귀다리니에게 감사를 표한다.

68   Leon Battista Alberti, *Ludi matematici [Ludi rerum mathematicarum]*, ed. R. Rinaldi (Milan: Guanda, 1980). 1450년과 1452년 사이 집필. 참조: Joan Gadol, *Leon Battista Alberti* (Chicago and London: University of Chicago Press, 1969), 167.

69   Alberti, *The Life*, 7 – 15.

70   Vitruvius, *De architectura [On Architecture]* (Como: G. da Ponte, 1521), book 3, §1. 이 판본에 있는 목판 삽화는 체사레 체사리아노의 작품.

71   Geoffroy Tory, *Champ fleury*, trans. George B. Ives (New York: Grolier Club, 1927).

72   스케치와 나무로 만든 모형은 아직 피렌체의 카사 부오나로티에 있다. William E. Wallace, *Michelangelo at San Lorenzo* (Cambridge, UK: Cambridge University Press, 1994), 21, 31.

73   '행복한 인간'의 디자인, 데니스 베링턴이 1963년에 그린 그림, 앤드루 콥슨이 2001년에 쓴 설명에 관해서는 이하 참조. British Humanist Association papers in the Bishopsgate Institute Library, London: BHA 1/8/11.

74 https://humanists.uk. 새로운 로고의 의미를 설명해 준 앤드루 콥슨에게 감사를 표한다.

75 Vitruvius, *De architectura*.

76 Immanuel Kant, *Idea for a Universal History with a Cosmopolitan Aim*, trans. Allen W. Wood, in Kant, *Anthropology, History and Education*, ed. Günter Zöller and Robert B. Louden (Cambridge, UK: Cambridge University Press, 2007), 107–20. 여기 인용한 부분은 113.

77 플라톤 논문을 찢어버린 이야기는 1495년 설교문에 있다. 다음에서 재인용. Donald Weinstein, *Savonarola: The Rise and Fall of a Renaissance Prophet* (New Haven and London: Yale University Press, 2011), 8. 사보나롤라에 관한 일반적인 내용은 이하 참조. Lauro Martines, *Scourge and Fire: Savonarola and Renaissance Florence* (London: Jonathan Cape, 2006).

78 Girolamo Savonarola, All Souls' Day sermon of 2 November, 1496, in *Selected Writings: Religion and Politics, 1490–1498*, trans. and ed. Anne Borelli and Maria Pastore Passaro (New Haven and London: Yale University Press, 2006), 46.

79 Weinstein, *Savonarola*, 12–13. 전기 작가들은 이 논문에 『세상에 대한 경멸에 대하여 De contemptu mundi』라는 제목을 붙였는데 논문의 요점을 한마디로 요약하는 제목이었다.

80 Weinstein, *Savonarola*, 22–23.

81 로렌초의 죽음을 생생하게 묘사한 1492년 5월 18일 편지는 이하 참조. Angelo Poliziano, *Letters*, ed. and trans. Shane Butler (Cambridge, MA, and London: I Tatti/Harvard University Press, 2006), vol. 1, 239. 로렌초에게 사보나롤라를 찾으라고 권한 사람은 미란돌라였을 수 있다.

82 Weinstein, *Savonarola*, 119. 마르실리오 피치노가 흥미를 잃은 내용은 144. 미란돌라는 계속해서 사보나롤라에게 호의적이었지만 도움이 되지 않았다. 1494년 미란돌라가 사망한 뒤 사보나롤라는 설교단에서 발표하기를 믿을 수 있는 정보에 따르면 미란돌라가 천국에 이르지 못하고 연옥에서 멈추었다고 했다. 1494년 11월 23일에 있었던 이 설교는 다음에서 재인용. Copenhaver, *Magic and the Dignity of Man*, 167, 184.

83 1496년 2월 16일에 있었던 사육제를 설명하는 편지로 발신인은 연설가 파올로 소멘치, 수신인은 밀라노 공작 루드비크 스포르차다. Savonarola, *Selected Writings*, 219.

84　1497년에 지핀 불에 관해서는 Savonarola, *Selected Writings*, 244 – 58.

85　파시피코 부를라마키 수사가 쓴 것으로 잘못 알려진 저자 미상의 사보나롤라 전기에 나오는 내용으로 다음에서 재인용. Savonarola, *Selected Writings*, 257.

86　다음에서 재인용. Weinstein, *Savonarola*, 72.

87　Savonarola, *Selected Writings*, 346.

88　1494년 12월 14일 설교에서 주로 인용. Weinstein, *Savonarola*, 155 – 56.

89　Weinstein, *Savonarola*, 295 – 98. 사형에 대한 루카 란두치의 기록은 295 – 96. 산마르코 종에 관한 내용은 298. 종은 50년 동안 추방되어야 했지만 1509년에 다시 교회로 돌아왔다. 현재 피렌체 산 마르코 박물관에 있다. 종의 재판, 처벌, 복권에 관한 기록은 이하 참조. Daniel M. Zolli and Christopher Brown, 'Bell on Trial', *Renaissance Quarterly* 72, no. 1 (Spring 2019), 54 – 96.

90　마키아벨리는『군주론』 6장을 포함한 여러 글에서 사보나롤라에 대해 이야기했다. Machiavelli, *The Prince*, trans. George Bull (Harmondsworth, UK: Penguin, 1961), 52.

91　Thomas Paine, *The Age of Reason* (London: Watts, 1938), 23.

92　André Chastel, *The Sack of Rome*, 1527, trans. Beth Archer (Princeton, NJ: Princeton University Press, 1983), 131. 조비오의 서고를 비롯해서 피해를 본 것들에 대한 자세한 내용은 124. 라파엘의 벽화(스탄체 델라 세나투라에 있는 성체 논쟁 벽화) 아래에 있는 낙서에 관해서는 92-93.

93　역자(K. Gouwens) 서문 참조. Paolo Giovio, *Notable Men and Women of Our Time* (Cambridge, MA, and London: I Tatti/Harvard University Press, 2013), ix.

94　T. C. Price Zimmermann, *Paolo Giovio: The Historian and the Crisis of Sixteenth-Century Italy* (Princeton, NJ: Princeton University Press, 1995), 86 – 88.

95　Pliny the Younger to Voconius Romanus, epistle 9.7, in *Letters*, trans. Betty Radice (Harmondsworth, UK: Penguin, 1969), 237.

96　Paolo Giovio, *Elogia veris clarorum virorum imaginibus apposita* (Venice: M. Tramezinus, 1546).

97　역자(Julia Conaway Bondanella, Peter Bondanella) 서문 참조. Giorgio Vasari, *The Lives of the Artists* (Oxford, UK, and New York: Oxford University Press, 1991), vii – viii. 더 궁금하다면 Zimmermann, *Paolo Giovio*, 214.

98　조르조 바사리의「여섯 명의 토스카나 시인들」(1544)은 미네아폴리스 미술관이 소장하고 있다. 다른 세 명은 치노 다 피스토이아, 귀토네 다레초, 귀도 카발칸

티다. (카발칸티는 단테의 친구고 보카치오에 의해 무신론자라고 소문이 났던 흥미로운 인물이다.)

99　Vasari, *The Lives of the Artists*, 47-49. 재탄생에 관한 내용은 48-49, 역사학자에 관한 내용은 47.

4 경이로운 망

1　Girolamo Fracastoro, *Latin Poetry*, trans. James Gardner (Cambridge, MA, and London: I Tatti/Harvard University Press, 2013), 29 (book 1, lines 437-51).

2　Girolamo Fracastoro, *Fracastoro's Syphilis*, ed. and trans. Geoffrey Eatough (Liverpool: Francis Cairns, 1984), 69 (book 2, lines 133-37). 라틴어 원문: 'Tu teneros lactes, tu pandae abdomina porcae, / Porcae heu terga fuge, et lumbis ne vescere aprinis, / Venatu quamvis toties confeceris apros. / Quinneque te crudus cucumis, non tubera captent, / Neve famem cinara, bulbisve salacibus expe.'

3　Fracastoro, *Fracastoro's Syphilis*, 107 (book 2, lines 405-12). 라틴어 원문: 'Salve magna Deum minibus sata semine sacro, / Pulchra comis, spectata novis virtutibus arbos: / Spes hominum, externi decus, et nova Gloria mundi: Fortunata nimis … / Ipsa tamen, si qua nostro te carmine Musae / Ferre per ora virum poterunt, hac tu quotue parte / Nosceris, coeloque etiam cantabere nostro.'

4　좀 더 최근에 이 시를 영어로 옮긴 제임스 가드너가 서문에서 지적한 사실이다. Fracastoro, *Latin Poetry*, xiii. 가드너가 참고한 내용에는 울리히 폰 후텐의 『프랑스 병에 대하여 De morbo gallico』(1519)도 있다.

5　P. Eppenberger, F. Galassi and F. Rühli, 'A Brief Pictorial and Historical Introduction to Guaiacum – from a Putative Cure for Syphilis to an Actual Screening Method for Colorectal Cancer', *British Journal of Clinical Pharmacology* 83, no. 9 (September 2017), 2118-19, https://www.ncbi.nlm.nih.gov/pmc/articles/PMC5555855/.

6　Edmund D. Pellegrino, *Humanism and the Physician* (Knoxville: University of Tennessee Press, 1979), 33.

7　T. H. Huxley, 'Universities: Actual and Ideal' (University of Aberdeen, 1874), in *Science and Education*, vol. 3 of *Collected Essays* (London: Macmillan, 1910), 189-234. 여기 인용한 부분은 220.

8   Petrarch, *Letters of Old Age* [Rerum senilium, books I-XVIII], trans. Aldo S. Bernardo, Saul Levin and Reta A. Bernardo (Baltimore and London: Johns Hopkins University Press, 1992), vol. 2, 438-49. 여기 인용한 부분은 444 (Sen. XII, 1).

9   Petrarch, *Letters of Old Age*, vol. 1, 167-76. 여기 인용한 부분은 172 (Sen. V, 3).

10 Geoffrey Chaucer, *Canterbury Tales*, 'General Prologue', lines 443-44.

11 Johann Winter von Andernach (J. Guintherius), *Aliquot libelli* (Basel, 1529), sig. A2r-v. 다음에서 재인용. Richard J. Durling, 'A Chronological Census of Renaissance Editions and Translations of Galen', *Journal of the Warburg and Courtauld Institutes* 24, nos. 3-4 (1961), 230-305. 여기 인용한 부분은 239.

12 페트라르카의 플리니우스 필사본은 파리 국립도서관 소장(MS Lat. 6802). 옥스퍼드 필사본은 보들리언도서관 소장(MS Auct. T.I.27). 참조: Charles G. Nauert Jr, 'Humanists, Scientists, and Pliny: Changing Approaches to a Classical Author', *American Historical Review* 84 (1979), 72-85. 여기 인용한 부분은 75. 독일인 문학자 로돌푸스 아그리콜라도 이탈리아를 여행하는 내내 플리니우스 책을 갖고 다녔다. 참조: Gerard Geldenhouwer, '*Vita*' in *Rudolf Agricola: Six Lives and Erasmus's Testimonies*, ed and trans. Fokke Akkerman, English trans. Rudy Bremer and Corrie Ooms Beck (Assen, Netherlands: Royal Van Gorcum, 2012), 91-107. 관련 내용은 99.

13 특히 초기 휴머니스트 에르몰라오 바르바로는 5000개가 넘는 오류를 수정해야 했지만 이것이 필경사의 잘못이라고 말했다. *Castigationes plinianae* (1493). 다음에서 재인용. Brian W. Ogilvie, *The Science of Describing* (Chicago and London: University of Chicago Press, 2006), 122-25.

14 Niccolò Leoniceno, *De Plinii et plurium aliorum medicorum in medicina erroribus* … (Ferrara: I. Maciochius, 1509), f. 21v. 플리니우스를 탓하는 부분에 관해서는 Angelo Poliziano, *Letters*, ed. and trans. Shane Butler (Cambridge, MA, and London: I Tatti/Harvard University Press, 2006), vol. 1, 103-5. 이 일 전반에 관해서는 Nauert, 'Humanists, Scientists, and Pliny'; Arturo Castiglioni, 'The School of Ferrara and the Controversy on Pliny', in *Science Medicine and History: Essays on the Evolution of Scientific Thought and Medical Practice Written in Honour of Charles Singer*, ed. E. Ashworth Underwood (London: Geoffrey Cumberlege/Oxford University Press, 1953), vol. 1, 269-79; Ogilvie, *The Science of Describing*, 127-29.

15 Vivian Nutton, 'The Rise of Medical Humanism: Ferrara, 1464-1555',

Renaissance Studies 11 (1997), 2 – 19. 여기 인용한 부분은 4.

16　Leoniceno, *De Plinii et aliorum medicorum erroribus liber* … (Basel: Henricus Petrus, 1529), 65 – 66. 다음에서 재인용. Ogilvie, *The Science of Describing*, 129.

17　루카누스와 카토가 말한 딥사스는 작은 독사를 가리켰는데 오늘날 이 이름이 붙은 신대륙 뱀들은 독이 전혀 없다. Niccolò Leoniceno, *De dipsade et pluribus aliis serpentibus* (Bologna, 1518). 집필 시기는 출간 연도보다 훨씬 앞선다. 다음에서 재인용. Nutton, 'The Rise of Medical Humanism: Ferrara, 1464 – 1555', 2 – 19. 인용한 부분은 5.

18　브라사볼라에 관한 내용은 다음 참조. Nutton, 'The Rise of Medical Humanism: Ferrara, 1464 – 1555', 12 – 14. 식물원과 소장 목록에 관한 내용은 Paula Findlen, *Possessing Nature: Museums, Collecting and Scientific Culture in Early Modern Italy* (Berkeley: University of California Press, 1994).

19　Susan P. Mattern, *The Prince of Medicine: Galen in the Roman Empire* (Oxford, UK: Oxford University Press, 2013), 151.

20　Saint Augustine, *Concerning the City of God against the Pagans*, book 23, chap. 24.

21　[T. Southwood Smith], *Use of the Dead to the Living: From the Westminster Review* (Albany, UK: Websters and Skinners, 1827), 37.

22　Charles D. O'Malley, *Andreas Vesalius of Brussels, 1514 – 1564* (Berkeley: University of California Press, 1964), 9; Bernard Schultz, *Art and Anatomy in Renaissance Italy* (Ann Arbor: UMI Research Press, 1985), 25.

23　O'Malley, *Andreas Vesalius of Brussels*, 1514 – 1564, 106. 야코부스 실비우스라는 이름은 자크 뒤부아의 라틴어 형태다.

24　https://en.wikipedia.org/wiki/Rete_mirabile.

25　다음에서 재인용. Marco Catani and Stefano Sandrone, *Brain Renaissance: From Vesalius to Modern Neuroscience* (Oxford, UK: Oxford University Press, 2015), 154.

26　O'Malley, *Andreas Vesalius of Brussels*, 64.

27　O'Malley, *Andreas Vesalius of Brussels*, 64.

28　O'Malley, *Andreas Vesalius of Brussels*, 69-71. 주석서는 Vesalius, Paraphrasis, 1537.

29　O'Malley, *Andreas Vesalius of Brussels*, 77.

30　O'Malley, *Andreas Vesalius of Brussels*, 318-20.

31　O'Malley, *Andreas Vesalius of Brussels*, 81-82. 강의 노트는 18세 학생 비투스 트

리토니우스 아테시누스가 남긴 것으로 빈의 오스트리아국립박물관이 소장하고 있다. 베살리우스는 『파브리카』에서 자신이 선호하는 방식과 기술에 관해 이야기한다.

32 Vesalius, *Tabulae anatomicae* (1538). 세 번째 목록에 갈레노스의 레테 미라빌레(B)가 있다. https://iiif.wellcomecollection.org/image/L0002333.jpg/full/760%2C/0/default.jpg. 베살리우스는 『파브리카』에서 이 실수에 대해 언급한다. 다음 주석 참조.

33 O'Malley, *Andreas Vesalius of Brussels*, 98 – 100.

34 Andreas Vesalius, *De humani corporis fabrica libri septem* (Basel: J. Oporinus, 1543). 참조: Vesalius, *The Fabric of the Human Body*, ed. and trans. Daniel H. Garrison and Malcolm H. Hast (Basel: Karger, 2014), an annotated translation of the 1543 and 1555 editions of *De humani corporis fabrica libri septem*. 디지털 버전은 http://www.vesaliusfabrica.com/en/original-fabrica.html. 구조[fabrica]라는 용어에 관해서는 O'Malley, *Andreas Vesalius of Brussels*, 139. 건물의 '구조'라는 의미도 될 수 있다. 더 궁금하다면 Daniel H. Garrison, 'Why Did Vesalius Title His Anatomical Atlas "The Fabric of the Human Body"?', http://www.vesalius-fabrica.com/en/original-fabrica/inside-the-fabrica/the-name-fabrica.html.

35 Vesalius, *De humani corporis fabrica*. 영문 번역 출처는 Catani and Sandrone, *Brain Renaissance: From Vesalius to Modern Neuroscience*, 152 – 53.

36 Vesalius, De humani corporis fabrica, book 5, chap. 15. 다음 번역본 주석 참조. Vesalius, The Fabric of the Human Body, ed. and trans. Daniel H. Garrison and Malcolm H. Hast vol. 2, 1069n40. 베살리우스는 음핵을 소음순의 일부와 혼동했다.

37 Realdo Colombo, *De re anatomica* (Venice: N. Bevilacqua, 1559), 243 (s. 11, lines 6 – 20). 라틴어 원문: 'tam pulchram rem, tanta arte effectam, tantae utilitatis gratia'. 콜롬보가 책을 쓴 시기는 1540년대 초로 더 이르지만 1559년에 비로소 출간됐다. 참조: Mark Stringer and Ines Becker, 'Colombo and the Clitoris', *European Journal of Obstetrics and Gynaecology and Reproductive Biology* 151 (2010), 130 – 33; Robert J. Moes and C. D. O'Malley, 'Realdo Colombo: "On Those Things Rarely Found in Anatomy …"', *Bulletin of the History of Medicine* 34, no. 6 (1960), 508 – 28. 가브리엘레 팔로피오 역시 음핵에 관해 설명했다. 1550년에 이에 대한 기록을 남겼고 1561년에 출간된 책[Observationes anatomicae]에

서 언급했다. 베살리우스는 그래도 제대로 깨닫지 못했다. 이후에 출간된 책에서 "이 새롭고 쓸모없는 부분"이 건강한 여성이 아닌 자웅동체hermaphrodites에서만 발견된다고 주장하기도 했다. Vesalius, *Anatomicarum Gabrielis Falloppii observationum examen* (1564). 다음에서 재인용. Stringer and Becker, 'Colombo and the Clitoris', 132.

38 O'Malley, *Andreas Vesalius of Brussels*, 130 – 37.

39 이런 생각의 여파에 대해서는 이하 참조. Ruth Richardson, *Death, Dissection and the Destitute* (London: Penguin, 1989).

40 Stringer and Becker, 'Colombo and the Clitoris', 131.

41 Martin Clayton and Ron Philo, *Leonardo da Vinci: Anatomist* (London: Royal Collection, 2011), 17.

42 Paula Findlen et al., *Leonardo's Library: The World of a Renaissance Reader* (Stanford, CA: Stanford Libraries, 2019). 스탠퍼드대학교에서 열렸던 2019년 전시회 도록. 레오나르도 다빈치가 갖고 있던 목록이나 그가 언급한 책을 바탕으로 그의 서고에 어떤 책이 있었는지 재구성했다.

43 다빈치의 노트(RL 19037v)에 대한 언급은 Clayton and Philo, *Leonardo da Vinci: Anatomist*, 9.

44 Lucretius, *On the Nature of the Universe*, trans. Ronald Melville (Oxford, UK: Oxford University Press, 2008), 89 (book 3, line 712).

5 인간의 일들

1 Lewis W. Spitz, *Conrad Celtis: The German Arch-Humanist* (Cambridge, MA: Harvard University Press, 1957), 23.

2 Leonard Forster, introduction to *Selections from Conrad Celtis, 1459 – 1508* (Cambridge, UK: Cambridge University Press, 1948), 31 – 33.

3 루돌프 아그리콜라가 야콥 바르비로에게 보낸 편지(7 June, 1484, *De formando studio*)는 다음에서 재인용. Rudolf Agricola, *Letters*, ed. and trans. Adrie Van der Laan and Fokke Akkerman (Assen, Netherlands: Royal Van Gorcum; Tempe: Arizona Center for Medieval and Renaissance Studies, 2002), 203 – 19. 여기 인용한 부분은 205 – 9. "사물 그 자체(res ipsas)" 관련 내용은 이 부분의 프랑스어 번역본에서 인용. R. Agricola, *Écrits sur la dialectique et l'humanisme*, ed. Marc van der Poel (Paris: H. Champion,

1997), 264 – 65 ('tu dois étudier les faits mêmes [res ipsas]').

4   Rabelais, *Pantagruel*, chap. 8, in *Gargantua and Pantagruel*, ed. and trans. M. A. Screech (London: Penguin, 2006), 47 – 49.

5   Johann von Plieningen, 'Vita', in *Rudolf Agricola: Six Lives and Erasmus's Testimonies*, ed. and trans. Fokke Akkerman, English trans. Rudy Bremer and Corrie Ooms Beck (Assen, Netherlands: Royal Van Gorcum, 2012), 53 – 75. 여기 인용한 부분은 71 – 73.

6   다음에서 재인용. Goswinus van Halen, 'Vita', in *Rudolf Agricola: Six Lives and Erasmus's Testimonies*, 77 – 89. 여기 인용한 부분은 89.

7   Lewis W. Spitz, *The Religious Renaissance of the German Humanists* (Cambridge, MA: Harvard University Press, 1963), 20 – 21. 요한 폰 플리닝겐과 그 형제는 아그리콜라가 페라라에서 만난 고향 사람으로 아그리콜라는 형제를 '플리니우스 형제'라고 했다. 이름도 비슷하고 그가 플리니우스를 좋아했기 때문이기도 하다.

8   변증법적 창안에 대한 저술로 가장 잘 알려져 있다. *De inventione dialectica libri tres* (Amsterdam: Alardus, 1539).

9   R. J. Schoeck, 'Agricola and Erasmus: Erasmus's Inheritance of Northern Humanism', in *Rodolphus Agricola Phrisius, 1444 – 1485* (Proceedings of the International Conference at the University of Groningen, 28 – 30 October, 1985), ed. F. Akkerman and A. J. Vanderjagt (Leiden, Netherlands: New York: Brill, 1988), 181 – 88. 여기 인용한 부분은 181 – 82.

10 루돌프 아그리콜라가 야콥 바르비로에게 보낸 편지(7 June, 1484, *De formando studio*). 다음에서 재인용. Agricola, *Letters*, 203 – 19. 여기 인용한 부분은 205 – 9.

11 Peter Mack, *Renaissance Argument* (Leiden, Nether-lands: Brill, 1993), 128.

12 에라스뮈스가 편지로 교류했던 지인들에 대해서는 다음 참조. Peter G. Bietenholz and Thomas B. Deutscher, *Contemporaries of Erasmus* (Toronto: University of Toronto Press, 1985 – 87). 그가 알았거나 언급했던 약 2000명의 이름이 들어 있다.

13 Erasmus, 'On Education for Children', in *Collected Works*, vol. 26: *Literary and Educational Writings*, 4: *De pueris instituendis / De recta pronuntiatione*, ed. J. K. Sowards (Toronto: University of Toronto Press, 1985), 291 – 346. 여기 인용한 부분은 326.

14 1516년 에라스뮈스가 람베르투스 그루니우스에게 보낸 편지. 다음에서 재인용. R. J. Schoeck, *Erasmus of Europe* (Edinburgh: Edinburgh University Press, 1990 – 93),

vol. 1, 49.

15   E. M. Forster, 'Breaking Up' (Spectator, 28 July,1933), in *The Prince's Tale and Other Uncollected Writings*, ed. P.

16   영국에서 보낸 시기에 쓴 글에는 『학습 방법에 관하여^{De ratione studii}』(1511년 쓰고 1512년과 1514년에 증보), 『만연체에 대하여^{De copia}』(1512년 쓰고 이후 증보) 등이 있다.

17   Erasmus, 'On Good Manners for Boys', trans. Brian McGregor, in *Collected Works*, vol. 25: *Literary and Educational Writings*, 3: *De conscribendis epistolis formula / De civilitate*, ed. J. K. Sowards (Toronto: University of Toronto Press, 1985), 269‑89.

18   Erasmus, 'On Good Manners for Boys', 276.

19   Erasmus, 'On Good Manners for Boys', 277‑78.

20   Erasmus, 'On Good Manners for Boys', 274.

21   위컴의 윌리엄이 14세기에 말했고 1519년 윌리엄 호먼이 기록한 이 모토의 역사에 관해서는 Mark Griffith, 'The Language and Meaning of the College Motto' (2012), https://www.new.ox.ac.uk/sites/default/files/1NCN1%20%282012%29%20Griffith-Manners.pdf.

22   Erasmus, *On the Method of Study*, in *Collected Works*, vol. 24: *Literary and Educational*, 2: *De copia / De ratione studii*, ed. Craig R. Thompson, 661‑91. 여기 인용한 부분은 671.

23   Erasmus, *Copia*, in *Collected Works*, vol. 24: *Literary and Educational Writings*, 2: *De copia / De ratione studii*, 279‑660.

24   참조: Terence Cave, *The Cornucopian Text: Problems of Writing in the French Renaissance* (Oxford, UK: Clarendon Press, 1979).

25   Erasmus, *Copia*, 302.

26   Erasmus, *Copia*, 572-81.

27   Erasmus, *Copia*, 411.

28   Erasmus, *Copia*, 429.

29   Erasmus, *Copia*, 431-32.

30   Erasmus, *Copia*, 560‑62. 몬티 파이선이라는 코미디언 그룹을 잘 모를 수도 있으니 설명하자면 내가 여기서 앵무새를 언급한 것은 이 그룹의 1969년도 콩트와 관련이 있다. 영국의 코미디언이자 배우 존 클리즈는 죽은 앵무새를 애완동물 가게에 반품하면서 점원에게 앵무새가 정말 죽었다고 여러 번 설명한다. 그러면서

에라스뮈스 스타일로 표현을 변형한다. "이 앵무새는 존재하기를 멈추었어요", "이 앵무새는 전직 앵무새라고요." 등.

31　오늘날 초판본은 잘 찾아보기 힘들다. Erasmus, *Adagiorum collectanea* (1500). 하버드대학교, 프랑스 셀레스타, 덴마크 헤이그, 그리고 파리 국립도서관에서 볼 수 있다. 격언 4251개가 들어 있는 증보판은 1533년 출간되었다. Schoeck, *Erasmus of Europe*, vol. 1, 237 – 38, 241n1.

32　다음에서 재인용. Schoeck, *Erasmus of Europe*, vol. 2, 134.

33　Erasmus, epistle 391A to Johannes Sapidus, 1516. 다음에서 재인용. Schoeck, *Erasmus of Europe*, vol. 2, 159.

34　다음에서 재인용. P. S. Allen, *The Age of Erasmus* (Oxford, UK: Clarendon Press, 1914), 153.

35　Erasmus, 'Letter to Dorp' (epistle 337). 다음에서 재인용. *The Erasmus Reader*, ed. Erika Rummel (Toronto: University of Toronto Press, 1990), 169 – 94; 여기 인용한 부분은 192.

36　이 주석서에 대해서는 이하 참조. Schoeck, *Erasmus of Europe*, vol. 1, 141.

37　사본이 있었던 수도원(Abbaye du Parc)에 대해서는 Schoeck, *Erasmus of Europe*, vol. 2, 44 – 45.

38　이런 작업은 다른 곳에서도 이루어지고 있었다. 스페인의 알칼라대학교에서는 학자들이 공동 작업을 통해 『콤플루텐세 다중 언어 성경Complutensian Polyglot Bible』을 만들었다. 1517년 작업이 끝났고 1522년에 출간된 이 성경은 히브리어, 그리스, 고대 시리아어, 라틴어로 되어 있었다. 참조: Jerry H. Bentley, *Humanists and Holy Writ* (Princeton, NJ: Princeton University Press, 1983), 70 – 111. 1522년에는 마르틴 루터가 독일어로 번역한 신약성경이 나왔고 1534년에는 성경 전체가 번역되었다.

39　Erasmus, 'Letter to Dorp', 169 – 94. 여기 인용한 부분은 192.

40　Erasmus to Albert of Brandenburg, 19 October, 1519. 다음에서 재인용. John C. Olin, in his edition of Erasmus, *Christian Humanism and the Reformation: Selected Writings, with the Life of Erasmus by Beatus Rhenanus*, rev. ed. (New York: Fordham University Press, 1975), 134 – 45. 여기 인용한 부분은 144 – 45.

41　Erasmus to Jodocus Jonas, 10 May, 1521. 다음에서 재인용. Erasmus, *Christian Humanism and the Reformation*, 150 – 63. 여기 인용한 부분은 153.

42　루터에 대한 에라스뮈스의 비판은 De libero arbitrio diatribe sive collatio (Basel:

Froben, 1524). 루터의 대답은 *De servo arbitrio* (Wittemberg: J. Lufft, 1525).

43　Valentina Sebastiani, *Johann Froben, Printer of Basel* (Leiden, Netherlands, and Boston: Brill, 2018), 66 – 67.

44　Erasmus to Richard Pace, 5 July, 1521. 다음에서 재인용. Schoeck, *Erasmus of Europe*, vol. 2, 231.

45　Erasmus, *In Praise of Folly*, trans. Betty Radice (Harmondsworth, UK: Penguin, 1971), 181.

46　Erasmus, 'Dulce bellum inexpertis'. 다음에서 재인용. Margaret Mann Phillips, *The 'Adages' of Erasmus* (Cambridge, UK: Cambridge University Press, 1964), 308 – 53. 여기 인용한 부분은 309. 베게티우스의 말의 원출처는 Vegetius, *Art of War*, vol. 3, xiii. 에라스뮈스는 이 소제목이 베게티우스의 책 14장에 나온다고 표기했으나 필립스가 바로잡았다. 참조: Erasmus, 'A Complaint of Peace' [Querela pacis], (December 1517), trans. Betty Radice, in *Collected Works*, vol. 27: *Literary and Educational Writings*, 5 (Toronto: University of Toronto Press, 1986), 289 – 322.

47　Erasmus, 'Dulce bellum inexpertis', 308 – 53.

48　Erasmus, 'Dulce bellum inexpertis', 317.

49　Erasmus, 'Dulce bellum inexpertis', 310 – 12.

50　Erasmus, 'Dulce bellum inexpertis', 322.

51　Erasmus, 'Dulce bellum inexpertis', 313.

52　Erasmus, 'Dulce bellum inexpertis', 309 – 10.

53　슈테판 츠바이크가 1934년 빈에서 펴낸 『에라스뮈스 평전』이 좋은 예시다. 당시 츠바이크의 세계에서도 비슷한 파괴적 힘이 분출되고 있었다. 다음에서 재인용. Stefan Zweig, *Erasmus [and] The Right to Heresy*, trans. Eden and Cedar Paul (London: Hallam/Cassell, 1951).

54　지금은 ERAMUS+라고 한다. https://erasmus-plus.ec.europa.eu/; 역대 참가자 수는 https://ec.europa.eu/commission/presscorner/detail/en/qanda_20_130. "어머니 에라스뮈스"라고 불리는 소피아 코라디에 대해서는 https://it.wikipedia.org/wiki/Sofia_Corradi.

55　Michel de Montaigne: *Essays*, in *The Complete Works*, trans. Donald Frame (London: Everyman, 2003), 913 (book 3, chap. 9). 몽테뉴가 프랑스어로 글을 쓰기로 한 시기는 대체로 프랑스어 문학이 꽃피는 시기이기도 했다. 아버지의 교육 실험에 대한 내용은 156 – 57 (book 1, chap. 26).

56 M. A. Screech, *Montaigne's Annotated Copy of Lucretius: A Transcription and Study of the Manuscript, Notes and Pen-Marks* (Geneva: Droz, 1998).
57 Montaigne, *Essays*, 181 (book 1, chap. 30).
58 Montaigne, *Essays*, 961 (book 3, chap. 11).
59 Montaigne, *Essays*, 278 (book 1, chap. 56).
60 Montaigne, *Essays*, 508 (book 2, chap. 12).
61 Montaigne, *Essays*, 1041 - 42 (book 3, chap. 13).
62 Montaigne, *Essays*, 1039 (book 3, chap. 13).
63 Montaigne, *Essays*, 399 (book 2, chap. 12).
64 Montaigne, *Essays*, 508 (book 2, chap. 12).
65 Montaigne, *Essays*, 365 (book 2, chap. 10).
66 Montaigne, *Essays*, 362 (book 2, chap. 10).
67 Montaigne, *Essays*, 155 (book 1, chap. 26).
68 Montaigne, *Essays*, 367 (book 2, chap. 10).
69 Montaigne, *Essays*, 362 (book 2, chap. 10).
70 Montaigne, *Essays*, 205 (book 1, chap. 37).
71 Montaigne, *Essays*, 193 (book 1, chap. 31).
72 Montaigne, *Essays*, 725 (book 2, chap. 37).
73 Montaigne, *Essays*, 740 (book 3, chap. 2).
74 Montaigne, *Essays*, 740 (book 3, chap. 2).
75 Montaigne, *Essays*, 284 (book 1, chap. 56).
76 Walter Pater, 'Charles Lamb', in *Appreciations* (London: Macmillan, 1890), 105 - 23. 여기 인용한 부분은 117.
77 Henry Fielding, *Tom Jones* (Harmondsworth, UK: Penguin, 1966), 52.
78 William James to Catherine Elizabeth Havens, 23 March, 1874. 다음에서 재인용. Robert D. Richardson, *William James* (Boston and New York: Houghoton Mifflin, 2007), 152.
79 George Eliot, 'The Natural History of German Life' (1856), in *Selected Critical Writings*, ed. Rosemary Ashton (Oxford, UK, and New York: Oxford University Press, 1992), 263.
80 최근 연구 결과는 문학을 읽는 것이 윤리적으로 사는 데 도움이 되느냐는 문제에 대해서 상반된 결론을 내리고 있다. 한 중요한 연구에 따르면 문학을 읽은 사

람은 그러지 않은 사람보다 시험 환경에서 더 윤리적인 선택을 내린다. David Comer Kidd and Emanuele Castano, 'Reading Literary Fiction Improves Theory of Mind', *Science* 342, no. 6156 (18 October, 2013), 377 – 80, https://science.sciencemag.org/content/342/6156/377.abstract?sid =f192d0cc-1443-4bf1-a043-61410da39519. 반면 공감 능력을 바탕으로 도덕적 판단을 내리는 것이 좋은 생각인지에 대해 문제 삼는 연구도 있다. 폴 블룸은 그럴 때 내집단과의 결속이 강해지지만, 외집단과 이방인과의 관계가 해를 입는다고 주장한다. 그러므로 이성적 판단을 바탕으로 베푸는 친절이 더 좋은 방향을 제시할 수 있다고 믿는다. Paul Bloom, *Against Empathy: The Case for Rational Compassion* (London: Bodley Head, 2017).

6 무궁한 기적

1   Edward Paice, *Wrath of God: The Great Lisbon Earthquake of 1755* (London: Quercus, 2008), 69. 토머스 체이스가 어머니에게 보내는 편지(Centre for Kentish Studies, Gordon Ward Collection U442; and BL Add. 38510 ff.7 – 14: 'Narrative of His Escape from the Earthquake at Lisbon')가 여기 인용되었다. 사망자 숫자 등 이 사건에 대한 기타 정보의 출처는 Paice, 168 – 72; T. D. Kendrick, *The Lisbon Earthquake* (London: Methuen, 1956).

2   J. W. von Goethe, *From My Life: Poetry and Truth*, vols. 1 – 3, trans. Robert R. Heitner, in Goethe, *Collected Works*, vol. 4 (Princeton, NJ: Princeton University Press, 1994), 35.

3   Russell R. Dynes, 'The Lisbon Earthquake of 1755: The First Modern Disaster', in *The Lisbon Earthquake of 1755: Representations and Reactions*, ed. Theodore E. D. Braun and John B. Radner (Oxford, UK: Voltaire Foundation, 2005), 34 – 49. 여기 인용한 부분은 42.

4   수도원은 1708년과 1711년 사이에 파괴되었다. Kendrick, *The Lisbon Earthquake*, 95 – 100.

5   Saint Augustine, *Concerning the City of God against the Pagans*, trans. Henry Bettenson (London: Penguin, 2003), 475 (book 12, chap. 4).

6   Alexander Pope, *An Essay on Man*, epistle 1, line 294.

7   Geoffrey Chaucer, *Canterbury Tales*, 'The Franklin's Tale', lines 885 – 93.

8   Voltaire to Jean-Robert Tronchin, 24 November, 1755, in Voltaire, *The Selected Letters*, ed. and trans. Richard A. Brooks (New York: New York University Press, 1973), 181.

9   Voltaire, 'Poème sur le désastre de Lisbonne' (1756). 참조: Theodore Besterman, *Voltaire*, 3rd ed. (Oxford, UK: Blackwell, 1976), 367-71.

10   Voltaire, 'Good, all is' ('Bien [tout est]'), in Philosophical Dictionary, ed. and trans. Theodore Besterman (Harmondsworth, UK: Penguin, 1979), 72-73.

11   Voltaire, *Candide, in Candide and Other Stories*, trans. Roger Pearson (Oxford, UK: Oxford University Press, 2006), 1-88.

12   Voltaire, *Candide*, 48.

13   Voltaire to Elie Bertrand, 18 February, 1756, in Voltaire, *The Selected Letters*, 183.

14   Voltaire, *Candide*, 88.

15   E. M. Forster, *The Longest Journey* (Harmondsworth, UK: Penguin, 1960), 101.

16   멜리오리즘의 최초 용례는 1858년 스코틀랜드의 의사 존 브라운이 쓴 에세이에 있다. 그는 이 사상을 전적으로 지지하지는 않았지만 멜리오리즘이라는 말은 그가 만든 것이 맞다. John Brown, *Horae Subsecivae [Leisure Hours]* (Edinburgh: T. Constable; London: Hamilton, Adams, 1858-82), vol. 1, xix. 옥스퍼드영어사전은 조지 엘리엇을 최초 사용자로 인정하고 있다. 고든 S. 하이트는 엘리엇이 보낸 편지에 대한 주석에서 이를 언급한다. 엘리엇은 자신이 이 말을 사용했다는 사실을 조심스럽게 인정하면서도 여러 사람이 동시에 새로운 말을 만들기도 한다는 점을 지적했다. 아마 브라운의 용례는 모르고 있었을 것이다. Eliot to James Sully, 19 January, 1877, in *The George Eliot Letters*, ed. G. S. Haight (London: Oxford University Press; New Haven: Yale University Press, 1954-78), vol. 4, 333-34. 편지의 수신자 제임스 설리는 비관주의에 관한 책을 쓴 사람이었다. 같은 해 출간된 책에서 설리는 멜리오리즘이라는 말이 엘리엇이 만든 말임을 언급했다. James Sully, *Pessimism: A History and a Criticism* (London: S. King, 1877), 399.

17   Rosemary Ashton, 'Coming to Conclusions: How George Eliot Pursued the Right Answer', *Times Literary Supplement*, 15 November, 2019), 12-14. 여기 인용한 부분은 14.

18   Besterman, *Voltaire*, 397. 계몽주의 가치에 대한 나의 생각은 리치 로버트슨의 최근작에서 많은 영향을 받았다. 로버트슨의 책은 계몽주의 사상가들이 이성을 이상화했다는 점보다 멜리오리즘과 휴머니즘적 동기가 있었다는 점을 강조

하고 있다. Robertson, *The Enlightenment: The Pursuit of Happiness*, 1680 – 1790 (London: Allen Lane, 2020).

19 P. N. Furbank, *Diderot: A Critical Biography* (London: Secker & Warburg, 1992), 128 – 29.

20 Furbank, *Diderot*, 130.

21 Nicolas de Condorcet, 'The Sketch' [Sketch for a Historical Picture of the Progress of the Human Mind], trans. June Barraclough, in *Condorcet, Political Writings*, ed. Steven Lukes and Nadia Urbinati (Cambridge, UK: Cambridge University Press, 2012), 1 – 147. 여기 인용한 부분은 130. 콩도르세가 생각한 지식의 적용 범위와 진보의 이상에 관해서는 편집자 서문(xviii – xix) 참조.

22 Baron d'Holbach, *The System of Nature*, vol. 1, adapted from original translation by H. D. Robinson, 1868 (Manchester, UK: Clinamen, 1999), 5. 돌바크 남작의 아내에 관한 이야기는 마이클 부시가 이 책의 서문(ix)에서 언급한다.

23 Baron d'Holbach, *The System of Nature*, vol. 1, 189.

24 Pierre Bayle, *Historical and Critical Dictionary: Selections*, ed. Richard S. Popkin and Craig Brush (Indianapolis and Cambridge, UK: Hackett, 1991), xviii. 편집자 포프킨의 서문에서 언급된 이 일화의 원출처는 Claude Gros de Boze, 'Eloge de M. Le Cardinal de Polignac' in Polignac, *L'anti-Lucrèce* (Paris, 1749).

25 Voltaire, *Treatise on Tolerance*, trans. Brian Masters (Cambridge, UK: Cambridge University Press, 2000).

26 Voltaire, *Philosophical Dictionary*, 311.

27 Robert G. Ingersoll, 'The Gods', in *Orations* (London: Freethought, 1881), 33.

28 이 '헤렘herem'의 내용은 이하 참조. Steven Nadler, *Spinoza*, 2nd ed. (Cambridge, UK: Cambridge University Press, 2018), 139 – 41.

29 Condorcet, 'The Sketch', 140.

30 Michel de Montaigne, *Essays*, in *The Complete Works*, trans. Donald Frame (London: Everyman, 2003), 379 (book 2, chap. 11).

31 Montaigne, *Essays*, 379 (book 2, chap. 11).

32 Montaigne, *Essays*, 385 (book 2, chap. 11).

33 Montaigne, *Essays*, 380 – 81 (book 2, chap. 11).

34 Bernard of Cluny, Scorn for the World: Bernard of Cluny's *De contemptu mundi*, trans Ronald E. Pepin (East Lansing, MI: East Lansing Colleagues Press, 1991), 17 – 19.

35   Charles Darwin, 'Religious Belief', in *Autobiographies*, ed. Michael Neve and Sharon Messenger (London: Penguin, 2002), 49 – 55. 이 원고는 1879년에 쓰고 1881년에 '필사'했다. 여기 인용한 부분은 49 – 50.

36   John Stuart Mill, *An Examination of Sir William Hamilton's Philosophy* (London: Longman, Green, Longman, Roberts & Green, 1865), 103.

37   Anthony Ashley Cooper, Third Earl of Shaftesbury, 'The Moralists, a Philosophical Rhapsody', in *Characteristics of Men, Manners, Opinions, Times*, ed. Lawrence E. Klein (Cambridge, UK: Cambridge University Press, 1999), 231 – 338. 앞서 발표된 글 참조. Shaftesbury, *An Inquiry Concerning Virtue* (London: A. Bell, 1699).

38   Furbank, *Diderot*, 26.

39   John Locke, *A Letter on Toleration*, ed. J. W. Gough and R. Klibansky (Oxford, UK: Clarendon Press, 1968), 135.

40   Pierre Bayle, *Various Thoughts on the Occasion of a Comet*, trans. and ed. Robert C. Bartlett (New York: SUNY Press, 2000), 165 – 240 (letters 8 and 9).

41   Jonathan Israel, *Radical Enlightenment: Philosophy and the Making of Modernity, 1650 – 1750* (Oxford, UK: Oxford University Press, 2001), 334 – 35.

42   Elisabeth Labrousse, *Bayle*, trans. Denys Potts (Oxford, UK, and New York: Oxford University Press, 1983), 31.

43   Ian Davidson, *Voltaire* (New York: Pegasus, 2012), 108 – 11.

44   Davidson, *Voltaire*, 356 – 57.

45   Furbank, *Diderot*, 48 – 50.

46   Furbank, *Diderot*, 291.

47   Israel, *Radical Enlightenment*, 286 – 91.

48   Baron d'Holbach, *The System of Nature*, vol. 1, vii. 서문(Bush)에 나오는 내용이다.

49   Voltaire to Madame du Deffand, 6 January, 1764. 다음에서 재인용. Davidson, *Voltaire*, 328.

50   Jean des Cars, *Malesherbes: Gentilhomme des lumières* (Paris: Fallois, 1994), 45.

51   Des Cars, *Malesherbes*, 92.

52   Des Cars, *Malesherbes*, 93.

53   Des Cars, *Malesherbes*, 85.

54   Furbank, *Diderot*, 254, 461, 472.

55   Furbank, *Diderot*, 273.

56 Des Cars, *Malesherbes*, 387 – 91.
57 다음에서 재인용. Joan Wallach Scott, 'French Feminists and the Rights of "Man": Olympe de Gouges's Declarations', *History Workshop Journal* 28 (1989), 1 – 21. 여기 인용한 부분은 17. 올랭프 드 구주의 선언문은 이하 참조. https://en.wikipedia.org/wiki/Declaration_of_the_Rights_of_Woman_and_of_the_Female_Citizen.
58 Nicolas de Condorcet, 'On the Emancipation of Women. On Giving Women the Right to Citizenship', trans. Iain McLean and Fiona Hewitt, in Condorcet, *Political Writings*, ed. Steven Lukes and Nadia Urbinati (Cambridge, UK: Cambridge University Press, 2012), 156 – 62.
59 Condorcet, 'The Sketch'. 여기 인용한 부분은 147. 콩도르세가 겪은 시련과 죽음에 관한 이야기는 편집자(Lukes and Urbinati) 서문 참조. Condorcet, *Political Writings*, xx – xxi.
60 Thomas Paine, *The Age of Reason* (London: Watts, 1938), 38.
61 Paine, *The Age of Reason*, 27-28.
62 Paine, *The Age of Reason*, 2.
63 Paine, *The Age of Reason*, 1.
64 Jacoby, *Freethinkers*, 61.
65 Paul Collins, *The Trouble with Tom: The Strange Afterlife and Times of Thomas Paine* (London: Bloomsbury, 2006).
66 Joel H. Wiener, *Radicalism and Freethought in Nineteenth-Century Britain: The Life of Richard Carlile* (Westport, CT, and London: Greenwood, 1983), 46 – 47; G. D. H. Cole, *Richard Carlile*, 1790 – 1843 (London: Victor Gollancz and Fabian Society, 1943), 10 – 11.
67 Richard Carlile, *An Address to Men of Science* (London: R. Carlile, 1821), 7. 이 책과 투옥 경험에 관한 내용은 이하 참조. Cole, *Richard Carlile*, 11, 16.
68 Anthony Ashley Cooper, Third Earl of Shaftesbury, 'Sensus Communis: An Essay on the Freedom of Wit and Humour', in *Characteristics of Men, Manners, Opinions, Times*, 2nd ed. (1714), ed. Lawrence E. Klein (Cambridge, UK: Cambridge University Press, 1999), 34. '비의적' 글쓰기의 개념을 처음 정립하고 실천한 사람에 관해서는 이하 참조. John Toland in 'Clidophorus; or Of the Exoteric and Esoteric Philosophy … ', in *Tetradymus* (London: J. Brotherton and W. Meadows [etc.]), 1720), 66. 클리도포루스는 '열쇠를 가진 자'라는 의미.

69   Paine, *The Age of Reason*, 2.
70   Bryan Magee, *Confessions of a Philosopher* (London: Phoenix, 1998), 128.
71   David Hume, *An Enquiry Concerning Human Understanding, and Other Writings*, ed. Stephen Buckle (Cambridge, UK: Cambridge University Press, 2007), 101.
72   Carl Sagan, 'Encyclopaedia Galactica', episode 12 of *Cosmos: A Personal Voyage*, PBS, originally broadcast 14 December, 1980. 칼 세이건은 외계인의 지구 방문에 관해 이야기하면서 이 말을 했지만 좀 더 광범위한 맥락에서도 적용되었다.
73   Ernest Campbell Mossner, *The Life of David Hume*, 2nd ed. (Oxford, UK: Clarendon Press, 1980), 101.
74   Hume, *An Enquiry Concerning Human Understanding, and Other Writings*, 96 – 116 (section 10: 'Of Miracles'). 참조: Mossner, *The Life of David Hume*, 286.
75   'Note on the Text', in David Hume, *The Natural History of Religion*, ed. A. Wayne Colver, and *Dialogues Concerning Natural Religion*, ed. John Valdimir Price (Oxford, UK: Clarendon Press, 1976), 7. 참조: Mossner, *The Life of David Hume*, 320.
76   화자 '필로'의 말이다. Hume, *Dialogues Concerning Natural Religion*, ed. Martin Bell (London: Penguin, 1990), 131.
77   Mossner, *The Life of David Hume*, 162, 251 – 54.
78   아이켄헤드의 처형은 1697년이었다. Michael Hunter, '"Aikenhead the Atheist": The Context and Consequences of Articulate Irreligion in the Late Seventeenth Century', in *Atheism from the Reformation to the Enlightenment*, ed. Michael Hunter and David Wootton (Oxford, UK: Clarendon Press, 1992), 221 – 54. 여기 인용한 부분은 225.
79   Mossner, *The Life of David Hume*, 587.
80   Mossner, *The Life of David Hume*, 245. 만찬 이야기는 흄의 친구 인버레스크의 알렉산더 칼라일이 전했다. A. Carlyle, *Autobiography*, ed. J. Hill Burton (London and Edinburgh: T. N. Foulis, 1910), 285 – 86.
81   Hume, *Dialogues Concerning Natural Religion*, ed. Bell, 132.
82   흄의 편지에는 의사의 이름도 주소도 없었다. 모스너는 이 의사가 존 아버스낫임을 밝혔다. 편지에 관해서는 이하 참조. Ernest Campbell Mossner, 'Hume's Epistle to Dr Arbuthnot, 1734: The Biographical Significance', *Huntingdon Library Quarterly* 7, no. 2 (February 1944), 135 – 52, 137.
83   David Hume, *A Treatise of Human Nature*, ed. L. A. Selby-Bigge, 2nd ed., rev. by

P. H. Nidditch (Oxford, UK: Clarendon Press, 1978), 269 (book 1, part 4, §8).

84　Hume, *A Treatise of Human Nature*, 576 (book 3, part 3, §1).

85　Hume, *A Treatise of Human Nature*, 470 (book 3, part 1, §2).

86　Hume, *A Treatise of Human Nature*, 577-78 (book 3, part 3, §1). 흄의 도덕성에 관한 주장을 더 발전시킨 글은 다음 참조. *Enquiry Concerning the Principles of Morals* (1751): Hume, *Enquiries*, ed. L. A. Selby-Bigge, 2nd ed. (Oxford, UK: Clarendon Press, 1951), 167-323. 흄의 친구 애덤 스미스의 도덕성과 동정심에 관한 생각은 이하 참조. Adam Smith, *A Theory of Moral Sentiments* (London: A. Millar; Edinburgh: A. Kincaid and J. Bell, 1759).

87　David Hume to Anne-Robert Jacques Turgot, 1766. 다음에서 재인용. Mossner, *The Life of David Hume*, 286.

88　David Hume to Henry Home, December 1737. 다음에서 재인용. Mossner, *The Life of David Hume*, 112.

89　David Hume, *Four Dissertations* (London: A. Millar, 1757). 참조: J. C. A. Gaskin, 'Hume's Suppressed Dissertations: An Authentic Text', *Hermathena* 106 (Spring 1968), 54-59. 관련 내용은 55.

90　제임스 보즈웰이 1764년 12월 28일 일기에 쓴 내용. 다음에서 재인용. James Boswell, ed. F. A. Pottle, *Boswell on the Grand Tour* (London: Heinemann, 1953), vol. 1, 286.

91　다음에서 재인용. Mossner, *The Life of David Hume*, 587.

92　David Hume to William Strahan, 12 June, 1776, *Letters of David Hume to William Strahan*, ed. G. Birkbeck Hill (Oxford, UK: Clarendon Press, 1888), 337.

93　James Boswell, 'An account of my last interview with David Hume, esq. (Partly recorded in my Journal, partly enlarged from my memory, March 3, 1777)', in his diary, *Boswell in Extremes, 1776-1778*, ed. C. McC. Weis and F. A. Pottle (London: Heinemann, 1971), 11-15.

94　보즈웰의 말과 존슨의 대답은 모두 보즈웰의 1777년 9월 16일 일기가 출처다. Boswell, *Boswell in Extremes 1776-1778*, 155.

95　흄의 마지막에 대한 애덤 스미스의 기록은 1776년 11월 9일 애덤 스미스가 윌리엄 스트라한에게 보낸 편지에 들어 있고 흄의 『나의 생애』(초판 1776년 4월 18일) 1777년판이 출간될 때 포함되었다. *The Life of David Hume, Esq; Written by Himself* (London: W. Strahan and T. Cadell, 1777), 37-62.

96	Hume, *The Life of David Hume, Esq; Written by Himself*, 43–44.
97	Hume, *The Life of David Hume, Esq; Written by Himself*, 49–50.
98	Mossner, *The Life of David Hume*, 592.
99	Gaskin, 'Hume's Suppressed Dissertations', 54–59. 여기 인용한 부분은 55–57.
100	Hume, *The Life of David Hume, Esq; Written by Himself*, 37–62.
101	Hume, *The Life of David Hume, Esq; Written by Himself*, 49–50.
102	Hume, *The Life of David Hume, Esq; Written by Himself*, 58.
103	Mossner, *The Life of David Hume*, 605.
104	Mossner, *The Life of David Hume*, 603.
105	Hume, *The Life of David Hume, Esq; Written by Himself*, 62.

7 모든 인간을 위한 지구

1	David Hume, 'Of National Characters' (1748; rev. 1754). 다음에서 재인용. *Race and the Enlightenment: A Reader*, ed. Emmanuel Chukwudi Eze (Cambridge, MA, and Oxford, UK: Blackwell, 1997), 33. 흄은 1776년에 이 내용을 수정했고 수정본은 사후인 1777년에 발간되었다. 비티의 비판은 이하 참조. James Beattie, *An Essay on the Nature and Immutability of Truth in Opposition to Sophistry and Scepticism*, 2nd ed. (Edinburgh: A. Kincaid and J. Bell; London: E. and C. Dilly, 1771), 508–11. 여기서 인용한 부분은 511.
2	Nicolas de Condorcet, 'The Sketch' [Sketch for a Historical Picture of the Progress of the Human Mind], trans. June Barraclough, in *Political Writings*, ed. Steven Lukes and Nadia Urbinati (Cambridge, UK: Cambridge University Press, 2012), 1–147. 여기서 인용한 부분은 126–29.
3	Jean-Jacques Rousseau, *Émile or On Education*, trans. Allan Bloom (London: Penguin, 1991), 358–63, 386–87.
4	Voltaire to Frederick the Great, 15 October, 1749. 다음에서 재인용. *Voltaire and Frederick the Great, Letters*, ed. and trans. Richard Aldington (London: George Routledge, 1927), 203 (letter 99).
5	Plato, *Timaeus*, 42a–b, 90e.
6	Plato, *Timaeus*, 92b.
7	Aristotle, *The Politics*, trans. Ernest Barker, rev. R. F. Stalley (Oxford, UK, and New

York: Oxford University Press, 1995), 16 – 17 (I, 5).
8   1550~1551년 스페인의 바야돌리드에서 이 주제에 관한 토론이 열렸다. 참조: Lewis Hanke, *All Mankind Is One: A Study of the Disputation between Bartolomé de Las Casas and Juan Ginés de Sepúlveda in 1550 on the Intellectual and Religious Capacity of the American Indians* (DeKalb: Northern Illinois University Press, 1974).
9   Josiah C. Nott, 'Two Lectures on the Natural History of the Caucasian and Negro Races' (1844), in *The Ideology of Slavery: Proslavery Thought in the Antebellum South, 1830 – 1860*, ed. Drew Gilpin Faust (Baton Rouge and London: Louisiana State University Press, 1981), 206 – 38. 여기 인용한 부분은 238. 노트는 이후 공동 집필한 책에서도 각각의 인종이 완전히 다르다는 비슷한 주장을 했다. *Types of Mankind* (1854)
10 Saint Augustine, *Concerning the City of God against the Pagans*, book 16, chap. 8.
11 Hanke, *All Mankind Is One*, 21.
12 Jane Ellen Harrison, 'Homo Sum', in *Alpha and Omega* (London: Sidgwick & Jackson, 1915), 80 – 115.
13 Dorothy L. Sayers, 'Are Women Human?', in *Unpopular Opinions* (London: Victor Gollancz, 1946).
14 Sayers, 'Are Women Human?', 108 – 9.
15 Sayers, 'Are Women Human?', 114.
16 Harriet Taylor Mill, 'Enfranchisement of Women', in *The Complete Works*, ed. Jo Ellen Jacobs and Paula Harms Payne (Bloomington and Indianapolis: Indiana University Press, 1998), 51 – 73. 여기 인용한 부분은 57.
17 Thucydides, *The Peloponnesian War*, book 2, §46.
18 Joan Wallach Scott, 'French Feminists and the Rights of "Man": Olympe de Gouges's Declarations', *History Workshop Journal* 28 (1989), 1 – 21. 여기 인용한 부분은 17.
19 Mary Wollstonecraft, *A Vindication of the Rights of Woman*, in *A Vindication of the Rights of Men / A Vindication of the Rights of Woman / An Historical and Moral View of the Origin and Progress of the French Revolution* (Oxford, UK: Oxford University Press, 2008), 72.
20 Wollstonecraft, *A Vindication of the Rights of Woman*, 119.
21 Wollstonecraft, *A Vindication of the Rights of Woman*, 122. 울스턴크래프트의 주

장은 심지어 미덕virtue이라는 말의 라틴어 어원이 남성vir이라는 말에서 파생되었다는 사실과 겨루어야 한다. 그래서 미덕이라는 말은 남성성을 떠올리게 만든다. 21세기에 시쳇말로 "남자가 되어라man up"라고 하면 용기를 내라는 뜻인 상황과 비슷하다.

22 Wollstonecraft, *A Vindication of the Rights of Woman*, 125.

23 Wollstonecraft, *A Vindication of the Rights of Woman*, 265.

24 John Stuart Mill, 'The Subjection of Women' (1869), in *Collected Works*, vol. 21: *Essays on Equality, Law and Education*, ed. John M. Robson (London: Routledge, 1984), 259–340. 여기서 인용한 부분은 337. 밀은 1859년에서 1861년 사이 해리엇이 세상을 떠난 뒤 이 글을 썼다. 글은 1869년에 발표되었다.

25 Dan Goodley, *Disability and Other Human Questions* (Bingley, UK: Emerald, 2021), chap. 5 (unpaginated).

26 Jeremy Bentham, *An Introduction to the Principles of Morals and Legislation*, in J. S. Mill and J. Bentham, *Utilitarianism and Other Essays*, ed. Alan Ryan (London: Penguin, 1987), 65–111. 여기 인용한 부분은 80–81.

27 Jeremy Bentham, *An Introduction to the Principles of Morals and Legislation*, ed. J. H. Burns and H. L. A. Hart (London: Athlone; Oxford, UK: Clarendon Press, 1970), 283n.

28 Jeremy Bentham, 'Of Sexual Irregularities' (1814), in *Of Sexual Irregularities and Other Writings on Sexual Morality*, ed. P. Schofield, C. Pease-Watkin and M. Quinn (Oxford, UK: Clarendon Press, 2014).

29 벤담의 오토 아이콘이라는 아주 흥미로운 주제에 관해서는 이하 참조. Jeremy Bentham, 'Auto-Icon, or, Farther Uses of the Dead to the Living: A Fragment. From the MSS. of Jeremy Bentham', unpublished manuscript [London?, 1832?]; [T. Southwood Smith], *Use of the Dead to the Living: From the Westminster Review* (Albany, UK: Websters and Skinners, 1827); T. Southwood Smith, *A Lecture Delivered over the Remains of Jeremy Bentham Esq., in the Webb Street School of Anatomy & Medicine, on the 9th of June, 1832* (London: Effingham Wilson, 1832); C. F. A. Marmoy, 'The "Auto-Icon" of Jeremy Bentham at University College, London', *Medical History* 2, no. 2 (April 1958), 77–86.

30 Thomas Wright, *Oscar's Books* (London: Chatto & Windus, 2008), 1–2.

31 Richard Ellmann, *Oscar Wilde* (London: Penguin, 1988), 465–66.

32   Ellmann, *Oscar Wilde*, 492.

33   Oscar Wilde, *De Profundis*, in *The Soul of Man and Prison Writings*, ed. I. Murray (Oxford, UK, and New York: Oxford University Press, 1990), 98.

34   Giovanni Boccaccio, *Famous Women*, ed. and trans. Virginia Brown (Cambridge, MA, and London: I Tatti/Harvard University Press, 2001).

35   Paolo Giovio, *Notable Men and Women of Our Time*, ed. and trans. Kenneth Gouwens (Cambridge, MA: Harvard University Press, 2013), 367–69.

36   Michel de Montaigne, *Essays*, in *The Complete Works*, trans. Donald Frame (London: Everyman, 2003), 831 (book 3, chap. 5).

37   Christine de Pizan, *The Book of the City of Ladies*, trans. Rosalind Brown-Grant (London: Penguin, 1999), 57 (part 1, §27).

38   Virginia Woolf, *A Room of One's Own* (London: Penguin, 2004), 54–61. 최초 출간은 1945년. 1928년에 발표한 글을 바탕으로 썼다.

39   Simone de Beauvoir, *The Second Sex*, trans. C. Borde and S. Malovany-Chevallier (London: Jonathan Cape, 2009), 293.

40   John Stuart Mill, 'The Subjection of Women' (1869), in *Collected Works*, vol. 21: *Essays* on Equality, Law and Education, ed. John M. Robson (London: Routledge, 1984), 259–340. 여기 인용한 부분은 276–77.

41   John Stuart Mill, 'Bentham' (1838), in *Mill on Bentham and Coleridge* (London: Chatto & Windus, 1962), 41.

42   Mill, 'Bentham,' 42.

43   Mill, 'The Subjection of Women', 269.

44   Mill, 'The Subjection of Women', 277.

45   Frederick Douglass, 'What to the Slave Is the Fourth of July?', in *The Portable Frederick Douglass*, ed. John Stauffer and Henry Louis Gates Jr (New York: Penguin, 2016), 207. 이것은 프레더릭 더글러스가 1852년 미국의 독립기념일에 뉴욕의 로체스터 여성노예반대협회에서 연설한 내용이다. 문화사학자 요한 하위징아도 1935년, 유럽에서 인종에 대한 유사 과학적 주장들이 인기를 끌자 이를 예리하게 비판하면서 비슷한 질문을 했다. "내가 속해 있는 인종이 열등하다는 놀랍고 부끄러운 발견을 한 인종학자가 한 명이라도 있는가?" J. Huizinga, *In the Shadow of To-morrow: A Diagnosis of the Spiritual Distemper of Our Time*, trans. J. H. Huizinga (London and Toronto: W. Heinemann, 1936), 68–69.

46   Frederick Douglass, 'Narrative', in *The Portable Frederick Douglass*, ed. John Stauffer and Henry Louis Gates Jr (New York: Penguin, 2016), 15–21.

47   Frederick Douglass, 'To My Old Master', in *The Portable Frederick Douglass*, ed. John Stauffer and Henry Louis Gates Jr (New York: Penguin, 2016), 413–20. 여기 인용한 부분은 418–19. 이 서한은 먼저 더글러스의 신문 《더 노스 스타The North Star》에 1848년 9월 8일 게재되었다.

48   Frederick Douglass, 'From My Bondage and My Freedom' (1855), in *The Portable Frederick Douglass*, ed. John Stauffer and Henry Louis Gates Jr (New York: Penguin, 2016), 547.

49   James Baldwin, 'Fifth Avenue, Uptown' (1960), in *Collected Essays*, ed. Toni Morrison (New York: Library of America, 1998), 179.

50   Douglass, 'From My Bondage and My Freedom', 547.

51   John Stauffer and Henry Louis Gates Jr, introduction to *The Portable Frederick Douglass*, ed. John Stauffer and Henry Louis Gates Jr (New York: Penguin, 2016), xxi.

52   John Stauffer, Zoe Trodd and Celeste-Marie Bernier, *Picturing Frederick Douglass: The Most Photographed American in the Nineteenth Century* (New York: Liveright/W. W. Norton, 2015), ix. 저자들은 160가지의 서로 다른 사진과 자세가 존재한다는 사실을 확인했다.

53   Douglass, 'Narrative', 37.

54   Douglass, 'Narrative', 42.

55   Douglass, 'Narrative', 59.

56   Douglass, 'Narrative', 58.

57   Douglass, 'Narrative', 95.

58   E. M. Forster, *Howards End* (Harmondsworth, UK: Penguin, 1987), 188.

59   Forster, *Howards End*, 300.

60   1848년 엘리자베스 케이디 스탠턴의 제안에 따른 것이었다. 참조: Siep Stuurman, *The Invention of Humanity* (Cambridge, MA, and London: Harvard University Press, 2017), 386.

61   E. M. Forster to Forrest Reid, 13 March, 1915. 다음에서 재인용. P. N. Furbank, *E. M. Forster: A Life* (London: Cardinal/Sphere, 1988), vol. 2, 14.

62   Edward Carpenter, *Love's Coming-of-Age*, 5th ed. (London: Swan Sonnenschein; Manchester, UK: Clarke, 1906), 3.

63   Carpenter, *Love's Coming-of-Age*, 11-12.

64   Edward Carpenter, *My Days and Dreams: Being Autobiographical Notes* (London: Allen & Unwin, 1916), 163.

65   E. M. Forster, 'Terminal Note', in *Maurice*, (Harmondsworth, UK: Penguin, 1972), 217.

66   Forster, *Maurice*, 146.

67   Forster, *Howards End*, 58.

68   이런 취지의 글이 포스터의 『비망록』에 있다. 다음에서 재인용. Furbank, *E. M. Forster: A Life*, vol. 1, 180.

69   퍼뱅크는 포스터가 이런 말을 했다고 전한다. "나한테 허용된 유일한 주제인 여자에 대한 남자의 사랑도 그 반대의 사랑도 이제 지겹다." Furbank, *E. M. Forster*, vol. 1, 199.

70   E. M. Forster, *A Room with a View* (Harmondsworth, UK: Penguin, 1986), 60-61.

71   E. M. Forster, 'Liberty in England' (a talk to the Congrès International des Écrivains, Paris, 21 June, 1935), in *Abinger Harvest* (Harmondsworth, UK: Penguin, 1967), 75-82. 여기 인용한 부분은 76.

72   Wendy Moffat, *E. M. Forster: A New Life* (London: Bloomsbury, 2011), 18.

73   다음에서 재인용. Master Zeng Can: Confucius, *The Analects*, trans. Annping Chin (New York: Penguin, 2014), 51 (Analects, 4:15).

8 인간성의 전개

1   Erasmus, 'On Education for Children', in *Collected Works*, vol. 26, *Literary and Educational Writings, 4: De pueris instituendis / De recta pronuntiatione*, ed. J. K. Sowards (Toronto: University of Toronto Press, 1985), 291-346. 여기 인용한 부분은 304-6. 새끼 곰 이야기는 Pliny, *Natural History*, 8:126.

2   Immanuel Kant, *Lectures on Pedagogy* (1803), trans. Robert B. Louden, in Kant, *Anthropology, History and Education*, ed. Günter Zöller and Robert B. Louden (Cambridge, UK: Cambridge University Press, 2007), 434-85. 여기 인용한 부분은 440. 핵심적인 용어들이 포함되어 있으므로 독일어 원문장도 여기 싣는다. 'Es liegen viele Keime in der Menschheit, und nun ist es unsere Sache, die Naturanlagen proportionirlich zu entwickeln, und die Menschheit aus ihren Keimen zu

entfalten, und zu machen, daß der Mensch seine Bestimmung erreiche.' Kant, *Über Pädagogik*, ed. Friedrich Theodor Rink (Königsberg: F. Nicolovius, 1803), 13.

3   빌둥에 관한 초기 글에서 훔볼트는 이것을 내면을 향한 반성인 동시에 외부 세계를 파악하는 방식으로 생각했다. 또한 후대에 전해줄 수도 있는 것으로 생각했다. 개인의 소양을 사라지지 않는 것으로 본 것이다. Humboldt, 'Theory of Bildung' (written circa 1793-1794), trans. Gillian Horton-Krüger, in *Teaching as a Reflective Practice: The German Didaktik Tradition*, ed. I. Westbury, S. Hopmann and K. Riquarts (Mahwah, NJ, and London: Lawrence Erlbaum, 2000), 57-61. 여기 인용한 부분은 58-59.

4   Christopher Celenza, 'Humanism', in *The Classical Tradition*, ed. Anthony Grafton, Glenn W. Most and Salvatore Settis (Cambridge, MA, and London: Belknap Press of Harvard University Press, 2013), 462. 여기서 니트함머가 최초로 사용한 용어라고 언급하고 있다. F. I. Niethammer, *Der Streit des Philanthropismus und Humanismus in der Theorie des Erziehungs-Unterrichtsunserer Zeit* (Jena, 1808). 참조: A. Campana, 'The Origin of the Word "Humanist"', *Journal of the Warburg and Courtauld Institutes* 9 (1946), 60-73.

5   Georg Voigt, *Die Wiederbelebung des classischen Alterthums*. 다음에서 재인용. *The Renaissance Debate*, ed. Denys Hay (New York: Holt, Rinehart and Winston, 1965), 29-34. 여기 인용한 부분은 30.

6   Jacob Burckhardt, *Die Kultur der Renaissance in Italien* (Basel: Schweighauser, 1860).

7   빌헬름이 카롤리네에게 1804년 10월과 1817년 11월에 보낸 편지에서 인용. *Humanist without Portfolio: An Anthology of the Writings of Wilhelm von Humboldt*, trans. Marianne Cowan (Detroit: Wayne State University Press, 1983), 386, 407-8.

8   Johann Peter Eckermann, *Conversations with Goethe*, trans. John Oxenford, ed. J. K. Moorhead (London: J. M. Dent; New York: E. P. Dutton, 1930), 136.

9   Gabriele von Bülow, *Gabriele von Bülow, Daughter of Wilhelm von Humboldt: A Memoir*, trans. Clara Nordlinger (London: Smith, Elder, 1897), 229-30.

10   Paul R. Sweet, *Wilhelm von Humboldt: A Biography* (Columbus: Ohio State University Press, 1978-80), vol. 1, 60-61.

11   Wilhelm von Humboldt, *The Sphere and Duties of Government [Ideen zu einem Versuch, die Grenzen der Wirksamkeit des Staatszubestimmen]*, trans. Joseph

Coulthard Jr (London: John Chapman, 1854).

12　Humboldt, *The Sphere and Duties of Government*, 73.

13　Humboldt, *The Sphere and Duties of Government*, 90.

14　Humboldt, *The Sphere and Duties of Government*, 94.

15　Humboldt, *The Sphere and Duties of Government*, 86.

16　실러가 정기 간행물(*Thalia, Berlin Monthly Review*)에 원고의 일부분을 실은 데 관한 이야기는 역자(Coulthard)의 서문 참조. Humboldt, The Sphere and Duties of Government, iii.

17　Sweet, *Wilhelm von Humboldt*, vol. 2, 44.

18　Sweet, *Wilhelm von Humboldt*, vol. 2, 67.

19　카롤리네에게 1808년 11월 30일에 보낸 편지. W. H. Bruford, *The German Tradition of Self-Cultivation: 'Bildung' from Humboldt to Thomas Mann* (Cambridge, UK: Cambridge University Press, 1975), 25.

20　Humboldt, *The Sphere and Duties of Government*, 33.

21　1789년 7월 18~23일의 일기. *Humanist without Portfolio*, 378-79.

22　1804년 10월 카롤리네에게 보낸 편지. *Humanist without Portfolio*, 388.

23　1809년 10월 13일 카롤리네에게 보낸 편지. Sweet, *Wilhelm von Humboldt*, vol. 2, 46.

24　Sweet, *Wilhelm von Humboldt*, vol. 1, 277.

25　Sweet, *Wilhelm von Humboldt*, vol. 2, 108.

26　Von Bülow, *Gabriele von Bülow*, 230.

27　Wilhelm von Humboldt, *On Language: On the Diversity of Human Language Construction and Its Influence on the Mental Development of the Human Species*, ed. Michael Losonsky, trans. Peter Heath (Cambridge, UK: Cambridge University Press, 1999). 참조: Sweet, *Wilhelm von Humboldt*, vol. 2, 460-70.

28　Von Bülow, *Gabriele von Bülow*, 229-30

29　Von Bülow, *Gabriele von Bülow*, 247-48.

30　Harriet Taylor Mill, 'Enfranchisement of Women', in *The Complete Works*, ed. Jo Ellen Jacobs and Paula Harms Payne (Bloomington and Indianapolis: Indiana University Press, 1998), 51-73. 여기 인용한 부분은 57.

31　Humboldt, *The Sphere and Duties of Government*, 65. 존 스튜어트 밀이 『자유론』에서 권두 인용문으로 사용. John Stuart Mill, *On Liberty* (London: Watts, 1929).

32　훔볼트가 말한 "다양한 상황Mannigfaltigkeit der Situationen"은 다면성Vielseitigkeit을 상기시킨다. 밀은 『자유론』의 권두 인용문에서 다양한 상황Mannigfaltigkeit을 다양성diversity으로 번역했다. 원문을 보려면 이하 참조. Humboldt, *Ideen zu einem Versuch, die Grenzen der Wirksamkeit des Staatszubestimmen* (Berlin: Deutsche Bibliothek, [1852]). 다양한 상황은 25, 다양성은 71.

33　Michel de Montaigne, *Essays*, in *The Complete Works*, trans. Donald Frame (London: Everyman, 2003), 141 (book 1, chap. 26). Cf. Mill, On Liberty, 24.

34　Mill, *On Liberty*, 14 – 15.

35　John Stuart Mill, 'Statement on Marriage', in *Collected Works*, vol. 21: *Essays on Equality, Law and Education*, ed. John M. Robson (London: Routledge, 1984), 99, https://oll.libertyfund.org/titles/mill-the-collected-works-of-john-stuart-mill-volume-xxi-essays-on-equality-law-and-education/simple#lf0223-21_head_034.

36　밀이 종교에 대해서 1830년에서 1858년 사이 쓴 글들은 사후에 출간되었다. 이 가운데 마지막으로 쓴 「유신론」(1868~1870년경)은 신적 존재의 가능성을 언급한다. 그러나 「종교의 실리」에서는 내세에 대한 약속이 이 땅에서 고통받는 사람들에게는 값진 위로라고 말하면서 만약 사람들이 이 생에서 더 행복하고 더 만족한다면 종교의 매력이 줄어들 것이라고 한다. John Stuart Mill, *Three Essays on Religion: Nature, The Utility of Religion, and Theism* (London: Longmans, Green, Reader & Dyer, 1874).

37　John Stuart Mill, *Autobiography*, ed. Mark Philp (Oxford, UK: Oxford University Press, 2018), 25 – 28.

38　Mill, *Autobiography*, 81.

39　Jeremy Bentham to Henry Richard Vassall, Third Baron Holland, 13 November, 1808, in Bentham, *Correspondence*, vol. 7, ed. John Dinwiddy (Oxford, UK: Clarendon Press, 1988), 570. ("산문은 마지막 줄을 빼고 모든 줄이 페이지의 가장자리까지 이어지는 글이고 시는 거기까지 미치지 못하는 글이지.") 참조: A. Julius, 'More Bentham, Less Mill', in *Bentham and the Arts*, ed. Anthony Julius, Malcolm Quinn and Philip Schofield (London: UCL Press, 2020), 178. 벤담이 시에 아주 관심이 없지는 않았을 것이다. 벤담의 정원에는 "시인의 왕 밀턴에게 바침"이라고 새겨진 석판이 있었다. 참조: M. M. St J. Packe, *Life of John Stuart Mill* (London: Secker & Warburg, 1954), 21. 시에 대한 밀의 생각에 관해서는 이하 참조. Richard Reeves,

John Stuart Mill (London: Atlantic, 2008), 20.

40　Mill, *Autobiography*, 84–86.

41　John Stuart Mill, 'Utilitarianism', in John Stuart Mill and Jeremy Bentham, *Utilitarianism and Other Essays*, ed. Alan Ryan (London: Penguin, 1987), 272–33. 여기 인용한 부분은 285.

42　Giannozzo Manetti, On Human Worth and Excellence (De dignitate et excellentia hominis), ed. and trans. Brian Copenhaver (Cambridge, MA, and London: I Tatti/Harvard University Press, 2018), 205 (book IV).

43　Mill, 'Utilitarianism', 279–81.

44　John Stuart Mill, 'The Subjection of Women' (1869), in *Collected Works*, vol. 21: *Essays on Equality, Law and Education*, ed. John M. Robson (London: Routledge, 1984), 259–340. 여기 인용한 부분은 337.

45　F. A. Hayek, *John Stuart Mill and Harriet Taylor: Their Correspondence and Subsequent Marriage* (London: Routledge & Kegan Paul, 1951), 260–63. 해리엇의 결핵에 대해서는 이하 참조. https://plato.stanford.edu/entries/harriet-mill/.

46　Mill, *Autobiography*, ed. Mark Philp, 169.

47　Matthew Arnold, *Culture and Anarchy*, ed. Jane Garnett (Oxford, UK: Oxford University Press, 2006), 9. 아널드는 훔볼트가 조화롭게 발달한 사람, "세상에 존재했던 가장 완벽한 영혼 중 하나"라고 말하기도 했다(94쪽).

48　Matthew Arnold, *Culture and Anarchy*, ed. Jane Garnett (Oxford, UK: Oxford University Press, 2006), 36.

49　Nicholas Murray, *A Life of Matthew Arnold* (London: Sceptre, 1997), 241.

50　Arnold, *Culture and Anarchy*, 5.

51　Arnold, *Culture and Anarchy*, 9.

52　Arnold, *Culture and Anarchy*, 80.

53　Arnold, *Culture and Anarchy*, 33.

54　Arnold, *Culture and Anarchy*, 5.

55　Arnold, *Culture and Anarchy*, 107.

56　Arnold, *Culture and Anarchy*, 6.

57　Arnold, *Culture and Anarchy*, 54–55.

58　Jonathan Swift, 'Battle of the Books', in *A Tale of a Tub and Other Works*, ed. Angus Ross and David Woolley (Oxford, UK, and New York: Oxford University Press,

1986), 104 – 25. 여기 인용한 부분은 112.

59 Arnold, *Culture and Anarchy*, 32.
60 노동자계급의 독서 습관 전반에 관한 내용은 이하 참조. Jonathan Rose, *The Intellectual Life of the British Working Classes* (New Haven and London: Yale University Press, 2002); Edith Hall and Henry Stead, *A People's History of Classics* (Abingdon, UK: Routledge, 2020).
61 Hall and Stead, *A People's History of Classics*, 58.
62 http://www.gutenberg.org/wiki/Harvard_Classics_(Bookshelf). 참조: Adam Kirsch, 'The "Five-Foot Shelf" Reconsidered', *Harvard Magazine* 103, no. 2 (November – December 2001).
63 Frank Swinnerton, *The Bookman's London* (London: Allan Wingate, 1951), 47.
64 Rose, *The Intellectual Life of the British Working Classes*, 133.
65 시리즈 웹사이트에 있는 데이비드 캠벨의 수기 참조. http://www.everymanslibrary.co.uk/history.aspx. 초기 편집본 목록은 http://scribblemonger.com/elcollect/elCatalog.pl.
66 'The Best Hundred Books, by the Best Judges', *Pall Mall Gazette* 'Extra', no. 24 (1886), 23.
67 'The Best Hundred Books, by the Best Judges', 9.
68 'The Best Hundred Books, by the Best Judges', 21.
69 Rose, *The Intellectual Life of the British Working Classes*, 267; Ethel Carnie and Lavena Saltonstall, letters to *Cotton Factory Times*, 20 March and 3, 10, 17 April, 1914. 에셜 카니에 관한 내용은 이하 참조. https://en.wikipedia.org/wiki/Ethel_Carnie_Holdsworth.
70 Rose, *The Intellectual Life of the British Working Classes*, 277. 인용문은 이하 참조. George W. Norris, 'The Testament of a Trade Unionist', *Highway* 39 (May 1938), 158 – 59.
71 Humboldt to F. G. Welcker, 26 October, 1825. 다음에서 재인용. Sweet, *Wilhelm von Humboldt*, vol. 2, 422 – 23.
72 Irving Babbitt, *Literature and the American College: Essays in Defense of the Humanities* (Boston and New York: Houghton Mifflin, 1908), 12. '뉴 휴머니즘'은 다른 사람들이 배빗의 시각에 붙인 이름이다. 다른 시기에도 이런 이름으로 불리는 다양한 움직임이 있었는데 혼란이 없기를 바란다.

73　Babbitt, *Literature and the American College*, 8 – 9.

74　Sinclair Lewis, Nobel Lecture, 1930, https://www.nobelprize.org/prizes/literature/1930/lewis/lecture/. 뉴 휴머니즘에 대한 다른 반응은 학회에서 나왔다. C. Hartley Grattan, ed., *The Critique of Humanism: A Symposium* (New York: Brewer and Warren, 1930). 이것은 뉴 휴머니즘을 장려하는 논문집에 대한 답변이기도 했다. Norman Foerster, ed., *Humanism and America* (New York: Farrar and Rinehart, 1930).

75　Edward Said, *Humanism and Democratic Criticism* (Basingstoke, UK: Palgrave Macmillan, 2004), 21 – 22.

76　Montaigne, *Essays*, 149 (book 1, chap. 26).

9 어느 꿈의 세상

1　Charles Darwin, *On the Origin of Species* (London: Penguin, 1968), 459.

2　Darwin, *On the Origin of Species*, 459.

3　Janet Browne, *Charles Darwin: The Power of Place* (London: Jonathan Cape, 2002), 349. 여기서 언급된 출판업자는 존 머리였다.

4　Browne, *Charles Darwin*, 88 – 90.

5　Browne, *Charles Darwin*, 186.

6　Browne, *Charles Darwin*, 189-90. 루이스가 해변을 탐험하고 쓴 글은 간행물에 게재되었다가 1858년 책으로 나왔다. 참조: Rosemary Ashton, *G. H. Lewes: A Life* (London: Pimlico, 2000), 169.

7　Karl Marx, *Collected Works*, vol. 41: *Letters* (London: Lawrence & Wishart, 1985), 234.

8　Browne, *Charles Darwin*, 403.

9　Adrian Desmond, *T. H. Huxley: From Devil's Disciple to Evolution's High Priest* (London: Penguin, 1998), 188.

10　Desmond, *T. H. Huxley*, 224-25.

11　T. H. Huxley, 'The Origin of Species', in *Collected Essays* (London: Macmillan, 1892 – 95), vol. 2, 22 – 79. 여기 인용한 부분은 52. 최초 게재는 *Westminster Review* 17 (1860), 541 – 70. 다음에서 열람 가능. https://mathcs.clarku.edu/huxley/CE2/OrS.html.

12　Browne, *Charles Darwin*, 105.

13   Browne, *Charles Darwin*, 94, 118.

14   George W. E. Russell, *Collections and Recollections* (London: Thomas Nelson, [1904?]), 161–62.

15   Ronald W. Clark, *The Huxleys* (London: Heinemann, 1968), 59. 헉슬리가 프레더릭 다이스터에게 보내는 편지에 쓴 내용.

16   Desmond, *T. H. Huxley*, 280.

17   Browne, *Charles Darwin*, 136.

18   T. H. Huxley, 'A Liberal Education and Where to Find It' (1868), in *Science and Education*, vol. 3 of *Collected Essays* (London: Macmillan, 1910) 76–110.

19   Huxley, 'A Liberal Education and Where to Find It', 87-88.

20   Charles Dickens, *Bleak House*, chap. 12.

21   Huxley, 'A Liberal Education and Where to Find It', 97-98.

22   T. H. Huxley, 'On Science and Art in Relation to Education' (1882), in *Science and Education*, vol. 3 of *Collected Essays* (1910), 160–88. 여기 인용한 부분은 164.

23   Huxley, 'A Liberal Education and Where to Find It', 96.

24   T. H. Huxley, 'Universities: Actual and Ideal' (1874, University of Aberdeen), in *Science and Education*, vol. 3 of *Collected Essays* (1910), 189–234. 여기 인용한 부분은 212. 헉슬리는 밀이 1867년 2월 1일 세인트앤드루스대학교 총장으로 취임할 때 했던 비슷한 내용의 강연을 인용했지만 고전학에 대한 모든 언급을 과학으로 바꾸었다.

25   Matthew Arnold, 'Literature and Science', in *The Portable Matthew Arnold*, ed. Lionel Trilling (Harmondsworth, UK: Penguin, 1980), 405–29. 여기 인용한 부분은 413-20.

26   다윈은 『인간의 유래와 성에 관련된 선택』에서 "도덕적 자질은 직접적으로나 간접적으로나 자연 선택보다는 습관, 추론 능력, 가르침, 종교 등을 통해 발달한다"고 썼다. Charles Darwin, *The Descent of Man, and Selection in Relation to Sex* (London: Gibson Square, 2003), 618.

27   Darwin, *The Descent of Man*, 612. 도덕성이 사회적 감정을 통해 진화했다는 다윈 이론의 주된 내용은 97–127.

28   Charles Darwin, 'Religious Belief' (written 1879, 'copied out' 1881), in *Autobiographies*, ed. Michael Neve and Sharon Messenger (London: Penguin, 2002), 49–55.

29　Darwin, 'Religious Belief', 49-50.

30　Darwin, 'Religious Belief', 54.

31　T. H. Huxley, 'Agnosticism', in Collected Essays (London: Macmillan, 1892-95), vol. 5, 209-62. 인용된 내용은 237-38.

32　Bryan Magee, *Ultimate Questions* (Princeton, NJ: Princeton University Press, 2016), 26.

33　Leslie Stephen, 'An Agnostic's Apology', in *An Agnostic's Apology and Other Essays* (London: Smith, Elder, 1893), 1.

34　Frederick James Gould, *The Life-Story of a Humanist* (London: Watts, 1923), 75.

35　Leslie Stephen, 'A Bad Five Minutes in the Alps', in *Essays on Freethinking and Plainspeaking*, rev. ed. (London: Smith, Elder; Duckworth, 1907), 177-225. 최초 게재는 *Fraser's Magazine* 86 (1872), 545-61. 이야기의 사실 여부에 관해서는 다음 참조. F. W. Maitland, *Life and Letters of Leslie Stephen* (London: Duckworth, 1906), 97-98. 여기서 인용된 조지 트레블리언 경의 말에 따르면 스티븐 경이 그와 또 다른 초보자를 데리고 험한 지름길로 접어든 적이 있었고 거기서 위험한 상황을 겪었는데 그 사건이 부분적으로 이야기의 실마리를 제공했을 수 있다.

36　Stephen, 'A Bad Five Minutes in the Alps', 84-85.

37　Stephen, 'A Bad Five Minutes in the Alps', 193.

38　Stephen, 'A Bad Five Minutes in the Alps', 203.

39　Stephen, 'A Bad Five Minutes in the Alps', 221.

40　Stephen, 'A Bad Five Minutes in the Alps', 222-23.

41　조지 엘리엇은 1873년 W. H. 마이어스와 케임브리지대학교 트리니티칼리지의 펠로우스 정원을 산책하며 이 말을 했다. Gordon S. Haight, *George Eliot* (Oxford, UK: Clarendon Press, 1968), 464.

42　Darwin, *The Descent of Man, and Selection in Relation to Sex*, 97.

43　1856년에 남긴 기록이다. Maitland, *Life and Letters of Leslie Stephen*, 144-45.

44　Thomas Hardy, *A Pair of Blue Eyes* (Oxford, UK: Oxford University Press, 2005), 201. 하디가 스티븐 경의 글에 영향을 받았다는 증거에 관해서는 John Halperin, 'Stephen, Hardy, and "A Pair of Blue Eyes"', in *Studies in Fiction and History from Austen to Le Carré* (New York: Springer, 1988).

45　Thomas Hardy, 'A Plaint to Man' (1909-10), in *A Selection of Poems*, ed. W. E. Williams (Harmondsworth, UK: Penguin, 1960), 95-96.

46　Matthew Arnold, 'Dover Beach', in *The Portable Matthew Arnold*, ed. Lionel

Trilling (Harmondsworth, UK: Penguin, 1980), 165-67.

47　Nicholas Murray, *A Life of Matthew Arnold* (London: Sceptre, 1997), 116.

48　Matthew Arnold, *Culture and Anarchy* (Oxford, UK: Oxford University Press, 2006), 11-12.

49　Friedrich Nietzsche, *The Gay Science*, ed. B. Williams, trans. Josefine Nauckhoff (Cambridge, UK: Cambridge University Press, 2001), 120 (part 3, §125).

50　J. A. Froude, Thomas Carlyle: *A History of His Life in London*, 1834-81 (London: Longman, Green, 1884), 248.

51　Waldo Hilary Dunn, *James Anthony Froude: A Biography* (Oxford, UK: Clarendon Press, 1961), vol. 1, 134-38.

52　유죄 선고를 받은 두 사람은 제임스 롤런드 윌리엄스와 헨리 브리스토우 윌슨이었다. Josef L. Altholz, *Anatomy of a Controversy: The Debate over Essays and Reviews* 1860-1864 (Aldershot, UK: Scolar, 1994), 1.

53　로버트 루이스 스티븐슨이 친구 찰스 백스터에게 들려준 이야기로 다음에서 재인용. Claire Harman, *Robert Louis Stevenson: A Biography* (London: Harper, 2006), 79-80.

54　Edmund Gosse, *Father and Son: A Study of Two Temperaments* (Harmondsworth, UK: Penguin, 1983), 90.

55　Gosse, *Father and Son*, 248, 251.

56　P. H. Gosse, *Omphalos: An Attempt to Untie the Geological Knot* (London: John Van Voorst, 1857).

57　Fosse, *Father and Son*, 105, 112.

58　Desmond, *T. H. Huxley*, 434.

59　Rose Macaulay, *Told by an Idiot* (London: Virago, 1983), 3, 6-7.

60　이 장르에 대한 개론적인 설명은 Robert Lee Wolff, *Gains and Losses: Novels of Faith and Doubt in Victorian England* (London: John Murray, 1977).

61　Duncan Grant, 'Virginia Woolf', in *The Golden Horizon*, ed. Cyril Connolly (London: Weidenfeld & Nicolson, 1953), 394.

62　Mrs Humphry Ward, *Robert Elsmere* (Oxford, UK, and New York: Oxford University Press, 1987).

63　Ward, *Robert Elsmere*, 169.

64　Ward, *Robert Elsmere*, 179.

65 Ward, *Robert Elsmere*, 261.
66 Ward, *Robert Elsmere*, 314.
67 Ward, *Robert Elsmere*, 475.
68 Ward, *Robert Elsmere*, 332.
69 Ward, *Robert Elsmere*, 164-66.
70 Janet Browne, *Charles Darwin: Voyaging* (London: Pimlico, 1996), 396 – 97.
71 William Ewart Gladstone, 'Robert Elsmere and the Battle of Belief', *Contemporary Review*, May 1888, http://www.victorianweb.org/history/pms/robertelsmere.html.
72 로즈메리 애시턴은 자신이 편집한 『로버트 엘스미어』의 서문에서 헨리 제임스의 말을 언급했다. Ward, *Robert Elsmere*, ed. Rosemary Ashton, vii. 이 책의 출간 뒤 나타난 반응에 관해서는 William S. Peterson, *Victorian Heretic: Mrs Humphry Ward's Robert Elsmere* (Leicester, UK: Leicester University Press, 1976).
73 Ward, *Robert Elsmere*, ed. Rosemary Ashton, vii.
74 암피볼로지즘이라는 말은 토머스 제퍼슨이 존 애덤스에게 쓴 1813년 편지에 등장한다. *The Jefferson Bible*, ed. Peter Manseau (Princeton, NJ: Princeton University Press, 2020), 38. 제퍼슨이 잘라서 재조합한 성경과 참고용으로 쓴 두 개의 사본은 각각 다른 개인이 소장하고 있었지만 사이러스 애들러가 발견해 스미소니언박물관 소장품이 되었다. 관련 내용은 80-93.
75 Matthew Arnold, *Literature and Dogma: An Essay Towards a Better Apprehension of the Bible* (London: Smith, Elder, 1873), xiii – xv, 383. 이 글에 대한 평론에 답변하는 책은 *God and the Bible* (London: Smith, Elder, 1875). 옥스퍼드 교수 벤저민 자윗 역시 논란이 많았던 『수필과 비평』에 성경을 문헌으로 보아야 한다는 글을 실었다. Benjamin Jowett, 'On the Interpretation of Scripture', *Essays and Reviews* (London: John W. Parker, 1860), 330 – 433.
76 H. W. Wardman, *Ernest Renan: A Critical Biography* (London: University of London/Athlone, 1964), 27 – 29.
77 Ernest Renan, *Memoirs*, trans. J. Lewis May (London: G. Bles, 1935), 237.
78 Renan, *Memoirs*, 226.
79 Renan, *Memoirs*, 202-3.
80 관객은 쥘 르메트르였다. Wardman, *Ernest Renan*, 183.
81 Robert G. Ingersoll, 'Ernest Renan' (1892), in *The Works of Robert G. Ingersoll* (New

York: Dresden; C. P. Farrell, 1902), vol. 11, 283 – 301. 여기 인용한 부분은 300 – 301.

82　*The Best of Robert Ingersoll*, ed. Roger E. Greeley (New York: Prometheus, 1993), 14.

83　Robert Ingersoll to Albert H. Walker, 3 November, 1882, in Robert G. Ingersoll, *The Life and Letters*, ed. Eva Ingersoll Wakefield, preface by Royston Pike (London: Watts, 1952), 98.

84　E. M. Forster, 'How I Lost My Faith', in *The Prince's Tale and Other Uncollected Writings*, ed. P. N. Furbank (London: Penguin, 1999), 318.

85　Ruth Scurr, *Fatal Purity: Robespierre and the French Revolution* (London: Chatto & Windus, 2006), 267. 참조: Mona Ozouf, *Festivals and the French Revolution* (Cambridge, MA: Harvard University Press, 1988), 100 – 101; https://en.wikipedia.org/wiki/Cult_of_Reason.

86　콩도르세도 비슷한 일을 한 적이 있다. 출간하지는 않았지만 '반미신 연감'을 써서 가톨릭 성인들의 축일을 교회의 횡포나 고문에 반대했던 사람들의 축일로 지정했다. Nicolas de Condorcet, *Almanach anti-superstitieux*, ed. Anne-Marie Chouillet, Pierre Crépel and Henri Duranton (Saint-Étienne, France: CNRS Éditions/Publications de Université de Saint-Étienne, 1992). 참조: Steven Lukes and Nadia Urbinati, introduction to their edition of *Condorcet, Political Writings* (Cambridge, UK: Cambridge University Press, 2012), xvii.

87　이 교회에 관해서는 https://www.nytimes.com/2016/12/25/world/americas/nearly-in-ruins-the-church-where-sages-dreamed-of-a-modern-brazil.html. 브라질 내 실증주의교에 관한 전반적인 내용은 http://positivists.org/blog/brazil.

88　https://hibridos.cc/en/rituals/templo-positivista-de-porto-alegre/.

89　'A Positivist Creed', manuscript, Bod. M. C347, f. 176. 다음에서 재인용. T. R. Wright, *The Religion of Humanity: The Impact of Comtean Positivism on Victorian Britain* (Cambridge, UK: Cambridge University Press, 1986), 85.

90　몬큐어 대니얼 콘웨이가 묘사한 1881년 1월 1일 모임 내용 참조. Moncure Daniel Conway, *Autobiography: Memories and Experiences* (London: Cassell, 1904), vol. 2, 347.

91　조세핀 트루프와 이디스 스웹스톤이 각각 가락을 붙였고 헨리 홈스는 대규모 칸타타를 작곡했다. Martha S. Vogeler, 'The Choir Invisible: The Poetics of Humanist Piety', in *George Eliot: A Centenary Tribute*, ed. Gordon S. Haight and

Rosemary T. VanArsdel (London: Macmillan, 1982), 64 – 81. 여기 인용한 부분은 78.

92   George Eliot, 'The Choir Invisible', in *Complete Shorter Poetry*, ed. Antonie Gerard van den Broek (London: Pickering & Chatto, 2005), vol. 2, 85 – 86. 여기 인용한 부분은 86 (1–5행).

93   T. R. Wright, *The Religion of Humanity* (Cambridge, UK: Cambridge University Press, 1986), 87.

94   John Stuart Mill, *Auguste Comte and Positivism* (London: N. Trübner, 1865), 54 – 56.

95   T. H. Huxley, 'On the Physical Basis of Life' (1868), *Collected Essays* (London: Macmillan, 1892 – 95), vol. 1, 156, https://mathcs.clarku.edu/huxley/CE1/PhysB.html.

96   Wright, *The Religion of Humanity*, 4.

97   Wright, *The Religion of Humanity*, 99.

98   Wright, *The Religion of Humanity*, 96. 찬송가 모음집의 제목은 *The Service of Man* (1890).

99   Wright, *The Religion of Humanity*, 101.

100 Austin Harrison, *Frederic Harrison: Thoughts and Memories* (London: William Heinemann, 1926), 90.

101 Harrison, *Frederic Harrison*, 83.

102 Mill, *Auguste Comte and Positivism*, 50.

103 Mill, *Auguste Comte and Positivism*, 60.

104 Harrison, *Frederic Harrison*, 67.

105 Bertrand Russell, 'What I Believe', in *Why I Am Not a Christian* (London: Unwin, 1975), 43 – 69. 여기 인용한 부분은 63.

10 희망찬 박사

1   L. L. Zamenhof to N. Borovko, circa 1895, in L. L. Zamenhof, *Du Famaj Leteroj* [Letters to Nikolaj Borovko and Alfred Michaux], ed. and trans. André Cherpillod (Courgenard, France: Eldono La Blanchetière, 2013), 10 – 11. 원문은 에스페란토어이며 프랑스어 번역문과 주석이 같이 실려 있다.

2   L. L. Zamenhof to A. Michaux, 21 February, 1905, in Zamenhof, *Du Famaj*

Leteroj, 39.

3   창세기 11:1 – 9. 여기 인용한 부분은 11:6.

4   Dante, *De vulgari eloquentia*, ed. and trans. Steven Botterill (Cambridge, UK: Cambridge University Press. 1996), 3, 23 (book 1, §1 and §9).

5   Marjorie Boulton, *Zamenhof: Creator of Esperanto* (London: Routledge & Kegan Paul, 1960), 11.

6   Boulton, *Zamenhof*, 15. 참조: Zamenhof to N. Borovko, circa 1895, in Zamenhof, *Du Famaj Leteroj*, 17.

7   Boulton, *Zamenhof*, 17 – 21.

8   자멘호프의 『제1권』 본문은 1889년 영어로 번역되었고(Richard H. Geoghegan) 2006년 수정되었는데(Gene Keyes) 인터넷에서 읽을 수 있다. L. L. Zamenhof, *Doctor Esperanto's International Language*, part 1, http://www.genekeyes.com/Dr_Esperanto.html.

9   Boulton, *Zamenhof*, 33.

10 Immanuel Kant, 'To Perpetual Peace' (1795), in *Perpetual Peace and Other Essays*, trans. Ted Humphrey (Indianapolis and Cambridge, UK: Hackett, 1983), 125.

11 힐렐리즘의 교리에 관한 자멘호프의 책은 러시아의 에스페란토 출판사(Ruslanda Esperantisto)가 1906년에 출간했다. Boulton, *Zamenhof*, 97 – 101.

12 Esther Schor, *Bridge of Words: Esperanto and the Dream of a Universal Language* (New York: Metropolitan Books, 2016), 78.

13 Boulton, *Zamenhof*, 104 – 5. 자멘호프의 공유 종교와 모든 종교를 하나로 보는 바하이 신앙에는 공통점이 조금 있다.

14 Zamenhof to A. Michaux, 21 February, 1905, in Zamenhof, *Du Famaj Leteroj*, 33 – 35.

15 Zamenhof, *Unua Libro*, trans. Geoghegan, rev. Keyes. 초기 번역(Julius Steinhaus)은 다음에서 재인용. Boulton, *Zamenhof*, 39.

16 https://en.wikipedia.org/wiki/Neutral_Moresnet.

17 https://en.wikipedia.org/wiki/Republic_of_Rose_Island.

18 잉거솔의 행복 강령은 다양한 형태로 발표되었다. *An Oration on the Gods* (29 January, 1872) (Cairo, IL: Daily Bulletin Steam Book & Job Print, 1873), 48. 육성 녹음은 온라인으로도 들어볼 수 있다. https://youtu.be/rLLapwIoEVI.

19 Susan Jacoby, *The Great Agnostic: Robert Ingersoll and American Freethought* (New

Haven and London: Yale University Press, 2013), 34.

20 Robert G. Ingersoll, *The Life and Letters*. ed. Eva Ingersoll Wakefield, preface by Royston Pike (London: Watts, 1952), 1.
21 Ingersoll, *The Life and Letters*, 13.
22 Ingersoll, *The Life and Letters*, 23 – 32.
23 Edward Garstin Smith, *The Life and Reminiscences of Robert G. Ingersoll* (New York: National Weekly Pub. Co.; London: Shurmer Sibthorp, 1904), 116.
24 Ingersoll, *The Life and Letters*, 15 – 16.
25 Ingersoll, *The Life and Letters*, 36 – 37.
26 Clarence Darrow, *The Story of My Life* (New York: Charles Scribner's Sons, 1932), 381. 잉거솔이 배심원단 앞에서 한 발언이 궁금하다면 이하 참조. Ingersoll, *The Works of Robert G. Ingersoll*, vol. 10.
27 Ingersoll, *The Life and Letters*, 55.
28 Smith, *The Life and Reminiscences of Robert G. Ingersoll*, part 2, Reminiscences, 32.
29 Ingersoll, 'The Ghosts', in The Works of Robert G. Ingersoll, vol. 1, 272.
30 Ingersoll, 'The Ghosts', 326.
31 Quintilian, *Institutio oratoria*, trans. H. E. Butler (London: W. Heinemann; New York: G. P. Putnam's Sons, 1922), vol. 4, 411 (XII.v.5).
32 Smith, *The Life and Reminiscences of Robert G. Ingersoll*, part 2, *Reminiscences*, 208.
33 C. H. Cramer, *Royal Bob: The Life of Robert G. Ingersoll* (Indianapolis: Bobbs-Merrill, 1952), 102.
34 Robert G. Ingersoll, *The Best of Robert Ingersoll: Selections from His Writings and Speeches*, ed. Roger E. Greeley (New York: Prometheus, 1993), 79 – 80.
35 Ingersoll, *The Life and Letters*, 162 – 69.
36 Ingersoll, *The Best of Robert Ingersoll*, 55.
37 Ingersoll, *The Best of Robert Ingersoll*, 12. 사진: Jacoby, The Great Agnostic, 40.
38 Ingersoll, *The Best of Robert Ingersoll*, 83.
39 Jacoby, *The Great Agnostic*, 2 ('Injuresoul'). 마거릿 생어는 잉거솔이 뉴욕주 코닝에서 연설할 당시 채소가 날아온 일을 기억한다. 생어의 아버지가 잉거솔을 초청했지만 항의가 심해서 연설을 숲속 조용한 장소로 옮겨야 했다. Margaret Sanger, *An Autobiography* (London: Victor Gollancz, 1939), 2.
40 Ingersoll, *The Best of Robert Ingersoll*, 56.

41　Ingersoll, *The Life and Letters*, 291.

42　Bertrand Russell, *Principles of Social Reconstruction*, (London: Allen & Unwin, 1916), 203.

43　러셀의 어머니가 친정어머니에게 보내는 편지에 이렇게 썼다고 한다. Bertrand Russell, *Autobiography* (London and New York: Routledge, 1998), 12.

44　https://en.wikipedia.org/wiki/Katharine_Russell,_Viscountess_Amberley.

45　Alan Ryan, *Bertrand Russell: A Political Life* (London: Penguin, 1988), 4.

46　Russell, *Autobiography*, 36.

47　Anthony Trollope, *Can You Forgive Her?*, New York: Routledge, 2004), 1.

48　Russell, *Autobiography*, 17. 성경 구절은 출애굽기 23:2.

49　Bertrand Russell, *Sceptical Essays* (London and New York: Routledge, 2004), 1.

50　위키피디아에서는(https://en.wikipedia.org/wiki/Russell%27s_teapot) 러셀의 말을 인용하고 찻주전자 비유에 대한 반박도 싣고 있다. 출처는 1952년 간행물(*Illustrated*)의 미발표 기사(Russell, 'Is There a God?')다. 칼 세이건도 비슷한 제안을 했다. "내 차고에 용이 사는데 눈에 보이지 않고 무게도 나가지 않고 만져지지도 않으며 열기가 없고 느껴지지 않는 불을 뿜는다고 말한다면 차고에 용이 살지 않는 것과 무슨 차이가 있는가?" Carl Sagan, *The Demon-Haunted World* (London: Headline, 1997), 160-61.

51　Thomas Paine, 'Rights of Man', in *Rights of Man, Common Sense, and Other Political Writings*, ed. Mark Philp (Oxford, UK: Oxford University Press, 1995), 145.

52　Russell, *Autobiography*, 30.

53　Russell, *Autobiography*, 156-57.

54　Russell, *Autobiography*, 38.

55　비어트리스 웹이 1901년 일기장에 쓴 것이다. Ray Monk, *Bertrand Russell* (London: Vintage, 1997-2001), vol. 1, 139. 반대로 러셀은 비어트리스와 남편이 냉정하다고 비난했다. Russell, *Autobiography*, 76.

56　Russell, *Autobiography*, 149.

57　수학과 논리학에 대한 러셀의 애착은 길버트 머리에게 보낸 편지들에 잘 나타나 있다. Russell, *Autobiography*, 160-62.

58　Ronald W. Clark, *The Life of Bertrand Russell*, rev. ed. (Harmondsworth, UK: Penguin, 1978), 534.

59　Russell, 'What I Believe', in *Why I Am Not a Christian* (London: Unwin, 1975), 43-69. 여기 인용한 부분은 47.

60　Bertrand Russell, 'Why I Am Not a Christian', in *Why I Am Not a Christian* (London: Unwin, 1975), 13–26. 여기 인용한 부분은 26.

61　Clark, *The Life of Bertrand Russell*, 303.

62　Clark, *The Life of Bertrand Russell*, 305.

63　Stefan Zweig, *The World of Yesterday*, trans. Anthea Bell (London: Pushkin, 2011), 25–26.

64　Béla Zombory-Moldován, *The Burning of the World: A Memoir of 1914*, trans. Peter Zombory-Moldovan (New York: New York Review Books, 2014), 6.

65　Ryan, *Bertrand Russell: A Political Life*, 61–62.

66　Clark, *The Life of Bertrand Russell*, 420–22. 러셀이 쓴 기사의 제목은 「독일의 평화협정 제안The German Peace Offer」.

67　Bertrand Russell, 'Experiences of a Pacifist in the First World War', in *Portraits from Memory, and Other Essays* (London: Allen & Unwin, 1956), 30–34. 여기 인용한 부분은 33–34.

68　Russell, *Autobiography*, 256.

69　Russell, *Autobiography*, 257.

70　Russell, *Autobiography*, 326.

71　Russell, *Autobiography*, 263.

72　Bertrand Russell, 'From Logic to Politics', in *Portraits from Memory, and Other Essays* (London: Allen & Unwin, 1956), 35–39. 여기 인용한 부분은 35–36.

73　Russell, *Autobiography*, 261.

74　Russell, *Principles of Social Reconstruction*, 18.

75　Rabindranath Tagore, 'The Modification of Education' (1892), in *Education as Freedom: Tagore's Paradigm*, trans. Subhransu Maitra (New Delhi: Niyogi Books, 2014), 27–40. 여기 인용한 부분은 31.

76　Bertrand Russell, *Education and the Good Life* (New York: Boni & Liveright, 1926), 29–30.

77　Russell, *Education and the Good Life*, 142–46.

78　Russell, *Education and the Good Life*, 78.

79　Russell, *Autobiography*, 389–90.

80　Russell, *Education and the Good Life*, 213.

81　Russell, 'What I Believe', 57.

82   Katharine Tait, *My Father Bertrand Russell* (London: Victor Gollancz, 1976), 71. 러셀의 전기 작가 로널드 클라크가 들려주는 이야기에서는 기자가 아니라 지역 목사가 찾아온 것으로 되어 있다. 하지만 지역 목사의 아들이 쓴 편지를 인용하면서 목사는 러셀의 자녀들이 벗고 다니는 것을 개의치 않았고 정원에서 놀게 하거나 부엌으로 들어오게 해주었으며 그때든 틈타 성경 이야기를 들려주었다고 전한다. Clark, *The Life of Bertrand Russell*, 530.

83   Russell, *Autobiography*, 460.

84   Horace M. Kallen, 'Behind the Bertrand Russell Case', in *The Bertrand Russell Case*, ed. H. M. Kallen and John Dewey (New York: Viking, 1941), 20.

85   Paul Edwards, 'How Bertrand Russell Was Prevented from Teaching at City College, New York', in Russell, *Why I Am Not a Christian* (London: Unwin, 1975), 165–99. 여기 인용한 부분은 173.

86   Russell, *Autobiography*, 465. 반스 재단의 현 상황이 궁금하다면 https://www.barnesfoundation.org/.

87   Ryan, *Bertrand Russell: A Political Life*, 67.

88   Russell, *Education and the Good Life*, 267.

89   Schor, *Bridge of Words*, 180.

90   Ulrich Lins, *Dangerous Language: Esperanto under Hitler and Stalin* (London: Palgrave Macmillan, 2016), 95, 115.

91   Lins, Dangerous Language, 116–17; Boulton, *Zamenhof*, 208–9.

92   가령 다음과 같은 글을 썼다. Lidia Zamenhof, 'Nia Misio', *Esperanto Revuo*, no. 12 (December 1934). 참조: Schor, *Bridge of Words*, 186. 리디아 자멘호프는 또한 바하이교의 신도가 되었는데 이 종교는 호마라니스모처럼 모두가 공유할 수 있는 보편적인 믿음을 추구한다.

93   Schor, *Bridge of Words*, 193–95.

94   Boulton, *Zamenhof*, 213–14.

95   이 녹음('Hope')은 뉴욕주 드레스덴의 잉거솔박물관이 소장하고 있는 축음기 레코드에 실려 있다. https://youtu.be/rLLapwIoEVI.

11 인간의 얼굴

1   베니토 무솔리니와 조반니 젠틸레의 「파시즘의 원칙La dottrina del fascismo」은 1932년

에 출간되었다. 『이탈리아 백과사전』 14권에 실려 있으며 1부 '근본 원칙'은 (무솔리니의 이름도 올라가 있지만) 젠틸레가 썼고, 2부 '정치사회 원칙'은 무솔리니가 썼다. 여기 인용된 모든 내용의 출처는 Readings on Fascism and National Socialism, Project Gutenberg e-book, ed. Alan Swallow, 2004, https://www.gutenberg.org/files/14058/14058-h/14058-h.htm. 이 출처에는 「파시즘의 원칙The Doctrine of Fascism」뿐만 아니라 젠틸레가 쓴 「파시즘의 철학적 근거The Philosophic Basis of Fascism」도 실려 있다.

2   Gentile, 'The Doctrine of Fascism'.
3   Leon Trotsky, *Literature and Revolution*, trans. Rose Strunsky (London: Redwords, 1991), 282-83.
4   Fabio Fernando Rizi, *Benedetto Croce and Italian Fascism* (Toronto: University of Toronto Press, 2003), 52. 젠틸레에 대해 더 알고 싶다면 A. James Gregor, *Giovanni Gentile: Philosopher of Fascism* (New Brunswick, NJ: Transaction, 2001).
5   Erika Mann, *School for Barbarians* (New York: Modern Age Books, 1938), 47.
6   Mann, *School for Barbarians*, 99-100.
7   Hannah Arendt, *The Origins of Totalitarianism*, (London: Penguin, 2017), 614.
8   Erwin Panofsky, 'The History of Art as a Humanistic Discipline', in *The Meaning of the Humanities*, ed. T. M. Greene (Princeton, NJ: Princeton University Press; London: Humphrey Milford/Oxford University Press, 1938), 89-118. 여기 인용한 부분은 93.
9   Rizi, *Benedetto Croce and Italian Fascism*, 13.
10 Cecil Sprigge, *Benedetto Croce: Man and Thinker* (Cambridge, UK: Bowes & Bowes, 1952), 12-17.
11 Benedetto Croce to Giovanni Gentile, 24 October, 1924, in Rizi, *Benedetto Croce and Italian Fascism*, 75.
12 Benedetto Croce to Alessandro Casati, October 1924, in Rizi, *Benedetto Croce and Italian Fascism*, 76.
13 B. Croce, 'A Reply by Italian Authors, Professors, and Journalists to the "Manifesto" of the Fascist Intellectuals', in *From Kant to Croce: Modern Philosophy in Italy 1800-1950*, ed. and trans. Brian Copenhaver and Rebecca Copenhaver (Toronto: University of Toronto Press, 2012), 713-16. 여기 인용한 부분은 714-15. 젠틸레의 선언문은 706-12.
14 Rizi, *Benedetto Croce and Italian Fascism*, 114-20.

15 Benedetto Croce, 'History as the History of Liberty' (1937), in *Philosophy – Poetry – History: An Anthology of Essays*, trans. Cecil Sprigge (London: Oxford University Press, 1966), 546–88. 여기 인용한 부분은 585–86.

16 Stefan Zweig, *The World of Yesterday*, trans. Anthea Bell (London: Pushkin, 2011), 389.

17 Stefan Zweig, *Erasmus [and] The Right to Heresy*, trans. Eden and Cedar Paul (London: Hallam/Cassell, 1951), 5. 참조: chap. 6, 'Greatness and Limitations of Humanism', 67–88.

18 Stefan Zweig, *Montaigne*, trans. Will Stone (London: Pushkin, 2015).

19 유서가 실려 있는 편집 후기는 이하 참조. Stefan Zweig, *The World of Yesterday*, ed. Harry Zohn (Lincoln: University of Nebraska Press, 1964), 437–40.

20 E. M. Forster, 'Some Books', in *The BBC Talks*, ed. Mary Lago, Linda K. Hughes and Elizabeth MacLeod Walls (Columbia and London: University of Missouri Press, 2008), 172. BBC의 한 라디오 프로그램(*We Speak to India*)에서 1942년 3월 4일 방송.

21 Christopher Isherwood, *Down There on a Visit* (London: Vintage, 2012), 171.

22 Roger-Pol Droit, *Humanity in the Making: Overview of the Intellectual History of UNESCO, 1945–2005* (Paris: UNESCO, 2005), 40.

23 Thomas Mann, *Diaries 1918–1939*, ed. Hermann Kesten, trans. Richard and Clara Winston (London: André Deutsch, 1983), 222 (entry for Sunday, 5 August, 1934).

24 Thomas Mann, 'Europe Beware', trans. H. T. Lowe-Porter, in *Order of the Day: Political Essays and Speeches of Two Decades* (New York: Alfred A. Knopf, 1942), 69–82. 여기 인용한 부분은 82.

25 Thomas Mann, *Mario and the Magician and Other Stories* (Harmondsworth, UK: Penguin, 1975), 113–57.

26 Thomas Mann, *The Magic Mountain*, trans. H. T. Lowe-Porter (Harmondsworth, UK: Penguin, 1960), 400.

27 Mann, *The Magic Mountain*, 522.

28 Mann, *The Magic Mountain*, 497.

29 하인리히 만은 1915년 이런 시각을 담은 글 「졸라」를 《백색지Die weissen Blätter》에 발표해 상당한 영향을 끼쳤고 1931년 프랑스 작가들에 대한 자신의 에세이집에 이 글을 재수록했다. *Geist und Tat: Franzosen 1780–1930* (Berlin: G. Kiepenheuer,

1931). 참조: Karin Verena Gunnemann, *Heinrich Mann's Novels and Essays: The Artist as Political Educator* (Rochester, NY: Camden House, 2002), 79.

30   Thomas Mann, 'An Appeal to Reason' (talk given in Berlin, October 1930), trans. H. T. Lowe-Porter, in *Order of the Day*, 46 – 68. 연설 방해에 관한 내용은 54 – 56; Tobias Boes, *Thomas Mann's War* (Ithaca, NY, and London: Cornell University Press, 2019), 85 – 86.

31   Thomas Mann to Hermann Hesse, 22 December, 1932, *The Hesse – Mann Letters*, ed. Anni Carlsson and Volker Michels, trans. Ralph Manheim (London: Arena, 1986), 16.

32   Erika Mann and Klaus Mann, *Escape to Life* (Boston: Houghton Mifflin, 1939), 6 – 7.

33   Thomas Mann, 'Achtung, Europa!' (April 1935), in *Achtung, Europa! Aufsätze zur Zeit* (Stockholm: Bermann-Fischer, 1938), 73 – 93.

34   Boes, *Thomas Mann's War*, 148 – 54. 사서의 임무에 대한 맥리시의 생각은 이하 참조. 'Of the Librarian's Profession', *Atlantic Monthly* (June 1940), reprinted in *Champion of a Cause*, ed. Eva M. Goldschmidt (Chicago: ALA, 1971), 43 – 53.

35   Erika Mann, *The Lights Go Down*, trans. Maurice Samuel (London: Secker & Warburg, 1940), 239 – 81. 이 책의 각주를 보면 실제로 히틀러가 예술에 대해 한 연설(*Frankfurter Zeitung*, 17 July, 1939)에는 문법적 오류가 33개였다고 한다.

36   크리스텔러의 사연은 이하 참조. Paul Oskar Kristeller and Margaret L. King, 'Iter Kristellerianum: The European Journey (1904 – 1939)', *Renaissance Quarterly* 47 (1994), 907 – 29. 여기 인용한 부분은 917 – 25.

37   Jeffrey Chipps Smith, introduction to Erwin Panofsky, *The Life and Art of Albrecht Dürer* (Princeton, NJ: Princeton University Press, 2005), xxix – xxxi.

38   막스 바르부르크의 추도사(1929년 12월 5일). 다음에서 재인용. E. H. Gombrich, *Aby Warburg: An Intellectual Biography*, 2nd ed. (Oxford, UK: Phaidon, 1986), 22.

39   Aby Warburg, *Bilderatlas Mnemosyne*, ed. Axel Heil and Roberto Ohrt (Stuttgart and Berlin: Hatje Cantz, 2020). 2020년 런던의 바르부르크연구소와 베를린세계문화의 집에서 도판의 온라인 전시가 열렸다. 링크는 https://warburg.sas.ac.uk/collections/warburg-institute-archive/bilderatlas-mnemosyne/mnemosyne-atlas-october-1929; https://www.hkw.de/en/programm/projekte/2020/aby_warburg/bilderatlas_mnemosyne_start.php.

40   Fritz Saxl, 'Ernst Cassirer', in *The Philosophy of Ernst Cassirer*, ed. P. A. Schilpp (La

Salle, IL: Open Court, 1949), 47 – 48.

41 On the move: Fritz Saxl, 'The History of Warburg's Library', in E. H. Gombrich, *Aby Warburg: An Intellectual Biography*, 2nd ed. (Oxford, UK: Phaidon, 1986), 325 – 38. 여기 인용한 부분은 336 – 37. 하이델베르크대학교의 레이먼드 클리반스키 박사의 제안이 큰 역할을 했다.

42 *Prospectus of the Journal of the Warburg Institute*, London, 1937; 'Memo Regarding the Warburg Institute: How to Get It Known in England', 30 May, 1934. 다음에서 재인용. Elizabeth McGrath, 'Disseminating Warburgianism: The Role of the "Journal of the Warburg and Courtauld Institutes"', in *The Afterlife of the Kulturwissenschaftliche Bibliothek Warburg*, ed. U. Fleckner and P. Mack (Berlin and Boston: De Gruyter, 2015), 39 – 50. 여기 인용한 부분은 43 – 44. 연구소 소개 (*Prospectus*)는 2번 그림 참조.

43 https://warburg.sas.ac.uk/about/news/warburg-institute-receive-major-gift-edmund-de-waal.

44 Nikola van Merveldt, 'Books Cannot Be Killed by Fire', *Library Trends* 55, no. 3 (Winter 2007), 523 – 35. https://milholmbc.weebly.com/uploads/3/8/0/7/38071703/bookscannotbekilledbyfire.pdf.

45 Kathy Peiss, *Information Hunters* (New York: Oxford University Press, 2020), 43.

46 Marcel Reich-Ranicki, *The Author of Himself: The Life*, trans. Ewald Osers (London: Weidenfeld & Nicolson, 2001), 68 – 70.

47 Thomas Mann, *Listen, Germany! Twenty-five Radio Messages to the German People over BBC* (New York: Alfred A. Knopf, 1943), v – vi. 참조: Boes, *Thomas Mann's War*, 168 – 69.

48 Mann, *Listen, Germany!*, 69, 98. 1942년 1월과 6월에 방송.

49 Mann, *Listen, Germany!*, 33. 1941년 5월 방송.

50 Frederick Hartt, *Florentine Art under Fire* (Princeton, NJ: Princeton University Press, 1949), 45.

51 Frank Dikötter, *The Cultural Revolution: A People's History*, 1962 – 1976 (London: Bloomsbury, 2017), 89 – 91.

52 1966년 11월에 발생한 일이다. 참조: Sang Ye and Geremie R. Barmé, 'Commemorating Confucius in 1966 – 67', *China Heritage Quarterly*, no. 20 (December 2009), http://www.chinaheritagequarterly.org/scholarship.php?searchterm=020_

confucius,inc&issue=020.
53　Dikötter, *The Cultural Revolution*, 94.
54　이 수치는 널리 인정되고 있으며 출처는 다음과 같다. Yang Jisheng, *The Great Chinese Famine*, 1958 – 1962, trans. Stacy Mosher and Guo Jian (New York: Farrar, Straus & Giroux, 2012).
55　Ranbir Vohra, *Lao She and the Chinese Revolution* (Cambridge, UK: East Asian Research Center, 1974), 163 – 65. 1966년 중국을 방문한 로마 겔더와 스튜어트 겔더 부부의 인터뷰 내용은 164. 이 내용은 부부의 저서에도 실려 있다 *Memories for a Chinese Grand-Daughter* (New York: Stein & Day, 1968), 182 – 95.
56　여러 추정치에 대해서는 이하 참조. https://en.wikipedia.org/wiki/Cambodian_genocide.
57　Rithy Panh and Christophe Bataille, *The Elimination*, trans. John Cullen (New York: Other Press, 2012), 142.
58　Rithy Panh and Christophe Bataille, *The Missing Picture [L'image manquante]*, Catherine Dussart Productions, 2013.
59　William Golding, 'Fable', in *The Hot Gates* (London: Faber & Faber, 1970), 87.
60　Golding, 'Fable', 94.
61　26세 법학도 하인츠 퀴흘러가 1941년 9월 6일 편지에 쓴 내용. 다음 두 출처에서 재인용. Omer Bartov, *Hitler's Army* (New York: Oxford University Press, 1991), 116; David Livingstone Smith, *Less Than Human* (New York: St. Martin's Press, 2011), 141.
62　Thomas Mann to Walter von Molo, 7 September, 1945, in Thomas Mann, *Letters, 1889 – 1955*, ed. and trans. Richard and Clara Winston (London: Secker & Warburg, 1970), vol. 2, 482.
63　Theodor Adorno and Max Horkheimer, *Dialectic of Enlightenment*, trans. John Cumming (London and New York: Verso, 1997). 가령, 계몽주의가 "다른 제도 못지않게 전체주의적"이라고 비판하는 내용은 24. 집필은 1944년에 이루어졌지만 1947년에 내용이 추가되었다.
64　Jacques Maritain, *True Humanism* (New York: Charles Scribner's Sons, 1938), 19. 1934년 8월 스페인의 산탄데르대학교에서 한 강연 내용을 바탕으로 엮은 책이다.
65　*Partisan Review*, February – May/June 1950, 103. 여기 인용한 부분은 1950년 2월호.
66　'Assault of the Humanists', *Elsevier Weekblad* (1952). 다음에서 재인용. Hans van

Deukeren et al., 'From History to Practice — A History of IHEU, 1952–2002', in *International Humanist and Ethical Union, 1952–2002*, ed. Bert Gasenbeek and Babu Gogineni (Utrecht: De Tijdstroom, 2002), 16–104. 여기 인용한 부분은 26.

67　Martin Heidegger, 'Letter on "Humanism"', in *Pathmarks*, ed. W. McNeill, trans. Frank A. Capuzzi (Cambridge, UK: Cambridge University Press, 1998), 239–76.

68　Heidegger, 'Letter on "Humanism"', 260.

69　Heidegger, 'Letter on "Humanism"', 252.

70　Jean-Paul Sartre, *Existentialism and Humanism*, trans. Philip Mairet (London: Methuen, 2007), 38. 샤르트르의 1945년도 강연을 바탕으로 1946년에 발간된 이 책의 원제목은 *L'Existentialisme est un humanisme*. 우리는 극도로 자유롭지만 그래도 타인에 대한 도덕적 정치적 의무는 지켜야 한다고 말한다.

71　Michel Foucault, *The Order of Things* (London and New York: Routledge, 2002), 422.

72　Foucault, *The Order of Things*, 420.

73　Frantz Fanon, *The Wretched of the Earth*, trans. Constance Farrington (London: Penguin, 1967), 251.

74　Fanon, *The Wretched of the Earth*, 252–54.

75　Longxi Zhang, 'Humanism Yet Once More: A View from the Other Side', in *Humanism in Intercultural Perspective: Experiences and Expectations*, ed. Jörn Rüsen and Henner Laass (Bielefeld, Germany: Transcript, 2009), 225–31. 여기 인용한 부분은 228.

76　Panh and Bataille, *The Elimination*, 268.

77　Benedetto Croce, 'Progress as a State of Mind and Progress as Philosophic Concept', in *Philosophy – Poetry – History: An Anthology of Essays*, trans. Cecil Sprigge (London: Oxford University Press, 1966), 589–94. 여기 인용한 부분은 589–92.

78　His Majesty's Stationery Office, 'The Basic Principle of the Curriculum', in *The Norwood Report: Curriculum and Examinations in Secondary Schools* (London: His Majesty's Stationery Office, 1943), 55, http://www.educationengland.org.uk/documents/norwood/norwood1943.html.

79　Harvard Committee, *General Education in a Free Society* (Cambridge, MA: Harvard University Press, 1945), 168–69, https://archive.org/details/generaleducation032440mbp/page/n5.

80   H. J. Blackham, *The Human Tradition* (London: Routledge & Kegan Paul, 1953), 50.
81   *Constitution of the United Nations Educational, Scientific and Cultural Organization, signed at London, on 16 November 1945*: Preamble, https://treaties.un.org/doc/Publication/UNTS/Volume%204/volume-4-I-52-English.pdf.
82   Ronald W. Clark, *The Huxleys* (London: Heinemann, 1968), 310-12.
83   Julian Huxley, *UNESCO: Its Purpose and Its Philosophy* [L'Unesco: Ses buts et sa philosophie] (London: Preparatory Commission, 1946; [facsimile edition] London: Euston Grove, 2010).
84   Julian Huxley, *Memories* (Harmondsworth, UK: Penguin, 1972, 1978), vol. 2, 30-31.
85   Huxley, *Memories*, vol. 2, 22.
86   United Nations, *Universal Declaration of Human Rights*, article 1, https://www.un.org/en/universal-declaration-human-rights/. 토론 과정에 대해서는 다음을 참조하라. M. A. Glendon, *A World Made New: Eleanor Roosevelt and the Universal Declaration of Human Rights* (New York: Random House, 2001). 여기 인용한 부분은 68, 90. 더 자세히 알고 싶다면 Lynn Hunt, *Inventing Human Rights: A History* (New York and London: W. W. Norton, 2007).
87   Sumner Twiss, 'Confucian Ethics, Concept-Clusters, and Human Rights', in *Polishing the Chinese Mirror: Essays in Honor of Henry Rosemont, Jr.*, ed. M. Chandler and R. Littlejohn (New York: Global Scholarly Publications, 2007), 50-67. 여기 인용한 부분은 60.
88   Geraldine Van Bueren, 'I Am Because You Are', *Times Literary Supplement*, Human Rights Special Feature, 21-28 December, 2018, 5-6.
89   Mann, *Listen, Germany!*, 71 (January 1942).
90   Damiano Fedele, 'Cesare Fasola, il partigiano che salvò la Primavera di Botticelli', *Il Fiesolano*, 25 April, 2020, https://www.ilfiesolano.it/persone/cesare-fasola-il-partigiano-che-salvo-la-primavera-di-botticelli/. 참조: Eric Linklater, *The Art of Adventure* (London: Macmillan, 1947), 260-63.
91   Hartt, *Florentine Art under Fire*, 18-19. 몬테구포니 성에 보관되었던 작품들의 목록은 이하 참조. Osbert Sitwell, *Laughter in the Next Room* (London: Macmillan, 1949), 350-64.
92   Linklater, *The Art of Adventure*, 266-67.
93   David Hapgood and David Richardson, *Monte Cassino* (New York: Congdon &

Weed, 1984), 13.

94 Walter M. Miller Jr, *A Canticle for Leibowitz* (Philadelphia: Lippincott, 1959; London: Orbit, 2019), 26. 참조: William H. Roberson and Robert L. Battenfeld, *Walter M. Miller, Jr: A Bio-Bibliography* (Westport, CT: Greenwood Press, 1992), 1 – 2.

95 http://www.friendsofchartres.org/aboutchartres/colonelwelborngriffith/; https://valor.militarytimes.com/hero/6100%7Ctitle=Militarytimes. 참조: https://www.washingtonexaminer.com/the-american-hero-who-saved-chartres-cathedral.

96 Jean-Paul Sartre, 'The End of the War', in *The Aftermath of War* (*Situations 3*), trans. C. Turner (London: Seagull, 2008), 65 – 75. 여기 인용한 부분은 65.

97 Bertrand Russell, 'Man's Peril' (23 December, 1954), in *Portraits from Memory, and Other Essays* (London: Allen & Unwin, 1956), 215 – 20. 여기 인용한 부분은 220.

98 퍼그워시 선언문은 인터넷에서 읽을 수 있다. https://pugwash.org/1955/07/09/statement-manifesto/.

99 Russell, *Autobiography* (London and NewYork: Routledge, 1998), 609.

100 Bertrand Russell, *Authority and the Individual* (*The Reith Lectures*, 1948 – 49) (London: Allen & Unwin, 1949), 93.

101 https://en.wikipedia.org/wiki/International_Union_for_Conservation_of_Nature.

102 Russell, *Autobiography*, 511 – 12; 537. 비행기 사고에 대해서는 https://en.wikipedia.org/wiki/Bukken_Bruse_disaster.

103 Bertrand Russell, 'Hopes: Realized and Disappointed', in *Portraits from Memory, and Other Essays* (London: Allen & Unwin, 1956), 45 – 49. 여기 인용한 부분은 47.

104 Russell, *Autobiography*, 728.

12 행복할 곳

1 Edwin H. Wilson, *The Genesis of a Humanist Manifesto*, ed. Teresa Maciocha (Amherst, NY: Humanist Press [American Humanist Association], 1995), 23. "분출"은 레이먼드 B. 브래그의 1970년 2월 17일 편지에서 언급.

2 Wilson, *The Genesis of a Humanist Manifesto*, 63.

3 Wilson, *The Genesis of a Humanist Manifesto*, 83.

4 1933년 선언은 인터넷에서 볼 수 있다. https://en.wikipedia.org/wiki/Humanist_Manifesto_I.

5   Wilson, *The Genesis of a Humanist Manifesto*, 108-9.
6   국제 휴머니스트 단체들과 그 설립 배경에 대한 전반적인 내용이 궁금하다면 Jim Herrick, *Humanism: An Introduction*, 2nd ed. (London: Rationalist Press Association, 2009), 123-58. 영국 내 휴머니즘 단체의 역사는 Callum Brown, David Nash and Charlie Lynch, *The Humanist Movement in Modern Britain: A History of Ethicists, Rationalists and Humanists* (London: Bloomsbury, 2022).
7   J. B. H. Wadia, *M. N. Roy the Man: An Incomplete Royana* (London: Sangam, 1983), 10.
8   M. N. Roy, *New Humanism: A Manifesto* (Delhi: Ajanta, 1981), 41.
9   Bertrand Russell, 'The Triumph of Stupidity' (10 May, 1933), in *Mortals and Others* (London and New York: Routledge, 2009), 203.
10 Roy, *New Humanism*, 43.
11 Hans van Deukeren et al., 'From History to Practice - A History of IHEU, 1952-2002', in *International Humanist and Ethical Union, 1952-2002*, ed. Bert Gasenbeek and Babu Gogineni (Utrecht: De Tijdstroom, 2002), 16-104. 인용된 내용은 21.
12 The 'Declaration of Modern Humanism', ratified at the Humanists International General Assembly, Glasgow, United Kingdom, 2022. 인터넷상에도 게재되어 있다. https://humanists.international/policy/declaration-of-modern-humanism/. 1952년 세계 휴머니스트회의에서 승인된 암스테르담 선언문은 https://humanists.international/policy/amsterdam-declaration-1952/. 1975년과 2002년 수정판도 있다.
13 American Humanist Association, 'Humanist Manifesto III, a Successor to the Humanist Manifesto of 1933', 2003, https://americanhumanist.org/what-is-humanism/manifesto3/. AHA의 역사가 궁금하다면 https://americanhumanist.org/about/our-history.
14 Debbie Goddard, quoted in 'Celebrating the Diverse Spirituality and Religion of African-Americans', *Huffington Post*, 17 February, 2004, https://www.huffpost.com/entry/diverse-african-american-religion_n_4762315.
15 https://en.wikipedia.org/wiki/Debbie_Goddard, citing Brandon Withrow, 'What It's Like to Be Black and Atheist', *Daily Beast*, 19 November, 2016, https://www.thedailybeast.com/what-its-like-to-be-black-and-atheist. 흑인 공동체 내에

서 무신론 혹은 휴머니즘이 야기하는 어려움에 대해서는 https://en.wikipedia.org/wiki/Atheism_in_the_African_diaspora.

16　AAH, 'An African-American Humanist Declaration', in Anthony B. Pinn, ed., *By These Hands: A Documentary History of African American Humanism* (New York and London: New York University Press, 2001), 319 – 26. 여기 인용한 부분은 326.

17　미국: https://www.blackhumanists.org/about-the-bha. 영국: https://en.wikipedia.org/wiki/Association_of_Black_Humanists.

18　시의 전문은 이하 참조. https://www.pinknews.co.uk/2008/01/10/the-gay-poem-that-broke-blasphemy-laws/.

19　https://en.wikipedia.org/wiki/John_William_Gott.

20　https://www.channel4.com/news/archbishop-admits-church-failed-terribly-over-abuse-revelations.

21　Tania Branigan, 'I Am Being Used, Claims Blasphemy Trial Poet', *Guardian*, 11 July, 2002, https://www.theguardian.com/uk/2002/jul/11/books.booksnews.

22　'Blasphemy at the Old Bailey', *Everyman*, BBC, 1977.

23　John Mortimer, *Murderers and Other Friends* (London: Penguin, 1995), 87.

24　Mortimer, *Murderers and Other Friends*, 88.

25　'Blasphemy at the Old Bailey'

26　http://www.lgbthumanists.org.uk/history/.

27　이 사실을 알려준 앤드루 콥슨에게 감사의 말을 전한다.

28　https://en.wikipedia.org/wiki/Blasphemy_law_in_the_United_States.

29　https://end-blasphemy-laws.org/.

30　David Robson, 'The "Underground Railroad" to Save Atheists', *Atlantic*, 18 January, 2018, https://www.theatlantic.com/international/archive/2018/01/the-underground-railroad-to-save-atheists/550229/. 비종교인 구조 웹사이트: www.secular-rescue.org. 참조: https://www.centerforinquiry.net/newsroom/center_for_inquiry_launches_secular_rescue_to_save_lives_of_threatened_acti/.

31　휴머니스트UK가 펼치고 있는 운동 목록: https://humanists.uk/campaigns/.

32　https://humanists.uk/campaigns/secularism/constitutional-reform/bishops-in-the-lords/.

33　기도 자리 예약에 대한 관련 자료: https://www.secularism.org.uk/news/2020/01/calls-for-parliamentary-prayers – review-after-mp-compelled-to-attend.

기도 시간의 형태에 대한 관련 자료: https://www.parliament.uk/about/how/business/prayers/.

34 G. W. Foote, *Reminiscences of Charles Bradlaugh* (London: Progressive, 1891), 35. 브래들로에 대해 더 알고 싶다면 Charles Bradlaugh, *The True Story of My Parliamentary Struggle* (London: Freethought, 1882); Bryan Niblett, *Dare to Stand Alone: The Story of Charles Bradlaugh* (Oxford, UK: Kramedart, 2010); David Tribe, *President Charles Bradlaugh*, MP (London: Elek, 1971); John Robertson, *Charles Bradlaugh* (London: Watts, 1920).

35 Thomas Jefferson, *Notes on the State of Virginia* (1787) (Baltimore: W. Pechin, 1800), 160.

36 https://en.wikipedia.org/wiki/Pledge_of_Allegiance.

37 https://en.wikipedia.org/wiki/In_God_We_Trust.

38 매콜럼과 아들들의 인터뷰가 포함된 다큐멘터리 참조 *God Is Not on Trial Here Today* (McCollum v. Board of Education), Jay Rosenstein Productions, 2010: http://jayrosenstein.com/pages/lord.html. 인터넷 시청 링크: https://youtu.be/EeSHLnrgaqY. 더 궁금하다면 https://en.wikipedia.org/wiki/Vashti_McCollum. 매콜럼의 부고: http://www.nytimes.com/2006/08/26/obituaries/26mccullum.html.

39 Vashti Cromwell McCollum, *One Woman's Fight* (Garden City, NY: Doubleday, 1951; rev. ed. Boston: Beacon Press, 1961; Madison, WI: Freedom From Religion Foundation, 1993), 86.

40 McCollum, *One Woman's Fight*, 85.

41 McCollum, *One Woman's Fight*, 101.

42 McCollum, *One Woman's Fight*, 104.

43 Callum G. Brown, *The Battle for Christian* (Cambridge, UK: Cambridge University Press, 2019), 139-40.

44 Margaret Knight, *Morals without Religion, and Other Essays* (London: Dennis Dobson, 1955), 22-23.

45 Knight, *Morals without Religion*, and Other Essays, 16-17.

46 Bishopsgate Institute Library, London: BHA papers. 버스 광고물 부착 운동에 관해서는 BHA 1/17/148; BHA report, 'Atheist Bus Campaign: Why Did It Work?'. 광고물에 대한 반응은 BHA 1/17/149. 참조: https://humanism.org.uk/

campaigns/successful-campaigns/atheist-bus-campaign/.

47 Zora Neale Hurston, *Dust Tracks on a Road*, reprinted in *Folklore, Memoirs, and Other Writings* (New York: Library of America, 1995), 764.

48 Julian Huxley, *Religion without Revelation* (London: Ernest Benn, 1927), 358.

49 Anton Chekhov to Alexei Suvorin, 15 May, 1889, in *Anton Chekhov's Life and Thought: Selected Letters and Commentary*, trans. Michael Henry Heim, ed. Simon Karlinsky (Evanston, IL: Northwestern University Press, 1997), 145. 글린카의 노래를 갈리나 비시네프스카야의 목소리로 들어보려면 https://www.youtube.com/watch?v=ymfoXrdWVQM&ab_channel=GalinaVishnevskaya-Topic.

50 H. J. Blackham, *Humanism* (Harmondsworth, UK: Pelican, 1968), 159.

51 Geoffrey Scott, *The Architecture of Humanism* (London: Constable, 1914), 211 – 15.

52 Scott, *The Architecture of Humanism*, 235.

53 Jane Jacobs, *The Death and Life of Great American Cities* (New York: Random House, 1961, 1989), 50, 55, 83.

54 Annie Matan and Peter Newman, *People Cities: The Life and Legacy of Jan Gehl* (Washington, DC, and Covelo, CA: Island Press, 2016), 14 – 15. 참조: Jan Gehl, *Cities for People* (Washington, DC: Island Press, 2010). 이 책은 차나 도로 때문에 상대적으로 작아 보이거나 옆으로 밀려난 사람들의 사진을 담고 있다.

55 Matan and Newman, *People Cities: The Life and Legacy of Jan Gehl*, 18.

56 Vasily Grossman, *Life and Fate*, trans. Robert Chandler (London: Vintage, 2006), 267. 등장인물 레오니트 세르게예비치 마댜로프의 말.

57 Grossman, *Life and Fate*, 393. 이콘니코프 모르시의 유언 중.

58 원고가 살아남은 사연에 대해서는 Robert Chandler, introduction to *Grossman, Life and Fate*, xvii – xix; Robert Chandler, introduction to 'Late Stories', in Vasily Grossman, *The Road*, trans. Robert and Elizabeth Chandler with Olga Mukovnikova (London: Maclehose/Quercus, 2011), 197. 참조: https://en.wikipedia.org/wiki/Life_and_Fate.

59 그로스만을 체호프와 비교한 사람은 영어판 번역을 맡았던 로버트 챈들러다. *Grossman's Life and Fate*, xii – xiii.

60 Grossman, *Life and Fate*, 539.

61 Grossman, *Life and Fate*, 201.

62 Jaron Lanier, *You Are Not a Gadget: A Manifesto* (London: Allen Lane/Penguin, 2010), 32.

63 George Eliot, 'Shadows of the Coming Race', *Impressions of Theophrastus Such* (Edinburgh and London: W. Blackwood, 1879), 299–309. 여기 인용한 부분은 307.

64 https://www.theguardian.com/environment/2016/aug/31/domestic-chicken-anthropocene-humanity-influenced-epoch. 참조: Jeremy Davies, *The Birth of the Anthropocene* (Oakland: University of California Press, 2016). 인류세가 지나치게 우쭐한 생각에서 나왔다는 주장이 궁금하다면 Peter Brannen, 'The Anthropocene Is a Joke', *Atlantic*, 13 August, 2019, https://www.theatlantic.com/science/archive/2019/08/arrogance-anthropocene/595795/.

65 포스트휴머니즘이라는 용어는 1977년 문학이론가 이합 핫산이 처음 정의했다. "500년간 이어진 휴머니즘의 끝이 다가오고 있다는 사실을 알아야 한다. 휴머니즘은 우리가 포스트휴머니즘이라고 부를 수밖에 없는 것으로 변화하고 있다." Ihab Hassan, 'Prometheus as Performer: toward a Posthumanist Culture? A University Masque in Five Scenes', *Georgia Review* 31, no. 4 (Winter 1977), 830–50. 여기 인용한 부분은 843. 참조: David Roden, *Posthuman Life: Philosophy at the Edge of the Human* (London and New York: Routledge, 2015).

66 http://www.vhemt.org/. 참조: https://www.theguardian.com/lifeandstyle/2020/jan/10/i-campaign-for-the-extinction-of-the-human-race-les-knight.

67 비슷한 의견이 더 궁금하다면 James Lovelock and Bryan Appleyard, *Novacene* (London: Penguin, 2020), 56.

68 David C. Barker and David H. Bearce, 'End-Times Theology, the Shadow of the Future, and Public Resistance to Addressing Global Climate Change', *Political Research Quarterly* 66, no. 2 (June 2013), 267–79.

69 https://climatecommunication.yale.edu/publications/global-warming-god-end-times/.

70 Ray Kurzweil, *The Singularity Is Near: When Humans Transcend Biology* (London: Duckworth, 2005), 15. 트랜스휴머니즘을 더 알고 싶다면 https://humanityplus.org/philosophy/transhumanist-declaration/; Max More and Natasha Vita-More, eds., *The Transhumanist Reader* (Oxford, UK: Wiley, 2013).

71 Arthur C. Clarke, *Childhood's End* (London: Pan, 1956), 122.

72 Clarke, *Childhood's End*, 159.

73 Clarke, *Childhood's End*, 178.

74 'Transumanar significar *per verba* / non si poria'. Dante, *Paradiso*, trans. Robin

Kirkpatrick (London: Penguin, 2007), 6 – 7 (canto 1, lines 70 – 71). 이 부분에 대한 해설은 이하 참조. Prue Shaw, *Reading Dante* (New York and London: Liveright/ W. W. Norton, 2015), 245 – 46.

75　James Baldwin, 'Down at the Cross', in *Collected Essays*, ed. Toni Morrison (New York: Library of America, 1998), 339 (part of *The Fire Next Time*, 1963; originally published in the New Yorker, 17 November, 1962).

76　Tzvetan Todorov, *Duties and Delights: The Life of a Go-Between. Interviews with Catherine Portevin*, trans. Gila Walker (London, New York, and Calcutta: Seagull Books, 2008), 264.

77　Robert Ingersoll's happiness credo, from *An Oration on the Gods* (29 January, 1872) (Cairo, IL: Daily Bulletin Steam Book & Job Print, 1873), 48. 1899년 녹음된 오디오 버전은 https://youtu.be/rLLapwIoEVI.

그림 출처

그림 1　Pictorial Press Ltd / Alamy Stock Photo
그림 2　Wellcome Collection. Attribution 4.0 International [CC BY 4.0]
그림 3　Science History Images / Alamy Stock Photo
그림 4　Raffaele Morghen / Bridgeman Images
그림 5　Ian Dagnall Computing / Alamy Stock Photo
그림 6　© Giancarlo Costa / Bridgeman Images
그림 7　L. Sabatelli the Elder. Wellcome Collection. Attribution 4.0 International e, [CC BY 4.0]
그림 8　Wellcome Collection. Attribution 4.0, International [CC BY 4.0]
그림 9　Sarah Bakewell
그림 10　Jean-Jacques Boissard, *Bibliotheca chalcographica*, Frankfurt, 1650. © Florilegius / Bridgeman Images
그림11　Art Collection 2 / Alamy Stock Photo
그림12　agefotostock / Alamy Stock Photo
그림13　Album / British Library / Alamy Stock Photo
그림14　©Veneranda Biblioteca Ambrosiana / Mondadori Portfolio / Bridgeman Images
그림15　Pietro Bembo, *De Aetna*, Venice: Aldus Manutius, 1496. The Picture Art Collection / Alamy Stock Photo
그림16　Desiderius Erasmus, *Erasmi Roterodami adagiorum chiliades tres*, Venice: Aldus

Manutius, 1508. Bridgeman Images
그림17 Jean-Jacques Boissard, *Bibliotheca chalcographica*, Frankfurt, 1650. © Florilegius / Bridgeman Images
그림18 Alinari / Bridgeman Images
그림19 The Stapleton Collection / Bridgeman Images
그림 20 Geoffroy Tory, *Champ fleury*, 1529. © British Library Board. All Rights Reserved / Bridgeman Images
그림 21 Francesco di Giorgio Martini, *Trattato di architettura civile e militare*, circa 1470. The Picture Art Collection / Alamy Stock Photo
그림 22 Humanists UK
그림 23 The Stapleton Collection / Bridgeman Images
그림 24 Wellcome Collection
그림 25 Savonarola, *Compendio di reve-latione*, Florence: Pietro Pacini da Pescia, 1496, fol. i r. Universal History 19 Archive / UIG / Bridgeman Images
그림 26 N. de Larmessin, 1682. Wellcome Collection
그림 27 Wellcome Collection. Attribution 4.0 International [CC BY 4.0]
그림 28 Sarah Bakewell
그림 29 Wellcome Collection
그림 30 *Libri V jam primum in latinam linguam conversi / Jano Cornario medico interprete. De causis respirationis, liber I. De utilitate respirationis, liber I. De difficultate respirationis libri III*, Basel, 1536. Wellcome Collection. Attribution 4.0 International [CC BY 4.0]
그림 31 Wellcome Collection
그림 32 Wellcome Collection
그림 33 Bridgeman Images
그림 34 Wellcome Collection
그림 35 Paul Lacroix, *Les Arts au Moyen Âge et à l'Époque de la Renaissance*, Paris: Firmin Didot, 1873. Bridgeman Images
그림 36 Bridgeman Images
그림 37 Michel de Montaigne, *Essais*, Paris: Abel L'Angelier, 1588. 다음에서 재수록: Gustave Lanson, *Histoire illustré de la littérature française*, Paris and London: Hachette, 1923, vol. 1. Lebrecht Authors / Bridgeman Images

그림 38 GRANGER – Historical Picture Archive

그림 39 The Picture Art Collection / Alamy Stock Photo

그림 40 Jan Luyken, Amsterdam, 1698. Artokoloro / Alamy Stock Photo

그림 41 Ivy Close Images / Alamy Stock Photo

그림 42 Photographer: Oxford Science Archive / Heritage Images. The Print Collector / Alamy Stock Photo

그림 43 *The Illustrated London News*, 27 September, 1851. Look and Learn / Illustrated Papers Collection / Bridgeman Images

그림 44 Wellcome Collection

그림 45 GRANGER – Historical Picture Archive

그림 46 Prismatic Pictures / Bridgeman Images

그림 47 © SZ Photo / Scherl / Bridgeman Images

그림 48 GRANGER – Historical Picture Archive / Alamy Stock Photo

그림 49 GRANGER – Historical Picture Archive

그림 50 John Tenniel, *Punch*, 30 March, 1867. Photo 12 / Alamy Stock Photo

그림 51 Frederick Waddy, *Cartoon Portraits and Biographical Sketches of Men of the Day*, 1873. © Look and Learn / Bridgeman Images

그림 52 Wellcome Collection

그림 53 Edward Whymper, *Scrambles amongst the Alps*, London, 1871, p. 324. Magite Historic / Alamy Stock Photo

그림 54 Photograph by Herbert Rose Barraud. Bridgeman Images

그림 55 *The Graphic*, 8 October, 1892. Look and Learn / Illustrated Papers Collection / Bridgeman Images

그림 56 Charles d'Héricault, *La révolution 1789–1882*, Paris: D. Dumoulin, 1883. © Look and Learn / Bridgeman Images

그림 57 Photograph by H. Pictorial Press Ltd / Alamy Stock Photo

그림 58 Wellcome Collection

그림 59 History and Art Collection / Alamy Stock Photo

그림 60 Sarah Bakewell

그림 61 GRANGER – Historical Picture Archive

그림 62 Abbus Archive Images / Alamy Stock Photo

그림 63 Luisa Ricciarini / Bridgeman Images

그림 64 Prestor Pictures LLC / Alamy Stock Photo

그림 65 © Fine Art Images / Heritage Images Heritage Image Partnership Ltd / Alamy Stock Photo

그림 66 Photo 12 / Ann Ronan Picture Library Photo 12 / Alamy Stock Photo

그림 67 Trinity Mirror / Mirrorpix / Alamy Stock Photo

그림 68 Photography credit: Mirrorpix. Tom Merry, 1888. Wellcome Collection

그림 69 Archive PL / Alamy Stock Photo

그림 70 Leon Neal / AFP via Getty Images

그림 71 Bridgeman Images

그림 72 Courtesy of Humanists UK

혐오와 고립의 시대, 우리를 연결하는 가치는 무엇인가

우리를 인간답게 만드는 것들

초판 1쇄 인쇄 2025년 12월 4일
초판 1쇄 발행 2025년 12월 15일

지은이 세라 베이크웰
옮긴이 이다희

펴낸이 김선식
부사장 김은영
콘텐츠사업본부장 임보윤
책임기획 임지원 **책임편집** 임지원 **책임마케터** 지석배
콘텐츠사업8팀장 전두현 **콘텐츠사업8팀** 장종철, 임지원, 김효진
마케팅1팀 이고은, 지석배, 최민경, 이현주, 김은지 **홍보1팀** 김민정, 홍수경, 변승주
브랜드사업본부장 정명찬
브랜드홍보팀 오수미, 서가을, 박장미, 박주현 **영상홍보팀** 이수인, 염아라, 이지연, 노경운
저작권팀 성민경, 이슬, 윤제희 **편집관리팀** 조세현, 김호주, 백설희
재무관리팀 하미선, 임혜정, 이슬기, 김주영, 오지수
인사관리팀 강미숙, 김혜진, 이정환, 황종원
제작관리팀 이소현, 김소영, 김진경, 유미애, 이지우, 황인우
물류관리팀 김형기, 김선진, 주정훈, 양문현, 채원석, 박재연, 이준희, 최대식
외부스태프 디자인 피포엘

펴낸곳 다산북스 **출판등록** 2005년 12월 23일 제313-2005-00277호
주소 경기도 파주시 회동길 490 다산북스 파주사옥 3층
전화 02-704-1724 **팩스** 02-703-2219 **이메일** dasanbooks@dasanbooks.com
홈페이지 www.dasanbooks.com **블로그** blog.naver.com/dasan_books
용지 신승INC **인쇄** 민언프린텍 **코팅및 후가공** 평창피앤지 **제본** 국일문화사

ISBN 979-11-306-7319-6 03100

• 책값은 뒤표지에 있습니다.
• 파본은 구입하신 서점에서 교환해 드립니다.
• 이 책은 저작권법에 의하여 보호를 받는 저작물이므로 무단 전재와 복제를 금합니다.

다산북스(DASANBOOKS)는 독자 여러분의 책에 관한 아이디어와 원고 투고를 기쁜 마음으로 기다리고 있습니다.
책 출간을 원하는 아이디어가 있으신 분은 다산북스 홈페이지 '원고투고'란으로 간단한 개요와 취지, 연락처 등을
보내주세요. 머뭇거리지 말고 문을 두드리세요.